超図解！建築施工現場

稲垣秀雄 著

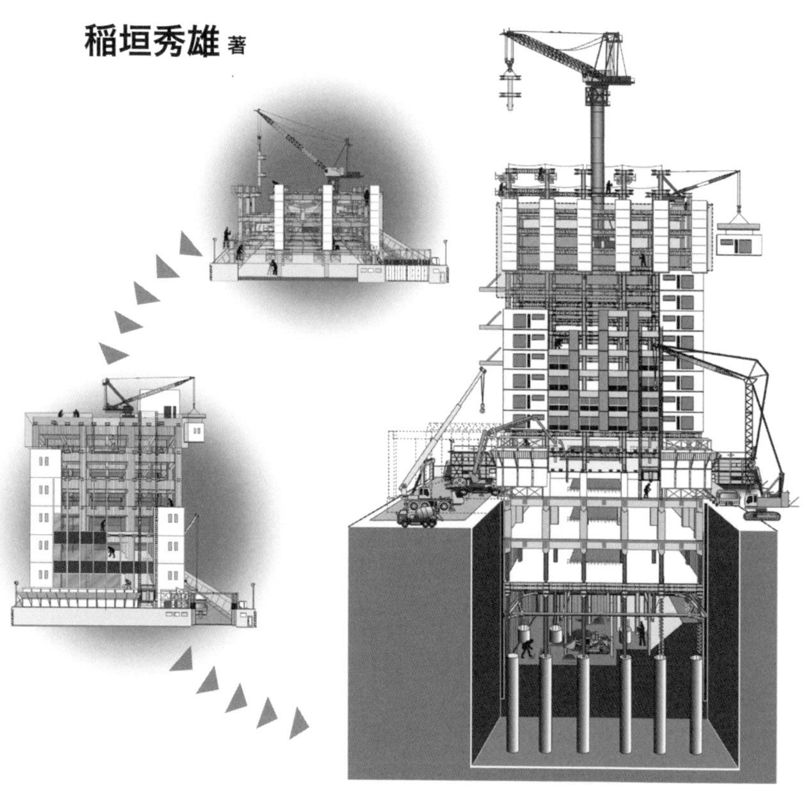

学芸出版社

まえがき

本書は、日常的な建築施工場面で、疑問を持たれがちな事柄、注意すべき点など、技術者にとって欠かせない知識をまとめ、施工管理項目の意義・大切さを再認識することをねらいとしている。施工の基本を正しく理解し、正しく行われなかった場合の影響も斟酌する施工管理の“智慧”を読者が獲得できれば幸いである。

そのため、標準的なオフィスビルの建設段階を、あたかも、自ら建設に参加している感覚をもってもらえるように、紙上建設ストーリーイラストとして最初に提示した。続いて、その各段階から、100の知識テーマを厳選、イラスト・図を多用し、見開き構成で、わかりやすく解説することを試みている。各項目にQ&Aを設けることで、現場で生じる疑問に答えるようにした。イラスト総数は約1000点、Q & Aは343項目を展開した。

この本は、初学者向け入門書ではない。また、すべての手順を網羅したマニュアルでもない。ある程度学習・経験を経た技術者が、さらなる高みに臨む時のきっかけとなる要点説明書である。重要なキーワードと簡潔な説明、図解により、施工現場の流れに従い、各工程のポイントをまとめている。したがって、幅広く知識を履修し、技術レベルを高度化するためには、他著と併読されることが必須である。

さて、日本建築学会『建築工事標準仕様書(JASS)』は、関係識者・団体が長期にわたり、施工現場を背景に、科学的・実務的に議論し練り込んできた、偏りのない最高度のものである。

本書は、このJASSを深読みし、施工に関する記述を、実務目線で図解説明したものである。決して、著者の「新説」「奇説」ではなく、JASSの基本記述を引用・参照させていただいた。この本は、JASSの補助書・図解書といっても間違いはない。

著者は略歴にもあるように、建設会社の技術部門で50年間勤め上げげたが、その多くを、建設現場の係員・職長・作業者、設計者と、施工について検討し、最善の施工要領を極めることに費やしてきた。その時、多くの識見・示唆を与えてくれたのが、建築工事標準仕様書(JASS)であった。著者は、他の人より1頁でも深くこの仕様書を読み、1日でも早く最新施工情報を収集し、1社でも多く専門工事業者からヒアリングすることで、これらの課題に対応してきた。

日常の施工業務に忙しい読者の皆さんは、この宝物である仕様書を読み込む時間は取りにくいので、その肝どころ・要点をコンパクトに案内する本書が役に立ち、前記のねらいを達し、さらなる自己啓発の一助・きっかけになれたら幸甚である。著者の永い間の経験・知識をぜひ伝えたい。

最後に、執筆の機会を提供いただき、無理をお願いした、学芸出版社の中木女史ほか関係各位、ならびに指導助言をいただいた諸氏に、この場を借りて深謝し、本書が世の中で役立つことを、ともに祈念したい。

令和2年5月吉日　稲垣 秀雄

もくじ

1章　超図解！　紙上建設ストーリー ⋯⋯ 7

紙上建設モデル ⋯⋯ 8

1 着工・仮設・山留め壁 ⋯⋯ 10

2 杭地業・掘削山留め ⋯⋯ 12

3 基礎躯体・地下鉄骨建方 ⋯⋯ 14

4 地下躯体・埋戻し杭抜き ⋯⋯ 16

5 地上鉄骨建方本接合 ⋯⋯ 18

6 床構築・耐火被覆・外装 ⋯⋯ 20

7 内外装仕上げ・設備・外構・検査引渡し ⋯⋯ 22

8 完成・運用 ⋯⋯ 24

2章　解説！　厳選100知識 ⋯⋯ 25

右の■番号は1章の対応する施工シーンを示す。

100知識の選定 ⋯⋯ 26

1 新築施工現場の準備開設と初動

1 朝礼から始まる作業所コミュニケーション ⋯⋯ 28 1～7

2 作業員の命を守る保護具・服装・安全帯 ⋯⋯ 30 1～7

3 熱中症に備える ⋯⋯ 32 1～7

4 品質造り込みに施工図・QC工程表を活用 ⋯⋯ 34 1～7

5 墨出し誤差との戦い ⋯⋯ 38 1～7

6 作業所ロジスティクス（物流・人流） ⋯⋯ 40 1～7

7 戦略を訴える工程表 ⋯⋯ 42 1～7

8 工事騒音振動の抑制 ⋯⋯ 44 1～7

9 工事中の建築工事祭式 ⋯⋯ 46 1

10 賢い現地調査と土質調査の見方 ⋯⋯ 48 1

2 杭地業と掘削山留め施工

11 狭隘境界寸法での山留め壁設置 ⋯⋯ 52 1

12 重機の転倒を防ぐ ⋯⋯ 54 1

13 自立山留め壁・頭繋ぎ ⋯⋯ 56 1

14 重要な山留め壁の維持管理 ⋯⋯ 58 1

15 安全な乗入構台 ⋯⋯ 62 1

16 法面安全確保 ⋯⋯ 64 1

17 杭支持力確認 ⋯⋯ 66 2

18 杭精度の理解 ⋯⋯ 68 2

19 安定液の働き ⋯⋯ 70 2

20 スライム処理の苦労 ⋯⋯ 72 2

21 場所打ち杭鉄筋かご配筋 ⋯⋯ 74 2

22 トレミー工法 ⋯⋯ 76 2

23 水平切梁架構を安定させる ⋯⋯ 78 2

24 水平切梁プレロード ⋯⋯ 80 2

25 確実な床付け ⋯⋯ 82 2

26 掘削底面の異常 ⋯⋯ 84 2

27 地下水排水能力維持 ⋯⋯ 86 2

28 山留め計測管理 ⋯⋯ 88 2

プロローグ
1～8は、QCDSMEのスタートアップ説明。

3 構造躯体（鉄骨・鉄筋コンクリート）の構築

29 基礎・地下躯体型枠 …… 90 3
30 鉄骨の定着 …… 92 3
31 コンクリート製造 …… 94 3
32 コンクリート運搬 …… 96 3
33 コンクリート打込み …… 98 3
34 コンクリート養生 …… 100 3
35 コンクリート検査 …… 102 3
36 各種コンクリートの使い分け …… 104 3
37 鉄筋加工・組立ての基本 …… 106 4
38 鉄筋継手 …… 108 4
39 パネルゾーン配筋 …… 112 4
40 鉄筋先組み工法 …… 114 4
41 型枠組立ての基本（柱・壁 在来V工程） …… 116 4
42 型枠組立ての基本（床・梁 在来H工程） …… 118 4
43 打放し型枠の作法 …… 120 4
44 型枠転用 …… 122 4
45 地下階の防水・止水 …… 124 4
46 埋戻しの原則 …… 126 4
47 鉄骨製作工場との連携 …… 128 5
48 鉄骨先付け金物 …… 130 5
49 鉄骨防錆塗装 …… 132 5
50 鉄骨製品検査 …… 134 5
51 鉄骨建方方式 …… 136 5
52 鉄骨建方 …… 138 5
53 鉄骨工事場接合 …… 140 5
54 鉄骨専用足場 …… 142 5
55 デッキプレート …… 144 5
56 鉄骨耐火被覆 …… 146 5

4 構造躯体の基本性能確保

57 施工欠陥による構造体の地震被害抑制 …… 148 1～6
58 構造スリット …… 152 1～6
59 施工不良による非構造部材地震被害の抑制 …… 154 6～7
60 外壁のひび割れを低減する …… 158 1～6
61 鉄筋かぶり寸法確保 …… 160 1～6
62 耐火防火の丁寧な施工が命を守る …… 162 6～7

57～62は、
クライマックス。
安全・安心の
重要テーマ説明。

5 屋根・外部仕上げ施工

63 外部足場 …… 164 6
64 陸屋根防水 …… 166 6
65 カーテンウォールの基本 …… 168 6
66 シーリング防水 …… 170 6
67 異種金属の接触腐食 …… 172 6
68 パネル系外壁構法 …… 174 6
69 外装仕上げ塗材吹付け …… 176 6
70 陶磁器質タイル工事の基本 …… 178 6
71 陶磁器質外壁タイル張り …… 180 6
72 外壁張り石工事 …… 182 6

6 内部仕上げ施工

73 内装用足場 …… 184 6
74 スチールドア取付け …… 186 6
75 アルミ製建具取付け …… 188 6
76 内部区画・間仕切り壁パネル …… 190 6
77 RC構造内の造作木工事 …… 192 7
78 内壁張り石工事 …… 196 7
79 内装鋼製壁・天井下地 …… 198 7

80 内装壁・天井表面材張り ········ 202 7

81 内装床仕上げ ···················· 204 7

82 建築用仕上げ塗材と
セメントモルタル壁下地 ········ 208 7

83 陶磁器質内壁タイル張り ········ 210 7

84 セメントモルタル塗り床下地 ···· 214 7

85 陶磁器質内装床タイル張り ······ 216 7

86 左官塗り床仕上げ ·············· 218 7

87 ガラス施工 ······················ 220 7

88 現地塗装の基本 ················ 222 7

89 代表的な3つの現地塗装 ········ 224 7

90 接着剤 ·························· 228 7

91 汚れ・傷を減らす
(工事中・運用後) ·············· 230 7

7 外構・竣工引渡し

92 外構舗装・造園 ················ 232 7

93 検査受検と竣工引渡し ·········· 234 7

94 竣工時祭式・定礎 ·············· 236 7

8 建築設備工事との連携

95 建築設備関連工事 ·············· 238 1～7

9 新築施工現場の課題と将来

96 建設廃棄物ゼロエミッション ···· 240 1～7

97 建設現場の地球温暖化対策 ······ 242 1～7

98 工期短縮ノウハウ ·············· 244 1～7

99 コストダウンノウハウ ·········· 246 1～7

100 Iot・ICT・AI は建設現場を
変えるか ························ 248 1～7

96 ～ 100 は、エピローグ。
戦略的テーマを説明。

索引 ································ 250

引用・参考文献、資料 ················ 254

1章

超図解！
紙上建設ストーリー

市街地事務所ビルを段階的に紙上建設

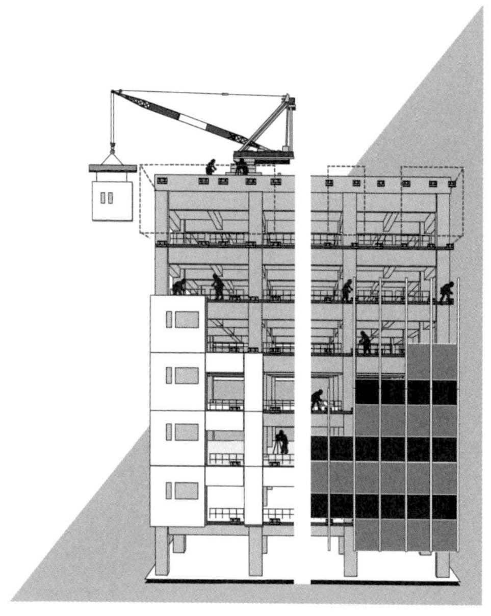

紙上建設モデル

本章で図解する紙上建設の前提モデル・施工条件は、右記の通りである。一般的事務所ビルでごく標準的な規模の建物を想定している。

本書では、このモデルの建設段階工事風景を、14 枚のイラストとし、2 イラストを対とする段階的な 7 工程シーン（下記・見開き 14 頁）に構成し、紙上建設ストーリーとして示した。

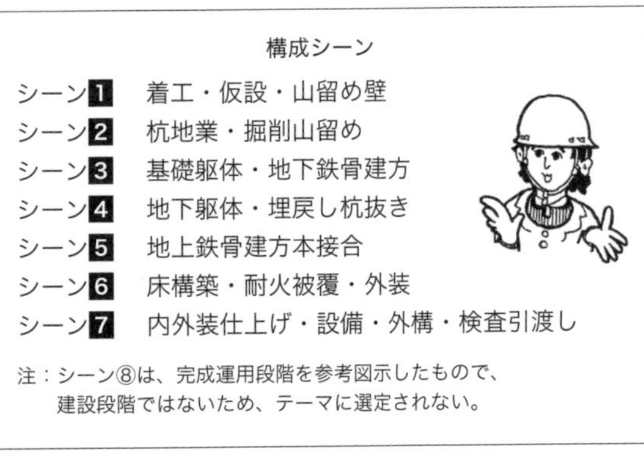

構成シーン

シーン**1**　着工・仮設・山留め壁
シーン**2**　杭地業・掘削山留め
シーン**3**　基礎躯体・地下鉄骨建方
シーン**4**　地下躯体・埋戻し杭抜き
シーン**5**　地上鉄骨建方本接合
シーン**6**　床構築・耐火被覆・外装
シーン**7**　内外装仕上げ・設備・外構・検査引渡し

注：シーン⑧は、完成運用段階を参考図示したもので、建設段階ではないため、テーマに選定されない。

7 階
1 階
地下 1 階

想定モデルの概要

敷地面積：	10000m^2
建築面積：	1000m^2
延床面積：	8000m^2
基準階面積：	1000m^2
階数：	地上 7 / 地下 1
軒高：	30m
掘削深さ：	9m
用途：	事務所
外装：	金属 CW・他
構造：	鉄骨造
基礎：	アースドリル杭
工期：	13 ヶ月
建設地：	市街地

ここから、100 の重要テーマを厳選し、2 章で取り上げ解説する。

なお、建設プロセスフローの一般的な例を図に示す。複雑な課題が多く関係者の多様な業務が展開される。

建設プロセスフローの例

近隣住民・事業者等
工事説明会
工事挨拶
専門工事会社
安全協議会
安全大会協議会
安全協議会
安全協議会
施工図・製作図・現寸
専門工事契約
施工図打合せ
工場製作・検査・搬入
施工図確認
製作開始
施工・取付け
着工
受入検査　施工開始　自主検査
竣工
元請建設会社
工事契約
専門工事発注
鉄骨
準備仮設
建築営業
ネゴ
杭
山留め掘削
基礎
地下躯体
地上躯体
現地調査
工事計画・届出
外装
引渡し
外構
工事工程
山留め壁
埋戻し
山留め壁抜
内装
起工式典
建築設備　E・P・A
施工計画・実行予算
施工運営方針
安全計画
承認
工事総合管理・原価管理・安全管理
設計事務所
要求品質確認
基本設計
建築確認
検査
検査
検査
検査
竣工検査
企画設計
実施設計
設計監理
開発・建築関連諸届出
事業開始
発注者
設計発注
工事発注
竣工検査
竣工式典
事業計画 用地入手・登記
既設建物解体 発注計画
経過月
事業準備・要員・備品・訓練
-9　-8　-7　-6　-5　-4　-3　-2　-1　1　2　3　4　5　6　7　8　9　10　11　12　13　14

想定モデル完成イメージ

2章では、この設定条件で設計される仕様に対し、可能な範囲で幅を拡げて説明した。例えば、構造をS造に限定せず、RC造・SRC造の場合も補足説明するなどである。また、本章の内容は建築工事に限定し、建築設備工事には、触れていない。

なお、想定モデルに対し、より高い、深い、広い、早い、環境に優しいなど、実際には多様な建物が存在し、それぞれの施工には、多くの興味深い重要なテーマがある。しかし本書では残念ながら、紙面の制約もあり、これらに触れることができない。

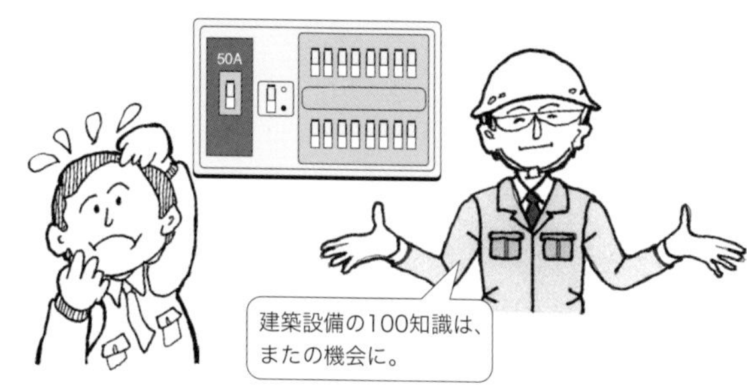

50A
建築設備の100知識は、
またの機会に。

＊1章は設備を含むイラストとなっている。

シーン説明ページの見方

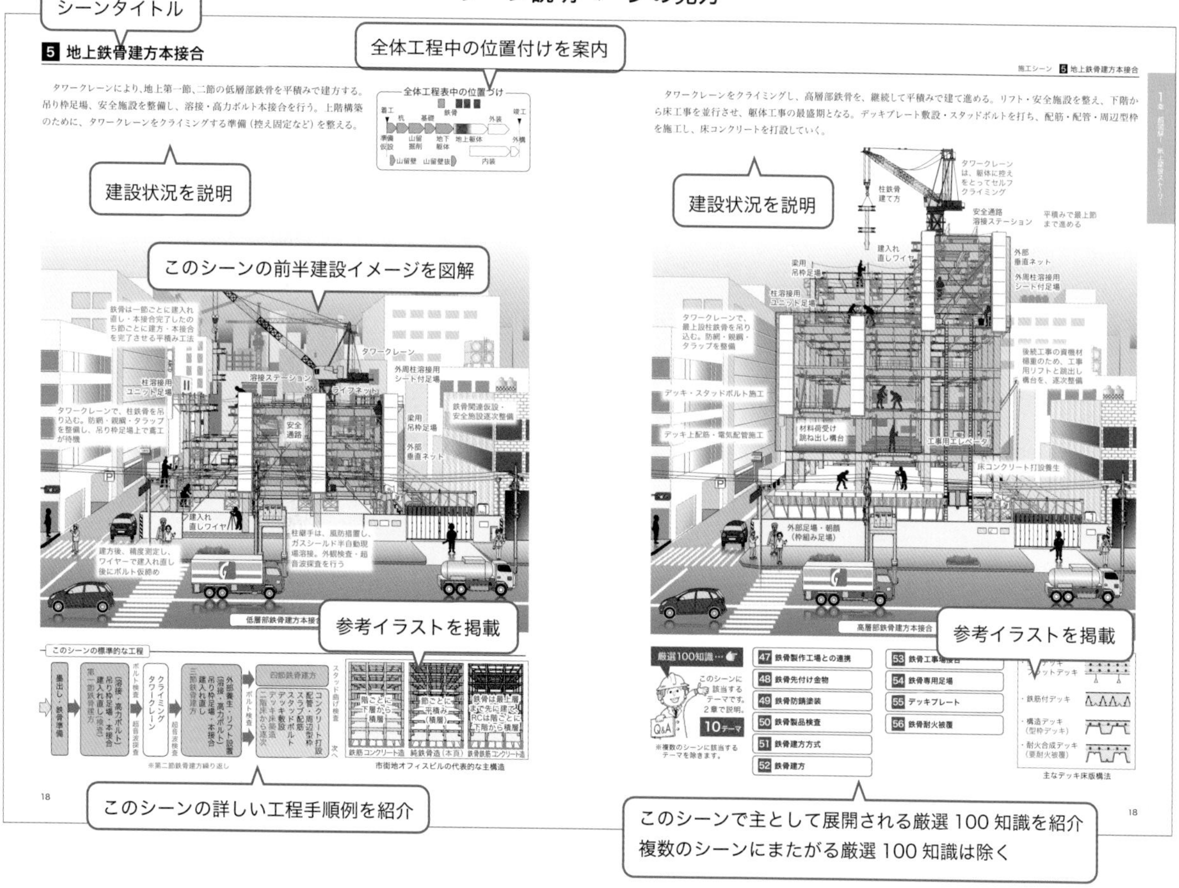

シーンタイトル

5 地上鉄骨建方本接合

全体工程中の位置付けを案内

建設状況を説明

このシーンの前半建設イメージを図解

参考イラストを掲載

このシーンの詳しい工程手順例を紹介

建設状況を説明

参考イラストを掲載

このシーンで主として展開される厳選100知識を紹介
複数のシーンにまたがる厳選100知識は除く

1 着工・仮設・山留め壁

着工前に、土地の神を祭り、工事の無事を祈る地鎮祭（安全祈願祭）を行う。現地調査・工事計画・届出を並行し、仮囲い・仮門・仮設道路などの仮設インフラ・墨出し・遣り方など初動工事を鋭意進める。

全体工程表中の位置づけ
着工
竣工
杭
基礎
鉄骨
外装
準備
仮設
山留
掘削
地下
躯体
地上躯体
外構
内装
山留壁
山留壁抜

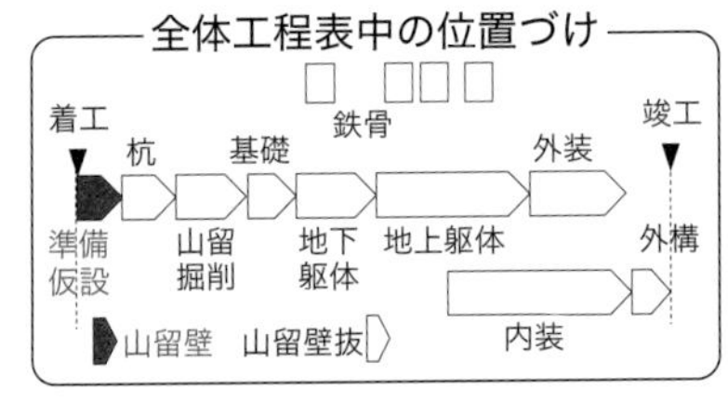

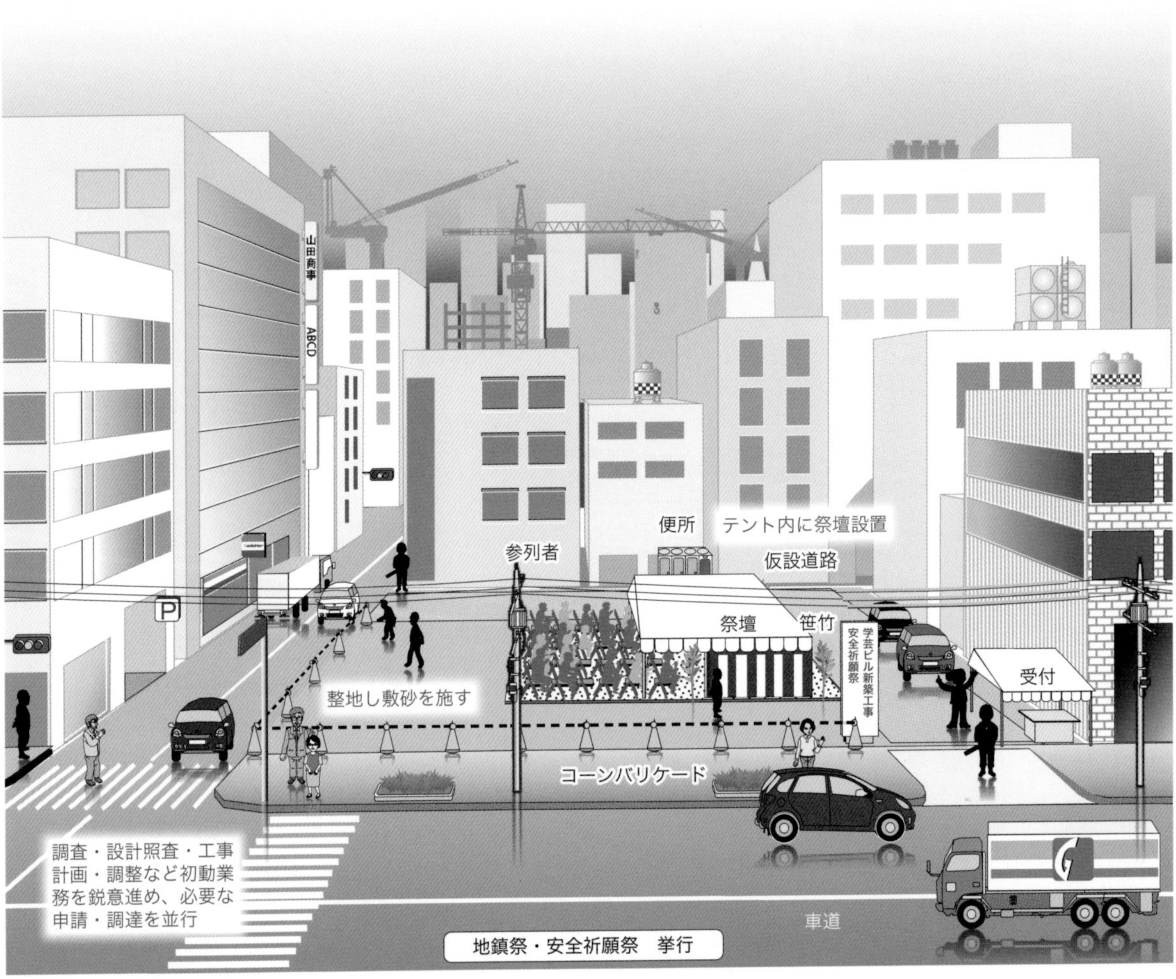

山田商事
ABCD
便所
テント内に祭壇設置
参列者
仮設道路
祭壇
笹竹
学芸ビル新築工事
安全祈願祭
受付
整地し敷砂を施す
コーンバリケード
調査・設計照査・工事計画・調整など初動業務を鋭意進め、必要な申請・調達を並行
車道
地鎮祭・安全祈願祭　挙行

このシーンの標準的な工程

着工・乗り込み → 調査（埋設管・地中工作物…など／遺跡・古井戸・旧基礎／隣接建物・工作物・樹木／エネルギ引込位置確認／敷地境界・道路境界確認／土質調査・地下水調査） → 諸申請・挨拶（電力引込申請…など／沿道掘削・道路占用届提出／事業場設置届・計画届／病院・保健所挨拶／所轄官庁出先挨拶／近隣住民・町内会長挨拶） → 地鎮祭（安全祈願祭） → 仮設電力用水引込／仮囲・仮門設置 → 仮設建物設置／現場事務所等 → 測量・遣り方 → 掘削・埋設／壁材搬入／施工機搬入組立て／芯出し・定規設置／山留め壁築造 → 次へ

※タワークレーン基礎支柱
構台支柱・切梁支柱も打込み

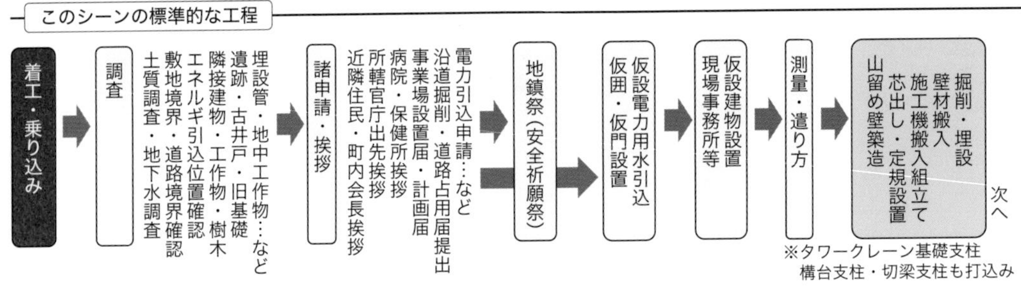

まず、最初の工程である山留め壁築造工事が行われる。ここではシートパイル山留め壁を圧入している。
同時に工事事務所や受変電設備など、仮設インフラを逐次並行整備する。
この段階は本工事の発注や施工図作成・承認、工場製作が鋭意進められていく重要な時期である。

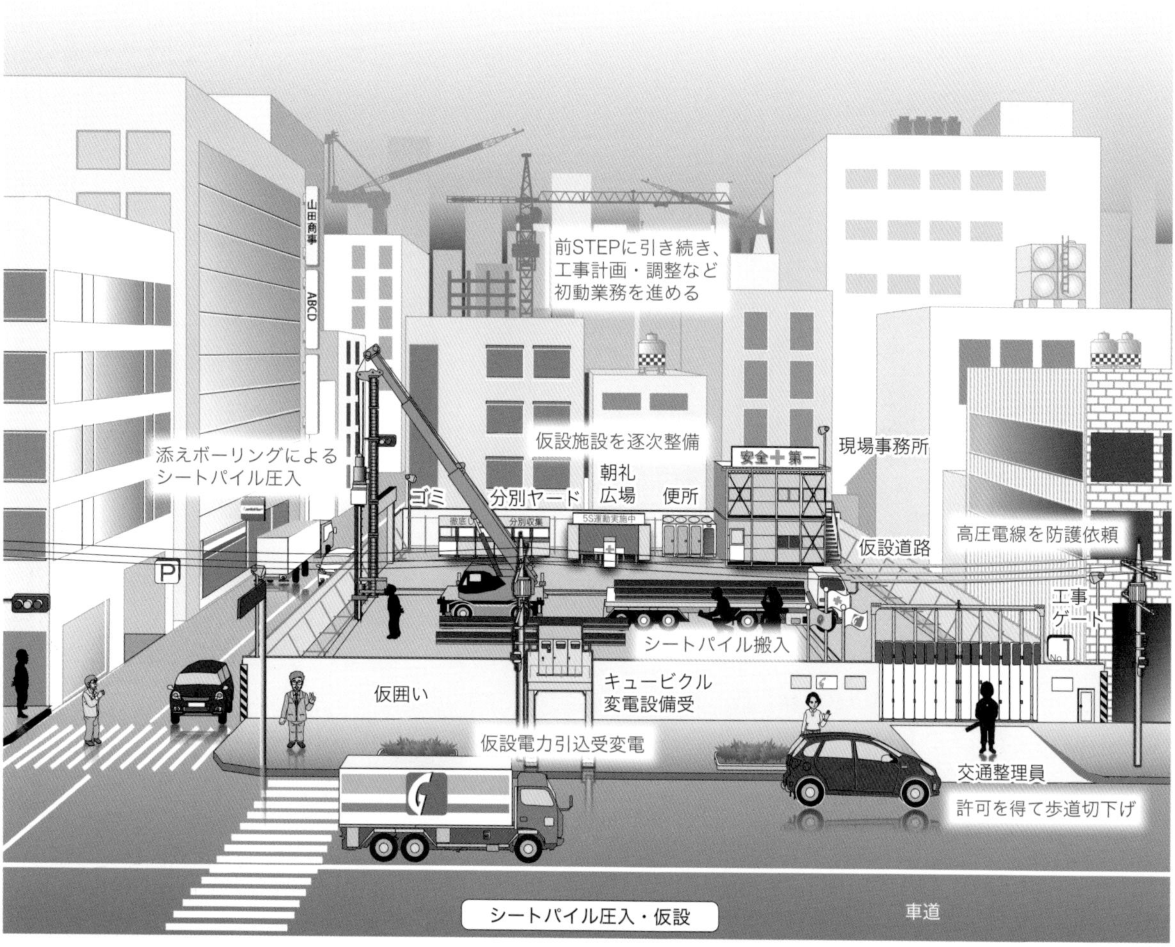

前STEPに引き続き、工事計画・調整など初動業務を進める

添えボーリングによるシートパイル圧入

仮設施設を逐次整備

現場事務所

ゴミ　分別ヤード　朝礼広場　便所

安全第一

仮設道路

高圧電線を防護依頼

工事ゲート

シートパイル搬入

仮囲い

キュービクル変電設備受

仮設電力引込受変電

交通整理員

許可を得て歩道切下げ

車道

シートパイル圧入・仮設

このシーンに該当するテーマです。2章で説明。

8テーマ

※複数のシーンに該当するテーマを除きます。

9 工事中の建築工事祭式
10 賢い現地調査と土質調査の見方
11 狭隘境界寸法での山留め壁設置
12 重機の転倒を防ぐ
13 自立山留め壁・頭繋ぎ
14 重要な山留め壁の維持管理
15 安全な乗入構台
16 法面安全確保

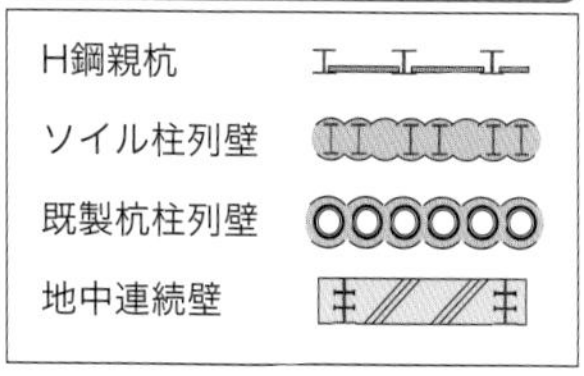

H鋼親杭
ソイル柱列壁
既製杭柱列壁
地中連続壁

その他の山留め壁

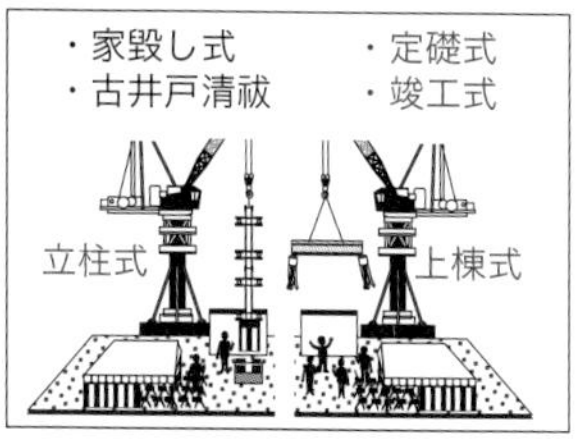

・家毀し式　・定礎式
・古井戸清祓　・竣工式

立柱式　上棟式

安全祈願祭以外の祭式

2 杭地業・掘削山留め

アースドリル杭を施工している。建物をささえる重要工事で、先端支持力の確認など、土を相手の技術的難しさを多く含む。

他の杭（深礎など）では、掘削後に施工する場合もある。

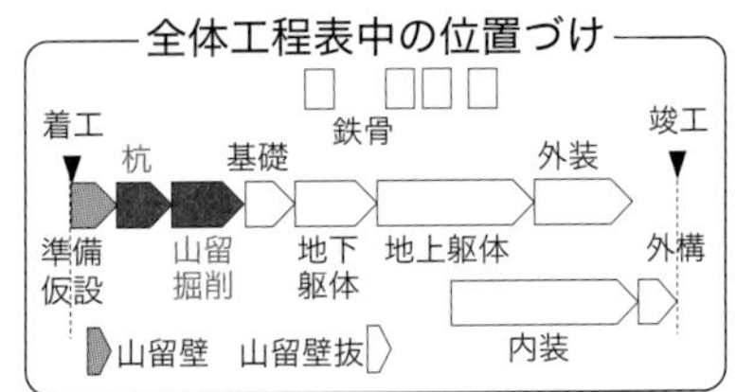

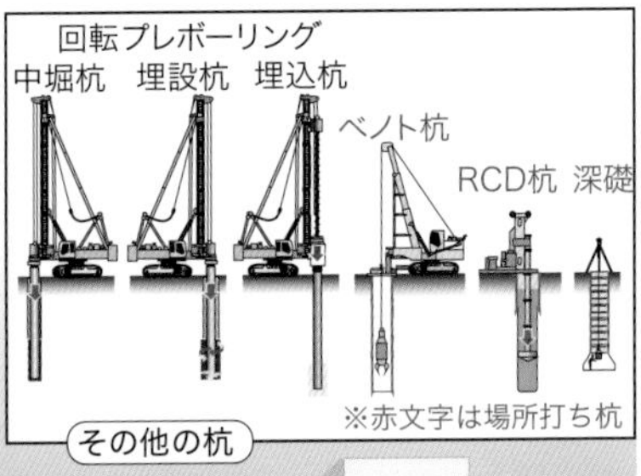

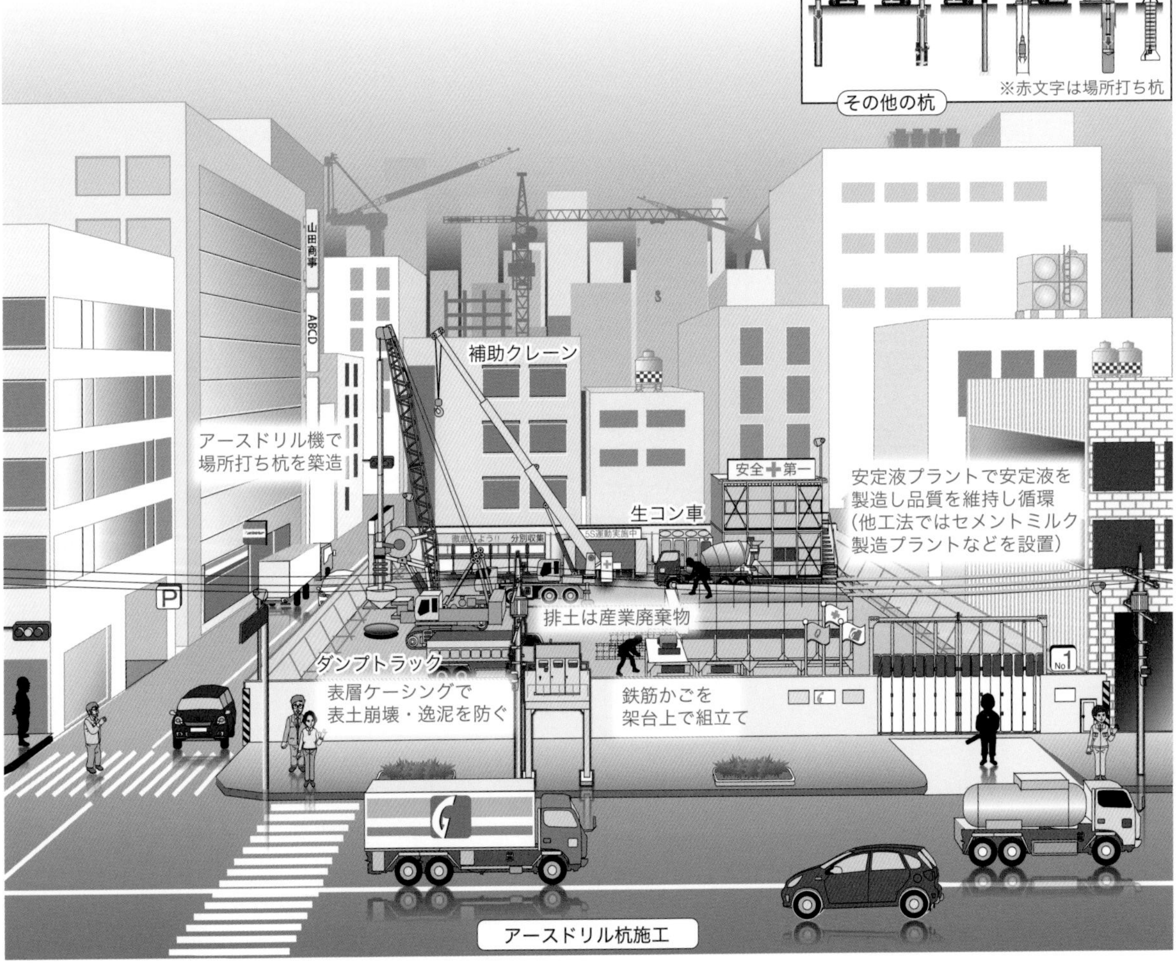

その他の杭

回転プレボーリング

中堀杭　埋設杭　埋込杭

ベノト杭

RCD杭　深礎

※赤文字は場所打ち杭

補助クレーン

アースドリル機で場所打ち杭を築造

生コン車

安定液プラントで安定液を製造し品質を維持し循環（他工法ではセメントミルク製造プラントなどを設置）

排土は産業廃棄物

ダンプトラック

表層ケーシングで表土崩壊・逸泥を防ぐ

鉄筋かごを架台上で組立て

アースドリル杭施工

このシーンの標準的な工程

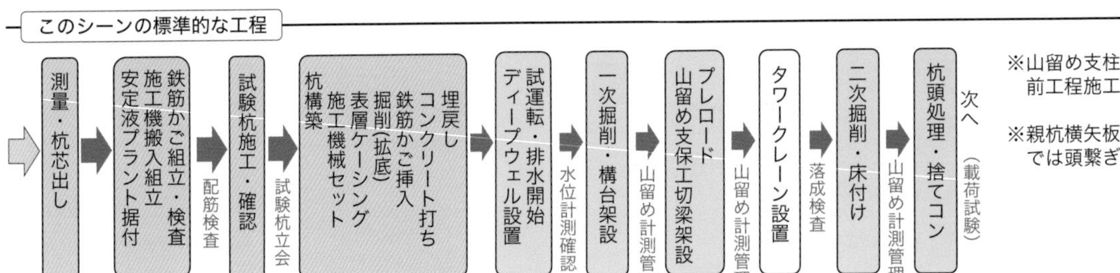

※山留め支柱前工程施工

※親杭横矢板では頭繋ぎ

山留め切梁を架設し、周辺への影響を抑え、計測管理しながら二段階に分けて土砂を掘削排出する。
図は、水平直交切梁山留め一段による開削の様子であるが、この時、乗入構台を利用する。
この段階で、主揚重機タワークレーンが設置されている。

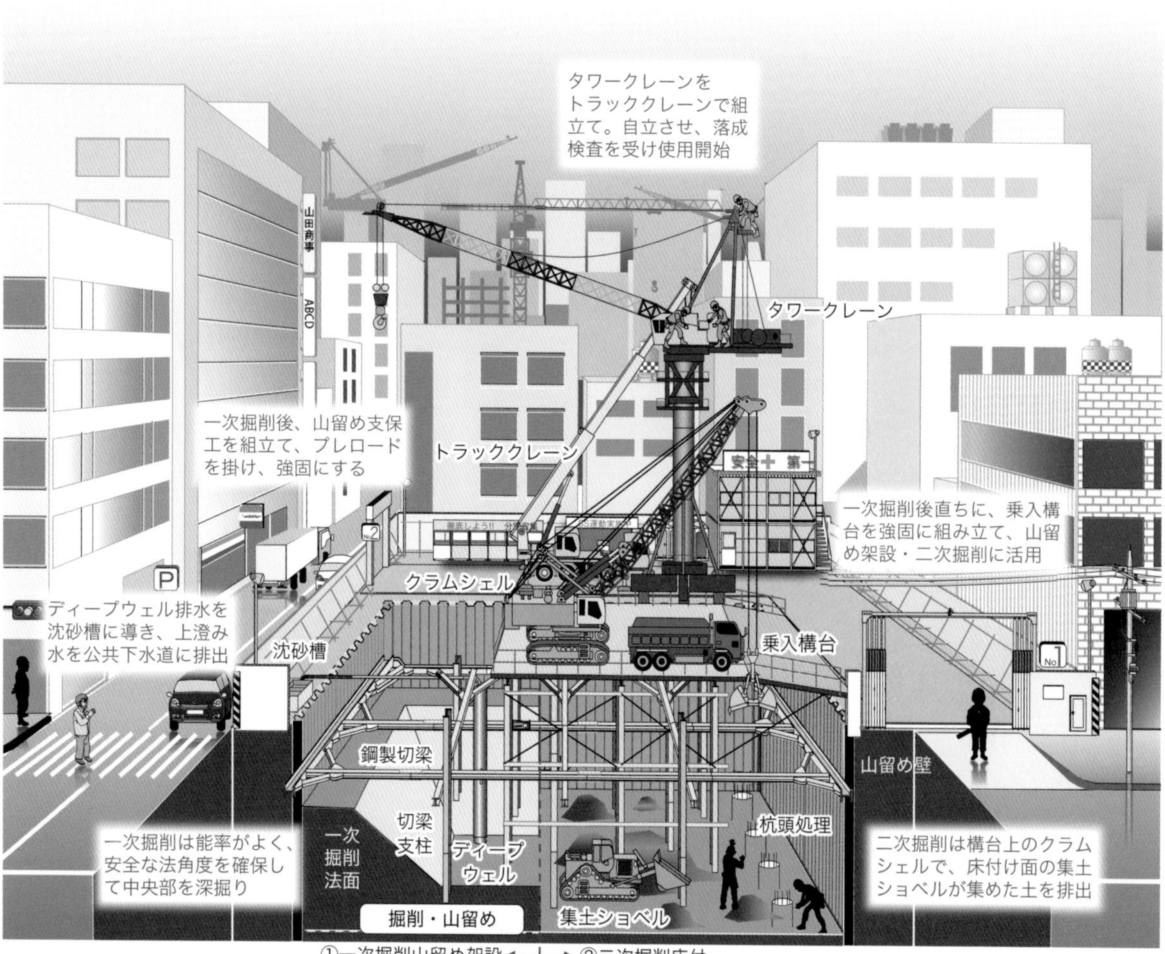

タワークレーンをトラッククレーンで組立て。自立させ、落成検査を受け使用開始
山田商事
ABCD
タワークレーン
一次掘削後、山留め支保工を組立て、プレロードを掛け、強固にする
トラッククレーン
安全第一
一次掘削後直ちに、乗入構台を強固に組み立て、山留め架設・二次掘削に活用
クラムシェル
ディープウェル排水を沈砂槽に導き、上澄み水を公共下水道に排出
沈砂槽
乗入構台
鋼製切梁
山留め壁
杭頭処理
一次掘削は能率がよく、安全な法角度を確保して中央部を深掘り
一次掘削法面
切梁支柱
ディープウェル
二次掘削は構台上のクラムシェルで、床付け面の集土ショベルが集めた土を排出
掘削・山留め
集土ショベル

①一次掘削山留め架設 ↔ ②二次掘削床付

厳選100知識…

Q&A

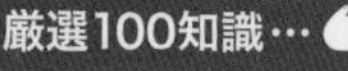

このシーンに該当するテーマです。2章で説明。

12テーマ

※複数のシーンに該当するテーマを除きます。

- **17 杭支持力確認**
- **18 杭精度の理解**
- **19 安定液の働き**
- **20 スライム処理の苦労**
- **21 場所打ち杭鉄筋かご配筋**
- **22 トレミー工法**
- **23 水平切梁架構を安定させる**
- **24 水平切梁プレロード**
- **25 確実な床付け**
- **26 掘削底面の異常**
- **27 地下水排水能力維持**
- **28 山留め計測管理**

地盤アンカー
タイロッド

【他】逆打ち・トレンチカット・アイランド工法

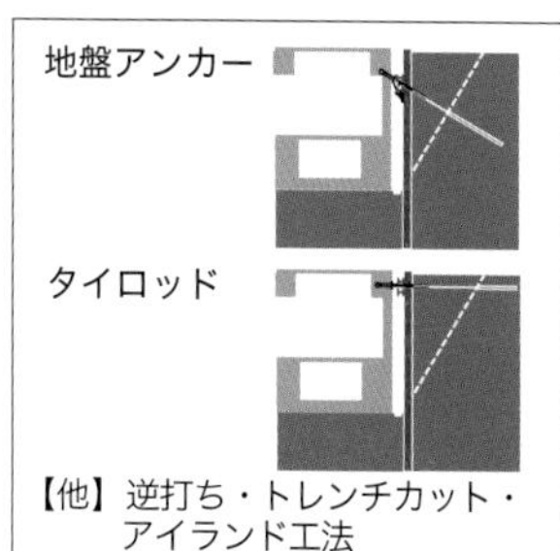

その他の山留め支保工

3 基礎躯体・地下鉄骨建方

掘削床付け後、杭頭を一体化して基礎を構築する。耐圧版と基礎上部の二段階工程となる。鉄筋組立て・鉄骨アンカーボルト設置・型枠組立て・コンクリート打設の手順で施工し、基礎躯体が完成する。

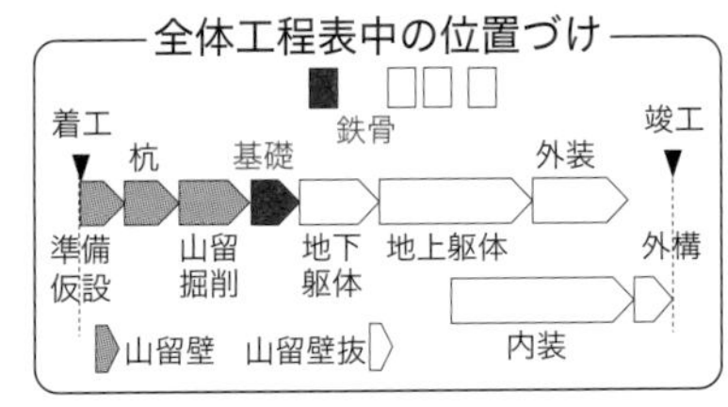

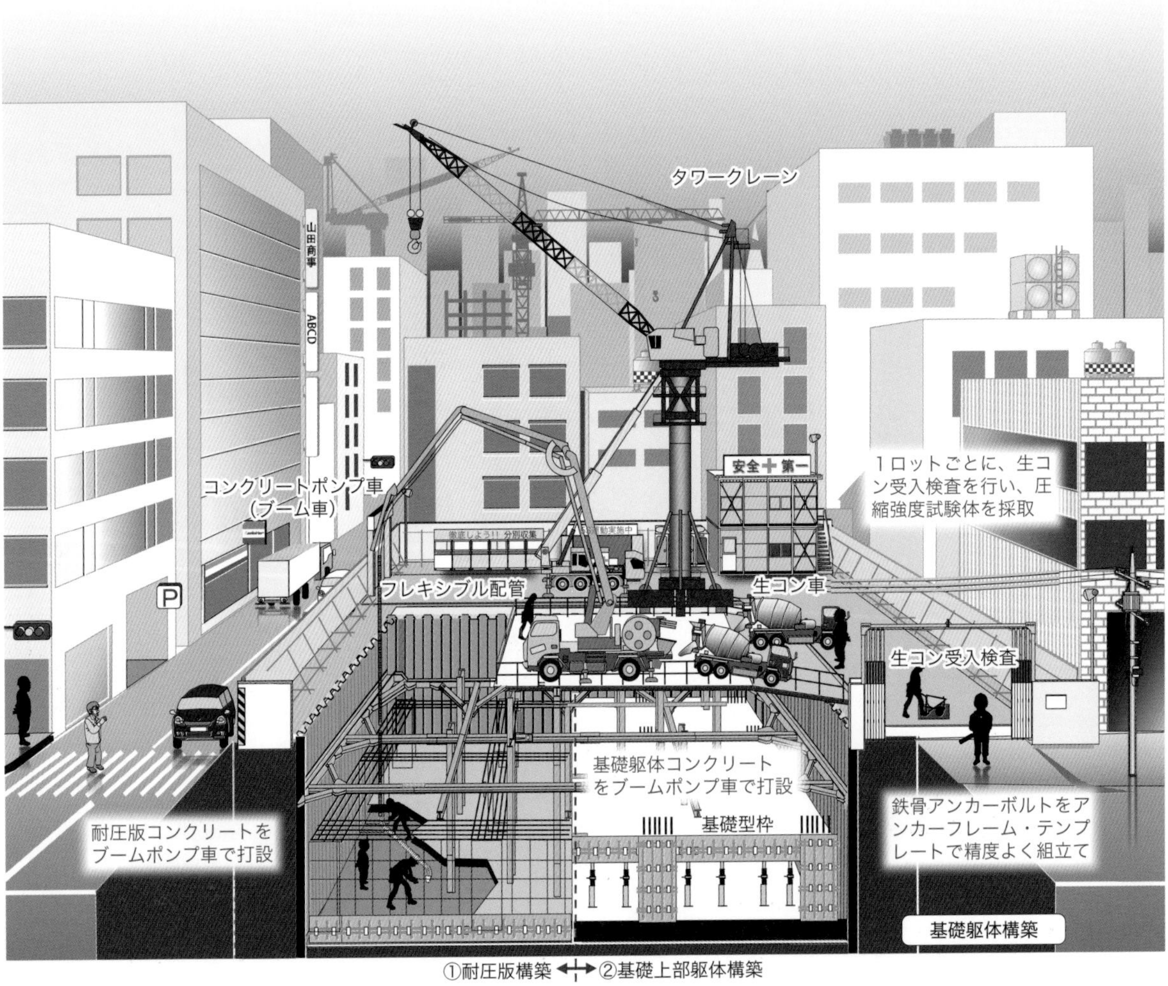

タワークレーン
山田商事
ABCD
安全第一
コンクリートポンプ車（ブーム車）
1ロットごとに、生コン受入検査を行い、圧縮強度試験体を採取
フレキシブル配管
生コン車
生コン受入検査
基礎躯体コンクリートをブームポンプ車で打設
基礎型枠
耐圧版コンクリートをブームポンプ車で打設
鉄骨アンカーボルトをアンカーフレーム・テンプレートで精度よく組立て
基礎躯体構築

①耐圧版構築 ⟷ ②基礎上部躯体構築

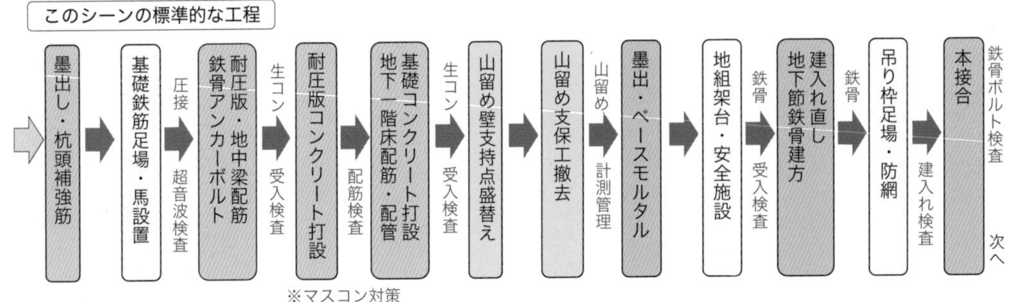

構築した基礎に、山留め壁支持点を盛り変え、切梁を解体する。山留め壁頂部の倒れに注意する。
墨出し、鉄骨ベースモルタルを施し、地組架台など整備し、鉄骨建方の準備を整える。
工場製作済みの地下階第一節鉄骨を搬入し、建方・本接合する。

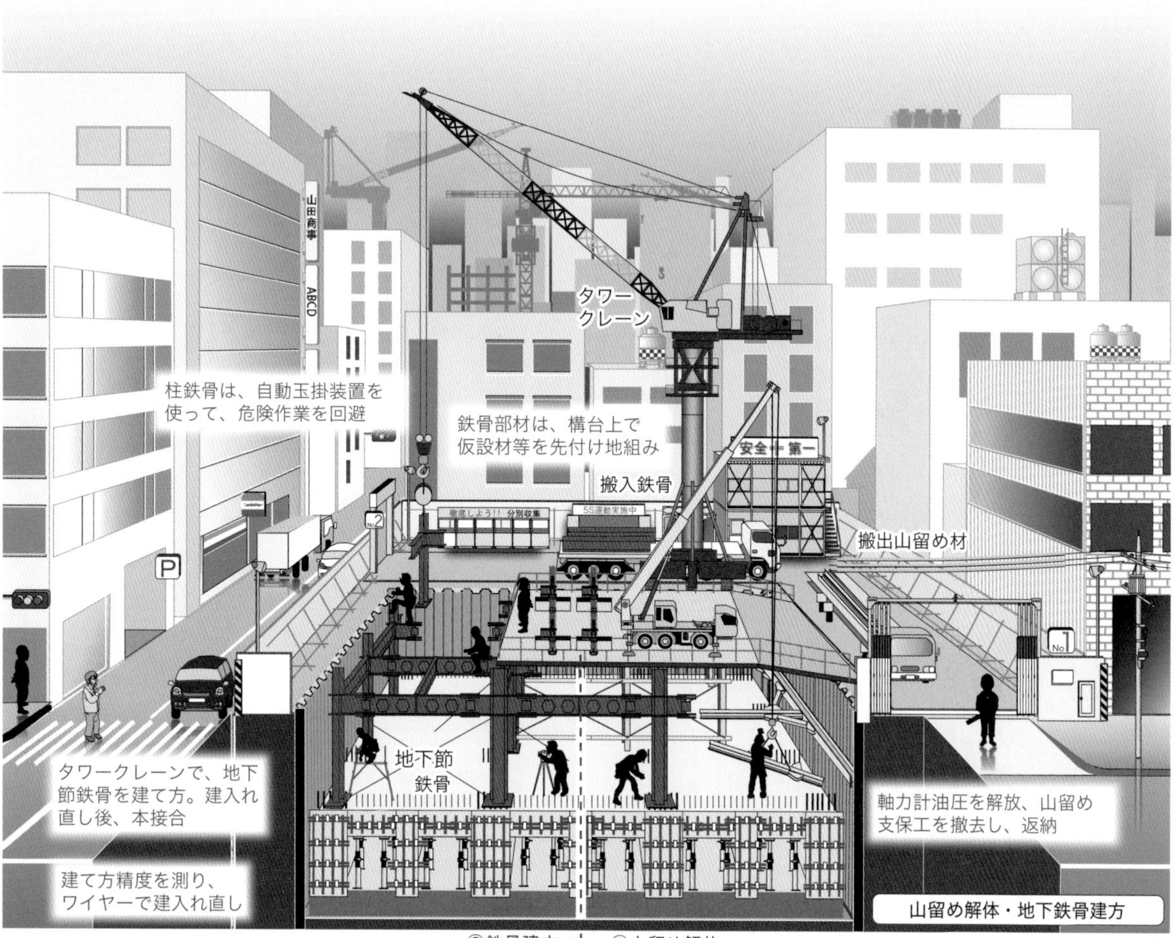

タワークレーン
柱鉄骨は、自動玉掛装置を使って、危険作業を回避
鉄骨部材は、構台上で仮設材等を先付け地組み
搬入鉄骨
搬出山留め材
安全第一
山田商事
ABCD
P
地下節鉄骨
タワークレーンで、地下節鉄骨を建て方。建入れ直し後、本接合
建て方精度を測り、ワイヤーで建入れ直し
軸力計油圧を解放、山留め支保工を撤去し、返納
山留め解体・地下鉄骨建方

②鉄骨建方 ↔ ①山留め解体

厳選100知識…

Q&A

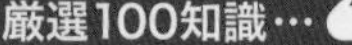

このシーンに該当するテーマです。2章で説明。

8テーマ

※複数のシーンに該当するテーマを除きます。

- **29** 基礎・地下躯体型枠
- **30** 鉄骨の定着
- **31** コンクリート製造
- **32** コンクリート運搬
- **33** コンクリート打込み
- **34** コンクリート養生
- **35** コンクリート検査
- **36** 各種コンクリートの使い分け

山留め
盛替え支点
変位

支点盛替え

コンクリート温度測定
空気量測定
塩化物イオン濃度測定
スランプ値

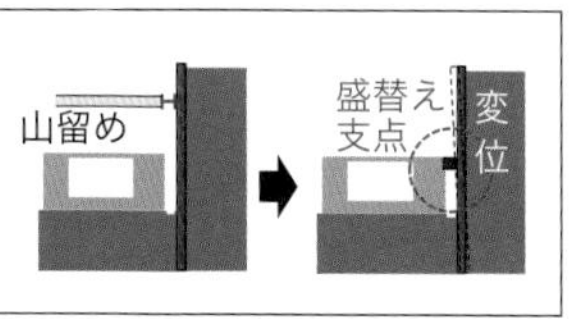

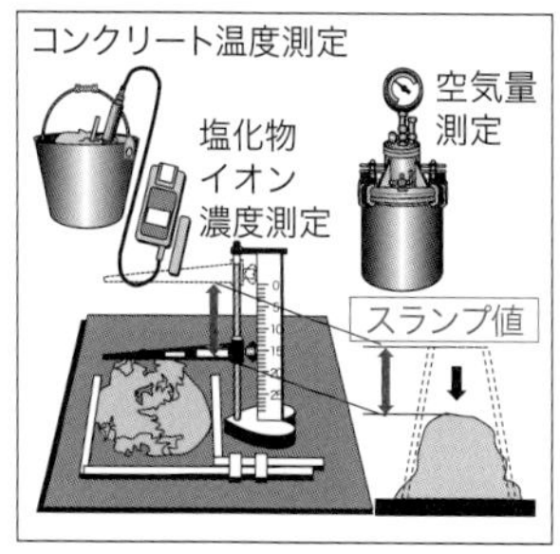

受入検査

4 地下躯体・埋戻し杭抜き

地下の鉄骨建て方・本接合に続き、配筋・型枠組立て・コンクリート打設により鉄骨鉄筋コンクリート地下躯体を完成させる。外周に、外防水処理を先行させることがある。

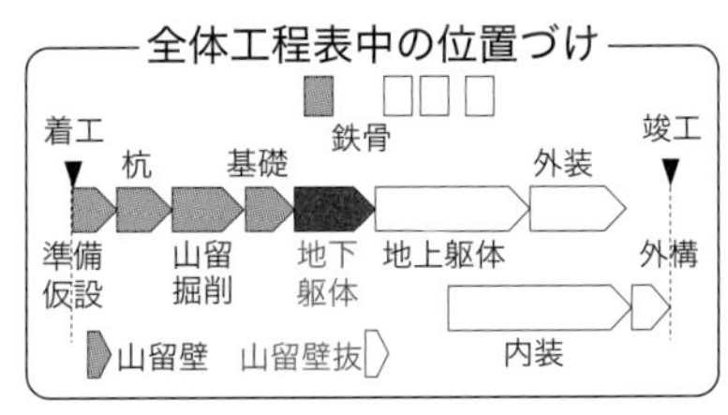

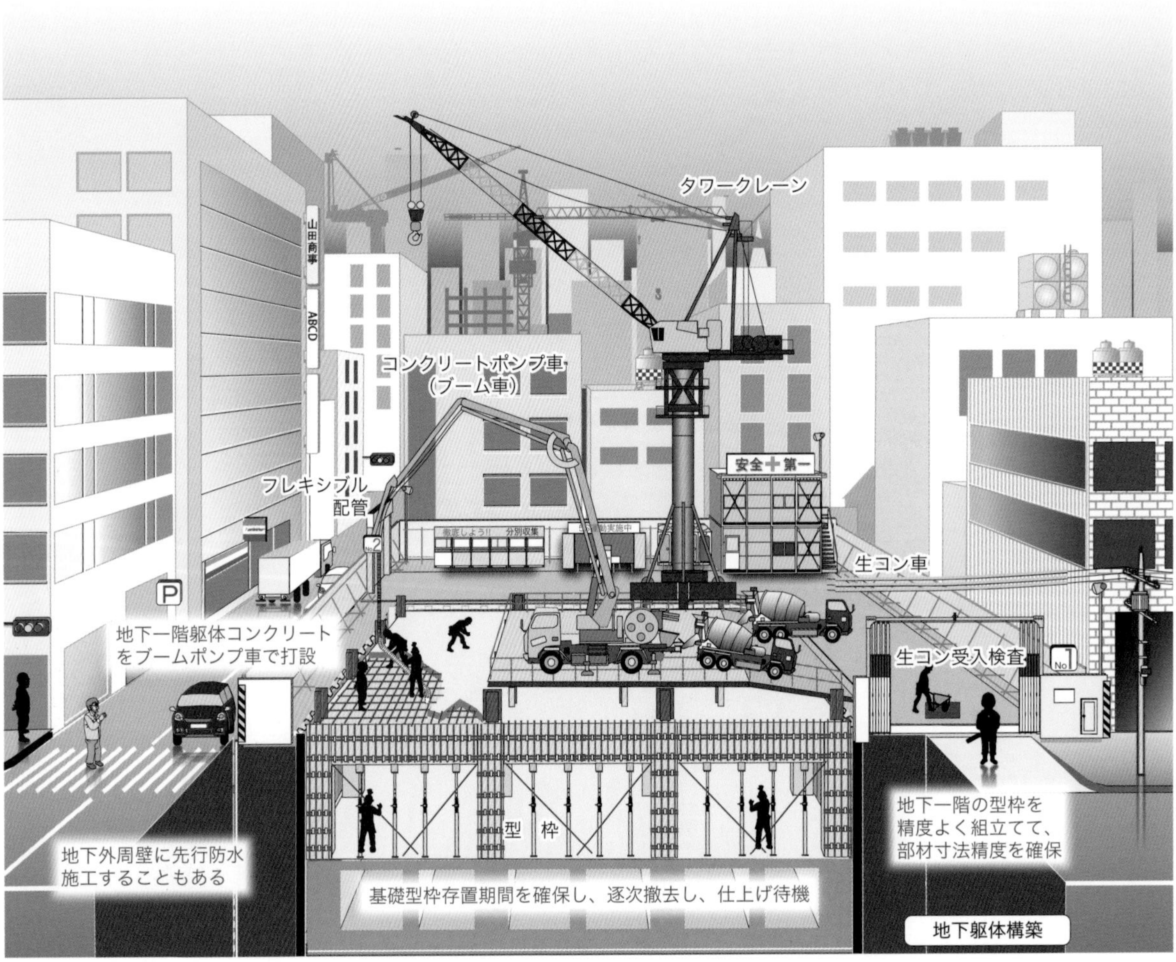

全体工程表中の位置づけ
着工
杭
基礎
鉄骨
外装
竣工
準備
仮設
山留
掘削
地下
躯体
地上躯体
外構
内装
山留壁
山留壁抜

タワークレーン
山田商事
ABCD
コンクリートポンプ車
(ブーム車)
フレキシブル
配管
安全第一
生コン車
P
地下一階躯体コンクリート
をブームポンプ車で打設
生コン受入検査
型枠
地下一階の型枠を
精度よく組立てて、
部材寸法精度を確保
地下外周壁に先行防水
施工することもある
基礎型枠存置期間を確保し、逐次撤去し、仕上げ待機
地下躯体構築

このシーンの標準的な工程

- 外周躯体止水処理（※止水セパ・止水板）
- 地下一階 柱梁圧接配筋・壁配筋
  - 圧接 超音波検査
- 地下一階 柱壁スラブ型枠組立て
- 電気配管 一階床梁・スラブ配筋
  - 配筋検査
- コンクリート打設 地下一階・一階床
  - 生コン 受入検査
- 地下外周型枠撤去
  - SMWなどの場合は 埋戻し省略
- 外側防水（※ベントナイト防水など）
- 乗入構台撤去 仮設撤去
- 地下躯体外周埋戻し
- 山留め壁引抜き撤去 埋戻し整地
  - 次へ

セパレータ
せき板
根太
大引
フォームタイ
サポート
端太パイプ

型枠組立て

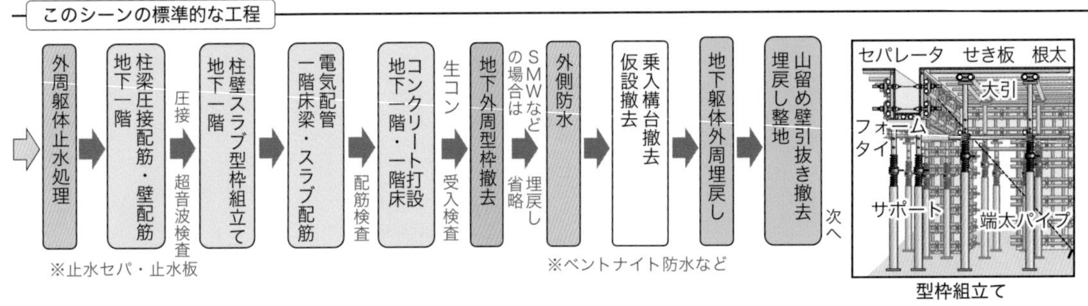

地下躯体構築後、周辺を埋め戻し、仮設である山留め壁を引き抜く（図は、油圧式シートパイル抜き工法）。
この工程で地下工事が完成する。
補強・覆工養生して、躯体に重機を載せることもある（山留め壁を埋設する時は省略）。

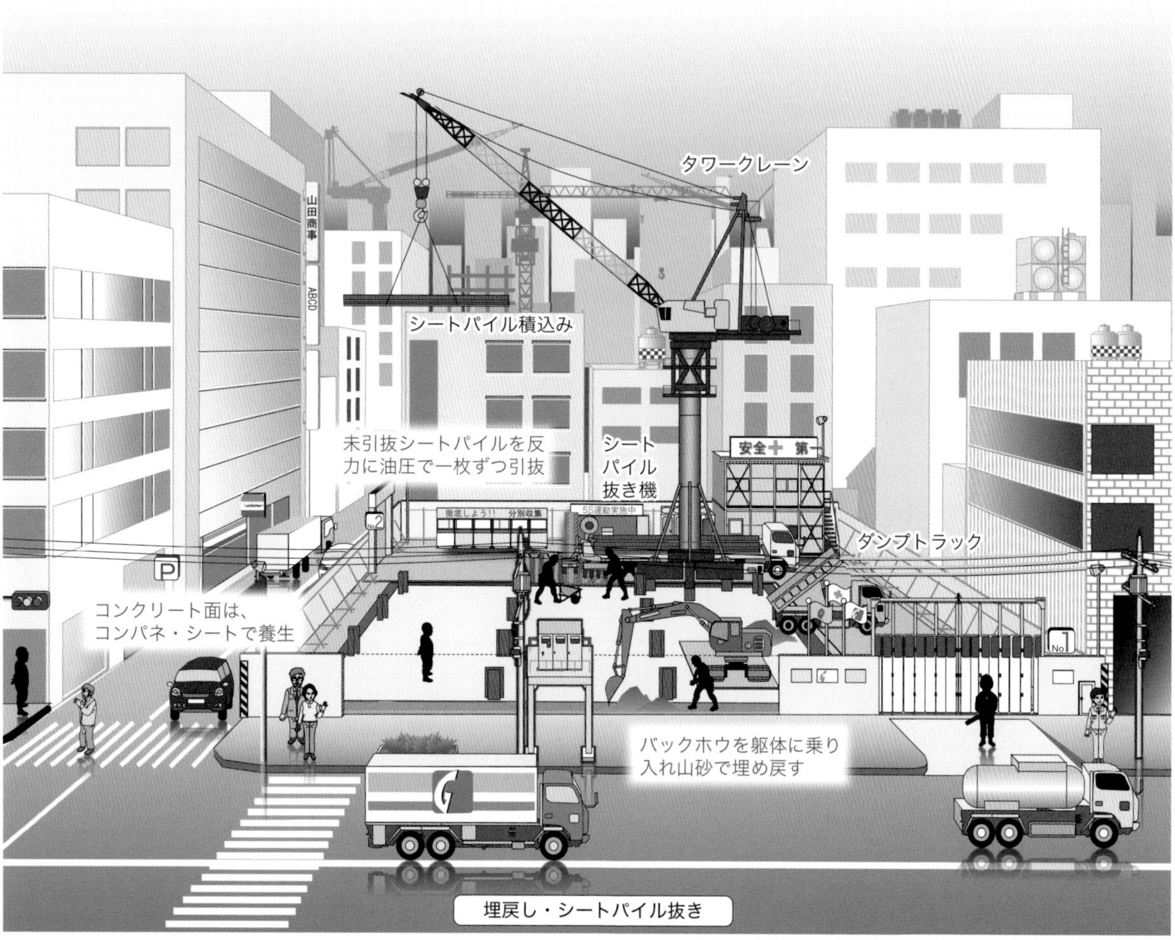

タワークレーン
シートパイル積込み
未引抜シートパイルを反力に油圧で一枚ずつ引抜
シート パイル 抜き機
ダンプトラック
コンクリート面は、コンパネ・シートで養生
バックホウを躯体に乗り入れ山砂で埋め戻す
山田商事
ABCD
安全第一
5S運動実施中
徹底しよう!! 分別収集

埋戻し・シートパイル抜き

厳選100知識…
このシーンに該当するテーマです。2章で説明。
Q&A
10テーマ

※複数のシーンに該当するテーマを除きます。

- 37 鉄筋加工・組立ての基本
- 38 鉄筋継手
- 39 パネルゾーン配筋
- 40 鉄筋先組み工法
- 41 型枠組立ての基本（柱・壁 在来V工程）
- 42 型枠組立ての基本（床・梁 在来H工程）
- 43 打放し型枠の作法
- 44 型枠転用
- 45 地下階の防水・止水
- 46 埋戻しの原則

多滑車式杭抜
振動杭抜
バイブロハンマー

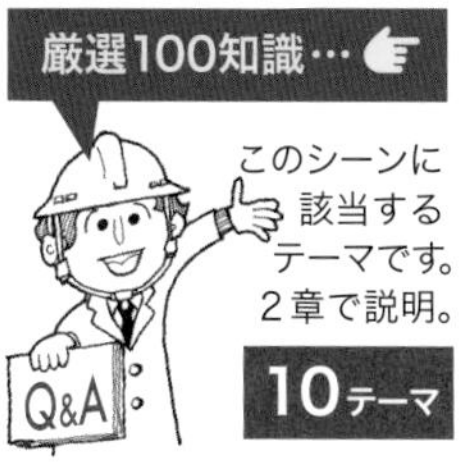

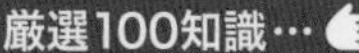

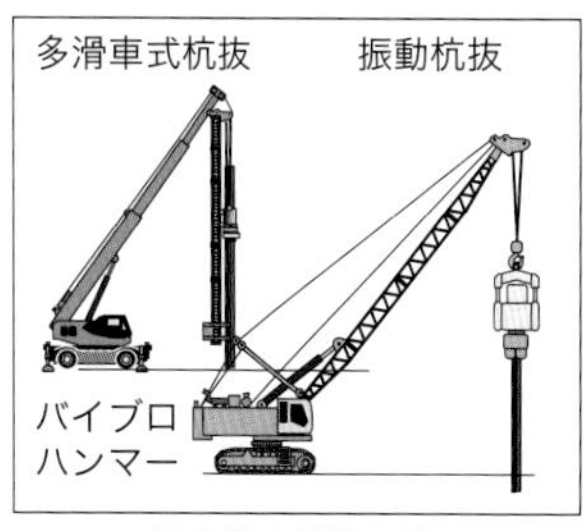

その他の杭抜工法

5 地上鉄骨建方本接合

タワークレーンにより、地上第一節、二節の低層部鉄骨を平積みで建方する。吊り枠足場、安全施設を整備し、溶接・高力ボルト本接合を行う。上階構築のために、タワークレーンをクライミングする準備（控え固定など）を整える。

全体工程表中の位置づけ
着工
鉄骨
竣工
杭
基礎
外装
準備
仮設
山留
掘削
地下
躯体
地上躯体
外構
内装
山留壁
山留壁抜

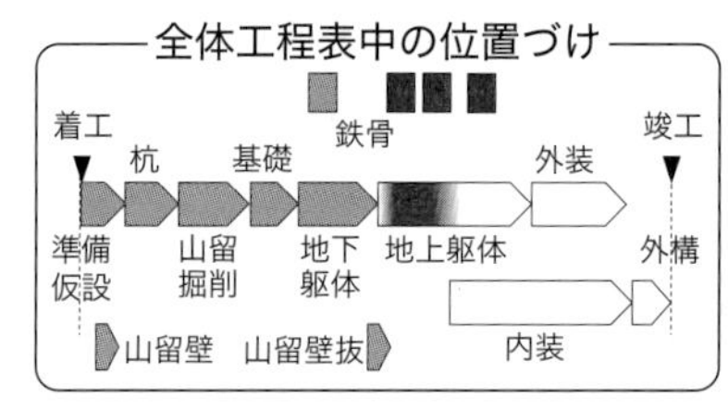

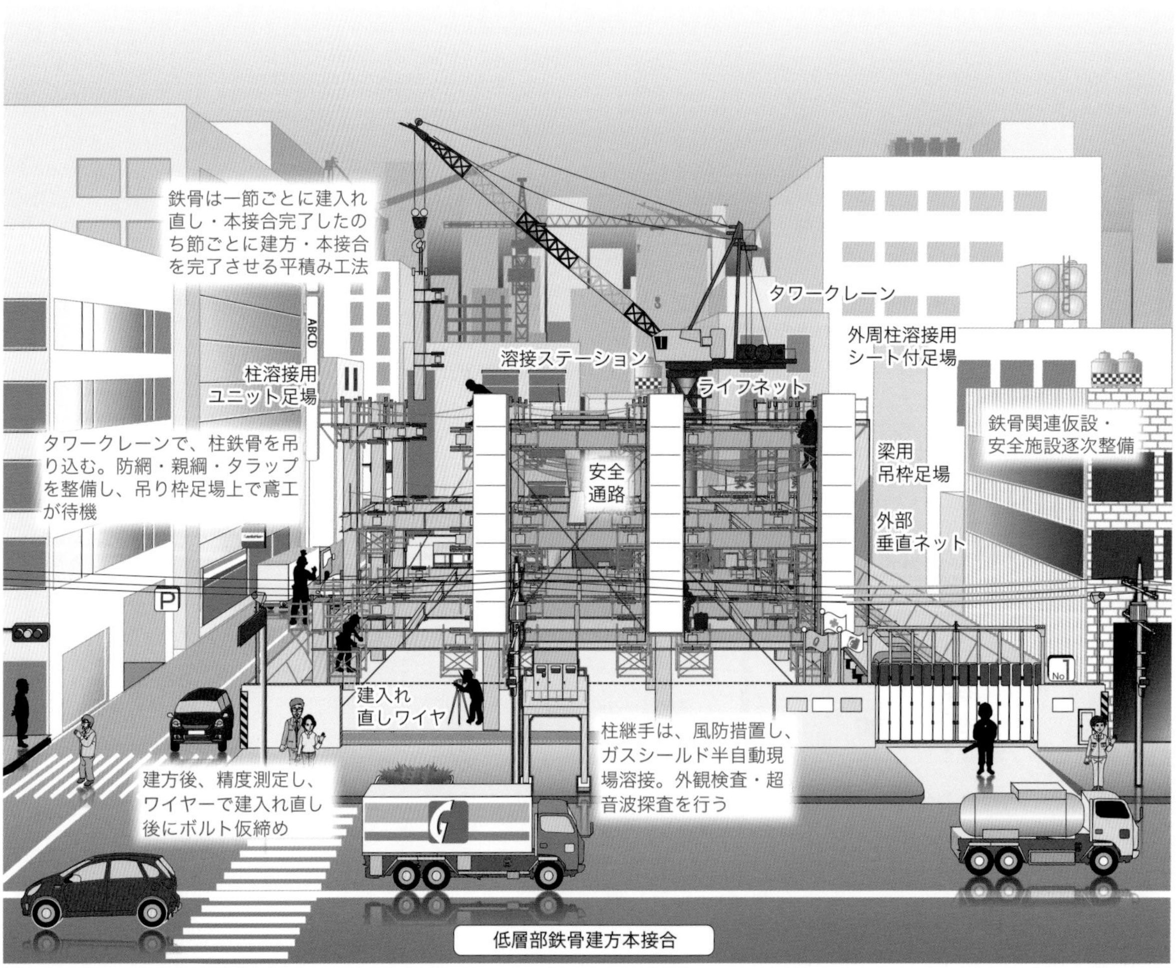

鉄骨は一節ごとに建入れ直し・本接合完了したのち節ごとに建方・本接合を完了させる平積み工法
タワークレーン
外周柱溶接用シート付足場
柱溶接用ユニット足場
溶接ステーション
ライフネット
タワークレーンで、柱鉄骨を吊り込む。防網・親綱・タラップを整備し、吊り枠足場上で鳶工が待機
鉄骨関連仮設・安全施設逐次整備
安全通路
梁用吊枠足場
外部垂直ネット
ABCD
P
建入れ直しワイヤ
柱継手は、風防措置し、ガスシールド半自動現場溶接。外観検査・超音波探査を行う
建方後、精度測定し、ワイヤーで建入れ直し後にボルト仮締め
低層部鉄骨建方本接合

このシーンの標準的な工程

墨出し・鉄骨準備
(溶接・高力ボルト)
吊り枠足場・本接合
建入れ直し(検査)
第一節鉄骨建方
ボルト検査
超音波探査
クライミング
タワークレーン
外部養生・リフト設置
(溶接・高力ボルト)
吊り枠足場・本接合
建入れ直し
三節鉄骨建方
ボルト検査
超音波検査
四節鉄骨建方
コンクリート打設
配管・周辺型枠
スラブ配筋
スタッドボルト
デッキ床敷設
二階床から逐次
スタッド曲げ検査
次へ

※第二節鉄骨建方繰り返し

階ごとに下層から積層
節ごとに平積み(積層)
鉄骨は最上層まで先に建て、RCは階ごとに下階から積層
鉄筋コンクリート造
純鉄骨造（本頁）
鉄骨鉄筋コンクリート造

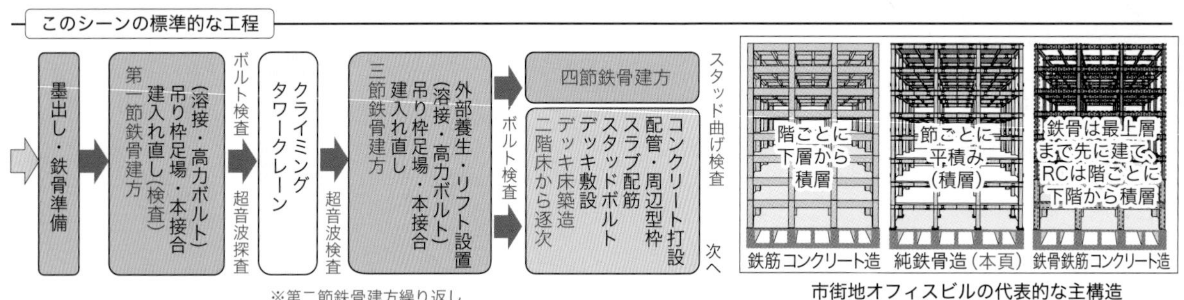

市街地オフィスビルの代表的な主構造

タワークレーンをクライミングし、高層部鉄骨を、継続して平積みで建て進める。リフト・安全施設を整え、下階から床工事を並行させ、躯体工事の最盛期となる。デッキプレート敷設・スタッドボルトを打ち、配筋・配管・周辺型枠を施工し、床コンクリートを打設していく。

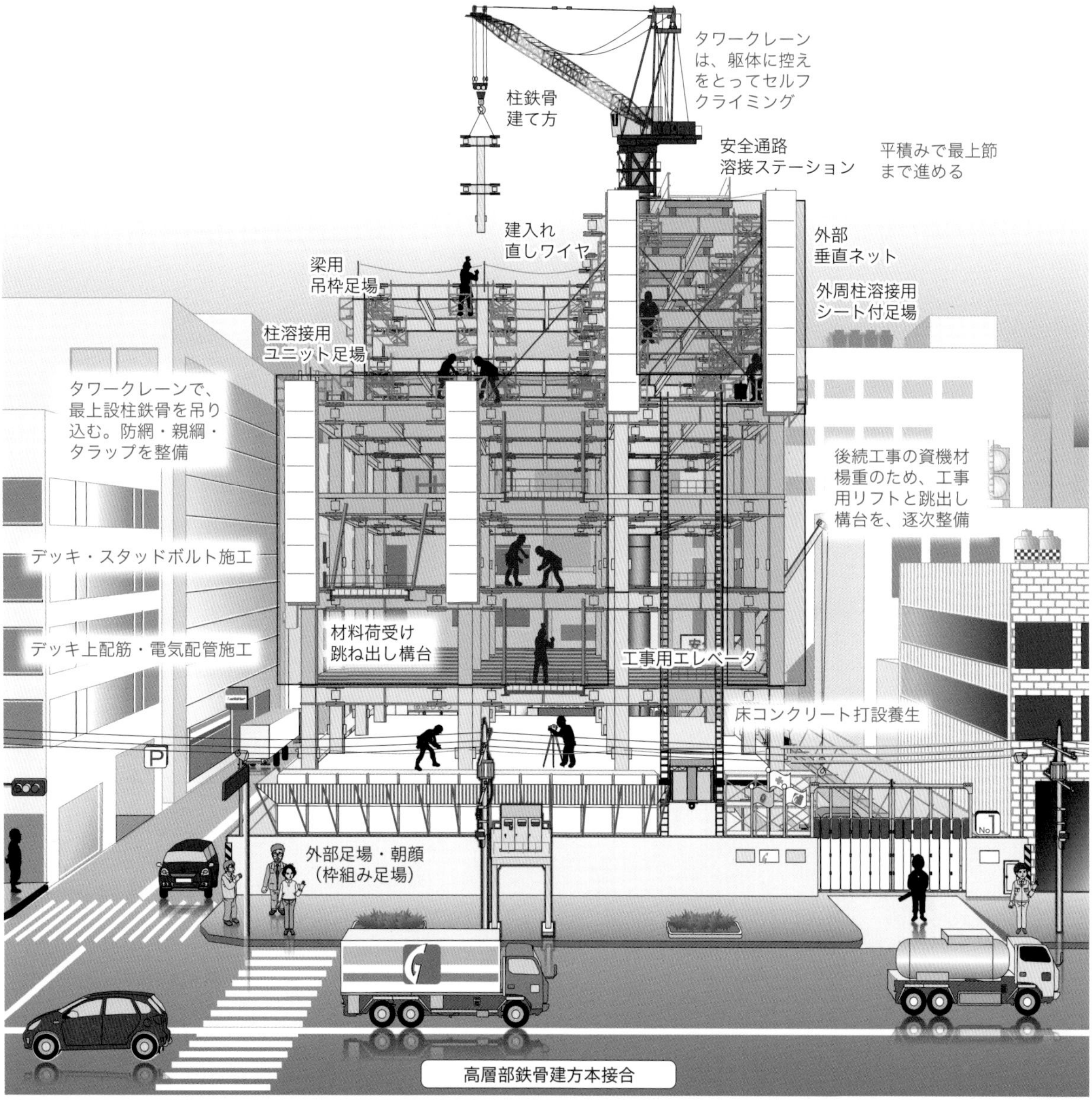

柱鉄骨
建て方
タワークレーンは、躯体に控えをとってセルフクライミング
安全通路
溶接ステーション
平積みで最上節まで進める
建入れ直しワイヤ
外部
垂直ネット
梁用
吊枠足場
外周柱溶接用
シート付足場
柱溶接用
ユニット足場
タワークレーンで、最上設柱鉄骨を吊り込む。防網・親綱・タラップを整備
後続工事の資機材揚重のため、工事用リフトと跳出し構台を、逐次整備
デッキ・スタッドボルト施工
デッキ上配筋・電気配管施工
材料荷受け
跳ね出し構台
工事用エレベータ
床コンクリート打設養生
外部足場・朝顔
(枠組み足場)

高層部鉄骨建方本接合

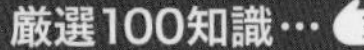

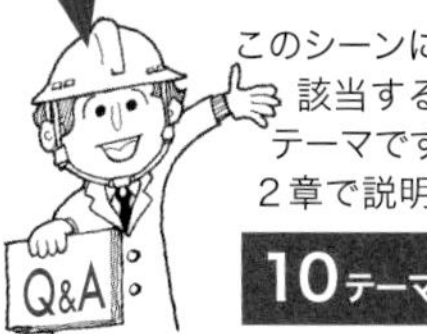

厳選100知識…
このシーンに該当するテーマです。2章で説明。
Q&A
10テーマ

※複数のシーンに該当するテーマを除きます。

- **47** 鉄骨製作工場との連携
- **48** 鉄骨先付け金物
- **49** 鉄骨防錆塗装
- **50** 鉄骨製品検査
- **51** 鉄骨建方方式
- **52** 鉄骨建方
- **53** 鉄骨工事場接合
- **54** 鉄骨専用足場
- **55** デッキプレート
- **56** 鉄骨耐火被覆

・型枠デッキ
フラットデッキ
・鉄筋付デッキ
・構造デッキ
(型枠デッキ)
・耐火合成デッキ
(要耐火被覆)

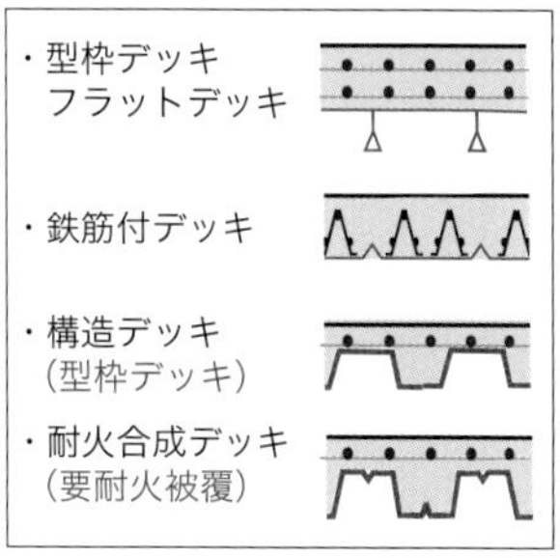

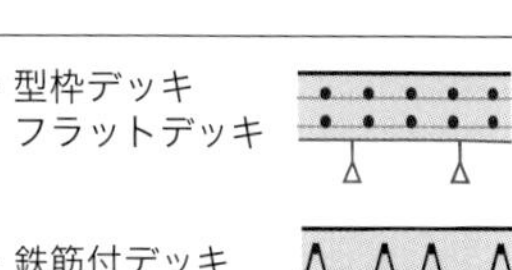

主なデッキ床版構法

6 床構築・耐火被覆・外装

下階から進めてきた床工事が終わり、最上階コンクリート打設により躯体工事が完了する。耐火被覆が施され、各階で、後続の外装仕上工事が本格的に始まる。

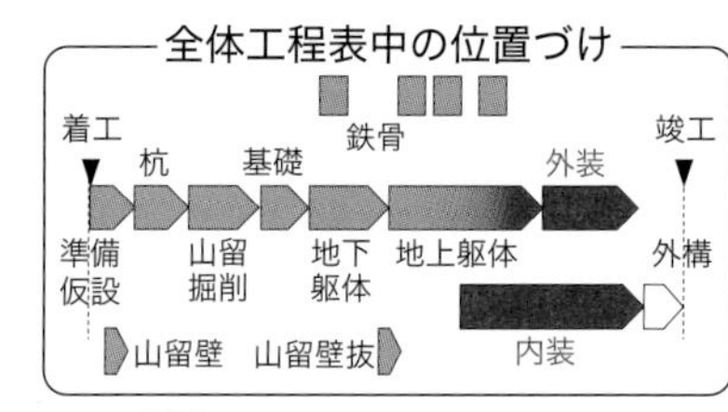

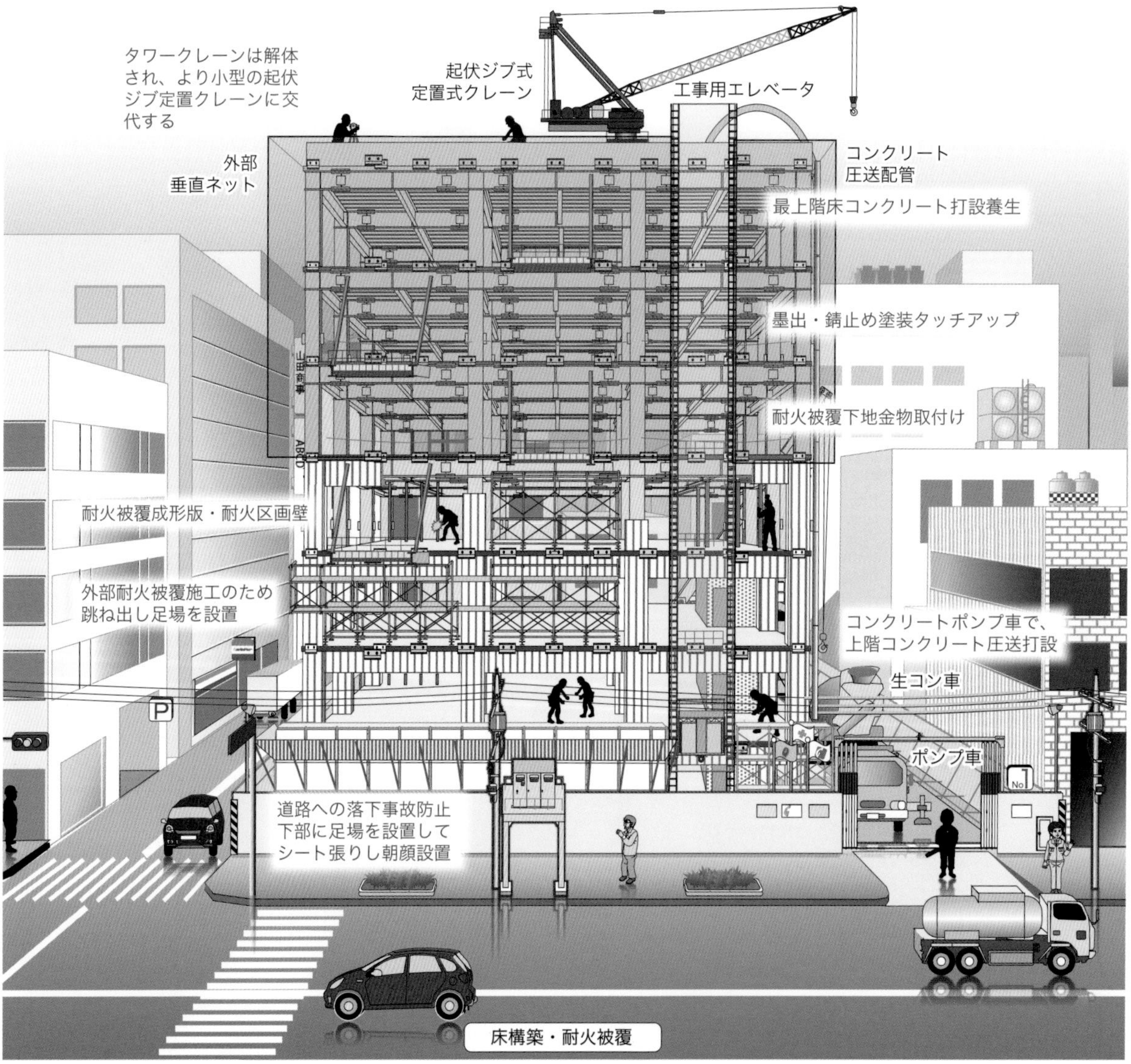

タワークレーンは解体され、より小型の起伏ジブ定置クレーンに交代する

起伏ジブ式定置式クレーン

工事用エレベータ

外部垂直ネット

コンクリート圧送配管

最上階床コンクリート打設養生

墨出・錆止め塗装タッチアップ

耐火被覆下地金物取付け

耐火被覆成形版・耐火区画壁

外部耐火被覆施工のため跳ね出し足場を設置

コンクリートポンプ車で、上階コンクリート圧送打設

生コン車

ポンプ車

道路への落下事故防止下部に足場を設置してシート張りし朝顔設置

床構築・耐火被覆

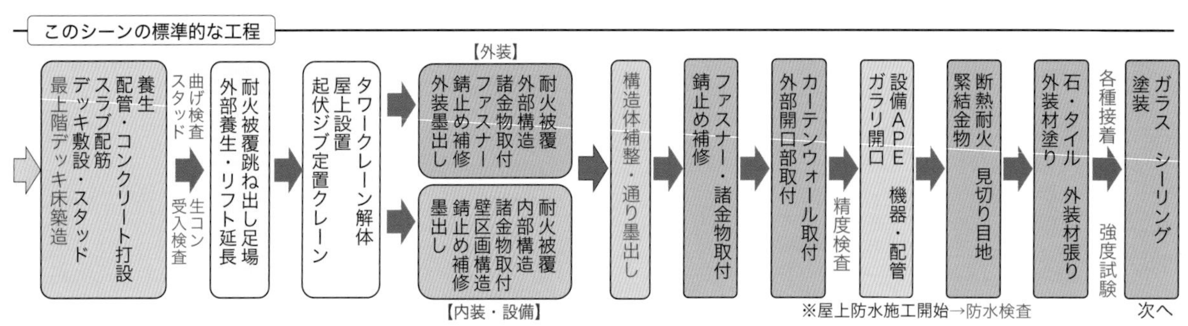

後続仕上工事の先がけとして、外装カーテンウォールを無足場工法で施工する。
墨を通し、ファスナーを取り付け、クレーンを使って能率よく施工していく。
設備・内装仕上下地工事も下階より逐次開始する。

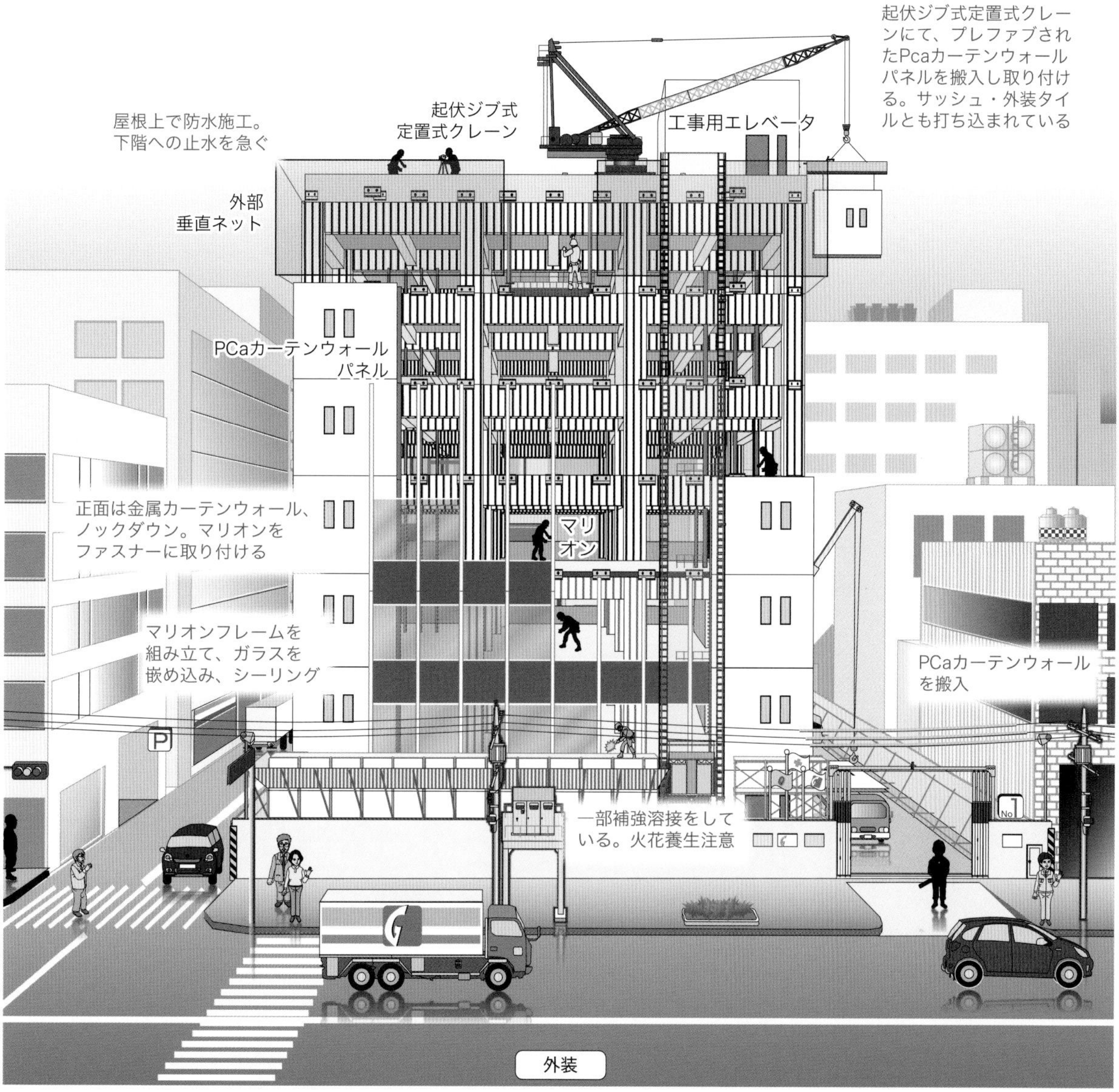

屋根上で防水施工。下階への止水を急ぐ

起伏ジブ式定置式クレーン

工事用エレベータ

起伏ジブ式定置式クレーンにて、プレファブされたPcaカーテンウォールパネルを搬入し取り付ける。サッシュ・外装タイルとも打ち込まれている

外部垂直ネット

PCaカーテンウォールパネル

正面は金属カーテンウォール、ノックダウン。マリオンをファスナーに取り付ける

マリオン

マリオンフレームを組み立て、ガラスを嵌め込み、シーリング

PCaカーテンウォールを搬入

一部補強溶接をしている。火花養生注意

外装

このシーンに該当するテーマです。2章で説明。

14テーマ

※複数のシーンに該当するテーマを除きます。

- 63 外部足場
- 64 陸屋根防水
- 65 カーテンウォールの基本
- 66 シーリング防水
- 67 異種金属の接触腐食
- 68 パネル系外壁構法
- 69 外装仕上げ塗材吹付け
- 70 陶磁器質タイル工事の基本
- 71 陶磁器質外壁タイル張り
- 72 外壁張り石工事
- 73 内装用足場
- 74 スチールドア取付け
- 75 アルミ製建具取付け
- 76 内部区画・間仕切り壁パネル

7 内外装仕上げ・設備・外構・検査引渡し

内装壁下地、設備機器据付け・配管・配線が、躯体・外装進捗を追って下階から展開される。職種数・職人数も多く、資機材楊重運搬もピークとなる。塗装・クロス・絨毯など、最終仕上げを施す。器具付け・飾り工事家具を経てほぼ全工程が完了する。

全体工程表中の位置づけ

着工
杭
基礎
鉄骨
外装
竣工
準備仮設
山留掘削
地下躯体
地上躯体
外構
内装
山留壁
山留壁抜

起伏ジブ式定置式クレーン
機械基礎設置し、屋外機器を据付け、配管
外装ガラスノックダウン金属カーテンウォール（表示略）
壁構造骨組ALC・区画壁取付け
設備搬入し楊重屋外機器
設備 配管とダクトワーク
天井下地と壁下地LGS施工
サッシュ・ドア取付け、モルタル埋め
天井ボード・壁LGS・配管照明器具付け・配線
耐火被覆
壁タイル・石・金属造作木工事・建具吊込
床タイル・石張り床シート張り
1階
材料基地となり仕上げは遅れることが多い
防水・区画壁・ALC施工
機械基礎・設備機器据付け
配管・配線・ダクトワーク
B1階
ローリングタワー
防水施工
湧水ピット
内装・設備・仕上げ下地・最終仕上げ施工

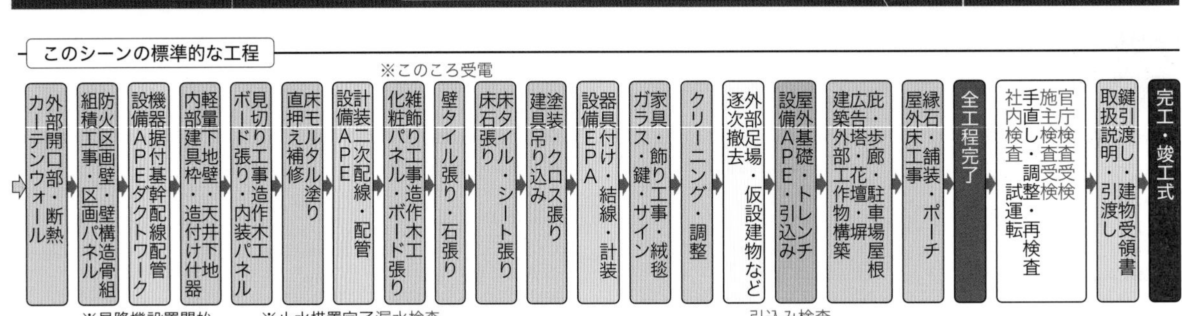

建物本体はほとんど仕上がり、足場・事務所などの仮設物を撤去し、屋外設備・工作物・舗装などを施工する。

公共エネルギー系統も繋ぎこむ。自主検査・官庁検査施主検査を受け、手直し調整・試運転を経て完工し、引渡しを行う。

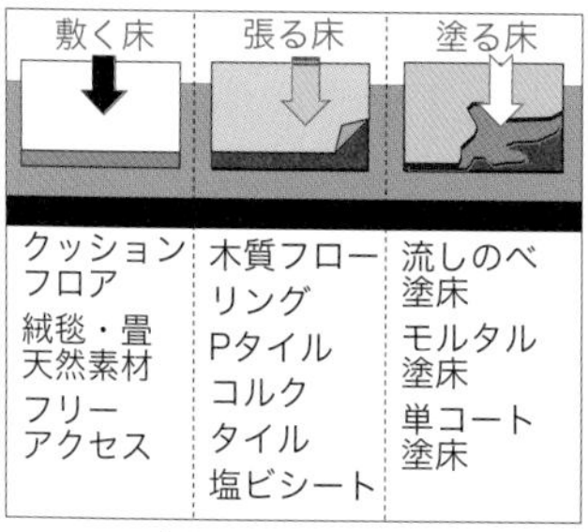

敷く床	張る床	塗る床
クッションフロア 絨毯・畳 天然素材 フリーアクセス	木質フローリング Pタイル コルク タイル 塩ビシート	流しのべ塗床 モルタル塗床 単コート塗床

内装床仕上げ三種

足場を組み看板取付け

目隠し壁施工

トラッククレーンで看板取付け

工事用エレベータ撤去
本設エレベータ使用

仮設ゴンドラで外部漏水検査

室内では、仕上調整・自主検査・クリーニング・機器試運転が行われる

現場事務所は完成建物内を一時使用することが多い

高所作業車

仮設物撤去整地
舗装・花壇施工

庇取付け

道路使用許可をとって
外部埋設配管

塀施工

ガードマン

仮設撤去・外構施工

厳選100知識…

このシーンに該当するテーマです。2章で説明。

18テーマ

※複数のシーンに該当するテーマを除きます。

- **77** RC構造内の造作木工事
- **78** 内壁張り石工事
- **79** 内装鋼製壁・天井下地
- **80** 内装壁・天井表面材張り
- **81** 内装床仕上げ
- **82** 建築用仕上げ塗材とセメントモルタル壁下地
- **83** 陶磁器質内壁タイル張り
- **84** セメントモルタル塗り床下地
- **85** 陶磁器質内装床タイル張り
- **86** 左官塗り床仕上げ
- **87** ガラス施工
- **88** 現地塗装の基本
- **89** 代表的な3つの現地塗装
- **90** 接着剤
- **91** 汚れ・傷を減らす（工事中・運用後）
- **92** 外構舗装・造園
- **93** 検査受検と竣工引渡し
- **94** 竣工時祭式・定礎

8 完成・運用

引渡し受領後、テナント工事などの入居準備をすすめ、操業訓練・引越を経て、運用が開始される。

施工者は契約に則り、定期点検・サービスを行い、適切な維持保全がされるよう長期修繕計画書を提供し、建物のライフサイクルパートナーをめざす。

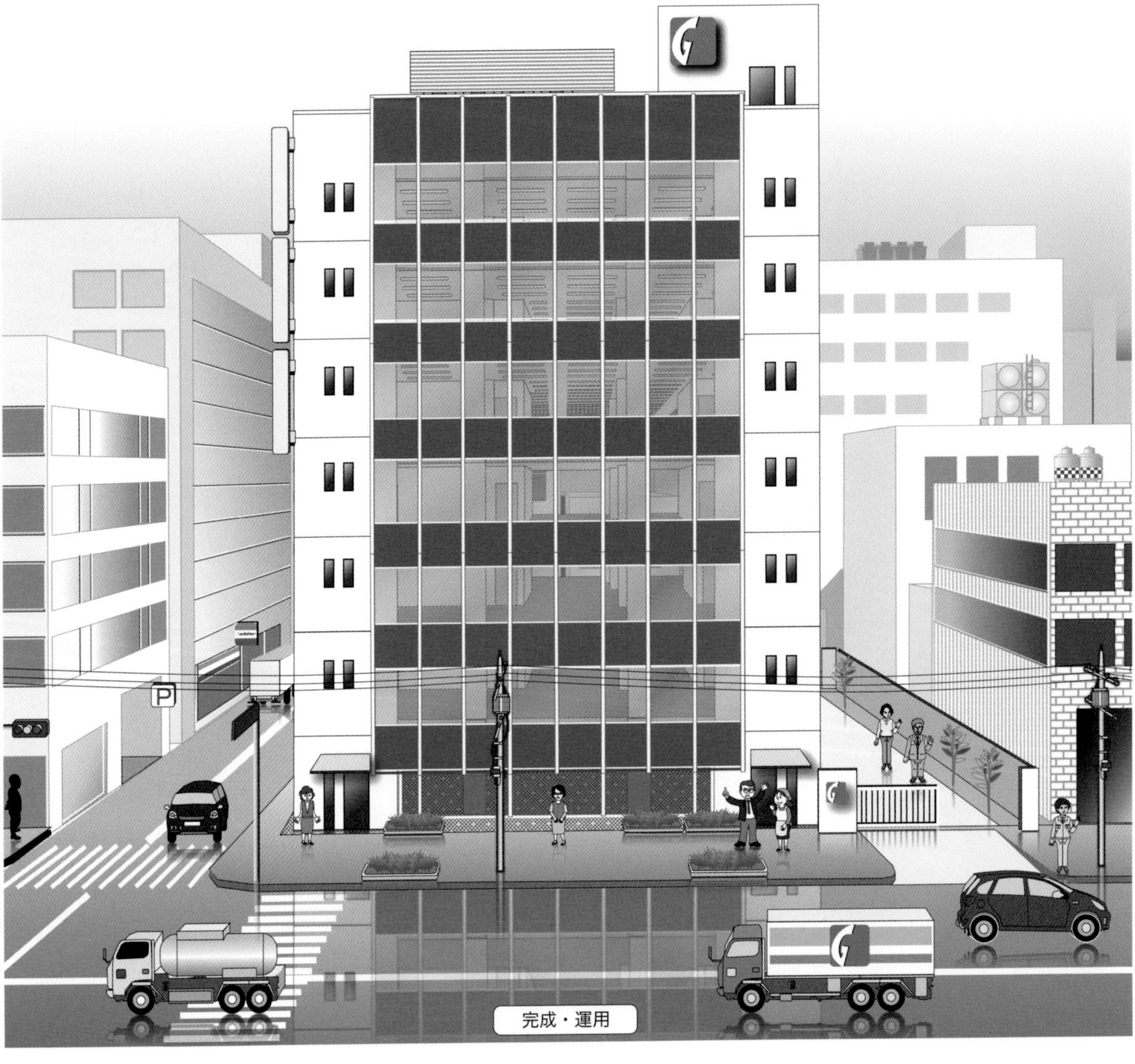

完成・運用

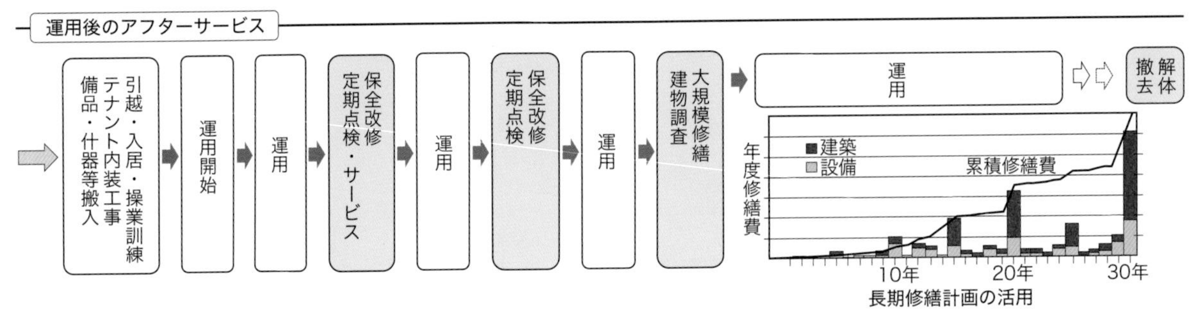

2章

解説！
厳選100知識

100 知識の選定

1　厳選 100 知識の選び方

100 のテーマを「厳選 100 知識」と呼び、勘違いされやすいもの、事故や不具合の多いもの、頻出するものから、優先度の高いテーマを選んだ。

特に、日本建築学会建築工事標準仕様書にならうテーマが多い。その深い技術内容を見開き 2 頁で全て伝えることは不可能なので、

- 最も需要な管理特性を深く説明し全体像を示す
- 全体構成を広く浅く紹介し、全体像を示す

の２パターンで構成した。説明する管理特性・技術解釈等について、JASS を紐解き、同僚や先輩、専門業者と議論して理解を深めていただきたい。

本書で取り上げるテーマには、共通仮設に関するものが少ない。これは、読者の工事関係者は、この技術項目に早くから取り組み、高いレベルに達していて、企業ごとに機器や材料に違いもあり、一般的な説明が難しいことによる。

なお、説明順に、複数シーンにわたるビッグテーマを冒頭・中盤・末尾に配置し、より大きな目で技術全般を捉えられるよう工夫した（目次参照）。

スタートアップ 8テーマ → 安全・安心のクライマックス 6テーマ → エピローグ 6テーマ

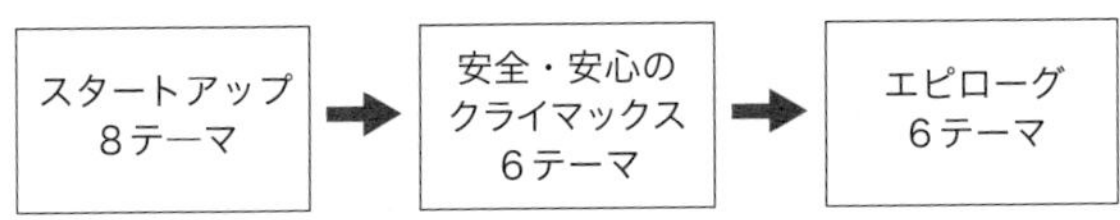

説明本文では、そのまま引用させていただいた文献資料は文中に紹介し、参考にした文献資料は巻末に表示した。また、わかりにくい英字簡略語は初出文中で解説している。

説明ページの構成と、その工夫を以下に示す。

「厳選 100 知識」説明ページの見方

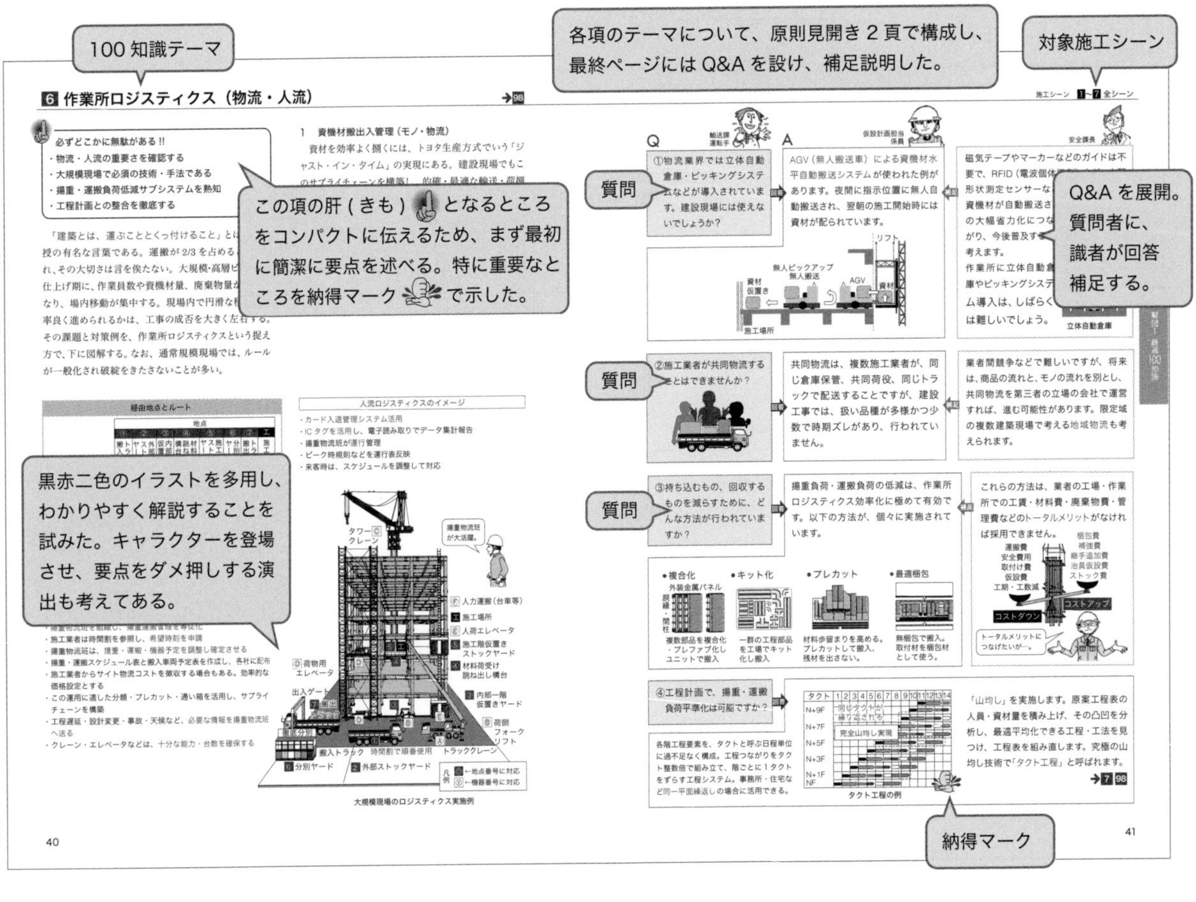

100 知識テーマ
各項のテーマについて、原則見開き 2 頁で構成し、最終ページには Q&A を設け、補足説明した。
対象施工シーン
6 作業所ロジスティクス（物流・人流）
この項の肝（きも）となるところをコンパクトに伝えるため、まず最初に簡潔に要点を述べる。特に重要なところを納得マーク で示した。
質問
質問
質問
Q&A を展開。質問者に、識者が回答補足する。
黒赤二色のイラストを多用し、わかりやすく解説することを試みた。キャラクターを登場させ、要点をダメ押しする演出も考えてある。
納得マーク

2 厳選 100 知識の別分類

100 テーマが、建設段階に応じて並んでいるので、専門工事業者や、工事担当者にとっては、あちこちと技術テーマが散らばり、読みにくいかも知れない。そこで、目次を、工事科目で並び替えた表を以下に準備した。工事科目は、国土交通省の、公共工事内訳費目によった。

「厳選 100 知識」工事科目順分類

公共工事内訳費目		厳選 100 知識	施工シーン	頁
現場運営	1	朝礼から始まる作業所コミュニケーション	1～7	28
	4	品質造り込みに施工図・QC 工程表を活用	1～7	34
	5	墨出し誤差との戦い	1～7	38
	6	作業所ロジスティクス（物流・人流）	1～7	40
	7	戦略を訴える工程表	1～7	42
	8	工事騒音振動の抑制	1～7	44
	9	工事中の建築工事祭式	1	46
	10	賢い現地調査と土質調査の見方	1	48
	57	施工欠陥による構造体の地震被害抑制	1～6	148
	58	構造スリット	1～6	152
	59	施工不良による非構造部材地震被害の抑制	6～7	154
	62	耐火防火の丁寧な施工が命を守る	6～7	162
	91	汚れ・傷を減らす（工事中・運用後）	7	230
	93	検査受検と竣工引渡し	7	234
	94	竣工時祭式・定礎	7	236
	95	建築設備関連工事	1～7	238
	97	建設現場の地球温暖化対策	1～7	242
	98	工期短縮ノウハウ	1～7	244
	99	コストダウンノウハウ	1～7	246
	100	Iot・ICT・AI は建設現場を変えるか	1～7	248
廃棄物処理	96	建設廃棄物ゼロエミッション	1～7	240
安全衛生	2	作業員の命を守る保護具・服装・安全帯	1～7	30
	3	熱中症に備える	1～7	32
	12	重機の転倒を防ぐ	1	54
共通仮設	15	安全な乗入構台	1	62
	63	外部足場	6	164
	73	内装用足場	6	184
杭地業	17	杭支持力確認	2	66
	18	杭精度の理解	2	68
	19	安定液の働き	2	70
	20	スライム処理の苦労	2	72
	21	場所打ち杭鉄筋かご配筋	2	74
土工事掘削	16	法面安全確保	1	64
	25	確実な床付け	2	82
	26	掘削底面の異常	2	84
	27	地下水排水能力維持	2	86
	46	埋戻しの原則	4	126
土工事山留め	11	狭隘境界寸法での山留め壁設置	1	52
	13	自立山留め壁・頭繋ぎ	1	56
	14	重要な山留め壁の維持管理	1	58
	23	水平切梁架構を安定させる	2	78
	24	水平切梁プレロード	2	80
	28	山留め計測管理	2	88
鉄骨	30	鉄骨の定着	3	92
	47	鉄骨製作工場との連携	5	128
	48	鉄骨先付け金物	5	130
	49	鉄骨防錆塗装	5	132
	50	鉄骨製品検査	5	134
	51	鉄骨建方方式	5	136
	52	鉄骨建方	5	138
	53	鉄骨工事場接合	5	140
	54	鉄骨専用足場	5	142
	55	デッキプレート	5	144
	56	鉄骨耐火被覆	5	146

公共工事内訳費目		厳選 100 知識	施工シーン	頁
鉄筋	37	鉄筋加工・組立ての基本	4	106
	38	鉄筋継手	4	108
	39	パネルゾーン配筋	4	112
	40	鉄筋先組み工法	4	114
	61	鉄筋かぶり寸法確保	1～6	160
型枠	29	基礎・地下躯体型枠	3	90
	41	型枠組立ての基本（柱・壁 在来 V 工程）	4	116
	42	型枠組立ての基本（床・梁 在来 H 工程）	4	118
	43	打放し型枠の作法	4	120
	44	型枠転用	4	122
コンクリート	22	トレミー工法	2	76
	31	コンクリート製造	3	94
	32	コンクリート運搬	3	96
	33	コンクリート打込み	3	98
	34	コンクリート養生	3	100
	35	コンクリート検査	3	102
	36	各種コンクリートの使い分け	3	104
	60	外壁のひび割れを低減する	1～6	158
カーテンウォール	65	カーテンウォールの基本	6	168
	68	パネル系外壁構法	6	174
金属	67	異種金属の接触腐食	6	172
	79	内装鋼製壁・天井下地	7	198
建具	74	スチールドア取付け	6	186
	75	アルミ製建具取付け	6	188
防水	45	地下階の防水・止水	4	114
	64	陸屋根防水	6	166
	66	シーリング防水	6	170
タイル	70	陶磁器質タイル工事の基本	6	178
	71	陶磁器質外壁タイル張り	6	180
	83	陶磁器質内壁タイル張り	7	210
	85	陶磁器質内装床タイル張り	7	216
石	72	外壁張り石工事	6	182
	78	内壁張り石工事	7	196
左官	82	建築用仕上げ塗材とセメントモルタル壁下地	7	208
	84	セメントモルタル塗り床下地	7	214
	86	左官塗り床仕上げ	7	218
木	77	RC 構造内の造作木工事	7	192
内外装	76	内部区画・間仕切り壁パネル	6	190
	80	内装壁・天井表面材張り	7	202
	81	内装床仕上げ	7	204
	87	ガラス施工	7	220
	90	接着剤	7	228
塗装	69	外装仕上げ塗材吹付け	6	176
	88	現地塗装の基本	7	222
	89	代表的な３つの現地塗装	7	224
構内舗装	92	外構舗装・造園	7	232

1 朝礼から始まる作業所コミュニケーション

笑顔で挨拶！

・スムーズで確実な作業所コミュニケーションを実現するため努力する

・コミュニケーションのコツを押え、朝礼から徹底していく。まずは元気に挨拶！

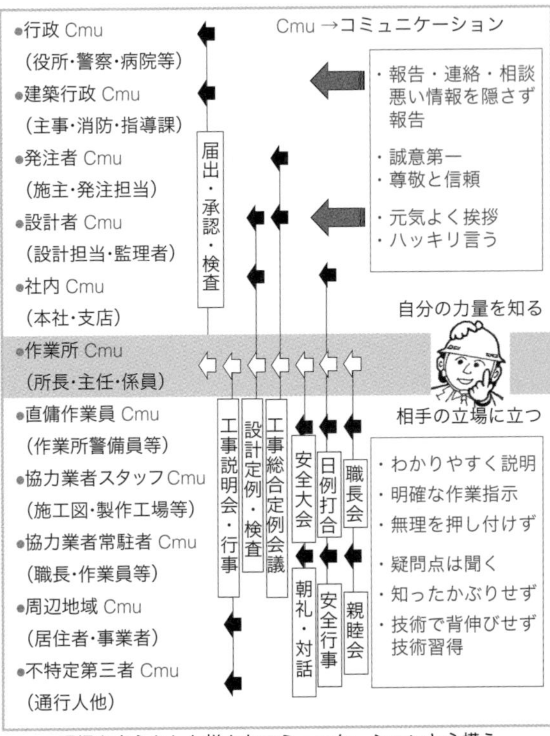

現場を中心とした様々なコミュニケーションと心構え

1 コミュニケーションの大切さ

見ず知らずの人が集まって協働する建設現場で、最も大切なのがコミュニケーションである。これが欠落すると、QCDSMのあらゆる不具合につながる。互いの主張を聞き、自らも汗をかき、時には口調が強くなっても、根底に「よりよいものを作りたい」という熱意があれば、いずれは分かり合え、コミュニケーションが強化され、よい仕事ができプロジェクトは間違いなく成功する。まずは元気な朝礼から始めよう。

2 朝礼から始まるコミュニケーション

朝礼の進め方が上手な現場ほど作業所全員の気持や意識も変わる。建設現場の一日は、一般的には午前7時45分、作業員のほぼ全員が揃う朝礼からスタートする。元気のよい挨拶と笑顔の確認がコミュニケーションを活発にしていく。

挨拶提言広報例

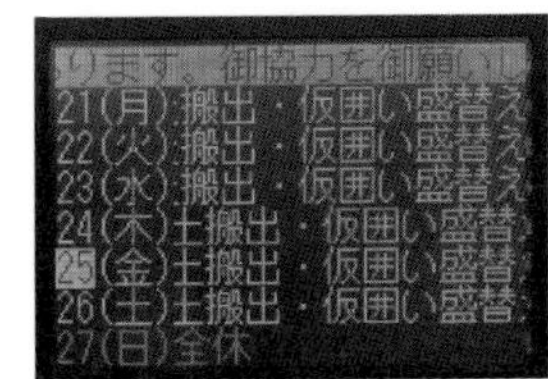

作業予定広報例

相互「肩もみ」

直接お互いの身体に触れ合うこと列がスムーズに整い、作業員同士の触れ合いも生まれます。

一般的な朝礼手順

・挨拶
・ラジオ体操（建設体操）
・全員で相互「肩もみ」
・管理者よりコメント
　本日の注意事項
・各職長よりコメント
　作業内容・人員
　安全注意事項の説明
・シュプレヒコール
　「保安帽・アゴ紐良いか」
　「服装・安全帯良いか」
　「足元良いか」
　「顔色良いか」など
・各職種で KY・TBM

KY　：危険予知ミーティング
TBM：ツールボックスミーティング

朝礼風景

新人
工事係員

Q

ベテラン
工事主任

A

工務課長

①職長会が、現場ではコミュニケーションの主導的役割を果たしていると思いますが。

回答

「職長会」は、作業員の衛生・体調管理や、安全設備の点検・安全活動の徹底など、働く環境づくりを行う現場内の自主運営組織で、どこの現場でも設置され活躍しています。
体温血圧測定、アルコール検知、休憩室の一斉清掃など、「職長会」のリードで、作業員たちが自主的に行っています。
上から押し付けるのでなく、自主的に、作業員たちが自らの職場環境を整える……よく見る日本的な現場風景で、コミュニケーション活性化には、極めて大きな働きをしています。
日本の建設現場では、現場レベルで変更できる改善点や、小さな知恵を集め、絶えず、作業効率や職場環境を改善する努力（QC サークルなど）がなされ、日本の現場が強いといわれる要素の一つとなっています。
また、職長会の延長として、様々な親睦会（焼き肉パーティなど）が企画されることも多く、さらなるコミュニケーションが図られています。作業所コミュニケーションの重要な組織活動ですから、感謝し評価して、大切に運営していくことが求められます。

「楽しい現場でよい仕事をする」上で、職長会の活動の重要さを知って下さい！！

②近隣の方々にとっては、建設工事は環境を一変させ、興味もあるが、期待されない側面の方が多いと思います。どう対話していくべきでしょうか？

仲良くなろう!!

回答

工事中は迷惑をかけるが、完成すればいいことが多いと丁寧に説明し、誠意を持って信頼関係を築くことが大切です。相手は、建築のことを知らないので、専門用語を避けて説明し、難題と思われることは、可能な限り努力した上で、できる・できないを正直に伝え、時間をかけて理解いただくよう努力してください。

仮囲いの中に可愛い花を置きました。

仲良くなる行動例

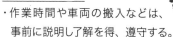

- 作業時間や車両の搬入などは、事前に説明し了解を得、遵守する。
- 近隣町内会行事などには、可能な限り協力し清掃などは積極参加する。会長やキーマンとは親密に。
- 工程や現場行事予定、発生騒音・振動現状値などを正確に広報する
- 苦情受付窓口を設け、迅速に回答

騒音
振動

騒音・振動モニター例

③コミュニケーション能力を高めるコツは？

会話を続ける!!

回答

コミュニケーションは極めて大切なので、たくさんの文献や理論があります。右は、著者が若いころ研修で教えてもらった例です。対話実習し勉強しました。

- 知らないことには質問。会話をなんとしてでもつなぐ。
- 反対意見を言われても、直ぐ反論しない。肯定的に応答し会話を続ける。
- わかったというだけでなくメモを取る。
- 眼を見て話す。

2 作業員の命を守る保護具・服装・安全帯

正しく着用!!
・保護具の強さ・規格の大要は知っておく
・着用法と結び付けて意味を理解する

安全の第一歩は、服装を正しく着用し、保護具を完全着用することである。

1 保安帽

標準的な形から、つば付きなど多種がある。飛来落下物、墜落などの重大事故から頭部を守る。

頭部衝撃を約 1/10 以下に、飛来落下衝撃を約 2/3 に削減できる。あご紐を締め一体として保護する着用が前提。

2 安全靴

JIS T 8101（安全靴）で、“主として着用者のつま先を先しんによって防護し、滑り止めを備える靴”とされ、甲被と靴底のはく離強度・厚さ・物性規格値や構造が規定される。

安全靴区分の“衝撃エネルギー 70J 以下の H 種又は S 種の安全靴”の選択が最適で、S 種の安全靴が最も普及。外見は普通長靴・半長靴・短靴タイプがある。

3 高視認性安全服

蛍光生地と再帰性反射材（車両のヘッドライトに再帰反射する）で構成される「服」により安全を確保するのが高視認性安全服である。これほど高リスクに対応しなくてよい環境で働く、一般作業者向け安全服規格もあり、建設業では特別の場合を除き一般作業者向けが使われている。

4 安全帯

墜落事故から守る個人用保護具で、装着帯とランヤード（ロープ+フック）で構成される。労働安全衛生規則で、着用条件が規定されている。

胴ベルト型安全帯・ハーネス型安全帯がある。

保護具・服装装着

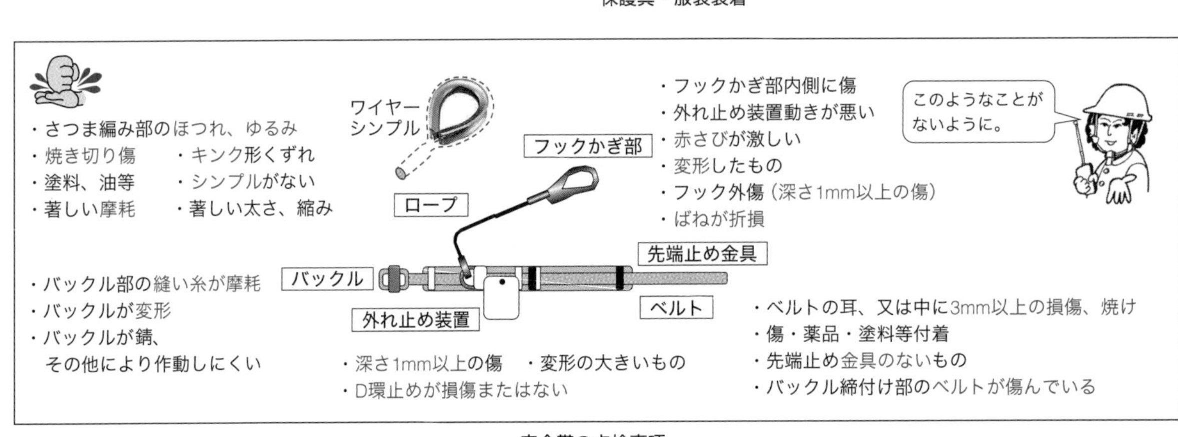

安全帯の点検事項

Q

鳶工
職長

A

仮設担当
現場監督

安全課
課長

①保護メガネの規格はありますか？

回答

眼に有害な光が発生する作業などに従事する作業者が使用します。顔全体を保護し「防災面、防熱面、溶接面」があります。規格は、JIS T 8147「保護めがね」、JIS T 8141「遮光保護具」で、種類、形式、性能、品質が規定されています。

②ライフネットは、墜落危険箇所に水平に張り人命を守る安全施設ですが、ネットが伸びて、落下した人体を支えられるのですか？

回答

万一の落下時に、ネット垂れがエネルギーを吸収し、人体を包み込み支えます。このためのネットの張り方、たれが決まっています。

ネットも伸びますが、形状変化で対応します。伸び過ぎると、下階に達し危険です。

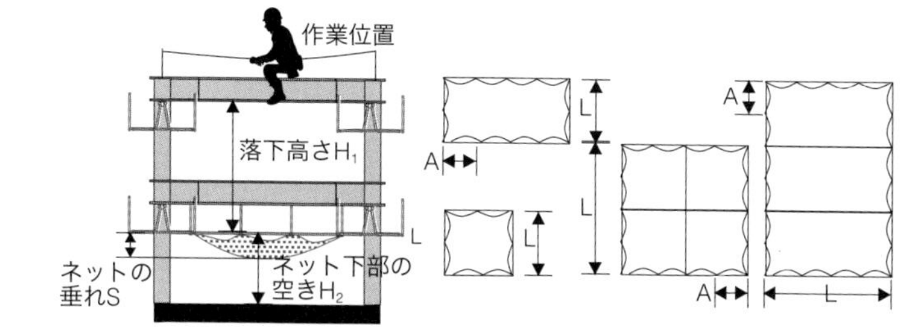

条件 ＼ ネットの種類	落下高さ（H：m）		ネット下部の空き（H_2：m）	ネットの垂れ（S：m）
	単体ネット	複合ネット		
L<A	$H_1 \leqq 0.25\times(L+2A)$	$H_1 \leqq 0.2\times(L+2A)$	$H_2 \leqq 0.85\times(L+3A)/4$	$S \leqq 0.2\times(L+2A)/3$

ライフネットの許容落下高さ

③保安帽の強さ（頭を守る力）はどのくらいありますか？

回答

衝撃吸収性試験・耐貫通性試験方法があり、これに合格させます。死に至る障害を高確率で防げます。

補足

飛来・落下物用の衝撃吸収性試験は、質量5.0kg・半径48mmの半球形衝撃面の鋼製ストライカーを1mの高さからヘルメット頂頭部に落下させます。転倒・転落時保護用では、同じ高さから、質量5.0kg・半径63.5mmの平面形衝撃面の鋼製ストライカーを、前頭部・後頭部に落下させます。他に、ストライカーやパラメータが変わりますが、飛来・落下物用耐貫通性試験、転倒・転落時保護用耐貫通性試験が行われます。

保安帽の試験

④安全靴の強さ（足を守る力）はどのくらいですか？

回答

甲・靴底について安全靴の作業区分があり、以下の試験が行われ、規格値と照合します。

重作業用H

先芯耐衝撃性能 100J

耐圧迫性能 15kN、

表底の剥離抵抗 300N以上

普通作業用S

先芯耐衝撃性能 70J

耐圧迫性能 10kN、

表底の剥離抵抗 300N以上

他に軽作業用Lがある

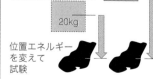

・耐衝撃性能試験
・耐圧迫性能試験
・耐踏抜き性試験

20kg

20kg

位置エネルギーを変えて試験

安全靴の試験

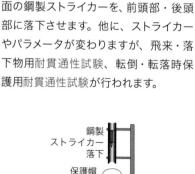

3 熱中症に備える

無理は禁物!!
- 人の命を脅かすものと認識
- 防護策をしっかりと知ろう

現場作業中の「暑熱環境」での体調不良は、すべて熱中症の可能性がある。重症度を「治療必要性」から分類すると下表になる。Ⅰ度は、現場での応急処置で対応できる軽症、Ⅱ・Ⅲ度は、入院して集中治療する必要がある重症である。

2011～15年の熱中症死傷者は、建設業が最も多く、製造業と合わせ、約5割を占める。6～9月にかけて発生し、死亡は7～8月に多い。

朝作業開始直後にも発生があり、必ずしも日中でないので注意が必要である[＊1]。対策は以下が挙げられる。

1 できるだけ作業員をひとりで作業させない

重度の熱中症は意識低下や失神などを招く。水分補給ができないと大変危険で、医療機関の受診が必要になることがある。ろれつが回らなくなったり、まっすぐ歩けなくなったりするなど異常を早く発見できるよう、ひとりで作業しないように人員を配置したい。

2 暑さに慣れるまでは作業量は控えめに

体は寒さや暑さなどの環境に適応して、体内の機能を調節していく。環境の変化に適応するには1週間近くかかるので、気温が上がり始める時には作業員の作業量を少なめにしておき、だんだん増やすように配慮する。また、タイムリーな気象情報を入手することも重要である。関係情報を提供するサイトを紹介する。

(1) 気象庁による予測情報の提供、注意喚起

全国各地の気温の観測情報をリアルタイムで提供するとともに、気温の予測情報を提供。

http://www.jma.go.jp/jma/kishou/know/kurashi/

(2) 環境省による暑さ指数（WBGT[＊2]）の情報提供

全国約840地点の暑さ指数（WBGT）の予測値を算出し、当日、翌日、翌々日の3日間分、3時間ごとの予測値を毎日公開。

http://www.wbgt.env.go.jp/

熱中症重症度の分類

重要度	症状	内容	症状から見た診断
Ⅰ度	めまい・失神	「立ちくらみ」という状態で、脳への血流が瞬間的に不十分になったことを示し、"熱失神"と呼ぶこともある。	熱ストレス（総称） 熱失神
	筋肉痛 筋肉の硬直	筋肉の「こむら返り」のことで、その部分の痛みを伴う。発汗に伴う塩分（ナトリウムなど）の欠乏により生じる。	熱けいれん
	手足のしびれ 気分の不快	感覚が麻痺して手足の動きがスムーズにできない。	
Ⅱ度	頭痛・吐き気 嘔吐・倦怠感 虚脱感	体がぐったりする、力が入らないなどがあり、「いつもと様子が違う」程度のごく軽い意識障害を認めることがある。	熱疲労（熱ひはい）
Ⅲ度	Ⅱ度の症状に加え、意識障害・けいれん 手足の運動障害	呼びかけや刺激への反応がおかしい、体にガクガクとひきつけがある（全身のけいれん）、真直ぐ走れない・歩けないなど。	熱射病
	Ⅱ度の症状に加え、高体温	体に触ると熱いという感触がある。	
	肝機能異常 腎機能障害 血液凝固障害	医療機関での採血により判明。	

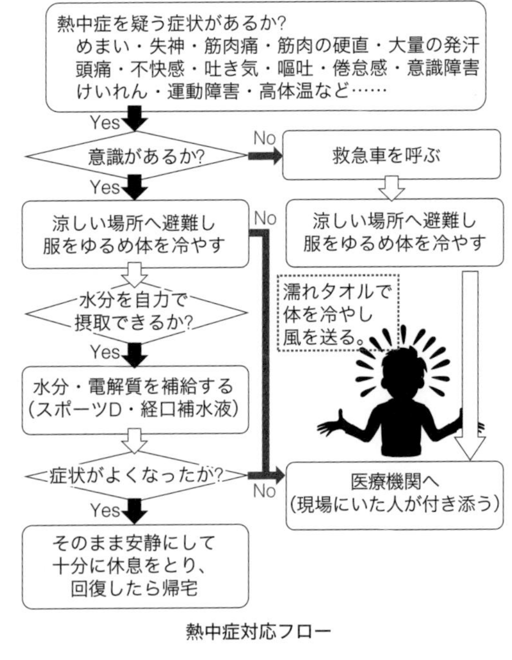

熱中症対応フロー

＊1 国土交通省大臣官房技術調査課（2017年3月） ＊2 WBGT：湿球黒球温度（Wet Bulb Globe Temperature）のことで、暑さ指数という。

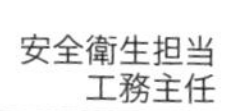

Q	A	補足
① 熱中症で死ぬことがあるって本当ですか？ 信じられない。	手当てが遅れると重症化します。最近5年間で建設現場で44人亡くなりました[*1]。	初期症状を放置すると、体温上昇→脱水状態→意識混濁などを経て症状が悪化、多臓器不全に至り最悪の場合、死に至ります。後遺症もあります。
② 体力に自信があります。長いこと現場をやってきて、おかげさまで頑健なので、熱中症など心配ないと思います。	そう言うことが怖い。我慢すると、どんどん悪化します。根性や気合で乗り切れるものではありません。予防に努力してください。	自信ある人のうち「ドライボディ」が1000万人もいました。本人に自覚はないのですが、放っておくと血液ドロドロが進んで、一気に重度の熱中症になる危険があります。 
③ 人を一人付けたり、暑い時に作業量を減らしていたら、間に合わない。困ったものだな。	人手不足・工期余裕のない中、事前に対策するのは本当に大変です。しかし、注意を怠って入院したり、欠勤したらもっと大変です。	熱中症対策を初期から行うことは、さほど能率は低下しません。むしろ、対策に慣れれば、快適な状態で作業でき、能率が高まります。 

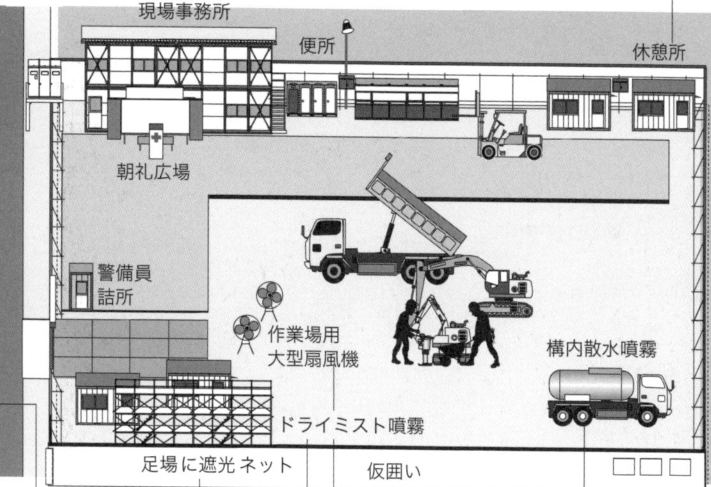

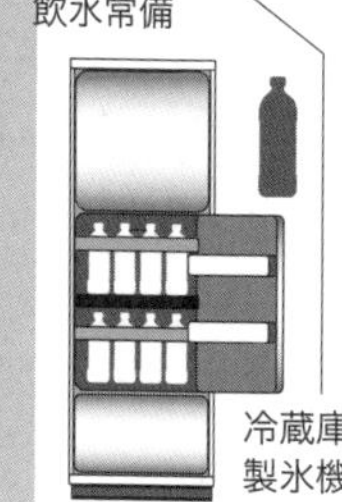

熱中症対応あれこれ

4 品質造り込みに施工図・QC 工程表を活用

品質書類は、使いこなす !!

・品質展開手順を踏まえ、工程で品質を造り込む

・「施工図」と「QC 工程表」の重要性を認識し、簡潔に活用し、書類が増えたと思わないこと

・「施工図」の種別と管理

1 『ねらいの品質』を的確に展開し、工程で造り込む !!

設計意図（ねらいの品質）を理解して、施工（出来栄えの品質）に展開することで、良い建物が作られる。作業所における品質造り込みは、元請ならびに協力各社それぞれ固有の品質保証体制（TQC: 全社的品質管理 TQM：総合的品質管理等）を背景とし、作業所の品質管理体制が構築され、具体的には次項に示す手順で進められる。特に「施工図」「QC 工程表」による品質造り込みが重要である。

品質は「工程で造り込め」という。プロセス管理が重要ということで、発注者・監理者側でも施工プロセス検査の導入を図っており、2006 年度より大規模工事を対象に試行している。また、品質を把握する上で、下図のような統計的方法の活用は避けて通れない。工程から抜き取ったサンプルデータから、工程や検査ロットの合否を把握する信頼度の高い唯一の方法が統計的方法である。

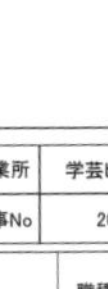

後工程はお客様!!
品質は工程で造り込め！

2 「QC 工程表」による品質管理活動

(1) 品質管理体制の構築

品質管理統括・管理責任者→作業所長・主任

品質管理担当者→各工事担当係員

専門工事品質管理担当者→各職長

(2) 設計図書の把握と検討

設計者から設計のねらいの品質を聞き、質疑し曖昧な点は明確にして、設計図を読み込み、設計意図を理解する。関係者全員で「設計図書検討」を行い、過去不具合の再発防止を盛り込み、検討・修正し、施工段階で解決する。

(3) 施工図・施工要領書を作成

設計品質を具体化し、確実な施工をする図・計画書に洗練。

(4) 重点品質管理項目と管理目標設定

重要度高いものを絞込み・定量目標を決める

(5) 施工プロセスの管理項目設定

プロセスの管理項目を的確に選び、検査項目および合否判定基準を設定する。

(6) 品質管理の実施と不具合処理

施工要領書・作業標準を整合させ施工。

※必要に応じ改善活動を実施（QC サークルなど）

(7) 作成保管すべき記録の設定

検査記録やデータシート、写真が記録される。

上の (4) ～ (7) は「QC 工程表」として文書化される。「施工品質表」と呼ぶこともある。

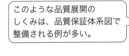

このような品質展開のしくみは、品質保証体系図で整備される例が多い。

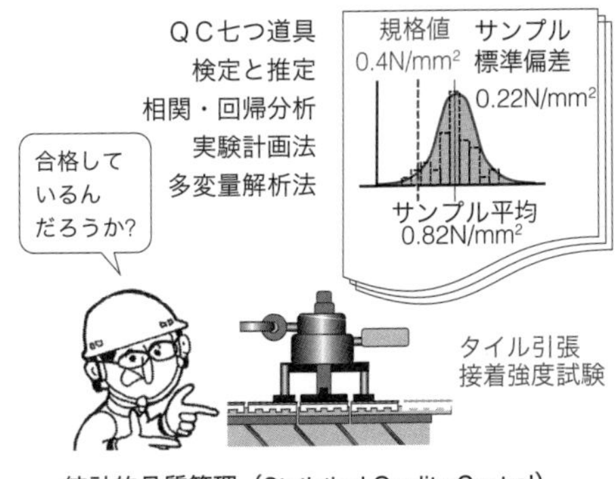

統計的品質管理（Statistical Quality Control）

QC工程表

作業所	学芸ビル新築工事	工区	第5工区
工事No	2019-0001	対象工事	型枠工事

文書番号	2019-000111
作成日	H31.12.1
改定日	H32.4.30
版数	1

承認	確認	作成

工程番号	工程記号	工程名	工具・材料	職種管理者	管理項目		管理方法				記録	異常時の処置	引用規格関連文書	備考
					管理特性	管理基準	測定方法	測定頻度	測定者	責任者				
1	○	墨出し	墨壺	墨出型枠大工	基本墨からの追い出し寸法誤差	±2mm	スケール	1回/各スパン/墨出し完了日						
			スケール	山田										
2	●	柱型枠	鋸 げんのう	型枠大工	墨からのずれ寸法	±1mm	スケール	1回/柱建込完了毎						
			下げ振り 水糸・釘	山田										
3	●		鋸 げんのう	型枠大工	建入れ精度	±3mm	下振り 水糸 スケール	1回/柱建込完了毎	型枠大工	林	記録躯体図に赤字記入	建入れ直し	学芸建設標準施工要領書	
			下げ振り 水糸・釘	山田										

工程の問題点を抽出。
改善活動を管理仕組みに反映。
不良発生を防ぎ、品質保証確実化
品質改善結果、変更を確実に記録

１建築工種の材料・部品搬入から、取付完成までの段階での、管理特性や管理方法を工程の流れに沿って記載した表

QC 工程表の例

3　施工図による品質の造りこみ

工事着手までに、設計図書を現場で施工できる状態に作図した施工図で現場の納まりなどを確認決定し、施工要領書で段取り・要領・作業標準などを調整決定する。

(1) 総合図による調整

総合図とは、設計主旨を再確認し施工後のトラブルを防止するため、施工者が行う建築・設備・その他関連工事の相互関係を把握し総合調整した図である。最初に検討され示達される。本来は設計段階に、平面詳細図上で完結されるべき作業だが、現実は、設計段階の未調整部分を補う事例が多く、また作成された各種施工図を突き合わせて、最後に調整する例もある。なお、BIMの進展により総合図の位置づけ、5W1Hは変わっていくものと推定される。総合図には、壁面展開総合図、天井面（内）総合図、水廻り総合図がよく描かれる。

総合図の手順例

設計図→ 総合図元図→ 総合図
⇒ 協議・調整→ 各種施工図

※設計図（平面詳細図と展開図）を総合図元図とする
①設計工事関係者により設備機器類を記入し、総合図を完成する
②設計者・建築担当者・設備担当者・協力業者が協議、あるいは持ち回りで書き込み調整し、総合化する
③協議調整後、各種別施工図を完成する

総合図は、CAD（Computer-aided design：コンピュータ支援設計）を利用して作成することが一般的で、建築・設備各担当者間で、CAD基本システム統一・レイヤー設定 / 共有データ形式などの作成ルールを定めておく。

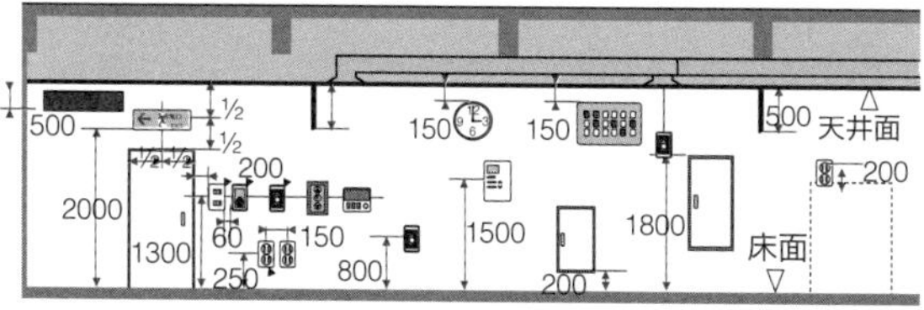

総合図による調整（壁面展開総合図）

(2) 施工図の作成・洗練

施工図は、全体工程のどの段階で作成され、どのように活用されるのかを理解し、施工図が障害となって工程が遅れないよう留意する。特に、工場製作品にかかわる場合は、工場での製作期間をよく考えなければならない。一般的には、現場での取付け日程から逆算して、かなり早い段階で作成を開始する。

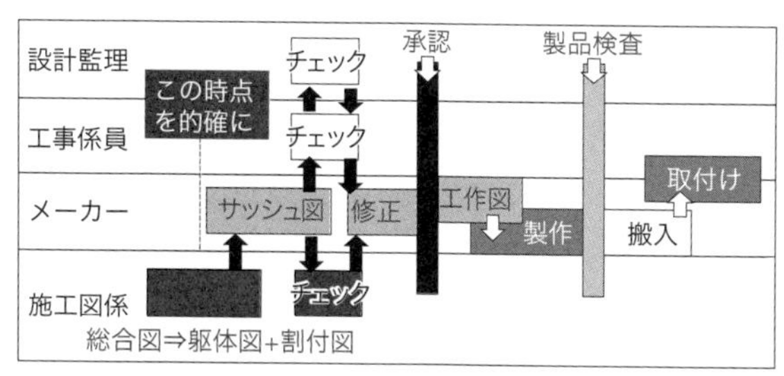

施工図・製作図の作成工程例（サッシュ）

他の施工図と整合をとり、精緻化し承認を得て完成する。種類と要点は下図の通り。

躯体・詳細などの施工図は、元請社員が現場で作図していたが、最近ではCADを使う専門施工図事務所に外注する例が増えている。また施工図専門部署をもつ元請もある。その場合、係員の仕事は、施工図作成の適切な指示と、迅速正確なチェックバックになる。その意味で、息の合った、技術レベルの高いパートナーシップは大いに重要である。名監督には常に名施工図事務所がいるといわれる。

各階コンクリート部材位置詳細
- 開口位置大きさ
- ひび割れ誘発・打継ぎ目地
- 各種欠込み・ファスナー
- 外壁タイル割付整合
- 鉄骨・鉄筋おさまり調整
- 梁・床レベル
- 壁厚フカシ
- 腰壁高さ・手摺高さ
- バルコニー幅員
- 断熱防湿防水おさまり

コンクリート躯体図

階段室の仕上寸法詳細
- 使い勝手
- 有効高さ・幅・踏面
- 蹴上・手摺壁高さ

階段詳細図

便所の仕上寸法詳細
- タイル割付整合
- 便器・配管関係
- 防水・床排水・勾配
- ブース・扉開閉

便所詳細図

天井伏の寸法詳細
- 材料寸法
- 排煙面積・垂れ壁
- 配管・ダクト類配置
- 端部・天井廻り縁

天井伏図

タイル割の寸法詳細（展開）
- タイル割付調整
- 開口寸法・採光・排煙面積
- ひび割れ誘発・伸縮目地
- 張り代・役物部分・数量

タイル割図

4　施工要領書の作成・活用

施工要領書は、工種別に作成される。

単独の請負専門業者が、設計図・特記共通仕様書・契約基本条件・質疑応答事項を反映し、請負範囲において、現場の特性・仮設段取り・与工程に沿う、施工の技術的計画・施工の具体的方法（要領）を確立し、文書化するものである。施工の品質目標・管理項目・目標性能値・自主検査要領も明らかにする。

通常は、各企業ごとに標準的なモデル文書をもっていて編集提出されることが多い。全体施工計画・相番工種との整合をとり、なにより簡潔を旨として、元請、設計監理者の承認を得、合意の上、施工を行う。元請のQC 工程表と整合が取られる。

なお、職人レベルの作業のコツや手順を標準化し、実際に仕事をする技能工の目線で書いた、作業標準が専門工事業者の手で作られており、これが背景となっている。この作業標準は、品質上きわめて重要で、かつ安全上の意味も大きい。すべての作業の基本となっている。

ここでいう施工要領書は、一工種にとどまらず、複合工事範囲（地下工事など）や、工事全体の施工方法を総合的に説明する広義の施工要領書、あるいは仮設計画や工程計画など、総合的な施工計画を説明する施工計画書を除く。これは元請が作成する。

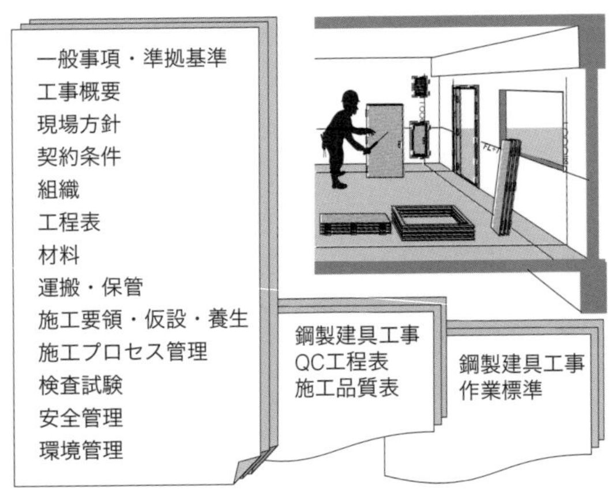

一般事項・準拠基準
工事概要
現場方針
契約条件
組織
工程表
材料
運搬・保管
施工要領・仮設・養生
施工プロセス管理
検査試験
安全管理
環境管理
鋼製建具工事
QC工程表
施工品質表
鋼製建具工事
作業標準

製作施工要領書の目次例（鋼製建具）

5　製作図による製品品質の造り込み

工場製作部品は、協力製作工場で製作図を作成し、製作図は他の施工図と整合をとり、工事監理者の承認を得て製作に入る。

協力製作工場設計部門で、工場製作システム（CAM）と連動した製作図を作成し、元請・設計管理者の承認を得て完成する。工作図・取付図の機能も併せ持つ。主な製作図には以下がある。

- 鉄骨製作図・デッキプレート・床版割付図
- 鉄筋加工配筋図・PC カーテンウォール製作図
- ALC など各種パネル割付製作図・石割付製作図
- 金属製作金物図・金属製各種建具製作図

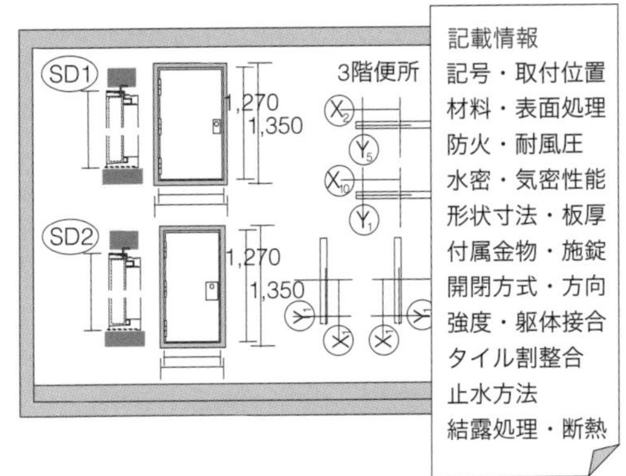

製作図例（金属製建具）

6　製作要領書の作成・活用

工場製作部品の製作方法は、協力製作工場により製作図の内容を反映した製作要領書を作成し、共通仕様書や公的規格などの材料・製法の整合をとり、工事監理者の承認を得る。

製作要領書は下図の構成で書かれるのが一般的となっている。この製作要領書に従い、材料調達・検査・加工・製作を行い、出荷前の製品検査に合格した部品を搬出する。輸送して現場での荷受検査を経て納入し、取付け施工する。

一般事項・準拠基準	製作要領	品質プロセス管理
工事概要	材料	有資格者一覧表
工程表	製作フロー	検査試験
製作管理体制	加工・組立	安全管理
	塗装	環境管理
	運搬・保管	
	仮設・養生	

製作要領書目次例（鋼製建具）

Q

①施工図を現場で描かないので、納まりが頭の中に入りません。困っています。

ディテール
スケッチを
描くと頭に
入ります。

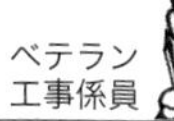

A

回答

ディテールをスケッチで表現できないと、満足な施工管理ができません。私は、経験したよい納まりをフリーハンドのスケッチにして、少しずつ描き足したり、コピーしたりして手帳にして携帯してきました。会社の標準図集を中心に、市販の図集なども学習し、よいものは取り入れてます。ぜひ、やってみてください。

補足

施工図は「描くこと」でしか能力は向上しません。これしか上達につながる道はないとしたら、とにかく「描いてみる」ことです。全体施工図は外注するとしても、1枚でも多くのスケッチを自ら描き、それに基づき実際に施工して、うまくいったなら、そのスケッチは正解で、ダメだったら、何かしらの欠点が含まれていたことになります。この結果を保存して知恵にする意味で左の回答は素晴らしいです。

昔の話ですが、大先輩から、「まずは、手を動かし描いて、最適な納まりを考えなさい。前を観て、後ろ観て、右観て、左観て、上観て、下観て、つながりをよく考えて、1000枚でもいいから図面を描いてみなさい」といわれた覚えがあります。図面力を養う心構えを教えてくれます。

②施工図の最新版管理の工夫を教えてください。

回答

施工図では、変更追加が頻繁に行われます。最新版管理は、極めて重要です。

図面日付管理を徹底し、最新版日付を常に公知します。

CADデータは個人パソコンでなく、1か所に保管し、バックアップを励行します。

③統計的品質管理は、現場でも使えますか？

回答

改善活動でよく使うのは、以下のQC七つ道具です。

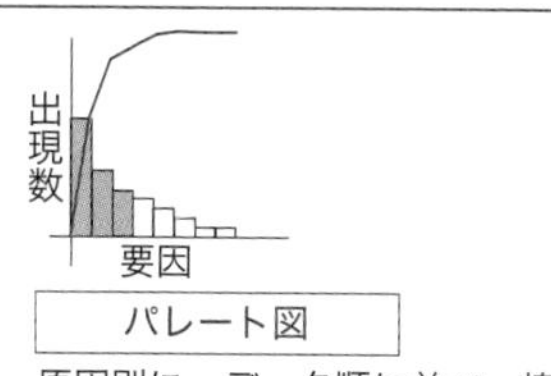

パレート図

原因別に、データ順に並べ、棒グラフと累積曲線で表したもの

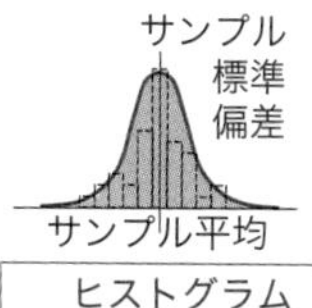

ヒストグラム

量的データの全体分布を把握するため、区間ごとの出現度数を棒グラフ化

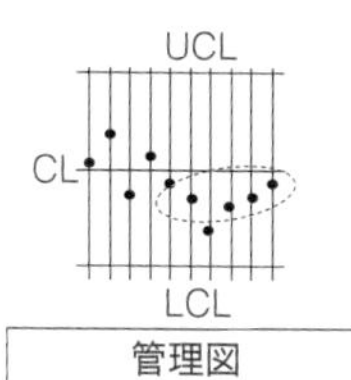

管理図

データを時系列に打点。中心線と管理限界線と比べ工程の状態を観察

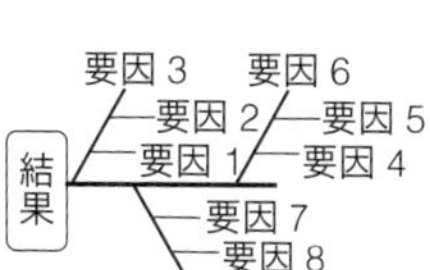

特性要因図

結果に対する要因関係を魚の骨のように表した図

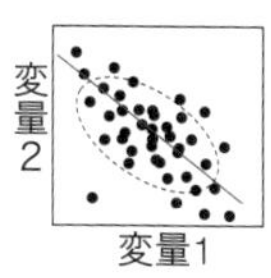

散布図

2変量の関係を打点して相対的・視覚的に表した図

チェックシート

点検調査の結果を記録し、分析する

層別

いくつかの部分集団に分けて分析する

補足

パレート図は、要因の大きさを知る時、特性要因図は要因を探す時、ヒストグラムはばらつきを調べる時、散布図は要因の関連強さを調べる時、管理図は工程の安定を調べる時に使われます。

新QC七つ道具として、親和図法・連関図法系・統図法・マトリックス図法・アローダイアグラム・PDPC法・マトリックスデータ解析法も使われています。

5 墨出し誤差との戦い

基本墨に帰り、誤差は集積させない!!
- 測量機器の特性と精度を知る
- 誤差を累積させない手順と、基本墨回帰の原則を知る

1 墨出しの測量機能

墨出しには、以下の測量機器を用いる。

①高低差を測る「レベル」

望遠鏡内に補正装置を内蔵し自動で水平に保てる「オートレベル」が一般的。

②水平角、鉛直角を測る「セオドライト」

「トランシット」ともよばれる。

③角度と距離が測定できる、②を発展させた「トータルステーション」

オートレベル

セオドライト

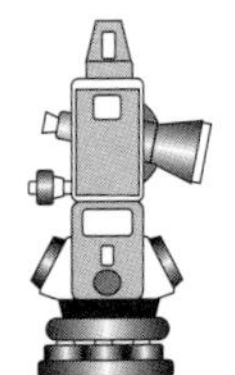

トータルステーション

測量機器

補助的に、以下の道具が使われる。

④距離を測りだす「鋼製巻き尺」「布巻尺」「コンベックスルール」「折尺」

⑤直角を出しながら小墨を出す「指金」

⑥墨線を対象に表示する「墨壺」「墨差し」

⑦その他、回転レーザーレベル・ポインター・水準器・水糸も使われている。

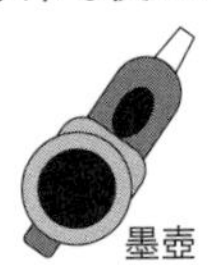

墨壺

鋼製巻き尺

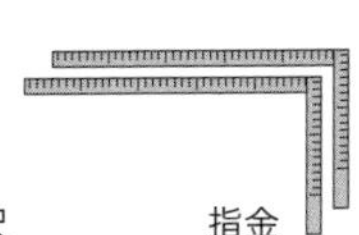

指金

墨出し道具

墨出しには、避けられぬ誤差が生じるので、これを最小にするため、

① JIS 規格の検定を受けた機器・道具を用いる。

②測定条件を配慮した測定値の補正を行う。

(巻尺で、定数補正、温度補正、張力補正、たるみ補正を行うなど)

③同じ人、方法、機器を使う専任制とする。

(二人一組の墨出し作業専任者が一般的)

以上が行われている。なによりも、誤差を累積させないよう細心の気配りが必要である。

2 一般的な墨出しの手順

(1)通り芯・基準点の測量

設計図あるいは設計座標値をもとに、境界ポイントから、通り芯、基準 GL を計り出し、承認を得る。地縄・やり方・ベンチマークを設定する。

(2)基準図の作成

上の敷地境界線、建物通り芯、逃げ墨、高低基準 GL、ベンチマーク位置を図面化し公知する。

(3) 基準躯体墨出し・子墨出し
(一番基本の躯体、1 階など)

地上階の墨の基準で高精度が要求され、床面に通り芯と返り墨を記す。

(4)基準墨の上階への移設

上の階は、基準階基準墨を順次移設する。定期的に地上基準点との誤差補正が必要。

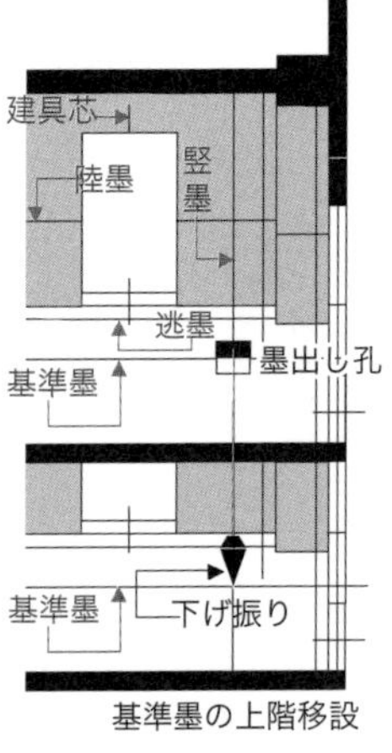

躯体地墨

基準墨の上階移設

仕上げ墨

(5)各階の仕上用墨出し

・地墨

コンクリート面基準墨から壁や仕上面の位置の墨。仕上面から 100mm 返りで墨出し

・陸墨

柱壁面に FL+1000mm の水平線を記す。

・竪墨

柱、壁面に記した鉛直線。地墨から下げ振りなどを使って立ち上げて墨打ち。

・外部通し竪墨

外壁への基準線の墨出し。取付け精度確保のために、垂直方向にピアノ線を引き通して調整墨出しを行う。上下階が直接関連する部位、室内外仕上げが直接関連する部位の墨出しに用いる。上下階あるいは内外を通して基準墨を通す。

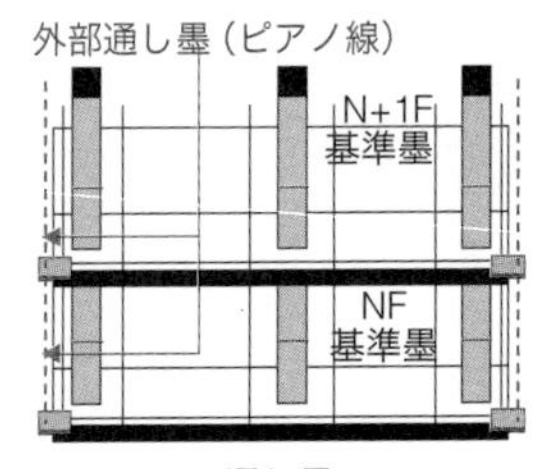

通し墨

Q

墨出し大工
職長

A

型枠担当
工事係員

品質管理
室長

①一度出した墨を基点として、次の基点を追い出すことがよくあります。これを繰り返すと墨出し誤差は、どんなふうに貯まるのですか。

回答

むずかしい質問です。この作業を重ねると、誤差が累積され、大きくなります。陸墨を出す時にレベルの見通しが効かず、何回も基点を盛り変えます。別の追い出しをした陸墨と偶然重なった時に7mm位ずれていたことがありました。

②墨出し誤差を貯めない方法を教えてください。

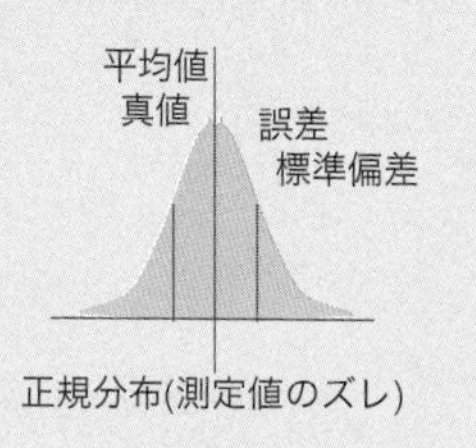

回答

同じ人・機械・方法で墨出しし、常に基準点に戻り確認補整することが大切です。

- 測量器の検定を励行
  反転確認など異常を発見
- 専任墨出し員が墨出し
  基本墨は、担当現場係員が必ず確認測量
- BM・基準点を多重化し、常に保全点検
- 温度・張力など測定値補正
- 基点の多重移動回避
- 常に基本墨から基点設置
- 基本墨との差異を可能な限り調べ補正

③日本の建物の精度は素晴らしいと思います。墨出し誤差が、建物仕上り精度に影響しないような仕上工事での知恵はあるのですか?

回答

現地出来形や、墨の微妙なずれを予測し、部品や納まりには逃げや調整しろなど、寸法調整する仕掛けがあります。工場製作部材は、目地幅やつなぎ材の調整寸法によって、誤差が吸収できれば大きな問題になりません。区画された部屋などは、独立した墨に変更できます。異種材料の取合いは、目地幅や見切り寸法で、床や壁仕上では、仕上厚さで調整します。職人は、それぞれの経験で、墨を鵜呑みにしません。常にチェックし、おかしい時は聞いてきます。日本の職人はすごい。

→78

補足

墨出しを3回重ねた誤差を略算します(正確には、複雑な計算が必要)。1回の墨出しで、何回も測り出すと、その位置は毎回ずれます。

統計では、正確な墨(真値)は平均値で、誤差は平均値とずれた偏差と見ます。偏差は、偏差平方の平均値である分散で、その平方根の標準偏差は、誤差を判断する指標です。各回誤差(標準偏差)を2mmとします。測量の位置ずれが正規分布の場合、重ねた時の位置ずれも正規分布(偶然誤差だけとした場合)となり、分散は加算できるので、最終位置ずれの標準偏差は以下のように計算できます。

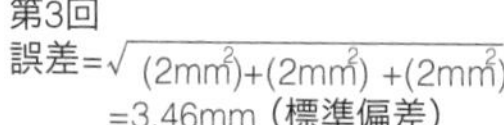

墨出し誤差累積

なんと、3.46mmという誤差に増えました。これは、確率的に3.46mm以内にズレが納まる割合が68%しかないことを示します。実際は、系統誤差(機器固有の誤差)を完全には除去できないのでこれより大きいでしょう。怖いですね。

→98

必ずどこかに無駄がある !!

- 物流・人流の重要さを確認する
- 大規模現場で必須の技術・手法である
- 揚重・運搬負荷低減サブシステムを熟知
- 工程計画との整合を徹底する

「建築とは、運ぶこととくっ付けること」とは、某教授の有名な言葉である。運搬が 2/3 を占めるとも言われ、その大切さは言を俟たない。大規模・高層ビルでは、仕上げ期に、作業員数や資機材量、廃棄物量が膨大になり、場内移動が集中する。現場内で円滑な移動を効率良く進められるかは、工事の成否を大きく左右する。その課題と対策例を、作業所ロジスティクスという捉え方で、下に図解する。なお、通常規模現場では、ルールが一般化され破綻をきたさないことが多い。

1　資機材搬出入管理（モノ・物流）

資材を効率よく捌くには、トヨタ生産方式でいう「ジャスト・イン・タイム」の実現にある。建設現場でもこのサプライチェーンを構築し、的確・最適な輸送・荷捌き管理する必要がある。

2　作業員移動管理（人・人流）

作業員の数は、1 日 1000 人以上、高所作業員も数百人にのぼる。建物が高くなると、施工場所への移動・食事・退出の移動はきわめて大変である。緻密な人流計画・時差昇降・優先ルール・運用表を作り、精緻な監視・管理を行う必要がある。

経由地点とルート

	地点 ① トラック搬入地点	② 外部ストックヤード	③ 内部1階仮置きヤード	④ 材料荷受け跳ね出し構台	⑤ 施工階仮置きストックヤード	⑥ 分別ヤード	⑦ トラック搬出地点	工 施工場所
物流ルート	○			Ⓒ				▶●
・クレーン直取り	○ Ⓐ	▶●			Ⓒ			▶●
・ストック後クレーン直取り	○	Ⓐ		▶● Ⓕ	▶●	Ⓕ		▶●
・各所ストック後多種小運搬	○	Ⓑ	▶●	Ⓓ Ⓔ	▶●	Ⓕ		▶●
	○ Ⓑ	▶●	Ⓓ	Ⓔ	▶●	Ⓕ		▶●
廃棄物ルート					●◀		Ⓓ	▶●
					●	Ⓑ	▶○	
人流ルート ○				Ⓔ				▶●

物流ロジスティクスのイメージ

- 揚重物流班を組織し、揚重運搬管理を専従化
- 施工業者は時間割を参照し、希望時刻を申請
- 揚重物流班は、揚重・運搬・機器予定を調整し確定させる
- 揚重・運搬スケジュール表と搬入車両予定表を作成し、各社に配布
- 施工業者からサイト物流コストを徴収する場合もある。効率的な価格設定とする
- この運用に適した分類・プレカット・通い箱を活用し、サプライチェーンを構築
- 工程遅延・設計変更・事故・天候など、必要な情報を揚重物流班へ送る
- クレーン・エレベータなどは、十分な能力・台数を確保する

人流ロジスティクスのイメージ

- カード入退管理システム活用
- IC タグを活用し、電子読み取りでデータ集計報告
- 揚重物流班が運行管理
- ピーク時規則などを運行表反映
- 来客時は、スケジュールを調整して対応

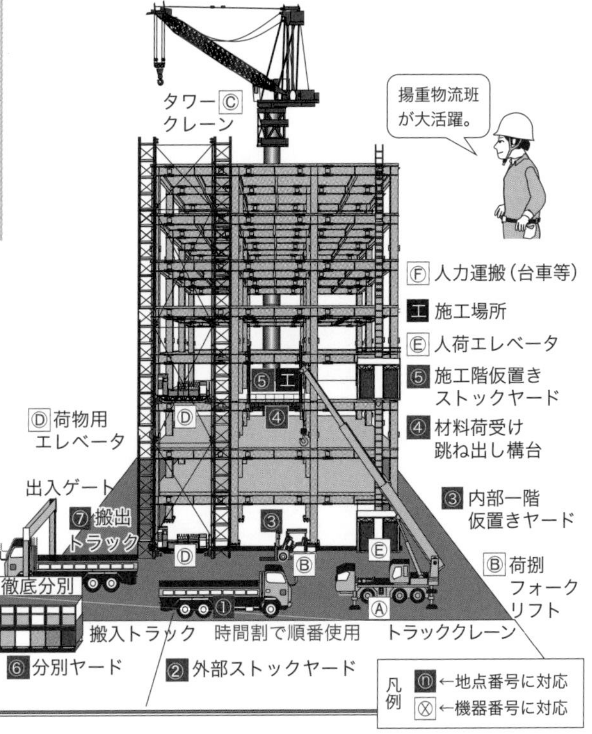

大規模現場のロジスティクス実施例

Q　輸送課 運転手

A　仮設担当 現場監督

安全課 課長

①物流業界では立体自動倉庫・ピッキングシステムなどが導入されています。建設現場には使えないでしょうか？

回答　AGV（無人搬送車）による資機材水平自動搬送システムが使われた例があります。夜間に指示位置に無人自動搬送され、翌朝の施工開始時には資材が配られています。

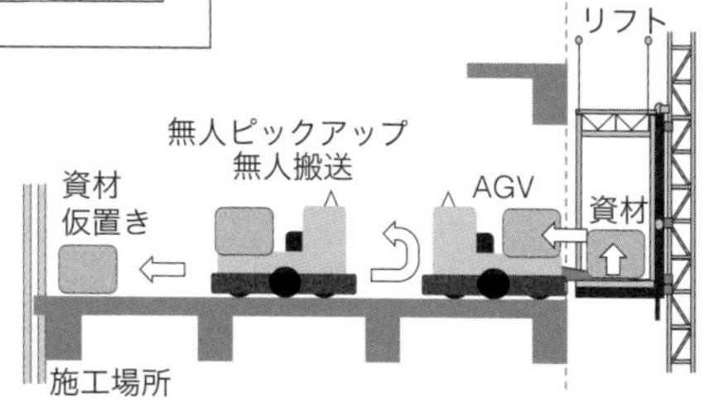

補足　磁気テープやマーカーなどのガイドは不要で、RFID（電波個体識別）タグ、空間形状測定センサーなどで位置を推定し資機材が自動搬送されています。搬送の大幅省力化につながり、今後普及すると考えます。

作業所に立体自動倉庫やピッキングシステム導入は、しばらくは難しいでしょう。

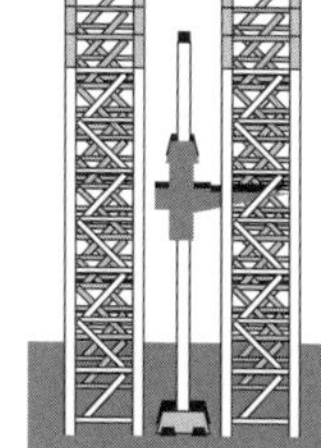
立体自動倉庫

②施工業者が共同物流することはできませんか？

回答　共同物流は、複数施工業者が、同じ倉庫保管、共同荷役、同じトラックで配送することですが、建設工事では、扱い品種が多様かつ少数で時期ズレがあり、行われていません。

補足　業者間競争などで難しいですが、将来は、商品の流れと、モノの流れを別とし、共同物流を第三者の立場の会社で運営すれば、進む可能性があります。限定域の複数建築現場で考える地域物流も考えられます。

③持ち込むもの、回収するものを減らすために、どんな方法が行われていますか？

回答　揚重負荷・運搬負荷の低減は、作業所ロジスティクス効率化に極めて有効です。以下の方法が、個々に実施されています。

●複合化

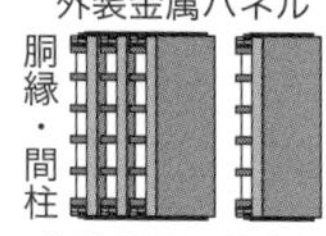

複数部品を複合化・プレファブ化しユニットで搬入

●キット化

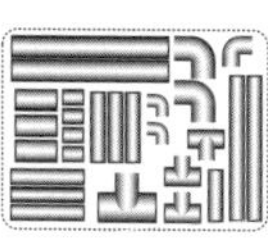

一群の工程部品を工場でキット化し搬入

●プレカット

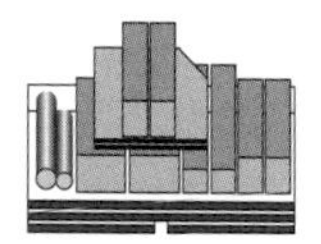

材料歩留まりを高める。プレカットして搬入、残材を出さない。

●最適梱包

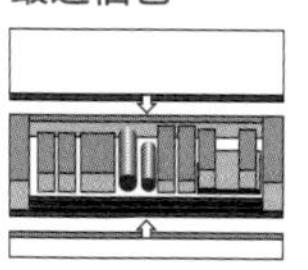

無梱包で搬入。取付材を梱包材として使う。

補足　これらの方法は、業者の工場・作業所での工賃・材料費・廃棄物費・管理費などのトータルメリットがなければ採用できません。

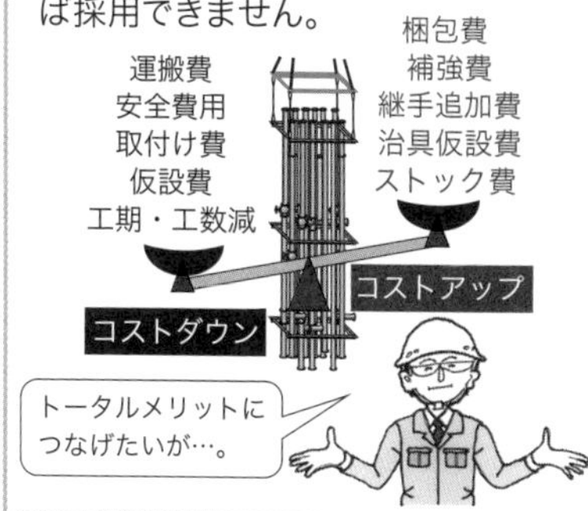

④工程計画で、揚重・運搬負荷平準化は可能ですか？

各階工程要素を、タクトと呼ぶ日程単位に過不足なく構成。工程つながりをタクト整数倍で組み立て、階ごとに1タクトをずらす工程システム。事務所・住宅など同一平面繰返しの場合に活用できる。

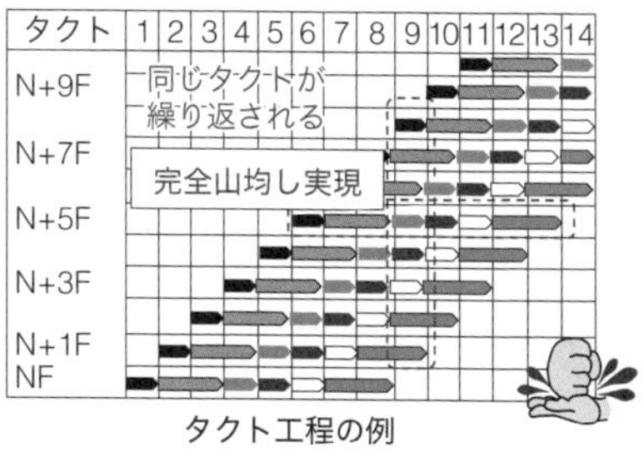

タクト工程の例

回答　「山均し」を実施します。原案工程表の人員・資材量を積み上げ、その凸凹を分析し、最適平均化できる工程・工法を見つけ、工程表を組み直します。究極の山均し技術で「タクト工程」と呼ばれます。

→7 98

7 戦略を訴える工程表

→98

センスを研ぎ澄まし、スマートに !!

- 戦略・戦術を明確に訴える工程表
- 協力業者を含めた全員参加で解決
- 歩掛りと歩留まりのバックアップ

指示工期内に、どう建物を完成させるかを物語るのが工程表だが、工事戦略・戦術を明確に訴え、正確でわかりやすく作りたい。前提として、施工法・手順・工区・人員資源量など、総合施工計画が精緻に練りあげられ、施工能率などの活きたデータが背景になくてはならない。

積み上げた工程では、顧客の要求工期に合わないのが一般で、実際の方法は、割振り型（配分型・逆行形）手法である。その手順は、

①過去類似工程表を参考に、指示工期との差を、マイルストン（工程管理時点）を境に、区分工期に短縮配分。

②工期短縮ノウハウを活用し、区分工期を短縮し、指定工期内に納まるよう全体的に調整。

③妥当で、実現可能な間に合う工程表を作成。

のように行うのが、一般的である。

過去の工事実績から、所要工期を迅速に算出、類似工程を検索対比する手法が必須になる。

営業段階では、指示工程に間に合わせ、実績を参考に提出工程表を作成。受注後、基本計画段階で、見積時工程表をベースに、作業所長を中心に、策定施工計画をもとに、実施基本工程表を練りこむ。ここでも工期短縮ノウハウを活用する。この時、協力業者も参画した工程検討会を行い合意を得た上で、見積り段階との相違解消や、新提案を反映し、総合化することが望ましい。

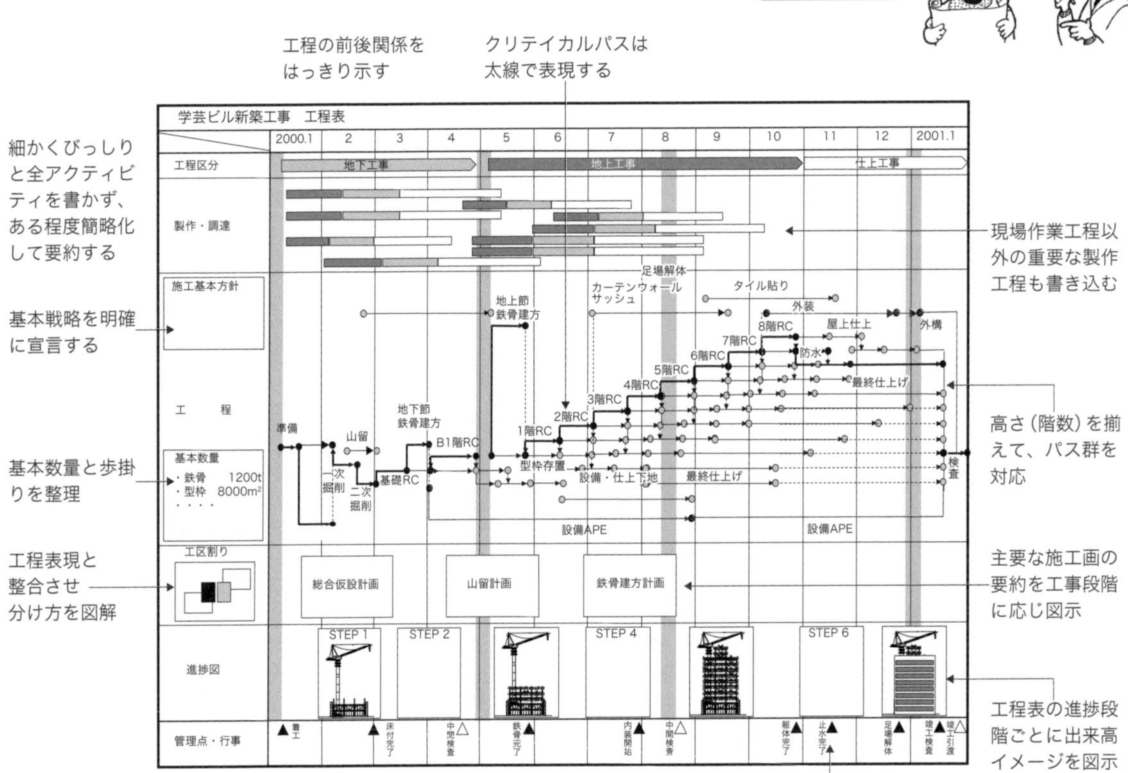

マイルストン（工程管理時点）
工事をすすめながら通過目標としていく工程管理の重要な日時のこと。たとえば、防水の終了、足場の解体、検査などの時点をいう。

戦略のわかる工程表

Q

①突貫工事は、品質･安全･コストすべてに無理を押し付けます。異常な短工期は回避できませんか？

A 回答

国土交通省は建設業の働き方改革で、週休２日の確保、時間外労働の規制を検討しています。突貫とならぬよう、工期を確保する営業をしています。壁は高いですが。

補足

工期は、経済工期・市場工期と呼び、競争下で決まります。国土交通省は、『建設工事における適正な工期設定等のためのガイドライン』を示し、日建連は『建築工事適正工期算定プログラム』を販売しています。

② PERT 手法本来の工程計画手順を復習したい。

回答

PERT/TIME は、ネットワークを組み立て、最早開始時刻･最遅完了時刻･全余裕などの計算を行い、必要工期･クリティカルパスを確定します。開発工程などに向いた手法です。

補足

策定施工計画に則り、担当者合議で、
①必要な作業を洗い出す
②これを前後関係を決定し並べる
③不足作業を追加したり調整する
④合意した手順をネットワーク化
⑤各作業に所要時間などを見積る
を行い、PERT/TIME の計算を行い必要工期を積み上げて算出します。計算工期が､指示工期より長い時は､ネットワーク･投入資源・手順見直しにより圧縮調整します。建設業では、表現のみ使っているのが実情です。

重要な用語

●**クリティカルパス**
最も日数を要する、日程余裕のない（TF がゼロ）作業手順の流れ。

●**リミットパス**
クリティカルパス以外の経路で、フロート（余裕時間）の少ない作業群･流れ。遅延で、クリティカルパスになるので注意。

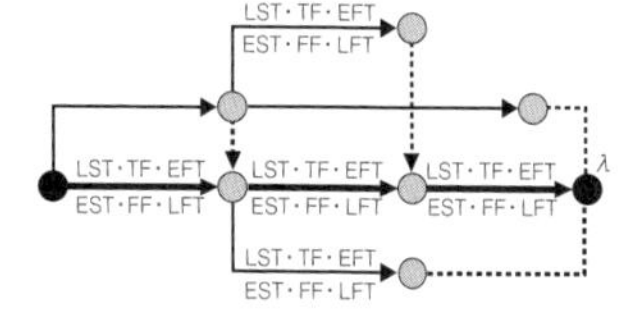

PERT/TIME
Program Evaluation and Review Technique
プロジェクトの完遂までに必要なタスクを分析する手法

③工程表には、どのような種類がありますか？

回答

表現の種類として①～③、目的によって④～⑥の種類があります。

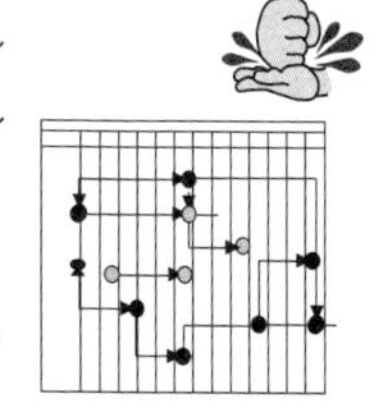

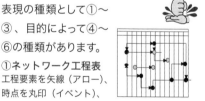

①ネットワーク工程表
工程要素を矢線（アロー）、時点を丸印（イベント）、前後関係を破矢線（フロー）でネットワーク化し、工程要素の繋がりを明確に定義した工程表。

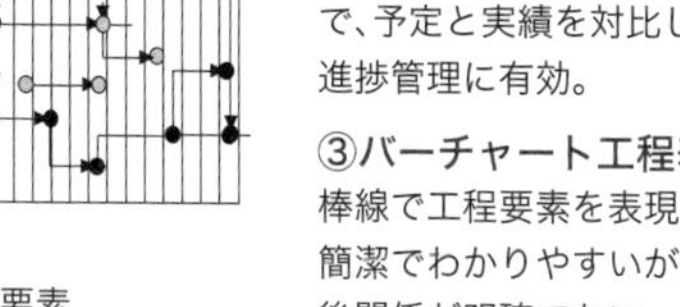

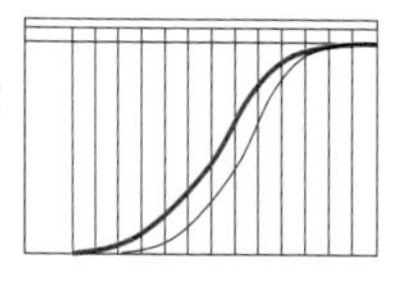

②曲線式工程表
時間経過による進捗予定を曲線で示した工程表で、予定と実績を対比し、進捗管理に有効。

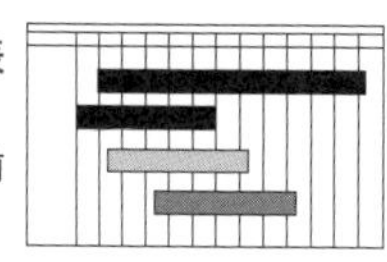

③バーチャート工程表
棒線で工程要素を表現。簡潔でわかりやすいが前後関係が明確でない。

④総合工程表（→前頁参照）
着工から竣工までの工事全体を、主要工事を主体に表現した、基本工程表。前頁の工程表である。

⑤短期工程表
月間や週間など、短期間を対象にした工程表。

⑥その他の工程表

- 詳細工程表
- 工事別工程表
- 部位別工程表
- サイクル工程表
- 検査工程表
- 製作調達工程表

④サイクルタイムの計画でタイムテーブル工程表があると聞きました。

回答

均等流れ作業工程計画にタイムテーブル工程表が使われます。同職種一定人数が、連続作業できるよう時間帯で作業構成し、工区区分を組み合わせ時間割にしたのがタイムテーブル工程表。完全山均しが実現。

→6

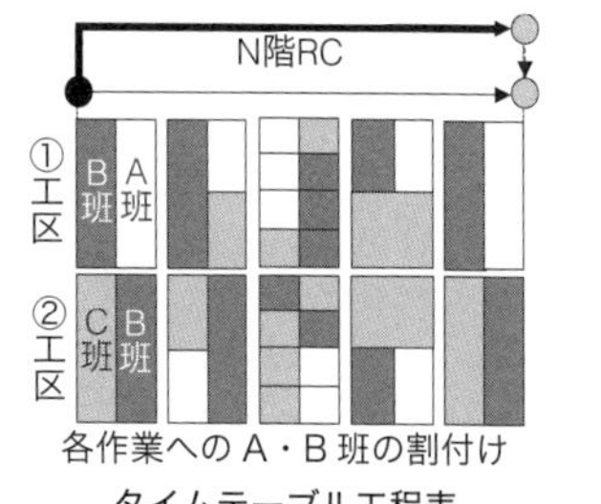

各作業への A・B 班の割付け
タイムテーブル工程表

8 工事騒音振動の抑制

音源対策優先 !!

・低減効果の大きいのは音源・振動源対策
・簡単には低減できないことを知る
・暗騒音・振動とバランスをとる
・ゼロにはできないので、作業時間を工夫するなど丁寧な近隣対応が必要

工事の騒音・振動をゼロにはできないが、近隣への影響が最小となるよう努力する必要がある。

目標を、最低限法規制値にするのか、理想的な環境基準にするのか決める必要がある。

騒音規制法・・・敷地境界で 85dB 以下
振動規制法・・・敷地境界で 75dB 以下
環境基準・・・・敷地境界で 45dB 以下

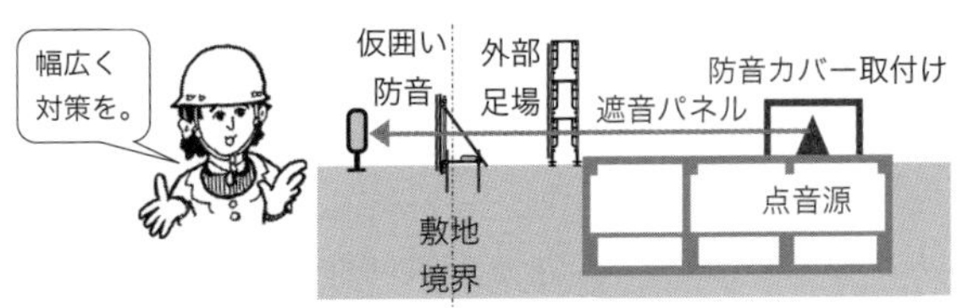

遮音仮設

以下の対策のうち効果が大きいのは、(1)(2)(3) であり、その例を下表にまとめる。

(1) 低騒音・低振動施工法を選ぶ

静的な油圧力を利用する杭工法に変更。

(2) 低騒音型建設機械を選ぶ

低騒音仕様で普及されている建機に変える。

(3) 作業時間帯、作業工程を限定する

地域に応じ、騒音・振動発生作業の作業時間を限定し迷惑を最小にする。

(4) 騒音・振動源を影響の最小最適位置に配置

可能ならば地下室に音源機器を置くなど。

(5) 遮音性能をもつ施設・工作物による遮音

外部足場に遮音パネル、遮音シート設置、音源に防音カバー取付け、仮囲い防音などを施す。

(1) ～ (4) は、音源対策で、周辺環境全体に減音されるが、(5) は、限定した受音点への減音対策なので注意が必要である。苦情の出ている隣家や、法律測定点の境界などが対象とされる。

騒音・振動源対策の例

作業工程	建設機械 音源・振動源	騒音振動 レベル	対策
土工事 掘削 積込み	バックホウ ドーザーショベル ダンプトラック	90 ～ 100dB	・低騒音振動型建設機械 ・衝撃力掘削回避、負荷抑制、高速運転禁止。 ・ていねいな積込み　・後進時高速走行回避
既製杭 ・埋め込み杭　・鋼管杭 場所打ち杭 ・ED 杭・ベノト杭・RCD 杭	杭打ちベースマシン 循環ポンプ　発電機 空気圧縮機　ブレーカー 安定液プラント　生コン車	80 ～ 90dB	・低騒音振動型ベースマシン　・低騒音空気圧縮機、バックホウ ・発電機回避、商用電源利用、　・ケーシングバケット落下抑制 ・打撃回避。掘削併用工法採用　・杭頭処理は破砕薬 + 大割工法 ・バケットとクラウン衝突抑制
鉄骨建て方 本接合	電動式レンチ　油圧式レンチ ドリフトピン打撃器 トラッククレーン クローラークレーン	60 ～ 70dB	・低騒音型電動式レンチ又は油圧式レンチの使用 ・丁寧な機材積み卸し無理な負荷禁止 ・低騒音振動型クレーン ・タワークレーンなど組立　・解体重機の騒音振動抑制
型枠工事 鉄筋工事	トラッククレーン　トラック 丸鋸盤 鉄筋カッター　鉄筋ベンダー	50 ～ 70dB	・放投げ・打撃禁止　・型枠解体時の大払し禁止 ・低騒音振動型クレーン　・運搬車両の騒音振動抑制 ・丸鋸盤・鉄筋カッターの防音カバー
コンクリート工事	生コン車 コンクリートポンプ バイブレータ	70 ～ 80dB	・生コン車待機場所配慮、空ぶかし禁止 ・コンクリートポンプ車設置場所留意、空ぶかし禁止 ・コンクリート外バイブレーション禁止
斫り工事 躯体補整目粗し	空気圧縮機 ハンドブレーカ	80 ～ 100dB	・低騒音空気圧縮機
解体撤去工事	コンクリート圧砕機 鉄骨切断機　ウォールソー ハンドブレーカ　空気圧縮機 発電機　トラック	80 ～ 100dB	・低騒音振動型ベースマシン・空気圧縮機　・ドーザーショベル ・圧砕機、切断機階別解体　・膨張剤を用いた小割解体 ・ブロック解体後、別敷地で小割解体 ・防音シート、防音パネルなどで外部遮音 ・解体ガラの落下を最小限にし、位置限定

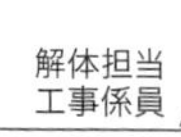

Q

①騒音レベル・振動レベルの意味は？ どうやって測るのですか。

A

回答 騒音レベルは、JIS C 1502 に定める普通騒音計を、振動レベルは、JIS C 1510 に定める振動レベル計を用います。

騒音レベル

人の聴覚に近い A 特性に補正された音圧の値と、規準音圧との比を計算した数値です。単位はデシベル(dB) で、dB(A)またはホンで表します。低音域評価の C 特性による dB (C)、その他 dB (B) もあります。

振動レベル

振動加速度レベルに人間の鉛直方向における振動感覚補正を加えたもので、振動計で測ります。

補足 音の基本的な伝搬知識を説明します。

騒音の大きさ（dB)

＝ 20×Log10（音の大きさ / 基準値）

基準値：音圧の 2×10^{-5}Pa

点音源の距離減衰

減衰量（dB） ＝ 20×Log10 (r/r_0)

r = 計算対象点の音源からの距離

r_0 = 測定音源からの距離

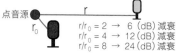

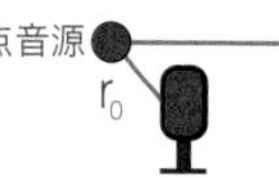

$r/r_0 = 2 \rightarrow$ 6（dB) 減衰
$r/r_0 = 4 \rightarrow$ 12 (dB) 減衰
$r/r_0 = 8 \rightarrow$ 24 (dB) 減衰

点音源の障害物による減衰

減衰量 x ：N から前川チャートで求める

N＝d × 周波数 /170

d＝((a＋b)－c)

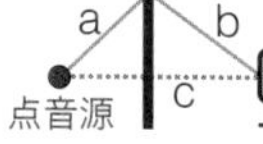

騒音の加算

A (dB) の騒音と B (dB) の騒音が重なると

A+B (dB) ＝ 10×Log10 $(10^{A/10} \pm 10^{B/10})$

B の騒音の A との差（dB)	0	1	2	3	4	5	6	7	8	9	10
合成騒音の A よりの増分(dB)	3	3	2	2	2	1	1	1	1	1	0

50 (dB) +50 (dB) =53 (dB)
50 (dB) +40 (dB) =50 (dB)

点音源工事騒音が遮音対策工作物を経て、敷地外へ伝搬するイメージと、減衰項目を右図に示す。

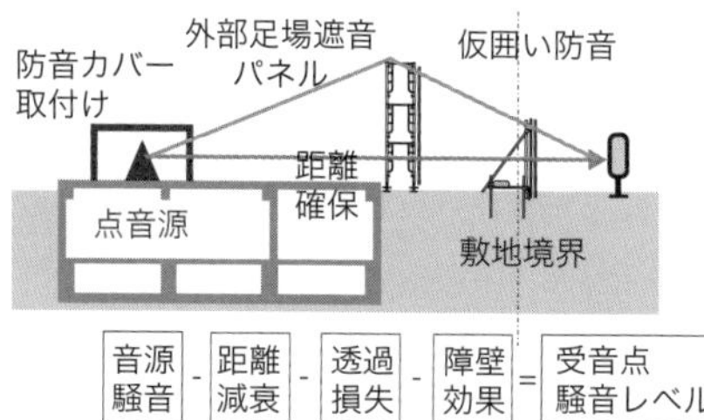

工事騒音減衰イメージ

②現場付近はもともと騒音がひどいのですが。

回答 工事現場から発生している騒音・振動以外のすべての騒音・振動を暗騒音・暗振動といいます。これが大きければ、現場で努力しても無駄になります。効果を見る上で把握しておく必要があります。

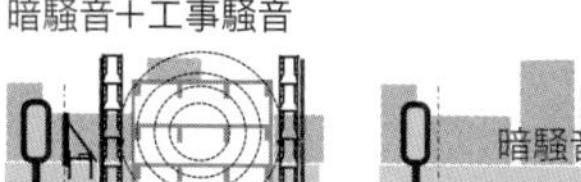

暗騒音に埋もれるまで工事騒音を下げる

補足 これを測定しておくことは絶対に必要です。測定地点は、地域の騒音、振動を代表する所や、騒音・振動問題の生じやすい所で選びます。道路に面する地域では敷地境界、境界より 10m、30m の 3 地点を選びます。測定時間は騒音・振動による問題の生じる時間や、施工時間帯です。前項のように、暗騒音が 60(dB) の場合、工事で発生する騒音を 50(dB) 低減しても、加算すれば 60(dB) のままです。暗騒音に埋もれてしまうわけです。

検討している音源以外のすべての騒音の総和を暗騒音といいます。拡散音場となっています。夜の騒音ではありません。

③騒音 / 振動は、どの場所で測るのですか。

回答 騒音・振動規制法の特定建設作業の騒音・振動は、敷地境界線値と規定されています。環境基準の測定場所は、以下とされています。

① 建物から道路側 1 mの地点
② 歩道のない道路は道路端

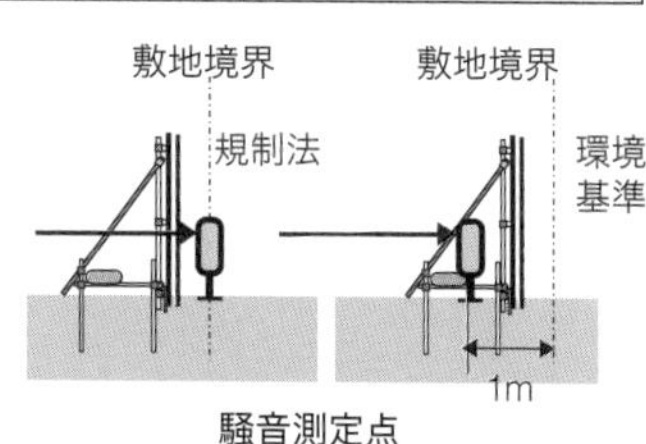

騒音測定点

9 工事中の建築工事祭式

→94

安心し、落ち着いて工事にかかろう !!

- 施主にとっては、地の神を鎮め、建物の末永い堅固さを祈り、施工者にとっては工事安全を祈願するもの
- 意義を信じることが大切

地鎮祭・上棟式・竣工式を「三大祭式」と呼ぶ。上棟式までの工事中の主な祭式を下表に示す。

工事中の主な建築祭式

時期		祭式名称	内容
着工前	工事着手の前	家毀ち式	一部を毀し、建物が老朽化し新築開始とみなす儀式。
		古井戸埋立の清	井戸を埋め立てる時に、神様に感謝の心を捧げる儀式。
		地鎮祭	大地主神、産土大神（土地の氏神様）を祭神とする土地の神々の霊をしずめ、敷地を清め祓って、永遠の加護と工事の安全成就を祈願し、鍬入れの儀が行われる。
		工事安全祈願祭	工事の安全を祈願するもので施工者中心に行う式典。
		起工式	施主・施工者・設計者の三者で行う。祭神は手置帆負命・彦狭知命（工匠の守護神）、産土大神。刈り初めの儀、穿ち初めの儀、鎮物埋葬の儀が行われる。
工事中	柱を立てる時	立柱式	柱を建て始める式。工事関係者で行う。参列者代表がスパナでボルトを締めたり、柱の周りに神酒をまく。
	棟を上げる時	上棟式	木造では「むねあげまつり」という。最高部棟木を建てこむ時、末永く堅固であるよう神に祈願する式典 。施工者で行う。鉄骨造では、鉄骨を吊り上げるセレモニーが行われる。鉄筋コンクリート造では、棟木がなく行われないことが多い。

儀式は、以下の次第で行われる。⑦が式典ごとに変化する。直会が適宜加えられる。

式次第

①手水（てみず）
②修祓（しゅばつ）
③降神（こうしん）
④献饌（けんせん）
⑤祝詞奏上（のりとそうじょう）
⑥切麻散米（きりぬささんまい）
⑦地鎮、立柱、上棟
それぞれの儀式「鍬入れの儀」など
⑧玉串奉奠（たまぐしほうてん）
⑨撤饌（てっせん）
⑩昇神（しょうしん）
⑪神酒拝戴（しんしゅはいたい）

一般的な地鎮祭会場・祭壇の一例を下図に示す。

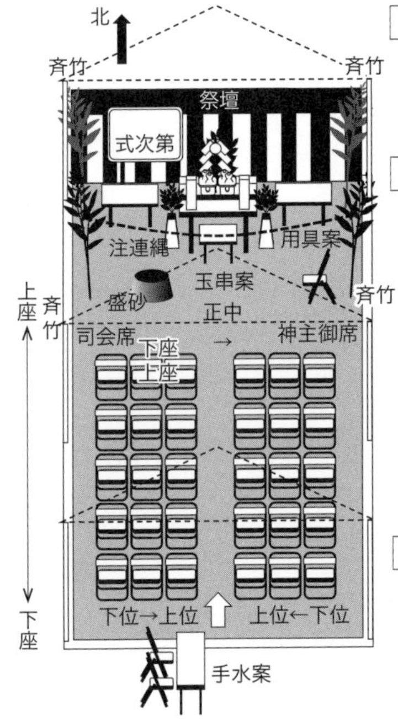

地鎮祭会場の例

祭場の場所・向き

可能な限り建築地、新築される建物内の中央南向きまたは東向きが原則

祭式の日時

判断の基準となる暦には陰陽五行説・六曜・干支・十二直・二十八宿などがあり、すべての良い日はなく、神官や施主に任される。六曜で「大安」「友引」を選び、十二直・二十八宿を確認し、念のため「三隣亡（さんりんぼう）」か否かを調べる程度で決める。

参列者の席順

神前に向かって右から、神前に近い列が上座（建築主・来賓）で、中央に近い方が上位。神座真正面の線を正中と呼び式場中央の通路をいう。

地鎮祭の儀式。鎌（かま）、鍬（くわ）、鋤（すき）、盛砂、草などを用いて、次を行う。

一．斎鎌（いみかま）
二．斎鍬（いみくわ）
三．斎鋤（いみすき）

「エイ、エイ、エイ」という掛け声とともに３度行う。

鍬入れの儀

最初の柱を立てる儀式
柱周りに神酒を撒き、代表がボルトを締める

立柱式の例

最上層の梁を吊り上げる儀式
餅や銭を撒く

上棟式の例

Q 鳶工 職長

A 現場常駐 工務主任

工務課 課長

①神主さんがきて行う儀式と、施工者だけの儀式があるようです。どう違うのですか？

回答 地鎮祭は、地の神を静める宗教儀式で、家毀ち式・古井戸埋立清祓・清祓式・竣工奉告祭なども同じく神主主体で行います。起工式・工事安全祈願祭・立柱式・上棟式・定礎式・竣工式・落成式などは神主も参加しますが、工事関係者が中心の式典です。

補足 工匠側は「式」、神社側では「祭」と呼ぶ行事が多いです。古来、寺社建築では格式のある宗教行事の祭が営まれてきました。江戸時代から、庶民むけに大工中心の工匠祭式になりました。

神官と工匠

②起工式と地鎮祭は違うのですか？

回答 起工式と地鎮祭は、祭主が違うので区別します。内容はほぼ同じで、施主の意向により決めます。

補足 地鎮祭は、土地の神の霊を鎮め、敷地を清め祓い、永遠の加護と工事安全成就を祈願する宗教行事です。起工式は、施主・施工者・設計者の三者で行う工匠の儀式。両者とも、切麻散米、刈り初め、穿ち初め、鎮物埋葬の儀が行われます。

③地鎮祭をしないと、事故が起きるといわれています。なぜですか？

回答 何もしないで、工事にかかると土地の神が怒って、いくら注意しても、あり得ない事故が起こるといわれています。科学的ではありませんが、地鎮祭をすれば、起こりにくいと信じ、行っていると思います。

補足 日本は「八百萬の神が座ます国」とされています。掘ったり、建物を建てることに神の怒りに触れないよう神々を鎮めるのが地鎮祭です。やらない不安を取り除く行事といえます。

大地主神

④神様にお金をかけるより、工事で働く職人にお金を多く出し、いい仕事をさせるほうがいいと思うのですが。

回答 工事金への配分のありようは別として、この考え方は、妥当かも知れません（著者の個人的感想です）。祭式不要ということでなく、施主の品格にもよる総合的判断になります。

補足 職人に手厚くして真面目に働いてもらうほうが自分にとって有効な考え方だ…という施主もおられます。工事関係者との懇親や激励のための直来（なおらい）に多くをかけ、式祭は簡略化することもよくあります。

10 賢い現地調査と土質調査の見方

調査しすぎはない!! 砂と粘土は全く違う!!

- 調査不足は怖い。賢く利用できるものは使う
- N値から、ほとんどの重要な定数が分かる
- 砂と粘土の違い、孔内水位は特に重要

1　現地調査の実施

調査項目を次頁の表に、要領イメージを下図に示す。量が多いので賢く処理する。

現地調査のイメージ

①地中さぐり
「ドリル削孔」で、空洞や障害の有無を直接確認する

②隣家調査
立会のもと現状調査および撮影

③追加ボーリング
ポイントを複数決めてボーリングを追加実施

④試掘
構築物の建つ予定範囲をユンボで試掘。5m位まで探査

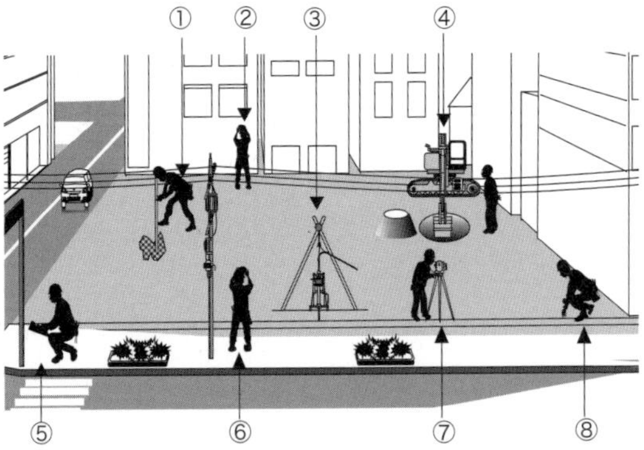

⑤埋設管調査・確認
道路上の表示を確認、その後、窓口に出向き照合
（主な実例を下に示す）

⑥電力線確認
電柱NO.をメモする。仮設引込の位置を確認

⑦境界確認測量
境界標識が不明確な場合、現況測量にて（立会実施）境界を確定

⑧境界確認
境界標識を確認し設計図と照合（実例）

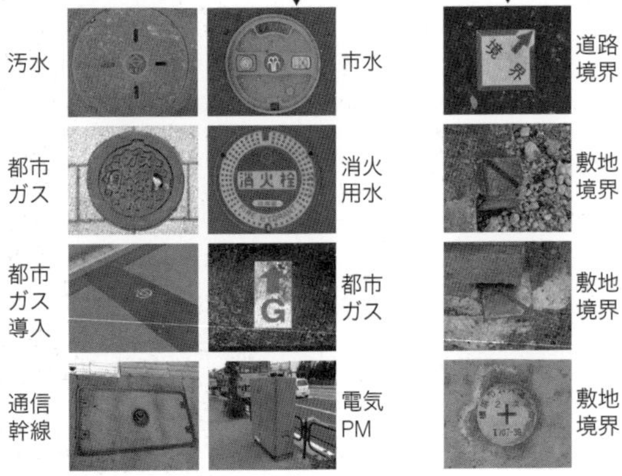

汚水

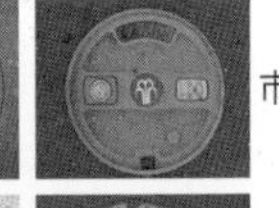

市水

道路境界

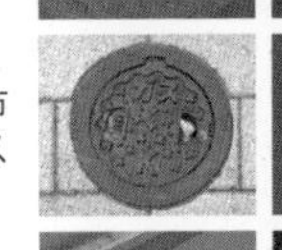

都市ガス

消火用水

敷地境界

都市ガス導入

都市ガス

敷地境界

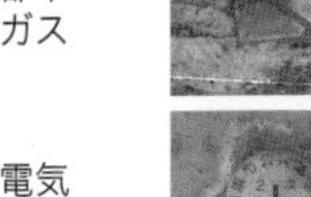

通信幹線

電気PM

敷地境界

道路上埋設物表示例

現地調査を正確・迅速に行うことで、工事すべてが好結果につながる。

敷地内や隣地、道路、境界部には、工事に影響を与える障害・有用物がある。これを把握する現地調査は、事業・許認可の先行調査を引き継ぎ、無駄なく迅速正確に行わなければならない。

より精密・高度な、現地調査技術を下図に紹介する。採用することは少ないが、いざという時のために理解しておくと便利である。

地中レーダー探査法
電磁波を地中に発信し、電磁波の反射・屈折をとらえ埋設物を探査。土質によるが深度約2～2.5m程度まで可能。

磁気探査
鉄周囲に微弱な磁気が生じる性質を利用し、磁気変化をセンサーで測定、磁気異常から障害を解析。金属のみ反応。

レイリー波探査
地上起振機で表面波を発生、到達時間を計測し解析。深度が10m位まで探査可能。

高密度表面波探査
地盤S波速度分布を2次元断面として表現。

熱赤外線調査
地盤面を熱赤外線カメラで撮影し、空洞の有無を把握。

高度な地中障害調査例

2　履歴調査

以下の方法がある。

①旧建物や土地利用を、近隣や町内会長を尋ね、聞きとる。昔の写真などが見つかることもある。

② Googleマップで過去の航空写真を見る。

③国土地理院提供のタイル地図により過去の敷地・建物を確認する（国土地理院「空中写真」で検索）。

④東京都や京都市では遺跡地図情報をインターネットで提供するサービスもあるので、利用されたい。

3　ボーリング調査（標準貫入試験）

地盤状態や土の性質、強度などを調べる土質調査には、直接現地で調べる原位置試験と、土を採取して室内で調べる物理試験がある。原位置試験には、ボーリングを併用し、土の硬さや締まり具合などを調べる標準貫入試験がある。土のサンプルを採取し土質層序、孔内水位なども確認する総合的な試験である。

必要な現地調査

調査位置	調査対象		計画時調査有無	工事用の調査要否	内容・方法	問合せ先
敷地内	土壌汚染状況		施主実施 営業確認	原則不要（必要に応じ追加）	①要措置区域（法第 6 条）は、指定解除を確認。 ②形質変更時要届出区域（法第 11 条）は届出、調査要否、対策工事終了、指定解除を確認。	都道府県および市の土壌汚染担当部局
	地盤調査	土質地下水調査	設計段階で実施	必要に応じ追加	設計時は杭の調査で、掘削や排水のための追調査を行う。ボーリング調査等を追実施し、水位に問題がある場合に観測井戸削孔し、追加水位観測。	保健所
	地中障害物	遺跡	施主実施 営業確認	原則不要	埋蔵文化財包蔵地ならば、教育委員会文化財担当者と事業主との事前協議をヒアリングしておく。工事中に発見されれば、工事を中止し同じ手続きが必要。	文化庁 教育委員会
		産廃・ガラ 空洞脆弱部	通常は未了	必須	ヒアリング・旧建物資料照査・敷地履歴調査実施。 目視観察・さぐり棒・試掘などの補足調査。 必要により、地中レーダー探査、高密度表面波探査、磁気探査を追実施。	
		古井戸				
	給排汚水	埋設管線類使用または不使用	施主認知 営業確認	必要に応じ追加	旧建物資料照査・敷地履歴調査、目視観察・試掘などの補足調査。引込位置など建物内の配管配線等は、水道局・ガス会社・電力会社・通信会社の窓口において閲覧のほか、工事完成図書などの写しの提供を受ける。	水道局、下水・河川課
	ガス					ガス会社
	電力					電力会社
	通信					通信会社
境界	構造物	擁壁・塀	設計段階で実施	再確認	既存図照査、形状構造・劣化度を確認。写真などで記録。	
	境界票	隣地境界		再確認必須	隣家・道路管理者立会のもと、境界標識を確認。なければ、土地家屋調査士に依頼し、法務局や保管図面を収集し、現況測量（立会を実施）し境界を確定、標識を設置し土地境界確定図を作成。	
外接道路		道路境界				道路管理者
	給排汚水雨水	道路埋設管			右へ出向いて調べる。配管図面を閲覧または交付してもらえることが多い。道路上の表示マークを撮影記録し、照合し図面化する。	水道局または役所、 下水道課・河川課
	ガス	道路埋設管			付近の配管図面を閲覧または交付してもらう。道路上表示マークを撮影記録し、照合し図面化。	ガス会社の窓口
	電力通信線	道路埋設管			営業所窓口に出向き、確認する。	電力会社 通信会社の窓口
		架空電線			作業計画の事前打合せを行う。防護の必要があれば依頼。	
	交通	停留所標識			一時移動の必要があれば、バス会社に相談する。	バス会社
近隣建物	建物	構造現状	通常は未了	必須	挨拶しヒアリング。もし図面があれば照査させていただき、内容と劣化度を確認。写真など記録。	隣家所有者
		仕上現状				
		設備機能				
	庭	井戸状況			上と同時にヒアリングをする。仕様を確認し、水位を検尺。写真など記録。	
		池水位・植栽				

サンプラーは装置の先端につける抵抗体をいい、土試料を同時に採取する。地盤に適合した以下の 3 種のサンプラーが使われる。

(1) シンウォールチューブサンプラー

軟らかい粘性土を採取する一般的なサンプラー

(2) ロータリー式二重管サンプラー

硬さが中位から硬い粘性土の採取に用いられる。先端ビットの付いた外管で地盤を回転切削し、回転しない内管を地盤に押し込み試料を採取する。デニソンサンプラーとも呼ぶ。

(3) ロータリー式三重管サンプラー

主に砂質土の採取に用いられる。二重管サンプラーの内側に、さらにチューブを入れ、試料を採取。

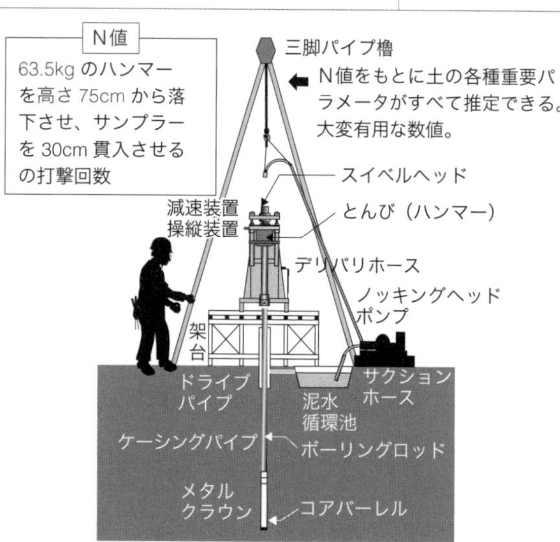

ボーリング調査

→12 17 23 25 27

これ以外に、凍結サンプリング・GPサンプリングがある。

4 ボーリング調査結果の正しい見方

柱状図の見方・要点を以下に説明する。1か所に対応し、調査本数分のシートと試験結果に合わせ、調査地の地形・地質の概要が調査報告書としてまとめられる。これを読み取る力は大切。

ボーリング本数が足りない時は、至近データを、社内あるいは協力業者、土質調査会社から（有償）収集する。国土地理院に「KuniJiban」柱状図検索サイトがあり、大都市には、地盤図がある。

5 簡易な土質調査法

スウェーデン式サウンディング試験がある。小規模建物で実施され、測定結果により“軟弱地盤”と判定された場合は、標準貫入試験を行う。

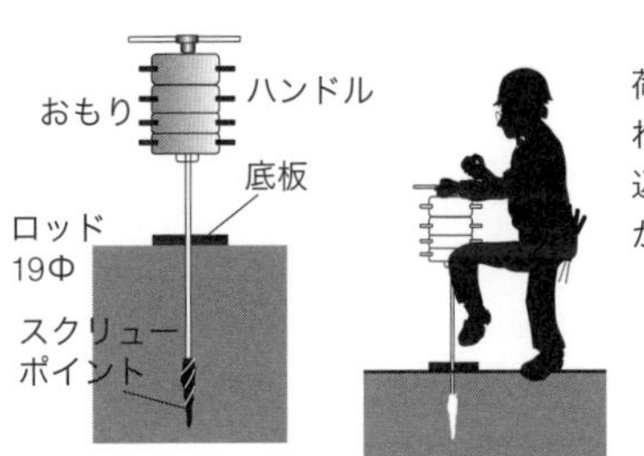

おもり
ハンドル
底板
ロッド
19Φ
スクリュー
ポイント
荷重をかけて、地面にねじ込み、25cmねじ込むのに何回転させたか測定

スウェーデン式サウンディング

ボーリング柱状図

調査名

工事名

シートNo

ボーリングNo	No 1	位置		北緯	
発注者		期間		東経	
調査業者	主任技士	代理人	測定者	責任者	
孔口標高	19.0	角度 / 方向 / 傾斜	試掘機	落下用具	
総掘削長	15.0		エンジン	ポンプ	

標尺 m	標高 m	層厚 m	深度 m	柱状	土質区分	色調	相対密度	相対稠度	記事	孔内水位/測定月日	深度 m	10cm毎打撃回数 0〜10	10〜20	20〜30	試料深度 m	試験名及び結果
1	13.0	1.0	1.0		表土	灰			コンクリート片含む		1.0	1	2	1		
2					シルト	茶褐		軟らかい	流動性高く、砕石を含む。ところどころ貝殻を含み、鋭敏比が高い	2.0	2.0	1	1	1		孔内載荷試験
3											3.0	1	1	0	3	
4											4.0	1	0	0		
5											5.0	1	0	1		
6	8.0	5.0	6.0								6.0	1	2	3		
7					細砂	青茶	中位		含水高く、粒径均一チャート含む		7.0	8	6	5		
8	6.0	2.0	8.0								8.0	8	2	3		
9					砂質粘土	褐		中位	含水低く部分的に軟らかい。砂を薄層に挟む		9.0	4	2	1		
10											10.0	1	2	1		
11											11.0	1	2	4		
12											12.0	5	2	1	12	孔内載荷試験
13	1.0	5.0	13.0								13.0	10	6	8		
14	0.0	1.0	14.0		粘土	黒		硬い	土丹状 硬質		14.0	5	10	1		
15					砂礫	橙	締っている		東京礫層		15.0	20	25	10		
16											16.0	30	15	15		
17	-3.0	3.0	17.0								17.0	30	30	5		

①標尺（m）
地面からの深さ
基準点からの
高さで確認
②層厚（m）
各層の厚さ
③深度（m）
土質が変わる深さ
④柱状図（m）
土質を土質記号で
示す
⑤土質名：
土の種類名称
砂質シルトというの
はシルト。
砂の性質が少しある
シルトという意味
⑥色調
各層の土の色
⑦記事：各層の土の主な特徴
重要な情報が記載されている
⑧相対密度
砂地盤の締まりの
程度
⑨相対調度
粘土地盤の硬さの
程度
⑩深度（m）
N値を測定した深さ
⑪打撃回数
N値。
50を超えると
50の位置に描く
⑫貫入量（cm）
貫入した量←10cm
ごとに打撃回数を記録
⑬孔内水位
掘削した翌日の
水位
⑭調査日時
ボーリングした時期

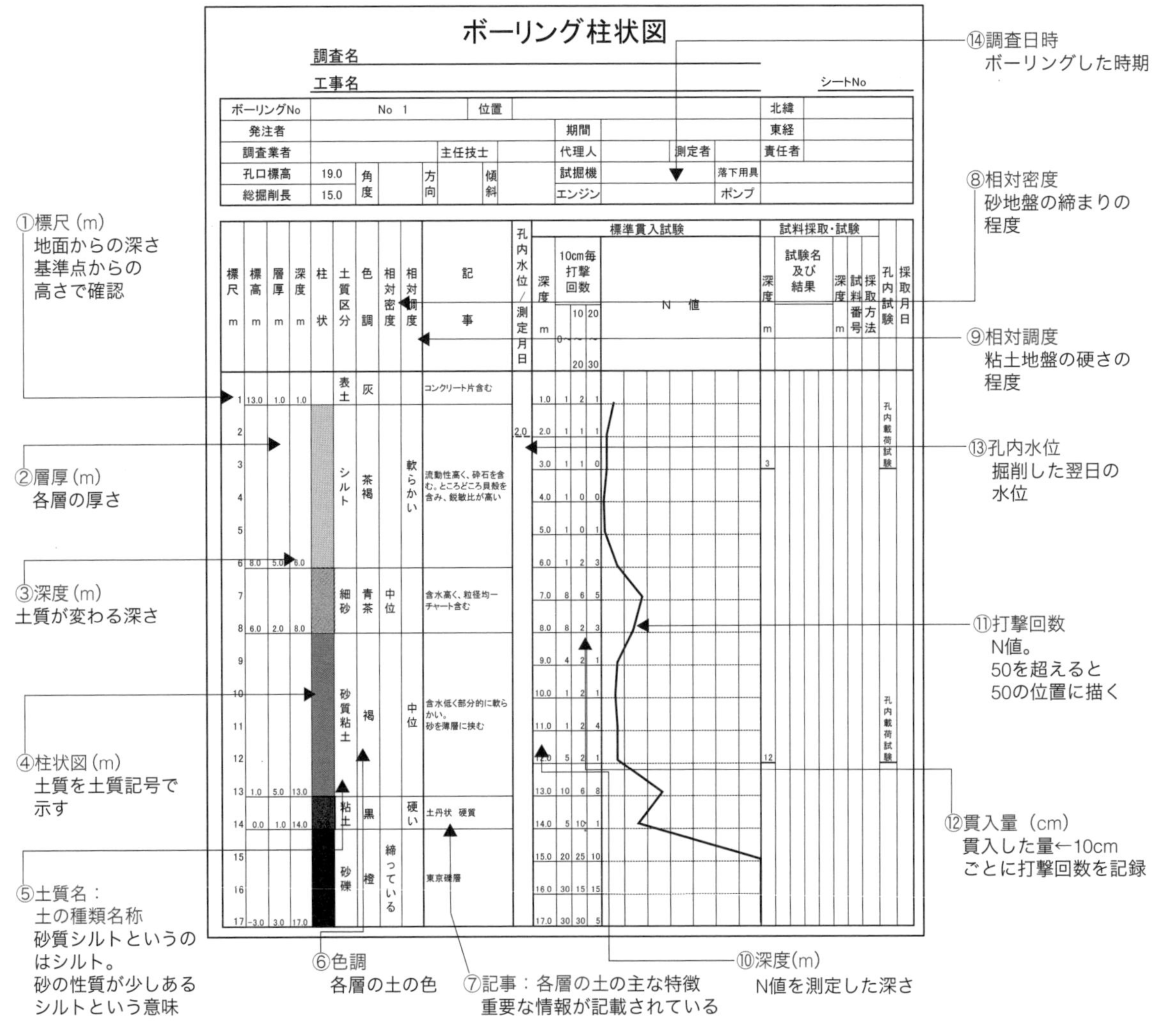

柱状図の見方

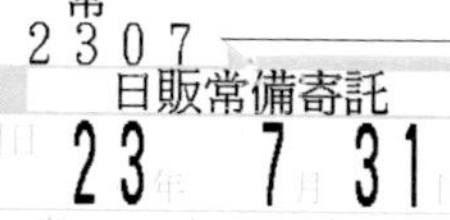

Q

①多くの調…て、的確…うしたら…せん。費…り、無理…ます。コツ…い。

まずは
机上調査

…過去どう土地利用さ…物、工作物等が存在…歴調査を、資料やヒ…的に行い、どうして…査に絞り込んで行う…ことをよく知っている…士、古商店、不動産…聞くことです。…相手もいるでしょう…意をもって尋ねること…があれば、建主に重…見せてもらうと意外…合があります。

補足

以下の手順をお勧めします。

①元の図面や先行調査を照査

②関係者へのヒアリング

設計段階や事業計画段階で、調査済みの結果を上手に引き出し活用することで、かなりわかってきます。

③インターネット検索サイトを使って調査（意外と役立つ!!）

④現地を詳しく見て確認関係窓口・隣家などで確認

⑤結果をわかりやすく図面化

②砂と粘土で…N値で強…か？

…く性質が違います。す…土は粘着力、砂は内…力で変わる）により…いを以下に示します。

土質	N値…		…事項
粘性土	0～4…		…り、精密な土質調査を
	5～1…		…はないが、沈下の可能性
	15以上	非常に硬い	…なくてよいが、中小構造物の基礎地盤としては20以上が望ましい
砂質土	0～10	ゆるい	沈下は短期間に終わるが考慮する必要あり。地震時に液状化の恐れがある
	10～30	中位～硬い	中小構造物の基礎地盤となりうる場合もあるが、一般に不十分である
	30以上	密	大構造物の基礎としては、50以上（非常に密）が望ましい

補足

砂か粘土かを分けて考えることは大切なことです。構成している土粒子の大きさの差が極めて大きく（1万倍程度）、砂と粘土では以下のように力の発揮するメカニズムが違うからで、実際は両方の性質を持ちます。

S=C（粘着力）
付着水分子の電気吸着力で強さ形状維持

S=PtanΦ
（Φ＝内部摩擦角）
砂粒子の相互接触する摩擦力で強さ形状維持

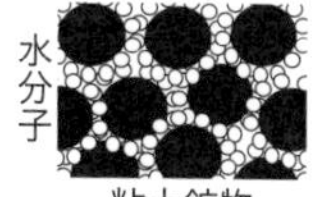

粘土鉱物

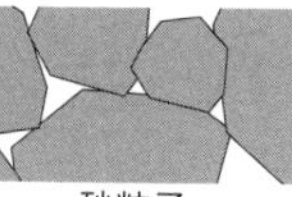
砂粒子

S=すべり強さ　P=有効応力

③残土の扱いや、杭水頭差維持の判断資料として、孔内水位を一番重視しています。

回答

ボーリングの孔内水位は、鵜呑みにしてはいけません。ボーリング後、安定した孔内の自然水位だからです。砂地盤で無水掘り・清水掘りの場合以外はあてになりません。無水掘りとは、水や泥水を使わず掘削することで、清水掘りは真水を使用して掘削することで、余程条件がそろわないと不可能です。

補足

孔内水位は、ボーリングにベントナイトが使用され、泥水被膜が形成され、多くの帯水層を掘り抜いている場合、どの帯水層の水位か不明なことから、掘削対象土の自然水位とはいえません。地下水位評価は原則、観測井戸を用いたものになります。

11 狭隘境界寸法での山留め壁設置

工法知識の引出しを増やす !!
- いろいろな狭隘施工法がある
- 一般的な山留め壁の敷地境界までの離隔寸法と、その寸法構成の考え方を押えておく

1　一般的な山留め壁の離隔寸法

山留め壁の位置・構造・工法は、敷地境界までの距離に左右される。さらに、隣接建物と近接する場合は、作業性を考慮して寸法を検討する。代表的な工法の一般的な近接寸法の目安を以下に示す。実際には、土質や低騒音工法要否の程度などに左右されるので施工条件により数値は変動する。工事を行う専門工事業者の保有機材・システムの違いを最新のものとして把握することが重要である。

工事によって隣接物に影響（直接の損傷、山留め壁の変形による沈下やズレなど）しないこと、山留め壁を直接外型枠として使用する場合は、山留め壁の鉛直施工精度および掘削に伴う変形を考慮し、適切なクリアランスを確保する。

①親杭横矢板　⇒圧入：600mm 以上
⇒オーガー：450mm 以上
⇒オーガー併用圧入：600mm 以上
⇒バイブロハンマ：
700 ～ 1000mm 以上

②鋼矢板　⇒圧入：600mm 以上
⇒オーガー併用圧入：600mm 以上
⇒バイブロハンマ：
700 ～ 1000mm 以上

③SMW[*1]芯材　⇒三軸削孔機：450mm 以上

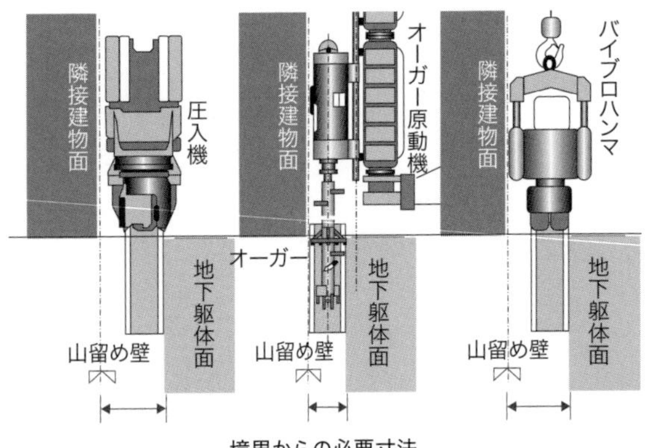

境界からの必要寸法

2　敷地境界から極めて狭い距離で施工できる事例

建築主、事業者、建設業者のニーズに合わせ、極めて小さい施工寸法の山留め壁が市場投入されている。以下にその事例を紹介する。考え方は、

①山留め壁を省略
②施工機械巾あるいは山留め壁厚を極小化
③施工機械を偏心させ隣家干渉を回避
④山留め壁を新設基礎・地下外壁と複合最小化

が代表的である。いずれも、掘削深さ・土質・施工条件には制約が多いので、工法の特性を十分理解して計画することが必要である。

時として、プロジェクトの条件に応じ、施工者・機械メーカーが個別工事のために新しく開発し試行することもある。新工法はこんな場面から開発されている。

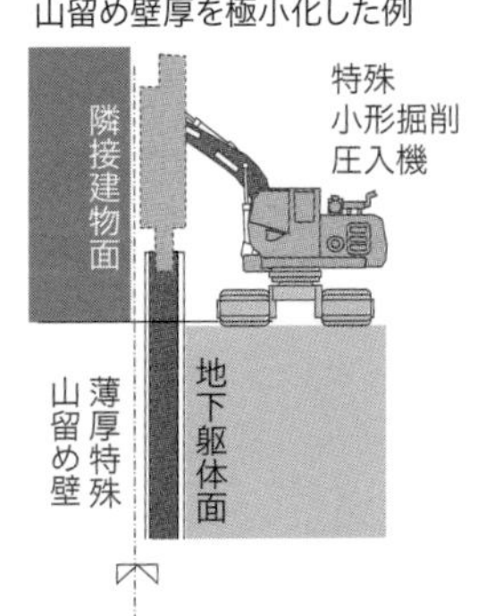

③施工機械を偏心させ隣家干渉を回避した例
山留め壁芯
機械芯
隣接建物面
偏芯圧入機
山留め壁
地下躯体面

④山留め壁を新設基礎・地下外壁と複合化して有効寸法を最小化する例
隣接建物面
原動機
山留め壁
地下躯体外面（山留め複合）
地下躯体
山留め壁有効寸法
複合幅

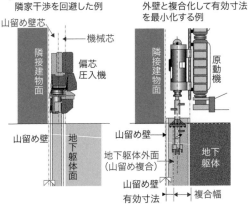

離隔寸法最小の山留め壁の例

＊1　SMW：ソイルセメント柱列山留め壁

Q

①具体的に、敷地境界との離隔距離を決めたい。寸法の決め方を詳しく教えてください。

回答

A

SMWの場合、右図寸法により離隔寸法が決まります。

A：掘削機最大径

a：隣接建物最外端との施工余裕

y：敷地境界と隣接建物最外端のあき

B：オーガー掘削半径

b：応力材と躯体外面のクリア（施工精度＋山留め壁最大変形）

H：応力材丈

C：敷地境界とオーガー外端の施工余裕

離隔寸法Xは、次の大きい方。

X =b+H/2+A+a-y──①

X =b+H/2+B+c───②

aは高さの1/100、bは掘削深さの1/200、他数値は現地寸法・予定機・山留め設計によります。

A：350　a：100　y：50

B：300　b：50+50　H：400

C：50

とすれば、Xは700mmです。他工法も、この考え方で計算します。

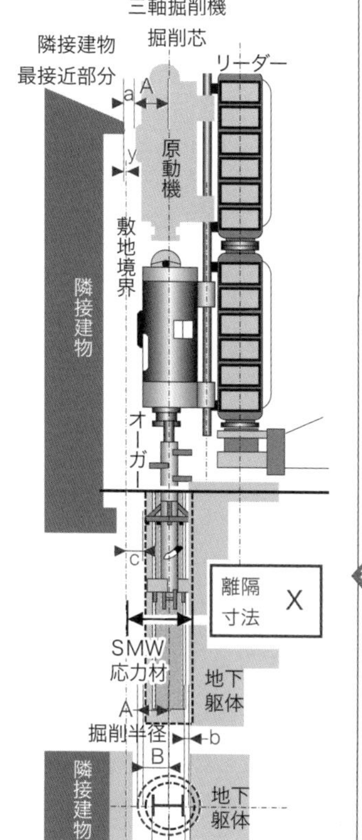

離隔寸法の構成

補足

土質研究
技士長

納まらない場合は、設計者・施主と協議します。施工機械や工法、山留め設計、現地状況により変わりますから、早期に協議する必要があります。山留め壁施工の発注に関係します。離隔寸法を縮めるには、

①原動機を隣家障害の上で止める。長いリーダとする。

②応力材丈を減らす。間隔を狭め広幅H鋼を採用。

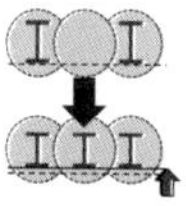

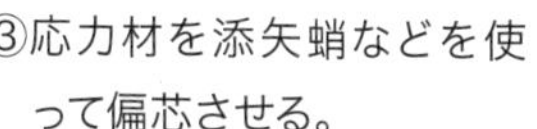

③応力材を添矢蛸などを使って偏芯させる。

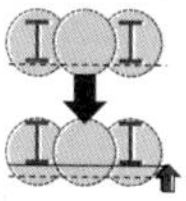

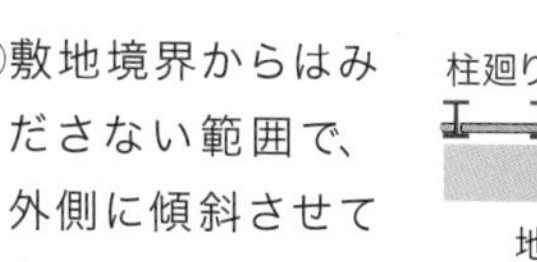

④敷地境界からはみださない範囲で、外側に傾斜させて削孔する。

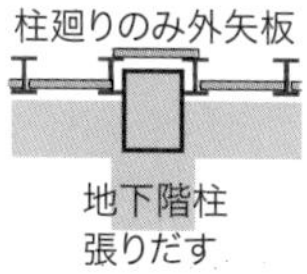

柱廻りのみ外矢板

地下階柱
張りだす

などの方法が考えられます。無理も多いので推薦するものではありません。

H鋼横矢板では、柱廻りのみ外矢板とすることも行われます。施工機械を吟味検索することは当然です。

②新築建物を、空き寸法わずかで施工できるとして、ギリギリでは隣家も困ると思います。法律的にはどうなっていますか？

回答

かなり微妙な問題です。防火上も、将来の建て替えなど考えれば、いろいろと問題があります。設計時点で解決していることを確認してください。上の検討は、隣家上空を借用できる場合で、汚染対策なども加味しなくてはなりません。

補足

民法は50cm離して建築しなければならないと規定しています。ギリギリで施工したい隣家がある場合、民法第234条第2項では、隣地所有者はその違反建築の廃止もしくは変更を請求できます。ただし、この請求は建物が完成する前で、かつ建築が始まってから1年以内にしなければなりません。施工者として理解し、建築主と考えを共有し、話し合いによる解決で紛争にならないようにしたいものです。

12 重機の転倒を防ぐ

鉄板を正しく敷く !!

・鉄板敷きの確実な励行

・鉄板だけでは危険な場合をかぎつける知識を習得すること

重機が転倒する事故は、残念なことに時々起きて、第三者を含め大きな被害を与えている。

重機転倒のパターンは、次の３つ。

①トラッククレーンのアウトリガーがめり込む

②クローラークレーンのキャタピラが沈み込む

③ホイルクレーンのタイヤがめり込む

いずれも、

・不十分な路盤への舗装面や、転圧が不十分な埋戻し面あるいは、地耐力の小さい地盤

・下部地盤に空洞や空溝の存在

・傾斜整地の地盤、あるいは法肩近接地盤への無理な載荷

が遠因である。さらに、対策としての、

・地盤固化・砂利置換などの地盤強化改良

・敷鉄板・補強板設置

などの措置が不十分なことが、近因となっている。

1　路盤・地盤の強度確保

機械の載荷圧力（接地圧）に対して地盤側が支持可能な「強さ」「沈下量」を含めた「地耐力」が上廻ることを確認する必要がある。

作業現場の地耐力を確認するためには地盤調査が不可欠で、標準貫入試験結果を参照できる。そのＮ値から土の粘着力や内部摩擦角などのパラメータ値に換算し、その値を支持力公式に代入すると地耐力を求めることができる。

$$R_u = (i_c \cdot \alpha \cdot c \cdot N_c + i_r \cdot \beta \cdot \gamma_1 \cdot B \cdot \eta \cdot N_r + i_q \cdot \gamma_2 \cdot D_f \cdot N_q) \times A \ (\mathrm{kN})$$

c：粘着力（$\mathrm{kN/m^2}$）

γ_1：基礎直下の土の単位体積重量（$\mathrm{kN/m^3}$）

γ_2：基礎底面より上部の土の単位体積重量（$\mathrm{kN/m^3}$）

D_f：基礎の埋め込み深さ（m）

A：基礎の底面積（$\mathrm{m^2}$）

N_c、N_r、N_q：支持力係数

η：寸法効果

接地圧は地耐力以下とし、適切な安全率をもたせる必要がある。急激な沈下、接地圧変動を考慮し、安全率 =3.0 が提案されている。

接地面積を広げて接地圧を下げ、安全率を確保するために、敷鉄板・補強板を設置する。その面積は、地耐力計算結果から単純計算すればよい。

計算結果に応じ、必要であれば、以下の補強を行う。その厚さは、深度が増えるほど荷重度が分散し、土被り圧で地耐力が向上するので、通常は 1.0 ～ 1.5m でよい。

表層を極端に強化した二層地盤では、強度は高くなるが、沈下速度は速くなる傾向がある。

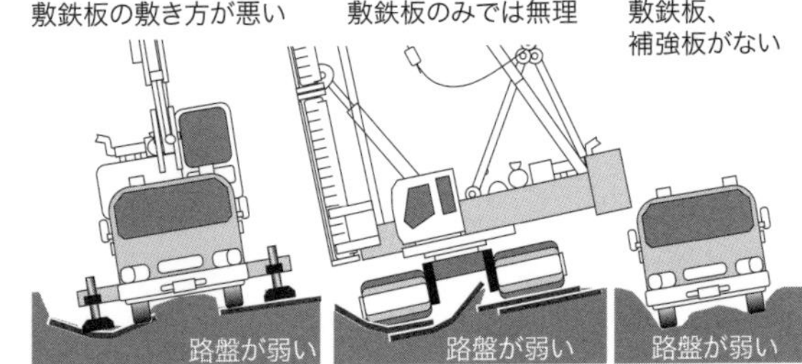

局所的な沈下原因

古井戸や旧地下等の空洞部分

杭あとなどの埋戻し不良部分

不安定な法肩斜め地盤

U字溝やマンホール

重機転倒原因となる沈下のパターン

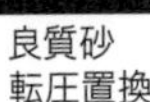
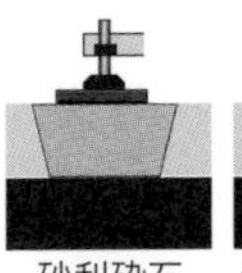

良質砂転圧置換　砂利砕石転圧置換　セメント系地盤改良　生石灰系地盤改良　軟弱地盤　安全地盤

重機転倒防止の地盤強度向上方法

Q

杭打工
職長

A

山留め担当
現場監督

技術部
部長

①地盤強度を確認したいのですが、柱状図は本数が少なく、表層部分は詳しくありません。

回答

設計地盤調査は、杭支持力の検討が主目的です。しかし現場で簡単に判別する方法があります。表土から 1.5m 程度スコップで掘って下表の通り N 値を推定できます。 →10

N 値の推定

地盤の堅さ		地盤・土の状態	推定 N 値	極限支持率 (kN/m^2)
粘性土	極軟	鉄筋が手で簡単に入る。握りこぶしが 10cm くらい入る。	～2	～70
	軟	スコップで容易に掘れる。親指が 10cm くらい容易に入る。	2～4	70～140
	中	スコップに力を入れて掘る。鉄筋を 2kg ハンマーで叩き簡単にささる。親指が 10cm くらい入る。	4～8	140～280
	硬い	スコップを強く踏み掘れる。鉄筋を 2kg ハンマーで貫入するのに苦労する。親指貫入に力がいる。	8～15	280～570
	極硬	鋤で除去できる。	15～30	570～
	固結	つるはしが必要で苦労する。	30～	1440
砂質土	非常にゆるい	Φ 13 鉄筋が手で容易に貫入。孔壁が崩れやすく深い足跡ができる。	～5	～100
	ゆるい	スコップで掘れる。	5～10	100～200
	中	Φ 13 鉄筋をハンマーで打ち込める。スコップを強く踏み掘れる。	10～30	200～7500
	密	Φ 13 鉄筋がハンマーで 30cm くらい入る。掘るには、つるはしが必要。	30～50	750～1300
	非常に密	Φ 13 鉄筋がハンマーで 5～6cm 入る。打ち込む時金属音を呈す。	50～	1300～

「現場地耐力試験」(BCT) を労働安全衛生総合研究所で提案。変位制御により短時間で終了し、地耐力を効率的に調査できます。 →25

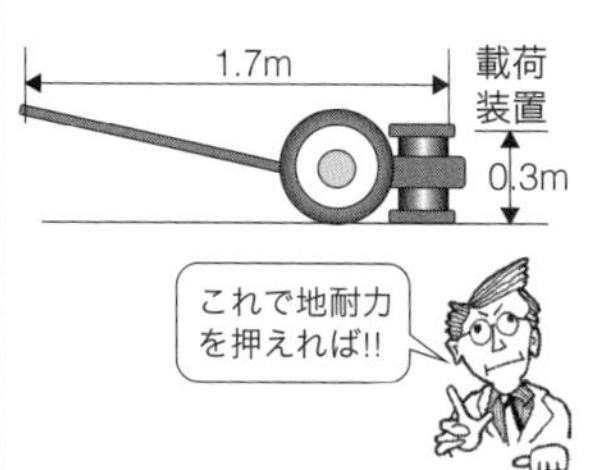

②地盤強度強化以外の重機転倒を防ぐための留意点を教えてください。

回答

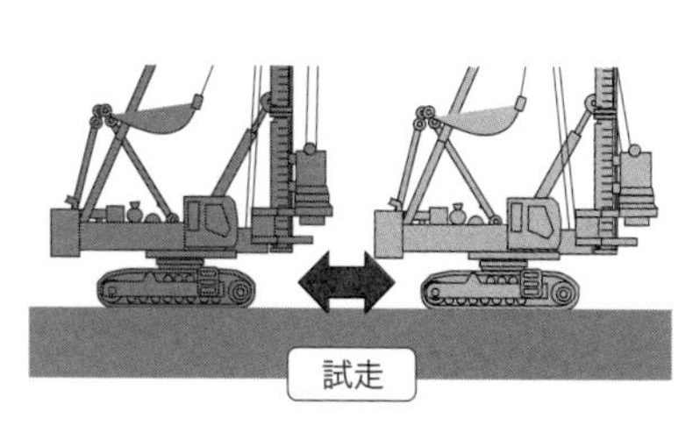

機械が転倒するような地盤の場合、必ず予兆がある。試走し確認。

滞水すると、地盤強度が低下する。常に排水し切れを良くする。

過去履歴や近隣から事情を聴き、空洞などの有無を確認する。磁気探査や赤外線探査も有効。

同一地盤で、極端な地盤強度差は危険。なじみの差で大きく傾斜することがある。

杭打機リーダーは極力短くし、緩移動し原動機などを下げる。ベースマシンの限界傾斜以下とする。

2 敷鉄板・補強板などによる荷重分散補強

地盤を強化しても、敷き鉄板は、荷重分散効果を期待し必ず使用する。クローラクレーン接地圧は、旋回方向により変化するため、クローラ幅よりも広く養生する。敷鉄板は、隙間なく整然と並べるシングル敷きと、さらにその上に鉄板を直角に重ねるダブル敷きがある。

クローラークレーン

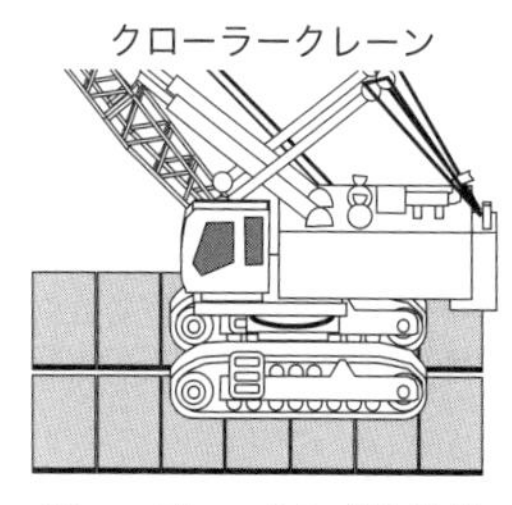

22mm 25mm シングル敷き

トラッククレーン

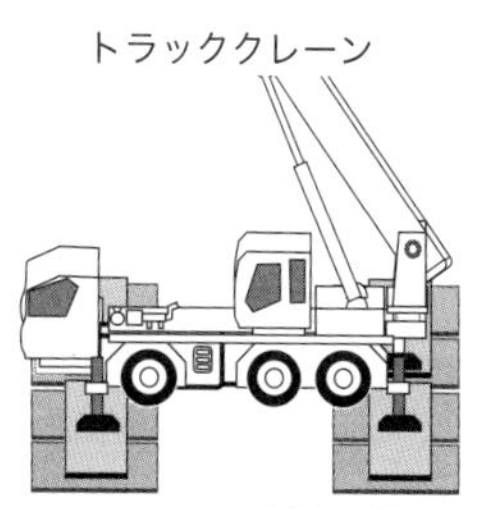

22mm 25mm ダブル敷き

敷鉄板の敷き方

13 自立山留め壁・頭繋ぎ

→14

計算より実績を信じる!!

- 自立山留め工法では、頭繋ぎは必須
- 支保工のある場合も、一次掘削時の安定に必要
- 精密な計算は難しく実績を重視する

1　頭繋ぎを設置する目的

親杭形式（レール、H 鋼など）・柱列形式の山留め壁は、剛性のばらつきが大きいので、頭部に頭つなぎ材を設け、山留め壁の連続性・一体性を確保することが大切である。

土質のばらつきで、局所的に固定度がゆるい場合、その部分だけ親杭・芯材が変形過大となり、山留め壁や、表層地盤にひび割れが出るなどの不具合を防ぐことができる。

本来、すべての支保工形式で採用されるべきである。多段山留めでの一次掘削は、自立山留めと同じ状態になるが、壁剛性も長さも大きいので、条件によっては、頭繋ぎを省略するケースもある。しかし、支保工を設けない自立山留め工法では、必須の補強である。

構造的には、一本の親杭・芯材が緩んでも、隣接する親杭・芯材に伝える曲げ剛性は最低必要で、地盤によっては、複数本をカバーする必要がある。

2　頭繋ぎの構造

頭繋ぎは、RC 製、鋼製（溶接・ボルト固定）があるが、次工程に速く移行できるよう、省力化・迅速化を考えた納まりとする。また、プレファブ化し、溶接やコンクリート硬化をまたず一定の強度が確保され、追いかけてコンクリートで補剛することがある。コンクリートは早強性のものとする。

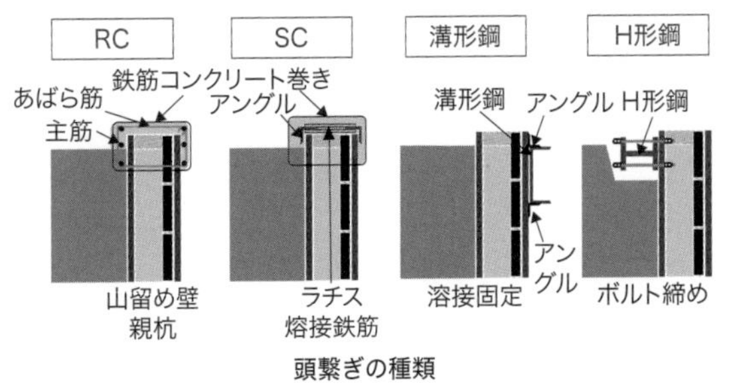

頭繋ぎの種類

3　頭繋ぎ必須の自立山留め工法

山留め壁を堅固な土層に十分に根入れし、根入れ抵抗と壁の曲げ剛性により、側圧に抵抗させる支保工を省略する工法。不均質な土の受働抵抗により計算解析が難しく、実績を重視する。中以上の硬さの粘土、締まった砂地盤で、3.5 ～ 4.0m が実用的な限界である。

山留め壁設置は、根入れ部分を緩めない。できれば打撃し、埋込み杭は確実に根固めを行う。

受働側の反力中心（仮想支点）は、根切り底より 0.5 ～ 1.5m下にあり、これにより耐力も変形も決まる。なるべく早く山留め壁足元を固めるため、捨コンを壁まで（厚め、本杭一体、対面山留めまで連続）打設する。頭部変位は、以下のようになる。

砂質土＞粘性土
掘削幅ひろい＞せまい
掘削期間長い＞短い
根入れ長短い＞長い
山留め壁剛性小さい＞大きい

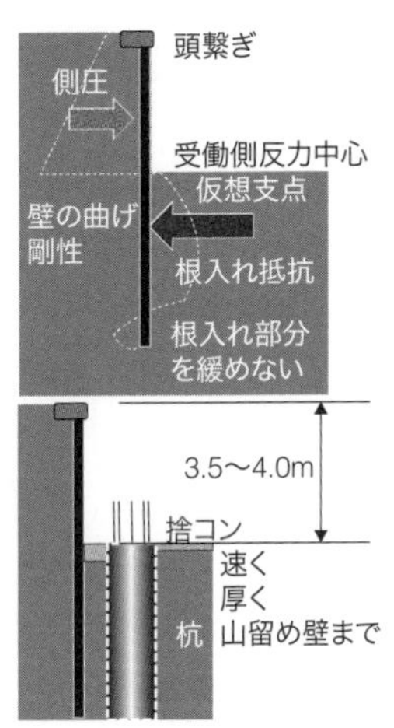

自立山留め工法

4　自立山留め工法の計算法

単純形状法面で土質が一様で、間隙水圧を考慮しない時は、テイラーの安定図表を利用する。安全率 1.2 以上が必要。簡易方法で、一様な地盤中の半無限弾性支承梁の解、チャンの方法がある。これは十分な根入れ長・地盤均一・壁と地盤が一様な弾性体が前提となる。他にエンゲルの方法がある。

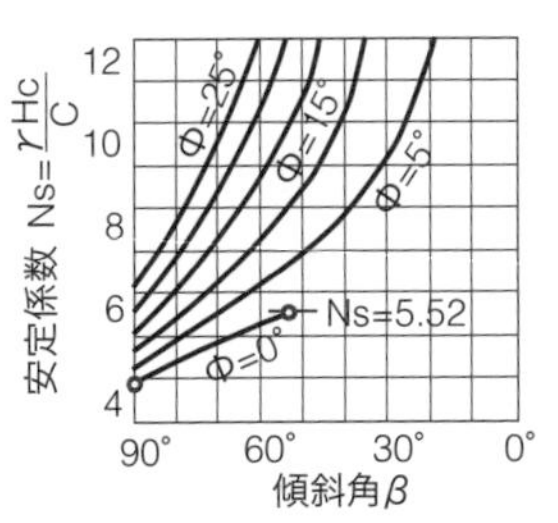

テイラーの安定図表

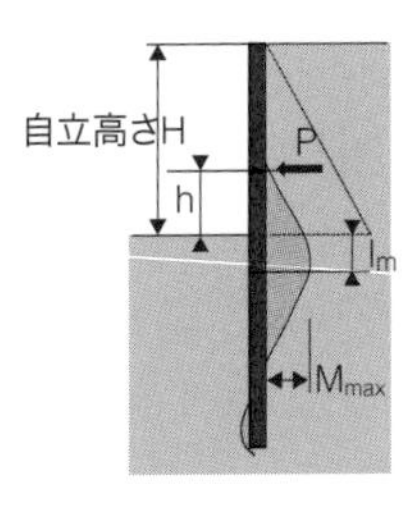

チャンの方法

Q 山留め架設工職長

A 山留め担当現場監督

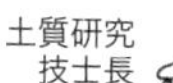

土質研究技士長

①柱列壁は、一体化された山留め壁です。頭繋ぎは必要ですか？

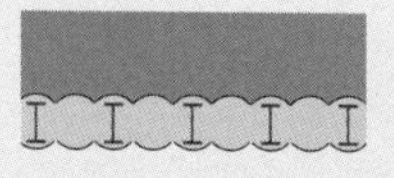

ソイルセメント柱列壁

回答

ソイルセメントは、掘削開始時には、強度も小さくバラツキが大きいので頭繋ぎは設けてください。一度ひび割れると自癒しないので危険です。

②自立山留め、並びに一次掘削時の頂部変位が大きく悩ましいところです。少しでも低減する方法はありますか？

回答

敷地に余裕があれば、頂部変形を止めるタイロッドが有効です。自立工法以外では、一段切梁を可能な限り上げて一次掘削深さを小さくし、壁付近に法面を残す方法がよく使われます。

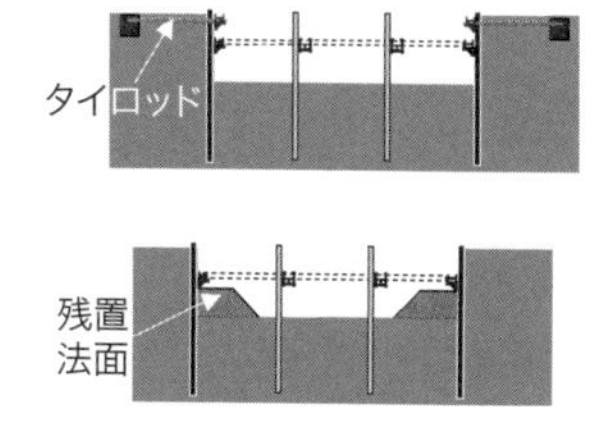

補足

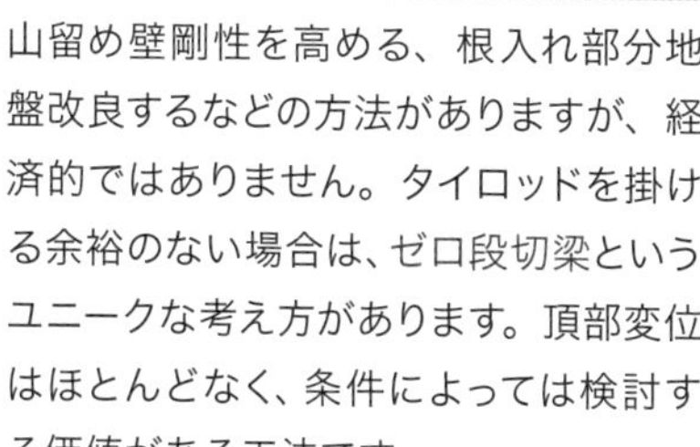

山留め壁剛性を高める、根入れ部分地盤改良するなどの方法がありますが、経済的ではありません。タイロッドを掛ける余裕のない場合は、ゼロ段切梁というユニークな考え方があります。頂部変位はほとんどなく、条件によっては検討する価値がある工法です。

①頭繋ぎを腹起しとしてゼロ段切梁を地盤面に掛ける。

②一次掘削し一段切梁を掛ける。

③二次掘削し、ゼロ段切梁を転用して二段切梁とする。

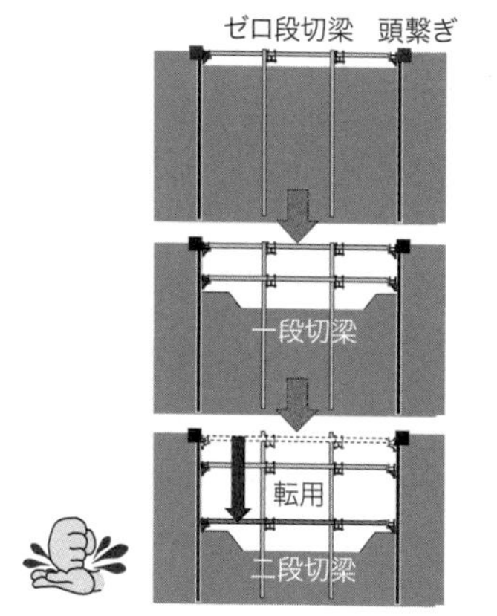

③簡易山留め工法（土だけで持たせる、養生程度のもの）の注意点を教えてください。

ごく浅い1～2mくらいの粘性土の場合、土だけで自立することがわかっています。このような、安心して施工できる土の場合のみ採用できます。単なる雨水除け、乾燥除け養生です。

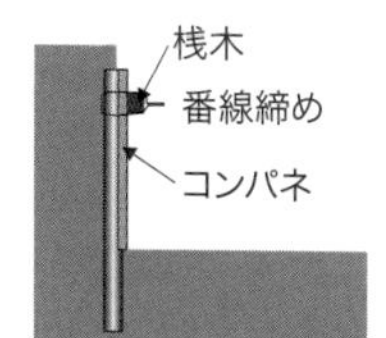

足場パイプ打込みの養生例

④鋼矢板の頭繋ぎには、剛性を高める働きがあると聞きました。

回答

鋼矢板は、継手を結合することで、一体壁として山留め壁を形成します。継手部でせん断によるずれが生じると、山留め壁は一体壁としての機能を失い、剛性低下を起こします。頭繋ぎには、この変位を抑える一定の効果があります。

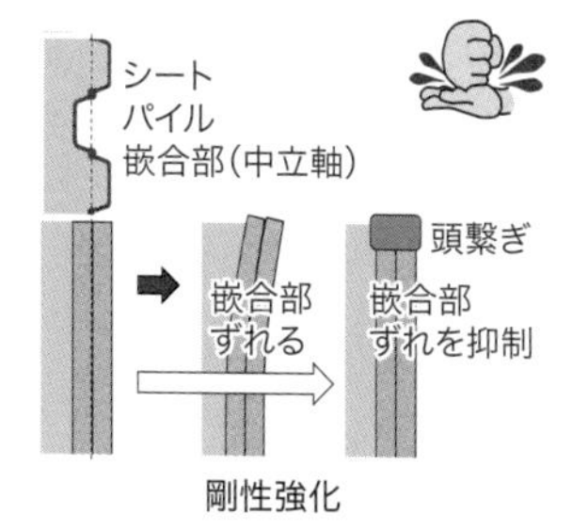

剛性強化

補足

鋼矢板セクションの杭頭部を50cm溶接すれば以下の効果があります。「鋼矢板頭部から30cm程度まで連結して固定したものなどについては、断面二次モーメントと断面係数の断面効率を80%まで上げることができる。鋼矢板の継手効率の考え方で断面二次モーメントは45%、断面係数は60%とする」[*1]。鋼矢板の継手効率は実験値により決められました。頂部変位抑制に二重の効果があります。ぜひ活用しましょう。ただし溶接した部分はスクラップとなりますので注意しましょう。

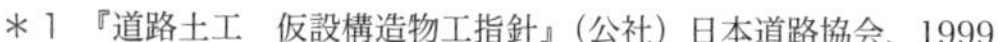

＊1 『道路土工 仮設構造物工指針』（公社）日本道路協会、1999

14 重要な山留め壁の維持管理

→23

土・水のくせを読み、土は抜かない!!

・出水事故の事例から怖さを知り、出水事故の応急対処方法を覚える
・著名な悪地盤・軟弱土質を知る
・裏込め欠落の怖さを理解し、裏込めの緩まない横矢板設置と維持保全の要点を理解する

1 止水壁の施工と管理

止水壁は、鋼矢板・ソイルセメント壁・地中連続壁などがあり、以下の性能が求められる。

・側圧に耐える強度・剛性を有し、確実に支保工(腹起)に伝達すること
・止水性を確実に有し、水位を下げず、局部出水を生じないこと
・根入れ部の掘削側の抵抗が発揮できること

これらを工事期間中維持するためには、確実な止水点検と、裏込め土などの管理が必要である。

2 鋼矢板の設置と維持保全

鋼矢板を、埋込み・圧入式で設置する場合は、鋼矢板回りに空隙があれば、杭周固定液を充填し、噛み合わせ部分の点検を行い、外れないようにする。特に隅角部の噛み合わせに注意すること。

維持保全では、鋼矢板面の状態を観察し、鋼矢板の噛み合わせ不良部を発見した場合には、水や土砂が流出しないよう、下図に示す処置をすみやかに行う。

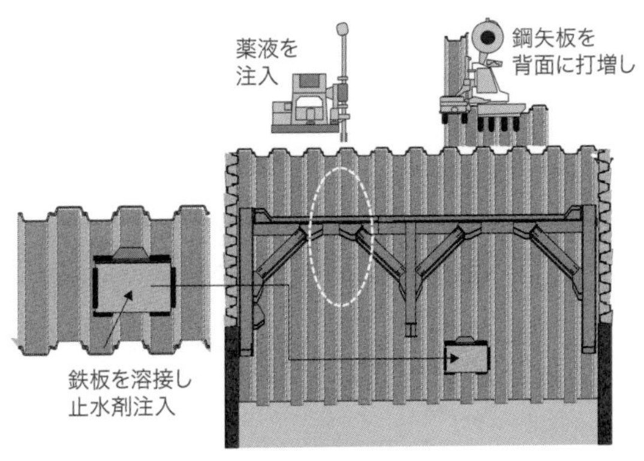

鋼矢板の維持

3 ソイルセメントの設置と維持保全

硬化中あるいは弱材齢のソイルセメントは、振動や衝撃でクラックが入りやすいため、壁面整形の際、振動や衝撃を与えないように、慎重にソイルセメントを除去する。応力材の表面以深には絶対に研り込まない。

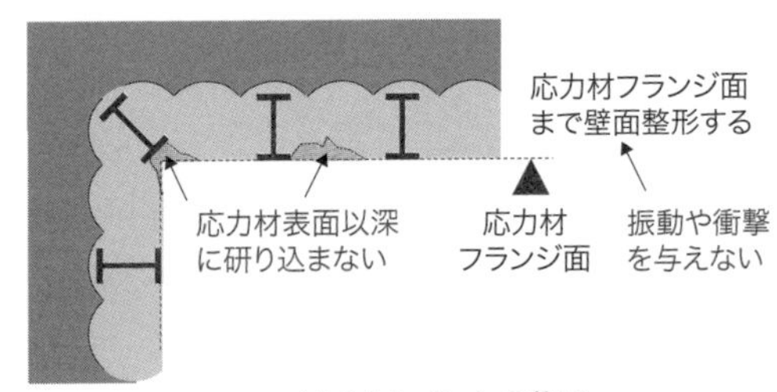

ソイルセメントの施工

ソイルセメントに引張力が作用する出隅部には、平鋼などによって補強を行う。出隅はSMWの芯材を45°傾けて施工することが一般的だが、切梁の圧力が芯材に効きにくいので、出隅から漏水することが多い。頭つなぎだけを設けて下部は補強をしなかったために漏水した例もある。

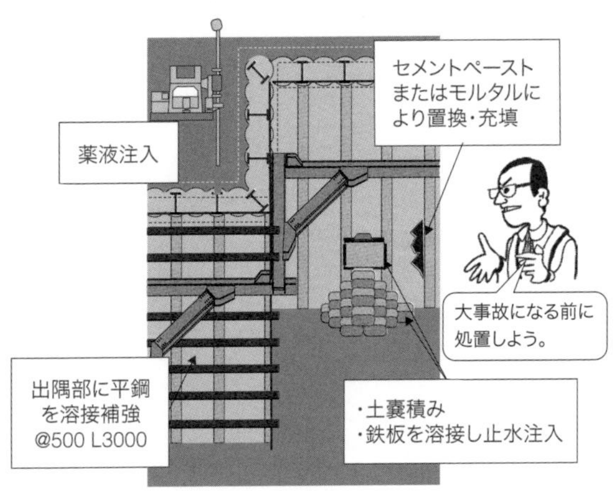

ソイルセメント壁出隅補強と補修

根切り時にソイルセメント硬化不良を発見した場合には、水や土砂が流出しないよう不良部分へ適切な補強を行う。

4　止水壁からの出水事故の例

止水山留め壁からの出水事故は恐ろしい。道路閉鎖・住民避難となった例もあった。現場の工期は遅れ、大赤字必至だ。建築では大深度ビル、土木ではシールド工事などで時々発生する。

ここで、間隙水圧が高い、細砂質の緩い地盤で、止水壁の弱点（連続壁継手部・ソイルセメント壁ひび割れ部・鋼矢板噛み合わせ不良）から出水し、大きなパイピング現象の大事故に至った事故と対処法を紹介する。

出水事故の経緯

深さ約 20m を掘削中、泥水固化壁隅角部下から黒いヘドロ状湧水があり止水できない状態となる。その後、以下の経緯をたどった。

①切梁腹起しを利用し、角型鋼管・単管で出水部を囲み土嚢・袋入セメントを投入し、止水段取

②隣工区揚水井から坑内へ毎分 5 ～ 6m3 の注水

③（一次注入）水ガラス系注入材による薬液注入

④出水直近の壁背面にオールケーシング削孔（直径 65cm）、上部砂礫層上まで生コンクリート投入

⑤（二次注入）周辺地盤沈下抑止を目的として歩道部に、上部沖積粘土層に斜め削孔水ガラス系薬液注入実施

⑥（三次注入）溶液型薬液注入施工……完了

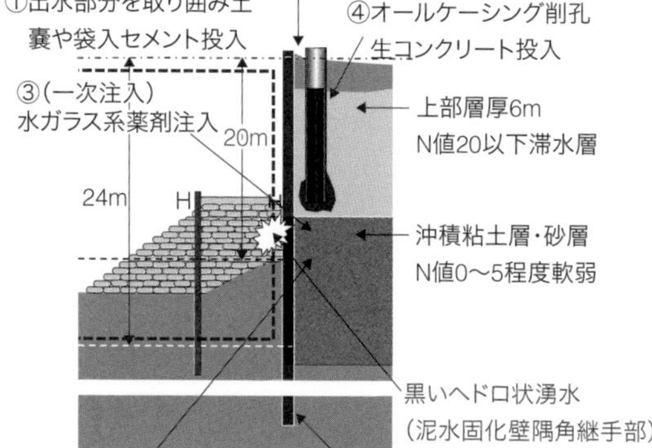

出水事故の状況

これは、大変なことだ…こわい!!!

事故現場の条件

- 掘削　深さ 24m 長さ 85m 幅 18m
- 山留め壁　泥水固化壁　根入れ 11m
- 支保工　なし（分割施工）
- 土質　下部沖積砂層と沖積粘土層は流動性の高い砂を含む被圧滞水層

出水事故ではこの事故のようなアクションが必要になると考えたほうがよい。止水壁欠陥防止に努力を重ね、対策案・資機材準備・手引を準備しておく必要がある。なお、鋭敏な沖積粘土ではヒービングなどはあるものの、水が噴き出す大事故はない。

5　代表的な透水山留め壁横矢板の裏込め

横矢板山留め壁に求められる性能は、

- 有効土圧を、横矢板で受け止め親杭に伝える
- 地下水は、横矢板隙間から放出、親杭に水圧負荷を掛けない→透水壁→土は流出させない
- 側圧を、確実に支保工（腹起）に伝達する
- 根入れ部は親杭のみとなるが、掘削側の抵抗が確実に発揮できること

であり、これを工事期間中維持するためには、排水の観察・裏込め土の確認が必要である。

透水山留壁裏込め材の充填不良は、山留め壁の変形や周辺地盤の沈下につながる。放置すると、大切な受働土圧を失ない、下図のような水平切梁架構の全体安定のしくみを損なう大事故につながる危険性がある。状況は目に見え、計測でも明らかになるので、早期に補強や裏込め修復を行えば防ぐことができる。急激に大事故に進むことは少ないので、早期発見と早期対策が肝要。

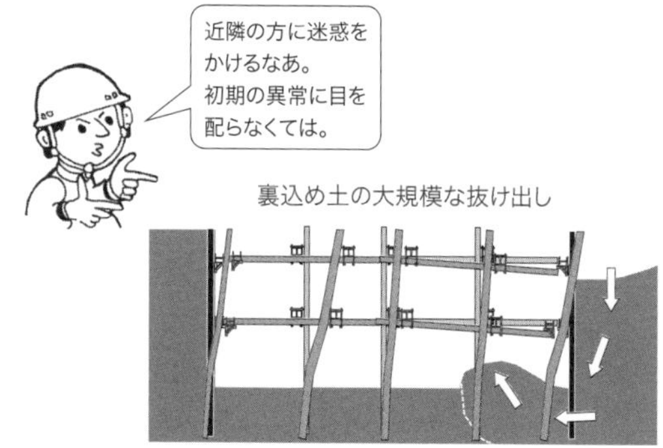

近隣の方に迷惑をかけるなあ。初期の異常に目を配らなくては。
裏込め土の大規模な抜け出し

局部の裏込め漏出事故

6　横矢板の設置

横矢板は、地盤を緩めぬよう根切り完了後、直ちに設置する。掘削機とのチームワークが大切。掘削が先行して、横矢板を入るのが遅れたり、翌日まで放置することは厳禁。

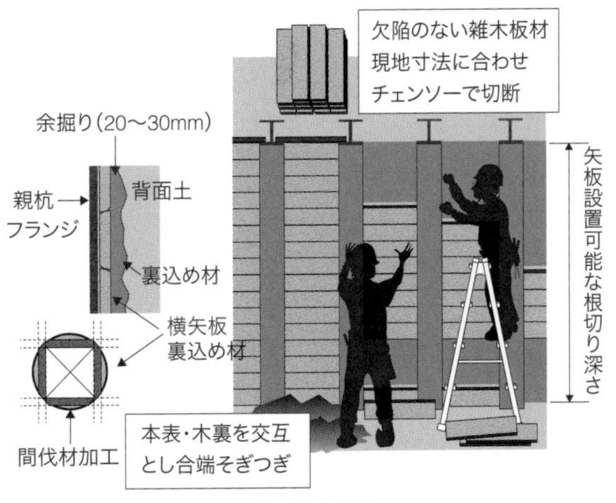

横矢板の設置

横矢板は、割れ・腐れなど欠陥のない雑木とし、地山を削り取る深さは、矢板厚みに埋戻し可能な余掘り（20〜30mm）を加えた程度とし、根切り深さは、矢板設置可能な深さとする。

横矢板が外れぬよう、親杭へのかかりしろを板厚以上で30〜50 mm程度とる。木表と木裏を交互に積み、合端をそぎつぎ状とする。矢板を設置、裏込め材を充填した後、親杭と矢板との間に楔を打ち込み、裏込め材を押し込む。

横矢板の水平に十分注意をはらい、親杭フランジからの脱落を防止するため、桟木を矢板両側に釘で留める。

横矢板厚は、側圧の大きな深い部分、親杭間隔が広い部分では厚く必要だが、実際は計算を目安に、経験的に薄くできる。様子を見ながら、局所的にスパンの大きな場合には重ね嵌めしたり、バタ角などを併用してもよい。側圧分布は、剛性のある親杭が多くを受け持つからである。

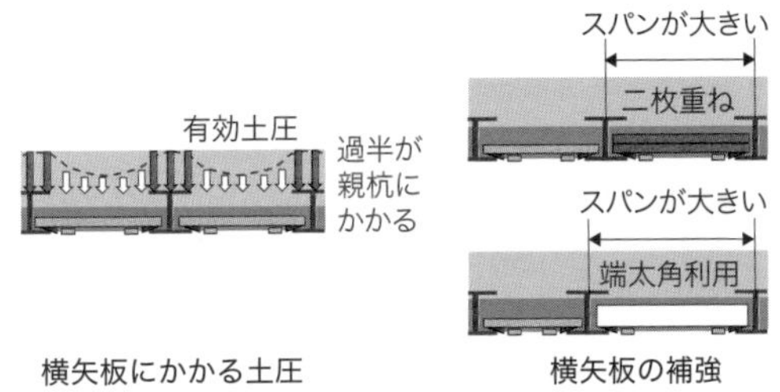

横矢板にかかる土圧　　横矢板の補強

7　横矢板の維持

横矢板の裏込め材には、良質の土を使用する。背面土よりもやや粗めの土を使い、雨水や地下水とともに抜け出すことのないものを吟味する。

裏込め土は麻袋に包んで入れる、あるいは、矢板裏面に麻袋を伏せ込むこともある。

細かめの裏込め土の場合には、透水係数が相対的に小さく、横矢板に水圧がかかる。

維持管理は、以下の要領で徹底する。

- ・ハンマーでたたき、充填状況を確認
- ・棒などを差し込んで、充填状況を確認
- ・矢板面に隙間や脱落がないことを点検

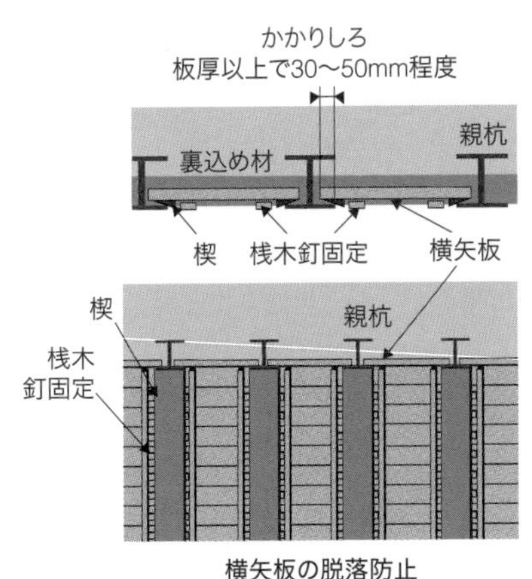

横矢板の脱落防止

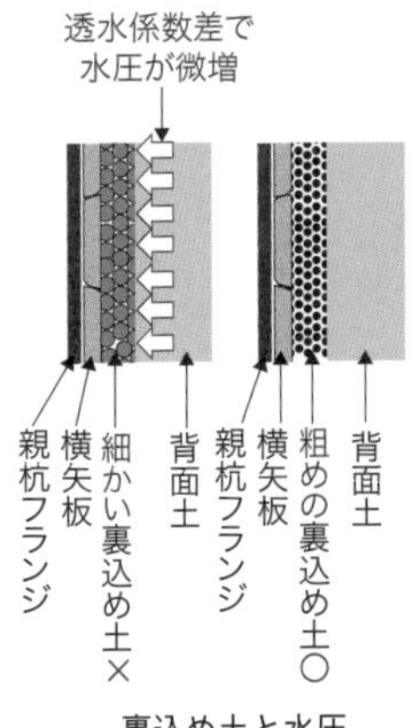

裏込め土と水圧

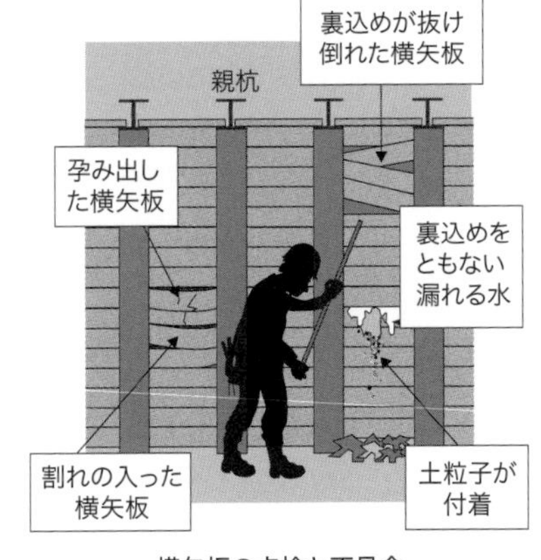

横矢板の点検と不具合

Q

山留め架設工
職長

A

山留め担当
現場監督

技術部
部長

研究所
技士長

Q	A	補足
①横矢板工法は、土質や、施工の良しあしによってメンテナンスが大変です。透水壁なので、水だけを抜く壁を作ることが肝要と教えられてきました。効率的で賢いメンテナンス方法を教えてください。	矢板から水とともに土粒子が漏れだしていないことを確認してください。横矢板に砂粒がついていると心配です。麻袋を用いた裏込め補修をやり直すか、表面に麻袋を張るなどの応急処置をしてください。	土粒子が抜けると、空洞が成長し、壁の倒れが大きくなり、周辺地盤が沈下したり、受働土圧の欠損につながります。簡単なチェック方法を紹介します。横矢板からの水をコップ1杯採取、しばらく放置します。底に溜まる土粒子が3mmを超えると危険と判断できます。 水だけが出ている健全な横矢板には青苔が生えてきます。

回答

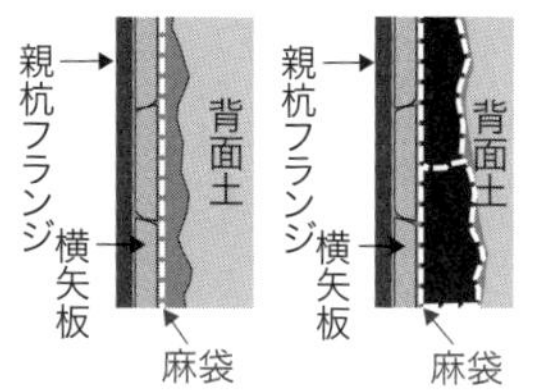

補足

Q	A	補足
②根切り時にソイルセメント硬化不良を発見した時の適切な補強とはどんな方法ですか？	不良部分へ以下の処置を行います。 ・セメントペーストまたはモルタルで置換・充填 ・応力材に鉄板当て板を溶接し、ビニールパイプで水だけを排出する ・背面地盤へ薬液を注入	壁背面に薬注を行うと、注入圧により、大きな力が山留め壁に加わります。 ・注入材の適切な選定 ・固化時間を制御し、段階を追った丁寧な注入管理 ・試し注入による確認ならびに、壁や支保工への安全確認が必要です。

回答　補足

こわい地盤

出水事故で、苦労した著名な悪地盤・軟弱土質を紹介します。

ベテラン掘削工や世話役に聴くと丁寧に教えてくれるよ。

①微細砂

「コス」とも呼ぶ。極細粒砂（0.063 〜 0.125mm）で、粒径が揃っており極めて均等係数が小さい。

薬注しても効果がなく、飽和状態で振動や圧力を受けると容易に流動化。

大阪平野に多い地盤である。

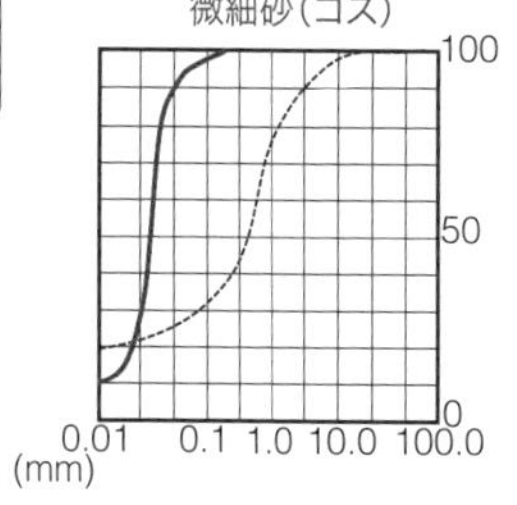

粒径加積曲線

②鋭敏粘土

液性指数および鋭敏比の高い粘土で、N 値が 0 以下の沖積粘土層に存在する。掘削時に大変形が生じ、ヒービング現象が起こりやすい。偏土圧で架構全体が水平移動し、後続沈下などが生じるヘドロ状粘土。東京・大阪・名古屋湾岸地区、札幌泥炭層などの地盤。

15 安全な乗入構台

支持力確保が一番大切!!
- 地下工事戦略に重要なことを理解
- バリエーションの使い分け
- 健全な揺れを知り、確実に維持点検

1 乗入構台の計画

乗入構台は、限られた工事敷地の中で、根切り工事・山留め工事・躯体工事（主に地下部分）など、多くの工事に利用される地下工事段階での重要な共通仮設施設である。

最近は面積が増加しており、掘削面積の40～45%におよび、狭い作業所では、掘削部大半が構台となる。構台下作業は能率が低下するので、工期・予算を斟酌し、ゲート位置・前面道路・車両動線・工事機械能力・作業位置などを総合判断し、機動性ある最適規模を追求する。

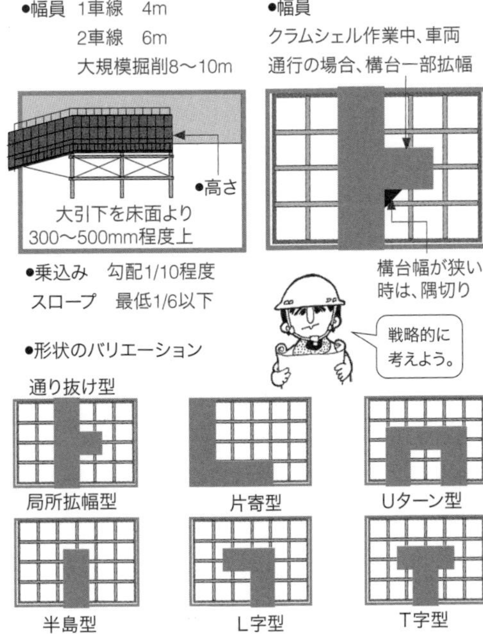

●幅員　1車線　4m
2車線　6m
大規模掘削8～10m
●幅員
クラムシェル作業中、車両通行の場合、構台一部拡幅
●高さ
大引下を床面より
300～500mm程度上
●乗込み　勾配1/10程度
スロープ　最低1/6以下
構台幅が狭い時は、隅切り
戦略的に考えよう。
●形状のバリエーション
通り抜け型
局所拡幅型
片寄型
Uターン型
半島型
（ゲート直結型）
L字型
T字型

構台計画の要点

2 乗入構台の構造

乗入構台は、支柱、桁材（大引、根太）、水平つなぎおよびブレース、床板などで構成される。

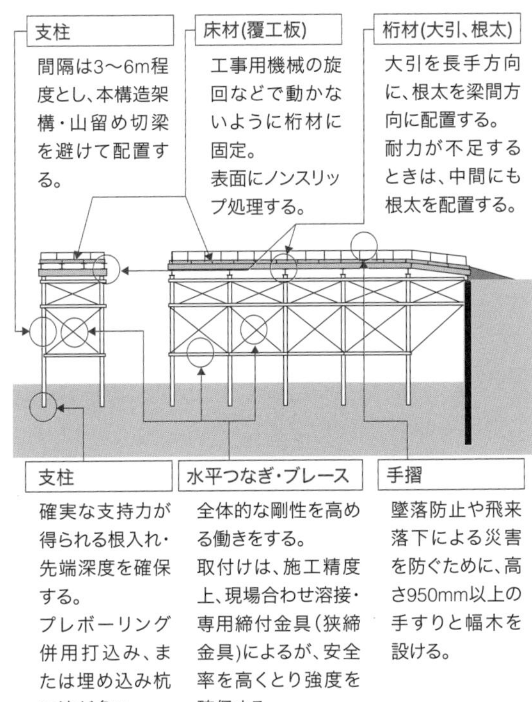

支柱
間隔は3～6m程度とし、本構造架構・山留め切梁を避けて配置する。
床材(覆工板)
工事用機械の旋回などで動かないように桁材に固定。
表面にノンスリップ処理する。
桁材(大引、根太)
大引を長手方向に、根太を梁間方向に配置する。
耐力が不足するときは、中間にも根太を配置する。
支柱
確実な支持力が得られる根入れ・先端深度を確保する。
プレボーリング併用打込み、または埋め込み杭工法が多い。
水平つなぎ・ブレース
全体的な剛性を高める働きをする。
取付けは、施工精度上、現場合わせ溶接・専用締付金具（狭締金具）によるが、安全率を高くとり強度を確保する。
手摺
墜落防止や飛来落下による災害を防ぐために、高さ950mm以上の手すりと幅木を設ける。

構台の構造

3 構造計算

荷重は、固定・積載・積雪・施工時荷重・風や地震水平荷重とする。積載荷重・施工時荷重は、各部材について、最も不利となる状態を想定して検討する。支柱は、根入れ・先端深度を設定計算し、確実な支持力が得られることを確認する。水平つなぎやブレースが、支柱座屈防止・支柱荷重分散・横揺れ低減・全体剛性向上に問題のないことを平面解析し、安全性を確認する。

4 管理

計画時に設定した積載荷重を超えて使用しないように管理する。積載荷重・使用条件を明確に掲示する。工事進捗に伴い、接合部は、ゆるみが生じるので、日常点検と保全を怠らない。

Q

①支柱が沈下して、乗入構台が傾斜し大きな事故になったことがあると聞きました。再発させないポイントを教えてください。

回答

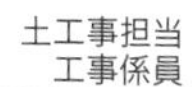

A

支柱は厳密な支持力管理が必要です。以下の工法が多く使われます。
埋め込み杭では、
- 削孔深さ確保
- 削孔機電流値で支持層確認
- 根固め液の適正管理
- 孔壁崩壊防止液の適正管理
- 設置時モンケン軽打励行

プレボーリング併用打込工法では、最終打撃時の支持力確認が重要管理ポイントです。

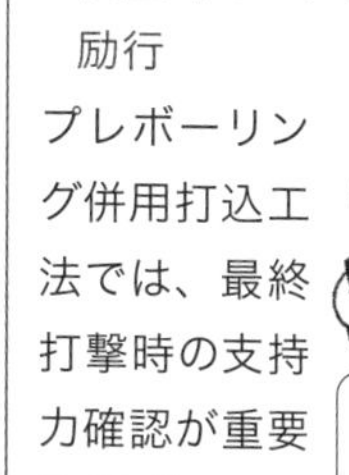

補足

支柱沈下により、構台全体が大破します。重機落下や山留め架構も損傷し大事故になります。杭支持力の管理は重要です。さらなる対策として、以下を紹介します。

①構台全体に力を伝える垂直ブレースの働きを強化する。
垂直ブレースが隣接支柱に力を伝えて沈下の進行を抑える→全体で支える

構台支柱事故予防

②構台完成時に、段階的に最大重機を乗せ、支柱の沈下がないことを確認する。

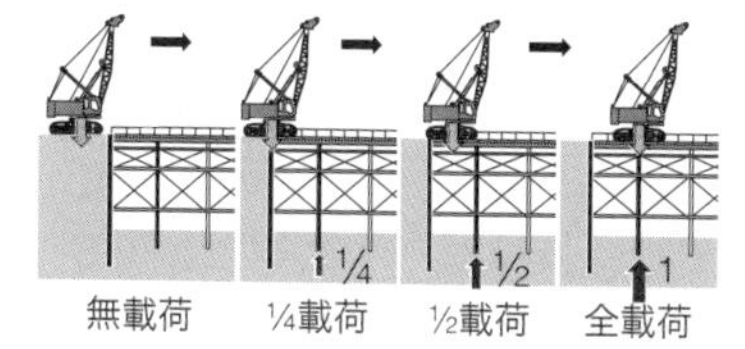

③支柱の不等沈下がないことを常時観測する「簡易見通し」の仕掛けを活用。

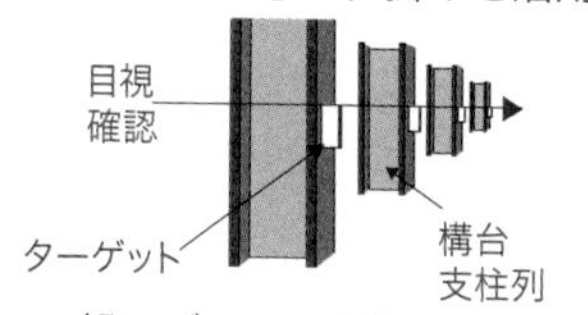

さらに一部のブレースを抜いた歯抜け構台が使われることがあります。

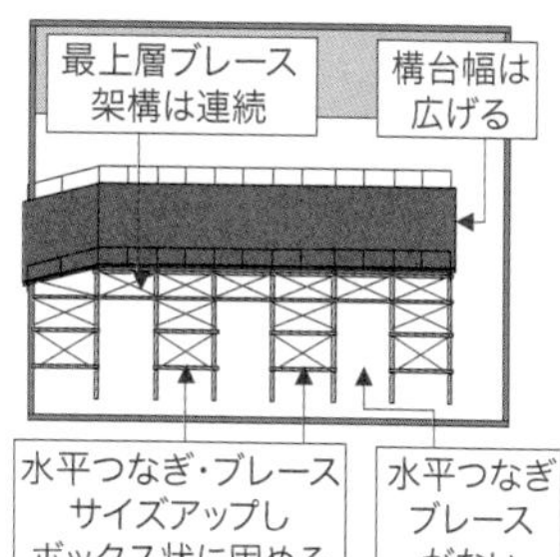

歯抜け構台

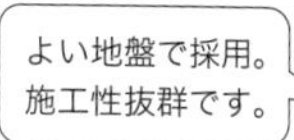

②最初は揺れが気になります。すぐに慣れますが、揺れても大丈夫なのですか?
対策はありますか?
切梁支柱と兼用させることの是非も含め教えてください。

回答

揺れを抑制するには、架構剛性・重量を増やすほか、以下の形状変更や揺れ止め構造設置があります。揺れ幅が増加したり、共振しなければ、揺れても心配はありません。健全な証拠ともいえます。揺れなくなった時の方が怖いかもしれません。構台の固有周期は、3秒以上で、気味の悪い揺れです。
切梁支柱と構台支柱は兼用しないのが原則です。しかし多くが兼用しているのも実情。計算確認してください。

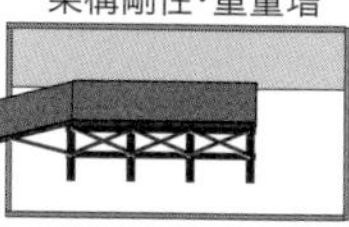

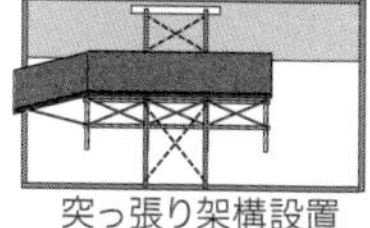

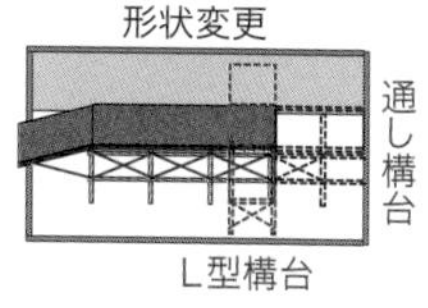

構台揺れの低減

③水平つなぎとブレースは全体的な剛性を高める働きをする重要な部材です。接合には専用金具も使われます。簡単な機構で大丈夫ですか?

回答

実績も多く、安全です。
金具は、挟締ボルトが適正に食い込むよう管理し、専用工具による導入トルク確認を行い、マーキングで締め忘れを確認してください。

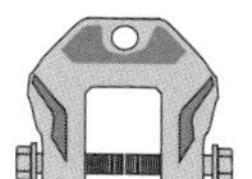
挟締金具

16 法面安全確保

山を見て、専門土木技術者に聞く !!
・法面形成地盤の基礎知識を知り、崩壊事故の傾向を理解する
・水位低下が必須である
・安定法角度の決め方を知る

1　崩壊性要因を持つ土質・構造

(1) 崩壊性の土質

浸食に弱い土：シラス、マサ、山砂など

含水で強度低下する土：ローム、シルトなど

その他：崩積土、土石流堆積物など

(2) 崩壊性の岩質

割れ目や弱層の密度が高い：断層破砕部、粘板岩、頁岩など

浸食に弱い軟岩：軟質な砂岩や泥岩など

風化が早い岩質：乾湿繰り返し作用で細片化する泥岩凝灰岩

(3) 崩壊性の構造

① **流れ盤構造**：地層や割れ目の傾斜が法面より緩い傾斜

② **不透水性基盤上の土砂**：難透水性の地層上に透水性の良い地層が分布する場合

③ **上部硬質で脚部脆弱な岩**：下部層浸食で上部層が不安定化しやすい構造

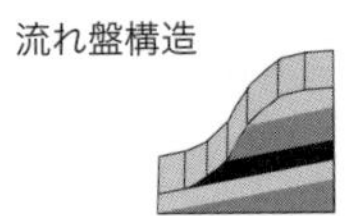

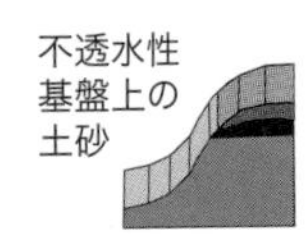

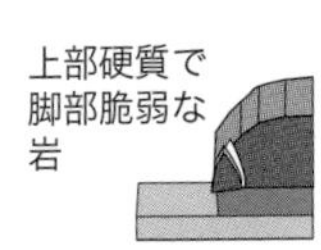

法面崩壊メカニズム

2　法面安全検討の計算方法

・テーラーの図表を用いる方法
・分割法による円弧すべりの検討

正確な土の常数（C・φ・γ）把握が必要で、計算結果を過信せず実績や経験者知見を総合判断する。

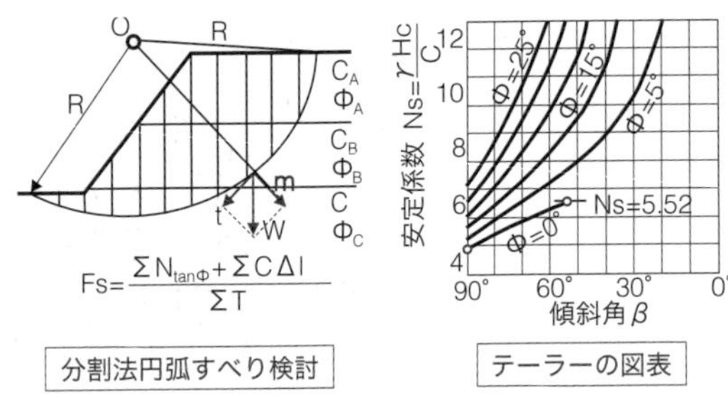

法面安全検討の計算方法

3　法面形成と安全確保のポイント

斜面の形態は、安定法角度を確保し、斜面の形成作業や維持管理のため中間棚（犬走）を設けることが義務づけられる。法面に上部からの排水が流れ込み、痛めぬよう法肩に排水溝を設け、底にフィルムや不透水土を置き、止水を徹底する。

手掘り掘削作業の掘削面勾配の基準

根拠	地山	掘削面高さ	掘削勾配
第356条	岩盤または硬い粘土からなる地山	5m未満	90度
		5m以上	75度
	その他の地山（第357条の地山を除く）	5m未満	90度
		2m以上 5m未満	75度
		5m以上	60度
第357条	砂からなる地山	35度以下または5m未満	
	発破などで崩壊しやすい地山	45度以下または2m未満	

地下水が法面から湧出せぬよう、法下部に、排水・集水溝を設け、釜場から排水する。法先飽水で土砂が流出すると法先破壊につながる。

地下水位が浅い場合には、地下水位低下工法（ディープウェル・ウェルポイント工法）を併用し、地下水処理によるドライワークを行う。

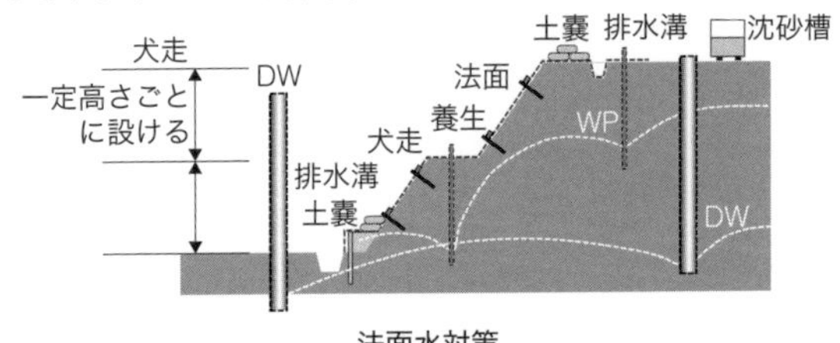

法面水対策

法面は、雨水による浸食や風による飛散を防ぐため保護・養生を行う。

・**モルタル吹付け**：水抜き措置と剥落防止を行う（逆に斜面を壊さぬよう注意）
・**シート透明フィルム掛け**：桟木などで押え、重りで飛散を防止するなどして固定。異常が外部から確認できる透明フィルムが好ましい。

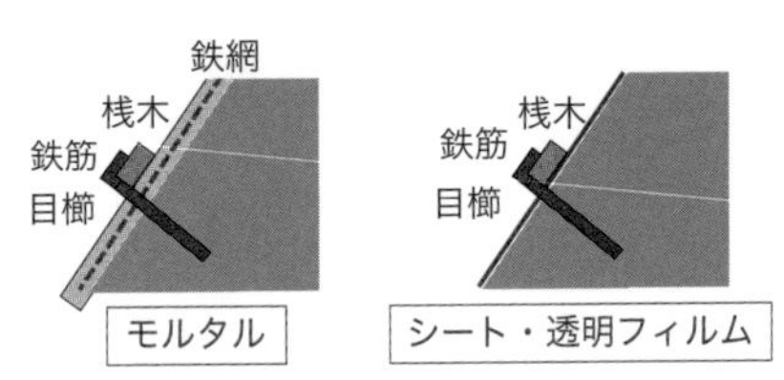

法面安全のポイント

①法面崩壊は大変怖い労働災害で、人命にかかわります。建築ではどんな場合に生じていますか？
発生状況を教えてください。

A

比較的小規模な工事での労働災害が多くを占めています。

・擁壁施工中が約 7 割
・勾配 1:0.5 以上の急斜面で多発
・小規模な崩壊が 6 割（崩壊土量 $50m^3$ 未満）
・発生 3 日前までに降雨があった例が 6 割

外構工事や、埋設管工事など、小規模工事などが要注意です[*1]。

建築では、大規模な法面形成は少ないので、土木の法面崩壊に関する地形知識を紹介します。難しい法面は、専門家に聞きましょう。

①崖錐地形：斜面裾部の傾斜の比較的緩い斜面で、崩壊土砂で形成されたもの

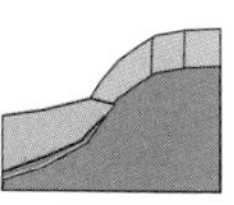

②崩壊跡地：下部斜面に崩壊土砂が残る場合。古いものは植生繁茂。スプーン状にえぐられた地形

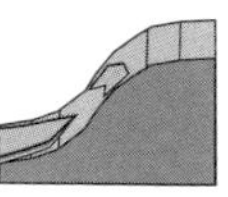

③遷急線：斜面上方から見て急斜面に変化する場所

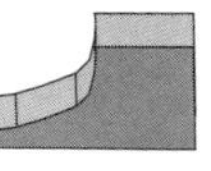

④台地裾部：段丘や台地の縁は急斜面で、上部平坦面の地層から湧水供給

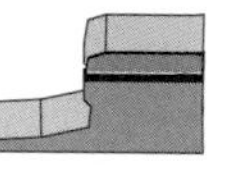

⑤脚部浸食：河川や海岸浸食の盛んな斜面。オーバーハングが形成されやすい

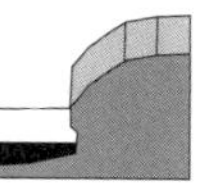

⑦集水型斜面：凹状で表流水が集中する斜面

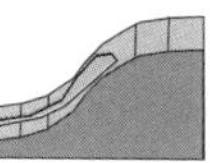

崩壊性要因を持つ地形

②法面の異常を見過ごさないための点検方法を教えてください。

法面点検の要領とセンサーを紹介します。

①点検者は専任とする。
②点検は毎日行い、工程、天候など（24 時間 50mm 以上降雨、震度 4 以上地震）に応じ適宜追加する。
③計測管理の精度を向上させるため、斜面の挙動に影響を与える降雨、地下水位、気温などを併測。
④点検結果は記録・保管し、過去点検結果と比較できるようにする。
⑤点検は法面地質（土砂又は岩盤）を考慮。

③法面の入隅・出隅は、どう形成しますか？

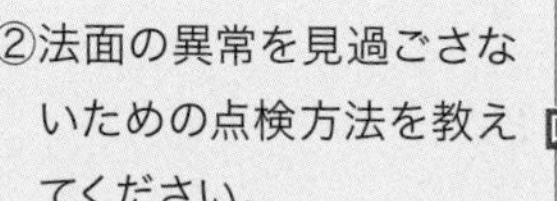

崩壊は、土塊重さが、底面すべり強さを超え発生しますが、側面抵抗が効くので法面長手幅が短いほど安全です。工区区分などを考え、法面長手幅を小さくし、入隅に土を残すと安全です。

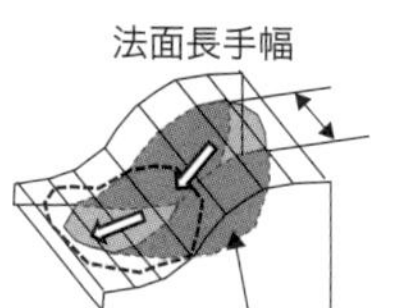

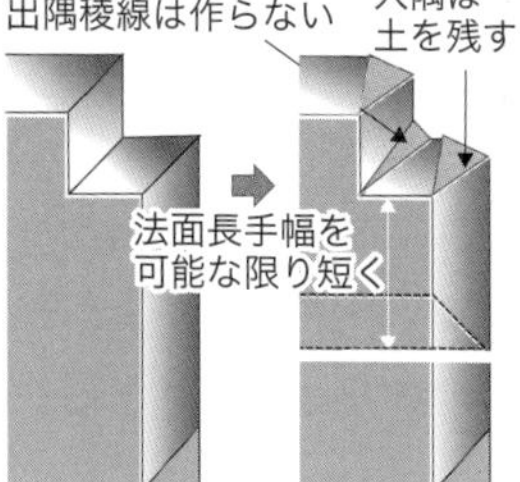

崩壊しにくい法面

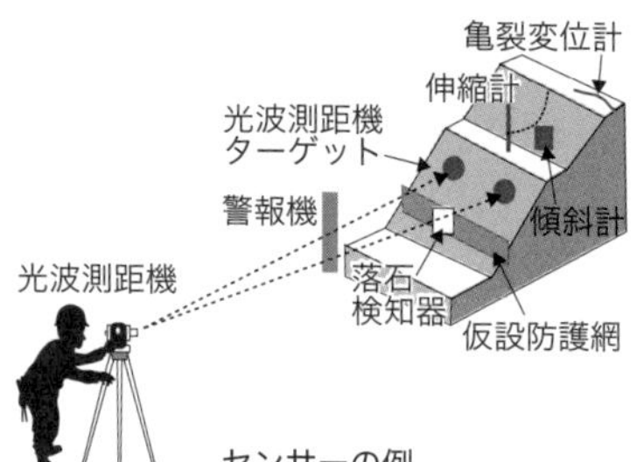

センサーの例

①法面の変状
・孕み出し、ずれ、亀裂 ・崩壊
②法面の安定性
・浸食 ・亀裂への粘土介在 ・抜け落ちそうな玉石 ・パイピング孔の出現 ・湧水、しみ出し

法面の点検項目と判断基準

評　価	表土層	浮石・転石
不安定	表土層が厚く（50cm 以上）、表層の動きが見られたり、浸食を受けている。	①直径のほぼ 2/3 以上が地表から露出するもの ②完全に浮いており、人力で容易に動くと判断されるもの
やや不安定	表土層が厚くても表層の動きや浸食が見られない。 表土層は薄いが、動きや浸食の可能性がある。	・上記①②のようなものが少ない ・露出の程度が少ない ・やや浮いているが人力で動かせない
安定	表土層が薄いかほとんどなく、植生状況からも表層の動きがない。	・浮石、転石がない ・あっても比較的安定しているもの

＊1　参考：『施工業者のための斜面崩壊による労働災害防止ガイドブック』（社）全国地質調査業協会連合会、2010

17 杭支持力確認

全ての支持力データを収集し、神経を研ぎ澄まし、よく診る !!

- 高支持力杭はプロセス管理に負うこと
- 試験杭でのプロセス把握が大切
- 支持力確認は多種データの総合判断による

1 主な既製杭設置工法

主な杭工法を以下に示す。高支持力化している認定工法では、工程内プロセス管理が重要である。

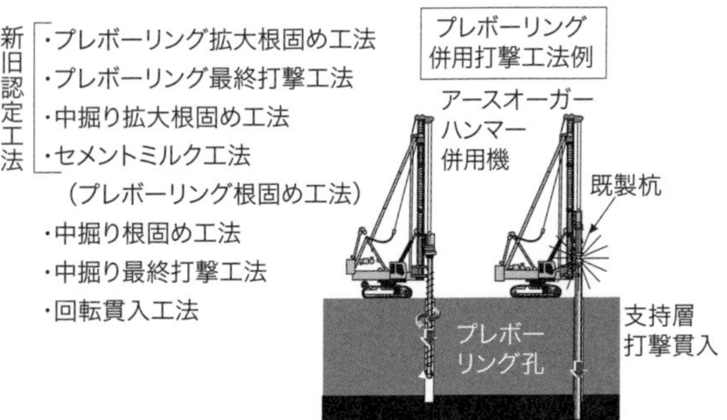

2 支持力確認

試験杭で深度・支持力確認要領・到達条件などを確認する。試験杭通りにならない場合、工事監理者・施工管理者・技能工で協議し、適切に対応する必要がある。

先端付着掘削土を採取し照合するが、明瞭に解りにくい。確認はオーガー引抜後で、掘削液が混合し、原土状態とは異なる時がある。試験杭で、色や粒度、稠度などを詳しく観測し、観測眼を高める必要があり、中々難しい。先端支持杭の杭支持層は、「N値の大きな安定した洪積層で、厚さが5m程度ある堅固な硬い層」に1m以上根入れすることが好ましい。先端N値は下による。認定工法などは、支持層の厚さと種別は、個別の認定基準による。支持層以深の圧密も検討する。

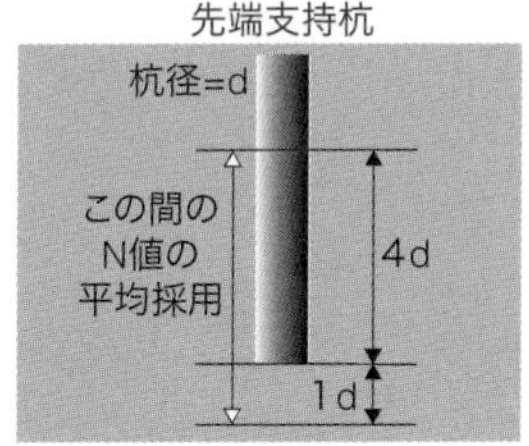

杭先端N値

既製杭支持力（到達深度）確認法

3 杭深度の変更

高止まり・深止まりは、設計者の承認を経て、以下の変更措置をとることが多い。杭を切断する場合は、杭頭を避ける。基準法上の設計変更となる場合があるので注意。

→18

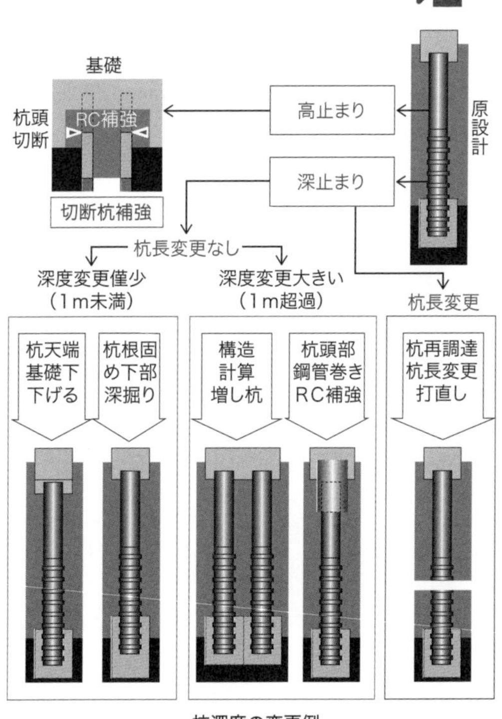

杭深度の変更例

杭工事業者
世話役

杭担当
工事係員

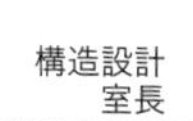

構造設計
室長

土質研究
技士長

Q

①支持層確認で、積分電力値と瞬時電流値が有効と聞きました。どう使うのですか。

A 回答

地層・硬さが変わると、掘削が進まず、掘削機は音・振動が大きくなります。この時のオーガー駆動電流値変化を積分電流値・瞬間電流値として表示できる管理機器を使い、掘削抵抗値と捉え、支持層か否かを判定するデータとします。ただしN値との直接的な相関はなく、傍証として見ます。

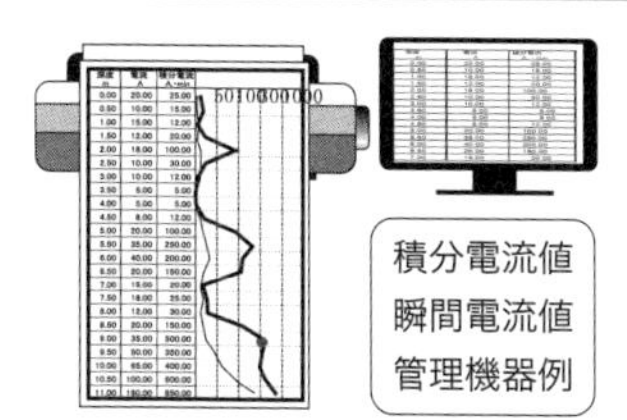
積分電流値
瞬間電流値
管理機器例

補足

支持層に杭先端が近づいたら，掘削速度を一定に保ち、オーガー駆動電流値変化を施工管理装置で慎重に読み取ります。定量的な判断は、電流値・積分電流値の「数値」変化が地盤硬さ（N値）と対比できます。定性的な判断は「波形」の変化で砂、礫、粘土などの土質を見分けることができます。

電流値・積分電流値の「数値」変化には下記の傾向があり、波形は右図のように観測されます。

- 粘性土から砂層　⇒電流値は上昇
- 粘性土から砂礫層⇒電流値の振れ幅が大きくなり機械は振動
- 硬質粘性土　　　⇒電流値の振れ幅は小さくなり掘削速度が低下

いずれも、経験の必要な高度な判断になります。
試験杭の観測が成否を決めます。

むずかしいわ。
機械の動きとか
掘削速度と一緒に
見ないと。

深度

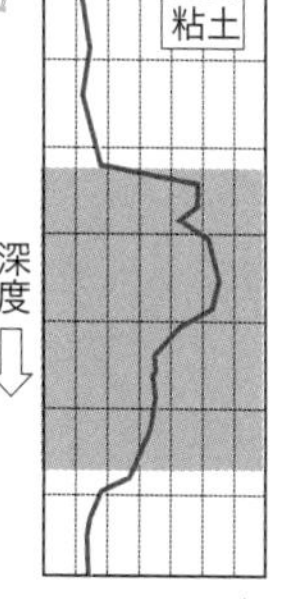

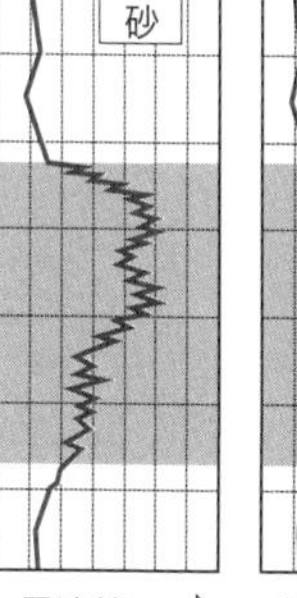

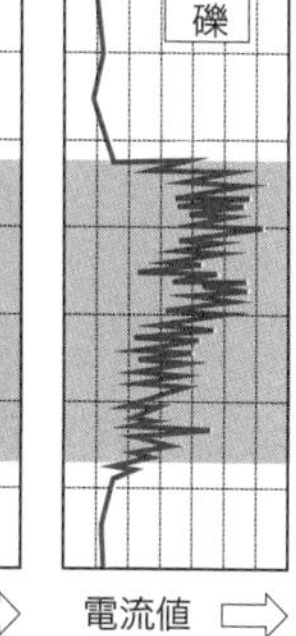

土質と電流値・積分電流値波形の例

②目に見えない品質をプロセス管理で補うということですが、書類に追われ、現場を見ることが疎かになりそうです。

回答

品質は工程で造り込みます。書類は増えますが、余計な仕事と考えず創意工夫して効率的に進めましょう。
特に、高支持力化している各種認定工法では、プロセス管理が重要で、高度化し非常に難しくなっているので要注意です。現場を見ることは絶対疎かにしないでください。
支持力に影響を与える要因を、特性要因図などで解析し、そのうち特に重要なものを管理項目として特定して工程中に監視計測し、異常や規格外れがないか確認します。これらはQC工程表に示されます。

→4

人手不足、熟練者
減少、短工期、
低コスト・・・
厳しいけれどそれ
が仕事だ。

補足

以下は、某不具合を分析した日建連による再発防止提言の抜粋です[*1]。

- 杭支持性能・支持層・深度分布を確認する
- 統合的な管理機器・システムを活用する
- 施工能力を確認し着工前周知会を実施する
- 試験杭にて施工プロセスを確認し徹底する
- 本杭施工時のプロセスに確実に立会う
- 杭ごとの記録の迅速な作成と確認徹底
- 間違いが起こりうる前提での施工
- トラブル発生時の対応を事前検討しておく

＊1 『既製コンクリート杭施工管理指針不具合の再発を防止するために』（一社）日本建設業連合会、2016

18 杭精度の理解

→17

杭施工機の癖を知り使いこなす!!

- 杭精度管理値の工学的な意味を理解
- 杭精度確保の難しさと、確保する方法を知る
- 杭ずれが生じた場合の補強方法を知る

杭の施工精度は、鉛直精度と杭頭水平ずれがあるが、精度を判断する根源的な根拠はなく、設計者の特記により指示されている。注意深く施工すれば可能な目安値として、以下が一般的である。

・鉛直精度 1/100 以上

・芯ずれ量 D/4 かつ 100 mm 以下（D は杭径）

杭がずれると、上部構造に影響を与えるので、事前に設計者・元請・施工者間で対処法について理解と合意を得ておくことが大切である。

杭精度を向上させるポイントを以下に図示する。正確な杭芯位置を測りだすには、わかりやすい表現、かつ使いやすい表記をした杭伏図を作成し、変更や進捗、完了部を書き込んだ、最新版管理が大切である。基点となるベンチマークや確認点を補記する。

この杭伏図をもとに、セオドライトまたはトータルステーションにて、ベンチマークから杭位置を正確に測る。杭施工に伴い、杭心が動いたり、なくなったりするので、要所に基準となる直交 2 方向に逃げ心を 2 か所以上設ける。

杭頭レベル精度を確保するには、打込み杭では過剰な打撃を行ったり偏打することは避け、埋込み工法では杭自重を保持できるまで杭を固定しておく。杭の打止め設置時には、必ず基準レベルと杭頭レベルを確認する。杭頭を切りそろえる場合は、杭体を傷めて性能を損なうことがないよう、十分注意して作業を行う。切りそろえ作業を容易にするために、余分な深掘りをしてはならない。

切り揃えは、図に示すような切断機を用いて切れ目を付け、鉄筋を残して手斫りで整えることが多い。鉄筋を残さずに切断する場合もある。設計された方法に従う。

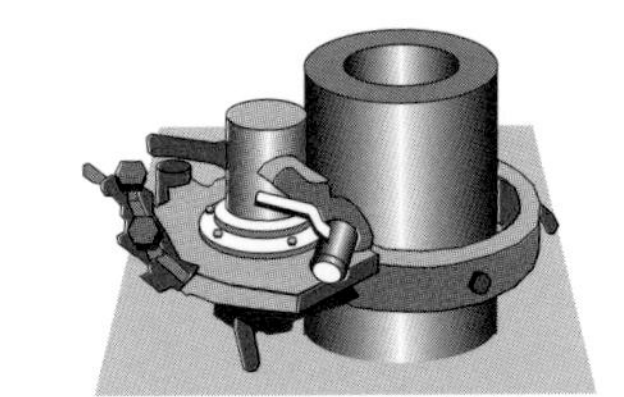

既製杭杭頭ダイヤモンドカッターによる切断

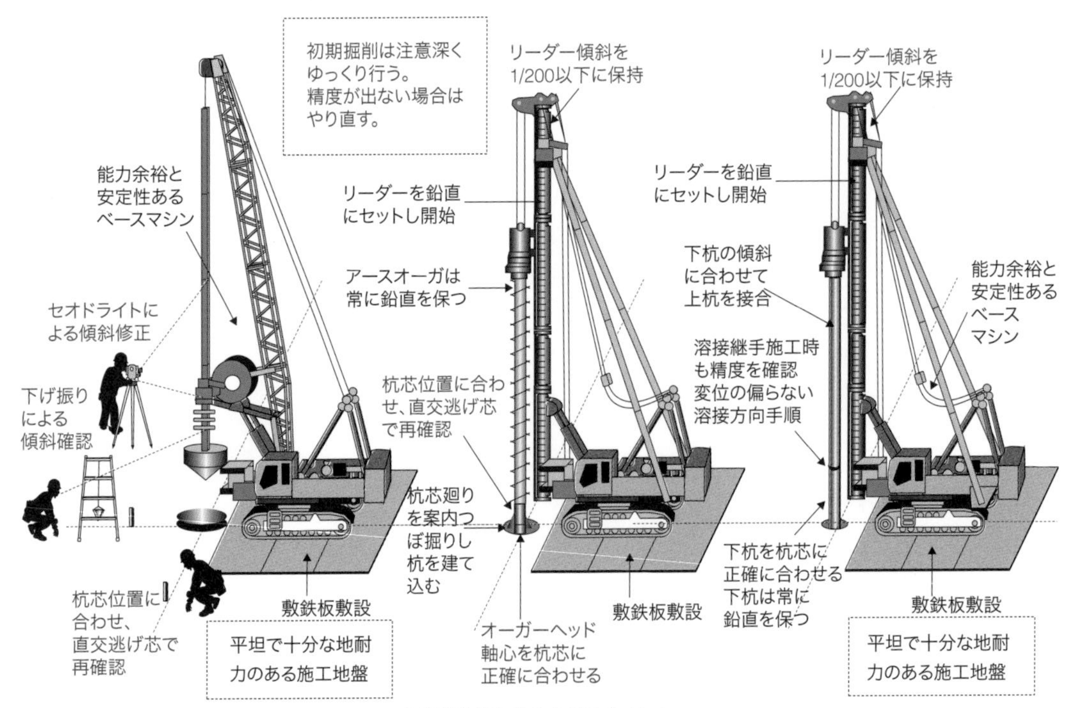

杭設置精度を向上させるポイント

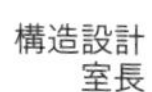

Q

①杭精度の管理値である、鉛直精度 1/100 以上、芯ずれ量 D/4 かつ 100mm 以下（D 杭径）の根拠は？

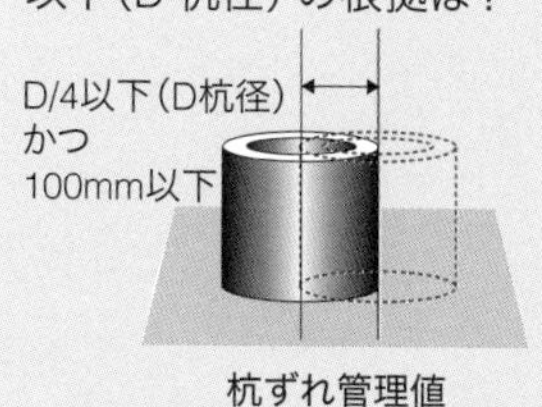

杭ずれ管理値

A

回答 基礎構造設計内容や杭種・杭径などによって意味が異なり、普遍的数値を決められません。現場では、建機が動き、根固め液なども滞留する荒れた地面で、管理値ゼロにするのは現実無理です。ほぼ可能な数値を目安として 100 にしています。

補足 一般的な杭打ち手順は以下です。

・精度正しく杭芯を測りだす
・杭芯マークを打ち込む
・杭施工機械を寄り付かせる
・杭を吊り込みマークに芯合わせ
・杭打機のリーダなどの鉛直を確認
・常に鉛直を確認しつつ杭堀込み

各作業でミリ単位の精度は難しく、作業を重ねると誤差が増えます。

②杭がずれると、構造体にどんな影響を与えますか。補強は必要ですか？

回答 杭重心が基礎支点とずれるため、図のような想定外の応力が発生します。設計者に相談してください。

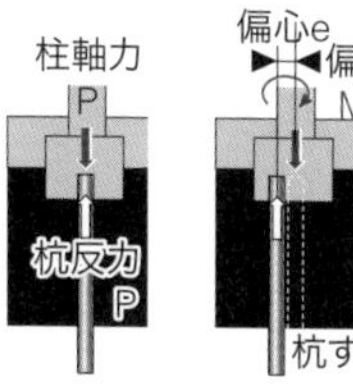

杭ずれによる影響

補足 杭精度不良による想定外の応力には、

・偏心による曲げモーメント
・杭群に期待する曲げ力の変化
・傾き過大による水平分力

などがあります。剛結される柱・地中梁・基礎の増筋や断面変更補強が行われ、高耐力杭・単杭基礎は影響が大きいです。

③杭施工に伴い、杭芯が動いたり、なくなったりします。良い方法はありませんか？

回答 測りだした杭芯にマーカー（丸セパや鉄筋）を打ち込み、杭施工で移動したり撤去されぬよう、頭を沈めます。あとで見つけやすいようビニールテープやリボンテープを付けておき、杭径や深さを識別する色分けをします。

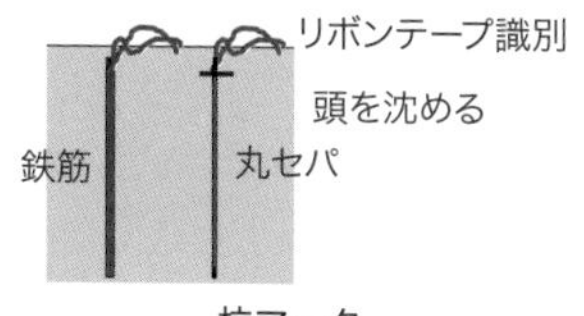

杭マーク

補足 自動追尾トータルステーションや GNSS（全球測位衛星システム）を用い杭芯位置を正確に計測するシステムが市場投入されていますが、まだ補助的な使い方のようです。

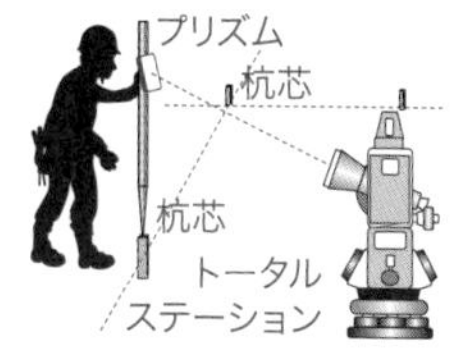

杭芯誘導システムの例

④プレストレス杭頭部を切断できますか？

回答 高止まりは、許容値に納まるようスペーサー調節等で、杭頭を切断しないようにします。杭頭を切断すると杭頭から 400 ～ 500mm 程度の範囲でプレストレスが減少する実験結果があるためです。

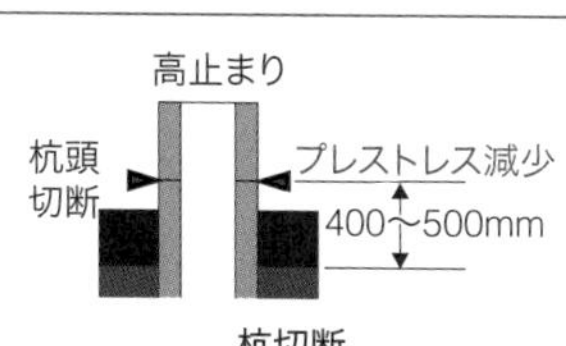

杭切断

補足 切断する場合、ひびが入らぬよう、ダイヤモンドカッターなどで切断します。杭の断面検討は、プレストレス＝0として行い、NG の場合は、杭頭にコンクリートを中詰補強します。

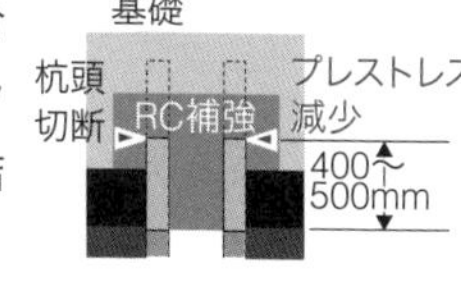

杭補強

19 安定液の働き

→20

泥の皮一枚、なくなれば地獄!!

- 安定液の目的と働き（原理）を理解する
- 逸泥事故の恐ろしさを感じとる
- 安定液の循環のしくみと品質管理の要点を理解し、使い方を会得する

1　安定液とは

アースドリル工法に用いる安定液は、ベントナイト鉱物(水に溶出膨潤し粘り気をもたせる粘土鉱物)と増粘剤(糊状を呈するCMCなどの薬品）並びに分散剤・逸水防止剤を水に混練したもので、次の目的がある。

目的① 孔壁の崩壊を防止する

目的② スライム沈降時間を適度に保つ

目的③ コンクリートとの置換性を保つ

地盤の崩壊を防ぐため、安定液圧と地下水位差を掘削壁面に確保させる。安定液位は地下水位＋1.5m以上に維持する必要があり、この造壁性を確保し、コンクリートとの置換を考慮するため、安定液はできるだけ低粘性・低比重が要求される。ベントナイトは、山形・群馬などの国内と、アメリカ、中国などの外国産がある。ベントナイトは粘土の一種であり、第三紀に火山灰が海底に堆積し、ガラス質擬灰岩に地下の熱や圧力の作用と海水作用が加わってできたもの。粘土鉱物モンモリロナイトを主成分としている。

CMC（カルボキシルメチルセルロース）は、水に溶解すると粘性の高い液体となり、増粘剤、濾水減量剤として用いられ、逸泥防止効果も発揮する。高・中・低粘度の3種があり、中・高粘度用が多く使用される。

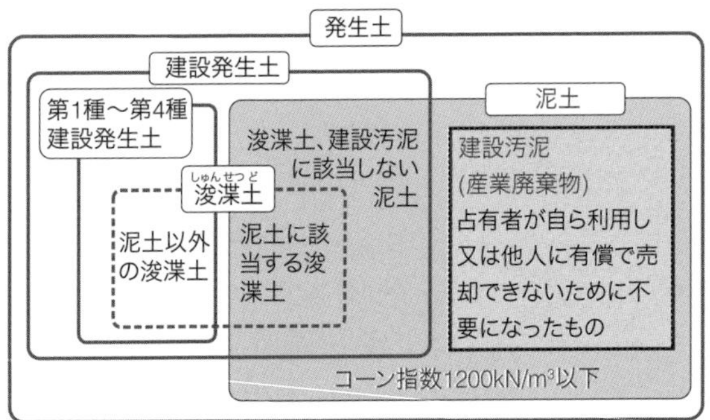

- 泥状とは、ダンプトラックに山積みできず、その上を人が歩けない状態
- 発生汚泥は、専門業者にタンク車またはバキューム車で運搬処理を委託、産業廃棄物処理施設において処分

構台計画の要点

出典：『建設廃棄物処理指針』「2.3(解説)（7）建築汚泥の取扱い」
（平成13年6月1日付け環廃産発第276号抜粋）

2　安定液の管理

安定液は、掘削からコンクリート打込み（セメントの作用で劣化）を繰り返して性状が変化する。したがって、安定液の性状を適正な範囲（管理基準値）に定常的に維持する必要がある。

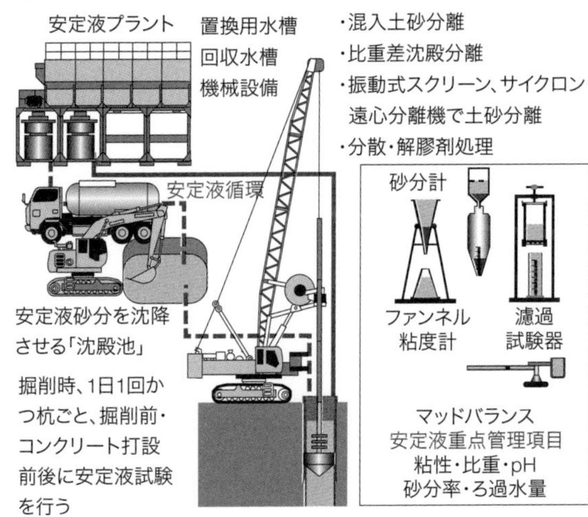

安定液の循環フローと管理

標準的な安定液の配合、新液の性状および管理基準（JASS 4）

配合性状 ＼ 地盤				シルト粘土	砂質土	砂礫
配合	ベントナイト		%	2〜4	4〜6	5〜8
				0〜2	1〜3	2〜4
	CMC		%	0〜0.1	0.05〜0.1	0.05〜0.2
				0.1〜0.2	0.2〜0.4	0.2〜0.5
	分散材		%	0.1〜0.2	0.1〜0.2	0.1〜0.2
				0.1〜0.3	0.1〜0.2	0.1〜0.2
	補助剤	逸水防止剤	%	–	0〜0.5	0〜1.0
				–	0〜0.5	0〜9.5
		変質防止材	%	0〜0.05	0〜0.05	0〜0.05
				0〜0.05	0〜0.05	0〜0.05
初期性状	ファンネル粘性 (500mℓ/500mℓ)		秒	22〜24	22〜30	25〜40
				22〜25	25〜35	15以下
	ろ過水量 (294kPa/30min)		mℓ	10〜20	15以下	15以下
				20〜30	10〜25	30〜40
	比重		–	1.01〜1.02	1.02〜1.04	1.03〜1.05
				1.01〜1.02	1.01〜1.02	1.01〜1.02
	pH		–	9〜10.5	9〜10.5	9〜10.5
				9〜11	9〜11	9〜11
管理基準	ファンネル粘性 (500mℓ/500mℓ)		秒	必要粘性〜初期粘性の130%		
				必要粘性〜初期粘性の130%		
	ろ過水量 (294kPa/30min)		mℓ	20		
				30以下		
	比重		–	初期比重±0.005〜12		
				初期比重±0.005〜12		
	pH		–	8〜12		
				8〜12		

黒文字→ベントナイトを主材料とする安定液
赤文字→CMCを主材料とする安定液

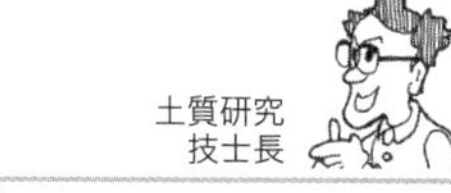

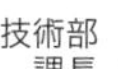

Q ①逸泥事故は大変恐ろしいと聞きます。事例と処置例を教えてください。

A（回答） 逸泥で孔壁が崩壊すれば、杭築造不能になります。左は高低差がある敷地で起きた事故の例です。ドリルバケットを埋め殺し、埋め戻して、オールケーシング工法に変更し、増打ちしました。脆弱非帯水層の見逃しが原因です。

周辺水位の上昇事故も多いので、水位変動に注意してください。

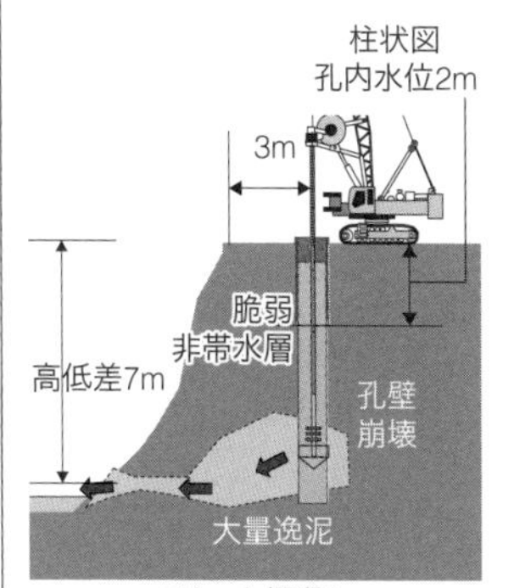

逸泥事故例

補足 安定液が孔壁を破って浸透し、孔内水位が急低下する現象を逸泥といいます。マッドフィルムが不完全で、背面透水性が高く、水圧が低い場合に発生し、通常0.2m³/h以上の安定液逸失を逸泥と判断します。

ただちに、逸泥防止剤、おがくず、ロックウール、綿実絞りかす、胡桃殻、破砕粘土などを投入して処置します。

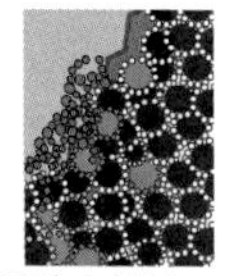
逸泥防止剤が
マッドフィルムを修復

Q ②泥分が孔壁崩壊を防ぎ、掘削を可能にするしくみがよくわかりません。詳しく教えてください。

A（回答） 孔壁の崩壊を防ぐ原理は、孔内水圧が高く、土中に浸透していくと、安定液中の粘土分が孔壁表面にマッドフィルムと呼ばれる膜をつくり、周辺への逸流が止まります。背面の液圧とバランスしてゆるみ・崩壊を防ぐ仕組みです。

土中に浸透　逸流　土中に浸透　背面液圧とバランス

崩壊　高い孔内水圧

清水　土粒子　土粒子　安定液中の粘土分　土粒子／孔壁表面膜形成　マッドフィルム

非安定液　安定液

マッドフィルム

補足 安定液は、土質に応じた配合計画を行うことが重要となります。

崩壊性の大きい緩い砂質地盤や砂礫地盤では、ベントナイトの配合を多くします。

微細砂地盤では砂分の低い（高いとコンクリートとの置換性が低下）安定液となるCMC系の配合とします。

粘性土地盤など崩壊性の低い地盤は比重や粘性を大きくする必要がないので、耐セメント性のCMC系安定液の配合とします。

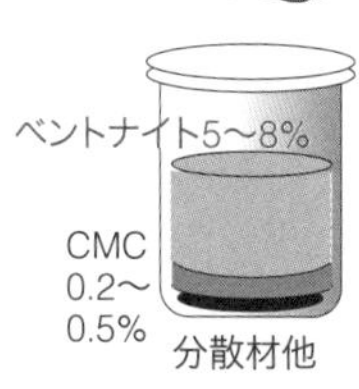

ベントナイト1～3%
CMC
0.2～
0.4%
分散材他

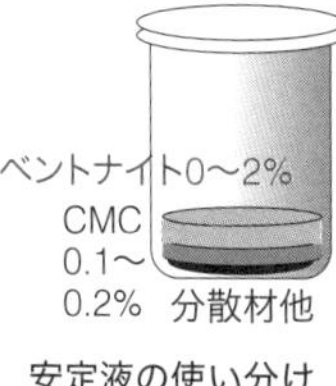

安定液の使い分け

Q ③掘削循環液には、様々な種類があると聞きました。どう使い分けていますか？

A（回答） 場所打ち杭の掘削循環液には、

- リバース杭泥水
- オールケーシング杭濁水
- アースドリル杭安定液

があります。既製杭では、掘削液・杭周固定液・根回め液など紛らわしい液があります。

20 スライム処理の苦労

→19

検尺スキルを高める !!
・スライム測定（検尺）は高い技量が必要
・試験杭データを活かしスライム量管理値ゼロ mm
・「良液置換」「前日掘削完了・翌日底浚開始」工法を知っておく

アースドリル工法などでは、軸部掘削終了後、コンクリートにスライムや掘りくずが混入しないよう、2段階で孔底（スライム）処理を実施する。杭支持力確保の極めて重要な工程である。掘削孔先端深度あるいはスライム天端は図の重錘と検尺テープで表層ケーシング天端2か所以上で測定する。表層ケーシングの沈下も併測する。

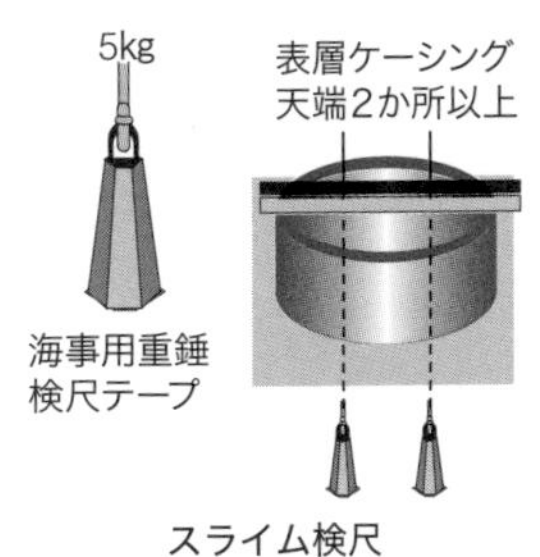

スライム検尺

1 一次孔底処理（スライム除去）

鉄筋かごを建て込む前に実施する。底ざらいバケット・スライムバケットにより底ざらいを実施し、孔底の整形とスライムの除去を行う。

孔内安定液中の掘りくずやスライムの孔底面への沈殿が収束するまで待機し、この後、基準深度になるまで底ざらいを繰り返し行う。

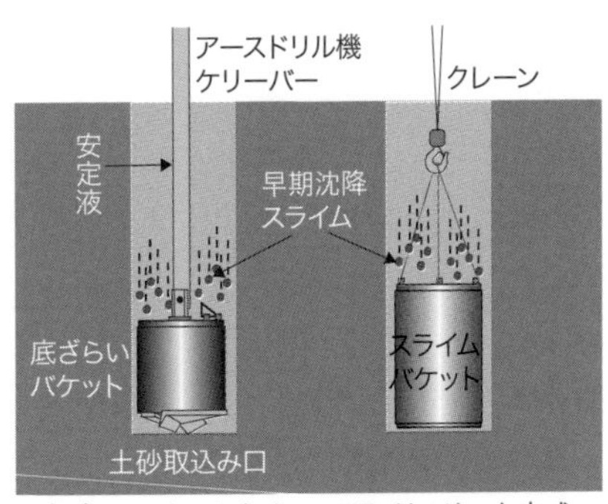

底ざらいバケットは、底部土砂取込み口に、掘削用刃先がないため、掘削ができない構造になっているほか、上砂取込み口に蓋があり、水密性が高く、掘りくずやスライムの収納性がよい形状となっている。

スライム・底ざらいバケット

なお、孔底上部の安定液中の砂分を事前に除去し、コンクリートの流動性を保つ目的で、底ざらい後に、孔底に専用のスライム処理ポンプを設置し、孔底から安定液を吸引する「良液置換」を実施することもある。表面から砂分を除去した安定液を送りつつ行うので、時間の経過とともに孔内全体が砂分の少ない安定液に置換される。一次処理で「良液置換」を行えば、残留スライムがなくなることが多く、二次処理を省略できる。

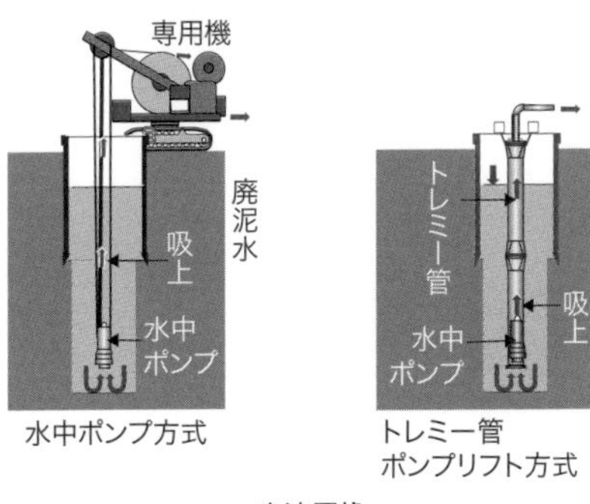

良液置換

2 二次孔底処理（スライム除去）

コンクリート打込み前に有害となるスライムが残留している場合は、トレミー管を用いたポンプリフト方式・エアリフト方式などで除去する。ただし、鉄筋かご内側のスライム除去は可能だが、孔底端部のスライムの除去は困難なため、あくまで補助的な孔底処理と考え、一次孔底処理を確実に実施することが重要である。

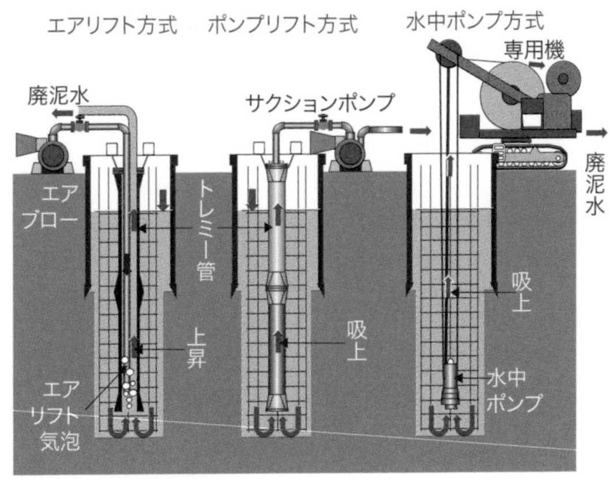

スライム二次処理

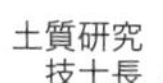

Q ①杭底深度を計測する重錘は、掘削土質や安定液粘性により、また深さにより着底の判断が難しいので困っています。確実に精度高く測定する方法を教えてください。

A（回答） 海事用重錘を使います。堅固な掘削底を除き、スライム天端の感触は微妙で、難しいです。試験杭で感覚を覚え、同じ人・要領で検尺し平均を採用します。

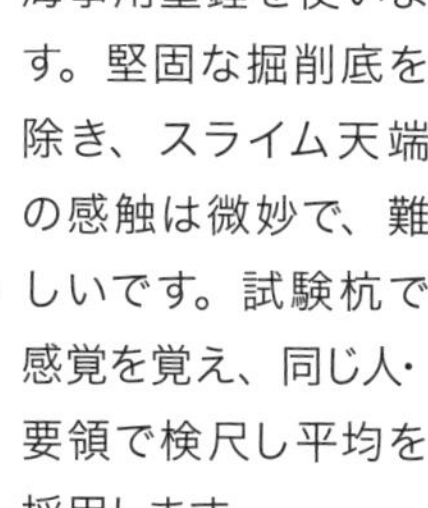
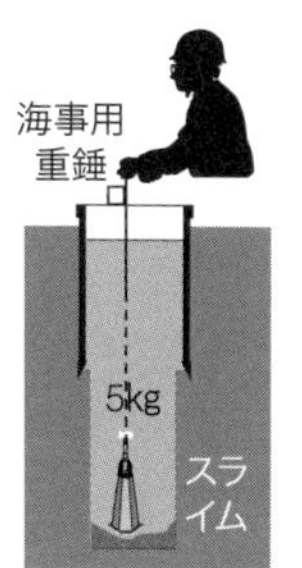

補足 スライム検知器は下図のものが市場投入されています。

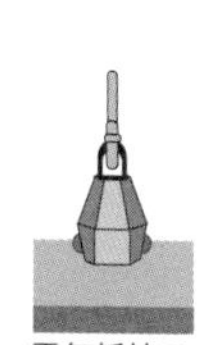

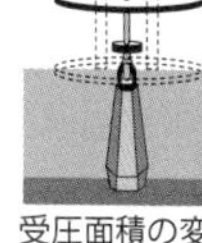

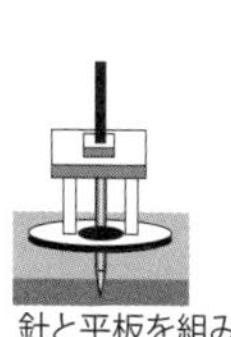

Q ②スライムはいくら徹底してもゼロにはできません。許容値と管理値を教えてください。

A（回答） 管理値、許容値は特記で決められます。基本的にスライムはゼロが管理値です。
便宜的数値か 30 ～ 50mm が散見されます。

補足 軟弱スライムはコンクリート重量で圧縮されるので OK とはなりません。
二次スライム処理・良液置換を実施するべきです。

Q ③一次スライム処理の待ち時間、二次処理要否の判断はどう決めるのですか？

A（回答） 試験杭の時に、スライム沈降量と経過時間の関係を把握します。掘削完了底ざらいの後、約 10 分ごとにスライム量を計測し、時間・スライム沈降量グラフを作成します。重い大きなスライムが速く沈降し、細かい砂分のようなスライムはゆっくり沈降するので、図のような曲線になります。対数グラフ化して、最適な折れ点を探し、一次・二次スライム処理待ち時間、二次スライム処理の要否を判断します。

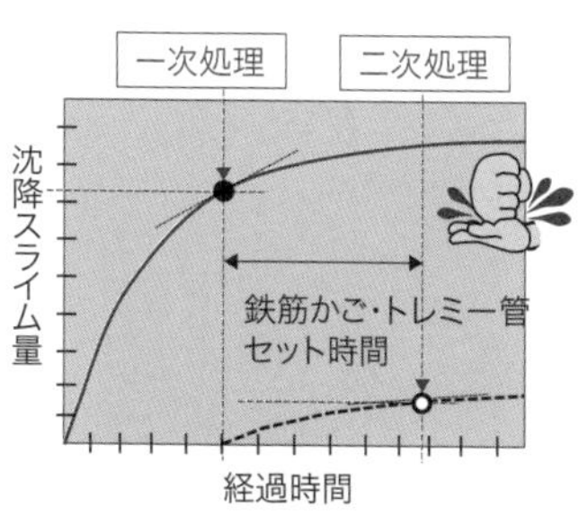

最適スライム処理時間把握

Q ④そもそもスライム量を少なくすることが大切です。どんなことに注意すればいいですか？

A（回答） 安定液の造壁機能の維持、ドリリングバケットの最適カッターの選択、バケット上げ下げ速度をゆっくり行うなど、掘削中に掘削残土を取りこぼさないことがあります。

補足 コンクリート打設前日に掘削を完了させておき、打設当日、先に底ざらいバケットで一晩孔底に沈殿したスライムを除去した後に、最終深度までの掘削を完了すると、孔内のスライム量が減り、一次孔底処理を確実に行うことができます。

21 場所打ち杭鉄筋かご配筋

堅固な架台、確実な結束!!

・精度よく頑丈な鉄筋かご組立てのポイントは、架台と結束

・丁寧な鉄筋かご建て込み要領を知る

・杭頭処理工法の使い分けを知る

場所打ち杭の鉄筋は、基本的にJASS 5に準拠し、設計図書に従い精度よく剛強に組み立てて、建て込む必要がある。鉄筋かごを掘削孔内に挿入し、トレミー工法でコンクリートを打ち込んで杭体が完成される。鉄筋かごは建て起こしからコンクリート打設に至る工程作業に対し、鉄筋の位置･形状を常に正しく保つ必要がある。

杭の長さが設計図書と異なった場合の鉄筋かごの長さは、最下段の鉄筋かごで調整する。

1　鉄筋かご組立て･配筋

アースドリル杭の場合を中心に、要点・留意点を以下に図示する。

安定した組立架台と治具を用意し、組立用補強材を精度よく設置し、結束を原則としてバランスよく組み立てること。

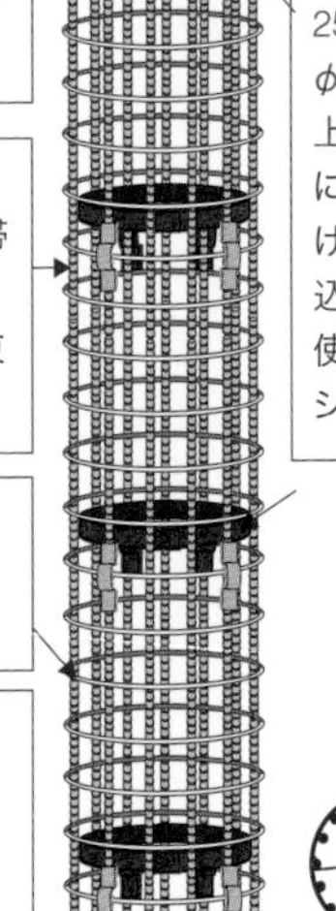

工事監理者の承認を得て、補強材に平鋼を使用し、フレアーグルーブアーク溶接を行う。ショートビードを避け30mm以上の長さとする。
溶接棒は作業性に優れたイルミナイト系の軟鋼用被覆アーク溶接棒を使用。
主筋の純間隔は100mm以上、杭頭の帯筋は150mm以上。
確保されない場合は束ね筋を用いる。
かぶり厚さは10～15cm。
帯筋は、原則としてフックをつけない。
太径・高強度の主筋と帯筋は、原則、結束結合。溶接すると、局部的に部材が変性し、断面欠損を起こす。
スペーサーは、同一深度に杭径φ1500未満は4か所、φ1500～φ2500は6か所、φ2500以上は8か所以上を目安に、深度方向に3～5m間隔で取り付け、孔壁の土中へめり込まないよう平鋼板を使用する。オールケーシング杭は異形棒鋼。

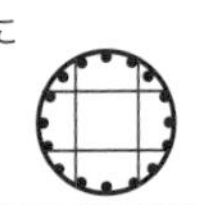

組立ての要点

2　鉄筋かご建て込み

分解や変形がないよう堅固に組み立て、保管→建て起こし→運搬を経て杭孔に慎重に建て込む。

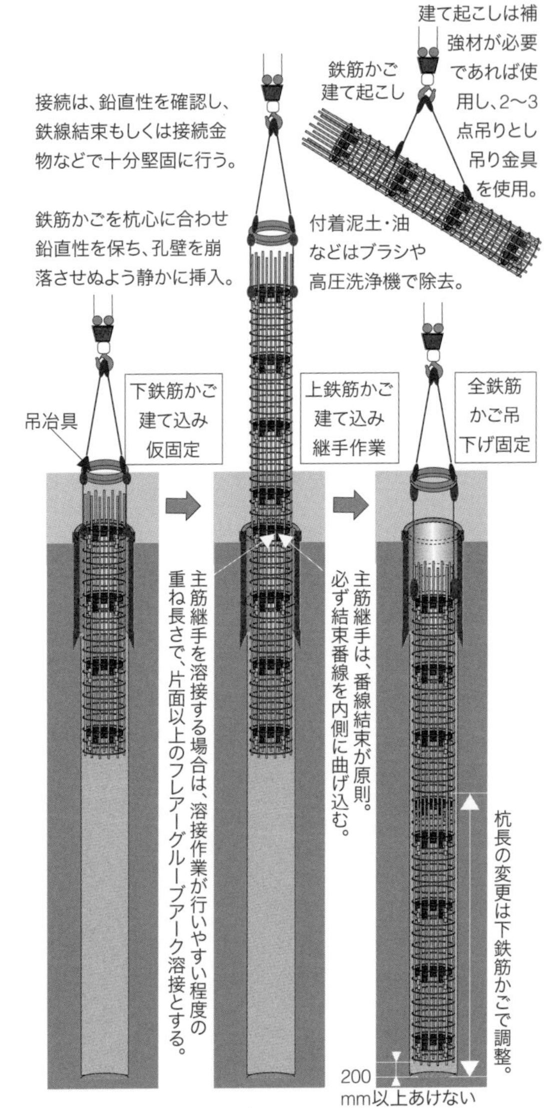

建て込み

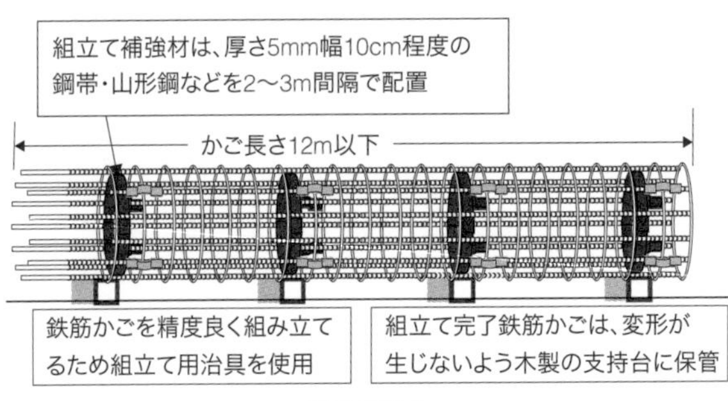

組立て架台

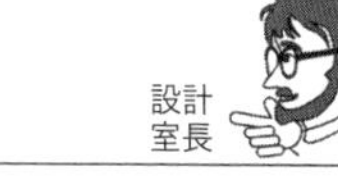

Q ①鉄筋かご組立てで、溶接に変わる工法があると聞きました。

回答

A 結束に溶接併用をせず固定する工法として、鉄筋かごを保持できる強度の固定金具があり、無溶接組立てが試みられています。鉄筋をねじで組み立て結合するので、締め付け力はトルクを品質管理します。

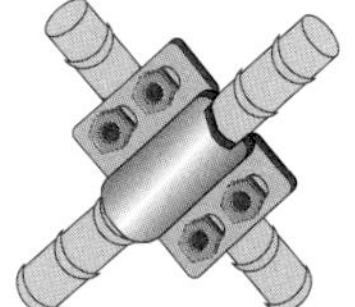

無溶接固定治具

②鉄筋かごが分解することもあるのですか？

回答

ばらばらに分解してしまうのはさすがにありませんが、楕円になったり、大曲がりすることがあります。十字補強筋を増設したり、斜めワイヤ補強するなどして剛性を確保します。

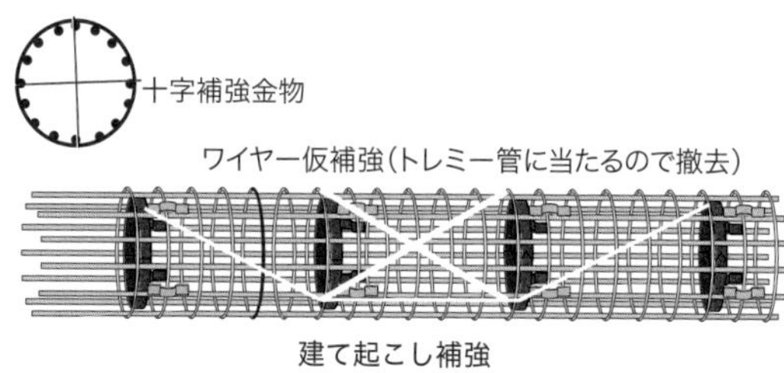

建て起こし補強

補足

上かご最下段の組立て補強板と下かご最上段の組立て補強板に金物を渡して溶接補強する、あるいは機械式継手を用いて主筋を接続すると、一体性がかなり高まります。

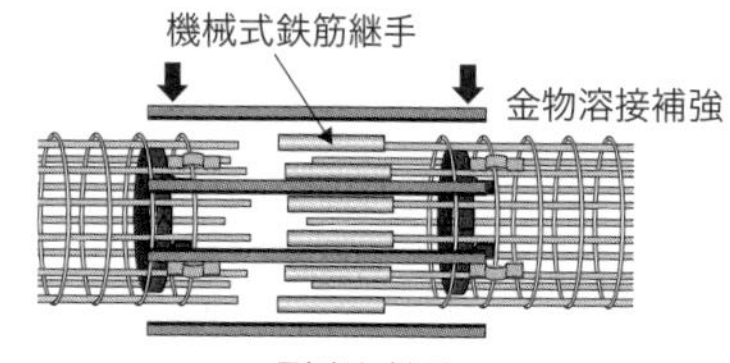

剛強な継手

③場所打ち杭の杭頭余盛部分は撤去する必要がありますが、量も多く大変です。
大割工法について教えてください。

こんな方法もあります。

回答

通常の工法は、ハンドブレーカーで斫（はつ）り取ります。
杭主筋に縁切り材を先付けし、杭頭切断部に杭の周囲に予めカッターで切り込みを入れ、くさびで亀裂を入れ、仕上げはピックで丁寧に所定の高さまで小割り解体します。
騒音・振動問題があります。

ブレーカー解体

補足

杭主筋に縁切り材を先付けし、杭頭切断部に水平縁切り機構を仕掛け、不要杭頭全体を撤去し別場所で解体する各種工法が開発されています。

- **静的破砕剤工法**
  安定液水分とゆっくり反応し、その膨張により大割りする工法。
- **凍結杭頭処理工法**
  水の凍結圧力の膨張により大割りし、不要杭頭全体を撤去する工法。
  破砕時、杭本体に悪影響がないことを確認する必要があります。

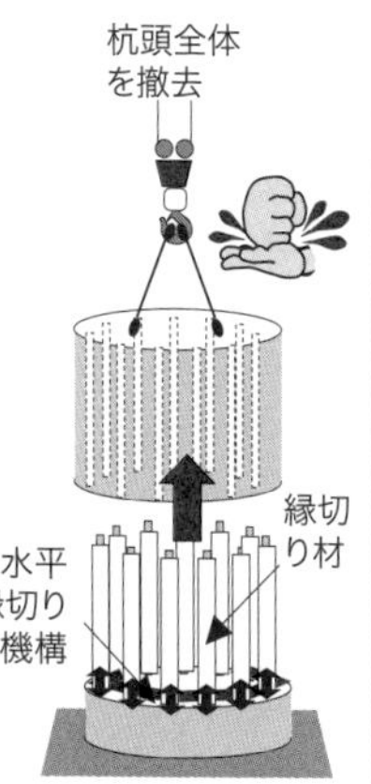

大割搬出工法

22 トレミー工法

連続して打ち込む!!

- トレミー工法の原理を理解する
- 安定液とコンクリートを混ぜない工夫を知る
- コンクリートをゆきわたらせる技術を知る
- 大深度杭でも技術を駆使すれば可能

アースドリル杭のコンクリート打込みは、原則トレミー管を用い、安定液やスライムの巻込みがなく一様に打ち上がるように連続して実施する。打設済みコンクリート中に管が常に根入れされ、打込みコンクリートと一体連続していることが分離しない原理であることを忘れない。コンクリートは、連続して打つようにする。スランプ・ワーカビリティの変化は、地上部のコンクリート以上に大きな影響を与える。

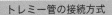

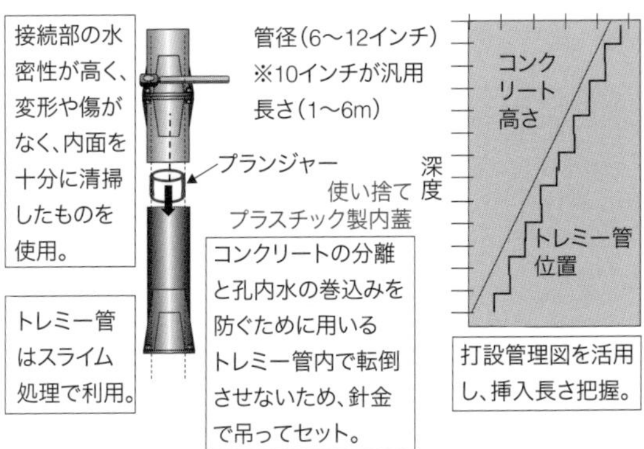

接続部の水密性が高く、変形や傷がなく、内面を十分に清掃したものを使用。
トレミー管はスライム処理で利用。
管径(6〜12インチ)
※10インチが汎用
長さ(1〜6m)
プランジャー
使い捨て
プラスチック製内蓋
コンクリートの分離と孔内水の巻込みを防ぐために用いるトレミー管内で転倒させないため、針金で吊ってセット。
コンクリート高さ
深度
トレミー管位置
打設管理図を活用し、挿入長さ把握。

トレミー管の構造と打設管理　　打設管理図

トレミー管の接続方式
・フランジ式 (ボルト式) :パッキンを挟みボルト緊結 ・ソケット式 (クイック式) : 上下管を噛み合わせねじ込み接続

コンクリート配合の要点
①気温温度補正は行わない ②高炉セメント等長期強度増進セメント使用可 ③水セメント比 60% 以下 ④スランプ 20cm 以下 ⑤単位セメント量 300kg /m³ 以上

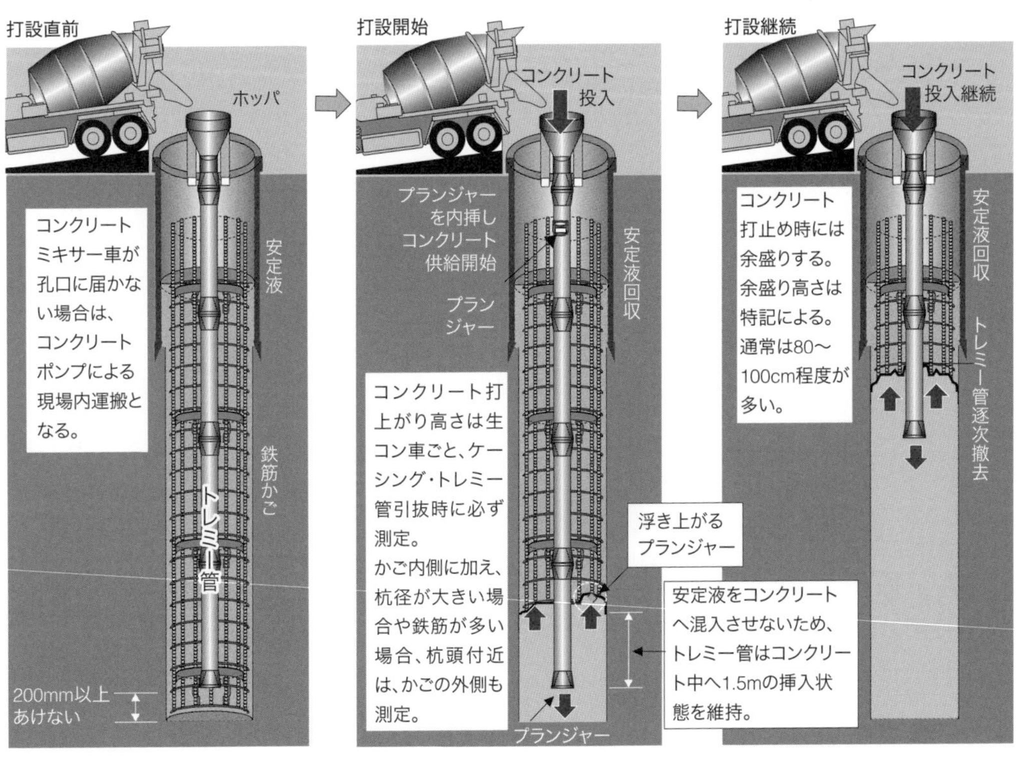

打設直前
ホッパ
コンクリートミキサー車が孔口に届かない場合は、コンクリートポンプによる現場内運搬となる。
安定液
鉄筋かご
トレミー管
200mm以上あけない
打設開始
コンクリート投入
プランジャーを内挿しコンクリート供給開始
プランジャー
安定液回収
コンクリート打上がり高さは生コン車ごと、ケーシング・トレミー管引抜時に必ず測定。
かご内側に加え、杭径が大きい場合や鉄筋が多い場合、杭頭付近は、かごの外側も測定。
浮き上がるプランジャー
プランジャー
打設継続
コンクリート投入継続
コンクリート打止め時には余盛りする。余盛り高さは特記による。通常は80〜100cm程度が多い。
安定液回収
トレミー管逐次撤去
安定液をコンクリートへ混入させないため、トレミー管はコンクリート中へ1.5mの挿入状態を維持。

トレミー工法の要点

杭工事専門業者 世話役

A 杭担当 工事係員

設計 室長　コンクリート 技士長

①コンクリート打ち上がり高さを確認し、打設管理表で挿入長さを管理する意味はよくわかりました。打ち上がり高さは何箇所、どの位置で図るべきですか？

回答

打設コンクリートはトレミー管の周囲から上がり、杭の外周部（かぶり）へ流れ出すので、杭頭付近は常にトレミー管周囲のコンクリート天端が高くなります。
コンクリート天端測定は、中央付近と外周4か所程度を測ります。

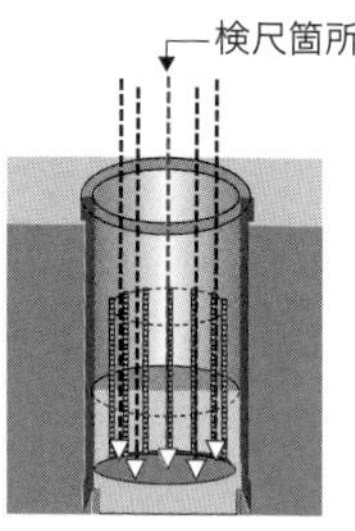

補足

コンクリートの流動性が保持されれば、中央と外周天端の高低差はほとんどなくなります。設計基準強度が大きい場合や高性能ＡＥ減水剤により単位水量が極端に小さい場合は、粘性が大きくなるので、流動性低下により高低差が大きくなります。
特に杭径が大きい場合は 300 ～ 500mm に達する場合があります。

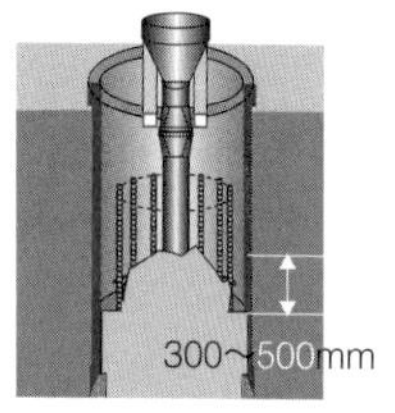

②「トウモロコシ現象」という不具合があると聞きました。どんな現象ですか？ その対策も教えてください。

回答

コンクリートが鉄筋かご外側にゆきわたらず鉄筋格子付近にとどまりトウモロコシのようにみえる現象で、構造上極めて重大な不具合です。対策としては、スランプ見直しなど「コンクリート流動性」の向上を図ります。

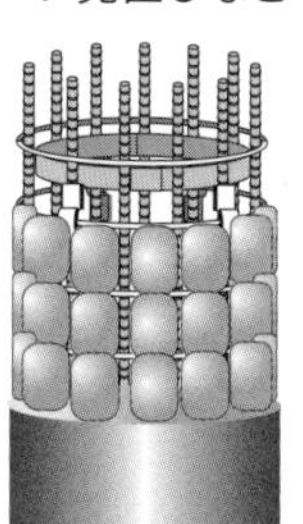
トウモロコシ状
コンクリート打ち上がり欠陥

補足

実験によると、コンクリートはトレミー管付近の杭中央部に沿って上昇し、先行打設のコンクリートを押し広げるように鉄筋かごの外側へ流れるそうです。流動性が悪いとかご外側に到達せず打ち上がるトウモロコシ現象になります。
近年は高強度で粘性の高いコンクリートを打設する傾向にあり、杭の大径化もリスクです。

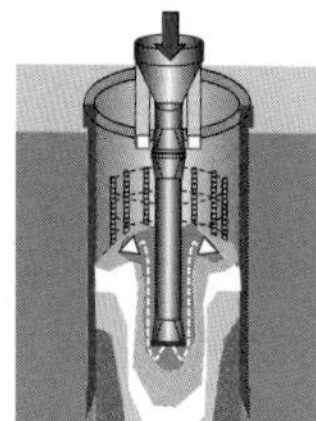
コンクリートの流れ

③アースドリルも大深度の例が増えており、50mを超えるものもあります。トレミー工法はどのくらいまで採用可能ですか？

回答

場所打ち杭で水中コンクリートとなる場合は、トレミー管を使うしかありません。
施工可能ですが、技術的には相当難しくなります。

補足

深度 120m の大深度地下連続壁で、フロー 60 ～ 70cm の高強度高流動コンクリートをトレミー工法にて施工した例が報告されています。一部で内コンクリートの閉塞が発生。配合を見直し、止水性の高いジョイントのトレミーを採用し、投入量を大きくして、乗り切ったそうです。

23 水平切梁架構を安定させる

土は強い味方になり得る !!
- 架構不安定な水平直交切梁架構は、まわりの土が、全体を安定させている
- 全体弱さにつながる局所弱点を作らない
- リース材の特性を押えて補強

水平格子状で、側圧を支える最も使用実績の多いシンプルな山留め工法。交点ピン接合の不安定架構に見えるが、外力・反力 (側圧) がバランスして全体安定が保たれる。切梁圧縮強さを保証する座屈拘束と、腹起し曲げ強さ確保が重要ポイント。

主材はリース品が多く、繰り返し使用による損傷で、シュープレートやコーナー局部変形が生じ、強度が低下することもある。部材・主材の持っている力を、全強でなくてもバランスよく有効に使って、耐力パフォーマンスを発揮させることが補強の目的となる

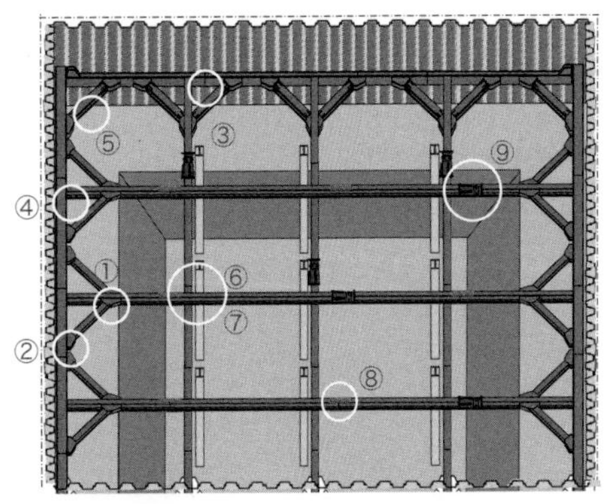

①切梁―火打ち取付け部がせん断降伏
②腹起し―火打ち取付け部がせん断降伏
　コンクリート充填部でコンクリート圧壊
③腹起し継手が曲げ降伏
④腹起し・切梁突当部が局部変形
⑤隅角部重ね火打ちのボルトが破断
⑥切梁交叉部で緩み座屈拘束が効かず蛇行
⑦支柱支持部で緩み座屈拘束が効かず上下
⑧切梁継手が緩み局部変形し蛇行
⑨軸力計・ジャッキ部が緩み蛇行

水平直交切梁架構の弱点部分と損傷イメージ

図に示す弱点部分に対応した補強の要点を以下に示す。

① 高力ボルトとし必要本数必ず取り付ける。
　(摩擦接合ではない剪断ボルト)

② 高力ボルトとし必要本数必ず取り付ける。
　コンクリートは高強度、低スランプとする。
　3 日で 1500N/cm^2 程度が一般的。

③ 高力ボルトとし必要本数必ず取り付ける。

④ 変形防止材スチフナ・金物を取り付ける。
　補強コンクリートを充填。

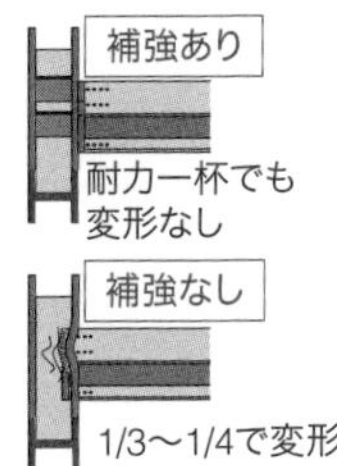

腹起しと切梁はウェブ軸が直交しているので、最大許容軸力のかなり手前で腹起しフランジの端部が曲がる。

左のように補強できたとすれば、3 〜 4 倍に強度を上げることが可能。

コストパフォーマンスの高い補強が実現。設置した主材を小さな耐力で使うのは損である。

腹起し補強

⑤ 隅角部重ね火打ちのボルトは高力ボルトとし、必要本数を必ず取り付ける。

⑥⑦ 交差部ピースとロングボルトなどで緊結。
　U ボルトは緩みやすいので使わない。

⑧ 同列に連続して配置しない (千鳥配置)。
　高力ボルトとし必要本数必ず取り付ける。

⑨ ジャッキカバーなどを取り付けて補強。

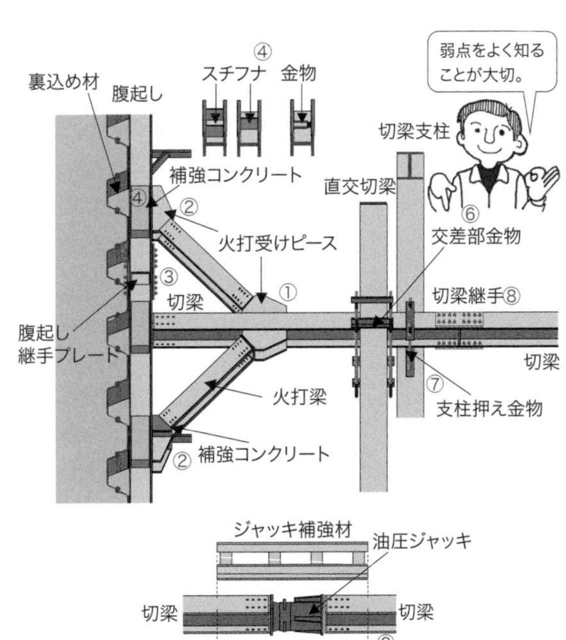

切梁架構の局所補強

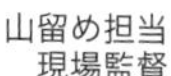

Q ①リース材は、部材を使いまわします。設計上、強度はどのくらいに低減していますか？

A（回答）日本建築学会の『山留め設計指針』では長期と短期許容応力度の平均以下で設計するよう提案されています。

（補足）短期では不安で、長期は不経済なので検討された数値です。鋼材最大強さの7割の5/6ですから、最大強さの58%程度です。実際は温度応力などを考慮し、その60～70%で設計します。

Q ②火打切梁と腹起し・切梁の接合部などには、普通ボルトでなく高力ボルトを使うということですが、強度はどのくらい上がりますか?

A（回答）普通は、せん断ボルトで高力ボルトを使います。せん断耐力が大きくコストパフォーマンスが高いです。

（補足）M22ボルトでは、1本あたりのせん断耐力は、約2倍の強さになります。リース材の継手部の弱さを、かなりカバーできます。

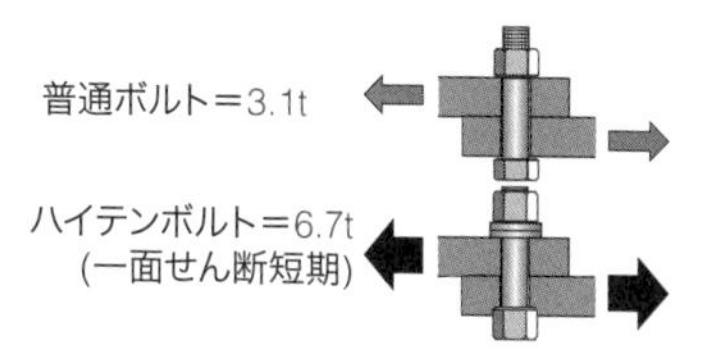

Q ③大きな地震がきたら、水平直交切梁はどうなりますか?

A（回答）山留め架構は土と一緒に動き、山留め架構に力が入らないため、安全と聞いてます。山留め設計に地震力は加味しません。

（補足）遭遇確率が低く、山留め計算に加味しませんが、ある試算で、壁応力3倍、切梁軸力2倍、という例もあります。長工期では精密解析して確認すべきです。

Q ④傾斜地掘削や、地下深さが異なる時は、どう設計するのですか?

A（回答）偏土圧といいます。地盤アンカーなどで安定させます。偏土圧の山留め設計は、①対面切梁軸力差をプレロード解析、②対面両側山留め壁を一構造で解析、があります。

Q ⑤格子状で筋違がなく、交点がピンの水平直交切梁架構が一番安定できるのですか?

A（回答）余程でない限り崩れる事故はおきません。これは、「外・反力が土である」ことで「周辺の土」が、安定メカニズムとなるためです。外力側圧（土圧＋水圧＋施工荷重）・反力側圧同士で釣り合うので安定します。荷重は主働土圧、反力は受働土圧といい、受働土圧最大値は、主働土圧より大きく、主働土圧に見合う受働土圧が、反対側に常に発生し必ず釣り合い、架構をずらす不均衡力にならないのです。

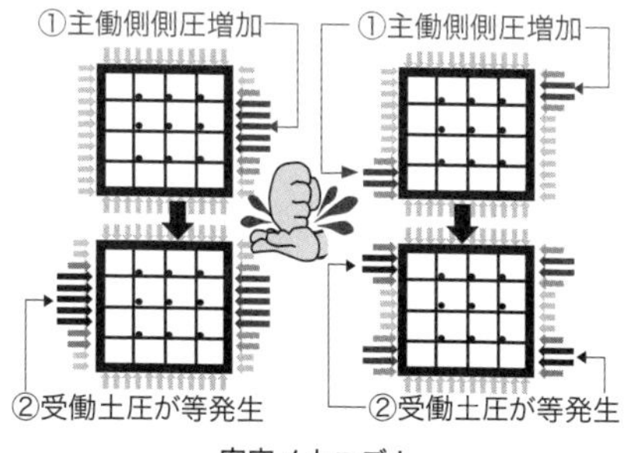

安定メカニズム

→23

山留め壁変位を減らし、架構の堅牢さを試験!!

- 浅い掘削を除き、変形や沈下を防ぐ市街地地下工事の重要必須手順
- 架構を馴染ませ、次工程に移れる強さを確認する試験工程
- この工程が設計に取り入れられることが多くなった

根切り工事を安全かつ合理的に行うために、切梁架設後、次段階根切りに先立ち（プレ：PRE）、切梁にジャッキを介し軸力を導入（ロード：LOAD）し、山留め壁を外側へ押し込んだ後、次段階の根切りに入る工法である。

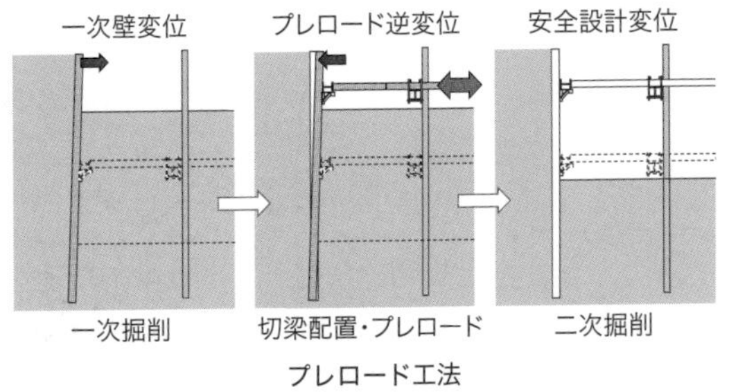

プレロード工法

具体的には、右図の油圧ジャッキ、コントロールユニットを用い、同時加圧集中管理方式で行うことで確実な軸力導入ができ、工事の安全性、経済性ならびに工期の短縮が確保できる。プレロードの最大荷重は、山留め設計や支保工形式により異なるが、一般的に設計軸力の50%から最大80%が指定される。山留め壁の剛性が小さい親杭横矢板などは、小さめの導入荷重とすることが多い。ジャッキは維持管理用の軸力計と兼用のものが使われ、図のような配置イメージで、下段グループを先行、上段グループを後行とし、図の手順で行う。

軸力は最初10t程度から始めて、最大荷重まで複数回に分けて導入する。各段階ごとに架構を点検・調整し、図に示す計測と記録を行う。切梁の通り、交差部のズレ、腹起し突き当て部の変形や異常を詳細に点検し、修正固定する。特に山留壁パッキンの抜け落ちや破損には要注意。出隅にも不具合が出やすい。

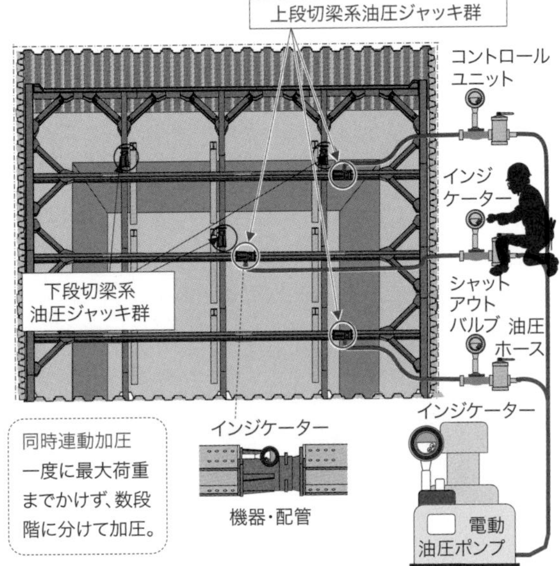

ジャッキ配置と配管

導入軸力は、切梁設計軸力の50～80%程度

下段切梁群	上段切梁群
① 準備作業、カバー外し 切梁架構裏込め点検	⑩ 上段油圧機器設置 配管・配線
② 下段油圧機器設置 配管・配線	⑪ 切梁通り直し、蛇行防止アングル取付け
③ 予備加圧	⑫ 予備加圧
④ ジャッキ 初期値測定	⑬ ジャッキ 初期値測定
⑤ 第一サイクル プレロード加圧	⑭ 第一サイクル プレロード加圧
⑥ ジャッキ 伸び量測定	⑮ ジャッキ 伸び量測定
⑦ 切梁架構、各部点検	⑯ 切梁架構、各部点検
⑧ ⑤⑥⑦プレロードを 計画回数繰り返し	⑰ ⑭⑮⑯プレロードを 計画回数繰り返し
⑨ ロックナット 締付け固定	⑱ ロックナット締付け 固定カバー取付け 総合点検

プレロード手順

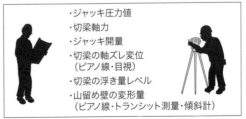

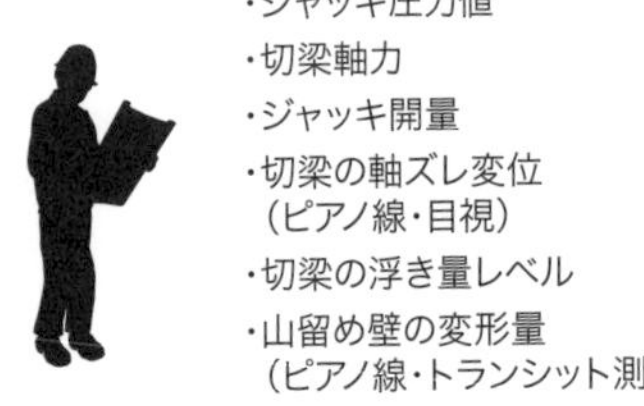

・ジャッキ圧力値
・切梁軸力
・ジャッキ開量
・切梁の軸ズレ変位
（ピアノ線・目視）
・切梁の浮き量レベル
・山留め壁の変形量
（ピアノ線・トランシット測量・傾斜計）

計測記録事項

Q

①どの現場でもプレロードは必要ですか？
切梁・腹起しの緩みとりに、多サイクル、連動加圧をするのですか？
手動ジャッキで、切梁単列ごとに10t程度をかければいいのでは？

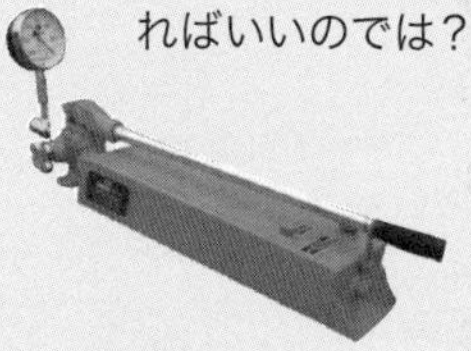

手動ジャッキ

回答

A

山留め担当
現場監督

緩みとりだけでなく、壁変形、周辺地盤沈下を防ぎます。

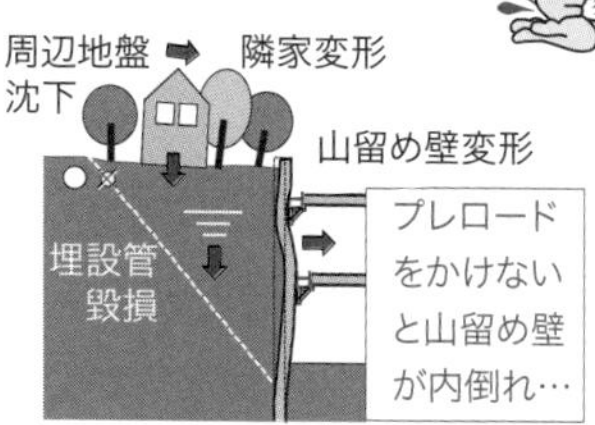

市街地大深度掘削や軟弱地盤掘削で採用します。浅い場合や、よい地盤の掘削は、コストもかかるので省略します。

補足

土質研究
技士長

山留め壁を押し返すので、以降の掘削による変形を少なくします。近隣への影響を防ぐ意味で大切です。連動・多サイクル加圧は、架構全体に応力を負担させ、全体を馴じませます。

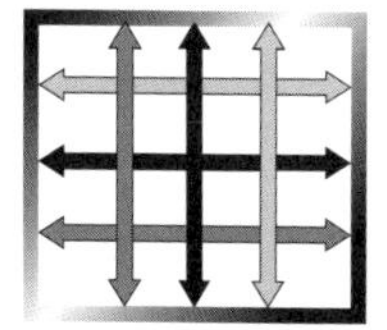

プレロードなしでは部材の応力がバラつき、全体で支えない

②最大加圧力はどう決めたのですか？

回答

通常、設計軸力の50%です。技術スタッフなどと相談します。

補足

プレロードの効果を織り込み山留め計算します（弾塑性法など）。最大荷重は、計算結果と計測結果を踏まえ、土質や剛性を折り込み、都度計算して決めます。最大で80%とします。

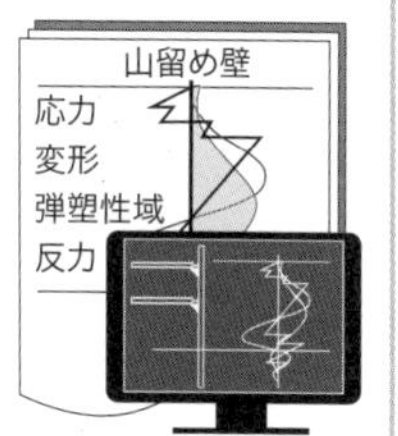

③大きな軸力だと、将来土圧が大きくなったら切梁が壊れませんか？

回答

大丈夫です。プレロードを考慮して設計します。

補足

加圧時、背面土に受働土圧が発生します。掘削進行して主働土圧に移行しますが、この時受動土圧がなくなります。足されないので安心してください。

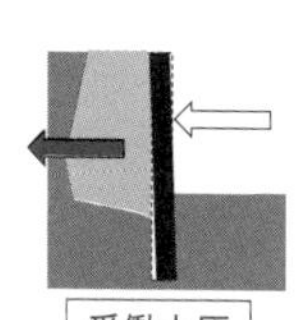

受働土圧
土が押された時に抵抗発生する土圧

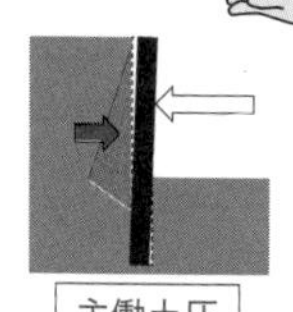

主働土圧
土が崩れようとして支保工に加わる土圧

④プレロードをかけると、かえって部材を痛めませんか？

回答

加圧段階で点検し、不具合を修正します。心配ありません。
切梁ずれ止めなど、万全対策を施し、加圧段階で点検調整します。

→23

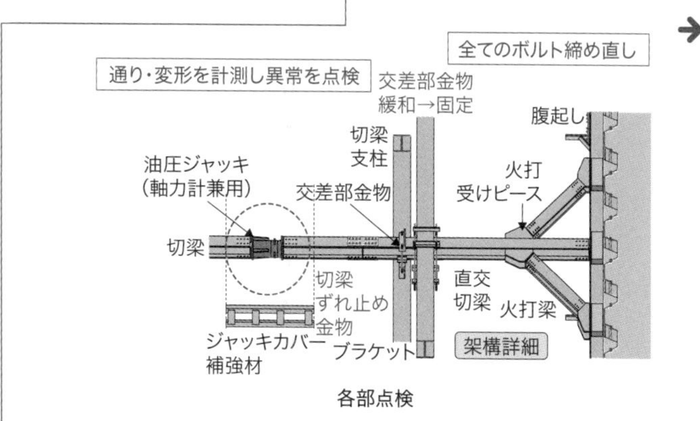

各部点検

補足

プレロードの加圧で壊れたら、その後の掘削はできません。山留め架構強さを確認する試験工程にもなります。

25 確実な床付け

→26

床付け面を荒さず、設計通りか確認する眼をもつ!!
- 掘削底面の安定を目視確認でき、床付土質に最適な鋤取整地または改良が確実に行えること
- 設計条件と合致を見極める眼をもつ

山留め計画と異なる状態を作り出さないように、掘りすぎに注意し、最下段切梁・腹起しなどを完全に架設した後に、計測管理により安全を確認しながら掘り進める。

常に掘削しながら、山留め壁の出来形を確認する。万一、欠陥部を発見した場合には、欠陥の程度に応じて、適切かつ迅速に処置する。

裏込めが抜けたり、地下水が土をともなって突出したりすると大事故につながる可能性がある。掘削底面の異常とその対策については、次項に詳しく説明するが、いずれも事前に危険性を予測できることが多い（研究所や支援技術部門によく聞くとよい）。あらかじめ応急処置について検討が必要。どんな予兆があり、どのくらい進んだら補強するのか、その材料はあるか、対策会議は不要かなど、慎重を期したい。

底面に異常が予測されるような場合は、軟弱地盤なので、杭地業が施されていることが多く、床付けの苦労は別の話となる。

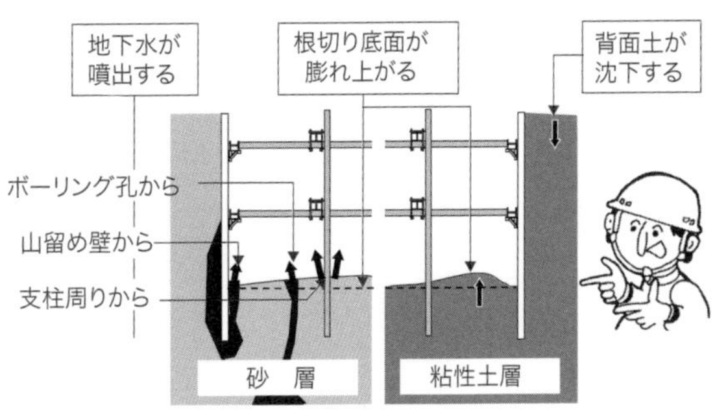

掘削に伴う異常現象

最終根切り完了後に床付け処理を行う。

床付け処理後、山留め壁下部の安定のために、なるべく早期に捨てコンを壁いっぱいに打設する。床付け面は、支持力が低下するため、直接基礎および杭基礎いずれの場合も乱してはならない。

掘削完了後、床付け面の深さと、地盤が設計の地層・地質と合致していることを確認し、工事監理者の確認を受ける。

直接基礎で、床付け面に所定の地層が確認できなかった場合、極めて重大な問題であり、ただちに工事監理者と対策を協議しなければならない（設計段階の地盤調査は、十分考慮して計画・実施されており、通常、所定の地質が現れないことはまれである）。

不幸にして、このような事態が起こったら目的の地層が現れるまで掘削し、ラップルコンクリートを打設したり、良質土や改良材混入土に置換したり、支持層まで地盤改良を行う。このような掘削を行う場合は、山留め根入れは大丈夫か、あるいは地下水が噴出しないかなどを確認したうえで施工する。時として斜め切梁が必要となることがある。部分床付け施工を繰り返すこともある。

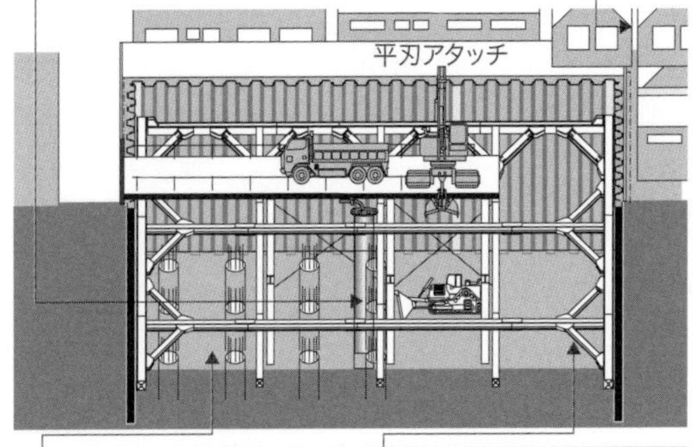

床付けのポイント

Q

①軟弱な沖積粘土地盤の床付けの場合、水も引かずドロドロの状態になり、きれいな床付けとならず困ります。よい方法はありますか？

回答

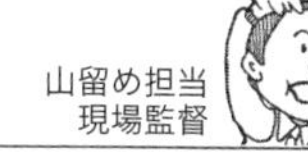

A

生石灰系改良材を混和します。小回りは利きません。
大きなフロート構造で超低接地圧を実現（0.1kgf/cm^2 程度）した泥上掘削機もあります。

→26

補足

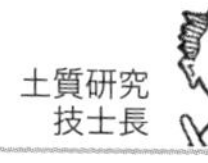

軟弱な沖積粘性土層の機械掘削の可能性を調べるには、土の物理試験結果が参考となります。練り返した試料に対する一軸圧縮試験で鋭敏比を求めると、どの程度の接地圧に耐えられるかわかります。

②躯体工程に移った後、地盤には段階的に建物荷重がかかります。最初の床付け面は、しっかり転圧しても、縮むと思います。工事進捗で少しずつ沈下していくと思いますが、それでいいんですか？

回答

沈下してもわずかでしょうし、支持耐力が十分あれば建物として安定するので心配しなくてもいいと思います。

補足

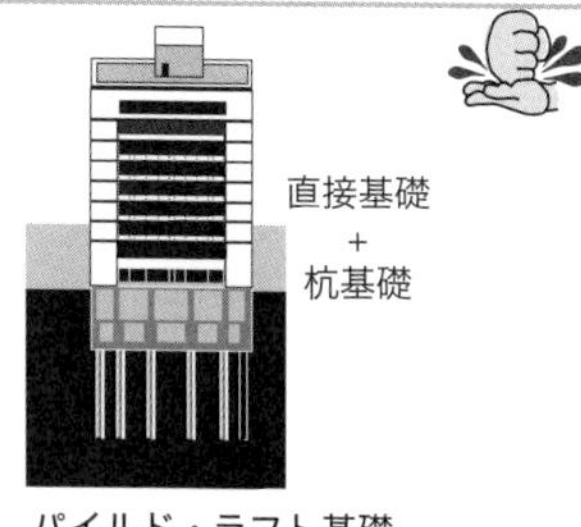

パイルド・ラフト基礎

構造設計では、施工段階で上下変形が続伸することは想定しています。リバウンドも含め定量的に把握し、建物性能に（場合によって周辺にも）支障がないことを確認します。許容沈下量・傾斜量が規準で示され、超高層とか、大深度建物で、FEM 解析などより検討されています。
杭と直接基礎を複合するパイルド・ラフト基礎という新工法もこの解析により設計されています。
掘削段階で、
①排水有効圧力増で床付け面沈下
②掘削排土リバウンドで床付け面上昇
③盤ぶくれ現象があれば床付け面上昇
その後、躯体構築により、
④躯体荷重載荷による下部地盤即時沈下で、床付け面逐次沈下
⑤（圧密粘性土がある場合）①の荷重が時間をかけて圧密沈下促進し、床付け面がさらに逐次沈下
ということになります。苦労した床付け作業面・地業・捨てコン面は、（基礎躯体と一体となって）この変形にさらされますが、上のように安全解析されています。特に中低層建物では心配ありません。
直接基礎・杭支持にかかわらず、丁寧な床付けは必須です。

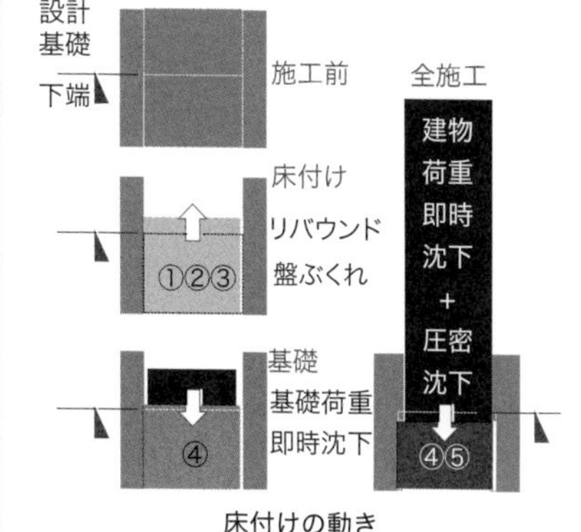

床付けの動き

③床付け面の地盤が設計と合致することを確認する目安はありますか？

JASS 3 で以下が紹介されています。

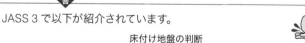

床付け地盤の判断

地盤の硬さ		簡易判定法	推定 N 値	長期許容支持力 kN/m^2
粘性土	非常に軟らかい	鉄筋棒などが容易に貫入する	0～2	0
	軟らかい	シャベルで容易に掘れる	2～4	20
	中位	シャベルで力を入れて掘れる	4～8	50
	硬い	シャベルを強く踏んでようやく掘れる	8～15	100
砂質土	非常にゆるい	鉄筋棒などが容易に貫入する	～5	～30
	ゆるい	シャベルで容易に掘れる	5～10	50
	中位	シャベルで力を入れて掘れる	10～20	100

26 掘削底面の異常

→23 25 27

土質専門家に教えてもらう !!

- 掘削底面安定は山留め安全の大原則
- 大事故につながる危険な現象を理解
- 予兆を確実に計測で捉え対策に繋ぐ
- 分割掘削施工など対策技術を確認

土は弾塑性体で、山留めで水平方向側圧の釣合いを取れば、掘り下げ可能である。しかし、底面が安定しない場合は、掘り下げると危険になる。底面安定は、山留めの前提条件である。底面の異常現象には、以下の3現象がある。

- ボイリング現象
- 盤ぶくれ現象
- 廻り込み（ヒービング）現象

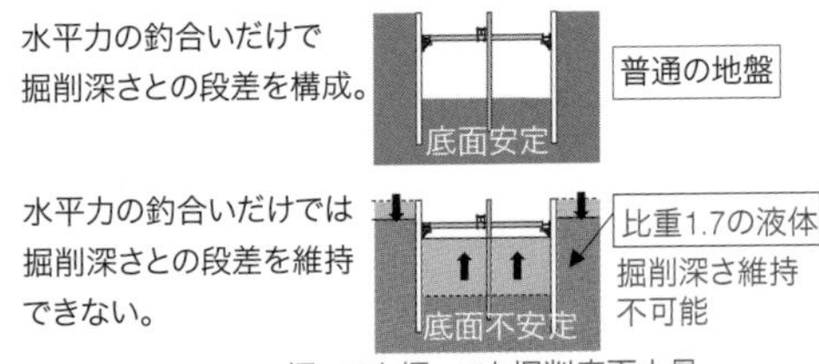

山留めの安全条件

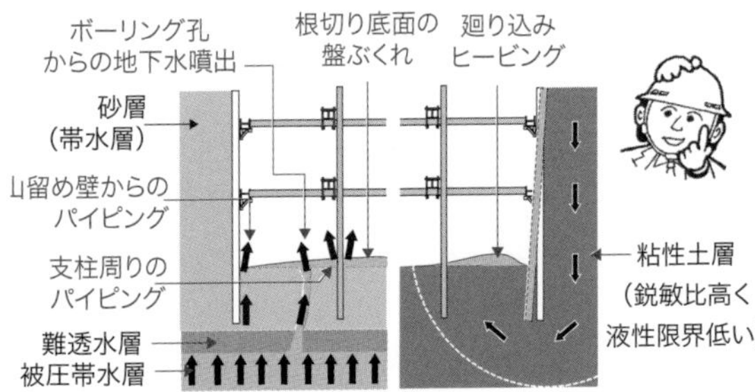

掘削に伴う異常例

1　ボイリング現象

砂質地盤で、間隙水圧が高く、土粒子が沸き立つ現象。乱された部分で、掘削底面に様々な異常が発生する。パイプ状の水道から水が湧き出すのがパイピングで、出水事故につながる危険なものである。

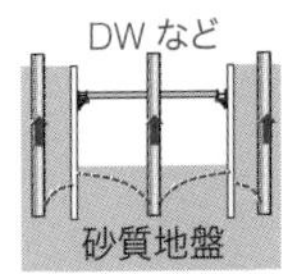

強制排水で底面の間隙水圧を減らす

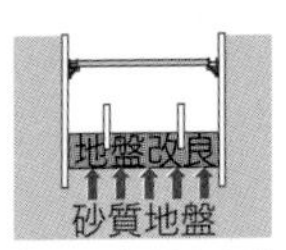

底面一定厚さを地盤改良で強化

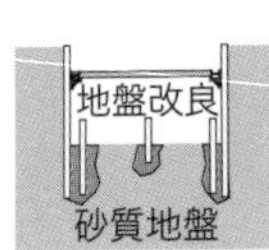

局所パイピング部分に地盤改良する

ボイリング対策

2　盤ぶくれ現象

ボイリング現象と類似で掘削底面に不透水層がある時、下部水圧で底面が盛り上がる現象。

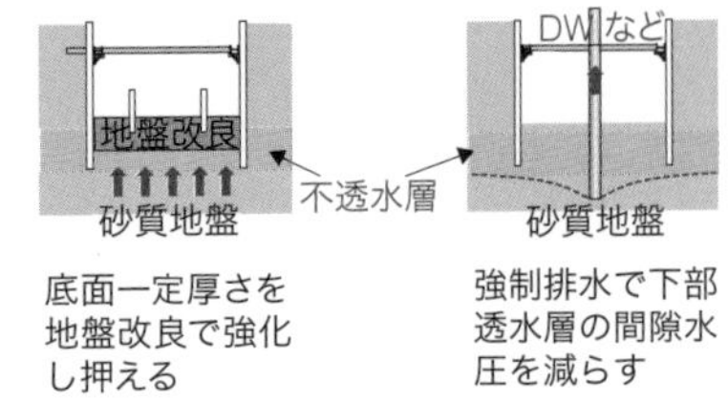

底面一定厚さを地盤改良で強化し押える

強制排水で下部透水層の間隙水圧を減らす

盤ぶくれ対策

3　廻り込み（ヒービング）現象

液性限界の大きな軟らかい粘性土で発生。底面地盤すべり抵抗が背面土重量を支えきれず掘削底面が盛り上がる現象で、ヒービングと言われる。技術的に対策が難しい危険な現象である。

予測できず掘削すると、土が動き出し、崩壊直前では山留めを補強しても効かず、埋め戻す例もある。

廻り込み現象を警戒して掘削する場合は、山留め架構の計測管理が極めて重要である。

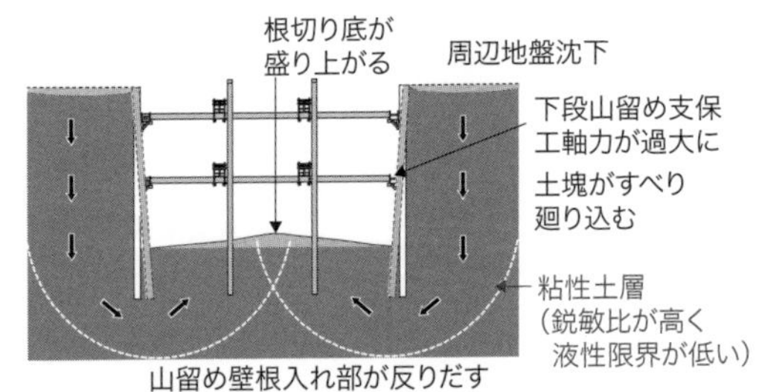

廻り込み現象

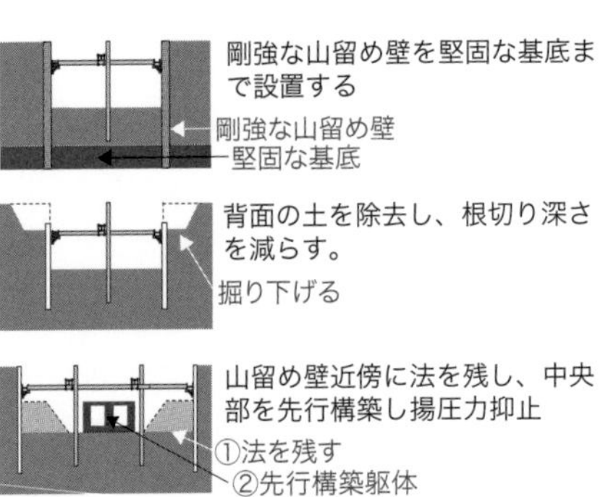

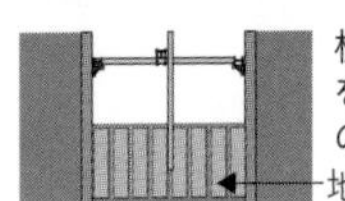

廻り込み対策

山留め架設工 職長

山留め担当 現場監督

土質研究 技士長

Q ①廻り込み現象は、基本計画時点では正確に予測できないのですか?

A（回答） 廻り込みの検討は、多様な方法がありますが、工学的判断は大変難しいです。

（補足） 検討計算は日本建築学会『建築基礎構造設計規準』に修正式として示されています。計算は簡単ですが、与える土質定数（粘着力）の違いで結果が大きく異なります。また、研究された古典的な式がその他多数あり、架構モデルや土質に応じ使い分けて総合的判断をしています。

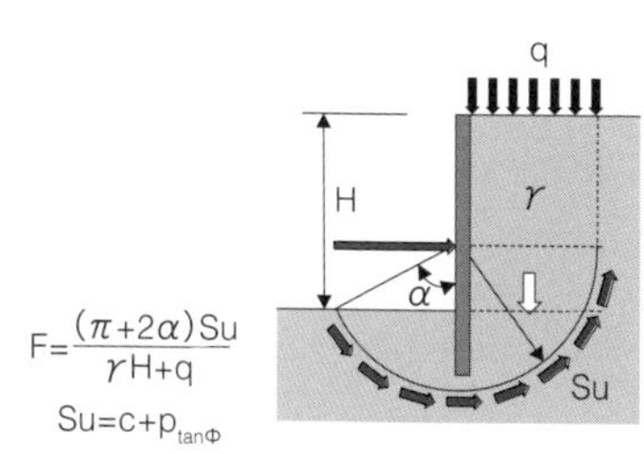

ヒービング検討式

Q ②ボイリングに対し圧気を掛ける方法は?

A（回答） 圧気潜函工法など底面に大気圧をかける工法は条件により可能です。地上で躯体を作り、気圧をかけ落とし下げる特殊工法です。

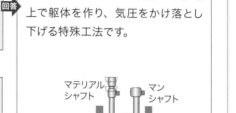

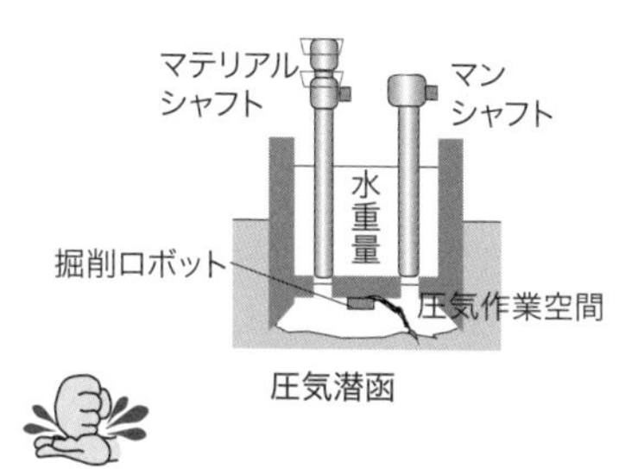

圧気潜函

Q ③廻り込み現象の対策は、大掛かりで、当初より計画が必要です。途中で対策が必要になった時の、緊急対策法はありませんか?

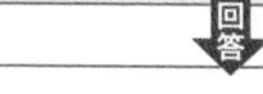

A（回答） 分割掘削工法があります。
小区画を交互に掘り下げると、廻り込む側面のすべり抵抗強さの割合が大きくなり、全面掘削に比べ安全率が格段に大きくなるのを利用する方法です。床付けを4～6m幅で行ない、基礎躯体を迅速に施工し、重さをかけ隣接工区を交互に掘削していくという、手間と時間のかかる工法です。
成功率も高い究極の方法で、よく採用されています。

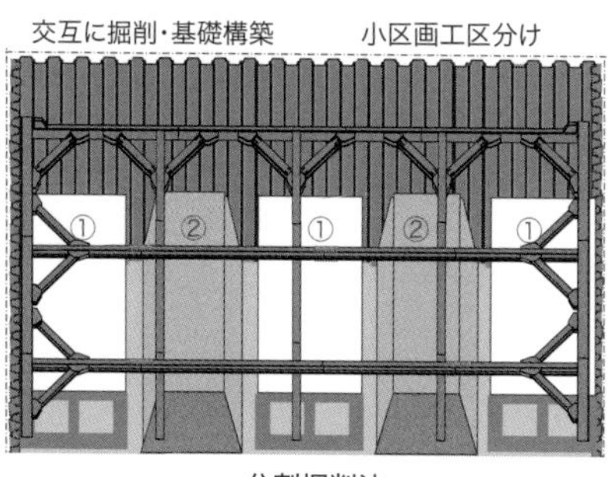

分割掘削法

（補足） 深層混合処理工法（機械撹拌工法・噴射撹拌工法）などで改良し、対象土層の抵抗を増大させる方法があります。

- **全面改良**
  根切り地盤を全面的に改良する工法。
  切梁効果を目的とした薄層改良あり。

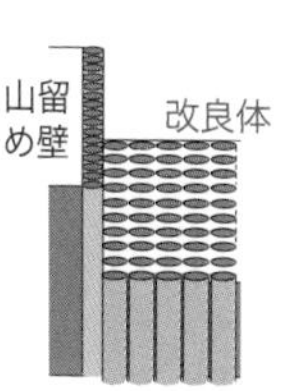

- **ストラット状改良**
  山留め壁に直交する梁状の改良体を適切な間隔で構築する工法で、向かい合う山留め壁に連続した改良体を造成する。

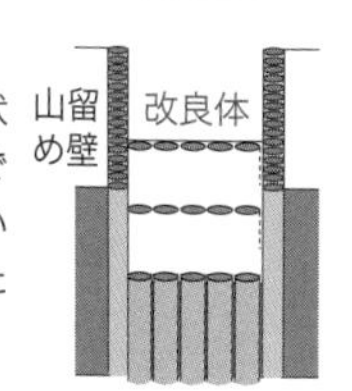

- **バットレス状改良**
  山留め壁と直交方向に適切な間隔で控え壁を構築する方法。
  改良体下端を硬質地盤に根入れするとさらに有効。

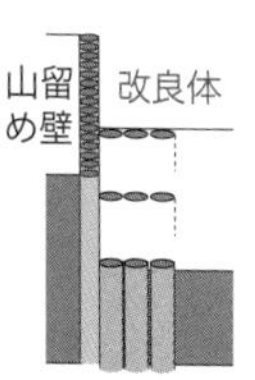

地盤改良のバリエーション

Q ④根切り側地盤を事前に地盤改良する方法にはどんな工法があるのですか?

A（回答） 生石灰系改良材・セメント系改良材を、土質・滞水状態に応じ使い分けます。掘削前の安定状態で施工するので深層混合処理工法となります。

27 地下水排水能力維持

→25

止水壁と賢く組み合わせる !!
・ディープウェルが多用される。その維持管理のポイントを知る
・薄刃三角堰の理解
・リチャージウェルの可能性を検討

1 ディープウェル

大量の排水や幅広い水位低下に対応できるため、深い掘削で採用される排水設備。削孔内に、集水口スクリーンを有する井戸管を設置し、スクリーン周りは、フィルターとなる粗粒材、その他は専用埋め戻し材で、隙間を埋め戻す。帯水層を区画する時は、粒状粘土材などの遮水材を設置する。井戸管内には、真空ポンプを設置し、内部を吸引し、ウェルへの地下水流入を促進する。削孔は、各種掘削機械が用いられるが、清水掘削のできるパーカッション式、ベノト式が、目詰まり防止の点で有利である。

ベーラーを使い、孔壁を洗浄する。ストレーナーは、通過してきた水が抵抗なく流れこむよう開口比（15% 以上）・位置・長さが決められる。
フィルター材は、周辺土の D85（85% が通過する篩の目）に相当する粒径を使うことが多い。

運転は、まず重力排水で水位を下げはじめ、ほぼ安定したことを確認したあとバキュームをかけ水量調整。短時間で水位を下げると、エアを吸って、近い部分の水位のみ下げて安定してしまう（動水勾配が大きい）ことを避け、じっくり時間をかけ、定常流で水を抜く。

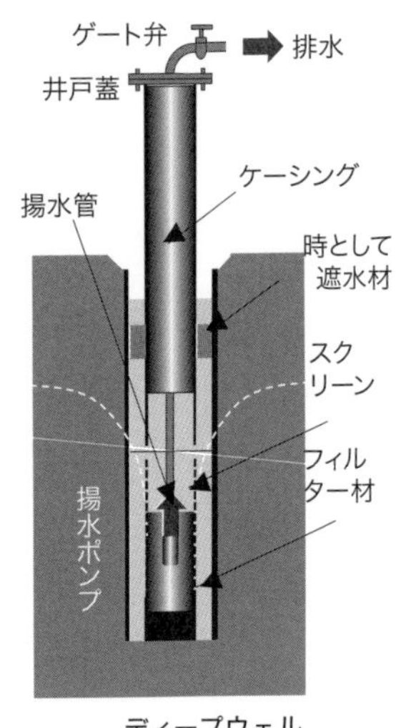

ディープウェル

2 ウェルポイント

透水性が低い帯水層や、透水性が良好でも根切り深度が浅い帯水層の水位低下を行う際に採用。

吸水管（ウェルポイント）を対象層に 0.8 ～ 2m ピッチで打設し、地表設置ヘッダーパイプを通じて真空強制排水する。ヘッダーパイプからの水位降下量は 4 ～ 6m である。オープンカット工法では、複数段設けて 6m 以上水位が低下することもある。

ヘッダーパイプが根切りの障害になるため、通常は根切り部の外側に配置される。気密保持が重要なので、接続箇所などで漏気がないようにする。

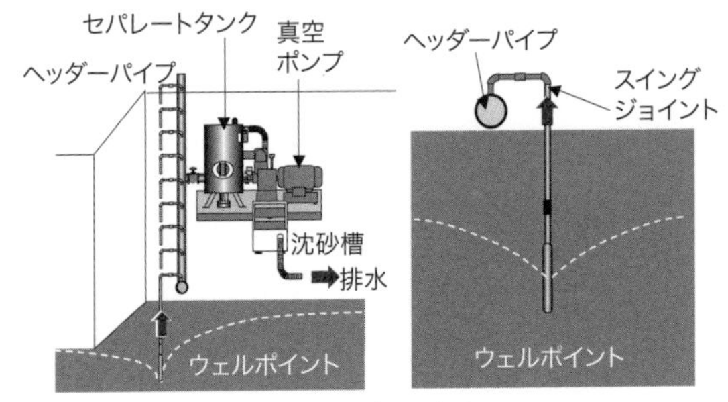

ウェルポイント

3 釜場・明渠・暗渠

釜場は、浅い根切りで、地下水位・排水流量が少ない場合に用いられる汎用的方法。床付の雨水の処理や、強制排水工法の補助として用いられることが多い。少しでも深い箇所に設置するため、掘削先行している箇所へ設置し、逐次盛替えていく。濁水流入防止のため、筵（むしろ）・透水マット・粗砂や砕石などのフィルター材を設置する。

直接基礎の床付け時は、地盤を乱さぬよう、根切り部外周部などへの配置を工夫する。根切り面に明渠、地下躯体構築中には躯体の下に暗渠を設け、地下水や雨水の集水、釜場などへの導水を行う。釜場の間隔、深さなどは地盤や間隙水圧により異なるので、状況に応じて臨機応変に対応する。迅速な盛替えができるようプレファブ釜場を計画することもある。床付けの手順・工区分けも賢く行う。

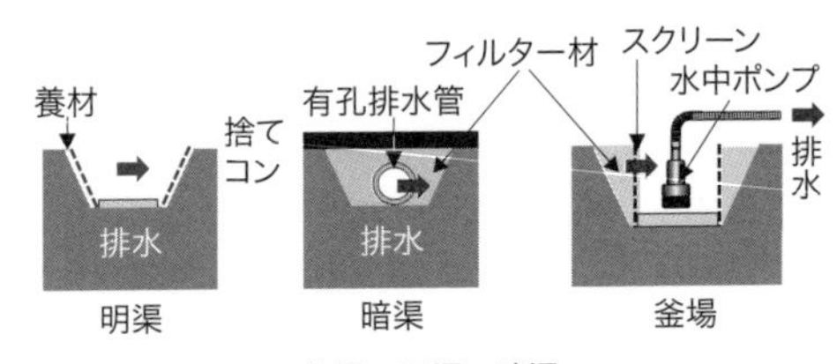

釜場・明渠・暗渠

Q 排水土工職長

①ディープウェルは、空運転して停止したり、詰まって故障したりします。維持管理の要点を教えてください。

A 山留め担当現場監督

回答 適切な維持・管理のためには、流量・観測井・間隙水圧計などで計測管理を行います。まず、井戸の電源確保が重要。停電し水位が上がったら危険な場合があるからです。別系統電源を確保する、あるいは発電機を設置します。排水設備の管理では、ポンプ故障、排水管の腐食・摩耗、フィルター劣化で、排水流量が減るので、三角堰や流量計で測定します。異常は、ポンプ交換や井戸洗浄で対処してください。放流水の水質管理は、pH や濁度など地域の役所で要求される水質項目と基準値を満足させます。中和処理が必要になる場合が稀にあります。

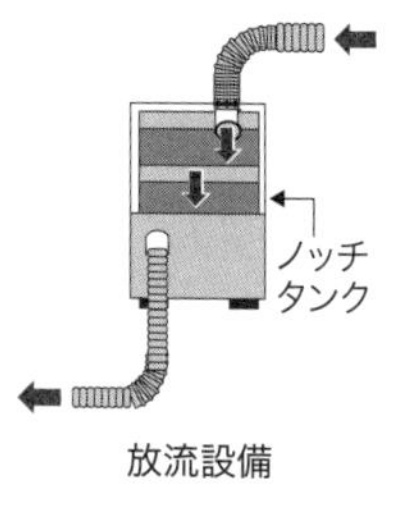

放流設備

維持管理の要点

対象	項目
ポンプ	・電源が入っているか、動いているか ・排水しているか、空運転はないか
揚水管	・漏水がないか
井戸	・井戸管に穴があいていないか ・漏水やオーバーフローがないか
放流設備	・ノッチタンクに砂や析出物が溜ってないか ・放流口がオーバーフローしていないか ・放流水が濁っていないか

土質研究技士長

補足 三角堰という直角三角形の欠き込みがノッチタンク吐水口にあります。
この越流水位を計ると流水量近似値となります。

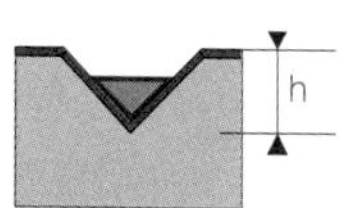

$Q=1.404 \times h^{2.5} \times 60$
（トムソンの公式）
Q:流量（m³/min）
h:せきの越流水位（m）

薄刃三角堰

②ディープウェルはどうやって停止しますか？

回答 徐々に停止、最後のウェルはバルブを付けて水を止め、コンクリート（トレミー管利用）を充填して密封します。
井戸廻りは、耐圧版と井戸管の防水が完全になるように止水処理を行います。

① 排水 捨コン 止水板 DW
② ポンプ撤去 DW内部充填 排水 停止弁欠き込み 耐圧版RC DW
③ シールテープ 排水 蓋フランジ DW
④ 弁閉鎖 封止RC 耐圧版RC DW シーリング

DW 停止

③リチャージウェル工法とは何ですか？

回答 ディープウェルの排水を地中に戻す環境配慮型排水工法で、透水性が高く厚い帯水層が必要です。

補足 リチャージウェル工法は下図に示す工法で、周辺井戸枯れ・圧密沈下を防止でき（水位低下する帯水層に注水）、下水道放流負荷も低減（注水した地下水が排水側に戻らない位置）されます。覆水工法とも呼びます。
時間経過で能力が低下しますので、余裕をもった注水計画を立てます。また、注水帯水層は水位上昇します。側圧への影響や周辺構造物の浮上り、漏水影響がないよう水頭管理します。なお、所轄市町村ごとに許認可の考え方が異なる点に注意してください。
リチャージ設備の維持管理は、段階注水試験により求めた管理流量と井戸管内水位、および水質を常時確認します。定期的に洗浄してください。

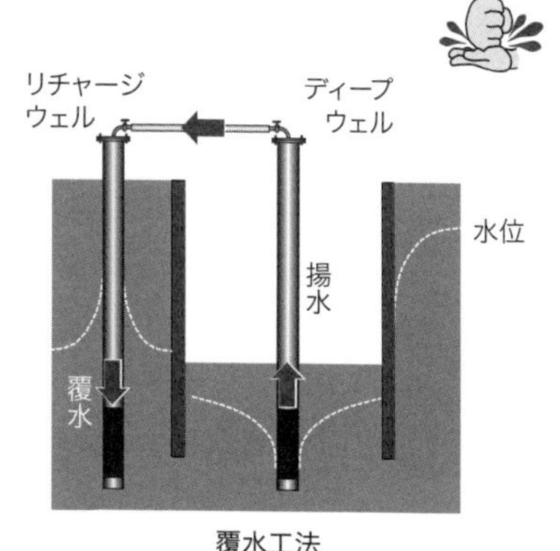

覆水工法

28 山留め計測管理

測ることが目的ではない !!

・計測項目・方法の得失を知り、最適選択で、効率的に安全を確認し、予測できるスキル・知識を獲得する

・誰にもわかりやすく全体像を時系列に把握できる纏め方を知る

山留めの安全を図る上で、欠くことのできない重要技術である。計測管理が施工の成否を左右するといっても過言ではない。

1　計測計画と計測項目

敷地や地盤・地下水および、計画している山留め構造特性から、発生しそうな現象を予測し、計測項目を選択、最適な計測計画を立案する。

計測項目は、以下の3種がある。

(1) 監視・観察

目視確認・スケールなどを併用する方法

(2) 機器計測

光学機器を用いる方法と、油圧計などの機械的機器を用いる方法がある。手動測定中心で人手がかかるので、無理のない組合せを検討。

(3) 計器計測

挿入式・固定式傾斜計、切梁歪計、周辺地盤などに設置する水盛式沈下計などの計器を用いコンピュータなどで自動的にデータを取得する計測方法。半自動・自動測定もある。

予測する現象の大きさ（規模、影響範囲など）や、その速さ（即時対応が必要な崩壊的現象か）を考慮して、方法（機器、計器の選定）・位置・頻度・期間・管理方法・管理体制を検討し、具体化する。

事前に作業所と計測実施者、社内関係部署との連携体制、近接構造物所有者・管理者への体制を整え、異常時の対策については、いつ、誰が、何を、どのように行うかを明確にしておく必要がある。

計画は予算・工期・マンパワーと調和をとらねばならない。必須の計測項目の欠落は、絶対に避けなければならないが、見栄えだけを目的とした計測計画も避けたい。

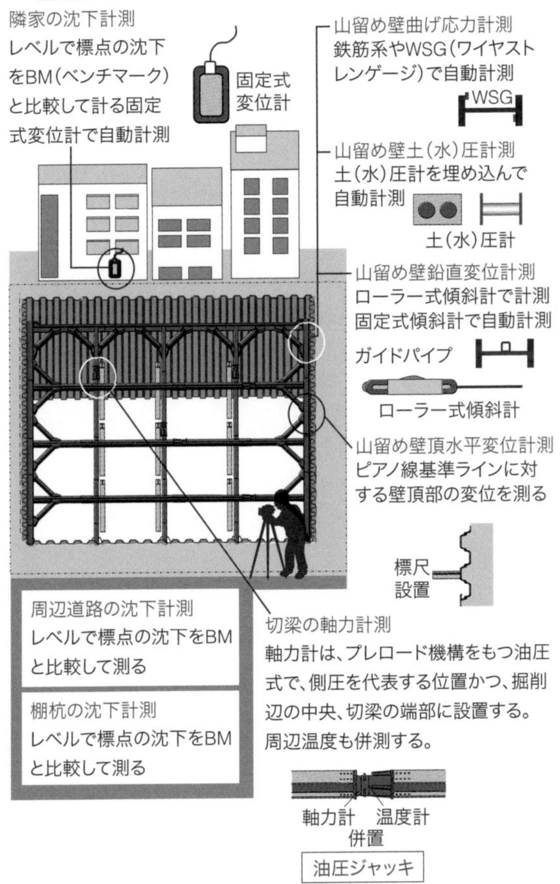

計測項目と要領

2　計測管理の実施

変化前の値と比較するため、初期値を計測する。

①監視・観察および計器計測の実施

②監視・観察も含めた結果の整理

③計測結果の分析と対応

④管理値を超えた際の分析

⑤異常時の検討と対策立案

測定結果は誰が見てもわかりやすく、かつ記録しやすくまとめておき、全担当者が問題意識をもつ（管理基準値と対比することにより、施工の良否が判定できる）ようにデータを整理しておく。

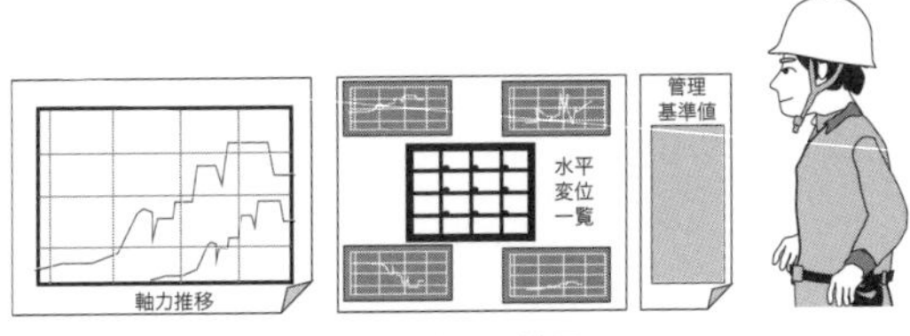

計測結果の整理

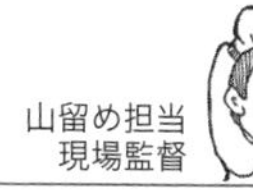

Q	A	補足
①測定結果を判断する管理基準値はどう決められていますか？	管理基準値は、測定値の評価基準となるものであり、工事の安全と工事現場周辺の環境保全に適合するように定めています。 ・1次管理値→設計値の80% ・2次管理値→設計値 ・3次管理値→設計限界値 として、細分化します。	次の測定値が得られた場合は要注意。 ① 急な増大や減少 ② 不規則な変化や変動幅が大きい ③ 安定化する傾向がない ④ それまでの傾向や予測と異なる ⑤ 原因がないのに数値が動く この場合、非常計測として頻度を増やし、測定値・異常の状況を確認し原因を追求・特定します。場合により、関係者が集まって衆知を結集、時として補強します。原因が特定され、継続施工可能となった場合は、しばらく重点監視します。計測結果の分析と評価は、複数の計測値・動きを俯瞰して観る（動きの組み合わせに着目）ことが大切。 不具合のシミュレーションを行い、予測整理することを推薦します。 →26
②工事当事者のみでは設定できない計測項目があるのですか？	鉄道など、重要施設の接近工事では、計測報告が要求されます。「近接山留め」指定時の協議、重要埋設物指定時の計測報告などです。	
③計測で、山留めを省略したり、サイズダウンできることがあるのですか？	変位や応力が小さければ、設計時の仮定を小さくできるので、段数・間隔を減らしたり、サイズダウン可能な場合もあります。計測管理の大きな効用です。	
④あまり、多くの計測項目を取り上げると消化不良になります。データを貯め込んで分析・評価が間に合わない場合などどうしていますか？	機器計測は重点指向で絞り、目視観察マーキングを活用し省力化してください。多くの眼で観て、異常時は総合計測します。	

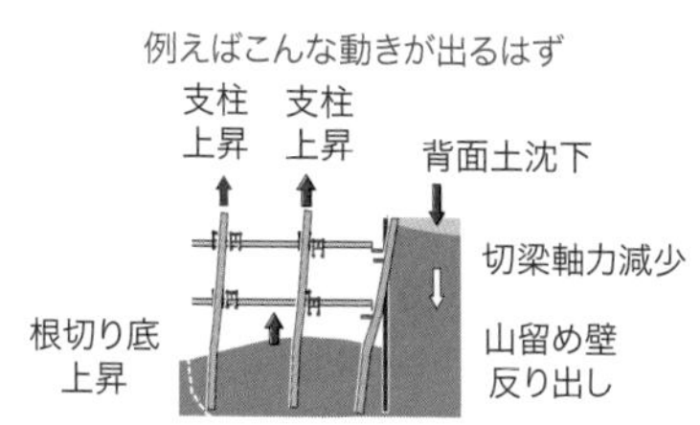

ヒービングの複合変位予測

Q	A	補足
⑤切梁軸力は、高温になると大変大きくなります。耐力を超え、損傷しないか心配です。どう処置したらいいのですか？ →24	切梁軸力を見る時、温度を併測します。確かに、H-300切梁で、1℃当たり1～2t位増えます。15℃違うと30t位の変化です。この温度変化による軸力増分を見込んで設計します。余程でない限り大丈夫でしょう。	温度変化による切梁軸力の増分は、 $\Delta Pk = \alpha A\kappa \cdot E\kappa \cdot \beta \cdot \Delta Ts$ ΔPk：温度応力切梁軸力増分（kN） α：固定度（緩い0.2～硬い0.8） Aκ：切梁の断面積（m^2） Eκ：切梁のヤング係数（kN/m^2） β：切梁材料の線膨張係数（1/℃） ΔTs: 切梁温度変化量（℃） 固定度αは固有値ですが、計測を続けると逆算で求まります。

 29 基礎・地下躯体型枠

支保工の省材料!! 躯体精度確保の礎

- 施工空間の解放性がない中で、資機材搬出入の減量化をめざすこと
- 多様な山留め壁外型枠施工法を使い分ける
- 基礎の省力化工法を使い分ける

1　基礎型枠

基礎は、土中に埋設されるため、出来栄え精度・美観よりも、構造的精度（大きさ）・耐久性（かぶり厚さ）が重視される。一方、基礎中の柱脚部分は、杭と一体化し、確実に地中梁にて固定し、上部に延びる柱を精度よく立ち上げる構造上最も大切な部分でもある。特に、アンカーボルトや柱筋は、高精度を維持する必要がある。

型枠は、フォームタイ・端太パイプを用いた在来合板型枠工法が一般的であるが、せき板には、再生合板や、転用を重ねた古材が使われる。あるいはラス型枠・スレート型枠・CB型枠など、省力化・省資源型枠も検討する。

型枠存置・脱型の必要のない型枠工法を採用すると、条件によっては土間下の埋戻しを先行できる場合もある。土の混入やかぶり不足などが生じないよう細心の注意が必要。

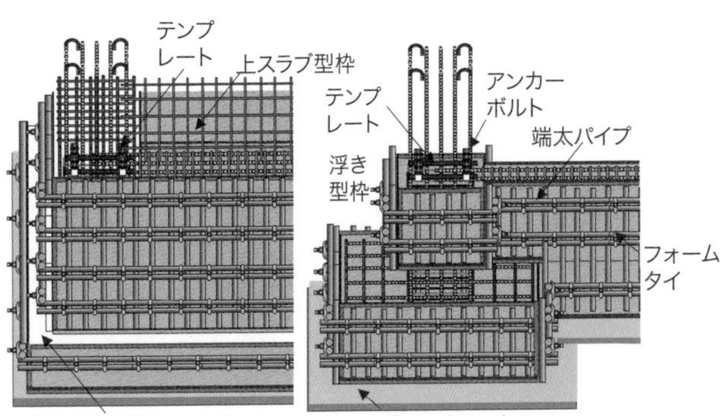

柱部は、地中梁・耐圧版内に内包され、アンカー精度は、柱筋精度による。耐圧版スラブ、地中梁＋上スラブの2回に分けて施工する。
置きスラブで後施工する方法もある。

総基礎・二重ピット基礎型枠

柱部浮き型枠は、先行据付けアンカーフレーム・柱筋に添わせ組み立て、支持金物で上下を、振れ止め部材で水平を固定。さらに、サポート・チェーンで固定。建入れ調整し、打設時も点検を徹底。スラブは埋戻し後施工となる。

一般基礎フーチング型枠

2　地下躯体型枠

地下階は、機械室や駐車場などに利用され、大階高・大部材で、打放し（仕上げなし）仕様が多い。外周は、排水二重壁＋防水で、空間に開放性がなく、山留めや構台もあり、型枠材搬出入効率が悪い。一般的には、型枠支保工構台を設けて、スラブ梁を支え、柱・梁・壁は、在来合板型枠工法で施工する。型枠材料搬出入口の確保がポイントで、地下が駐車場などでは斜路スロープを利用できる場合もあるが、一般的には他の揚重を兼用したダメ穴を計画している。防水二重壁型枠・システム型枠も採用するが、空間条件に左右され苦労する。

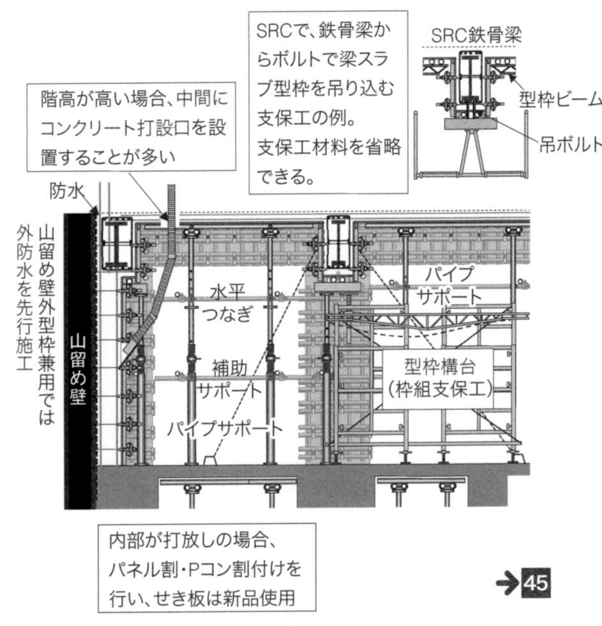

→45

地下階躯体型枠の例

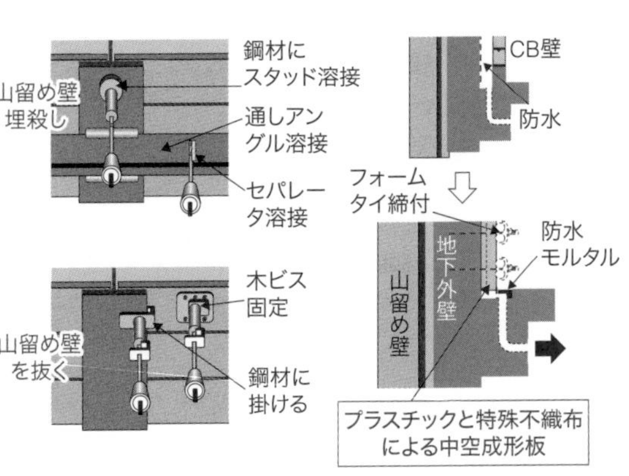

山留め壁とセパレーター　　防水二重壁型枠複合例

A

型枠担当
工事係員

①基礎型枠省力化工法には各種ありますが。

回答

多様な材料が開発されています。代表的工法３種を紹介します。

●ラス型枠

特殊鋼製ネットによる捨型枠工法。打設後すぐに埋め戻せ、打込み状況が目視可能。表面凹凸があり、発錆が問題の部位には使用不可能。スランプ15cm以下。増打ち必要。

●鋼製型枠

キーストンプレート捨型枠工法。熟練工以外でも作業可能。精度がよい。発錆が問題の部位・見え掛かりには使用不可能。先行埋戻しも可能。

●CB 型枠

壁捨型枠に、鉄筋で緊結した CB（コンクリートブロック）を積み、床キーストンプレート型枠を敷設する。ピット容積が減る。

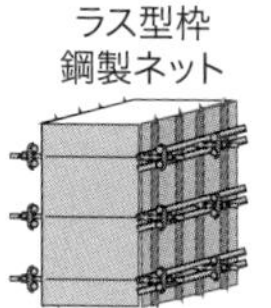

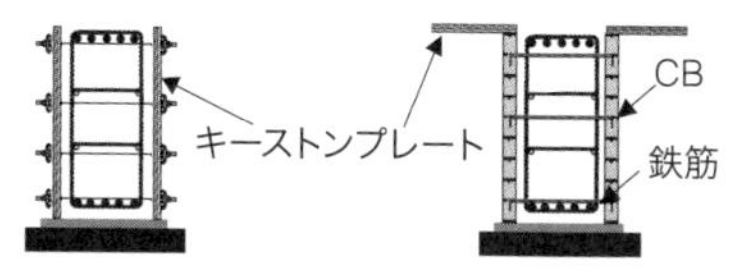

補足

基礎の地中梁・柱の交差部、柱脚は、上部に延びる柱を精度よく堅牢に立ち上げる、構造上重要な部分です。この部分を、工場製作プレファブ化して精緻で高い品質を確保し、これを現場で精度よく据え付け、地中梁や杭と確実に一体化します。素晴らしい考え方で、実現例があります。

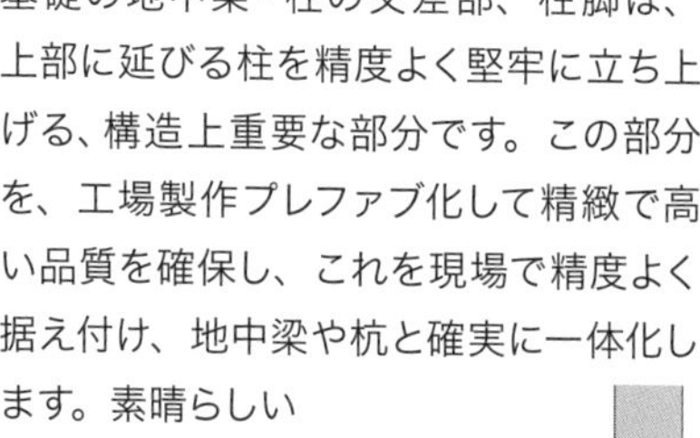

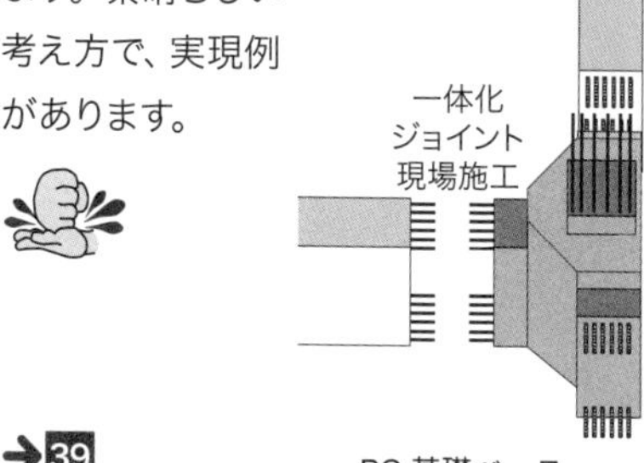

→39

PC 基礎ベース

②山留め壁複合壁構法とはどういうものですか？

回答

ソイルセメント合成壁工法と複合壁を紹介します。山留め壁応力材H形鋼とRC壁をスタッドジベルで接合一体化して地下外壁を構築する工法です。設計的には、側圧は合成壁（複合壁では応力材）で負担し、地震時の荷重は本体コンクリート壁のみで負担させる考え方で、鉄筋量が低減され、壁厚が薄くなり地下空間容積が増えます。

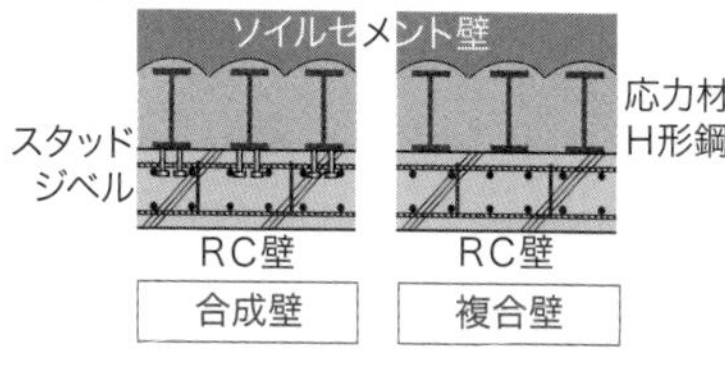

補足

ソイルセメント柱列山留め壁芯材を本設杭とする工法もあります。芯材からソイルセメント・地盤への応力を伝達するため、芯材先端部に頭付スタッドジベルを打設。多くのゼネコンが共同開発し、公的性能証明を取得済みで、幅広く使われています。地中連続壁なども、多種多様な複合壁・壁杭が開発実用化されています。

③地下外周壁に用いられるシステム型枠工法を紹介してください。

回答

地下外周壁の内壁を大型システム型枠で施工する工法で、型枠の組ばらし作業は必要ありません。工程、手間が大幅に省略できます。

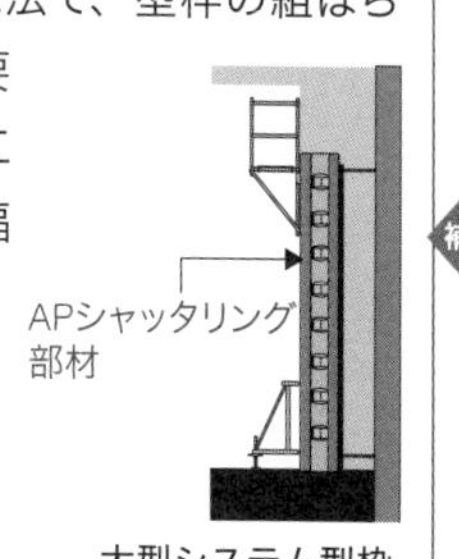

大型システム型枠

補足

VH 分離工法[*1]で使われます。大型パネルを、連結し、クレーンで据え付け・転用します。下部はインサート、上部は天端セパレーターで締付け、打設後に撤去し、躯体内にセパレーターを残しません。

＊1　柱と壁Ｖ工程を先行し、その後、梁・スラブのＨ工程を施工するVH分離工法という。

30 鉄骨の定着

堅固精緻なアンカーフレームとテンプレート設置!!
・高い位置精度（±3mm）が必要
・基礎配筋・アンカーボルトの精緻な配置
・設計と手順計画を理解する

1　柱脚の形式

鉄骨をRC基礎・構造体に一体化定着するのが柱脚である。非常に重要な部位で、工程など全体への影響が大きい。次の3つの形式がある。

(1) 露出柱脚（固定・半固定・回転定着）

露出して固定する標準的定着形式で、施工が容易である。一般に半固定柱脚として設計されるが、ピン・半固定･固定まで剛性(固定度) を変動させることができる。アンカーボルトは太径、ベースプレートは肉厚になり、位置精度確保・締付力の品質管理は厳格になる。これをシステム化した既成柱脚工法が市場投入されていて使用例が多い。国交大臣の認定が必要。

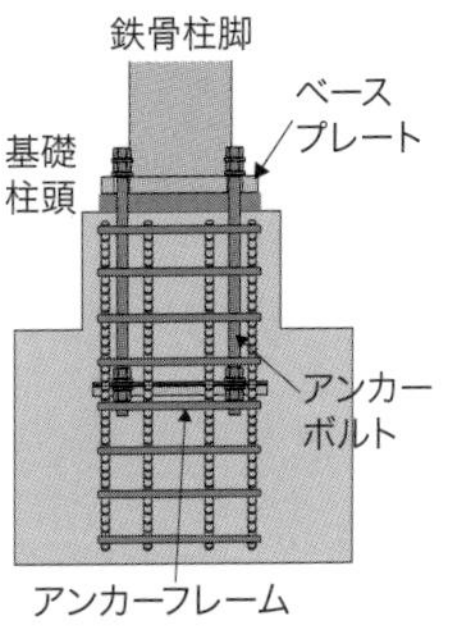

露出柱脚

(2) 根巻き柱脚（固定・半固定）

鉄骨柱脚固定後、周囲を一定高さまでRCで根巻きし固定度を高める方式で、経済性が高い。固定柱脚として設計するもので、施工誤差を吸収しやすく、衝突から柱を保護することができる。

柱水平変位によって支圧破壊が生じないよう、せん断耐力を大きく設計する。

根巻きされる鉄骨部は、錆止め塗装せず、必要に応じシアコネクターを設ける。根巻部分が室内側に張り出すため、意匠的に避けられる場合がある。

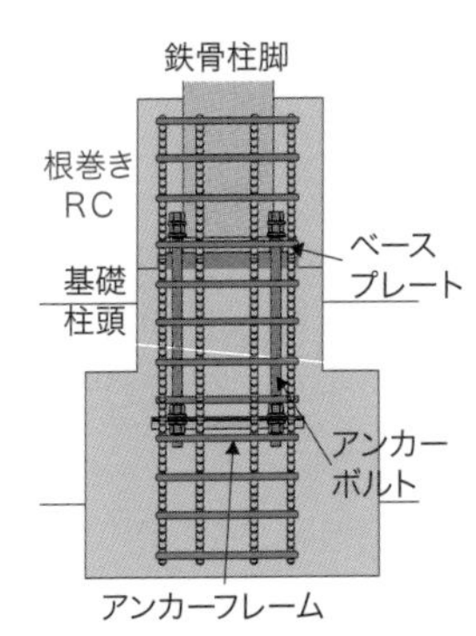

根巻き柱脚

(3) 埋込み柱脚（固定）

柱脚を、RC基礎柱頭より一定高さ下げ、基礎RCで巻き上げ補強し、固定柱脚として設計する（地下階やRC中間階での設定もある）。基礎コンクリートにパンチングシア破壊、柱による圧壊、局部支圧破壊が生じないよう埋込み柱脚詳細を決定する。

コンクリート埋め込み深さは、柱断面せいの2倍以上とする。鉄骨柱は錆止め塗装せず、シアコネクターを設置。

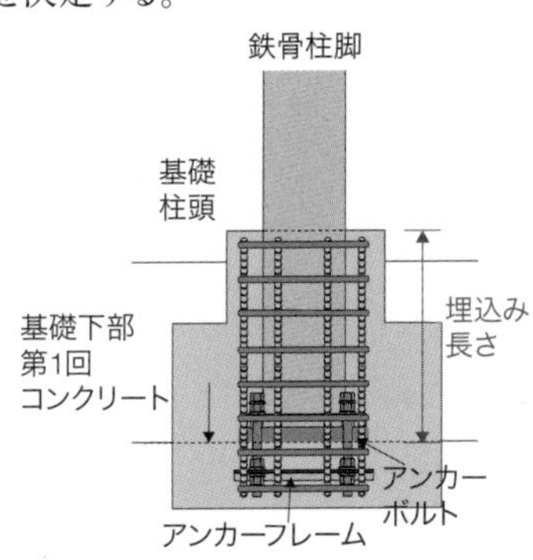

埋込み柱脚

2　ベースモルタルとアンカーボルト

アンカーボルトには、建方用ボルト、構造用ボルトの2種類がある。位置・高さの精度が非常に大切である。取付け方法は、アンカーフレーム固定埋込み式のほか、ボルト周りに漏斗状緩衝材を取り付け、コンクリート打設後に外し、寸法誤差を台直しする可動埋込み式があるが、構造用ボルトは前者。

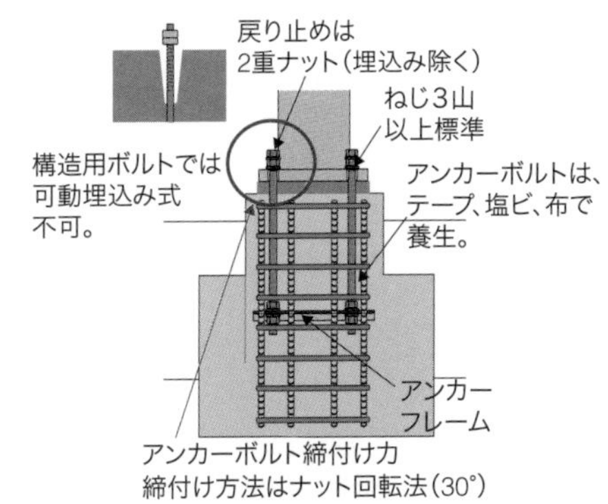

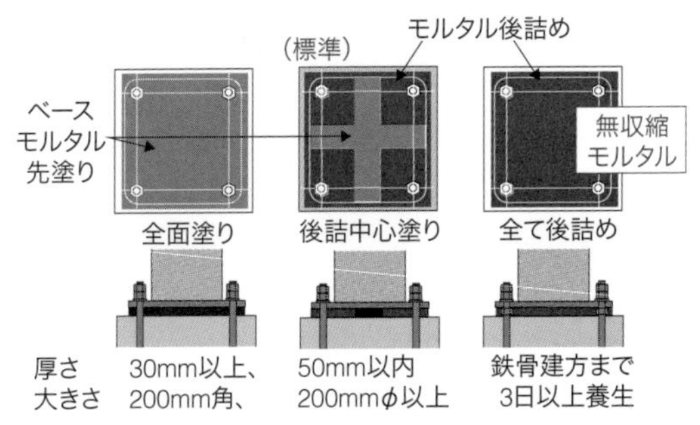

ベースモルタルとアンカーボルト

Q

A

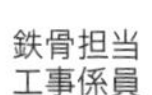

①露出型システム鉄骨柱脚をよく見ます。特徴と、施工の注意点を教えてください。

回答

数社の製品があります。鋼管柱構法は建方精度が確保しやすく、基礎コンクリートとの定着性・納まりに優れています。メーカーが性能を明確にし、責任施工で、品質が安定しており、国交大臣が認定しています。

補足

よく使われる構法は、基礎埋込み部分となる高強度で伸び能力の高いアンボンドタイプのアンカーボルト、ベースプレートと基礎を密着させる無収縮モルタルからなります。

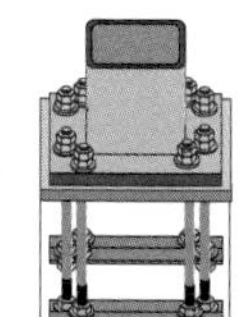
露出既製柱脚の例

②埋込み柱脚では、納まりがつかないことがあります。解決方法を教えてください。

回答

地中梁主筋を鉄骨柱外側に配筋する必要があり、地中梁幅が大きくなることと、主筋本数に納まり上の限界があります。梁せい・梁幅を大きくする時もあります。特に側柱・隅柱の場合は、基礎梁がない側のコンクリートの適切なかぶり厚さを確保し、U字型補強筋などが必要です。

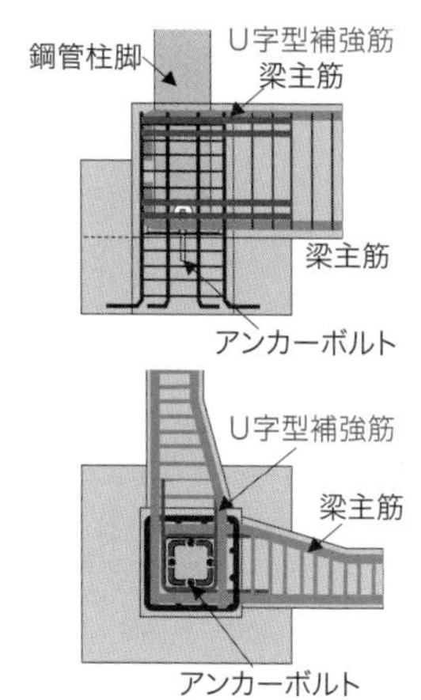

埋込み柱脚の工夫例

→39

補足

アンカーボルトが配置される位置の角形鋼管柱を切り欠いて、ベースプレートを小さくすることがあります。アンカーボルトの締付けを考慮した切り欠き寸法とします。

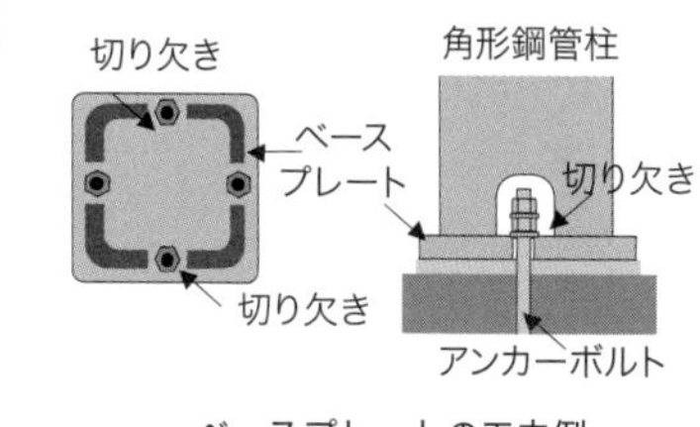

ベースプレートの工夫例

③柱脚固定度の意味がわかりにくいです。わかりやすく説明してください。

回答

支点である柱脚の変形の拘束度を言います。拘束が大きいほど固定度が大きく、発生する（負担できる）反力の大きさが違います。

補足

同じ架構・断面で柱脚の固定度を変えると、下図のように応力変形が変わります。どの方式がよいかは設計する建物によって違います。最適な固定度を都度選びます。

→57

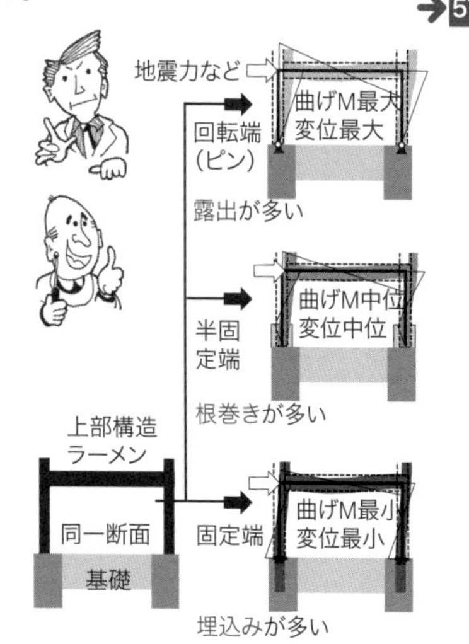

④アンカーボルトの位置誤差は、どのくらいまで許されますか？

回答

アンカーボルト位置精度は±3mmが許容値です。
JASS 6 付則 6「鉄骨精度検査基準」付表 5 の限界許容値に規定されています。

31 コンクリート製造

→32 33 35

JIS 工場選定と、よいパートナーシップを構築する

・生コン製造工場をチェックできるように
・調合設計の基本は知っておく
・レディーミクストコンクリートの規格

1　工場の選定

製造工場は自動化が進んでいる。工場へ出向いて確認すること。一方、工場数は減少し、生コン地域共販・直販制度で、数工場から選定するが、同一現場への複数納入を避ける。できない場合は、打込み区画を区分し、責任所在を明確にする。搬経路を含め、施工現場に近い方を選定するべきである。JIS では、練混ぜ開始から到着までの時間を 1.5 時間以内としている。

工場設備は、各材料別に貯蔵ビンを設置し、計量器は、規定精度の視認可能な指示計で、制御容易で連続計量でき、骨材表面水率の計量値補正が可能でなければならない。

水は混和剤と累加計量、セメント・骨材・混和材は質量、水・混和剤は、質量または容積計量とする。混和材料は、種類別に区分され、セメントは、生産者別・種類別に区分し風化を防止でき、骨材は、日常管理ができる範囲内に設置して、種類別・区分別に仕切りをもつこと。床は、コンクリートで排水処置でき、最大出荷量 1 日分以上を貯蔵できる必要がある。

人工軽量骨材は、散水設備を備え、高強度コンクリート骨材には上屋を設置する。

2　コンクリート調合の基本的な考え方

調合の基本的な流れを以下に示す。

3　レディーミクストコンクリートの発注

コンクリート種類・強度などの組合せを指定し、セメント他 17 項目を生産者と協議し指定する。

※赤文字は要求事項
品質基準強度
耐久設計基準強度
構造体温度補正値

圧縮強度の標準偏差
不良率考慮した算定式で決まる
①調合強度が決まる
実験式に代入して求める
②水セメント比決定
スランプ・水セメント比・細骨材粗粒率から決まる
③単位水量（水絶対容積）が決まる
（参考表あり）

水セメント比に水量を代入

Aυ 空気絶対容積
Cυ セメント絶対容積 ／ 水絶対容積 Wυ
Sυ 細骨材絶対容積
Gυ 粗骨材絶対容積

絶対容積合計は 1 m³=1000ℓ

④単位セメント量（セメント絶対容積）が決まる
スランプ・水セメント比・細骨材粗粒率から決まる（参考表あり）
⑤単位粗骨材かさ容積が決まる
単位粗骨材かさ容積に実積率を乗じて求める
⑥単位粗骨材絶対容積が決まる
1000ℓから今まで求めた各絶対容積を引く
⑦単位細骨材絶対容積が決まる

コンクリート調合設計の流れ

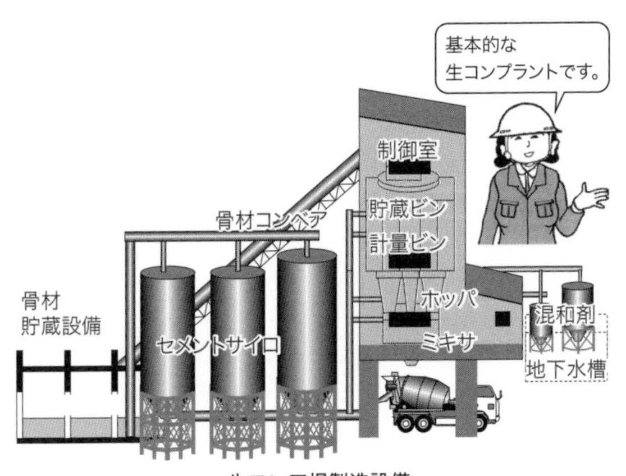

生コン工場製造設備

生コンの発注規格

コンクリートの種類	粗骨材の最大寸法（mm）	スランプまたはスランプフロー（cm）	呼び強度 18	21	24	27	30	33	36	40	42	45	50	55	60	曲げ 4.5
普通コンクリート	20,25	8,10,12,15,18	○	○	○	○	○	○	○	○	○	○	-	-	-	-
		21	-	○	○	○	○	○	○	○	○	○	-	-	-	-
軽量コンクリート	40	5,8,10,12,15,18	○	○	○	○	○	-	-	-	-	-	-	-	-	-
舗装コンクリート	20,25,40	5,8,10,12,15,18	-	-	-	-	-	-	-	-	-	-	-	-	-	○
高強度コンクリート	20,25	10,15,18	-	-	-	-	-	-	-	-	-	-	○	-	-	-
		50,60	-	-	-	-	-	-	-	-	-	-	○	○	○	-

Q

①JIS A 5308に適合しないコンクリートを製造する場合も結構あります。

→36

回答

A

JIS A 5308を準用し、必要事項をプラントと協議、規格外品として、監理者の承認を受け発注します。
JASS 5 各種コンクリートは大体この手続きになります。

補足

①JIS A 5308の規格外品
②規格にないセメント・骨材・混和材料および粗骨材の最大寸法を用いたコンクリート
③特殊調合指定したコンクリート
が該当し、適切に対応できます。

②超高強度コンクリート製造に協働していますか？

回答

RC超高層住宅では、60～100N/mm^{2}級の超高強度コンクリートが使われます。
こんな場合は、強度がJIS A 5308の範囲を超えるので、①の事例になります。ゼネコンと生コン工場との共同申請で大変です。

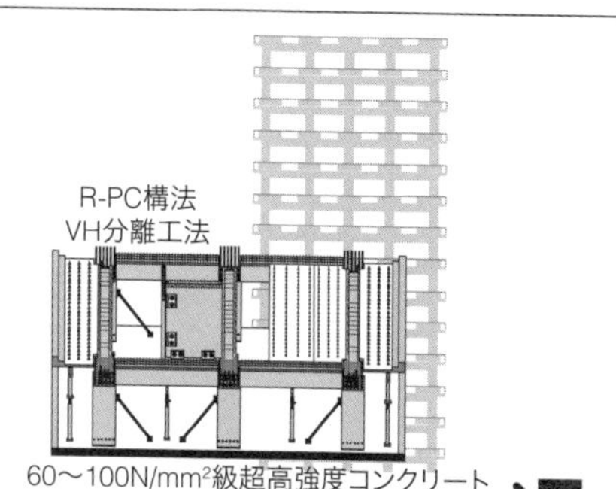

→36

RC超高層住宅

超高強度コンクリートでは、特殊材料として、以下が必要になることがあります。
- 長期強度セメント・特殊骨材
- シリカフューム混和材利用
- 自己収縮対策として膨張材使用
- 火災時爆裂抑制有機繊維混入

コンクリート製造では、練混ぜ時間がかかり、計量器やミキサの能力によって1回の練混ぜ量を制限する場合があります。これらを含め、事前に大臣認定を取得する必要があるので、室内試験のほかに実機ミキサによる製造能力確認、マスブロックの供試体を採取し、構造体コンクリート強度を確認する必要があります。
これらの実験結果をもとに、製造プラントでも、大臣認定を取得するための資料を共同作成しています。

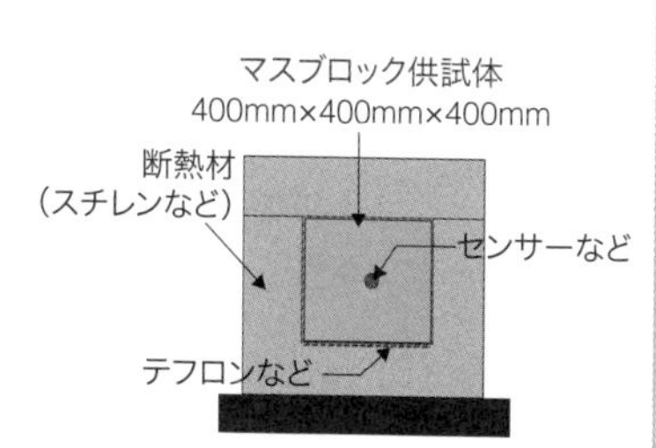

③プラントが近くにない離島や山奥では、現場練りコンクリートプランを設置するのですか？

現場打ちプラント

回答

コンクリート現場練りは、建築工事ではなくなりましたが、ダムや山岳トンネルで今も設置しています。建設会社土木部門にはノウハウ・機材があり、JIS A 5308に準拠したプラントを設置し、よいコンクリートを製造できます。

補足

離島ではミキサー船、山奥では車載式小型コンクリートプラントが利用できます。

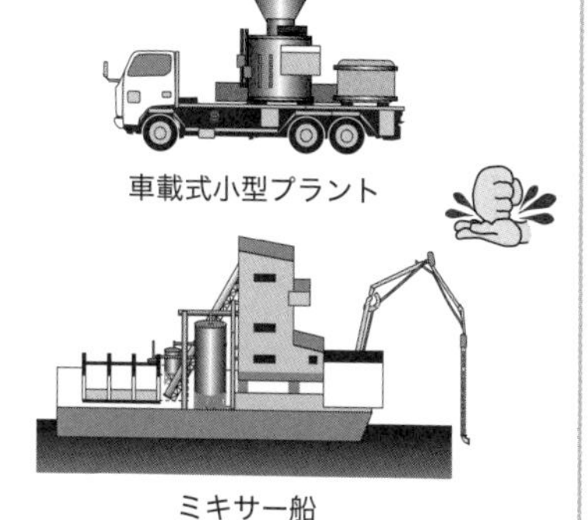

車載式小型プラント

ミキサー船

32 コンクリート運搬

予測と予防で運搬時間最小に挑む!!
- 運搬による品質低下の許容値
- トラックアジテータ性能と配車の苦労
- コンクリートポンプ性能と選定方法

1 生コン工場から荷卸し地点までの運搬（トラックアジテータなどによる輸送）

ほとんどが、アジテータトラック（生コン車）で運搬される。工場の練り混ぜ・工程内検査および現場の荷卸しに計 20 分、適切な待機状況も維持して製造・施工間を最適運搬する。JIS A 5308 では、「練り混ぜ開始から 1.5 時間以内に荷卸し」と規定される。練り混ぜたコンクリートを十分均一に保持し、材料分離を起こさず容易に完全に排出できる性能を有する必要がある。

排出時に、コンクリート排出している流れの約 1/4 と 3/4 から試料を採取し、スランプ差が 3cm 以内（採取スランプ 8 〜 18cm）でなくてはならない。ドラム内の付着モルタルは、普通コンクリートは、再利用可能だが、軽量・舗装・高強度コンクリートでは再利用できない。主な装備を図に示す。

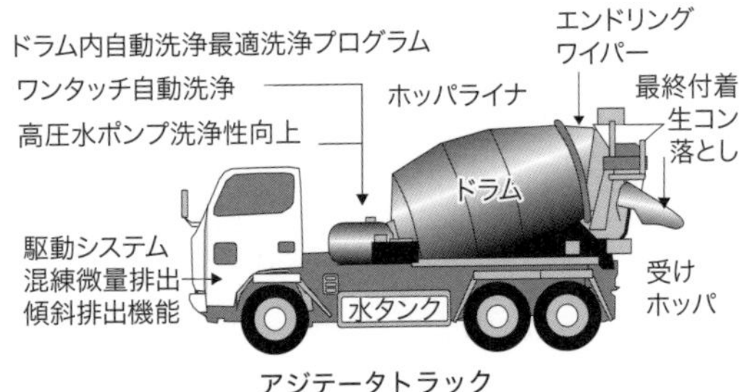

アジテータトラック

2 荷卸し地点から打込み地点までの運搬（コンクリートポンプによる運搬）

運搬機器には、コンクリートポンプ・バケット・シュートなどがあるが、水平 500m・垂直 200m・20 〜 70m^3/h 程度の運搬能力のコンクリートポンプが多く使われる。運搬による品質変化は、普通コンクリートで、スランプ 2.0cm 以下、空気量 1.0% 以下と規定され、ポンプ機種選定は図による。圧送負荷（P）の 1.25 倍以上の最大理論吐出圧力の機種を選定する。

圧送作業者は、「コンクリート圧送施工技能士」とし、運転前点検を励行する。

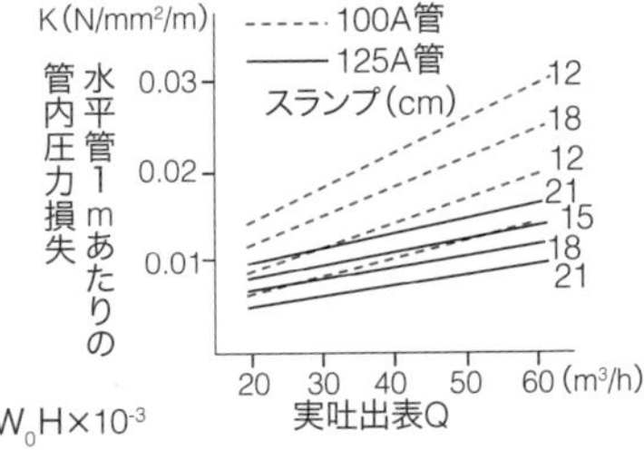

負荷の算定（P：N/mm^2）

$P=K(L+3B+2T+2F)+W_0H\times10^{-3}$

K：水平管の管内圧力損失（N/mm^2）

L：直管長さ（m）　B：ベント管長さ（m）　T：テーパ管長さ（m）

F：ホース長さ（m）　H：圧送高さ（m）

W_0：コンクリート単位体積重量（t/m^3）にG（10m/s^2）を乗じたもの（kN/m^3）

管内圧力損失K値

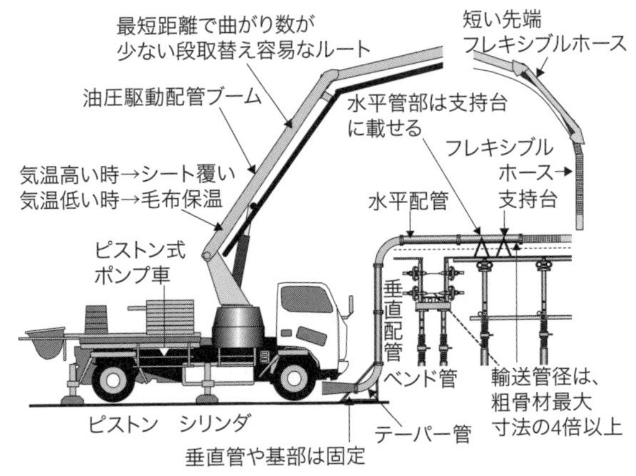

コンクリートポンプ車

（バケット・シュートによる運搬）

クレーン吊りバケットは、材料分離がなく、どの方向にも運搬できる。排出口は、下中央部に設け、モルタルが漏れない機構とする。縦形フレキシブルシュートは、水平距離を、高さの約 1/2 以下とし、斜めシュートを使用する場合、角度 30° 以上確保する。

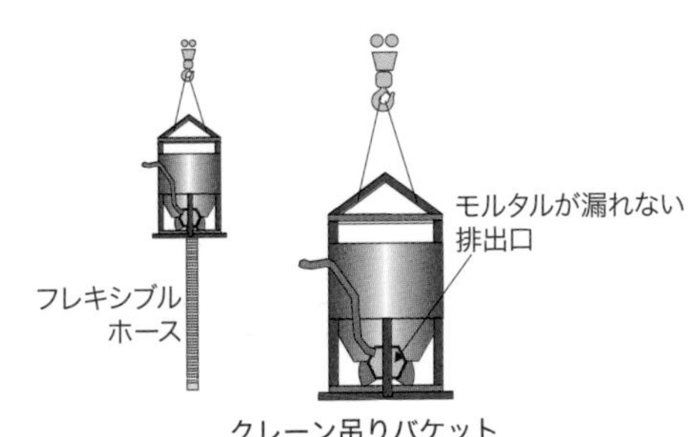

クレーン吊りバケット

Q 生コンプラント製造課長

A コンクリート担当工事係員

技術部部長

①コンクリートポンプには2種類、スクイーズ式とピストン式があるそうですが？

回答 スクイーズ式は、回転式ローラーで絞り、チューブ内コンクリートを送り出します。ピストン式は、往復式油圧ピストンで、コンクリートを連続的に吸入・吐出します。

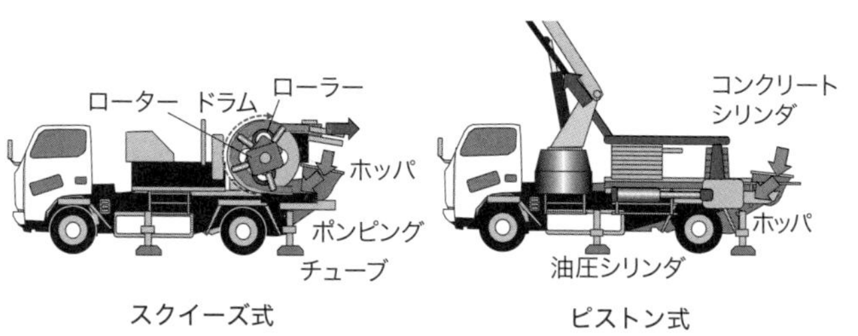

スクイーズ式　　ピストン式

補足 スクイーズ式は、技術提携した米社から「チャレンジ式」とも呼ばれます。圧送能力は低く小型ポンプとして架装されています。ピストン式は、圧送能力に優れ、高粘度（高強度）コンクリートでも輸送が可能です。大型ポンプ車に架装されます。

ギネス公認の世界一大きなトラック型のコンクリートポンプ車は、中国のZoomlion製で、ブームの長さ（高さ）は101m、エンジンはV8で620馬力だそうです。

②コンクリートポンプの圧送機器としてディストリビュータがあるそうですが？

回答 ディストリビュータは、コンクリートポンプ車搭載のブーム部分が、支柱に接続し、ブームワークによりコンクリートを打設します。

補足 高所へのコンクリート圧送に適するので、超高層RC住宅などで使われます。

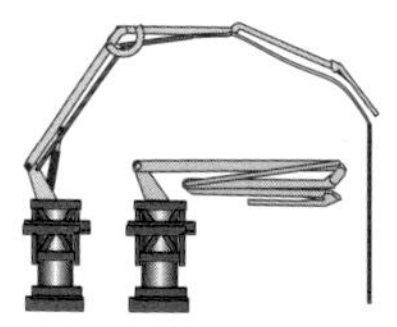

ディストリビュータ

③コンクリートポンプの機種選定では、管内圧力損失K値を正確に知る必要があります。

回答 ポンプ車選定支援ツール圧送性評価ソフトが使われています。K値を合理的に求め、精度高く機種選定ができます。

補足 この圧送性評価ソフトは、近畿生コンクリート圧送協会HPで公開されています。
http://kinatsukyou.com

④アジテータトラックの運搬の配車最適化は、交通事情があって、大変難しいと思います。どんな風に行っているのですか？

回答 配車の方は神業を発揮します。誤納は絶対避け、到着時間超過も許されません。刻々変化する状況に合わせ最適な出荷ピッチ、経路、工場内外の待機車両数を決定する経験と柔軟な対応が必要です。

誤納はないか
到着遅れは？
適度な待ち台数･･･

配車は神業!!

補足 最近は、GPSによる渋滞・交通情報が組み込まれて、リアルタイムにトラック位置が把握できるようになりました。これを元に配車を調整し、迂回路を指示します。誤納防止機能もあるそうです。また、実績データベースが蓄積されるので、次の運搬に活用され、大きな効果があります。

33 コンクリート打込み

→31 32 35

落下高さを小さく、真っすぐ連続して打ち込む!!
- 打込みと締固めの基本原則を確認
- 遅延型 AE 減水材を活用する
- 多様なバイブレータの適切な使い分け
- 打込み速さと調和した打設計画をたてる

1 コンクリート打込み

コンクリート打込みと締固めの基本的なポイントを整理する。打継ぎ部は、分離せぬよう一定の厚さで連続して打ち込み、十分に締固め、不良を生じないようにする。打重ね時間間隔は、区画規模、労務施工能力・順序・速度などによる。限度は、外気温 25℃未満 150 分、25℃以上 120 分とし、コンクリートの再振動可能時間内とする。計画供用期間が長期・超長期は、打重ね時間の間隔を短縮する。

2 コンクリート締固め

コンクリート打込み速度は、運搬能力や工程の都合ではなく、締固め能力を基準として定める。スランプ 10 ～ 15cm の普通コンクリートの場合、公称棒径 45mm の棒形振動機 1 台あたりの締固め能力は、おおむね 10 ～ 15m³/h 程度で、スランプが大きいと締固め能力は高まる。

振動機は、JIS A 8610 に適合するものを使用する。打込み速度は、十分締固め作業ができる範囲として、スランプ 18cm 程度で、20 ～ 30m³/h が目安となる。棒形振動機締固め要領は下図の通りで、コンリートを横流しする道具ではなく、垂直に一定間隔に挿入し、表面にペーストが浮き上がるまでまんべんなく締め固める。1か所にとどまってはならず、鉄筋や配管には触れないこと。

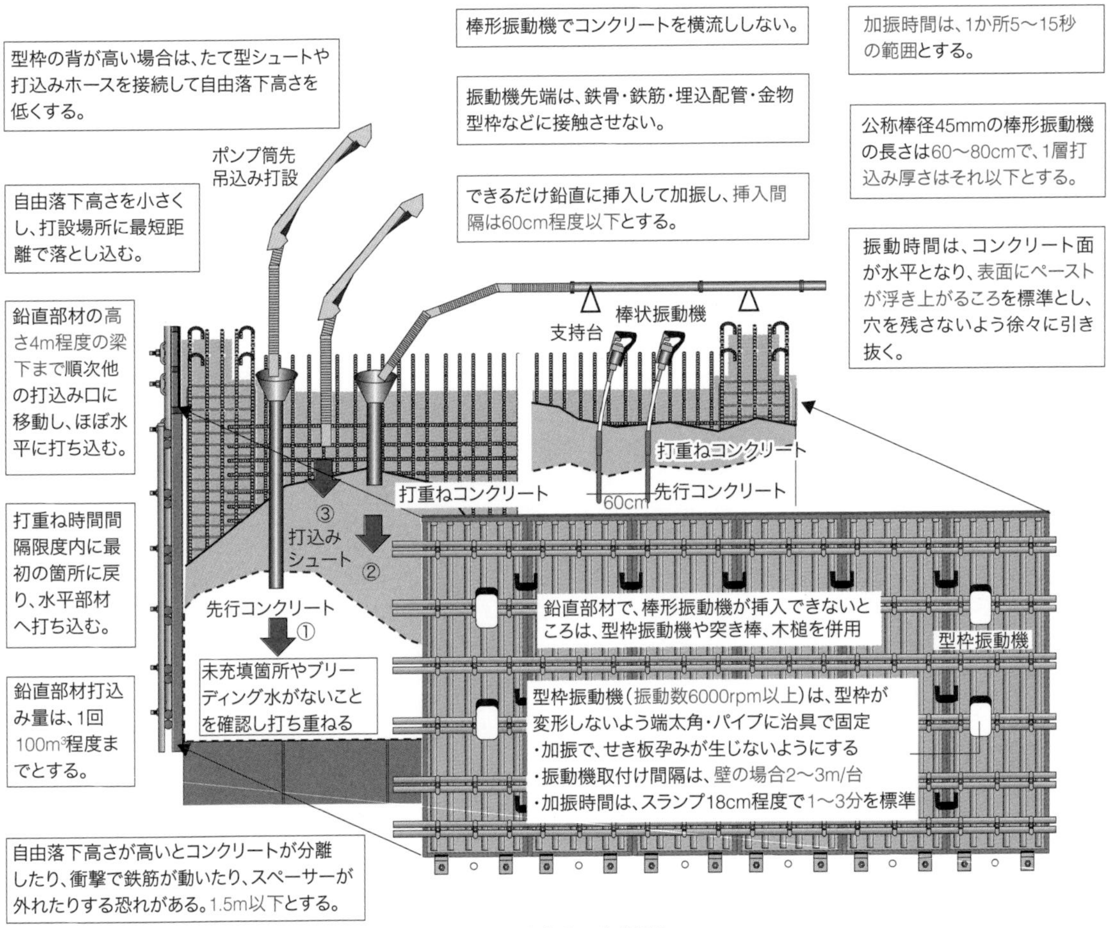

型枠の背が高い場合は、たて型シュートや打込みホースを接続して自由落下高さを低くする。
自由落下高さを小さくし、打設場所に最短距離で落とし込む。
鉛直部材の高さ4m程度の梁下まで順次他の打込み口に移動し、ほぼ水平に打ち込む。
打重ね時間間隔限度内に最初の箇所に戻り、水平部材へ打ち込む。
鉛直部材打込み量は、1回100m³程度までとする。
自由落下高さが高いとコンクリートが分離したり、衝撃で鉄筋が動いたり、スペーサーが外れたりする恐れがある。1.5m以下とする。
ポンプ筒先吊込み打設
棒形振動機でコンクリートを横流ししない。
振動機先端は、鉄骨・鉄筋・埋込配管・金物型枠などに接触させない。
できるだけ鉛直に挿入して加振し、挿入間隔は60cm程度以下とする。
加振時間は、1か所5～15秒の範囲とする。
公称棒径45mmの棒形振動機の長さは60～80cmで、1層打込み厚さはそれ以下とする。
振動時間は、コンクリート面が水平となり、表面にペーストが浮き上がるころを標準とし、穴を残さないよう徐々に引き抜く。
支持台
棒状振動機
打重ねコンクリート
先行コンクリート
60cm
③
打込みシュート
②
先行コンクリート
①
未充填箇所やブリーディング水がないことを確認し打ち重ねる
鉛直部材で、棒形振動機が挿入できないところは、型枠振動機や突き棒、木槌を併用
型枠振動機
型枠振動機(振動数6000rpm以上)は、型枠が変形しないよう端太角・パイプに治具で固定
・加振で、せき板孕みが生じないようにする
・振動機取付け間隔は、壁の場合2～3m/台
・加振時間は、スランプ18cm程度で1～3分を標準

コンクリート打込みと締固め

Q 生コンプラント製造課長

A コンクリート担当工事係員

技術部部長

①鉄筋や鉄骨が高密度で配置された部材では、棒形バイブレータを挿入するのが困難です。

回答

先端振動部が細い槍形バイブレータ、棒状バイブレータ、型枠バイブレータなどの外部振動機、突き棒、木槌などが使われます。

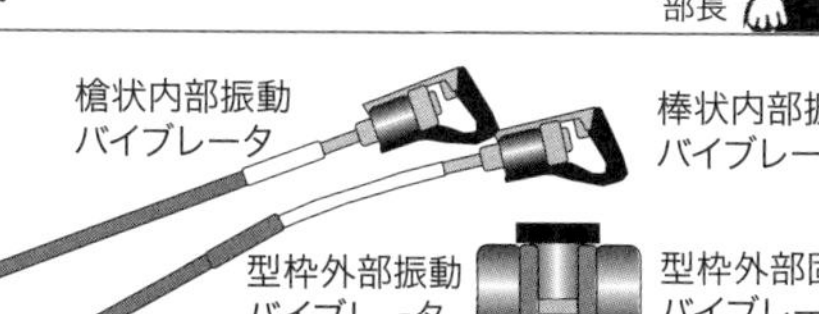

②バイブレータによる締固めは、ホースと電源コードを引きずり回しながらの作業できつい仕事です。よい方策はありますか?

回答

締固めは、二人一組での作業ですが、大変です。締固めが疎かになってはいけませんので、交替で作業あたるなど工夫します。

補足

電源入切が煩雑であるため、最近、振動部がコンクリートに挿入されると自動的に振動が開始され、引き抜くと自動的に停止する自動入切機構が装備された機種が開発されています。

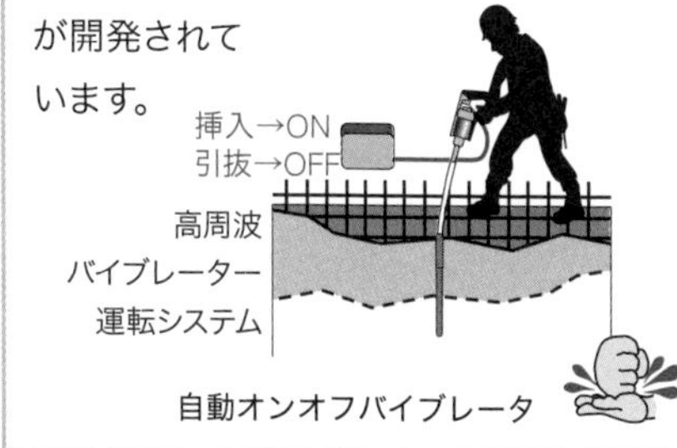

自動オンオフバイブレータ

③高性能 AE 減水剤リターダー(遅延剤)で打重ね時間を遅くできますか?

回答

遅延形高性能 AE 減水剤は、コンクリート温度が30℃を超えても、約4時間まで打重ね許容時間を確保します。

加水後からの打重ね許容時間(h)

貫入抵抗値10kgf/cm³(1.0N/mm²)
貫入抵抗値5kgf/cm³(0.5N/mm²)
貫入抵抗値1kgf/cm³(0.1N/mm²)

養生温度

養生温度と打重ね許容時間(普通コンクリートの場合)

左図はコンクリートの養生温度と打重ね許容時間の関係を貫入抵抗値で示したものです。右図は、高性能 AE 減水剤遅延形を用いた呼び強度 24 ～ 25、スランプ 18cm の普通コンクリート荷卸し時の温度と注水から、打重ね許容時間の関係を示したもので、打重ね許容時間を長くできます。

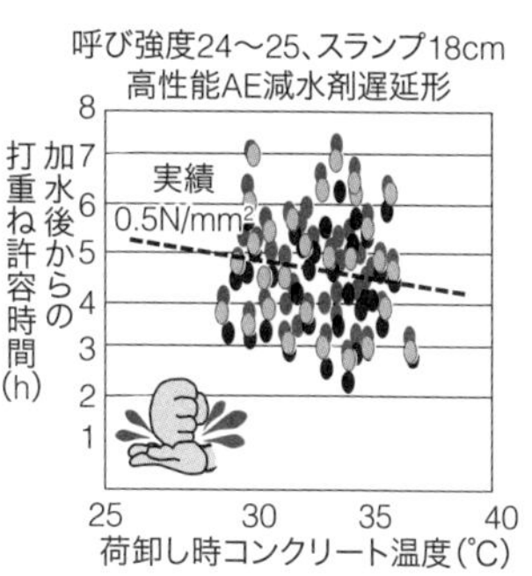

荷卸し時コンクリート温度と打重ね許容時間

④コンクリート打込みの高さと、打重ね時間の管理は、キープランを作成して記入管理していますが、なかなか大変です。

回答

打込みコンクリート高さを、加速度センサーで自動測定し、高さ・打重ね時刻を無線でタブレット PC に表示するシステムが開発されました。省力化と品質向上に寄与します。

→100

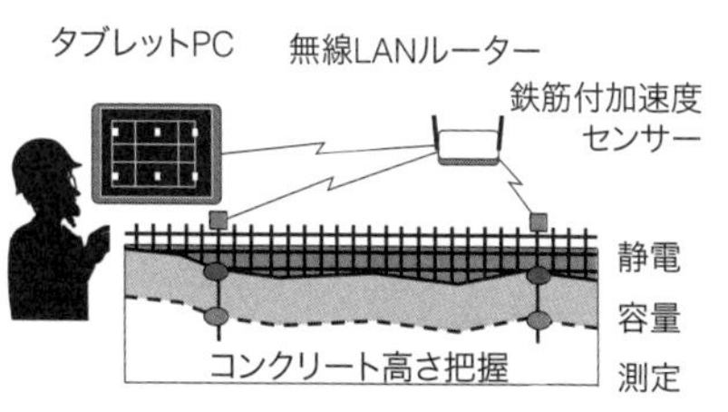

コンクリートの打重ね時間管理システム

34 コンクリート養生

→31 32 33

打ち込んだ後は水をたっぷり!!
・床仕上げの基本的手順
・打継ぎの原則
・養生の大切さと使い分け
・仕上げロボットの可能性

1　床コンクリートの仕上げ

床コンクリート平坦さの許容値は、JASS 5では、3mにつき7mm以下だが、必要に応じ特記される。床仕上げ工程は以下の通り。

(1) 荒均し・レベル出し

基準点をガイドに定規で荒均しして高さを調整。プラスチック収縮ひび割れは、タンピングし、ブリージング水はウェスで除去する。

(2) 表面仕上げ

金鏝で数回磨いて仕上げる。タイミングは、踏板が沈まず、水光りが消えるなど、左官工の見たてに依る。鏝を押しつけて、セメントペーストを浮き出させ、平滑に仕上げる（磨きすぎ厳禁）。超高強度コンクリートでは、粘性が高く鏝押えは無理で、膜養生剤を採用する。

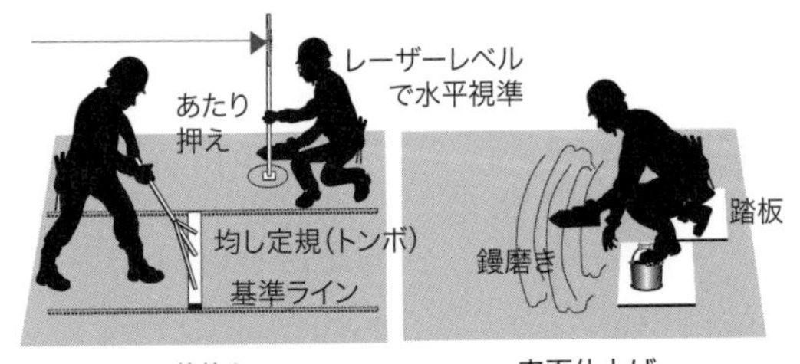

荒均し　　表面仕上げ

2　せき板面コンクリート表面の仕上げ

セパレーターの頭処理を行い、豆板・空洞・砂じま・コールドジョイント・表面硬化不良・ひび割れなどの欠陥はただちに補修する。

せき板目違い・不陸・気泡・色むらなどのコンクリート表面の肌合いは、必要に応じて補修を行って平滑な表面状態に仕上げる。

美粧を第一に、ポリマーセメントペーストを用いた「色上げ」と称する処理を行うことがあるが、耐久性に劣り、斑ができて返って見苦しくなることがあるので好ましくない。

3　打継ぎ

せん断力最小の位置で、圧縮力を直角に受ける方向で打ち継ぐ。梁・床ではスパン中央付近、柱・壁では床または梁・基礎の上端に設ける。やむを得ずせん断力が大きい位置に設ける時は、コッタなどの凹凸やせん断補強筋を設け、せん断力を確実に伝達させる。

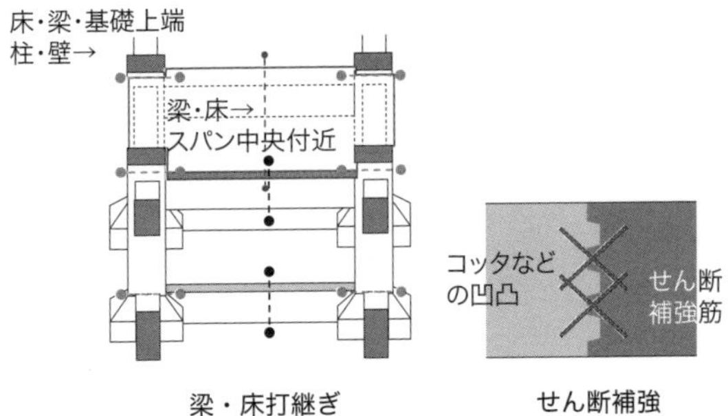

梁・床打継ぎ　　せん断補強

4　養生

硬化後、本来の性能を発揮するため、初期に十分な養生を施す。次の4項に留意する。

①硬化初期に十分な湿潤養生を保つ。
②妥当な湿度に保つ。
③日光直射、気象作用、化学物質などの劣化要因に対しコンクリート露出面を保護する。
④振動および外力を加えないように保護する。

特に、湿潤養生が重要で、以下が行われる。

・難透水性のせき板による被覆
・養生マットまたは水密シートなどで被覆
・断続的に散水または噴霧
・膜養生剤や浸透性養生剤塗布

期間は、計画供用期間級ごとにJASS 5に規定されるが、期間が確保できない時は、シラン系などの養生剤を塗布する。

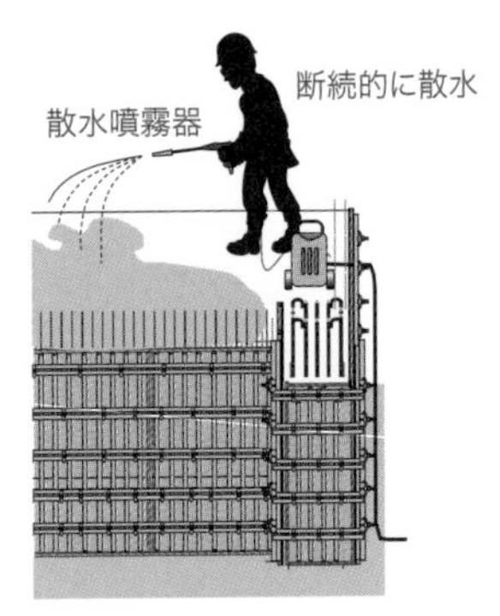

湿潤養生

Q コンクリート打設工 職長

①コンクリート床仕上げにトロウェルを使おうと思っています。
精度や能率はどうですか?

トロウェル

回答

A コンクリート担当 工事係員

レーザーレベル連携トロウェルは多用されています。
騎乗式トロウェルやロボット床仕上げは、左官工を中腰姿勢から解放することができるので大いに期待できます。精度は、よほど高精度を要求しない限り、実用的に問題ありません。

補足

技術部 部長

騎乗式トロウェルやロボットは、重量載荷のため適用ができないこともあり、軽量化が課題です。
現時点では、ロボットは操縦型ですが、今後技術は、AIによる自動床仕上げができることが期待されます。

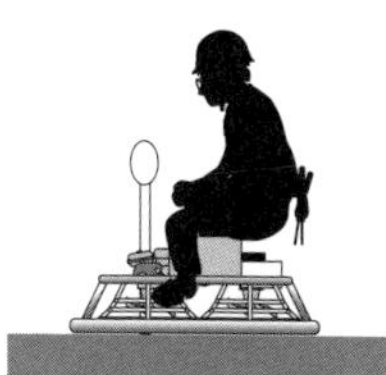

②柱の水平打ち継ぎ部には、特に注意を払わなければなりません。
何かよい方法はありませんか?

回答

柱や壁は、床面で水平打継ぎをしますが、仕上げ時にレイタンスや不純物をためないため、中央を高くしたり、ジェット洗浄やワイヤ掛けをします。

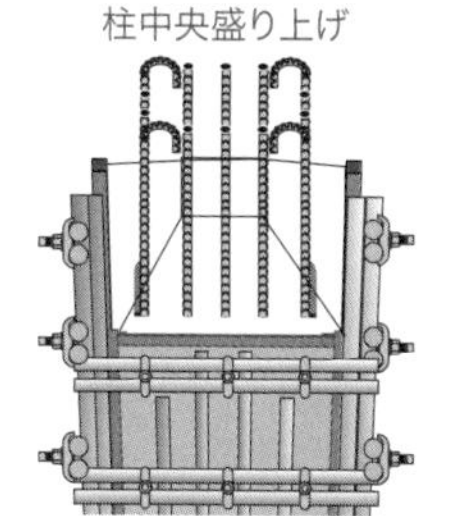

補足

①打込み直後に凝結遅延剤を散布し翌日の高圧洗浄を容易にする方法
②特殊打継ぎ処理剤を散布する方法
③凹凸面をもつラバータイルを置いて翌日硬化後に剥がす方法があります。

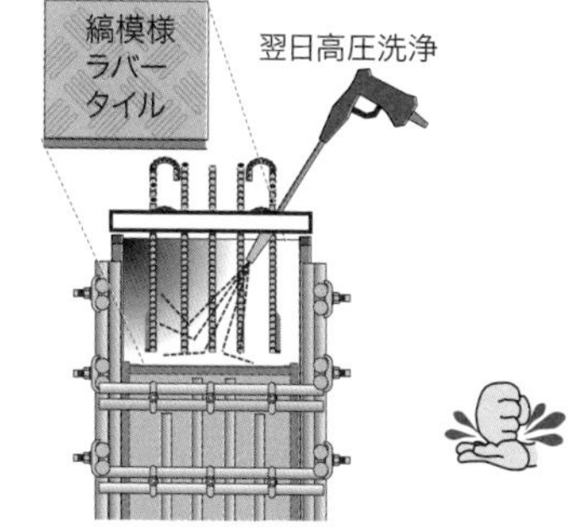

③なぜ、湿潤養生を徹底したコンクリートが、緻密で耐久性の高いコンクリートになるのですか?

回答

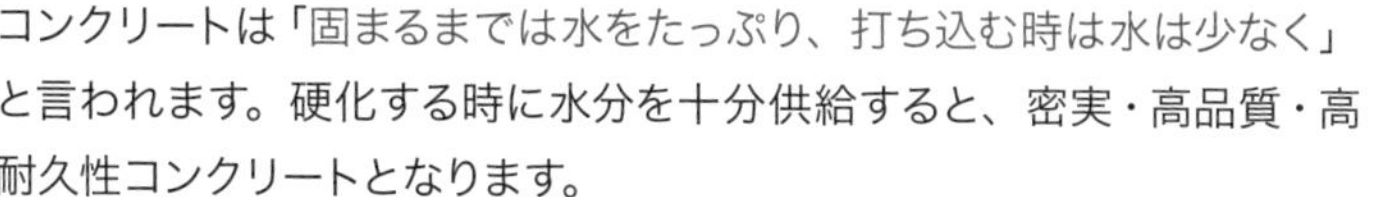

コンクリートは「固まるまでは水をたっぷり、打ち込む時は水は少なく」と言われます。硬化する時に水分を十分供給すると、密実・高品質・高耐久性コンクリートとなります。

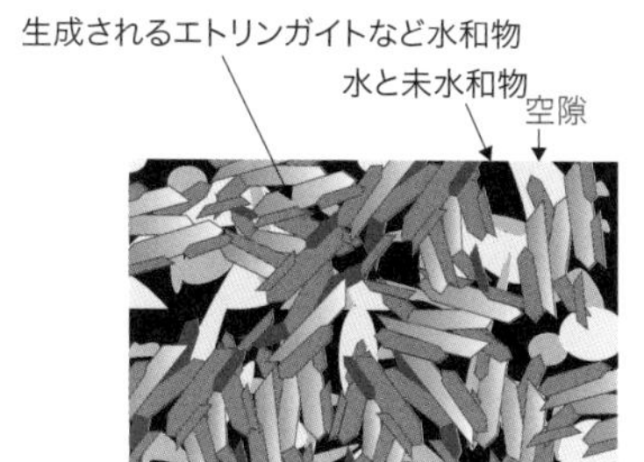

強度は、水とセメントの水和反応によって時間をかけて発現します。乾燥などによって水がなくなれば、水和反応は停止します

水が供給され続けると、水和反応が進行、強度は増大し密実になります。

補足

養生短縮に比べ、給水養生したコンクリートの中性化深さは小さくなっている実験報告があります。特に、水和の遅い中庸熱・低熱ポルトランドセメントでの養生効果が大きいことが確認されています。
また、塗布剤系の養生よりも、透水性の小さいせき板による被覆のほか、養生マットまたは水密シートなどで覆い、水分を維持する方法があります。また、連続的に水分を供給する方法を用いることにより、より養生効果が得られることも確認されてます。コンリートが硬化する上で未水和水の存在が大切であることを示しています。

35 コンクリート検査

→ 4 31 32 33

最重要な検査について確実な習得を !!

- コンクリート検査の体系
- 荷受け検査と現場品質管理検査・構造体圧縮検査の違いを知る
- 不具合が生じた場合の深刻さを知る

コンクリートの品質良否は、構造物の安全性や耐久性に直接関係する。その製造から構造強度発現に至るまで、品質管理を徹底し、検査確認に厳密を期さねばならない。

1　製造工場の検査

製造設備、工程、品質管理の報告を受け、現地検査し、所定品質を確認。

2　現場での受入れ検査

購入コンクリートが所要の品質を有していることを確認するため、受入れ検査（試験）を行う。
最近は、公平性・信頼性を考慮し第三者試験機関に検査を依頼する場合も増えている。

3　コンクリート工事の品質管理の検査

荷卸し・運搬・打込み・締固め・仕上げ・養生が、計画書やJASS 5に沿い実施されているかを確認。

4　構造体コンクリートの圧縮強度の検査

構造体に打ち込まれたコンクリートが設計基準強度または耐久設計基準強度を確保していることを確認するために、受入れ検査と独立して行う。

採取場所は荷卸し地点で、圧送後性状が変化するコンクリートは、筒先で採取する。

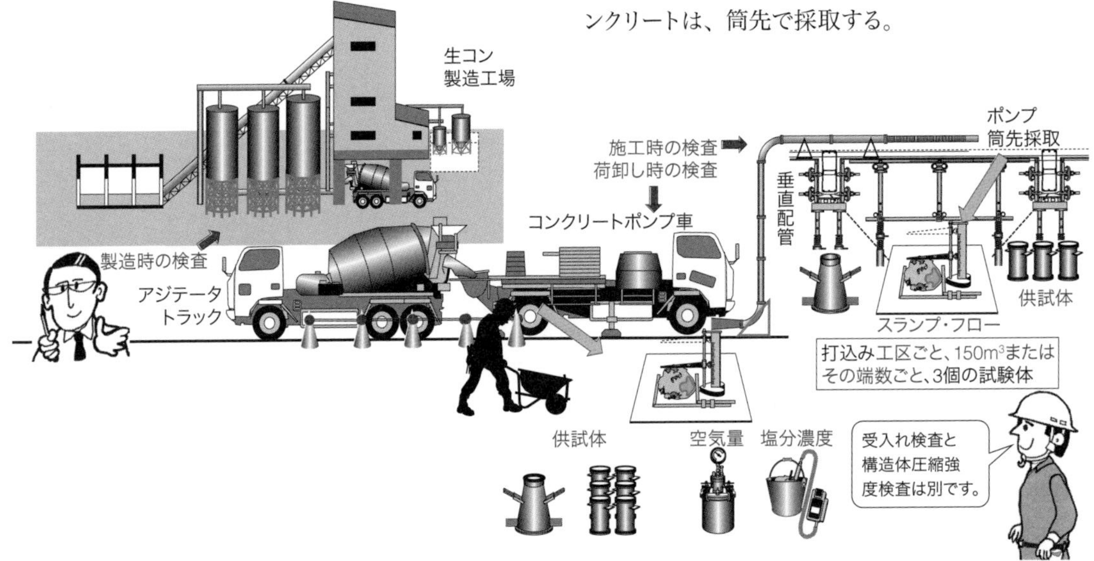

検査時期	製造時	荷卸し時		施工時
検査場所	生コン工場	荷卸し地点		荷卸し地点 或いはポンプ筒先 打込み場所
品質規格	製造時の品質 （社内規格）	荷卸し時の品質 （JIS A 5308）		構造体の品質 （仕様書）
実施者	生コンメーカー		生コン納入者	施工者
目的	出荷する コンクリートの 品質保証	コンクリート の製品検査 納入する コンクリート の品質保証	コンクリート の受入れ検査 使用するコン クリートの品 質保証	構造体の コンクリート 強度確認 のために行う試験 施工管理の検査
準拠方法	JIS A 5308 製造設備 製造時工程管理方法 製造コンクリート スランプ 空気量、 塩化物含有量、 強度、容積	JIS A 5308 呼び強度、発注時指示事項 運搬時間、納入容積 単位水量、アルカリ量 ワーカビリティ、 コンクリート温度、スランプ 空気量、塩化物含有量 圧縮強度		JASS 5 現場水中養生 または封かん養生 による圧縮強度 荷卸し・運搬・打込み 締固め・仕上げ・養生 の管理状態

合否判定	受入れ検査	施工検査
スランプ	8cm 以上、 18cm 以下 ±2.5cm	8cm 以上、 18cm 以下 ±2.5cm
空気量	±1.5cm	±1.5cm
塩化物含有量	0.3kg /m³ 以下	0.3kg /m³ 以下
強　度	●1回の試験結果は、指定した呼び強度の値の85% 以上 ●3回の試験結果の平均値は、指定した呼び強度の値以上	●指定材齢における3回の試験結果の平均値は、指定した強度の値以上 ●強度は、調合管理強度あるいは品質基準強度

各所における検査

Q 生コンプラント製造課長

A コンクリート担当工事係員

技術部部長

①単位水量がコンクリートの硬化後の品質に及ぼす影響は重要ですが、どうやって測定するのですか？

回答

単位水量の推定方法として、乾燥法は原理が明快で、エアメータ法は比較的迅速です。その他、水中質量法や静電容量法などがあります。
各現場の実施形態に合わせた方法を選定することが重要です。詳しくはJASS 5の11節を参照してください。

補足

2003年国交省より「レディーミクストコンクリートの品質確保について」が出され、延面積1500m^{2}以上の新築における単位水量管理方法が示されました。「管理値」を±15kg/m^{3}とし、設査時単位水量がこの範囲内に納まるよう「計量単位水量」を設定、±20 kg/m^{3}の範囲を超える場合はコンクリート打込みを停止する厳しいものです。

②圧縮強度試験結果がわかるのは、28日後で、仮に不合格となっても、実際には間に合わず、対応が難しいです。

回答

不合格とならないようにすることが大切で、施工者は生産者の品質管理状況を常に確認していなければなりません。製造記録、プロセス品質管理および記録は重要です。

補足

材齢7日圧縮強度試験から適切な予測方法を用い、事前に28日圧縮強度を予測します。

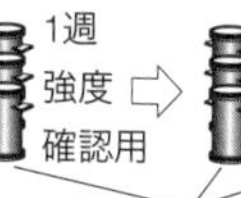

1工区あたり弱材齢強度推定

③構造体コンクリート強度が不合格になった場合は？

回答

JASS 5では、次の3つの措置をとるよう説明しています。この措置は工事監理者の指示によります。

①原因推定のための調査
- 供試体の性状および試験時の状況
- 養生期間中の平均気温・供試体の平均養生温度
- 供試体採取時のフレッシュコンクリートの性状の良否
- レディーミクストコンクリートの受入れ検査の結果
- 現在までの強度試験結果・製造工場の管理データ

②構造体コンクリート保有の圧縮強度を推定する調査
- 構造体コンクリートコア採取検査
- 構造体コンクリートの非破壊検査

③調査結果に基づく総合的判断
- 調査結果の検討
- 構造計算によるチェック
- 処置方法の立案

補足

原因がわかることは困難で、コア採取検査で判断することになるでしょう。計画供用期間の級を下げることが対応策になります。希少ながら、強度低下が致命的で、解体し、造り直した事例もありました。

- 雨中にコンクリートを打設、設計強度の80%しかなく橋脚を造り直した例

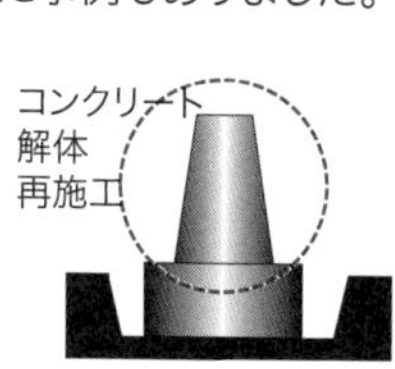

- 雨中にコンクリートを打設、独立柱中間部に水が溜まり、強度不足となり、当該部コンクリートを打ち直した例

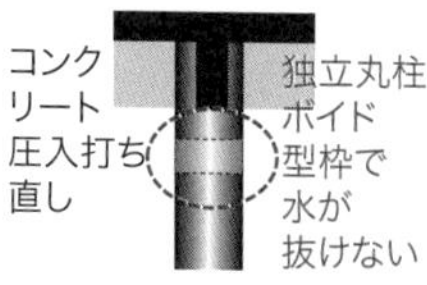

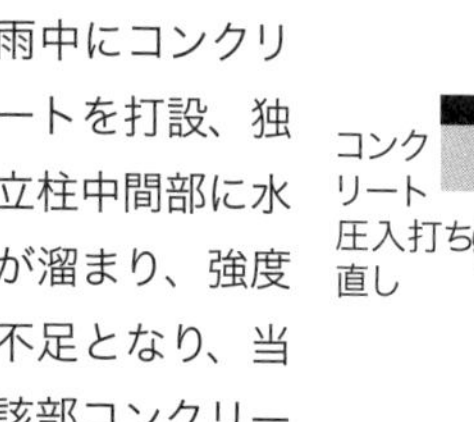

36 各種コンクリートの使い分け

→4 31 32 33

それぞれの管理項目を押える!!
・コンクリート種類の多様さを理解
・暑中・寒中コンクリートはどこでも経験する難しい施工
・基礎でマスコンとなる場合も多い

使用・施工環境や、ねらいの品質に応じた各種コンクリートを理解し、使い分ける必要がある。使用頻度の高い各種コンクリートの要点を整理する。

1　暑中コンクリート

日平均気温が25℃を超える期間に打たれるコンクリート。コンクリート温度35℃以下で、中庸熱・低熱などのセメントを使用し、試し練りを行う。水和発熱でコンクリート温度が上がるので、製造時に練り上がり温度を下げる工夫をしている。凝結が速くなり、スランプロスが大きくなり長期強度の増進が減る。

湿潤養生期間は5日間以上とし、散水で温度を抑制。運搬機器は、直射日光に当たらない所に設置。打込み後直射日光を避け湿潤に保つ。打込み時間帯は最高温度時間帯を避けるようにできれば最善。

2　マスコンクリート

普通・中庸熱などの低熱セメントを使用。スランプ15cm以下、高性能AE減水剤などを使う。遅延形混和剤を使用し水和熱蓄積を防ぐ。

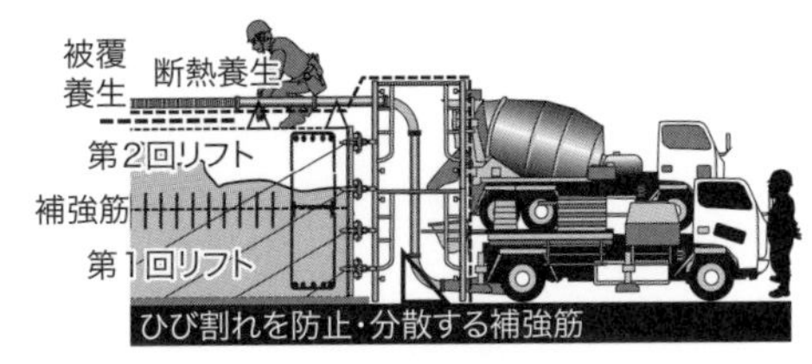

マスコンクリート

3　寒中コンクリート

打込後91日積算温度840D・D以下、平均気温4℃以下の期間に打つコンクリート。コンクリートの凍結温度は、およそ−2.0℃から−0.5℃で、寒冷下でも凍結せず、所要の品質が得られるように、材料、配合、練混ぜ、運搬、打込み、養生、型枠および支保工などについて適切な措置をとる。

初期養生期間は$5N/mm^2$まで。加熱養生等とし、コンクリート温度・保温温度・気温を記録。荷卸時コンクリート温度10〜20℃以上とする。

暑中コンクリート

寒中コンクリート

各種コンクリート

コンクリート名	内容	管理特性
高強度コンクリート	設計基準強度が$36N/mm^2$を超える時に用いる	骨材吟味・混和剤・混和材・上面養生、高度流動性・フロー値管理 試し練り・VH分離工法
高流動化コンクリート	フレッシュ時の材料分離抵抗性を損なうことなく流動性を著しく高めたコンクリート	材料分離抵抗性を高める、フロー値・水結合比・混和材 単位粗骨材かさ容積・自己充填性保持
凍結融解作用を受けるコンクリート	激しい凍結融解作用により 凍害を生じるおそれがある部分に用いる	寒冷地使用対応強度・空気量・密実度 水セメント比50%以下、ブリーディング量
軽量コンクリート	骨材に人工軽量骨材を使用し、質量を普通コンクリートより小さくしたコンクリート	気乾単位容積質量 人工軽量粗骨材最大寸法
海水作用を受けるコンクリート	海水、海水滴または飛来塩分の影響を受けるおそれがある部分のコンクリート	最小かぶり厚さ・水セメント比、防錆処理方法・耐食鉄筋の種類 表面被覆材の種類および品質
エコセメント使用コンクリート	結合材として普通エコセメントを使用するコンクリート	耐久設計基準強度
再生骨材使用コンクリート	骨材として再生骨材を一部 または全部に使用するコンクリート	計画供用期間の級、設計基準強度
水中コンクリート	場所打ち杭など、トレミー管を用いて安定液または静水中に打ち込むコンクリート	混和材料の種類、調合構造体強度補正値"S"値 打込み上面の仕上がり、余盛の高さ

Q 生コンプラント製造課長

A コンクリート担当工事係員

技術部部長

Q ①積算温度が 840D･D 以下の期間のコンクリートが寒中コンクリートとされていますが、積算温度の意味、ならびに意義について教えてください。

回答 強度を養生温度と養生時間の積で表わしたもので、
積算温度 = (養生中のコンクリート温度 +10℃) × 養生時間 (日)
となります。例えば養生温度が 20℃一定の場合、材齢 28 日までの積算温度=(20+10)×28 = 840D･D です。

補足 旧 JASS では、材齢 4 週で積算温度 370D･D 以下だと、強度が 25% 低下するので、これが寒中コンクリート適用基準でした。しかし、370D･D より長期期間の凍害の懸念などを考慮し、現規定の、打込み後 91 日までの積算温度が 840D･D 以下の期間および日平均気温が 4℃以下の期間としました。

Q ②気温の低い中、寒中コンクリートの練上がり温度を確保する製造上のコツを教えてください。

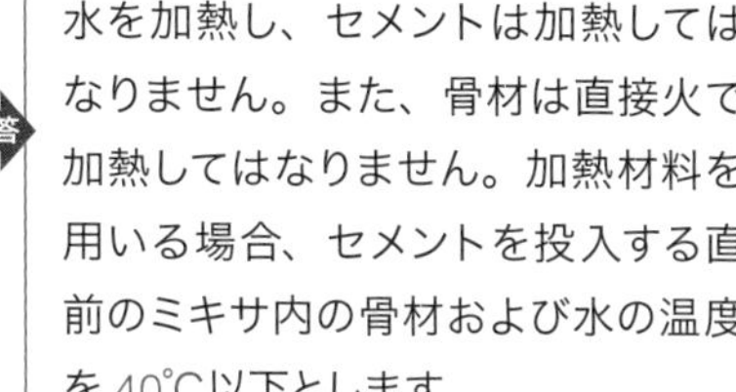

回答 水を加熱し、セメントは加熱してはなりません。また、骨材は直接火で加熱してはなりません。加熱材料を用いる場合、セメントを投入する直前のミキサ内の骨材および水の温度を 40℃以下とします。

補足 セメントは一様な加熱が難しく、凝結異常を生じるので禁止されています。骨材は、加熱で割れたり、異常吸水で施工難度が損なわれます。

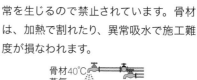

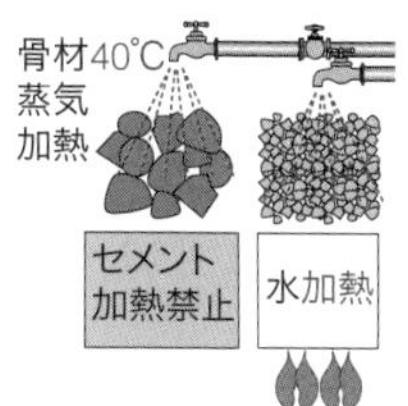

Q ③暑中コンクリートの荷卸し地点の温度は、35℃以下とされています。
その根拠は？

回答 練上がり温度は気温より 5℃程度高くなり、荷卸しまでの温度上昇は 2 ～ 4℃程度あります。これだと、温度は 32 ～ 34℃ となるので、現場対応を考慮し、コンクリート荷卸し地点の温度は、35℃以下としました。

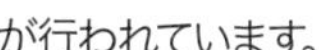

補足 35℃を超えない対策として、
- 地下水の使用
- 低発熱型セメントの使用
- 生コン工場の冷却設備活用
- 近い工場を選定
- 液体窒素を用いた冷却

が行われています。

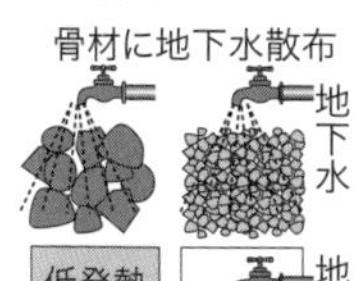

Q ④マスコンクリートの適用は、旧 JASS では、最小寸法 80cm 以上、硬化中のコンクリート部材の温度差が 25deg 以上となるものだったと思います。大変わかりやすかったのですが。

回答 旧 JASS 定義では、適用箇所を決めるために温度解析を行う必要があり、構造部材の形態によってひび割れの入りやすさが異なり、一様な定義では、運用上や技術上の問題があったため、特記による、あるいは自主解析によることとなりました。

補足 マスコンクリート適用を特記する場合には、最小断面寸法の目安は、
- 壁状部材 80cm 以上
- マット状柱状部材 100cm 以上

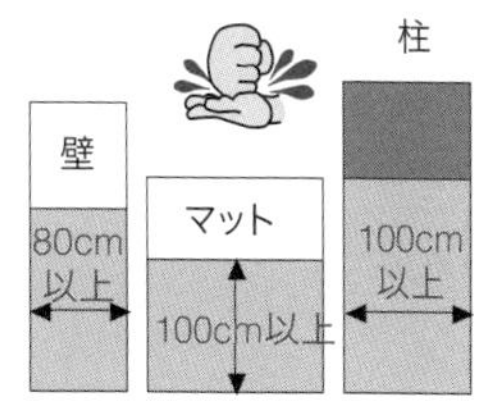

37 鉄筋加工・組立ての基本

よく使われる配筋規準をマスターしておく !!

- 多様な施工法・配筋基準を理解し、基本技術と原理を確実に頭に入れる
- 日本建築学会配筋指針を勉強する
- 配筋工事の能率を高めるツールを活用

1 加工

有害な曲がりは、別に鉄筋を接合し加工し直す。鉄筋は加工図に従いシヤーカッターで所定寸法に切断するが、ガス圧接継手などでは、鉄筋冷間直角切断機による。加工寸法許容差は以下による。加工された鉄筋は、ばね効果により元に戻り、曲げ角度が狂うことがあるので、はなはだしい場合には矯正する。

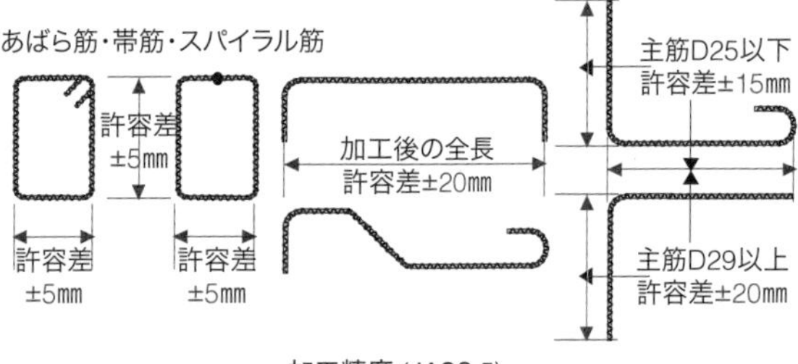
あばら筋・帯筋・スパイラル筋
許容差
±5mm
許容差
±5mm
許容差
±5mm
加工後の全長
許容差±20mm
主筋D25以下
許容差±15mm
主筋D29以上
許容差±20mm

加工精度 (JASS 5)

2 組立て

鉄筋保持は、0.8mm 程度の結束線（太径鉄筋は 2 ～ 3 本束ね）で結束し、バーサポートやスペーサーを所定間隔に設け、コンクリート打ちで乱れないよう堅固に組み立てる。梁筋支持部では、重量により 1.2 ～ 2.6mm のなまし鉄線で堅固に結束する。主要部の標準配筋手順を右図（1）～（4）に示す。

各種の施工法・配筋基準は、日本建築学会配筋指針を参照。

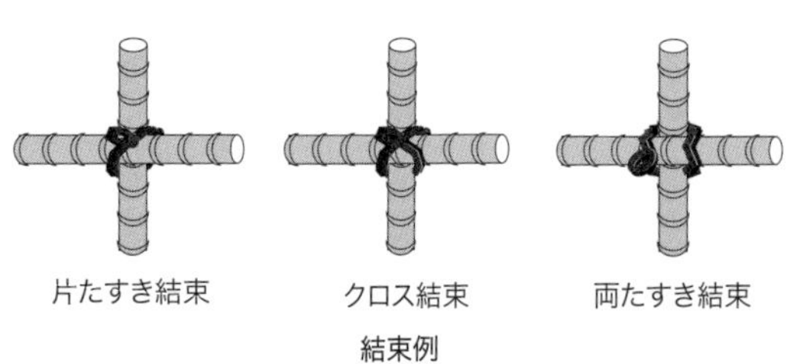
片たすき結束
クロス結束
両たすき結束

結束例

(1) 柱脚・基礎梁（べた基礎）の配筋

鉄筋足場から上筋を吊る方法もある

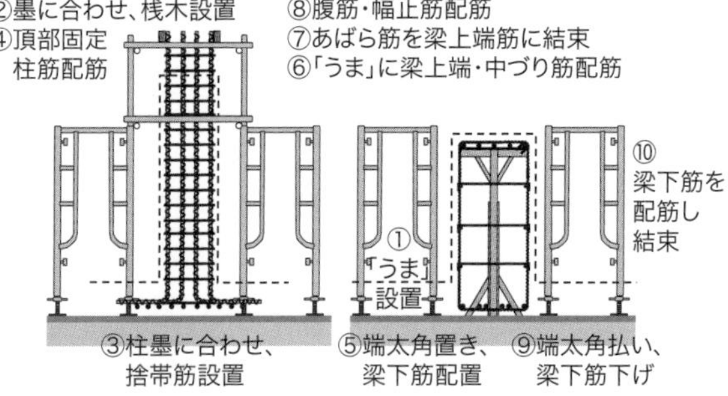
②墨に合わせ、桟木設置
④頂部固定
柱筋配筋
⑧腹筋・幅止筋配筋
⑦あばら筋を梁上端筋に結束
⑥「うま」に梁上端・中づり筋配筋
⑩
梁下筋を
配筋し
結束
①
「うま」
設置
③柱墨に合わせ、
捨帯筋設置
⑤端太角置き、
梁下筋配置
⑨端太角払い、
梁下筋下げ

(2) 一般階柱の配筋

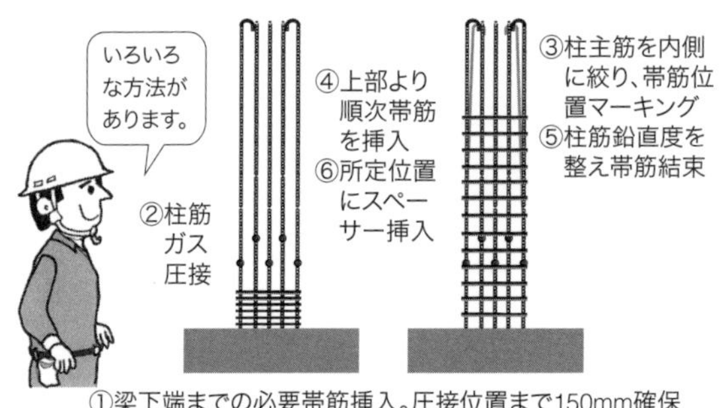
いろいろ
な方法が
あります。
②柱筋
ガス
圧接
④上部より
順次帯筋
を挿入
⑥所定位置
にスペー
サー挿入
③柱主筋を内側
に絞り、帯筋位
置マーキング
⑤柱筋鉛直度を
整え帯筋結束
①梁下端までの必要帯筋挿入。圧接位置まで150mm確保

(3) 一般階梁（落し込み法）の配筋

梁せい 600mm 以上では、下筋結束のため片型枠を後やり、梁側作業。

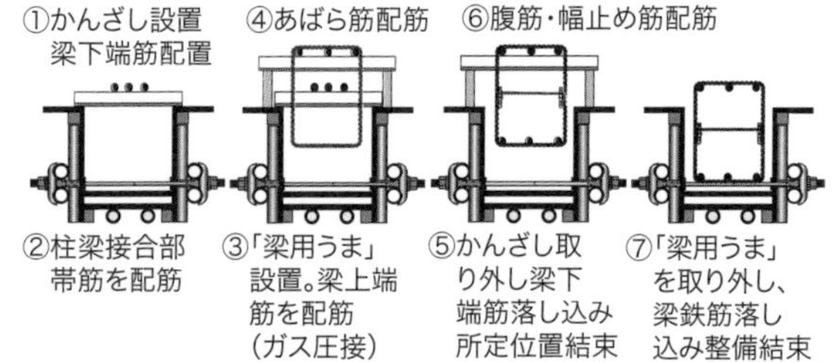
①かんざし設置
梁下端筋配置
④あばら筋配筋
⑥腹筋・幅止め筋配筋
②柱梁接合部
帯筋を配筋
③「梁用うま」
設置。梁上端
筋を配筋
（ガス圧接）
⑤かんざし取
り外し梁下
端筋落し込み
所定位置結束
⑦「梁用うま」
を取り外し、
梁鉄筋落し
込み整備結束

(4) 壁配筋

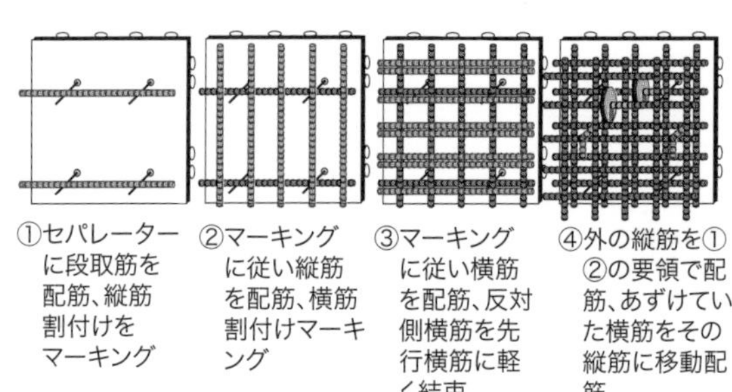
①セパレーター
に段取筋を
配筋、縦筋
割付けを
マーキング
②マーキング
に従い縦筋
を配筋、横筋
割付けマーキ
ング
③マーキング
に従い横筋
を配筋、反対
側横筋を先
行横筋に軽
く結束
④外の縦筋を①
②の要領で配
筋、あずけてい
た横筋をその
縦筋に移動配
筋

Q

①帯筋のフックを付ける代わりになる、閉鎖型の帯筋がありますが。

A 回答

工場で加工した溶接閉鎖形の帯筋・あばら筋が使用されています。在来の 135° フック付き帯筋・あばら筋に比べ、剛性横拘束、コンクリート充填性もよいです。

閉鎖型帯筋

補足

突合せ抵抗溶接は、アプセット溶接、高強度鉄筋でフラッシュ溶接などが使われます。設備の整った工場で、その製品規格、品質基準に従って製作されたものを使用します。

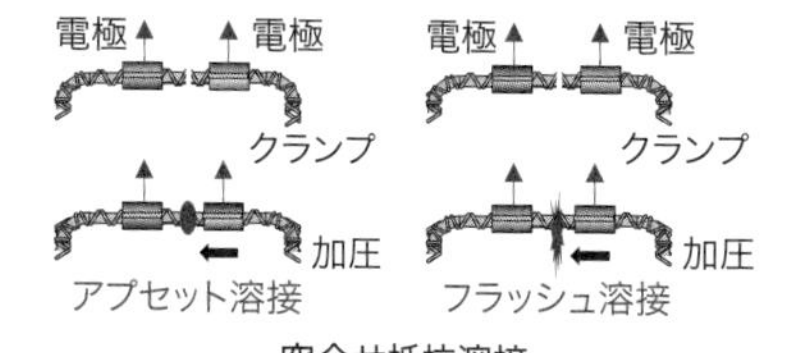

突合せ抵抗溶接

②鉄筋結束を機械で行うことがあります。
問題はないのですか？

回答

鉄筋の自動結束機は、充電式の本体と、コイル状に巻かれた専用の鉄線を使用します。機械先端を鉄筋に当てがい、引き金を引くだけで、鉄筋を容易に結束できます。

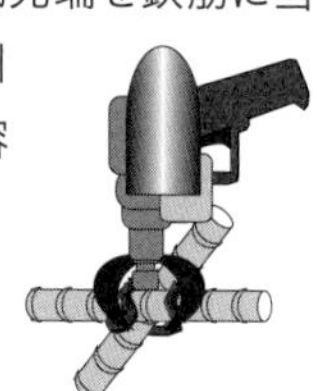
充電式自動結束機

補足

効果は、①結束スピードが 1 結束 1 秒以下。②自動結束機の種類により、細径（D10）から太径（D41）を扱うことができ、かつ複数本(2 ～ 4 本)結束できます。手首を回すことにより発症する腱鞘炎がなくなるなど大きな効果があります。

③鉄筋は工場加工されますが、自動化はどこまで進んでいますか？

回答

自動切断機は、付き当てを自動化します。自動曲げ機は、加工機が走行し、送り作業と付き当てを機械化し、複数箇所の曲げ加工ができます。
現在は、1 台で曲げ加工をして切断する機械も開発されています。

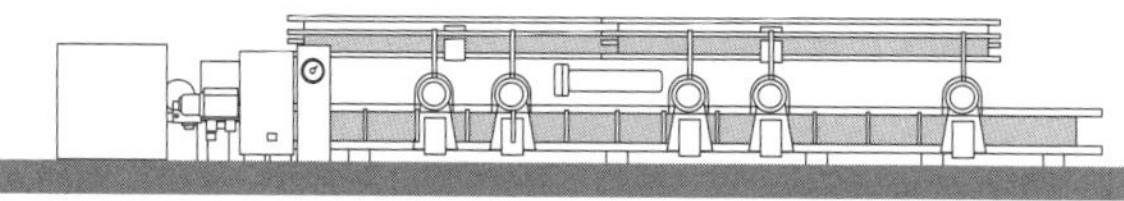
鉄筋自動加工ライン

補足

鉄筋供給装置と自動切断機、自動曲げ機をライン状に配置し、全自動に鉄筋を加工することも可能となっており、試行されています。
加工帳をシステムに入力すると加工絵符を作成すると同時に、重量計算をするシステムがバックアップしています。鉄筋の加工手間との兼ね合いで、投資回収が厳しいのが実情ですが、人手不足が続くこれからは採算に乗るかもしれません。

④地中梁配筋用の「うま」には、いろいろなタイプがあると聞きました。

回答

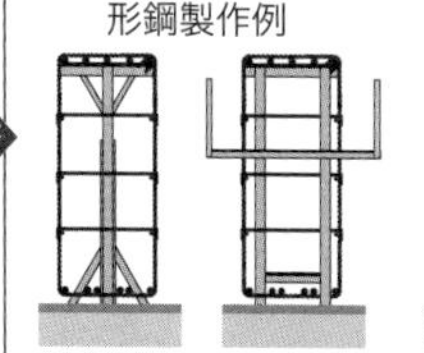

鉄筋用「うま」

左のような「うま」あるいは架台が、多用されています。右は鉄筋足場から鉄筋を吊る方法です。

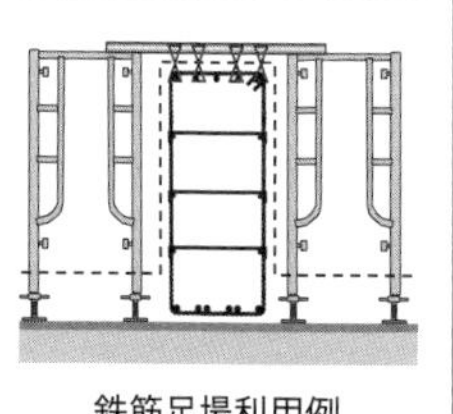
鉄筋足場利用例

38 鉄筋継手

ガス圧接を基本としてマスターしておく !!

・鉄筋継手は４種類

・ガス圧接の基本、使用ガスと機構による種別

・SA 級はヒンジ部にも使える

なんといっても圧接が多いが、
機械式も増えてきました。

1　継手の種類

鉄筋継手は、鉄筋の引張応力を伝える構造性能の根幹重要部品で、品質確保は厳密を期さねばならない。4 種類の継手の概要を整理する。

重ね継手

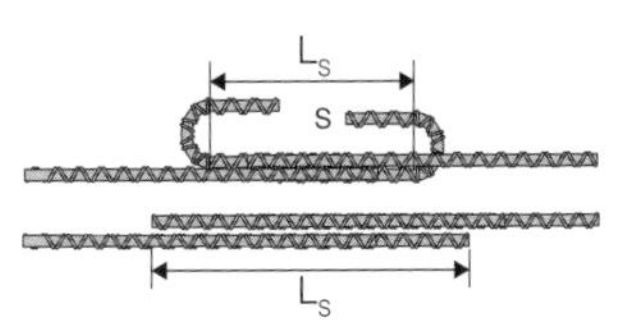

原理
鉄筋を所定長さに重ね合わせ、コンクリートとの付着を利用して一体化

用途
壁筋やスラブ筋など細径鉄筋の継手に用いられる

ガス圧接継手

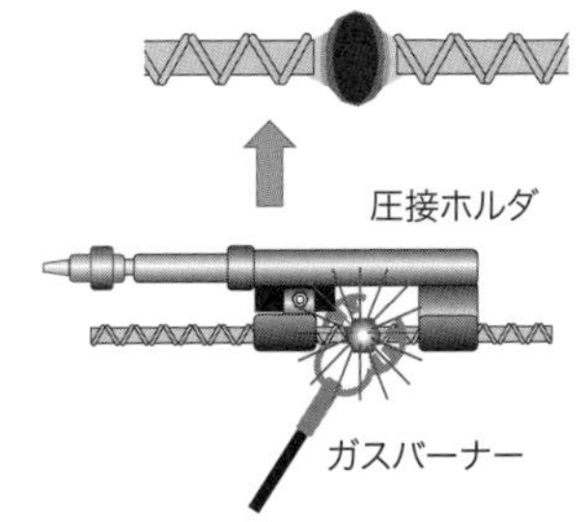

原理
突き合わせた鉄筋端部をガス炎で加熱・加圧し鉄筋母材を金属結合接合

用途
在来工法の太径主筋や鉄筋先組み工法に使われる

資格
日本鉄筋継手協会が第三者認証機関として、技量資格者の認証を行い、適格性証明書を発行。「A級継手圧接施工会社」として認定

検査
JIS Z 3062による外観検査および超音波検査
日本鉄筋継手協会ガス圧接継手検査技術者（IG種）

溶接継手

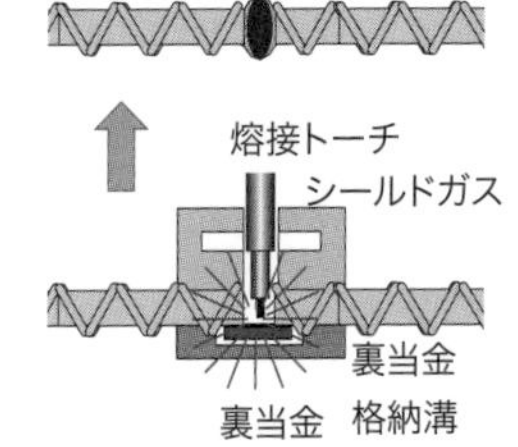

原理
突き合わせ開先の溶接ワイヤのアーク熱にて溶着金属と母材を溶融接合

用途
先組み工法・プレキャスト工法逆打ち工法に採用

資格
日本鉄筋継手協会が、鉄筋溶接技量資格者適格性証明書を発行。施工会社は、日本建築センター「A級BCJ評定施工会社」、日本鉄筋継手協会「A級継手溶接施工会社」として認定

検査
日本鉄筋継手協会規格JRJS0005による日本鉄筋継手協会ガス圧接継手検査技術者（IW種）

機械式継手

ネジ鉄筋

無収縮モルタル

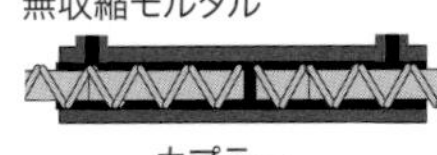

原理
スリーブやカプラーなどの継手部品を用いて、鉄筋を機械的に接合

用途
鉄筋先組やプレキャスト工法の主筋の継手に採用

資格
評定機械式継手メーカーが施工資格証を発行。日本鉄筋継手協会が、機械式継手主任技能者を認証し、適格性証明書を発行。
施工会社評定・認定は行われず。

検査
日本鉄筋継手協会規格JRJS0003による日本鉄筋継手協会ガス圧接継手検査技術者（IM種）

2　鉄筋継手性能の等級

「2015年版建築物の構造関係技術基準解説書」に、鉄筋継手性能として4等級が規定されている。

> 鉄筋継手の等級
> ・SA級継手
> 強度・剛性・靭性に関し、ほぼ母材に相当
> ・A級継手
> 強度・剛性に関しては母材に相当するが、その他に関しては母材よりやや劣る継手
> ・B級継手
> 強度に関し、ほぼ母材並みであるが、その他に関しては母材よりも劣る継手
> ・C級継手
> 強度、剛性などに関し、母材よりも劣る継手

強度は強さ、剛性は硬さ、靭性は伸びやすさを示す。継手等級に対応した、継手を設置できる位置を、下図に示す。

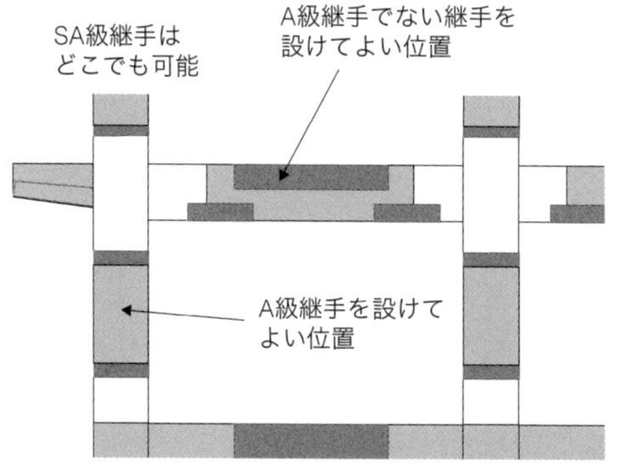

鉄筋継手の位置

もとは機械式継手の評価として策定されたものだが、現在は、柱・梁主筋において、ガス圧接はA級、溶接継手もA級、機械式継手はSA級・A級継手が使われている。SA級だとどこでも設置可能なのに対し、A級では、ヒンジゾーン（梁と柱の接合部付近）以外に設置することになる。

→40

また、構造設計のルート（下記）と、全数か半数継手かによって、部位と級が対応して使用箇所、部材種別などが規定され、設計で特記される。

> 構造計算適合性判定の計算法ルート
> （ルート3）保有水平耐力計算
> （ルート2）許容応力度変形等計算
> （ルート1）許容応力度計算

3　大半を占めるガス圧接継手

在来工法の太径鉄筋や主筋などでは、ガス圧接が使用性・経済性の点で優れ、最も多用されている。ガス圧接には、さらに以下の3種類が使われている。

①手動ガス圧接

加圧および加熱操作を手動で行う工法。現在でもこの工法による施工数が最も多い。

②自動ガス圧接

加熱および加圧を自動的に制御し圧接。記録機能が装備され、照合検査と外観検査を行う。

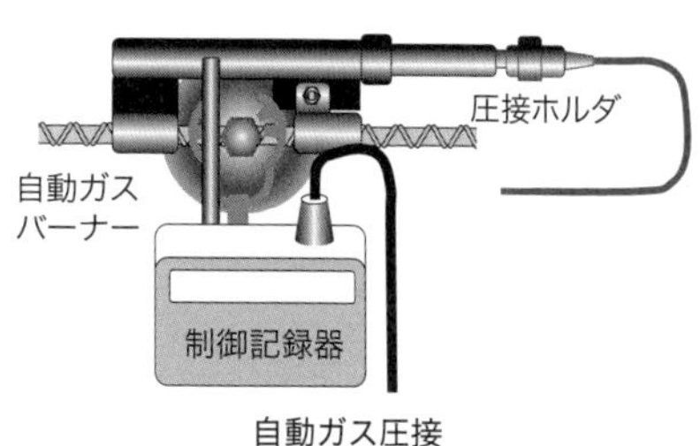

自動ガス圧接

③熱間押抜ガス圧接

ガス圧接直後の赤熱中に，圧接部膨らみをせん断刃によって押し抜く工法。欠陥が目視で確認できる。膨らみ径もスッキリする。

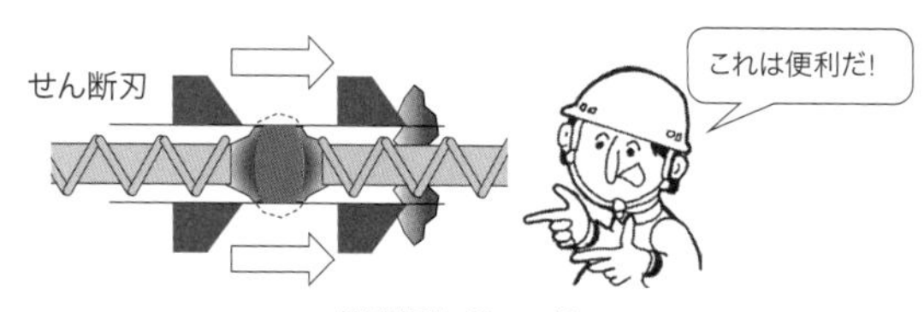

熱間押抜ガス圧接

4　手動ガス圧接施工要領

(1) 切断・切断端処理

鉄筋冷間直角切断機で切断し、接合面は錆・油脂・付着物がないよう、グラインダーで切削除去し、平滑に仕上げ、周辺を軽く面取りする。圧接端面の隙間は 2mm 以下とし、斜め継ぎがないように注意。

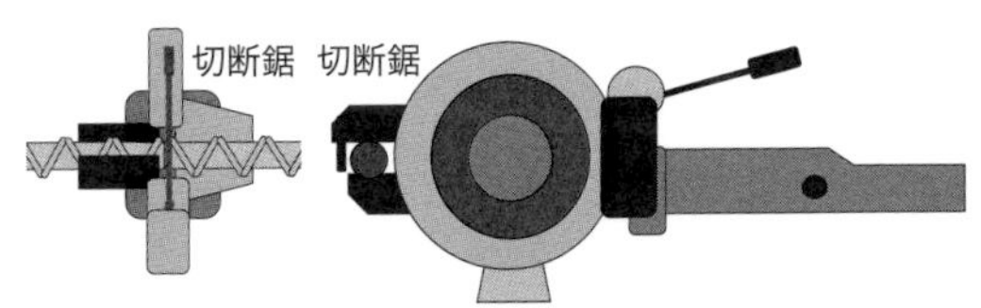

鉄筋冷間直角切断機による切断処理

(2) 加圧・加熱

しっかり鉄筋を固定、加圧機を定められたタイミングで加圧し、加熱は火口から吹き出す加熱炎をたくみに利用し、圧接面付近の還元性を保つ。準備加熱・副焼き加圧・アプセットを経て圧接は終了。よい施工ならば圧接部のふくらみは 1.4d 以上となり、芯ずれ・曲がり・垂れ下がりがなく、なめらかに膨らむ。

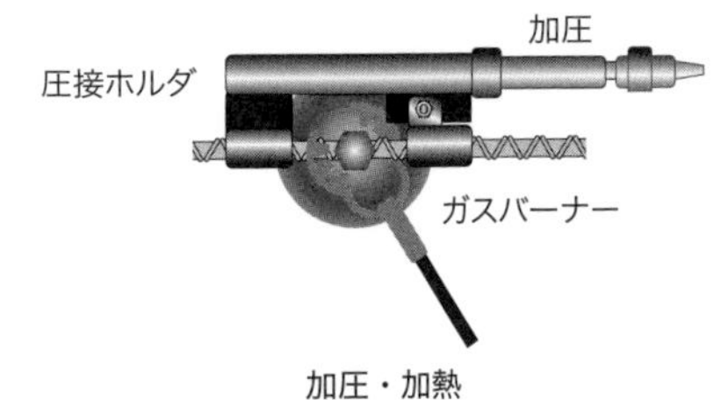

加圧・加熱

(3) 検査

①外観検査

圧接継手すべてを目視検査する。ノギス、SY ゲージなどを用いる。圧接部の膨らみ・直径・長さ・圧接面ずれ・偏心・折れ曲がり・片膨らみ・垂れ下がりなどを見る。

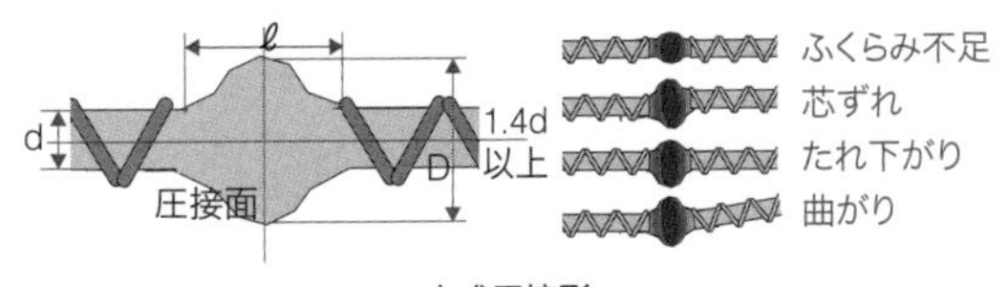

完成圧接形

②超音波探傷検査

JIS Z 3062 による。欠陥がないと超音波は透過するが、欠陥あれば反射する。これを利用し、不完全接合部の存在を検査する。

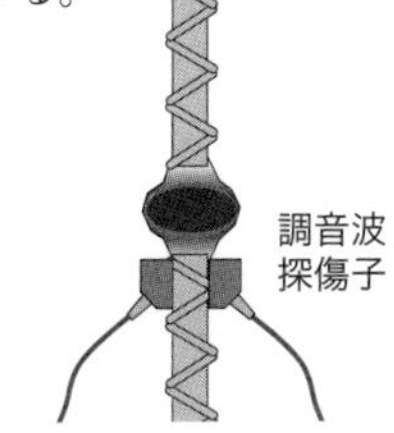

確実な接合は、以下の 3 項目が適切に行われなければならない。

③加圧

両端面の原子間距離を近づけ、金属結合促進

④加熱

変形抵抗を減じ電子の動きを活発にする

⑤圧接時間

両端面原子すべて金属とし、結合する時間を確保する

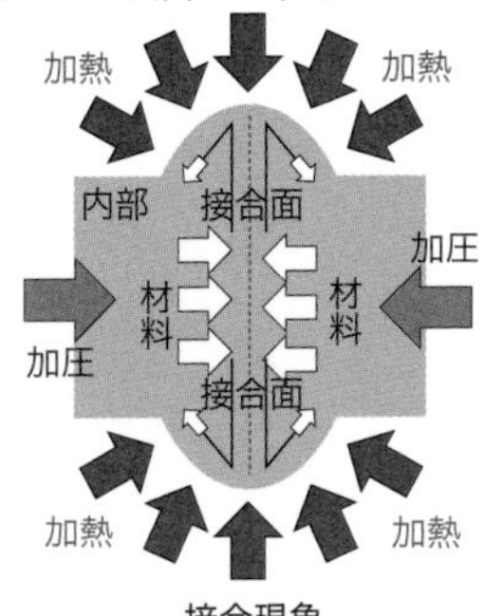

接合現象

また、近年の高層化・大型化にともない、先組み・プレキャスト工法が普及し、A 級ガス圧接継手のニーズが増えている。

A 級ガス圧接継手は、日本鉄筋継手協会が認定する A 級継手圧接施工会社が施工し、『鉄筋継手工事標準仕様書 ガス圧接継手工事 (2009)』に従うことであるが、特に、以下に留意する。

- 鉄筋冷間直角切断機で切断
- 圧接端面の隙間は 2mm 以下
- 3 種以上の技量資格者で、施工前の試験に合格したものが施工
- 検査は超音波検査（合否判定 –26dB）と外観検査を実施

厳密な施工管理と
技量が求められます。

Q

鉄筋工
職長

A

鉄筋担当
工事係員

構造設計
室長

①アセチレンガス以外にガス圧接で使うガスにはいろいろあるそうですが。

回答

アセチレンガスは高温で集中性が高いなどの特長がある反面、逆火事故を起こしやすく CO_2 発生量も多いです。他に天然ガスや高分子ガス、水素エチレン混合ガスがあります。

補足

●岩谷瓦斯：ハイドロカット工法
水素・エチレン混合ガスの自動加圧で、火炎温度が低く、制御しやすい工法

●エコウェル協会：エコスピード工法
高分子天然ガスを使い「還元ガスを発生するポリスチレンリング」を先付けし、還元ガスで酸化防止。

いずれも CO_2 排出量を 60 ～ 80% 削減できる環境にやさしい工法です。

→97

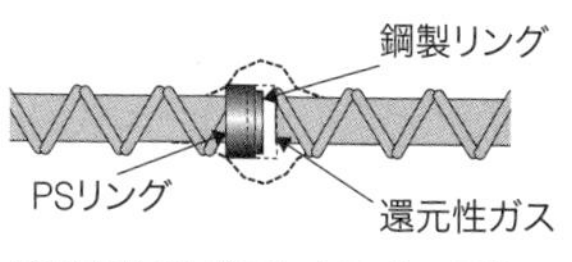

高分子天然ガスによるガス圧接

②ガス圧接では、どんな鉄筋の組み合わせでも、また、銘柄の違う鉄筋でも使えますか？

回答

圧接する鉄筋径は 16mm 以上で、2 サイズ落ち 6 ～ 7mm の差以内ならば、ほぼ正常に圧接できます。
圧接可能な鉄筋の種類、鉄筋の組み合わせ、資格者の圧接可能範囲が、日本鉄筋継手協会で規定されています。

補足

自動ガス圧接および熱間押抜ガス圧接は、鉄筋径が異なる鉄筋同士の接合は認められていません。
また、同一規格の異なる銘柄の鉄筋および成分の変動する電炉鉄筋は、圧接性が悪い可能性があります。圧接結果によっては、分析確認する必要があります。

③鉄筋先組みでは、継手は施工性がよいものが必要です。ガス圧接はだめですか？

回答

ガス圧接継手は縮みが発生するのであまり使われません。機械式で A 級継手を採用すると、同位置でも継手可能で、接続性もよく多用されています。

補足

機械式継手部では、かぶり厚さが不足するので、補強筋径を落とし本数を増やす、補強筋がカプラー部にかからない継手を採用し、耐火かぶり厚さを確認します。

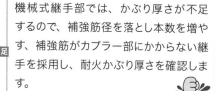

④機械式継手では、ねじ節鉄筋が使われます。
どういう鉄筋ですか？

回答

異形鉄筋の節が「ねじ状」になっていて、サイズに合うナット状のスリーブをクルクル回すと嵌合して、「定着板」「機械式継手」が完成するシステム部品です。ねじ鉄筋、あるいは、ねじ節鉄筋として各メーカーより販売されています。もちろん、圧接や溶接継手も可能ですが、コスト・納期は通常筋よりかかるようです。

ねじ節鉄筋

39 パネルゾーン配筋

何枚でもスケッチを描けば、必ず納まる!!

・最も納めるのが難しく、かつ構造上重要な部分。品質管理の肝所
・構造設計から納まりを造り込む
・機械式定着工法など最新技術を検討

鉄筋工事の柱梁接合部は、構造上大変重要な部位であるが、最も納めるのが難しい。うまく納まっているのを見ると、「すごいテクニック、熟練の技があるのでは」と、時として不思議なくらいである。

柱梁接合部では、配筋図を練り込むことが大切である。

1　パネルゾーン配筋の納め方

側柱の柱梁接合部を例にとって、納め方を説明する。同様の検討が必要な部位は、隅柱–梁、柱–地中梁–杭、梁–壁などである。

柱梁接合部が納まるためには、設計段階から次の手順が踏まれ、解決している必要がある。

①必ず納まる構造設計を実施：設計者

・高強度鉄筋を採用し、鉄筋が納まる部材寸法に
・二段筋や梁上下交差を考慮した構造計算
・太径主筋はかぶり厚さを考慮した設計
・一部スケッチで検討し特記仕様に練り込む

②無理がない躯体図作成：施工図会社

・適切なふかし・打増し、鉄筋の納まる寸法

③関連工事施工図を調整：元請施工会社

・杭頭鉄筋調整
・鉄骨ベースプレート・アンカーボルト調整
・SRC の場合、鉄筋貫通孔確認

2　パネルゾーン配筋要領

①（直交梁の上下を決めて）梁主筋高さ・かぶり調整

②梁主筋水平投影定着確保

③アンカー部折曲げ鉄筋は、定着内法直径4d 以上フック付きで、直交鉄筋間を通す。
このスペースのため、直交梁主筋を偏心し配置することになり、梁主筋一段配筋は不可能となる。この時、二段筋か、機械式定着の採用を検討する。梁下端筋折曲げ部が、直交梁通し筋下を通るので、梁幅は、必要な鉄筋あきを確保する寸法とする。梁筋を柱梁接合部の内側に向け定着しない場合は、梁部材耐力・剛性を損なうので、梁筋は抱え込み定着またはU字形定着とする。

④③により主筋割付けを調整する。柱・梁幅寸法を拡げる場合は、設計者と協議する。あばら筋幅寸法が狭くなり、配筋有効スペースが減るので、場合により上段の主筋本数に影響する。あばら筋加工寸法を小さくすると、せん断補強筋が必要となる場合もある。

⑤外側柱同面のため、梁筋外側鉄筋は柱筋1本分内側に納めるので、梁側かぶり厚さは、外側 75mm、内側 40mm 程度となる。外側はひび割れ防止筋が必要。

③のあと、鉄筋施工業者が参加した検討会を開催して、理解を高め、問題点は修正する。

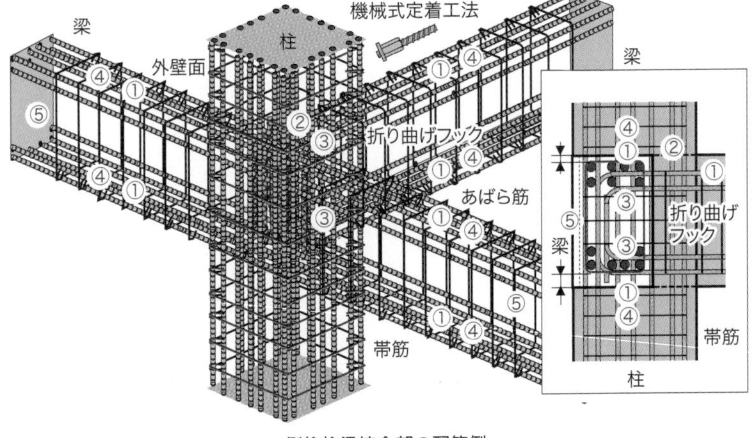

側柱柱梁接合部の配筋例

Q

A

鉄筋担当
工事係員

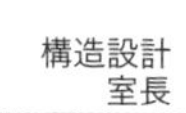

①定着フックをなくした機械式定着工法があると聞きました。

回答

機械式定着工法は、鉄筋末端に定着具を設けることでフックをなくせますので、施工性が大幅に向上します。定着具はねじ節鉄筋に装着する定着金物。異形鉄筋に摩擦接合で取り付ける定着板があります。

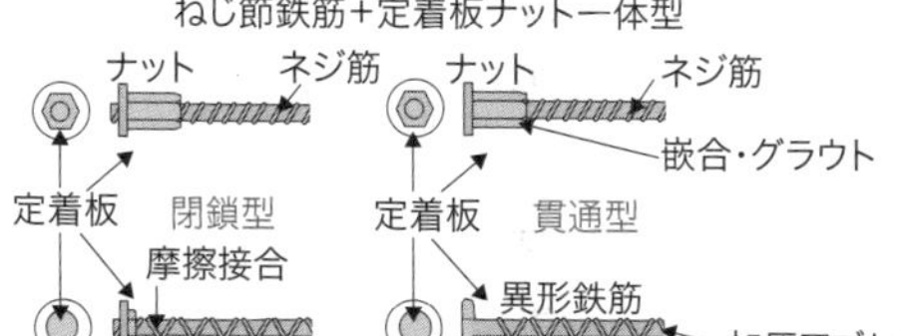

機械式定着工法

補足

RC 超高層実現に向け 1970 年代前半より開発された定着工法です。近年では在来工法による中低層 RC 造建物でも、幅広く採用されるに至っています。（鉄筋心からの）かぶり厚さが大きくなるので、主筋位置および梁の寄りを調整する必要が生じます。

②構造設計から施工会社に至るまで、本気になって取り組むことが必要とのことですが？

回答

中々難しいことですが、できないでは済ませられないので、努力を続けなくてはなりません。

補足

私感ですが、解決するための要点をまとめると、以下になるでしょう。

- コンクリート・鉄筋量を減らしながらも、過度の経済断面を避け、部材はなるべく統一する。
- 構造設計者が、配筋図で、現場がやることを描き込む。設計独特のものを伝える特記仕様書を作る。
- 配筋詳細図は、元請施工会社が作成し、鉄筋業社と協働し完成度を高める。
- 施工現場を確認する。記録は効率よく整備し、余計な仕事をしない。

③こういう検討こそ、BIM が力を発揮するのでは？

回答

納まりを可視化し、設計者、施工者の早期合意形成が可能となり、今後普及が期待できます。システム任せで、人が考える余地が減らぬようにしたいところですが…

→4

BIM（ビルディング
インフォメーションモデリング）

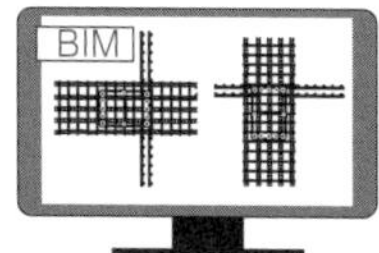

3次元モデルから図面を自動作成。図面の整合性による設計技術

④隅柱接合部では両方向が折り曲げ定着で、さらに納まりません。

回答

別法として、梁断面を柱より突き出して、納める方法があります。建物周辺が片持梁あるいは片持スラブになっている場合などに応用できます。最上階の梁の上端筋では、定着長さを柱内の折曲げ部より下方にとるので、注意が必要です。

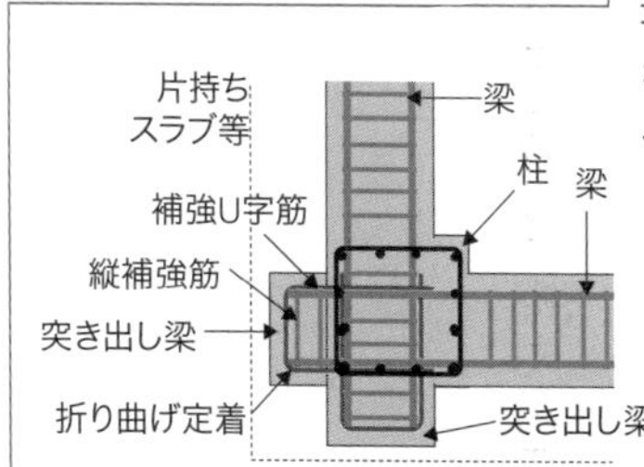

棟梁の木組み下拵して五重塔を組み上げる熟練の技より、この納まりは難しいんだろうか…腕のいい監督と世話役がいれば問題なく納まるよ。
腕を磨こうぜ。

2章 解説！厳選100知識

3 構造躯体（鉄骨・鉄筋コンクリート）の構築

40 鉄筋先組み工法

トータルメリットが確実にあるか追求する
- RC は、3 種類の工法の使い分け
- 機械式継手採用
- 運搬費削減の減容化新工法

1　SRC 構造における鉄筋先組み

鉄骨建方に先立つ地組時点で、鉄骨柱部材の納まりが難しく手間のかかるパネルゾーン鉄筋を先組みし、柱梁鉄骨継手部を除く部分を先配筋し、ほどほど完成した状態にして、建方を行う工法。先付け揚重の意味もある。継手はガス圧接も可能であるが、機械式継手が多用される。躯体合理化の鉄筋工事におけるサブシステムで、鉄筋工の不足時などに総合的に効果を発揮し、採用される。

メリット

- 地上配筋作業による作業効率の向上
- 施工精度の向上と管理・検査の容易化
- 作業安全性の向上
- システム化による現場工期の短縮

デメリット

- 現場内に先組みヤード・架台が必要
- 揚重機・吊り治具の用意
- 工場からの運搬費の増大

2　RC 構造における鉄筋先組み

柱・梁の鉄筋を工場や現場で先組みし、ユニット部材とし、現場の所定の位置まで運搬・揚重して建て込む工法で、以下の 3 種類がある。

- 地中梁の鉄筋先組み
- 柱部材のみ鉄筋先組み
- 柱 + 梁部材の鉄筋先組み

型枠組立てに先立ち、鉄筋ユニットを組み立て、後で型枠を設置する先組み工法と、仕口部分を含んだ十字型・T 字型・L 字型に鉄筋ユニットを型枠内に納める置組み工法がある。

適用しやすい建物条件として、

- ラーメン構造
- 柱梁形状が比較的統一されている
- 平面計画単純明快
- 部材化に耐える鉄筋量がある
- 単純な柱梁接合部
- 梁レベルが同一

などがある。特に、柱梁接合部は、鉄筋の重なり、接合および揚重方法を総合的に考慮する。

下筋継手施工法の工夫なども必要。

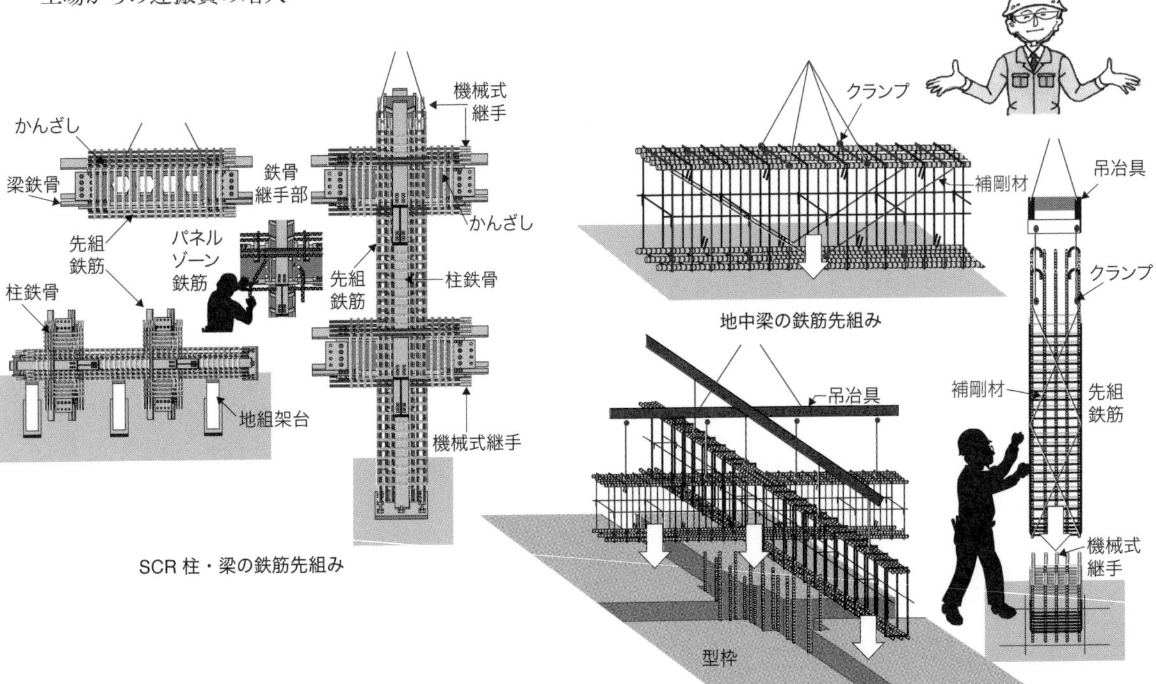

SCR 柱・梁の鉄筋先組み

RC 梁の鉄筋置き組み

RC 柱の鉄筋先組み

Q

A

①鉄筋工事の省力化が図れますが、全体の評価はどうなりますか？

回答

鉄筋工事だけに着目すると、品質が上がり、工程が短縮し、コストダウンでき、安全であるメリットがあります。

一方、鉄骨工事では、早期材料搬入・先付金物用意・鉄骨建方煩雑化など、負担が増え、コストアップし、工程も余分にかかります。

仮設面では、広い先組ヤード確保、地組架台や専用玉冶具の用意など、同じくデメリットがあります。

また、吊り足場、ライフネット、防網、タラップなどは、鉄筋を先組しても、他工事に必要なので省略はできません。

他にも、得失があります。

・本締めしにくい
・鉄骨が扱いにくい
・鳶が移動しにくい

仮設が大変

・鉄筋を損傷する
・鉄骨製作期間が減る

鉄筋万歳!!

・永く置かれ錆びる
・鉄骨建方精度が悪いと鉄筋が納まらない

柱鉄筋先組みのデメリット例

補足

鉄筋工事だけ突出してメリットが出る形でなく、躯体出会い工種（鉄骨･型枠など）すべての工種にわたり総合的メリットのある、構工法施工システムに組み上げることが必要です。時として、工法の新規さに引っ張られ、価値の偏った「かっこいい」工法を採用することは避けなくてはなりません。省力化工法は、奥が深いです。

省力化工法推進

工事仕様簡略化
熟練工種削減
プレファブ化
ロボット化
省材料
乾式化
工業化
自動化

うーん

職人の気持ち

鉄骨先組みは、労務不足の根本的解決には遠く、職人のやりがいをなくし、手間が掛かる部分を残す工法になる。
省力化は、職人にとって魅力ある工法でありたい。

②工場で先組みユニット化した鉄筋を、現場に運ぶにはコストがかかります。容量ばかり増え、補剛も大変です。

回答

主筋と補強筋を結合する結束線に特殊なゴムを用い、工場にて大部分の組立てを行い、ユニット化した部材を折り畳み、減容化します。

減容化技術の例として、特殊なゴム付き結束線を使用する工法があります。折り畳んだ先組みユニットを運搬し、現場での荷取り段階で、組み倒していたものを立ち上げて再び元の状態に復元し、再点検修正し、建方を行います。運搬費が軽減します。

→6

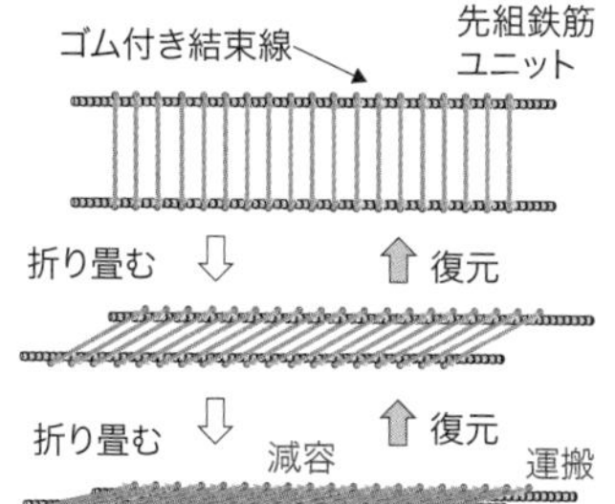

ジャバラ工法：（早川鉄鋼販売（株））

補足

結束用ゴムをコンクリートに埋め込んでも、通常の結束線を使った場合と変わらないことが実験確認されていますが、設計者の承認が必要です。

③工場で先組みユニット化せず現地で先組みすることはできないのですか？

回答

かなり広さが必要です。材料や製品ストック・加工・資材ヤードが、加工機械の調達整備も必要です。よほど条件がそろわないと困難です。

補足

現地取付け工程と先組みプレファブ工程をスムーズに連携し、一定の山均しができれば、先組ヤードを小さくでき、積み重ねる仮設によりストックも狭くできます。先組み部品計画と生産工程のマッチングがポイントになります。

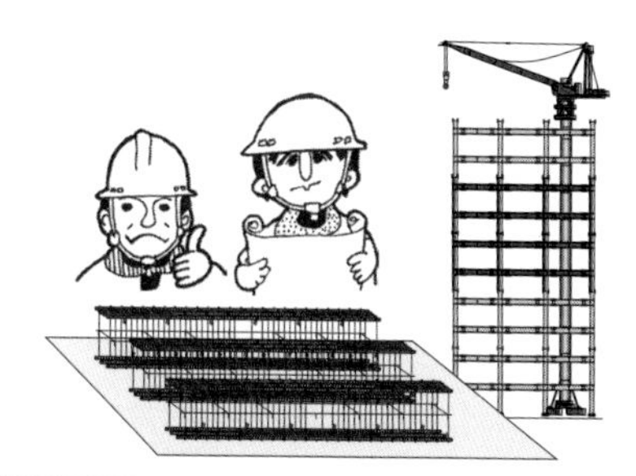

41 型枠組立ての基本（柱・壁 在来Ｖ工程）

→42 43

側圧と構法との調和!!

- 側圧を計画管理し、型枠設計に反映させる
- 仕上げ・構造性能を考え精度目標を定め、調整や検査で高精度を追及する
- 合板種類・規格・強度を使い分ける

1 在来工法Ｖ工程とは

柱・壁型枠は鉛直部材で、この組立てをＶ工程とよぶ（梁・スラブの横架材型枠とは、設計・構成・組立て要領が異なる）。組立作業には作業主任者の選定が必要で、厚労省「型枠施工技能士」１級または２級資格を有する者を選任することが望ましい。

設計は、コンクリート打込みによる側圧が外力で、強度計算によりセパレーター位置・間隔を決定する。下表に標準値を示した。型枠施工に先立ち、コンクリート部材の正味寸法を精緻に図示したコンクリート躯体図が必要である。

Ｖ工程独立柱の端太・セパレーター間隔の例
（階高 3.5m 程度、コンクリート打込み速さ 10m/h）

打込み方法	仕上げ	側圧 (t/m²)		フォームタイ間隔 (Xmm)		横端太間隔 (Amm)		縦端太間隔 (Bmm)	
				下部	上部	下部	上部	下部	上部
一度に打ち上げる	打放し	下部	8.0	300.0	–	500.0	–	100.0	–
		上部	5.0	–	450.0	–	600.0	–	150.0
	塗下地	下部	8.0	250.0	–	700.0	–	200.0	–
		上部	5.0	–	350.0	–	700.0	–	200.0
二段階水平廻し打ち	打放し	下部	5.0	400.0	–	600.0	–	150.0	–
		上部	5.0	–	400.0	–	600.0	–	150.0
	塗下地	下部	5.0	350.0	–	800.0	–	200.0	–
		上部	5.0	–	350.0	–	800.0	–	200.0

2 在来工法Ｖ工程の材料・工法

せき板は、合板（JAS「コンクリート型枠用合板」）が用いられ、剥離剤は、油性・樹脂・ワックス・界面活性剤系がある。特に油性系が多い。種類によっては、コンクリート変色、硬化遅延・不良、仕上げ材付着不良、表面気泡などをもたらすので、品質実績のあるものを使用する。

締付け工法は、フォームタイを使い、コンクリート中に埋め込まれるセパレーターと組み合わせる。セパレーターを用いず、外側に締付け材を回す工法（コラムクランプ）もある。

支保工工法は、丸鋼管（JIS G 3344）・角鋼管（JIS G 3366）を端太材として、シングルあるいはダブルで用いフォームタイで緊結する。建入れ調整用パイプサポート・チェーン、角締め・膨れ止め・目違い防止など多様な部品が活用されている。

通り・建入れ精度が重要なので、柱・壁部分の型枠組立てごとに、墨との整合や鉛直度を確認し、誤差を積み上げないように注意する。下ごしらえ部材精度が高く、最初の柱型枠精度が高ければ、おおむね全体精度は高くなるはずである。

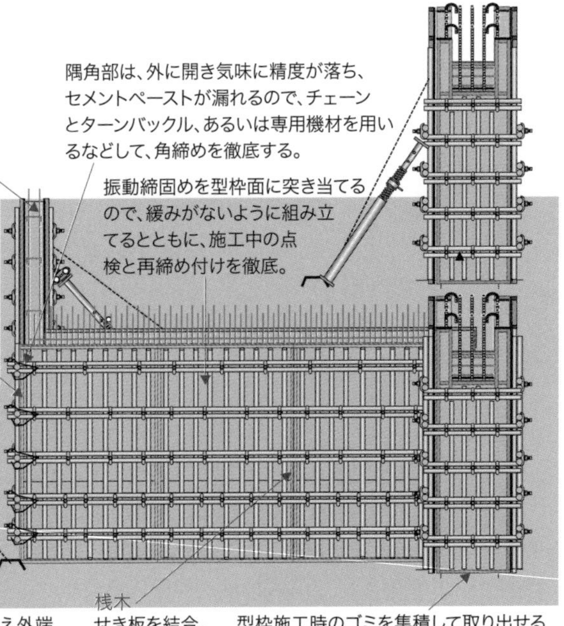

隅角部は、外に開き気味に精度が落ち、セメントペーストが漏れるので、チェーンとターンバックル、あるいは専用機材を用いるなどして、角締めを徹底する。
セパレーター
せき板間隔を保持する棒状金物。
振動締固めを型枠面に突き当てるので、緩みがないように組み立てるとともに、施工中の点検と再締め付けを徹底。
コンクリート打ち直前に、建入れ・通り検査をして、チューン・サポートなどで矯正。
せき板隙間にはウェスなどの目止めが必要。
パイプサポート
建入れ直しチェーン
型枠架構全体の精度と剛性を確保する調整可能な緊張材。
側圧とのたたかい。
フォームタイ
セパレーターを介し外端太とせき板を固定する。
外端太
フォームタイにより内端太を押える。
内端太
せき板を押え外端太に力を伝える。
桟木
せき板を結合。
型枠施工時のゴミを集積して取り出せるよう下部に掃除口を用意し清掃後ふさぐ。

柱・壁Ｖ工程型枠組立ての基本

Q

①せき板に使用する合板の品質基準は？

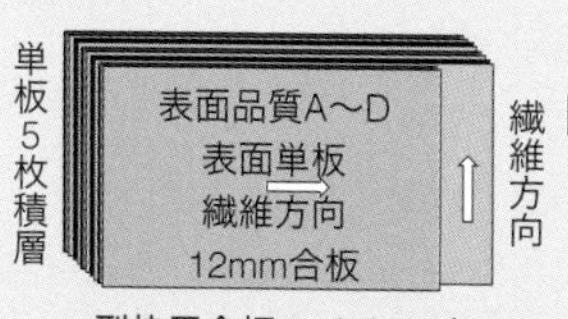

型枠用合板のイメージ

A

型枠担当
工事係員

回答

JAS「コンクリート型枠用合板」です。ラワンなど南洋材資源は輸出規制されるので、国産針葉樹合板の利用が検討されていますが、針葉樹は節やヤニが多く、塗装合板で使用されます。

品質管理
室長

補足

JAS は、板面品質をA、B、C、D の 4 種に分類、表面と裏面品質を組合せ A-A（表面品質がA、裏面品質がA）から C-D まで 9 種に分類しています。市販されているのは板面品質が B-C で、表面には品質 A を打放しで使いたいですが、入手困難な状況です。合板は、12mm・15mm とも 5 プライが多いですが、繊維方向と直交方向で、強度・ヤング率が異なり、使用に注意が必要です。

②型枠精度は、仕上げの出来栄え精度を左右し、部材の必要な大きさを確保し構造強さを確保するために極めて重要です。精度基準はどう規定されていますか？

回答

建物特性や設計条件により変わり、基本的には設計で特記されます。JASS 5 の型枠では、「柱や梁の型枠精度許容変形量は 2mm 程度、総変形量 5mm 以下を目安」としています。

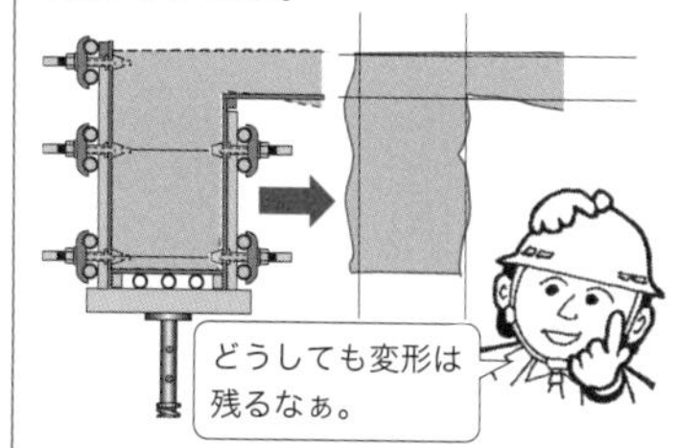

補足

JASS5 で構造体位置断面寸法許容標準値で下を提案しています。

構造体の位置・断面寸法の許容差の標準値

項目		許容差(mm)
位置	設計図に示された位置に対する各部材の位置	±20
構造体および部材の断面寸法	柱・梁・壁の断面寸法	-5、+20
	床スラブ・屋根スラブの厚さ	
	基礎の断面寸法	-10、+50

③V 工程の、型枠強度計算の要点を教えてください。

回答

V 工程では側圧が外力の大半を占めます。コンクリート打込み速度に大きく依存します。独立柱や壁で一度に打ち上げると、打込み速さは、柱で 20m/h を超えます。十分な締固めを行い、打ち重ねると打込み速さを下げ、側圧を緩和します。

型枠設計用コンクリート側圧

打込み速さ	10m/h 以下の場合		10m/h を超え 20m/h 以下の場合		20m/h を超える場合
部位＼H(m)	1.5 以下	1.5 を超え 4.0 以下	2.0 以下	2.0 を超え 4.0 以下	4.0 以下
柱	W_0H	$1.5W_0+0.6W_0\times(H-1.5)$	W_0H	$2.0W_0+0.8W_0\times(H-1.5)$	W_0H
壁		$1.5W_0+0.4W_0\times(H-1.5)$		$2.0W_0+0.4W_0\times(H-1.5)$	

H：コンクリートのヘッド（m）
W_0：コンクリートの単位容積重量

補足

打込み高さ 4m を超えると側圧過大で、圧送脈動で初期ひび割れが発生するため避けます。

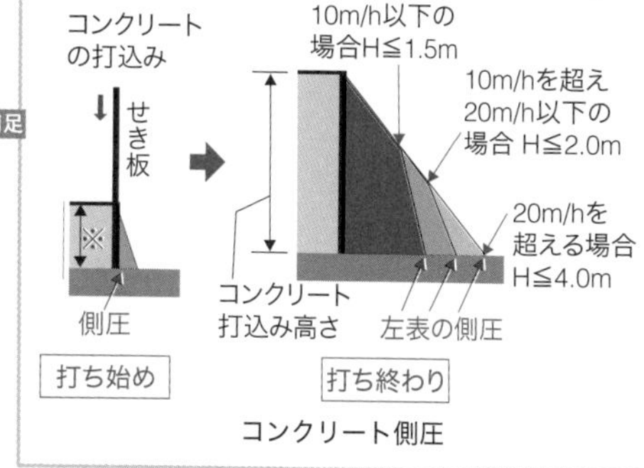

コンクリート側圧

④V 工程では、在来工法以外にどんな型枠が使われますか？

回答

独立柱、壁では、システム化された総合工法として右の工法があります。

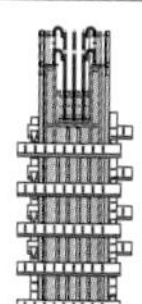
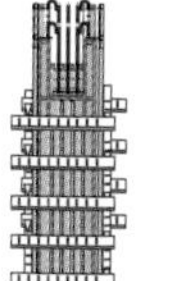

コラムクランプ

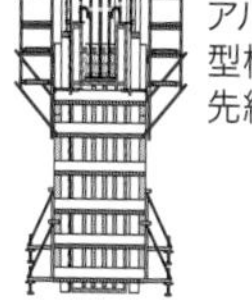

柱システム型枠

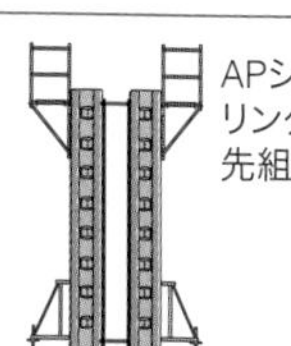

大型壁型枠

42 型枠組立ての基本（床・梁 在来Ｈ工程）

→41 43

支保工を減量して早く造る工夫を !!
・かつて見られたスラブ落下事故を再発させない型枠設計と管理を徹底
・仕上げ・構造性能を考え、精度目標を定め、調整や検査で高精度を追及する
・型枠構台を上手に使う

1　在来工法Ｈ工程とは

梁・スラブ型枠は水平部材でＨ工程とよぶ。

設計は、コンクリート重量と施工荷重による重量が外力で、強度計算により根太・大引・支保工の位置・間隔を決定する。梁にかかる側圧は高さが小さく、梁側の設計は余裕をもてる。

梁は、鉄筋配筋方法が落とし込みの場合、上段セパレーターをあと施工とし、落とし込みできない場合は、壁と同様に片梁側を配筋後に施工する。

後者ではスラブの安定に留意する。

前項で解説したV工程で、逐次工程内検査をするが、コンクリート打設前後に下記項目を最終確認し、各型枠部位について、立ち・通り・水平を検査、組立て精度を確認して管理数値内に調整する。

軒先やバルコニー先端は、コンクリート打設後、レベルを見てサポート高さを水平調整する。

2　在来工法Ｈ工程の材料・工法

せき板は、柱･壁型枠V工程と同じ合板が用いられる。支保工のうち、パイプサポートは、（一社）仮設工業会の定めた「仮設機材認定基準」に適合するものを用い、使用回数が増して性能の低下した材料を用いないよう注意する。鋼製仮設梁は主としてスラブ用支保工に用いられる。大引･根太は、丸鋼管（JIS G 3344）･角鋼管（JIS G 3366）を、大引はダブルに一体化するか、あるいは角木材を使う。梁は、壁同様セパレーターをフォームタイと鋼管で締め付ける。建入れ調整用パイプサポート・チェーンが使われる。

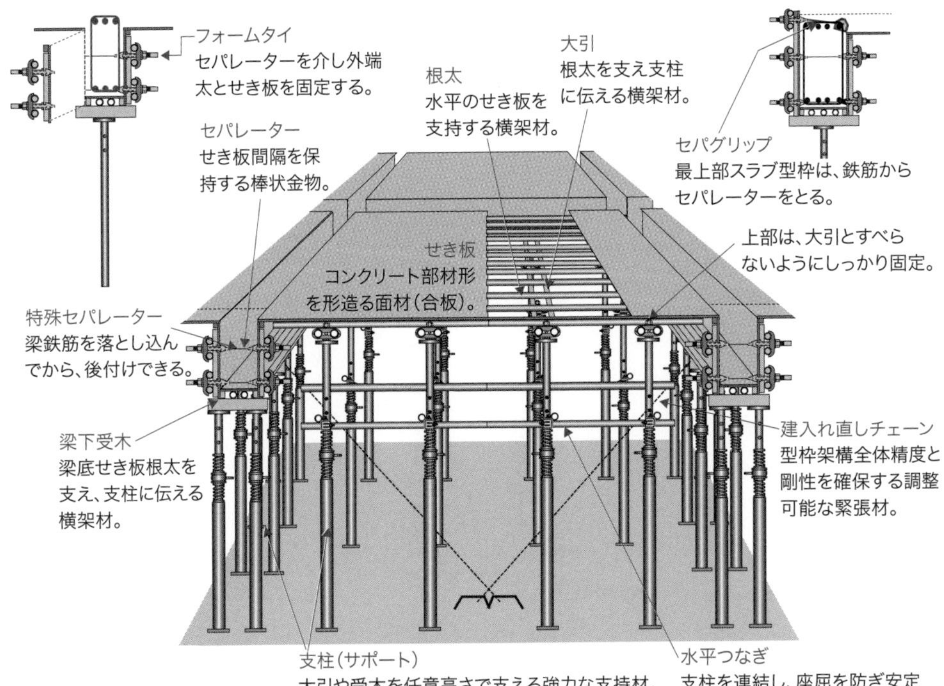

フォームタイ
セパレーターを介し外端太とせき板を固定する。
根太
水平のせき板を支持する横架材。
大引
根太を支え支柱に伝える横架材。
セパレーター
せき板間隔を保持する棒状金物。
セパグリップ
最上部スラブ型枠は、鉄筋からセパレーターをとる。
せき板
コンクリート部材形を形造る面材（合板）。
上部は、大引とすべらないようにしっかり固定。
特殊セパレーター
梁鉄筋を落とし込んでから、後付けできる。
梁下受木
梁底せき板根太を支え、支柱に伝える横架材。
建入れ直しチェーン
型枠架構全体精度と剛性を確保する調整可能な緊張材。
支柱（サポート）
大引や受木を任意高さで支える強力な支持材。サポートは使用高さを変えられるが、高さで支持耐力が異なる。
使用可能範囲を超えると補助サポートが必要。下が土の場合は、漏出水により沈降しないよう板敷きし、仮止め。強度が発現していないスラブに悪影響を与えるので、上下階支柱は同じ位置に配置。
水平つなぎ
支柱を連結し、座屈を防ぎ安定を保つつなぎ材。3.5mを超すときは2m以内間隔で2方向に専用金具を用いて水平つなぎ材を配置し、全体の安定確保。

梁・スラブＨ工程型枠組立ての基本

支保工の配置・取付け、締付け金物のゆるみ
開口部の位置・配管・ボックス・金物
目地棒などの位置・数量、鉄筋スペーサー
木片・異物除去、せき板隙間・ベースト漏れ

コンクリート打設前の型枠検査項目

Q

①階高が高い時やスラブ厚さが大きい場合には支保工構台が必要になります。どんな構法がありますか?

回答

A

枠組支保工や鋼材、専用機材により、構造安全性の確認を行って型枠構台を計画します。88条、工事計画届の対象です。いろいろなパターンがあります。

補足

規模が大きな場合、重量鋼材を使った、以下のような構台もあります。土木工事で使われており、柱を先に施工してから梁スラブを施工するVH分離工法とした例もあります。

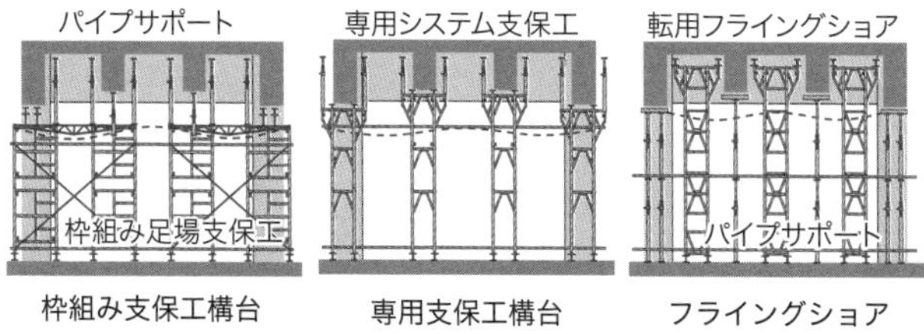

枠組み支保工構台　専用支保工構台　フライングショア

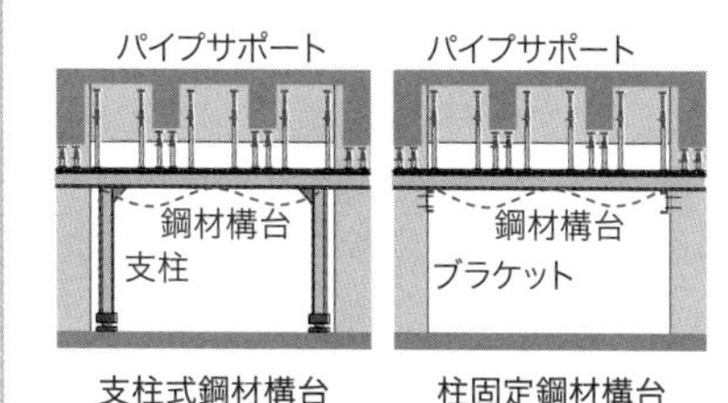

支柱式鋼材構台　柱固定鋼材構台

②在来工法以外の、梁・スラブH工程の型枠工法を紹介してください。

回答

支保工のない型枠構法は、工期を短縮し、円滑に進めます。構造計画を見直さない工法を紹介します。

補足

床構法を設計段階に立ち返って見直すと、大きな工期短縮・コストダウン効果が得られます。

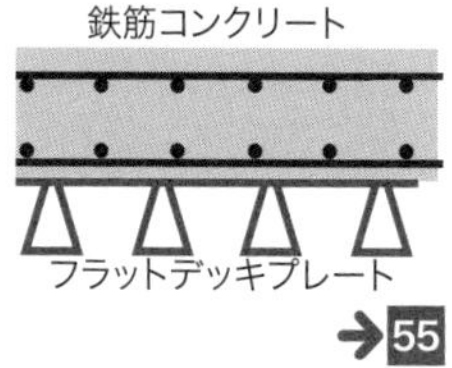

→55

型枠デッキプレート

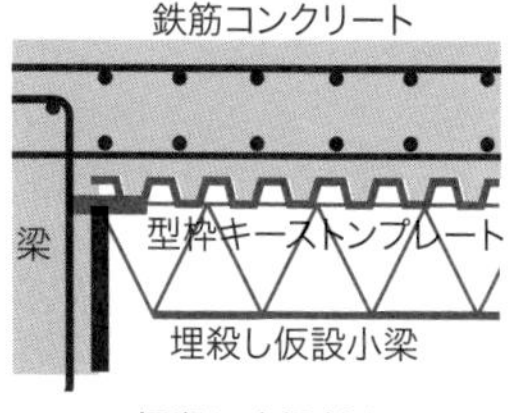

埋殺し小梁付き
キーストンプレート

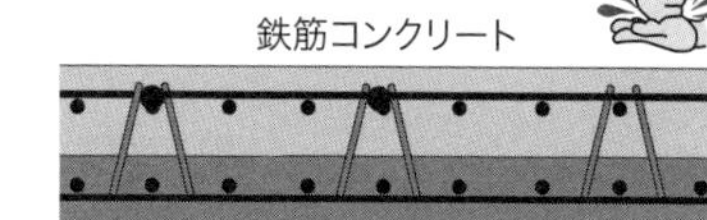

トラス筋付きハーフPC板

鉄筋付きデッキプレート

③H工程の、型枠強度計算の要点を教えてください。

回答

H工程では重量が外力となります。この重量に対し、曲げ材・圧縮材として強度計算、許容応力度は長期と短期の平均とします。

JASS 5によると、以下の荷重を見込むことが推奨されています。

鉄筋コンクリート重量は密度×厚さ、型枠重量は、在来工法で0.4kN/m^{2}とし、作業荷重+衝撃荷重は、労安規規定1.5kN/m^{2}を遵守する考え方です。

実情に応じ修正して計算します。

強度とともに、たわみも計算します。

積載荷重(作業荷重+衝撃荷重)は一過性なので、計算には除外します。

今は見られないが、打設中のスラブ型枠が崩落する事故があった!!
荷重設定と管理が重要。

床型枠設計用鉛直荷重

荷重の種類		荷重の値	備考
固定荷重	普通コンクリート	24 kN/m^3×d (2.4tf/m^3×d)	d:部材厚さ(m)
	軽量コンクリート	20 kN/m^3×d (2.0tf/m^3×d)	軽量一種
		18 kN/m^3×d (1.8tf/m^3×d)	軽量二種
	型枠重量	0.4 kN/m^2 (40 kg/m^2)	
積載荷重	通常のポンプエ法	15 kN/m^2 (150 kg/m^2)	作業荷重+衝撃荷重
	特殊な打込み工法	15 kN/m^{2}以上(150 kg/m^{2}以上)	実情による

43 打放し型枠の作法

→31 33 41 44

木コンとせき板割付けが重要

・精密な躯体図とパネル・P コン割付け計画が大切
・精緻な組立てと、検査・建入れ調整
・鉄筋かぶり確保と、よいコンクリート打込みが大切。維持保全は難題

合板打放しの例

杉本実打放しの例

コンクリート打放し技術は、施工技術者にとって最も腕のふるいどころで、名建築も多く、高い施工経験が蓄積され、高いレベルを保っている。

・桧や杉の木目による本実打放し
・生地ベニヤや塗装合板を用いた化粧打放し
・紙型枠を用いた円型柱
・ゴム型などを用いた特殊化粧打放し

など、バリエーションも増えている。

“よいコンクリートをきれいに打つ”気概で、かぶり寸法を確保し、単位水量が小さなコンクリートを、変形目違ない型枠に密実に打ち込む。十分な湿潤養生を行い、艶やかな光沢を有する平滑な打放し面に仕上げることで、長い間美観を保つことが理想である。なお、精緻に練り込んだコンクリート詳細図が必要である。

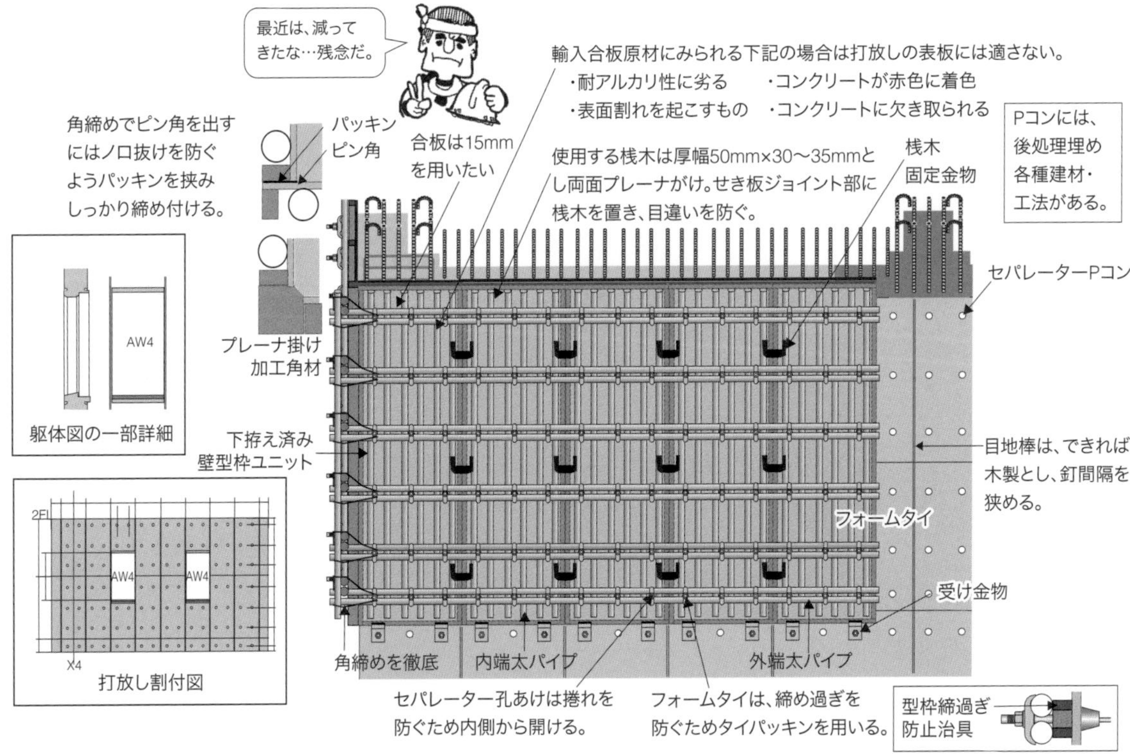

・型枠は、強度計算を確認し、せき板とセパレーターを美しく均等に配置する。割付図を必ず作成し、設計者と協議のうえ、承認を得る。
・型枠の通り・立ちを、コンクリート打設前と後でトランシットや水糸で検査する。修正する場合は、斜めサポートとターンバックル付きチェーンで直す。
・合板は太陽光線での色ムラ、硬化不良につながるので、ストック・下拵え時に注意。打放しに適する品質として、JAS 規定表面品質が［A］のものを選定する。
・緊密に組み立てた型枠でも、振動機のかけすぎにより締付け金物が緩んだり、セメントペーストやモルタルが継目から漏出するので、常に点検する。

打放し型枠のポイント（大パネル工法）

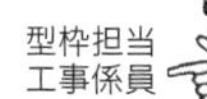

Q	A（回答）	補足
①よい打放し面を得るための、鉄筋工事とコンクリート打設の要点を教えてください。	鉄筋のあき・かぶりの確保が大切です。コンクリート調合は、スランプ18cm、フロー比が1.5～1.0程度とし、骨材最大寸法を小さく、砂率を高くすれば施工しやすくなりますが、単位水量が大きくなるので、注意が必要です。試験打ちをして確認してください。	砂の品種・吸水率によってコンクリート面に色違いが生じることがあります。これを防ぐために細骨材の銘柄を吟味します。一方、打放しコンクリートの完成時の美観を長い間維持することは至難です。点検修理を重ね、汚れを清掃し、透明な防水材を定期的に塗り替えるなど緻密な保全が必要です。
②外壁で繰り返し統一形をしている場合、システム化した大パネル工法が使われています。注意点を教えてください。	階高に合わせた、一定幅の桟木框パネルで構成した大パネル工法（P.120）がよく使われます。人力でせり上げますが、現場工数削減と工期短縮できます。よい精度の打放し壁ができます。 →44 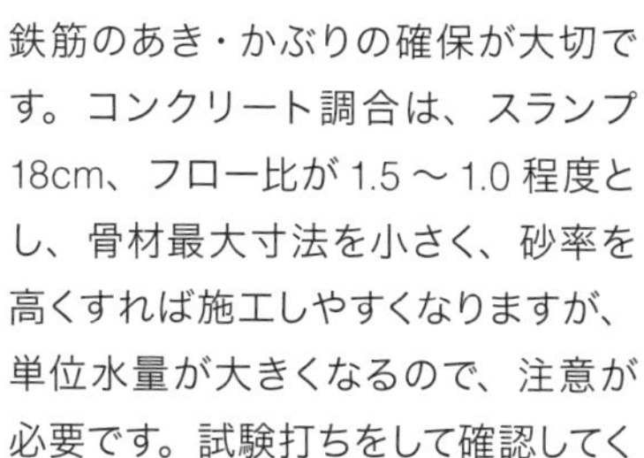 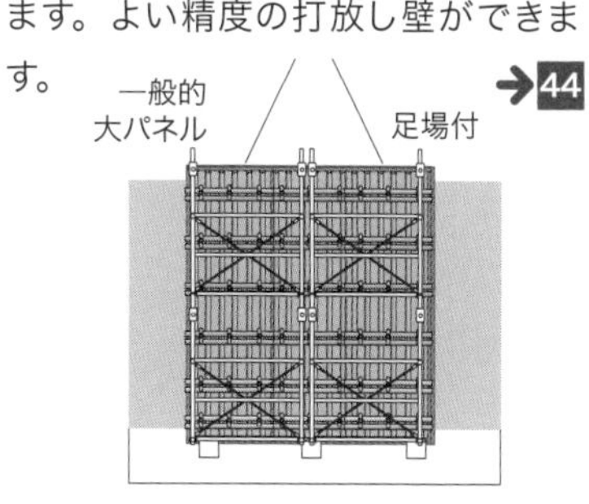 一般的大パネル / 足場付 / 大パネルシステム型枠	鋼製フレームにより大板先組型枠に足場を一体化したシステム型枠など多種の工法があります。建込み、移動は、クレーンを用います。現場工数が減り、工期短縮できます。剛性が高く高精度の打放し壁ができます。 型枠の転用回数が少ない場合、高額な型枠初期製作費を回収できないこともあります。
③打放し面が曲面の場合は、型枠はどう組むのですか？	躯体図の曲面寸法に合わせ、曲面成形したせき板を製作し、櫛型や曲面端太材を用いて型枠を組み立てることができます。  合板熱間加工 / 曲面成形型枠製作	せき板を小幅にして、櫛型に曲面状に張り合わせ、薄ベニヤ板を内張りし曲面にします。手間がかかります。 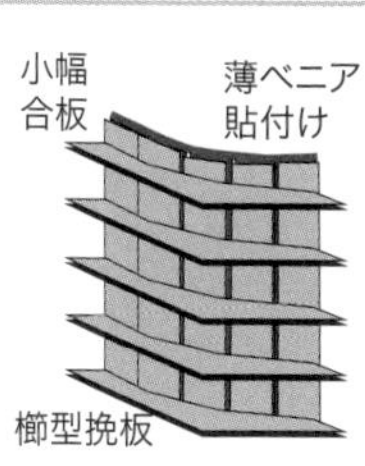 小幅合板 / 薄ベニア貼付け / 櫛型挽板 / ベニア曲面型枠
④締付けセパレーターにはPコンが使われます。後はどう埋めるのですか？	Pコンの奥には鋼製セパレーターがあるので、耐久性の高い穴埋めをします。 通常は左官工が防水モルタルを丁寧に埋めます。 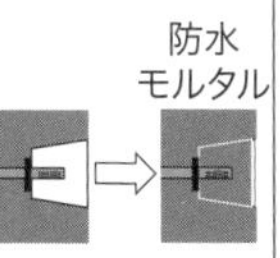 防水モルタル / 左官埋め	省力化を考え、防水接着剤で、プレ防水モルタル成形品、プラスチック成型品を嵌め込む製品が市場投入されています。 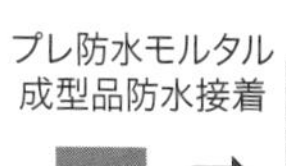 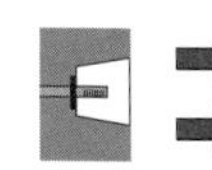 プレ防水モルタル成型品防水接着 / プラスチック成型品防水接着 / 成形品埋め

44 型枠転用

早期脱形による、ひび割れ発生は禁物!!
・型枠存置期間を遵守する
・支保工早期撤去を研究し挑戦する
・転用効率を上げ、全準備量を低減し原価を抑える

1 型枠の存置期間

JASS 5では、型枠各部の存置期間は以下のように規定している。特に、スラブ下・梁下の支保工存置期間が一番長い。

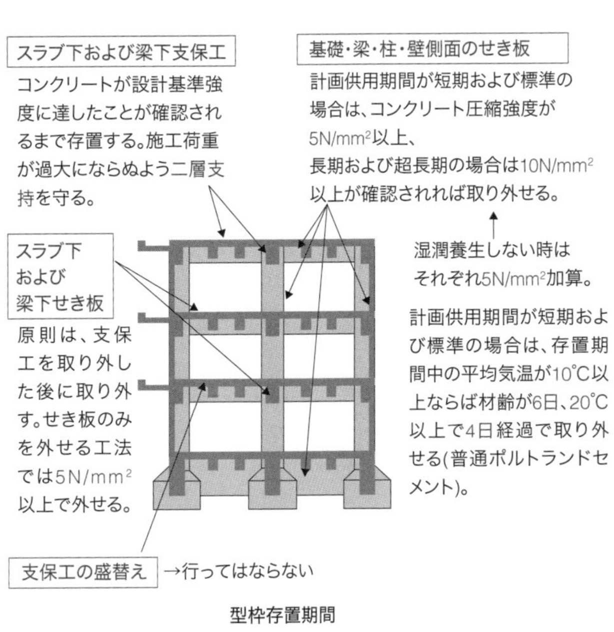

スラブ下および梁下支保工
コンクリートが設計基準強度に達したことが確認されるまで存置する。施工荷重が過大にならぬよう二層支持を守る。
基礎・梁・柱・壁側面のせき板
計画供用期間が短期および標準の場合は、コンクリート圧縮強度が5N/mm²以上、長期および超長期の場合は10N/mm²以上が確認されれば取り外せる。
湿潤養生しない時はそれぞれ5N/mm²加算。
計画供用期間が短期および標準の場合は、存置期間中の平均気温が10℃以上ならば材齢が6日、20℃以上で4日経過で取り外せる(普通ポルトランドセメント)。
スラブ下および梁下せき板
原則は、支保工を取り外した後に取り外す。せき板のみを外せる工法では5N/mm²以上で外せる。
支保工の盛替え
→行ってはならない

型枠存置期間

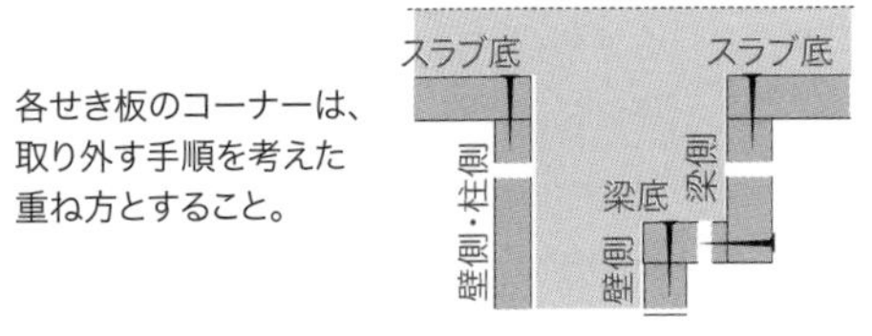

せき板の作法

2 存置期間を早める方法

設計基準強度に達する以前に、支保工を取り外す場合は、有害なひび割れなどが発生しないよう、対象部材の施工荷重などを安全に支持できる強度を「適切な計算方法」から求め、その強度を実際のコンクリート圧縮強度が上回ることが条件とされている。ただし、取り外し可能な圧縮強度は、計算結果にかかわらず12N/mm²以上とする。

3 型枠の転用計画

型枠工事は、コンクリート打設〜脱型〜組立てが繰り返され、材料は、新規投入〜転用〜廃棄(回収)される。効率よい転用計画を実現すれば、材料準備率が低減、大きな原価低減と省資源が得られる。そのため、

・躯体寸法の変更回数を減らす設計
・多く転用できる型枠素材(金属など)を採用
・型枠システム化で、移動組立てを高効率化
・型枠存置期間を合理的に短縮

などの方策と、水平移動が少ない計画、同一材料・同一部位転用、シンプルな転用が有効である。工区・手順・工程により変わる。実施手順と計画例を図に示す。

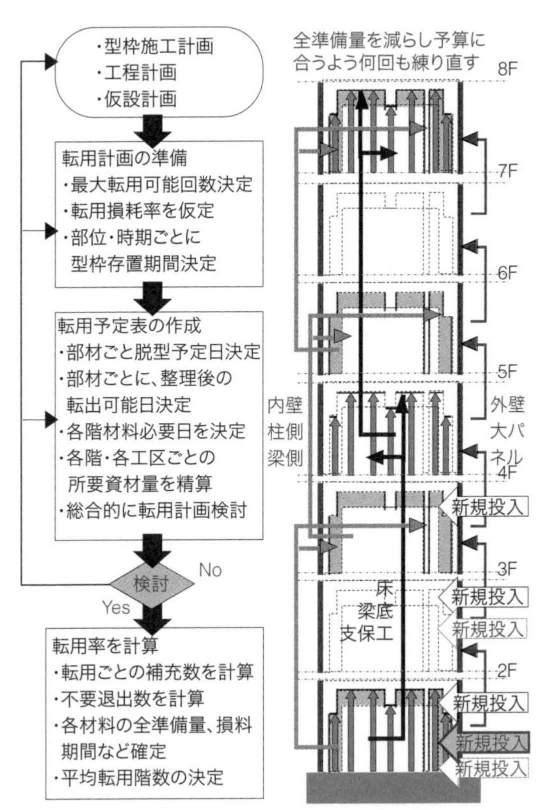

型枠転用計画フロー　　型枠転用計画例

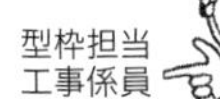

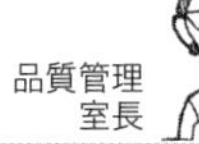

Q

A

①支保工を取り外す「適切な計算方法」とは?

回答

支保工なしで、スラブや梁が、曲げひび割れや有害な撓みを生じないことを証明する計算法で、本来の設計条件に変え、上階コンクリート打設荷重や施工荷重を考慮したモデルで解析します。

厳しい条件設定で検討するので、計算結果と異ならないよう、荷重条件の表示や衝撃の禁止など、丁寧な施工管理が必要になります。

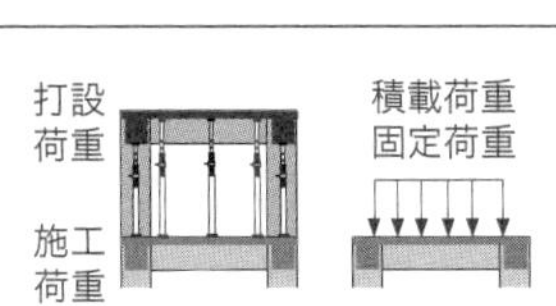

荷重条件の違い

補足

有害なひび割れの評価条件は、曲げひび割れ強度、0.56 $\sqrt{Fc}$ (Fc：設計基準強度 (N/mm^2))が判断基準です。

対象部位の最大縁応力度〔最大曲げモーメント / 断面係数〕がこの値未満であれば、ひび割れが生じないと判断します。

最大曲げモーメントは、(RC構造計算基準の) スラブの曲げ応力算定法などによります。JASS5 9・10に詳しい説明があります。

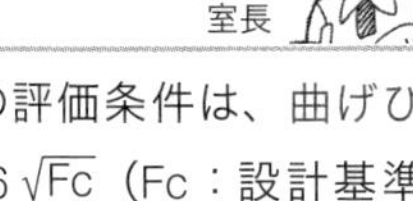

②スラブ下および梁下支保工は、施工荷重が過大にならぬよう打設時に二層支持を守るとあります。どういう意味ですか?

回答

コンクリート打設荷重を下部二層躯体で支持する原則を言います。

型枠支保工材料を上階に転用しようとして、一層下の材料を早く取りたくなりますが、取ってはいけません。階別サイクル工程が長い場合は辛いですが。

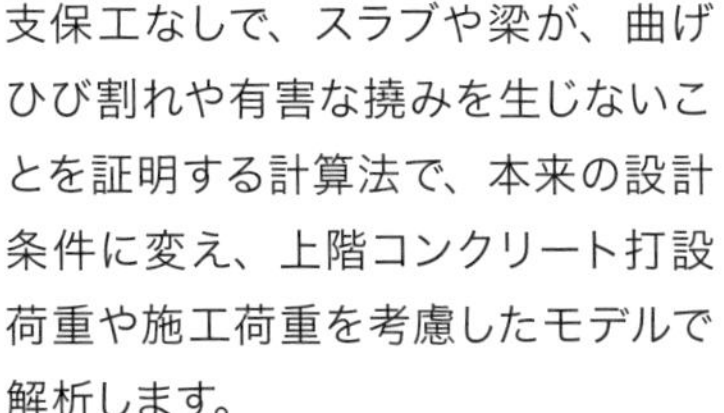

打設階
支保工
意外と遵守できていないことが多い。

③支保工すべて、あるいは一部を残存させて、それ以外の支保工を、設計基準強度の発現を待たずに早期に解体する具体的な工法があるのですか?

回答

打設時3層受けし、材齢4日前後で、特定支柱とよぶ大耐力支柱数本を増締めして残し、他の型枠と支保工を早期解体する工法です。

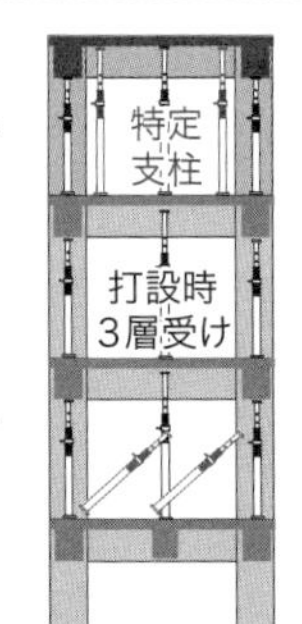

(特許) クイックアップ工法

補足

早く支保工を取り外す「適切な計算方法」として、有限要素法によるFEM解析をもとに有害ひび割れやたわみを予測する計算法を確立しています。

実施工段階では各ステップでコンクリート強度を確認し、特定支柱配置、解析から施工プロセスまで一貫して管理する優れたシステムです。ほとんどの型枠を直上に転用でき、後工程の早期着手により、工期短縮に大きく寄与します。「適切な計算方法」は設計者の承認を得ることが必要。特定支柱は盛り変えず、似た残し方をします。

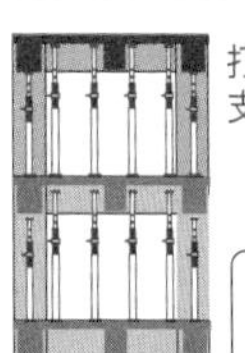

転用で型枠材料費を低減すれば、品質を維持して原価も圧縮できます。

④供試体の養生は、現場水中養生または現場封かん養生とされますが、現場封かん養生とはどう養生するのですか?

回答

現場で、缶に試料を詰め、厚手塩ビシートで覆い、縁をテープで密閉します。

⑤スラブ下および梁下のせき板のみを外せる工法がありますが?

回答

ウイングで大引を支え、根太と大半のせき板を先外し (局部点支持サポート残す) できるパーマネントサポート工法があります。

パーマネントサポート工法では、コンクリート強度5N/mm^{2}以上を確認してください。

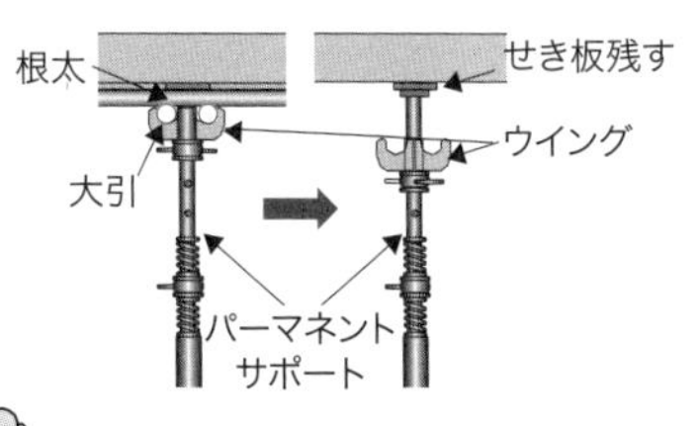

2章 解説！厳選100知識

3 構造躯体(鉄骨・鉄筋コンクリート)の構築

45 地下階の防水・止水

コンクリートの防水力を活用!!
・ケイ酸質系塗布防水の原理と施工法
・環境に優しいケイ酸質系塗布防水
・外やり防水の事例

地下外周壁、底盤、各種水槽・湧水ピット・管線類洞道区画には、地下水圧がかかり、内容物には液圧、高温、化学作用などが生じる。これに対抗するため、防水構造が設けられる。ポリマーディスバージョンなどを混和したモルタル防水、ポリマーセメント系・ゴムアスファルト系塗膜防水、合成繊維不織布と改質アスファルトによる自着型メンブレン防水などがあるが、JASS 8 では、ケイ酸質系塗布防水が示されている。

1　ケイ酸質系塗布防水

塗布されたケイ酸質系塗布防水材の生成物で空隙を充填し、防水性能を発揮するもので、以下の2種類がある。1回塗布では、むら、塗布量不足、美観難点があり、2回塗布が基本である。

① I タイプ（C-UI 工法）

既調合ポルトランドセメント＋調整ケイ砂＋ケイ酸質微粉末と水を混ぜた材料を2回塗布。

② P タイプ（C-UP 工法）

C-UI 工法材料にポリマーディスパージョン、または、再乳化粉末樹脂と水を混ぜ2回塗布。耐食・耐熱・耐摩耗性や美観を要求される場合には、エポキシ樹脂塗料などによる防食仕上げ、塗装仕上げを行う。耐アルカリ性に注意し、シーラーや材料を適切に選定する。

2　地下外壁内側の二重壁と排水機構

基礎と排水溝を設け、二重壁（ブロックや成形板）を積む。水抜きパイプを1区画に複数配置し、点検口を設置。

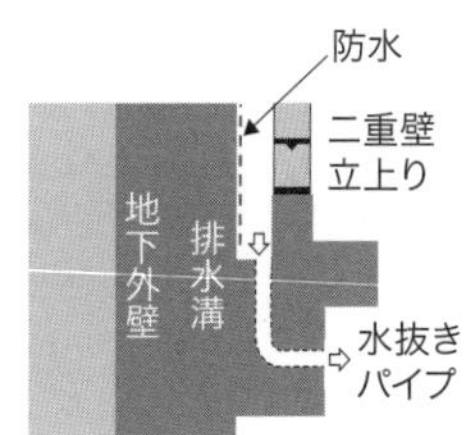

地下外壁内側の二重壁

3　ケイ酸質系塗布防水の施工

降雨・降雪・強風・気温5℃以下・40℃以上・直射日光下では施工しない。結露する時は、換気・除湿機を使用。施工管理は、指定調合で、電動攪拌機・手練りで練り混ぜ、指定時間内に工具で所定量を均一に塗布する。

1回目塗布後、防水層が指触付着しない状態になったら、2回目を塗布。24時間以上置く場合は、水湿しする。

2回目の塗布後、48時間以上養生する。凍結のおそれある時はシートなどの養生を行う。

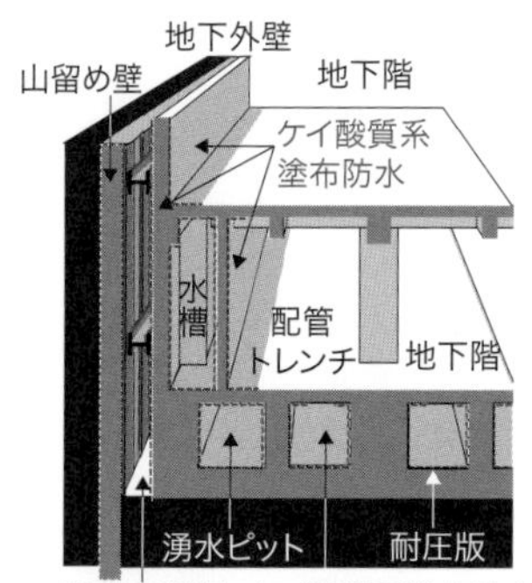

ケイ酸質系塗布防水による地下階防水

4　下地コンクリートの防水性向上

コンクリートは水密コンクリート仕様で、ワーカビリティを高め、打込み欠陥を防ぐ。打継ぎ部に止水板・止水シールを設置する。セパレーターは止水仕様とする。外壁内打込み配管は禁止。

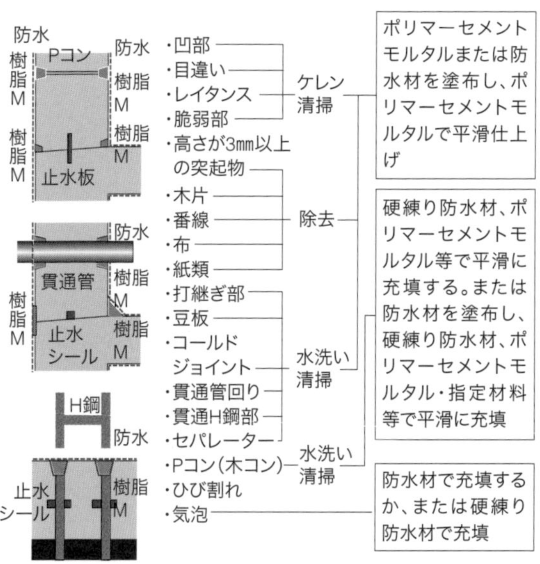

下地処理

Q

①ケイ酸質系塗布防水は、他の防水システムより何がすぐれているのですか？

A（回答）

環境に優しい防水であることです。原材料が、セメントとケイ酸質微粉末、ポリマーディスパージョンも水系材料で、環境ホルモンや臭気、有機溶剤中毒の心配も不要です。

補足

建築物を取り壊す場合、ケイ酸質系塗布防水材は、特別管理産業廃棄物にならず、再資源化も含め、一般のコンクリート廃材と同じ取扱いができることも素晴らしいです。

Q

②ケイ酸質系塗布防水が生成物で空隙を充填し、防水性能を発揮する仕組みがよくわかりません。

A（回答）

防水材からケイ酸イオンが溶出浸透・拡散し、コンクリート空隙中のカルシウムイオンと反応し、水和物・副次的にエトリンガイドを生成、緻密化。

緻密化

→34

補足

コンクリートには、毛細空隙、コールドジョイントなどの欠陥部があり、高い水圧で、ここを通って漏水が生じます。これらを改質しコンクリート自体の緻密化による防水が可能です。理想的なコンクリートは水を通しません。

→34

Q

③山留め壁と地下躯体は離隔できず、山留め壁を外型枠とする場合がほとんどです。
こんな時、ケイ酸質系塗布防水はできませんか？

A（回答）

外防水は水圧側に防水を施し、内防水は躯体構築後、非水圧側の内面に防水を施します。外防水は躯体を打つ前に山留め壁に防水層を施す先やり工法となります。
信頼性を高める考え方に立てば「先やり工法」が最善です。ケイ酸質系塗布防水は、コンクリートに塗布するので先やり工法はできず、内防水となります。

・ゴムアスファルト系塗膜防水
・合成繊維不織布と改質アスファルトによるメンブレン防水
・ベントナイト防水

他工事に先行して基礎・地下階は山留め壁に外防水を施す
山留め支保工
下り止め固定
セパレーター特殊処理
山留め支保工撤去
基礎RC施工
外防水として完了

外やり防水施工

補足

ベントナイト防水は、地中水分で水和・膨潤し、不透水性の防水層を形成させる工法（粘土は水を通さない）で、地下水位が高い場合には適しますが、雨水や地下水流により流失する可能性があるので、採用は一部にとどまっています。
傷や穴をふさぐこと（自己修復機能）により、下地盤と良くなじみ、重ね合わせるだけで確実な遮水層を形成できるので、土木構造物の遮水シートなどで使われます。

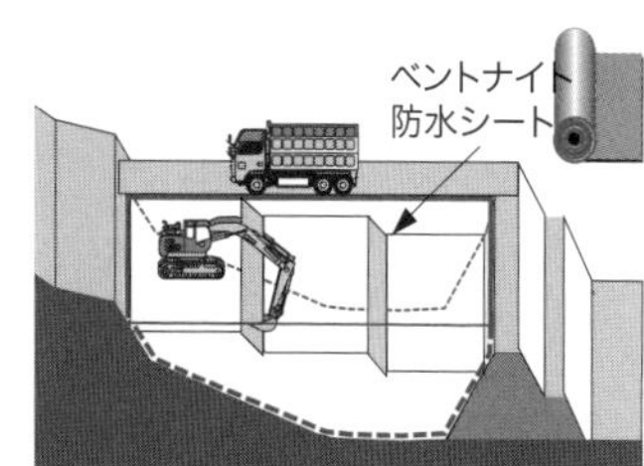

埋立て汚染防止遮水シート施工例

46 埋戻しの原則

→11

最適含水比で撒きだし厚さを小さく!!
- 締固めの原理、最適な撒きだし厚さを知る
- 土質の見極め、最適含水比の理解
- 流動化工法を検討する。

良く締め固め、土の密度をあげ、沈下を押えることが重要。締固め方法のポイントは以下の通り。

①水締め

礫・砂などの埋戻し材料に用いられる工法。水が重力で浸透する際、微粒子成分が沈降し、隙間を埋める現象を利用。水を流すだけでは不十分な時は、厚さ30cmごとに水締め。地山の水はけが悪い時は、排水を併用する。

②静的な締固め

ロード・タイヤローラーなど大重量機械で、人為的に過圧密な状態とし、土を締め固める。

周囲に流動する土は不適。埋戻しが厚いと、地中増加応力が拡散し、効果が落ちる。

③動的な締固め

機械的振動により締め固める方法。

振動ローラー・振動コンパクターを用いる。

小規模工事や入隅など狭い箇所で使用される。

④衝撃による締固め

タンパーと呼ばれる小型の上下運動する締固め機械を用いる。特徴は③に同じ。

締固め機械の特性

締固め機械		埋戻し厚（cm）	通過回数（回）	適する土の順位
ロードローラー		20～30	5～8	ローム質土 粘土質土 砂質土
タイヤローラー		20～30	5～8	ほとんどすべての土に有効
小形ランマー		20	4～5	ほとんどすべての土に有効
振動ローラー		25	6～8	砂質土 ローム質土
ブルドーザー		20～30	4～6	砂質土 ローム質土

1　山留め壁と躯体外面空間の埋戻し

構造体コンクリートは強度発現後、速やかに埋め戻し、山留め支保工を撤去する前に、十分に締め固められている状態にする。埋戻しは、狭隘で境界近くで行う場合が多く、直接土を搬入できないため、ベルトコンベアーなどを用いる効率の悪い作業となる。機械を使った締固めが難しく、水締めによる締固めが主体となる。埋戻し材料は、水締め効果のある砂質土が使用され、投入箇所を多くするとよい。土質に応じて沈み代を見込み、余盛りを行う。埋戻し部に、型枠・木片などを残すと、腐朽によって地盤沈下したり、埋設物に悪影響を与える。

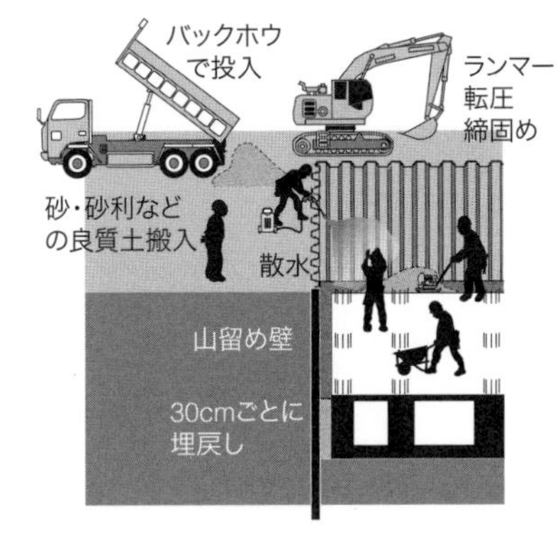

外周埋戻しの要点

2　土間スラブ下の埋戻し

砂質土を水締めする方法が好ましい。鉱さいなど、吸水膨張により障害を起こす材料に注意する。

基礎フーチング・基礎梁付近の深い部分については、一般部の埋戻しに先立つ前工程として締固めを確実に行う。埋戻し上部における配管やトレンチなどの埋設物は、埋戻し後に施工する。

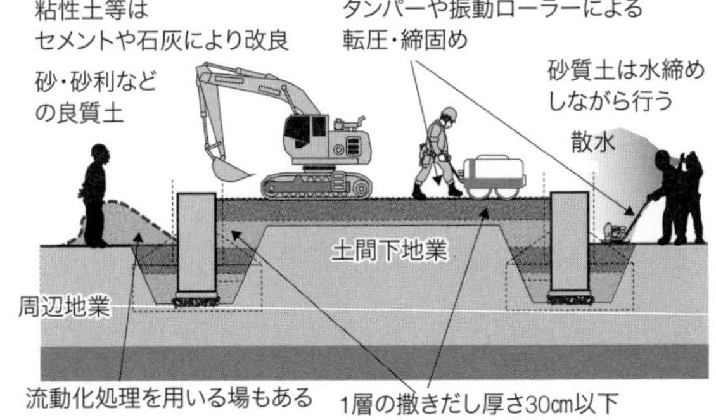

土間下埋戻しの要点

Q

A

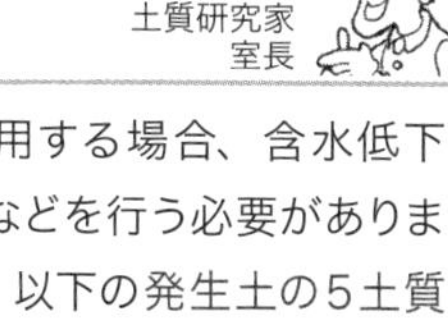

①建設副産物である現場発生土を、埋戻しに使用したいのですが、その発生場所や土質情報がわかりません。

回答

現場発生土の再利用に積極的に取り組んでいますが、排出情報は業者間の比較的狭い範囲に限られます。混入物・含水過大・粘性土などに注意し、限定し受け入れます。

補足

建設発生土を利用する場合、含水低下処理、安定処理などを行う必要があります。国交省から、以下の発生土の5土質区分が公表され、再利用を推進しています。建築現場で使えるのは第1・第2・第3種まで。

① 第1種建設発生土
（砂、れきおよびこれらに準ずるもの）
② 第2種建設発生土
（砂、れき質土およびこれらに準ずるもの）
③ 第3種建設発生土
（通常の施工性が確保される粘性土）
④ 第4種建設発生土
（粘性土およびこれに準ずるもので第3種除く）
⑤ 泥土 →96

現場発生土利用情報システムは、公共工事中心に使われています。民間工事に広げるべく試行しています*1。

②最適含水比で埋め戻せと指示されました。
それは何ですか？

回答

よい土塊は、土粒子が詰まっており間隙が少ないです。同じ土を含水比を変えて、締固め土塊を作る実験の結果、最も密詰めとなる最適な含水比があることが解りました。
その土の最適含水比に近くなるように調整し、水を散布しながら埋め戻し施工すれば効果的な埋戻しができます室内試験でわかります。

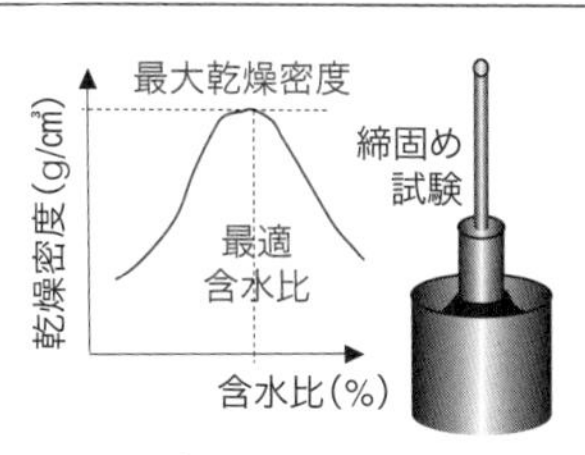

最適含水比を求める

③狭い現場で遠くまで埋め戻すのに苦労しています。流動化処理土を使いたいと思います。基本的なことを教えてください。

回答

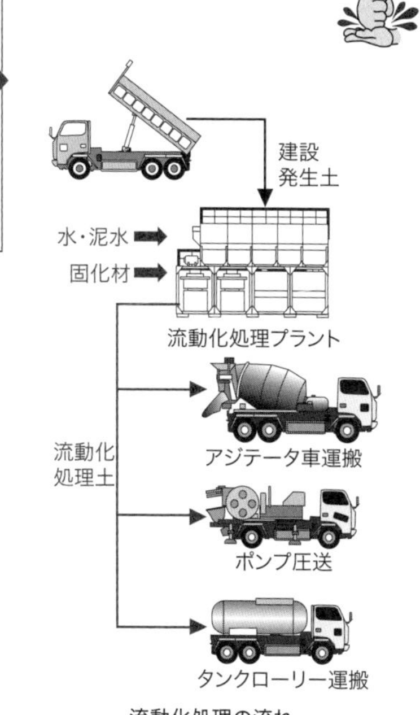

流動化処理の流れ

発生土に流動性を高めるための調整泥水と固化材を適切に混合し、現場に適した流動状態にして、直接またはポンプ圧送により流し込む工法です。
施工性が大変よいですが、単価が高くなりがちなのが難点です。

補足

流動化処理土は埋戻し以外に、地下構造物空間の裏込め・地中埋設管の埋戻し・空間充填・水中盛土および液状化対策などにも使われています。固化後も、土のように掘削できます。
品質管理は、未固結の状態において、比重、密度、フロー値、ブリーディング率などの試験を適切な頻度で行い、設定した基準値に適合するものを使用しています。
強度試験は、所定材齢で一軸圧縮試験を行います。

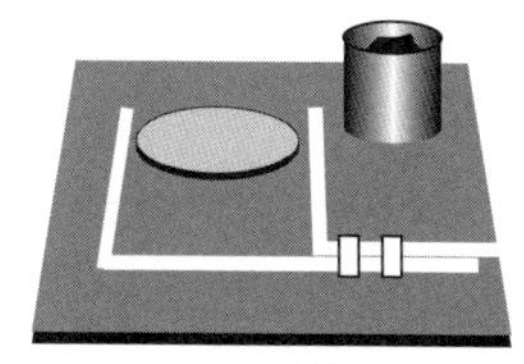

フロー試験

＊1　建設副産物情報交換システム（COBRIS）、東京都建設発生土情報システム

47 鉄骨製作工場との連携

→48 49 50

よい工場を選定し、チームワークで先手管理!!
- 鉄骨製作工場とのパートナーシップ重視
- 製作工場のグレードを知る
- BIMに注目し、早期計画と先手管理

鉄骨工事は、骨組みを構成し、すべての部品が取りつきコスト割合も大きい。耐震性・構造強さを決定する鉄骨工事は、品質管理が極めて重要な難しい工種で、早期計画が必要で、一大管理点である。工場製作と工事場施工の二場面があるが、鉄骨製作工場の役割があらゆる点で極めて大きい。作業所と強い連携が要求される。

1　製作工場（ファブリケーター）選定

工事規模・難度に応じ、相応な鉄骨製作業者を選定するため、日本鉄骨評価センター（国土交通大臣指定）が5グレードに区分したグレードを公示している。元請が工場を選定する際、このグレードを参照、以下の要件を確実に充足する最適な業者を選定し、予算・納期に協力できるか交渉し、合意に至れば契約する。

①工場の位置・規模・稼働状況・手持ち工事量
②設備・機械・要員および月産加工能力・実績
③技術者・技能工の数と資格
④品質管理・検査体制・検査技師・検査機器

一方的な力関係でなく、双方信頼関係が築かれ、よいパートナーシップをとれる契約をめざす。

2　鉄骨の製作フロー

一般的な鉄骨の製作フローを図に示す。

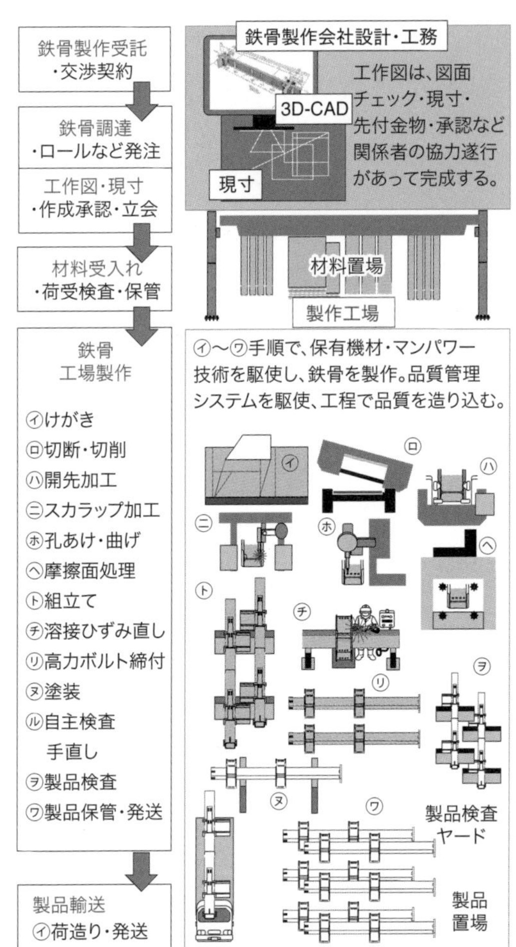

鉄骨製作フロー

鉄骨製作工場のグレード

		工場のグレード				
		S	H	M	R	J
		使用鋼材など制限がなく、超高層ビルや大空間構造などの建築物を適切な品質で製作できる体制を整える。最高ランクの工場。国内に20工場程度。	高層ビル中心（年間6000トン程度の鉄骨製作工場）[建築基準法施行令上の全強設計[*1]の対象] 全ての建築物が対象。	中高層ビル中心（年間2400トン程度の鉄骨製作工場）[建築基準法施行令上の全強設計[*1]の対象] 全ての建築物が対象。	5階以下ビル中心（年間800トン程度の鉄骨製作工場）高さ、階数、延べ面積に制限がある。	3階以下の低層ビル（年間400トン程度の鉄骨製作工場）高さ、階数、延べ面積に制限がある。
建物規模	高さ	制限なし	制限なし	制限なし	20m以下 かつ 5階以下	13m以下かつ3階以下（軒高10m以下）
	延床面積	制限なし	制限なし	制限なし	3000m²以下	500m²以下
使用鋼材	種類	制限なし	520Nまで	490Nまで	490Nまで	420N
	板厚	制限なし	60mm以下	40mm以下	25mm以下	16mm以下
	通しダイヤフラム	制限なし	70mm以下	50mm以下	32mm以下	490Nまで 22mm以下
	ベースプレート	制限なし	制限なし	制限なし	75mm以下	490Nまで 75mm以下

＊1　全強設計：部材断面をフルに活用した無駄のない構造断面設計。

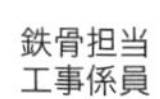

Q 工場技士

A 鉄骨担当工事係員 作業所長 技術部部長

①鉄骨は工程初期に始まり、製作を間に合わせなければなりません。どう解決していますか？

回答

鉄骨製作会社と早期契約し、材料も含め早期に発注します。下の工程に示すよう、杭・地下工期に材料調達・製作期間を確保できます。

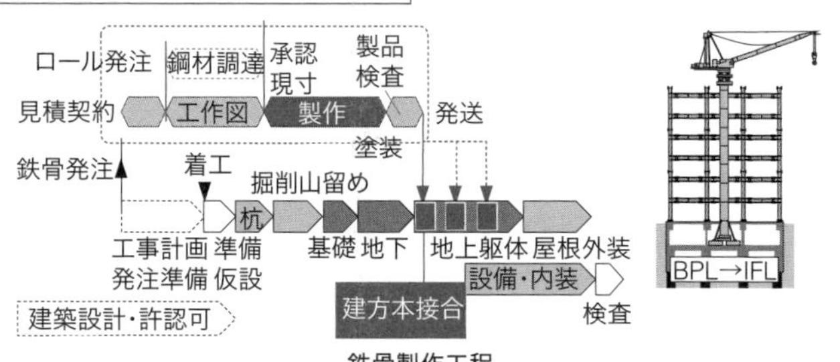

鉄骨製作工程

補足

以下の場合には①②の調整協力をします。
・地下・杭がなく基礎に鉄骨建方
・杭に鉄骨柱を埋める（逆巻工法）

①施工者決定前から（発注者が）材料調達、鉄骨製作し支給する。
②元請決定以前の見積時から元請が材料のみ見込み発注。失注の場合は、受注元請に材料枠を譲る。

商社が介在するなど「阿吽の呼吸」で進めているそうです。

→99

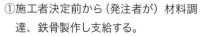

②工作図は3D-CADで製作されることがほとんどです。現寸は省略しています。BIMも合わせどうなるでしょう?

回答

床書き現寸は、細かい納まりを床に書き、現寸フィルムを重ね確認します。3次元CADは、精緻にデータ上で確認するので、現寸図は省略します。

→4

補足

BIMは、設計者・元請・ファブの連携を試行中で、まだ、どこでも実用化しているという状況ではないようです。ソフトの共通化・機能追加・データFIXと共有化が課題となっていますが、近い将来、実用化されるでしょう。

→39

③工場内では、同時に別物件が進行し、切板外注し、材料が錯綜します。

回答

別規格や不良品が混入しないように整理・保管し、識別が可能な処置を講じます。
SN材の鋼板では、プリントマークで、形鋼では印字などで確認できます。

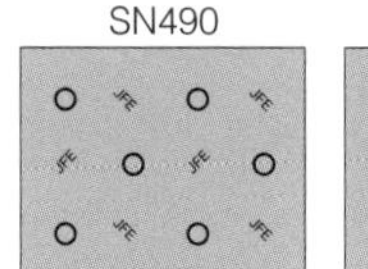

某メーカー鋼板識別表示例

補足

鋼材に微弱電流を流し、電気抵抗差を利用して材質を判別する装置「スチールチェッカー」で、400N級と490N級鋼材は判別できます。

これは49級かな?

④溶接H形鋼（BH）製作工場の認定制度があると聞きましたが。

回答

適正な品質の溶接H形鋼を生産に必要な品質管理力と技術力を有することを証明するもので（株）日本鉄骨評価センターが行っています。

補足

認定区分には下表の3種類がある。

溶接H形鋼製作工場の認定

区分		AAA	AA	A
鋼種		520N 490N 400N級	490N 400N級	490N 400N級
板継溶接		含む	含む	除く
最大	ウェブ フランジ	60mm	40mm	40mm
板厚	フランジ （板継なし）	>60mm	>40mm	>40mm
対応する工場認定グレード		H	M	M

48 鉄骨先付け金物

→47 49 50

幅広く目を配り、チェックを繰り返す
- 数と種類が非常に多く整理が必要
- 安全にかかわる金物の溶接は厳密に品質管理
- 構造材を痛めないこと

鉄骨は工場製作時に後続工事の金物を先付けしておく。先付金物には、2次構造部材・仕上げ下地材用と仮設工作物用がある。また、後続設備工事などのため、種々の貫通孔および補強も必要である。

さらに、鉄骨鉄筋コンクリートの鉄骨では、鉄筋型枠工事のため、鉄筋貫通孔などの細工が要求される。以下にこれらの一般的な鉄骨先付け金物・貫通孔・補強例を図示する。

これらの仕掛けは多岐にわたり、考え方も多様であるので、構造体への影響や目的強さなどを併記した標準図・仕様として用意しておくと間違いがなく能率的である。また、多くの工種にわたり、施工計画担当者や専門工事業者など多くの人が関与するので早期に持回り、具体化して作図する必要がある。

強度検討を行い、工作図（製作図）に、固定仕様を明らかにして書き込み、承認を得て、鉄骨工場で資格を持った穴あけ工・溶接工により、加工・溶接を行う。特に安全に関わる部材溶接部は、墜落事故に直結するので、溶接後の検査を確実に行う必要がある。鉄筋貫通孔は、パネルゾーンフープ・梁主筋・梁幅止筋がある。特にパネルゾーンでは鉄筋と鉄骨の納まり図を起こし、曲げ半径やテール長さなどを総合的に検討し、施工手順もよく考えて孔あけ位置を決める。

下表は日本建築学会「鉄骨工事技術指針・工場製作編」で示される鉄筋用貫通孔の標準径である。

鉄骨の鉄筋用貫通孔の標準径

普通鉄筋	鉄筋径 +10								
異形鉄筋	呼び径	D10	D13	D16	D19	D22	D25	D29	D32
	穴径	21	24	28	31	35	38	43	46

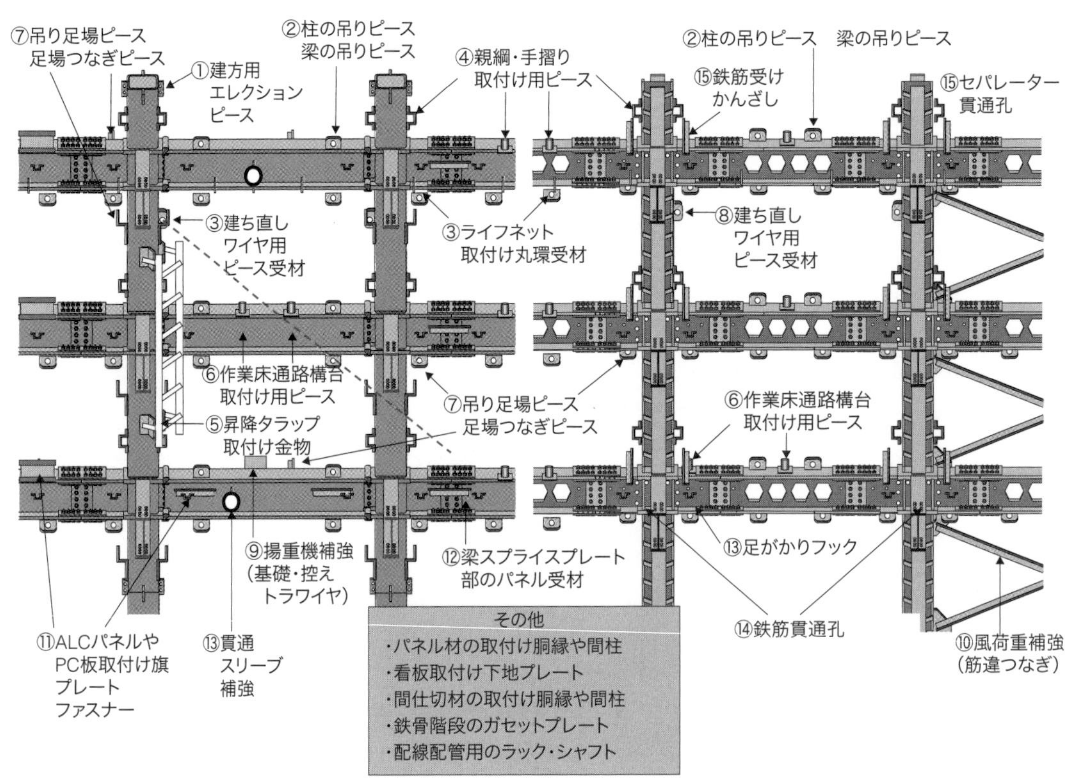

鉄骨造の先付け金物・貫通孔

鉄骨鉄筋コンクリート造の先付け金物・貫通孔

Q 工場技士

A 鉄骨担当工事係員

作業所長

技術部部長

①足場や安全施設の金物は、人命に関わり大変重要です。溶接の注意点を教えてください。

→2 54

回答

・材料強度に見合った溶接材料を使用する
・必要な溶接長を確保する
・隅肉溶接の廻し溶接励行
などです。溶接検査を確実に行う必要があります。

補足

溶接長は、最低でもショートビードとならない長さ40mm以上を確保します。隅肉溶接についてはアンダーカットなどの表面欠陥検査と溶接長廻し溶接の確認を行います。

特に安全に関わる部材は、現場荷受検査時に、全数強打するなどしてください。意外とポロっと取れることがあるかも。

先付けピース打診

②取付け・貫通させる施工性を考えると、鉄筋貫通孔、セパ孔はもう少し大きく開けられませんか？

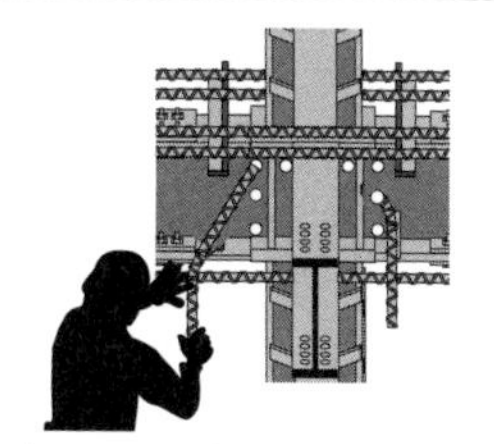

鉄骨パネルゾーン鉄筋用貫通孔

回答

セパレーター貫通孔は、7mm径+10mm増しで、座金を外せば通ります。また、穴が連続しないので構造的問題は少ないです。

鉄筋径のおよそ10mm増しが許容径です。鉄骨建方誤差の吸収、Rのついた定着部を差し込む操作は大変ですが、可能です。

→39

補足

構造的に重要なパネルゾーンで、最近は太径鉄筋が増えていますが、孔を大きく開けるのは構造的には好ましくありません。配筋は穴が連続するので、当て板補強も難しいです。パネルゾーンの鉄筋を納める技術→39を駆使してパネルゾーン鉄骨の穴あけを最小にしましょう。

セパレーター孔は、型枠工法の工夫で極小にでき、穴径によっては多少大径化の余地もあります。設計者に申し入れてみましょう。

③梁の上フランジに吊込み用の孔をあけられますか？

回答

小梁の曲げ応力が少ない端部に孔あけ可能ですが、大梁は吊り込み用の孔をあけられません。

補足

孔に冶具を通したいですが、専用安全吊り冶具を使う例が増えています。

安全吊冶具

④鉄骨に先付けする、あるいは加工する過程で必要な項目が多いので大変です。
後付けとか、他の代替法で、ある程度省略できませんか？

回答

仮設緊結金具があります。足場などは緊結を前提とした工法があります。

→54

これを活用すると左頁の図に示すような先付け金物は、かなり省略することができます。取付け時期や強度コスト、手間を考慮し最適な組合せとすることが要求されます。

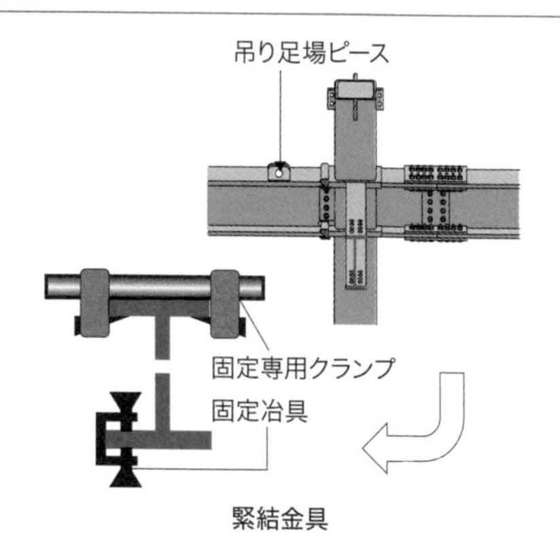

緊結金具

49 鉄骨防錆塗装

→48 50 56

素地調整が大切 !!
・各種素地調整・下塗り塗料の種類を知る
・塗装禁止条件・部位
・溶融亜鉛めっきの制約条件
・海岸地の鉄骨錆止めの注意点を押える

1　錆止め塗装

錆止め塗装前の素地調整は、種別１種Ｂまたは２種とし、下塗り塗料は、以下から選定する。

・鉛・クロムフリー錆止めペイント
・構造物錆止めペイント
・水系錆止めペイント
・変性エポキシ樹脂プライマー
・有機ジンクリッチプライマー
・エポキシ樹脂雲母状酸化鉄塗料

仕上げ塗料および塗り回数は、設計特記による。素地調整を行った鉄面は、直ちに塗装を行う。

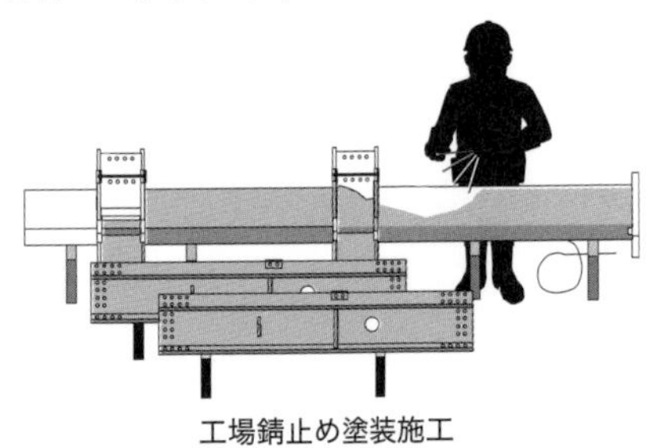

工場錆止め塗装施工

こんな時は、塗装できません

・気温が 5℃以下の寒い時で、塗料が固まらないとき
・相対湿度が 85% 以上で表面に結露するとき
・降風雨で、水滴や塵埃が付着しやすいとき
・炎天下で鋼材表面の温度が 50℃以上のとき

以上の場合は、仕上りが悪く、塗膜が形成できません !!

以下の部分は、塗装しないこと。

・工事現場溶接箇所、隣接両側 100mm 以内
・超音波探傷に支障を及ぼす範囲
・高力ボルト摩擦接合部の摩擦面
・コンクリートに埋め込まれる部分
・ローラーなど密着部分や回転、摺動面
・組立てによって肌合せとなる部分・密閉内面

2　溶融亜鉛めっき工法

①部材寸法

めっき槽一度づけでめっきできる寸法とする。

②断面形状

できるだけ左右対称形にし、溶接部材板厚は、板厚比２倍以内にする。閉鎖形断面を使用し、端面板・ダイアフラムのある場合、亜鉛・空気流出入開口を設ける。高張力鋼・冷間成形角形鋼管で割れがないこと、異なる板厚の鋼板・形鋼を用いたトラス部材に過度の変形がないことを事前確認する。

Ｈ形断面ウェブ厚は、せいの 1/50 以上とし、せい 600mm 以上では、せいの 1.5 倍以内の間隔で厚さ 9mm 以上のスチフナを設ける。三方向鋼板隅角部は、亜鉛・空気流出用円形孔・スカラップを設ける。軽量形鋼は、板厚 3.2mm 以上を原則とする。

③溶接

完全溶込み溶接の裏はつりする両面溶接両端は、溶接後に端部をはつり、回し溶接する。スカラップは設けず、空気抜き孔を設け、隅肉溶接は全周溶接し、未溶接部を残さない。

断続溶接は、不めっき部を防錆処理する。めっき割れが危惧される形状では、始終端・回し溶接を滑らかに仕上げる。

溶接スラグ、スパッタは、ブラスト処理などを用い、丁寧に除去する。めっきは、JIS 表示認証工場にて行う。

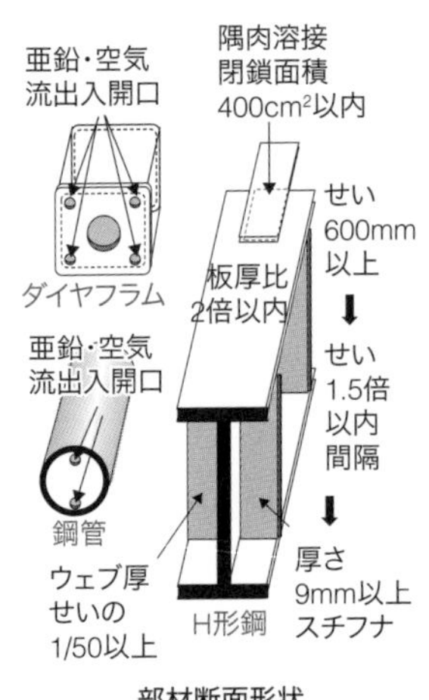

部材断面形状

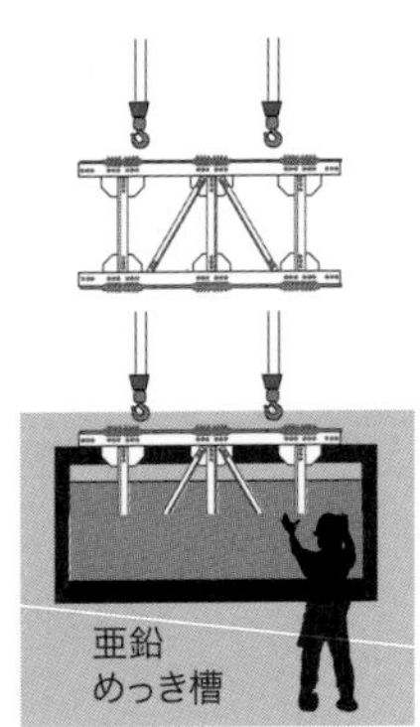

溶融亜鉛めっき

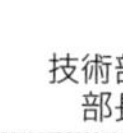

Q A

①開先の錆止め塗装について教えてください。

回答 開先防錆塗装は、溶接開始までに開先部に錆を発生させないために行います。
範囲は、開先部から 50mm 程度で、裏当て金の面も同様です。

補足 塗膜厚は一般的には 10 ～ 15 μm 程度がよいとされています。使われている例では、アルミ粉末を主顔料とする開先防錆剤（ディオキシアルミナイト）などがあります。
色はシルバーと透明があります。

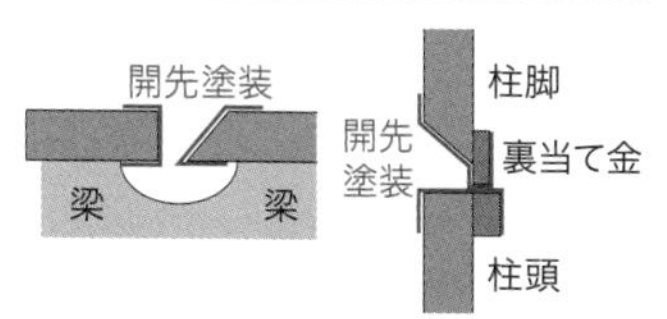

②耐火被覆（吹付け、乾式など）を施工する鉄骨に防錆塗装は必要ですか？

→56

回答 竣工して空調運転がなされ、相対湿度が 70%以下に保持される環境があれば、鋼材腐食が進行しにくいので、防錆処理の省略は可能です。

補足 水周り・外周部・高湿度予想される部位、結露が発生する恐れのあるところは、防錆塗装が必要です。
塗装にあたっては設計監理者の承認が必要です。

③海岸近くで、塩分が付着した鉄骨部材は、どうに処理すべきですか？

回答 水道水で水洗いするとともにデッキブラシにより塩分を除去します。
残留塩分濃度を測定します。

補足 塩分濃度の基準値は、付着塩分量が 100mg/m² を超える場合には、水洗いなどにより 100mg/m² 以下にしてから、次工程に入ることが多いです。
程度により、慎重を期す場合は、サンドブラスト処理し塗装し直します。

④海岸 SRC 鉄骨防錆処理は？

回答 長曝型ショッププライマーを工場塗布、建方後短期間の防錆を期待する例があります。コンクリート付着に影響がないことを確認します。

長曝型ショッププライマー塗り

海岸地の鉄骨

⑤溶融亜鉛めっきが可能な部材の大きさはどの程度ですか？

回答 大きいめっき槽で長さ 10m・幅 1.5m・深さ 2.0m 程度です。浸漬可能部材高さは、底部堆積深さ 400mm 程度を減じる必要があります。

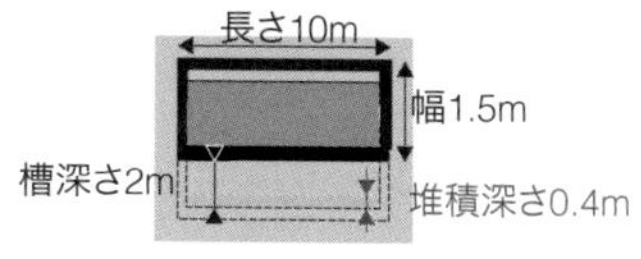

補足 溶融亜鉛めっきは、一度漬けが基本です。部材を上手に分割する必要があります。溶融亜鉛めっき会社のめっき槽の大きさは、日本溶融亜鉛鍍金協会の HP に掲載されています。

⑥厳しい環境から被塗物を保護する重防食塗装について教えてください。

→88

回答 長寿命化するため、塗膜を厚くし、長期防錆・防食性を保持する厳しい腐食環境に耐える塗装系を選択します。

補足 ブラスト処理を後に、有機ジンクリッチプライマーや構造物用錆止めペイントを下塗りし、2 液形ポリウレタンエナメル、アクリルシリコン樹脂エナメルあるいは常温乾燥形ふっ素樹脂エナメルを上塗りする塗装仕様があります（JASS 18）。

儀式にしない!!
・鉄骨製作工場の自主社内検査の充実が基本。自主検査を確認する
・形式的にならず、品質の確信、段取りの安心につながるように

工場製作完了部材が、設計図書の要求品質を満足し、工作図通りに製作され、現場施工に問題がないかを最終的に確認する目的で実施される。鉄骨製作工場で逐次行われる検査は、現寸検査・材料検査・仮組検査・組立て検査・溶接検査・塗装検査などを経て最終的に製品検査に至る。

それぞれの工程内検査（自主社内検査）を行い、施工者・監理者が参加する受入検査である製品検査に臨む。書類検査と現物検査からなる。形式的にならず、製品品質の確信、建方以降の段取りの安心を確認する有意義な機会とする。

1　書類検査

元請施工者・設計監理者・製作工場品質管理担当者などが会議室に集まり、以下の事項について社内自主検査の報告、不具合の処置結果の報告を受け、エビデンス・書類を照査・確認する。

これらの内容について質疑・検討、さらなる不具合処理改善が必要なものは、その方策を協議し確認する。

・鋼材・溶接材・ボルトなど材料品質証明書確認
　変更事項の報告
・工作図最新版・質疑応答最新版の確認
・先付金物など付属金物類の確認
・製作要領書・品質管理計画書の変更確認
・社内自主検査結果の報告と確認
　不具合事項とその処理報告、再発防止策説明
　　鉄骨超音波探傷試験・高力ボルトなど
　　製作寸法・精度検査

鉄骨製作書類検査

・製作スケジュールの予実確認と今後の計画
・製作上の問題点と解決方策
・出来高の確認
・納期確認（出荷スケジュール・受入検査）

2　現物製品検査

製作工場の検査ヤード・ストックヤードに出向き、完成製品部材の以下項目などについて、関係者立会のもと、現物検査を実施する。

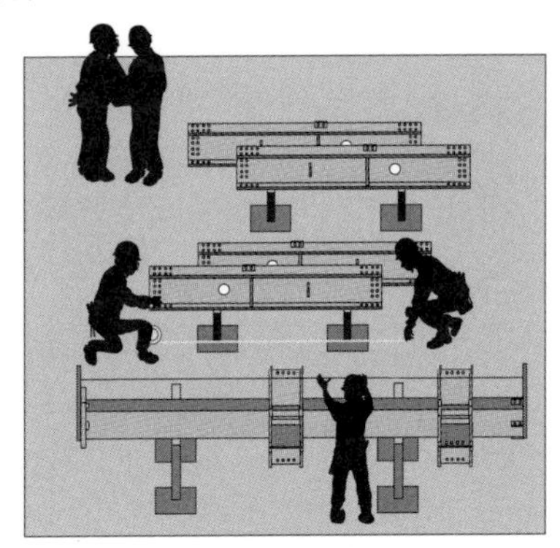

鉄骨現物検査

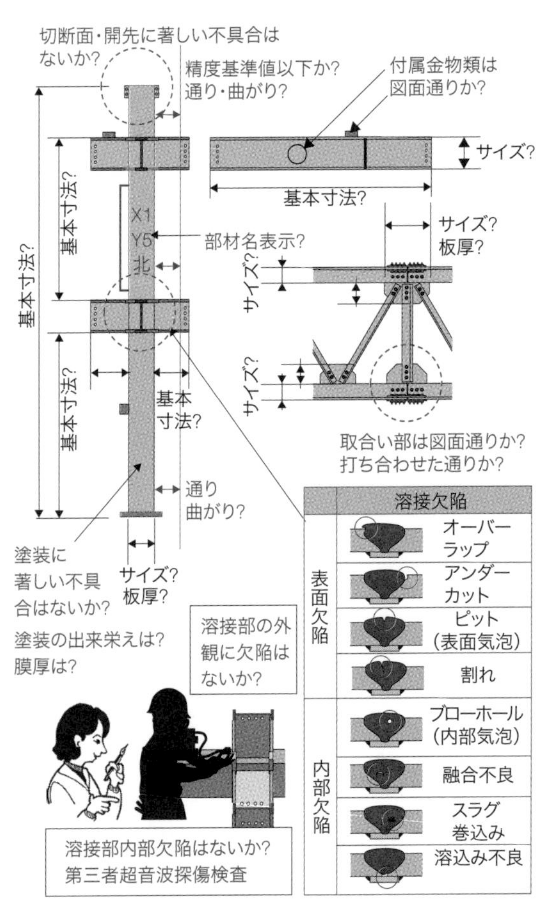

鉄骨現物検査のポイント

Q 工場技士

A 鉄骨担当工事係員

作業所長

技術部部長

①社内検査と受入検査で食違いがあった場合はどうすればよいですか？

回答

受入検査は問題ないかを最終的に判定する目的なので、受入検査の結果を正とすることが原則です。

補足

鉄骨製作工場と発注元請会社の立会で、受入検査で用いた方法で再測定を行い、両者が確認し、その結果を正とします。

②工場には、製品検査の資格をもった人がいるのですか？

回答

建築鉄骨製品検査技術者と建築鉄骨超音波検査技術者の資格をもつ要員が配置されます。
各分野で計画立案、実施、合否判定の技術を有します。

補足

「大臣認定のための工場性能評価」の「性能評価基準（書類審査 / 品質管理体制、工場審査 / 工場の品質管理体制ほか）」において、基準充足資格者の一員として位置付けられます。

③第三者検査会社の発注・契約は誰が行うのですか？

回答

通常、第三者検査会社の選定は、元請施工会社が行います。この検査会社が行う検査を「第三者検査」としています。
製作工場の自主検査の検査会社は第三者ではありません。

補足

「第三者検査」は、単純に第一者、第二者が直接おこなわず、それ以外の第三者が主として第二者（購買者）の代理で行う検査と認識されているのが実情です。

④製品検査は、何回かに分けて行われるのですか？また、すべての製品ができた後に行うのですか？

回答

製品検査のタイミングは全製品が完成し山積みされた状態で行うことは難しく、たとえば、最初に建方を行う工区の主要部品が勢ぞろいした時点で行い、その後の製作製品は社内検査記録の提出で確認することが多いです。
現寸・仮組み検査などプロセスごとに検査がありますが、全てに全員が集まることは現実的ではありません。工程内検査は、社内検査が確実に行われていますので、この記録を確認することで是とし、最終工程の製品検査で総合的な合否判定をすることが一般的です。
規模が大きい、技術的難度が高い場合には、各工程ごとに立会検査をします。特に現寸検査は実施する場合が多いです

補足

ストックヤードには製作済みの製品が大量にストックされています。このため、あらかじめ希望する部品複数台を用意してもらい、ランダムに選んで検査するのが実情です。

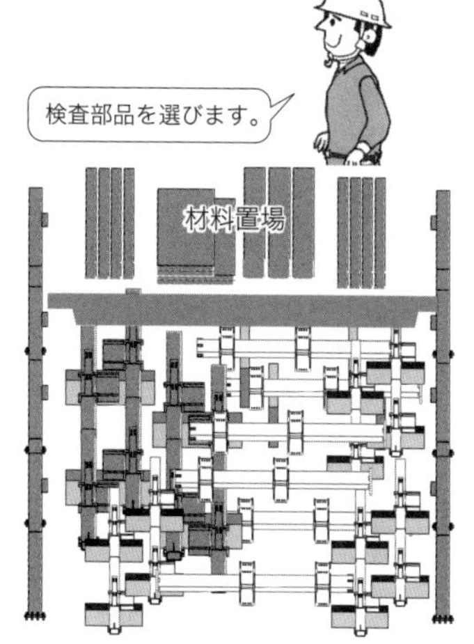

製品検査の項目

- 現寸検査
- 材料検査
- 仮組検査
- 組立て検査
- 溶接検査
- 塗装検査

51 鉄骨建方方式

→6

精度と安全を確保しつつ能率よく組み立てる!!
- 標準的建方工法５種、特殊建方工法３種
- 狭隘敷地の建逃げ３種
- ジャッキダウンが重要

建方方式（順序）は、部材形式・継手、スパン・丈・重量・剛性などを精査し、支柱・架台などの仮設構造を駆使し、計測管理や安全管理も組み合わせて、精度高く組み上げる方法・順序でなくてはならない。当然、建方中の架構が、安全で、構造体を劣化させないことが必要条件である。

鉄骨建方は、建物の形状や特性、建設地の条件などにより最適な方式が異なり、千差万別である。ここでは、よく使われる代表的な建方方式について、建物種別・構造種別・メインクレーンとの関連を整理する。

建方機械種別と建方方式は、最適な組合せが必然的に決まっている。予定の建方方式・順序を満足するよう、吊荷重・作業半径などを綿密に検討し、型格・サイズを選定する。

設置構造体、架台、路盤などの計画を立て、必要に応じ覆工や地盤改良、補強を行う。

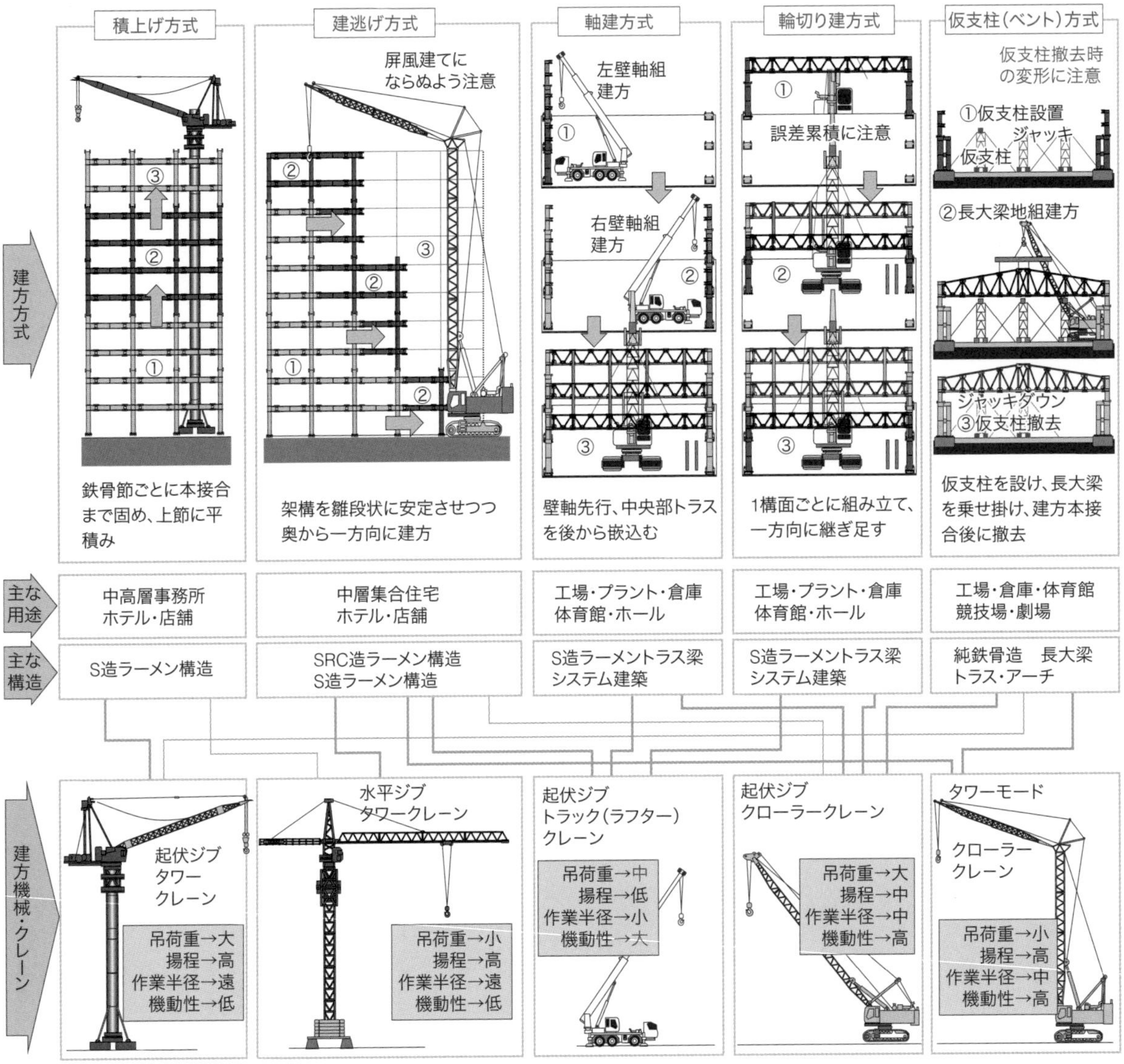

	積上げ方式	建逃げ方式	軸建方式	輪切り建方式	仮支柱(ベント)方式
建方方式	①②③ 鉄骨節ごとに本接合まで固め、上節に平積み	屏風建てにならぬよう注意 ①②③ 架構を雛段状に安定させつつ奥から一方向に建方	①左壁軸組建方 ②右壁軸組建方 ③ 壁軸先行、中央部トラスを後から嵌込む	誤差累積に注意 ①②③ 1構面ごとに組み立て、一方向に継ぎ足す	仮支柱撤去時の変形に注意 ①仮支柱設置 ジャッキ 仮支柱 ②長大梁地組建方 ジャッキダウン ③仮支柱撤去 仮支柱を設け、長大梁を乗せ掛け、建方本接合後に撤去
主な用途	中高層事務所 ホテル・店舗	中層集合住宅 ホテル・店舗	工場・プラント・倉庫 体育館・ホール	工場・プラント・倉庫 体育館・ホール	工場・倉庫・体育館 競技場・劇場
主な構造	S造ラーメン構造	SRC造ラーメン構造 S造ラーメン構造	S造ラーメントラス梁 システム建築	S造ラーメントラス梁 システム建築	純鉄骨造　長大梁 トラス・アーチ
建方機械・クレーン	起伏ジブタワークレーン 吊荷重→大 揚程→高 作業半径→遠 機動性→低	水平ジブタワークレーン 吊荷重→小 揚程→高 作業半径→遠 機動性→低	起伏ジブトラック(ラフター)クレーン 吊荷重→中 揚程→低 作業半径→小 機動性→大	起伏ジブクローラークレーン 吊荷重→大 揚程→中 作業半径→中 機動性→高	タワーモードクローラークレーン 吊荷重→小 揚程→高 作業半径→中 機動性→高

主な鉄骨建方方式（順序）

Q ①リフトアップ工法というのはどんな工法ですか。その他特殊工法について教えてください。

A（回答） 作業しやすい場所で部材を大組みし、特殊な垂直・水平移動装置で、所定位置まで移動し架構を組み立てる特殊工法で、代表的な3工法は以下の通りです。

補足 駆動は、油圧ジャッキ・ウィンチ・チルホールにより、ガイドは、テンションロッド・レール で、移動台車や固定装置で支えます。

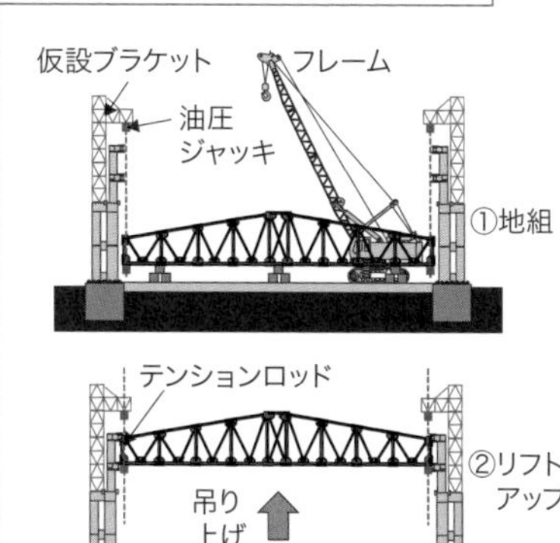

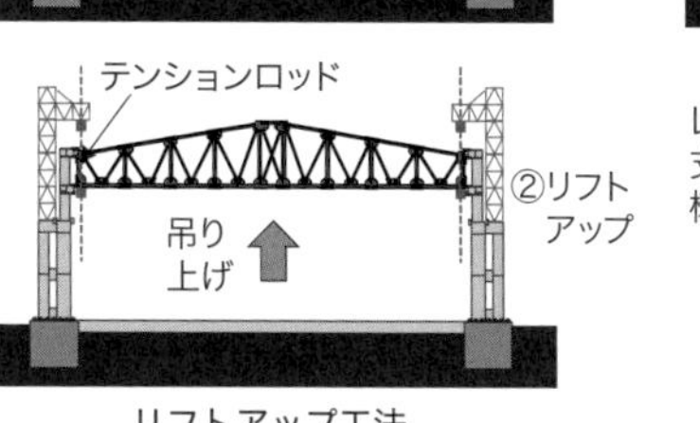

リフトアップ工法

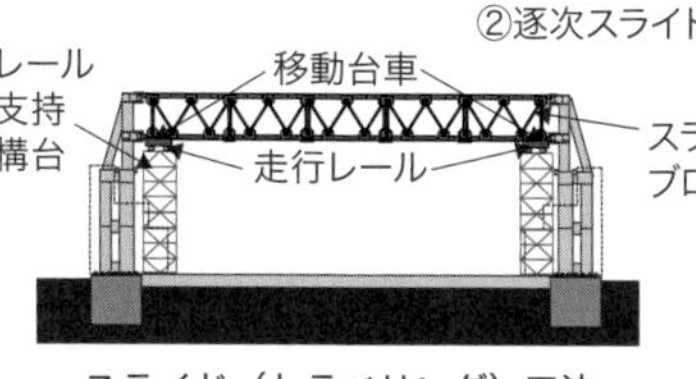

スライド（トラベリング）工法

屋根架構骨組みの一部を地上で組み立て、アーチ材先端を鉄骨リングで固定する。連結ジャッキで所定の高さまで押し上げ、傘が開くように空間を築造。

プッシュアップ工法

Q ②仮支柱を除去する時に変形に注意するとはどういうことですか？

A（回答） 仮支柱には、油圧連動ジャッキが設置されています。全部材本接合完了後、数ステップを繰り返し、馴染ませるようにジャッキダウンすると、梁が自立するようになります。

補足 梁の鉛直変形量に見合うジャッキダウン量を解析し、ベントの反力を徐々に開放し、スムーズに屋根全体の荷重を梁構造に移し変えることができます。応力状態が設計意図通りか、設計者の確認が必要です。

Q ③敷地一杯の鉄骨建方で建て逃げ方式が多くなりますが、狭い建物ではクレーンの逃げ場所がないのですか?

A（回答） 敷地内にトラッククレーンを乗り入れ、可能な範囲を片押し建方後、残りを道路占用して建てる方法、最上階にサブクレーンを設置して建てる方法がよく使われます。

補足 左の方法が不可能な場合、小型のラフタークレーンを乗り入れ、ブーム縮小・微調整移動して可能な架構を取り付け、不可能な梁を残して脱出し、残り梁をチェーンブロックなどで人力吊り込みする方法があります。

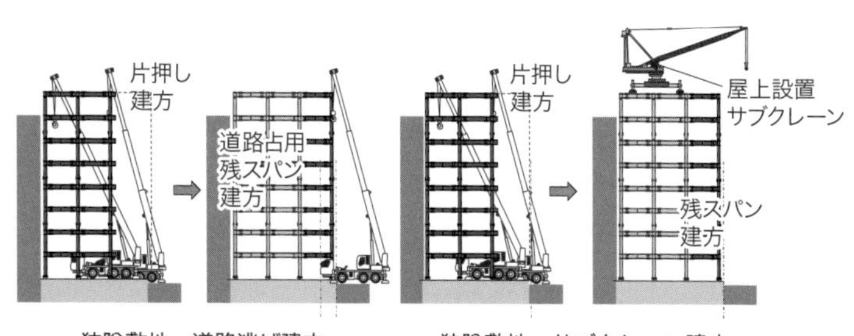

狭隘敷地・道路逃げ建方　狭隘敷地・サブクレーン建方

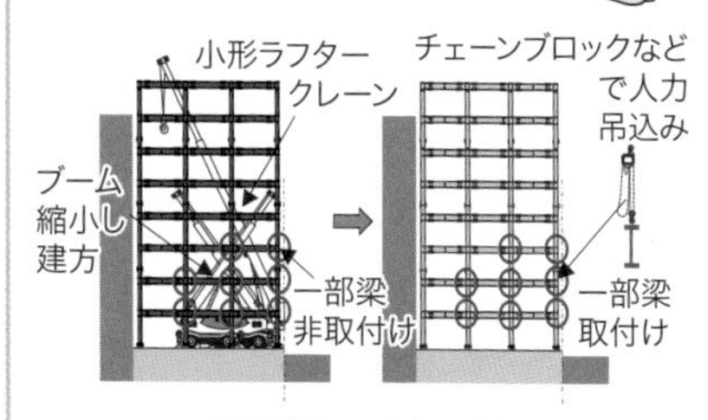

狭隘敷地・梁残し建方

52 鉄骨建方

→ 2 6 51 54

作業安全と架構安定の両立!!

・小ブロックを、安定形に固め建入れ調整
・鳶工・鉄骨工・係員のチームワークが重要
・倒壊・墜落危険の予防

1 建方準備

地墨、アンカーボルト・ベースモルタル精度を確認したのち、建方前に以下の内容を検討決定し、周知を図る。

・建方工期・工程手順・建方方式
・製品数量・搬入予定・部材名表示
・担当・資格・人員・連絡方法・合図方法
・使用主クレーン・サブクレーン・車両
・地盤安全・覆工方法・アウトリガー要件
・工具・冶具・玉掛けワイヤーなど点検

2 建方

① 搬入荷卸し・仕分け

送り状照合、製品数量および損傷有無を確認。受台に整理。

② 地組

サブクレーンを使用し、部材地組。仮設材・先付け材を取付け。

③ 柱建方から建入れ直し

・小ブロックを構成する柱群を建てる。柱を吊り込み、柱継手・アンカーボルト位置に介錯ロープで誘導し仮ボルト締め、建入れワイヤーで仮固定。

・大梁を吊り込み、柱の仮設材・安全装置を使い鳶工が仮ボルト締め、親綱を張って梁玉掛けを外す。小梁や筋交・部品などを取り付ける。

・建入れ直しワイヤーで小ブロックごとに形状を固め、建入れ直し、建入れ精度を確保(計画した小ブロックごとにこの工程を繰り返す)。

④ 水平ネット・防網を張り、安全通路など仮設置

⑤ 本締め・溶接工程へ

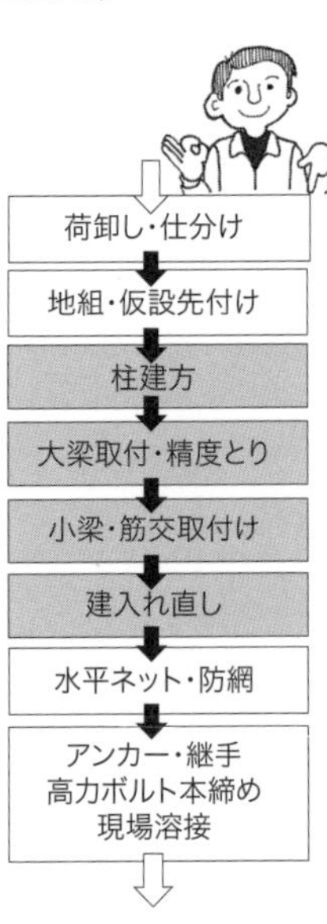

鉄骨建方フロー

3 建入れ直しと建方精度

・誤差累積を避け、小ブロックで行う。
・建方精度の測定では、温度の影響を考慮する。
・加力部分を養生し部材損傷を防ぐ。
・トランシット・光波測定器などを使用。
・建方精度は、以下の限界許容値による。

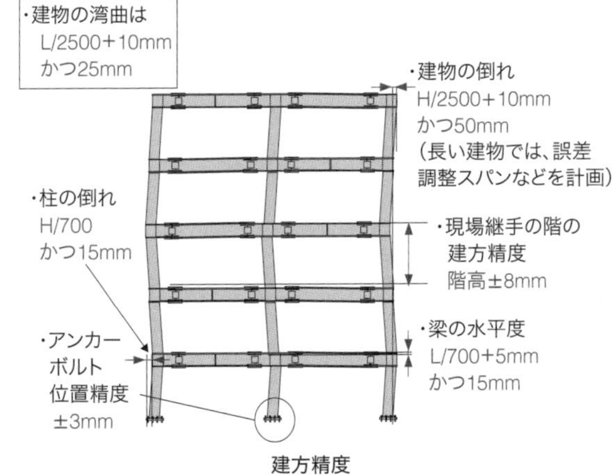

建方精度

(出典:JASS 6 付則 6「鉄骨精度検査基準」付表 5)

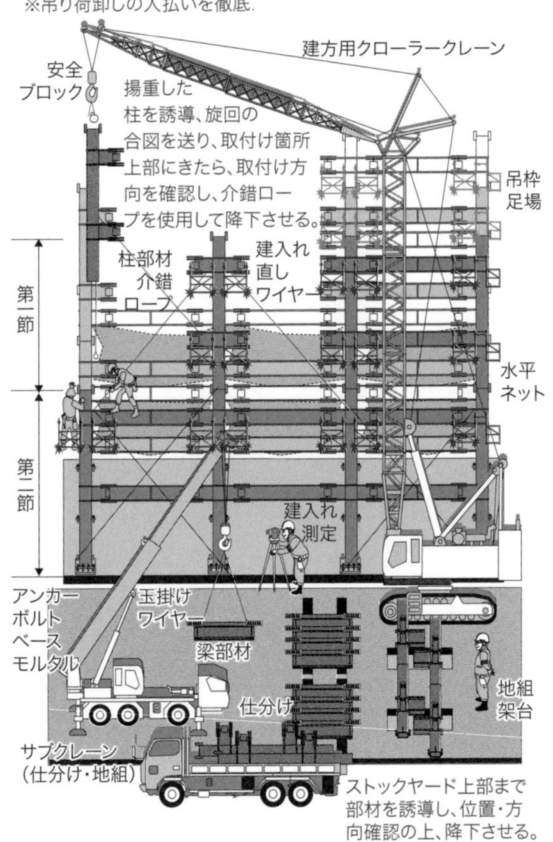

鉄骨建方例

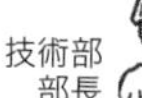

Q

①鉄骨建方中に架構が倒壊する事故があります。どうしてそんなことが起きるのですか?

右に示したのは、過去の事故例です。(1)は、建方手順のミスとアンカーボルトの不具合が重なったもの。
(2)は、無理な載荷が原因です。

A 回答

鉄骨倒壊事故の例

(1) 1日作業終了時に、第一節柱部材の林立状態のまだったところ、強風が夜吹いて柱倒壊。

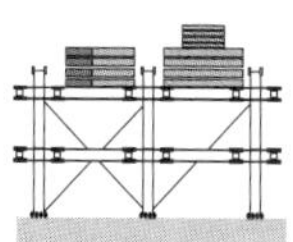

(2)一節を建方し、仮ボルトのまま、仮設材・床材などを建方済み架構に過載荷。強風で潰れる。

補足

SRC鉄骨は、強さを後で巻かれる鉄筋コンクリートと共同し発揮するので、架構のみでは自立性を確保できません。特に、片廊下集合住宅などアスペクト比の高い建物は危険です。
倒壊する事故が多かったので、建築業協会から「鉄骨工事中の風による災害防止規準」が策定されています。
また、建逃げの場合、クレーン位置の関係で、一構面だけが屏風状の不安定な状態になり、強風にあおられ倒壊する事故もあります(いわゆる屏風建ての禁止)。

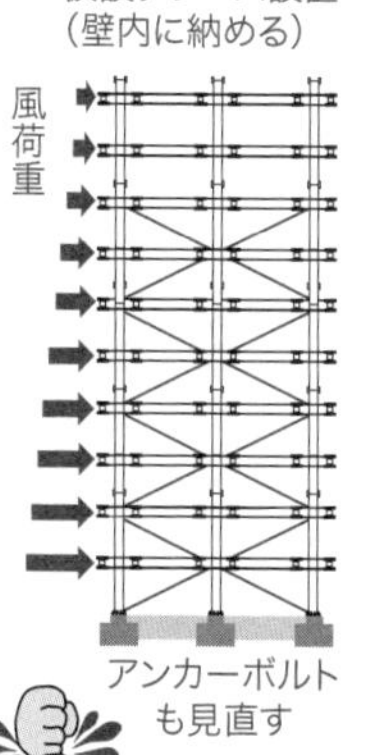

屏風建て

②柱建入れ調整治具というのが開発されているのですか?

回答

建入れ調整治具は、遠隔制御で高精度を実現するシステムで、機械式と油圧式が市場投入され活用されています。

●機械式
建入れ調整、突合せ部食違い調整機構、上下柱固定機構の3つを持ち、柱現場溶接完了まで、この機構で固定します。

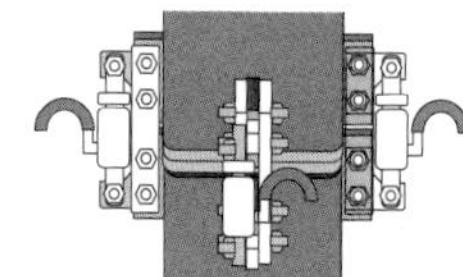

●油圧式
油圧力で建入れ調整を行なった後、高力ボルト・スプライスプレートで上下柱を固定するもので、溶接時に外せます。

③鉄骨建方における墜落事故が多いと聞きます。安全上の留意点を再確認したい。

回答

国土交通省の「建築工事安全施工技術指針」を抜粋します。
- 作業指揮者を選任し、玉掛けは有資格者以外行わない。
- 必要に応じて鉄骨を補強し、移動式クレーンでは路盤強度を確認。
- 作業範囲の立入禁止措置を確実に行う。
- ストックヤードなどの仮置き作業では、崩壊・倒壊に十分注意する。
- ベースモルタルおよびアンカーボルトの強度・形状の確認を行う。
- 柱建方時、建入れ補強ワイヤー、昇降用親綱ロリップ、安全ブロックを取り付ける。
- 梁に親綱を仮付けし、取付け時に張り渡し、安全帯を使用し作業員の墜落防止を図る。
- 長尺物や重量の大きい物は、介錯ロープを取り付け安全作業の補助とする。
- 仮締めボルトは、2本以上、且つ全本数の1/3以上とし、確実に取り付ける。
- 資材は予め計画した位置に荷揚げし、仮置きする場合は必ず固定する。
- 強風時(平均風速10m/秒以上の場合)は作業を中止する(風速計の設置)。

53 鉄骨工事場接合

→4 52 54

最重要工程。材料管理と手順遵守 !!

・構造品質を左右する重要工程
・仮ボルト・本締めの手順
・溶接ひずみ影響を最小にする工程手順と品質管理
・混用・併合継手は先に本締め

1　高力ボルト接合

接合摩擦面のミルスケール、浮錆は取り除く。肌すき 1mm を超える時はフィラープレートを挿入。2mm 以下のボルト孔喰違いは、リーマ掛けし調整。出荷から施工までの期間を短くし、包装のまま保管、湿気を防ぐ。締め付け場所への搬入を計画的に行い、包装は施工直前に解く。

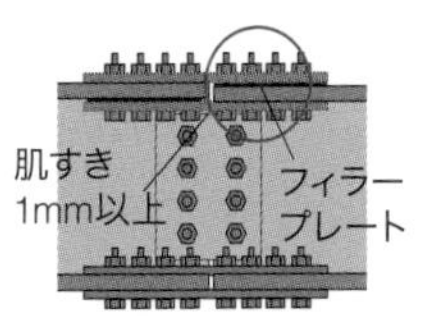

フィラープレート

締付け施工法確認試験は、代表的箇所の1ロットにて行い、導入トルク値・平均値により適否を判断。不具合は、施工法を見直す。

すべての作業は、同日中に終了する。降雨時にはボルト締付けは行わない。

一次締め

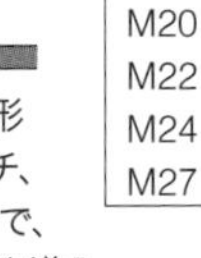

プレセット形
トルクレンチ、
電動レンチで、
表のトルクを導入。

ボルト呼び径	導入トルク
M12	≒50NM
M16	≒100NM
M20	≒150NM
M22	≒150NM
M24	≒200NM
M27	≒300NM

マーキング

すべての
ボルト・ナット・
座金にマーキング。

マーキング

本締め

ピンテール
破断

専用締付器で、ピンテールが破断するまで締める。

専用器が使用できない時は、トルクコントロール法・回転法で締め付ける。

トルシア形高力ボルト

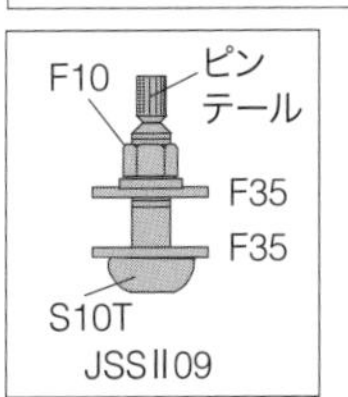

締付け後の検査

・ピンテール破断を確認し、マークずれ・共回り・軸回り有無、余長過不足を目視検査。

・ナット回転量に著しいばらつきがある群は、平均回転角度を算出。平均回転量±30°の範囲を合格とする。

・不合格ボルトは取り替える。ボルト余長は、ねじ1～6山範囲を合格とする。

トルシア型高力ボルト締付け要領

2　現場溶接

被覆アーク溶接、ガスシールドアーク溶接およびセルフシールドアーク溶接が用いられる。溶接技能者・溶接作業者は、工事現場溶接に関し、十分な経験と技量を有するものとする。気温・湿度の急激な変化が予想される時は作業を中止し、風の強い時は防風対策をする。

溶接ひずみの建方精度への影響を考慮し、手順・方向などを定める。

板厚が厚い・母材温度が低い場合は、電気ヒータ・ガスバーナなどで、適切に予熱する。検査は、外観検査と超音波探傷検査を全数行うことが多い。

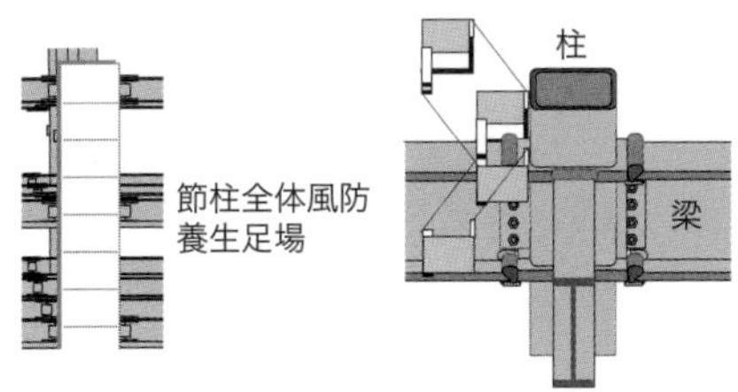

差込防風冶具

3　混用接合・併用接合

高力ボルト、現場溶接の混用・併用接合は、高力ボルトを先に締め、その後溶接を行う。

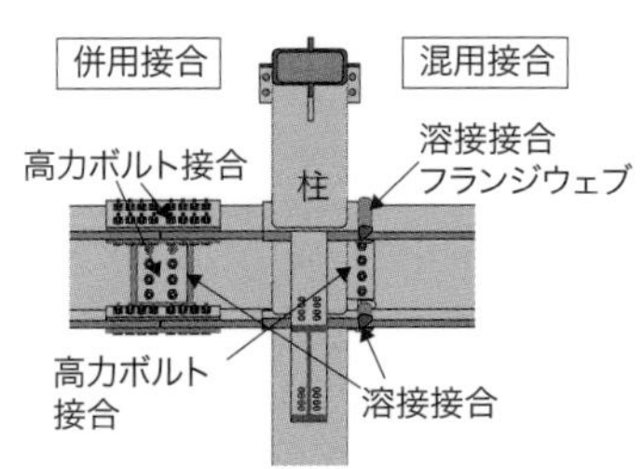

混用・併用接合

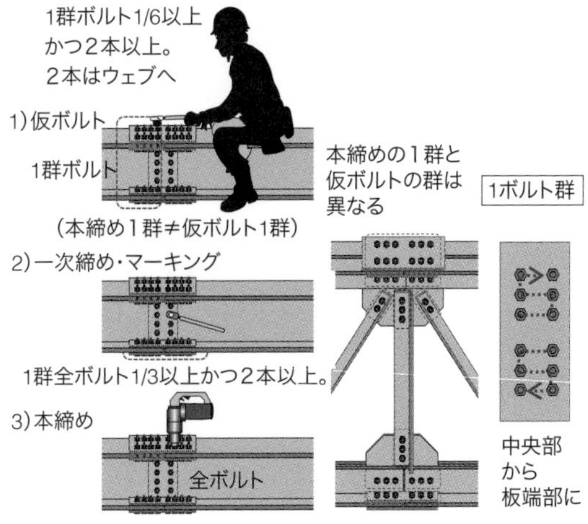

高力ボルト本接合手順

Q　**A**

①フィラープレートの材質は、母材と同等とするのですか?

回答

部材とスプライスプレートは接触しないので、力はフィラープレートを介し伝達されます。JASS 6 は、フィラープレート材質は母材に関わらず、400N/mm² 材としています。

補足

材質が規定されない場合もあります。摩擦力を適切に伝達する機能も必要なため、フィラープレートは両面とも摩擦面としての処理をします。

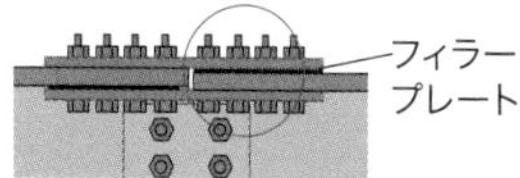

②締付け機器が大きくてトルシア形が使用できません。高力ボルトに変えられますか?

回答

そのような場合は高力六角ボルトに交換します。1枚のスプライスプレートの中で混在しますが、かまいません。

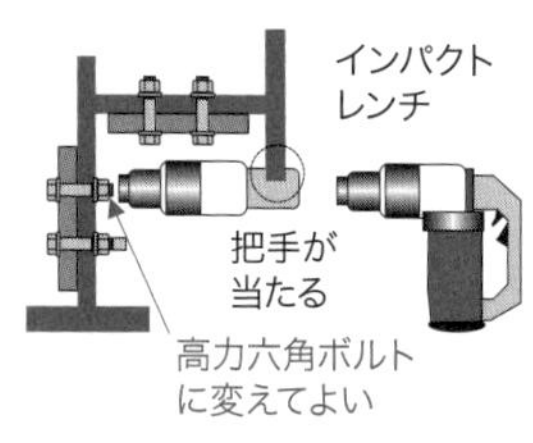

トルシア型不可能の場合

補足

トルクコントロール法では締め付け後の検査方法(平均回転角からのバラツキを判定の根拠)を考慮しボルト群(1枚のスプライスプレートの単位)を交換します。ナット回転法の場合は1本ずつ検査が可能ですが、原則はボルト群を交換。

③高力ボルトを当日中に本締めまで行う場合、仮ボルト代わりに使用してはいけないのですか?

回答

高力ボルトを仮ボルトとして使用すると、精度調整などでねじ山が痛むなどの不具合がおき、本締め時に正規の軸力が導入されない可能性があるため、基本的に使用しないようにします。

補足

仮ボルトは、取替えが行われたかを確認しやすくするために、本ボルトがトルシア形の時は六角ボルトを使うなどの配慮が必要です。仮ボルトは、ボルト一群に対して 1/3 程度かつ 2 本以上(P.140 に示す)を、ウェブとフランジにバランス良く配置して締め付けます。

④3層1節平積み建方の場合の高力ボルト本締めおよび現場溶接の手順を教えてください。

回答

溶接ひずみの建方精度への影響を考慮し、手順・方向などを定めなければなりません。柱継手部の溶接は、柱継手部のエレクションピースの本締めを行い、その柱(節)の最上階梁の高力ボルト本締めを完了した後に実施します。

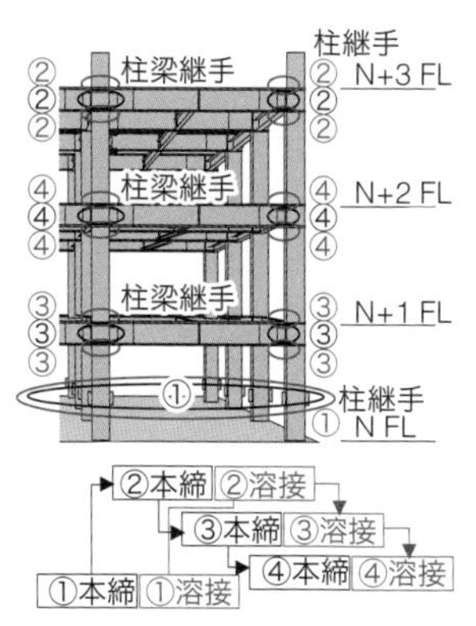

基本的な本接合手順

補足

一般的に溶接開先幅の約10%の縮みがありますので、縮みおよびその変形影響が均等になるように、極力対称的な手順で計画します。一柱では対面溶接とすることもあります。

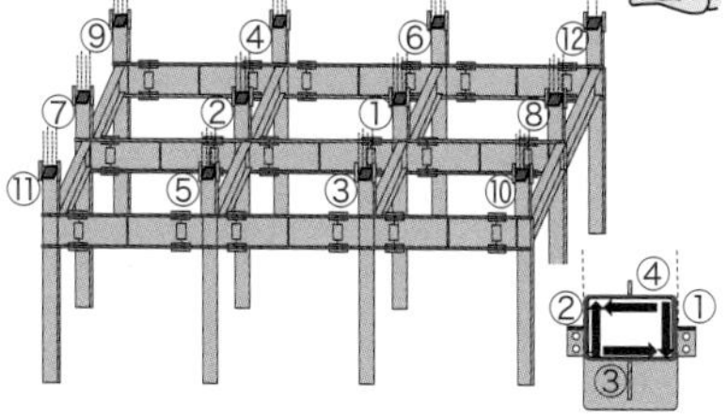

柱の溶接手順例

54 鉄骨専用足場

→2 4 52 53

作業安全と建方手順を円滑連繋!!
- 構造品質を左右する重要仮設
- 先付け金物での段取り造り込み
- とにかく安全最優先
- 乱れがちな外観を整えることも大切

鉄骨専用足場は、本接合（溶接・高力ボルト締付け）・現地塗装・材料や作業員の移動、置場利用目的で、設置される吊り足場などの仮設である。規格材料による部品を先付け金物や緊結治具で固定するものが多い。

① 吊り棚足場

梁にチェーンを架けて、1.8m 間隔に設けた長さ 7～8m の角鋼管を吊り、これに転がし角鋼管を間隔 1.5m で並べ交点を鉄線で結束。外端には手摺と足がかりをつけ、足場板を結束し作業床を設ける。梁下に全作業床があり、梁鉄筋を足場上で組み立てる鉄骨鉄筋コンクリート造の工事で使われることが多い。最近は使用例が少ない。

② 吊り枠足場（柱用・梁用）

梁鉄骨先付金物で吊るタイプ、緊結金具で固定するタイプがある。柱あるいは梁接合部周囲に設置して作業床と手摺を設けて局部足場（または連続足場）とする。現場溶接や高力ボルト本接合をパネルゾーン付近で集中作業する純鉄骨構造の工事に適している。先組みや転用効率も高い。より転用性を高めるため、ジュラルミン製として軽量化し、折り畳んで運ぶものもある。

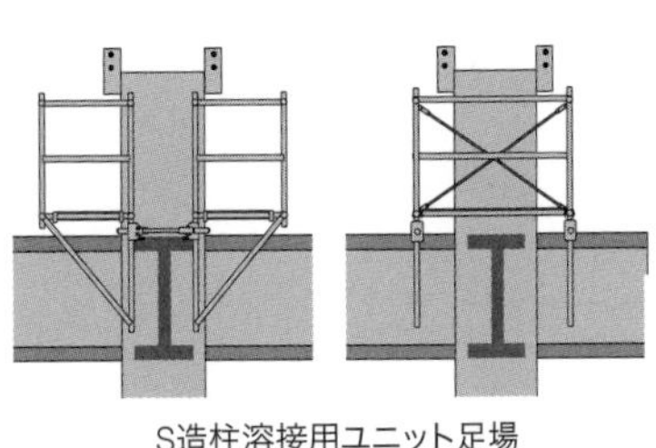

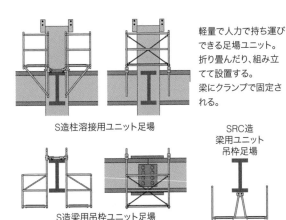

軽量で人力で持ち運びできる足場ユニット。折り畳んだり、組み立てて設置する。梁にクランプで固定される。

S造柱溶接用ユニット足場

S造梁用吊枠ユニット足場（1スパン200kg以下）

SRC造梁用ユニット吊枠足場

規格ユニット型吊り枠足場例

③ 水平養生（ライフネット）

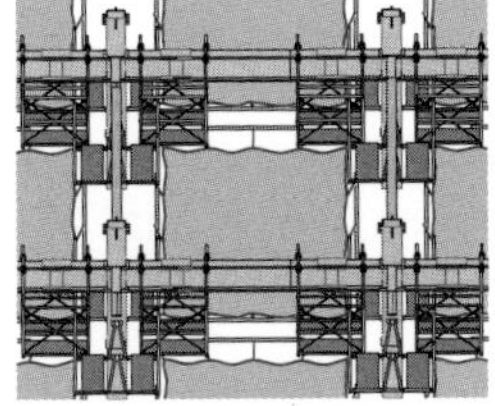

ライフネット

作業員墜落保護と、資材落下防護を目的として設けられる。合成繊維ネットを、隔階程度に全面張りする。

④ 外部養生

作業員墜落防止、資材落下時の第三者防護を目的として設けられる垂直の養生設備。親ロープを垂らし、これに合成繊維ネット・金網を緊結する。風に対する安全性を確保し、後続工事のために取り外しやすいように工夫する。

⑤ 移動通路・資材置場

材料や作業員の移動の通路として、資材や機材の置場や基地として設置される。

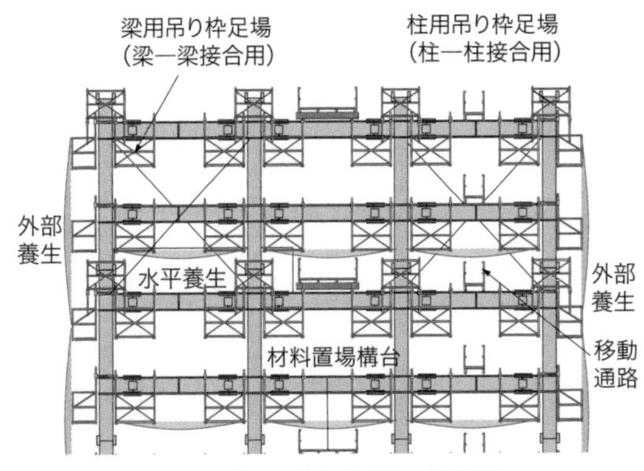

S造の鉄骨工事専用足場・養生例

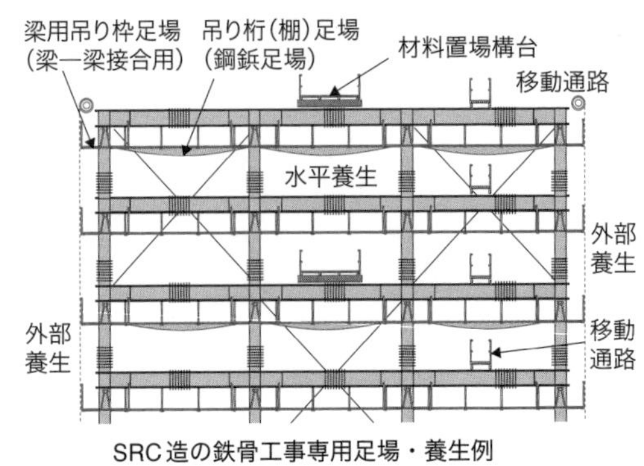

SRC造の鉄骨工事専用足場・養生例

Q 鉄骨鳶工 職長

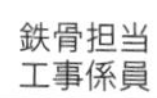

A

①軽量で畳んで人力で持ち運びできる吊り足場ユニットを使います。
あまり丈夫そうでないのですが、注意点を教えてください。

回答

ジュラルミン製の軽便な製品がよく使われています。
・本体から水平養生ネット、垂直養生ネットは取付け禁止
・フック部を引っかけたり、ぶつけたりしない。
・本体から安全帯を取らない。

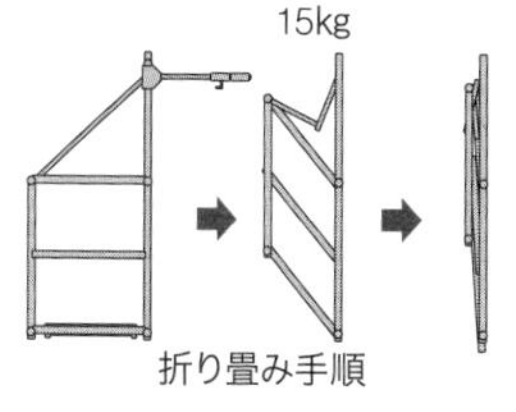

軽便吊り枠の移動

②外部養生防網は、風などで乱れやすく、また暴風時にまとめるなど維持に気を遣います。
現場によって、上手下手があるようです。
綺麗に張る方法を教えてください。

回答

水平材を垂直方向に 5.5 m 以下ごとに水平精度よく、緩まないように設けることがポイントです。シートは、緊結材の紐などを使って全てのハトメを用いて隙間・たるみがないようにピンと緊結してください。

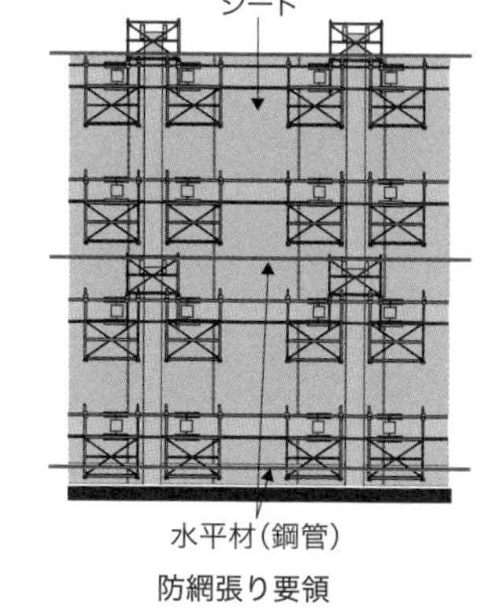

防網張り要領

③吊り足場の組立て・本接合などの実工事・撤去は、墜落事故が多い危険な工種です。安全上の注意点を再確認したい。

回答

墜落死亡事故の足場種別では、吊り足場は、はしご・枠組足場に次いで 3 位と多く、25 人（15%）を占めます（2012 年）。危険工種です。

補足

足場からの墜落防止措置が 2015 年厚労省により強化されました。

①組立て作業の墜落防止措置を充実
・作業時幅 40cm 以上の作業床設置
・安全帯使用徹底

②組立て作業に特別教育が必要

③足場組立て後は注文者も点検必要
・元請事業者は、足場組立て･解体後、点検・修理

④足場の作業床に関する墜落防止措置を充実
・床材と建地との隙間は 12cm 未満
・臨時に手摺などを取り外す場合、立入を禁止

⑤鋼管足場（単管足場）に関する規定の見直し

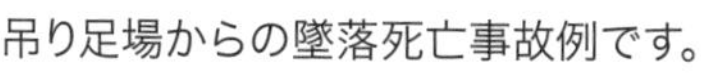
吊り足場からの墜落死亡事故例です。
・解体中、玉掛けするはしごが落下←使用禁止
・手摺・防網などの墜落防止設備なし
・吊り枠間に仮設置した作業床が脱落
・吊り足場手摺から身を乗り出す
・ズレた足場の補正操作ミス
・取り外し中の足場板上に乗ったため、足場板（パネル）の片側が脱落

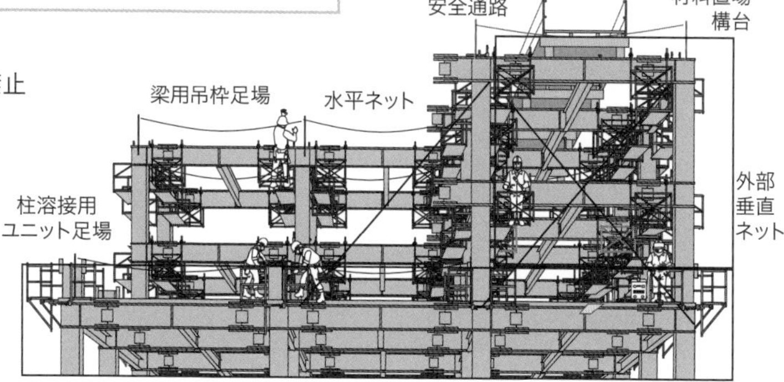

吊り足場の危険防止策

 55 デッキプレート

梁との接合方法確認!!

・構造デッキとしての床構法３種
・フラットデッキ・鉄筋付デッキと各種工法
・デッキプレート固定のズレ止めとシアコネクトの使い分け

構造利用床構法として、以下３種類がある。JIS G 3352 に適合するデッキプレートを使う。

デッキプレート合成スラブ

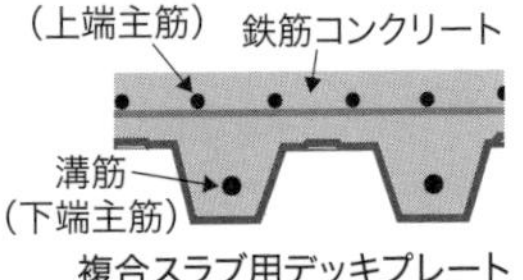

合成スラブ用デッキプレート

コンクリート打設時に型枠、硬化後引張鉄筋の働きをする床構法(鉄筋が不要)。
梁と接合し床ブレース不要。デッキプレートにエンボスや鍵溝で合成効果を発揮、耐火被覆不要。

デッキプレート複合スラブ

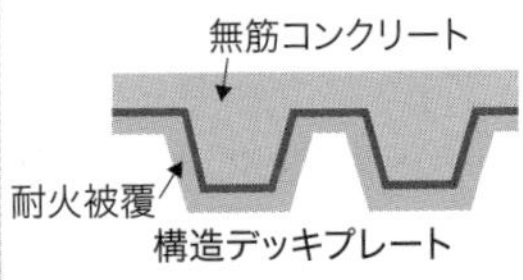

複合スラブ用デッキプレート

積載・仕上げ荷重は、溝筋を引張鉄筋としてコンクリートスラブが負担し、デッキプレートはスラブ自重を負担する構造。耐火被覆は、告示第1399号で不要。

デッキプレート構造スラブ

無筋コンクリート
耐火被覆
構造デッキプレート

全荷重を、剛強なデッキプレートのみで負担する構造。
水平剛性を確保するブレース・耐火被覆が必要。ひび割れ防止のメッシュ筋が必要。

構造耐力を期待しない型枠（仮設）として使うものに、フラットデッキと型枠デッキがある。スラブ構造の配筋が必要で、耐火被覆は不要である。

フラットデッキは、上面が平らで、コンクリートと鉄骨量も軽減され、公共建築協会「建築材料・設備機材等品質性能評価事業」にて評価されたものが使われる。

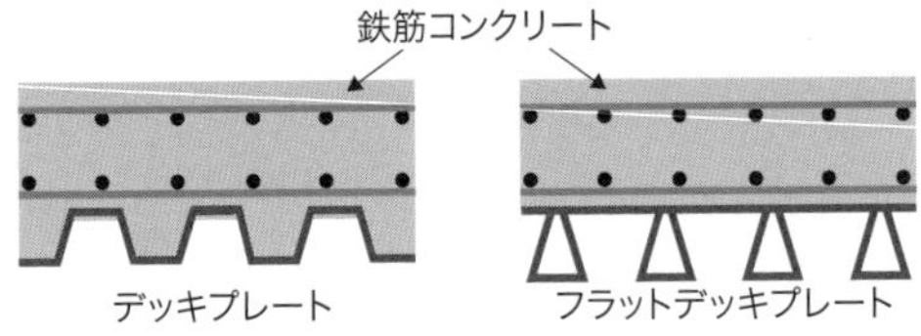

型枠デッキプレート

1　鉄筋付デッキプレート

鉄筋トラスで三角断面を形成したスラブ主筋と床デッキプレート型枠を一体化した床構成材で、省力化・工期短縮の優れた製品である。主筋は溶接されているため、施工中の配筋乱れがない。

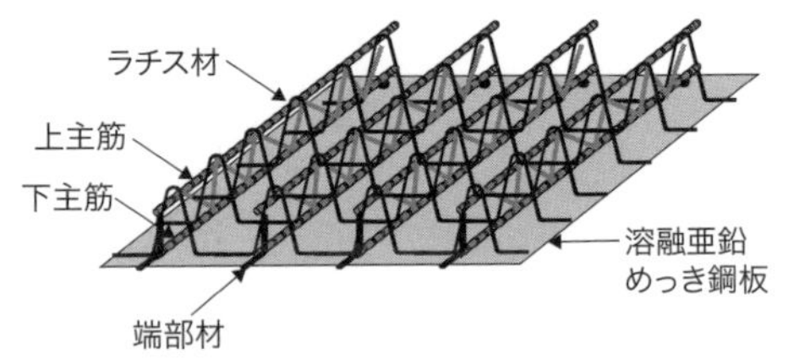

鉄筋付デッキプレートの例

2　施工

施工に先立ち割付図を作成し、全体チェック調整を行い、適切な施工方法と長さ、数量を確認する。荷扱いは、デッキプレートを変形させないよう扱い、雨露に注意して保管する。敷込みに先立ち、梁上の油・浮き錆などの敷込みに有害な汚れを除去し、デッキ受け材の確認を行う。

デッキプレート落下防止・ズレ止め・梁との固定

デッキ合成スラブで頭付きスタッドを使わない ↓ 焼抜き栓溶接・打込鋲または隅肉溶接	頭付きスタッドで面内せん断力を梁に伝える ↓ アークスポット溶接または隅肉溶接	デッキ合成スラブ以外 ↓ 焼抜き栓溶接・打込鋲・隅肉溶接・プラグ溶接・アークスポット溶接

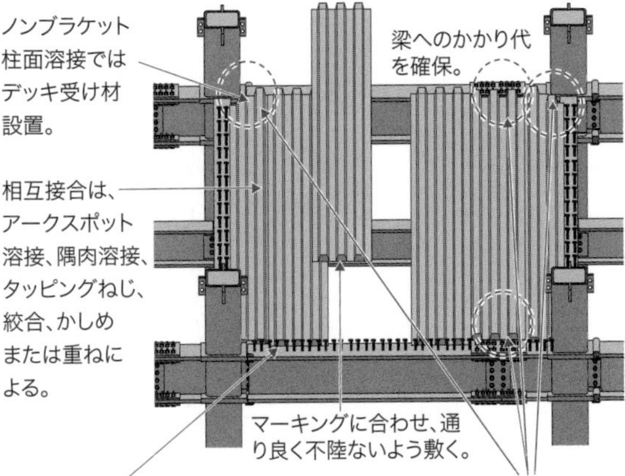

デッキプレート施工

デッキ鍛冶工 職長

Q

①デッキプレートの防錆処理は、めっき以外にもありますか？

鉄骨担当 工事係員

A

一般用錆止めペイントを工場塗装した製品があります。下に示すめっきは、仕様がJIS G 3352に規定されています。

- 溶融亜鉛めっき
- 電気亜鉛めっき
- 溶融アルミニウムめっき
- 溶融亜鉛－5％アルミニウム合金めっき
- 溶融55％アルミニウム－亜鉛合金めっき
- 溶融亜鉛－アルミニウム－マグネシウム合金めっき

作業所長

技術部 部長

補足

アルミニウムとの合金は、ガルタイトといい、Zn犠牲防食にAl不動態機能を併せ、マグネシウムとの合金は、めっき性能をさらに高めます。

②デッキプレートと鉄骨梁を留めるスタッドなどを打ちます。種類と機能を教えてください。

梁・スラブシアコネクターとして頭付スタッド溶接径16mm以上が使われます。受入れ検査は、100本を1ロットで、目視検査と30°打撃曲げ試験で合否判定します。不良は隣接部に打ち直します。

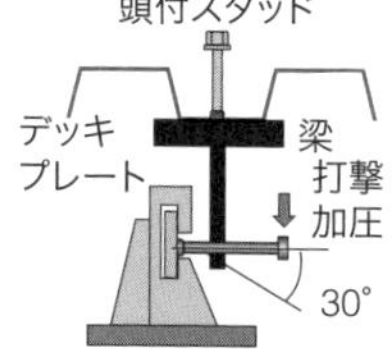

回答

落下防止とズレ止め、鉄骨梁との緊結方法には以下があります。

デッキプレート固定

種類・名称	イメージ	内容
アークスタッド溶接（頭付スタッド）＊1	スタッド、フェルール、アーク、チャック、デッキプレート、鉄骨梁	ボルト・丸棒の先端とデッキプレート・鉄骨梁との間にアークを発生、溶融池に押しつけて溶接（丸棒にナット頭を一体化させた製品を、アークスタッド溶接）＊2。
アークスポット溶接	溶接ワイヤ、ノズル、トーチ、溶接金属、デッキプレート、鉄骨梁	アーク溶接法のひとつで、重ね継手部の板の片側からアークの熱を利用して加熱し、点状に溶着させる溶接法。
焼抜き栓溶接	溶接棒、アーク、デッキプレート、鉄骨梁	梁に密着したデッキプレートを低水素系溶接棒のアーク熱で貫通溶断して所定の孔径を得た後、溶融金属を盛り上げていく工法。
プラグ溶接	溶接棒、アーク、デッキプレート、鉄骨梁	栓溶接ともいい、母材を重ね合わせて接合する場合、一方の母材に丸穴（プラグ）をあけておき、この穴を埋めるように溶接し接合する方法。
打込み鋲（びょう）	下穴開け、鋲打器、下穴、打込鋲、鉄骨梁、デッキプレート	火薬式鋲打銃・ガス式鋲打銃により鋲を打ち込み、デッキと鉄骨梁を接合する工法。

＊1 デッキプレート貫通の場合　＊2 シアコネクターとして使う場合が多い。

③床を早く造るためにデッキプレートは有用です。省力化・工期短縮工法を紹介してください。

回答

下図の3種類が多用され、床を早く造る手段として有用です。

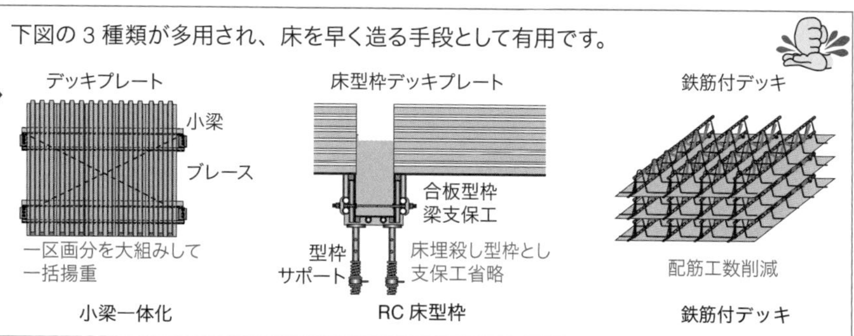

 56 鉄骨耐火被覆

認定品を紐解く !!

- 基本は乾式ロックウール吹付け
- 耐火必要性能と認定・指定
- 水平力対抗部材は不要
- 省力化工法の実用化

1　乾式吹付けロックウール施工

鉄骨耐火被覆で、最もよく使われているのは、廉価で施工性のよい乾式吹付けロックウールである。ロックウールは、膨張性のある岩石を工場で加熱融解し、繊維状に拡散させた人工の短繊維。基本的に、個別認定された仕様に従う。

(1) 施工要領

鉄骨面に浮錆・油・ゴミなどが付着している時は、除去し、素地調整後、速やかに施工する。

施工階にポンプ・コンプレッサ・タンクを設置し、セメントを混合した材料を、ノズル先端で別送された接着剤混合水噴霧気に混合し、鉄骨にむらなく吹き付ける(乾式吹付け)。施工面から 30 〜 50cm 離し、やや斜め向きに吹き付ける。飛散材料の発生は避けられないので、外部側開口部や多室・階段などの養生を徹底しておく。必ず防塵マスクを着用する。

雨に弱いため、止水対策が大切だが、はく離補修も合わせ補修吹付けが必要である。飛散・剥落が問題になるときは表面固化材を吹き付け、仕上げ面となる部分の比重を高める場合はこて押えを行う。材料の調合管理を徹底するとともに、吹付け厚さと密度を確保する。

(2) 検査

施工厚さ・かさ密度は、コアを採取し測定。頻度は各階ごと、かつ床面積 1500m^2 ごとに 1 回とし、1 回 5 個とする。ただし、延床面積 1500m^2 未満は 2 回以上とする。

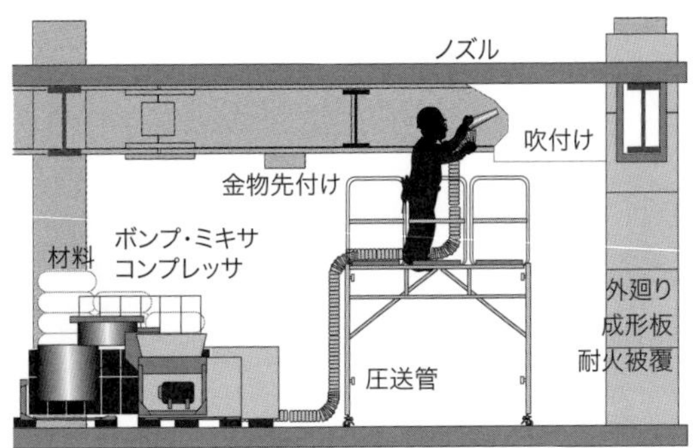

半乾式吹付け施工

2　耐火被覆の性能認定

火災時に鉄骨部の温度上昇を抑え、一定時間、構造性能を確保し、避難・消火の支障にならないようにするのが耐火被覆の目的である。通常火災の火熱時間に対して 3 時間・2 時間・1 時間・30 分の耐火時間を級別し、性能が要求されている。

吹付けロックウールは、個別に認定をとっており、以下 3 種があるが、乾式吹付けが多用される。

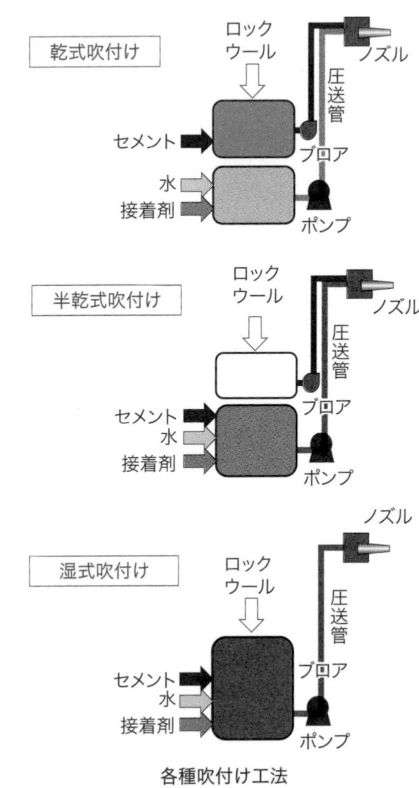

各種吹付け工法

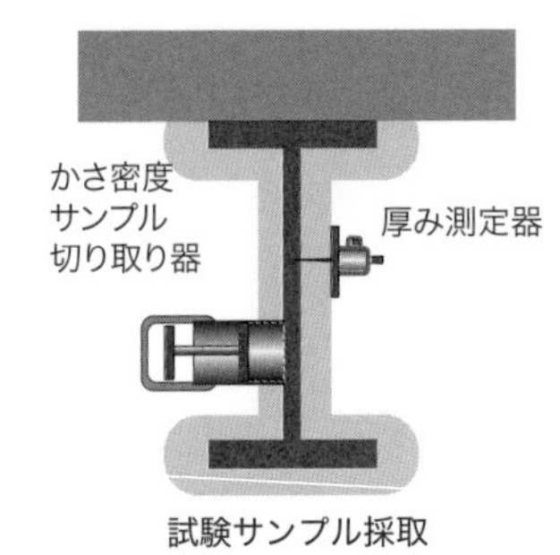

試験サンプル採取

Q

耐火被覆工職長

A

鉄骨担当工事係員

作業所長

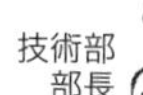

技術部部長

①耐火被覆は構造部材すべてに必要ですか？

回答

火災時、鉛直荷重を支える必要がない部材については耐火被覆を必要としません。具体的には、次の部材です。

- 火打ち材
- 水平ブレース
- 最上階の小屋組
- 地震時の座屈防止の方杖
- 水平力のみを受ける耐風梁
- 地震水平力を伝達する鉛直ブレース

→62

耐火被覆が不要

補足

火災時に一定時間、構造性能を確保し、避難・消火を助けるのが耐火被覆の目的ですから、鉛直耐力部材を対象としています。火災発生時に大地震や暴風が起きることは考えすぎです。特別に高い安全性を期待する場合は特記されます。

②3時間・2時間・1時間・30分などの耐火性能はどう確認するのですか？

回答

基準法で以下に規定されます。

①**一般指定**：
法に明記される一般的工法

②**個別指定**：
定めた試験に合格したもの

③**特別認可**：
建設大臣認可の特別な工法

補足

個別指定以外に、グループで認められた通則認定は基準法改正により廃止され、すべて、1社で取った個別認定となりました。特別認可は、建物ごとに日本建築センターの評定を受ける工法です。

③吹付けロックウール以外の工法を教えてください。

回答

表に示す工法が使われています。石綿は発ガン性があり一切使用禁止です。使用例の多い順に、吹付け→成形張り→巻付けとなっています。

耐火被覆の種類・材料

耐火被覆工法		材料	耐火被覆工法		材料
成形板張工法	箱型組立て接着剤と釘で固定	繊維混入けいカル板	巻付け工法	耐火ピンに耐火材巻付け	セラミックファイバー
		ALCパネル			ロックウール系
		軽量コンクリート板			軽量コンクリート板
		強化石こうボード			強化石こうボード
		出成形セメント板			出成形セメント板
左官工法	鉄網下地左官こて塗り仕上げ	鉄網モルタル	打設工法	(鉄筋)コンクリートを巻く	(鉄筋)コンクリート
		鉄網軽量モルタル			
		鉄網			
		パーライトモルタル			
吹付け工法	専用機で圧送混合吹付け	吹付けロックウール	組積工法 (柱)	箱型組立て接着剤と釘で固定	コンクリート
		軽量セメントモルタル			(軽量)ブロック
		吹付けひる石			石・れんが
		石こう			
		水酸化アルミニウム			

補足

耐火塗料という新工法があります。火災時に塗料が発泡し、耐火断熱層を形成するもので、現状では建設大臣の特別認定を要します。耐火鋼（FR鋼）との併用が多いです。下塗り、主材、上塗りの3層で構成され、主材の厚みが厚いため、通常より長い塗装工期が必要になります。

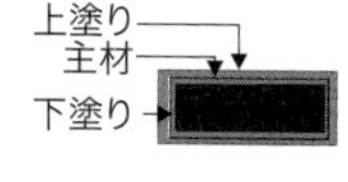

耐火塗料

→62

④耐火被覆の省力化工法にはどんな工法がありますか？

→6

回答

吹付けロックウール工法は、重作業で3K作業です。改善工法が検討されています。

補足

- 耐火被覆吹付けロボット
マニュピレータ型のロボットが開発試行されています。
- 先付け工法
鉄骨に耐火被覆を工場先付け、継手は現場作業します。

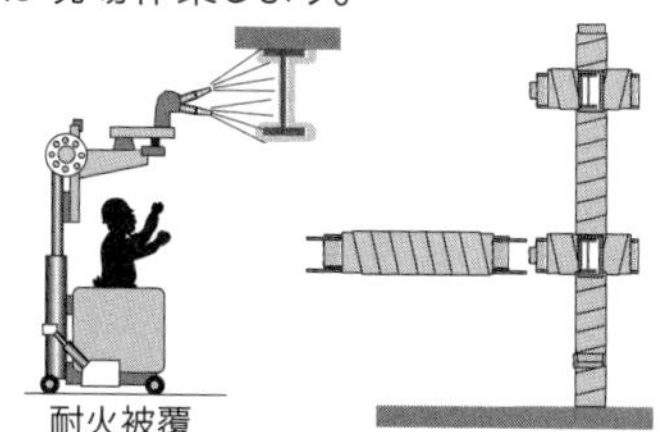

耐火被覆吹付けロボット　　巻付け耐火被覆

57 施工欠陥による構造体の地震被害抑制

→ 4 17 33 35 39 50 53 58 61

強度・じん性が特に弱いところを作らない!!
- 構造体の特徴的な地震被害
- 局所の弱点が耐震設計ストーリーを損なう
- 被害抑制の方策、施工不具合防止の着目点

1　施工欠陥による地震被害を防ぐ

我が国の耐震構造設計技術は極めて高く、世界に誇るものだが、いくら進んでも絶対はあり得ず、地震動の性質・地盤条件・建物の形や高さ・材料強度・部材耐力・劣化状況・使用法などが異なり（あるいは未解明で）、地震被害をゼロにはできない。いわゆる想定外の地震や挙動といわれる怖いものだ。

この予期できぬ地震被害があった場合に、施工が原因になることを避けるためには、材料強度・断面寸法・構造量・継手性能を設計通り確保して施工をするのは当然である。

ここで、極端に劣るところがあると、壊れ方をコントロールし甚大な被害を防ぐように考えられた構造設計意図を毀損することになり、被害を拡大するので注意が必要だ。最後まで耐え得るよう設計した柱に致命的施工欠陥があったらどうなるだろうか？

これは、施工のバラつきにより生じるかも知れないので、極力防止に努めなくてはならない。

2　鉄筋コンクリート構造体の地震被害抑制

耐震設計性能を損なう可能性のある施工欠陥・不具合防止策を、耐震部材ごとに、被害想定とともに表にまとめた。鉄筋コンクリート造の耐震設計は、以下のストーリーを持つ。

地震時に人命を守るには、柱を壊さないことが最も大切だ。主要な柱が脆性破壊、大曲げ変形すれば、上階の重さを支えきれない。耐震設計は「極めて稀な大地震」でも、①各層変形抑制、②柱は脆性破壊せず一部損傷、③梁端部を先に毀す…という柱を守る壊れ方により制御している。

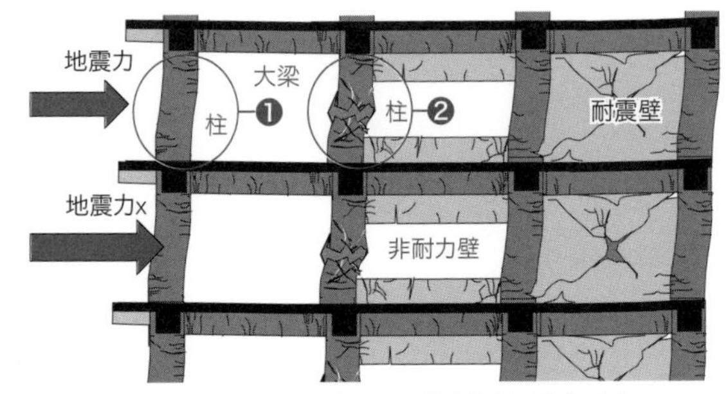

鉄筋コンクリート造　主な構造部材の被害想定

	❶鉄筋コンクリート　曲げ柱		❷鉄筋コンクリート　せん断柱	
想定される地震被害	（曲げ破壊） 柱頭・柱脚に亀裂が水平に入り、地震力増大とともに亀裂幅と変形が大きくなり、終局耐力に達して、曲げ破壊に至る。	・柱は、終局耐力には至らないが、中破～小破の被害 ・層間変形角 1/200 程度 ・柱頭、柱脚に水平亀裂 ・コンクリート一部圧縮損傷	（せん断破壊） 水平や斜方向に入った亀裂が、地震力の増加に伴い、斜方向の亀裂長さ・幅が拡大し、変形量が大きくなくても終局耐力に達し、脆性的な破壊をする。	・柱は、終局耐力には至らないが、中破～小破の被害 ・層間変形角 1/200 程度 ・水平方向や斜方向・X状亀裂 ・コンクリートが一部損傷
採用される耐震設計技術	大曲げ変形	・構造スリットの確実配置 ・靭性・強度高い柱を設計 ・接合大梁端部を先降伏 ・せん断補強筋の確保 ・高強度のコンクリート・健全な継手	せん断変形	・せん断強度の高い柱を設計 ・接合大梁端部を先に降伏させる ・十分なせん断補強筋の確保 ・高強度・高ヤング率のコンクリート ・十分な曲げ主筋の確保と健全な継手
起こりがちな施工不具合	水平ひび割れ 水平ひび割れ	・せん断補強筋の不足・不良 ・主筋の不足・不良、継手欠陥 ・パネルゾーン配筋不良 ・コンクリート強度不足 ・コンクリート打込み欠陥 ・スラブ面水平打継ぎ部の不良	座屈 X状ひび割れ	・せん断補強筋の不足・不良 ・主筋の不足・不良、継手欠陥 ・パネルゾーン配筋・定着・あき不良 ・コンクリート強度不足 ・豆板・コールドジョイントなど、コンクリート打込み欠陥
不具合防止策		・パネルゾーン配筋の納まり解決 ・配筋精度・主筋継手の品質造り込み ・構造体コンクリート強度の確保 ・密実なコンクリートの締固め打込み		・パネルゾーン配筋の納まり解決 ・配筋精度・主筋継手の品質造り込み ・構造体コンクリート強度の確保 ・密実なコンクリートの締固め打込み

パネルゾーン配筋・帯筋・コンクリート打込み欠陥・コンクリート強度に注意！

柱に続き、先に曲げで壊れるとはいえ、変形を抑え荷重を伝える梁、耐震強度を確保する耐震壁、耐震要素を毀さぬようにしながら、重要な耐火や避難など地震時の二次被害を防ぐ非耐力壁について、耐震設計性能を損なう可能性のある施工欠陥・不具合防止策を、部材ごとに、被害想定とともに表にまとめた。

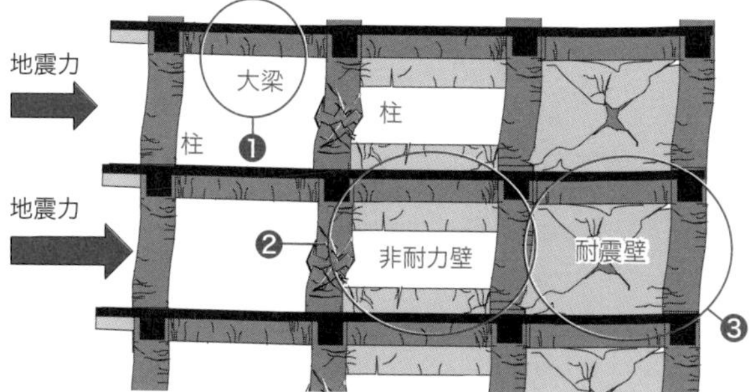

鉄筋コンクリート造　主な構造部材の被害想定

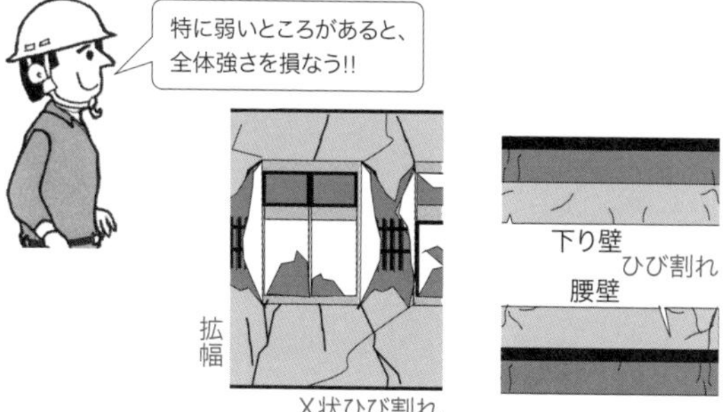

非耐力壁被害

❷ 鉄筋コンクリート　非耐震壁	
想定される地震被害	・壁は大破～中破被害 ・一枚壁・袖壁・小壁が斜め変形し、X状の貫通大ひび割れ発生 ・開口が変形し、隅部に斜め貫通大ひび割れ。ドアや窓は開閉困難
採用される耐震設計技術	・構造スリットなどによる柱梁と縁切り ・避難できるよう耐震ドアを設置 ※柱梁を毀さぬよう設計上想定している破壊で、施工不具合ではない →過大な水平力・層間変形で、設計耐力・靭性を超えせん断破壊
起こりがちな施工不具合	※施工不具合ではないが…… ・スリットなど縁切りが不十分 ・コンクリート強度不足 ・豆板・コールドジョイントなど、コンクリート打込み欠陥 ・開口補強鉄筋の不足
不具合防止策	・構造スリットの機能確保 ・コンクリート構造体強度管理 ・通常の、ひび割れ防止対策を実施し、コンクリート打込み欠陥や、かぶり不足を極力防止する。

構造スリット・コンクリート打込み欠陥・強度に注意!

❶ 鉄筋コンクリート　大梁	
想定される地震被害	大梁は、柱より先行降伏の方針により、終局耐力には至らないが、小破の被害を受ける ・層間変形角 1/200 程度 ・柱際，梁中央に亀裂が垂直に入る ・コンクリートが一部圧縮損傷
採用される耐震設計技術	・柱より大梁端部が先に降伏 ・靭性が大きく強度の高い十分な断面積 ・建物床を最後まで支持する設計 ・十分なせん断補強筋の確保 ・高強度・高ヤング率のコンクリート ・十分な曲げ主筋の確保と健全な継手
起こりがちな施工不具合	・せん断補強筋の不足・不良 ・主筋の不足・不良、継手欠陥 ・パネルゾーン配筋・定着・あき不良 ・コンクリート強度不足 ・豆板・コールドジョイントなど、コンクリート打込み欠陥
不具合防止策	・パネルゾーン配筋の納まり解決 ・主筋・帯筋の配筋精度・主筋継手の品質など工程内検査で造り込み ・構造体コンクリート強度の確保 ・密実なコンクリートの締固め打込み

あばら筋・パネルゾーン配筋・コンクリート強度に注意!

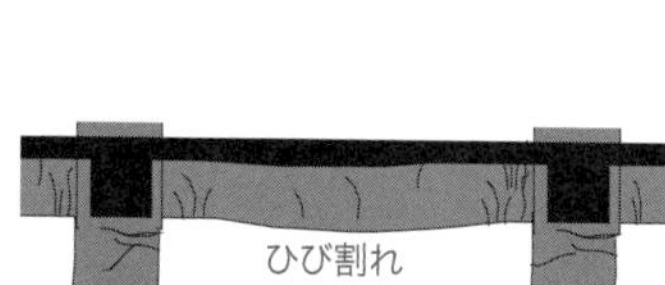

大梁曲げ被害

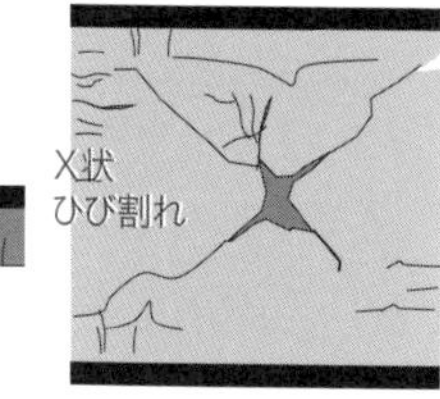

耐震壁被害

❸ 鉄筋コンクリート　耐震壁	
想定される地震被害	・壁は中破～小破被害 ・斜め変形し、X状ひび割れ発生 ・開口が変形し、隅部に斜め貫通ひび割れ。ドアや窓は開閉可能
採用される耐震設計技術	・耐力上必要な壁厚・鉄筋量を確保 ・柱梁に十分に定着し、せん断抵抗確保 ・壁量のバランスをよく壁を配置
起こりがちな施工不具合	・コンクリート強度不足 ・豆板・コールドジョイントなど、コンクリート打込み欠陥 ・スラブ面水平打継ぎ部の目粗し不良
不具合防止策	・壁筋精度の工程内検査で造り込み ・構造体コンクリート強度の確保 ・密実なコンクリートの締固め打込み ・スラブ面水平打継ぎ部の目粗し ・通常の、ひび割れ防止対策を実施し、コンクリート打込み欠陥や、かぶり不足を極力防止する。

3 鉄骨造構造体の地震被害抑制

同様に、鉄骨造の耐震設計性能を損なう施工欠陥・不具合防止策を、耐震部材ごとに、被害想定とともに表にまとめる。耐震設計ストーリーは鉄筋コンクリート造と同様だが、強度とじん性が大きく、軽いためフレームとしての耐震性能は極めて高く、ねばり型である。したがって現場施工では、定着・接合が、工場製作では加工・組立て・溶接が、耐震施工性能を左右する。

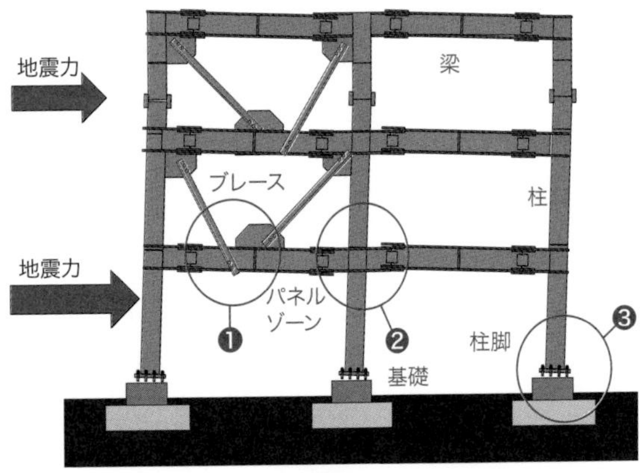

鉄骨造 主な構造部材の被害想定

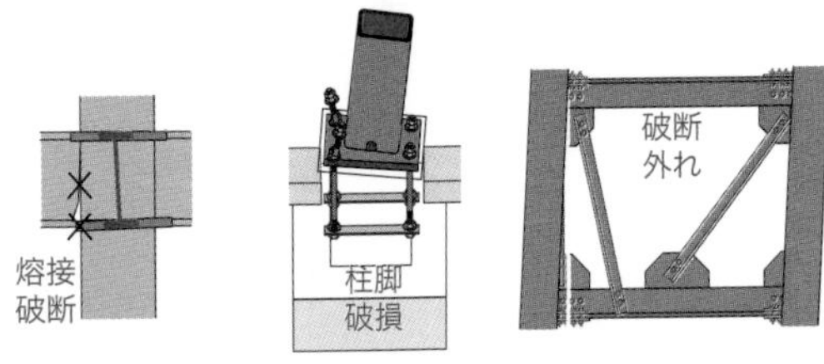

柱梁接合部被害　柱脚被害　ブレース被害

❶鉄骨ブレース	
想定される地震被害	ブレースが中破損傷 ・ブレース本体が座屈圧壊 ・ブレース接合部のボルト破断 ・ブレース接合部の溶接割れ
採用される耐震設計技術	・全体構造計画と整合した、ブレース断面積・接合部強度の確保 ・全体構造計画と整合した、本体鉄骨接合部の設計
起こりがちな施工不具合	・鉄骨ブレースの加工・溶接不良 ・鉄骨柱梁接合部の製作・溶接不良 ・ブレース取付け精度不良 ・鉄骨とのHTB接合不良
不具合防止策	・鉄骨ブレース・柱梁接合部の製作工場における工程内検査により、加工・溶接不良を回避 ・ブレース取付け精度確保 ・鉄骨HTB本接合の適切施工

❷鉄骨柱梁接合部パネルゾーン	
想定される地震被害	剛域変形、梁端降伏のなかで柱梁接合溶接部の損傷、小破被害 ・フランジ溶接接合部の破断 ・ウェブ溶接接合部の破断 ・ダイヤフラム溶接接合部の破断 ・柱梁母材の割れ ・フランジ接合HTBの破断 ・ウェブ接合HTBの破断
採用される耐震設計技術	耐震上有効な、ヒンジ設計 ・全体構造計画と整合した、パネルゾーン鉄骨の部材設計・溶接設計 ・全体構造計画と整合した、柱梁接合部の部材設計・接合設計
起こりがちな施工不具合	・鉄骨パネルゾーンの加工・溶接不良 ・鉄骨柱梁接合部の製作・溶接不良 ・鉄骨建方精度不良 ・鉄骨本接合HTB接合不良
不具合防止策	・鉄骨パネルゾーン・柱梁接合部の製作工場における工程内検査により、加工・溶接不良を回避 ・鉄骨建方精度確保 ・鉄骨HTB本接合の適切施工

❸鉄骨柱柱脚	
想定される地震被害	・柱脚固定部周辺の中破被害 ・定着アンカーボルトの降伏や破断ひどい場合は抜け出し。 ・柱脚BPLの損傷、柱溶接部の破断 ・基礎柱頭コンクリートの圧壊・欠け ・杭などとの接合部損傷・抜け出し
採用される耐震設計技術	耐震上必要な ・上部構造計画と整合した固定度 ・上部構造計画と整合した浮上り抵抗 ・上部構造計画と整合したせん断抵抗を有する基礎・杭・鉄骨定着設計 ・十分な杭耐力・杭頭接合の確保 ・高強度・高ヤング率のコンクリート ・基礎廻り配筋の無理のない納まり ・十分なアンカーボルト断面積 ・鉄骨柱脚強度の確保
起こりがちな施工不具合	・鉄骨柱脚の加工・溶接不良 ・アンカーボルト精度不良・余長不足 ・基礎配筋・定着・あき・納まり不良 ・コンクリート強度不足 ・豆板・コールドジョイントなど、コンクリート打込み欠陥 ・杭頭補強・接合不良・杭耐力不足
不具合防止策	・基礎配筋・アンカーボルトの納まり ・アンカーボルトの精度確保と養生 ・鉄骨柱脚の溶接品質など、製作工場における工程内検査で造り込み ・基礎コンクリート強度の確保 ・密実なコンクリートの締固め打込み ・杭頭補強・接合部の標準施工 ・杭支持力確保の工程内検査

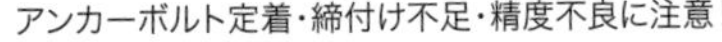

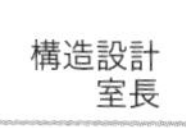

Q

①建物が存在する間に遭遇するかしないかという巨大地震に備えて、絶対に壊れない設計をすることは、不経済・非効率ではありませんか？

回答

A

建築基準法では、地震の大きさや遭遇する確率によって、建物に要求される耐震性の性能基準（クライテリア）を区分しています。

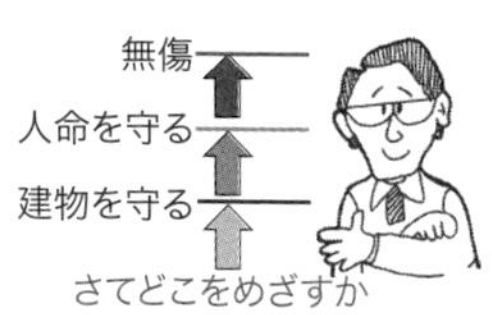

補足

「建物が損傷しない」というのは、地震被災後も軽微な補修で、建物を継続使用できる、健全な状態を維持できることをいいます。大地震時の要求性能を評価する時は、「建物が安全に壊れるか」を工学的に追求します。これを、「塑性設計」「2次設計」と呼びます。

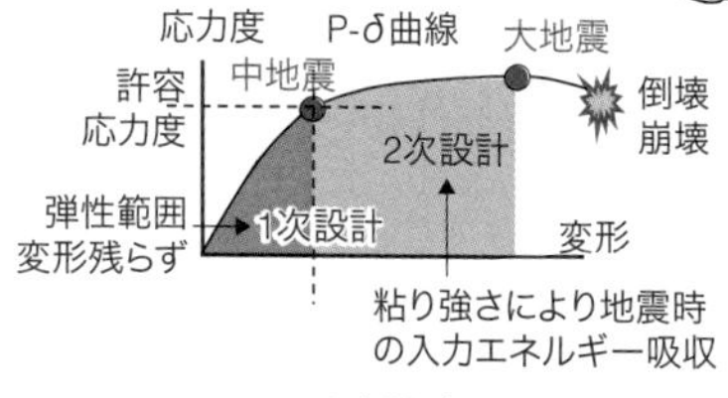

2次設計

下表がそれを整理したもので、「人命が失われない」とは、柱や耐震壁（耐震要素）が小破しても、上床を支えて、建物が倒壊あるいは層圧壊せず、怪我をしても逃げられ、死なないことを示します。「建物が損傷しない」というのは、地震被災後も建物が軽微な補修で継続使用できる健全な状態を維持できることをいいます。決して建物は無傷を保証していないのです。

耐震性の性能基準（クライテリア） 建築基準法

地震の大きさ	発生頻度	要求クライテリア
中地震 （震度５強程度）	まれに発生 耐用年数中に数回遭遇	建物が損傷しない
大地震 （震度６～７強程度）	極めてまれに発生耐用年数中に１回遭遇するかもしれない？	人命が失われない

実際は、施工不良だけが原因でなく、耐震規定不備・想定外地震力・設計ミス・維持管理不足など、多くの要因が複合します。耐震偽装、無許可増築、荷重超過、耐震壁撤去改修など、法違反も、震害を拡大しています。

補足

②過去の巨大地震被害で施工不良ではないかと報道された建物が数多くありました。大変残念なことですが、実態はどうでしょうか？

回答

残念ながら、施工不良はあります。以下に、報告例を紹介します。人命がかかっているので、理由や背景について言い訳せず絶無をめざしたいものです。

- 鉄骨造建築物では、柱の脚部被害が目立ち、欠陥溶接が被害を拡大させたとの指摘もある。
- 手抜き工事・欠陥工事による施工不良も指摘されているが、これらについては十分な統計データが得られていない。
- 柱梁接合部の溶接不良
- アンカーボルト破断・抜け出し
- 柱継手の不良
- 帯筋の間隔乱れ、90°フック、余長不足、かぶり不足
- 主筋乱れ、圧接破断、継手長さ不足
- コンクリート打込み・スリット欠陥

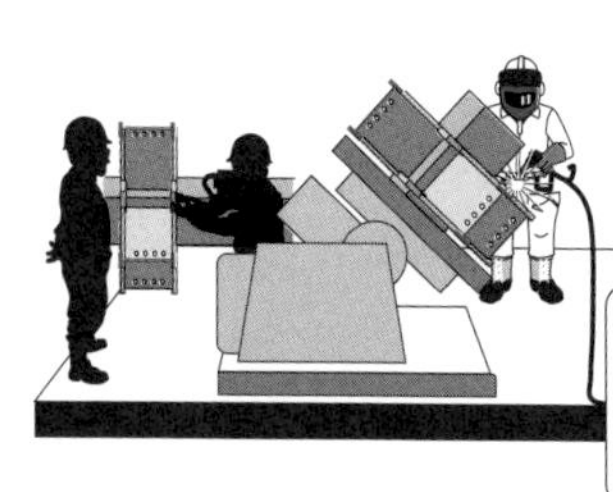

品質は工程で造り込む。不具合をつぶして設計品質を確実に。

- 柱主筋のトップ筋と主筋が間違ってガス圧接
- ガス圧接部の外観検査で不合格
- 配筋完了後の洗浄水が打継ぎ面に溜まっていた
- 鉛直打継ぎ部仕切り型枠の内側に空洞があった
- 打継ぎ部の洗浄・目荒らしをしなかった
- 型枠洗浄のごみが柱打継ぎ部に溜まったままコンクリートを打った。掃除口がなかった

→4

こんな失敗はしない。

施工不良例

58 構造スリット

→6 33 41

機能の重要性を周知し、不良絶滅へ !!
- 耐震スリットの重要な働き
- 柱の破壊形式とせん断柱回避
- スリット施工の難しさを知り施工不良を防ぐ

幅と高さの比が小さい短柱は、曲げよりもせん断応力が厳しく、せん断補強筋が少ないと急激に鉄筋がはじけ、内部コンクリートが壊れ耐力を失う。せん断（脆性破壊）柱である。

短柱と一般柱が混在すると、同一層間変位により、短柱に一般柱の数倍の力が働き、短柱破壊が進む。これを避けるため、柱と壁の間に、意図的絶縁部を設ける技術が「構造スリット」である。

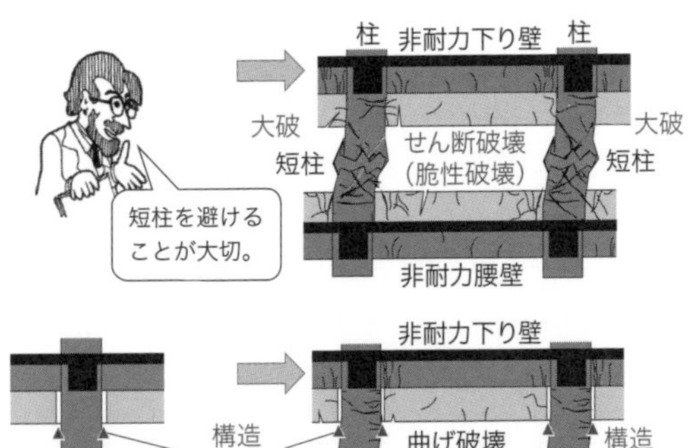

構造スリットの働き

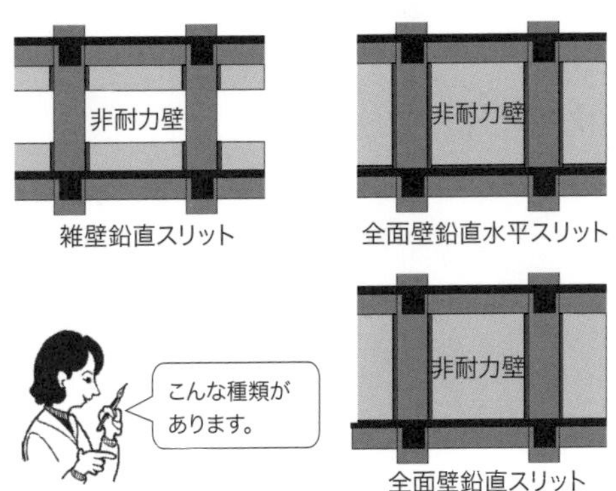

構造スリットのタイプ

また、雑壁・非耐力壁のひび割れ・損傷を防ぐ効果もあり、耐震技術上枢要な施工技術になっている。

しかし、配筋やコンクリート打設などの施工面、防水・耐火面など解決すべき多くの課題がある。「あるマンションで、『構造スリット』未施工と不良施工が、全体の6割…」という報道もあった。こころして施工にあたるべきである

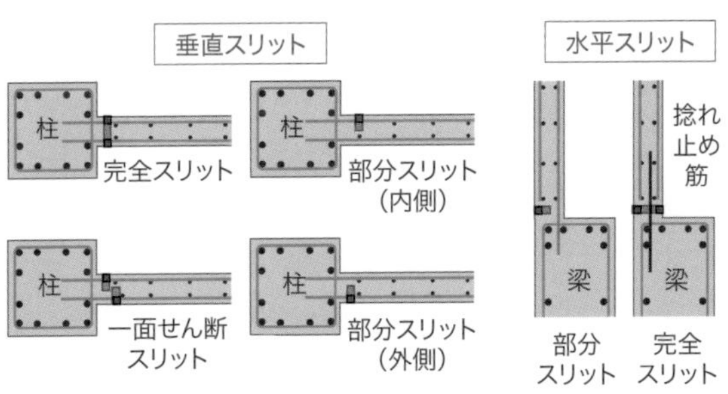

スリットの幅は地震時の最大層間変形角を考慮して決める。
1/100とすると壁高さ3000mmで30mm。
これに潰れ率を考慮する。一般的には、幅25～50mm。
部分スリットの長さは破壊形式の想定により変わる。
いずれも設計で指定される。

構造スリットの種類

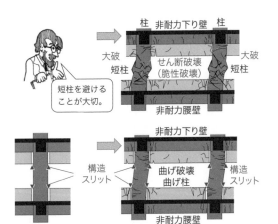

- 柱側から非構造部材へ流れ込まず、コンクリート充填しにくい。打込みシュート、PCa化、充填用開口などを検討する。
- コンクリート打設時に耐火目地の脱落、変形などがないように納まりを検討し、金物類でせき板へ確実に固定する。

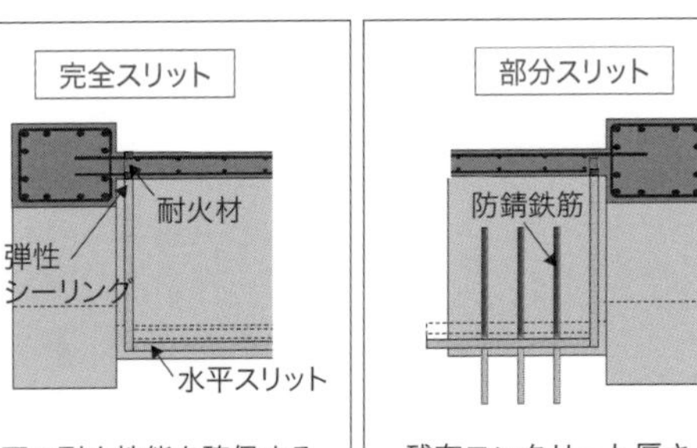

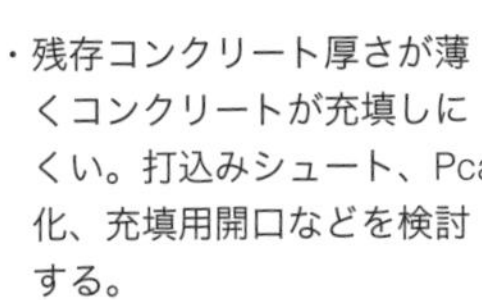

完全スリット
- 所要の耐火性能を確保するために、必ず耐火被覆材を使用。
- 水平スリットは、直接雨掛かりとなる部分では設けないよう計画する。直接雨掛かりとなるスリットでは、シーリングを2面接着とし、止水板を埋め込む。

部分スリット
- 残存コンクリート厚さが薄くコンクリートが充填しにくい。打込みシュート、Pca化、充填用開口などを検討する。
- かぶり厚さ確保が困難なので防錆鉄筋を継手とする。

構造スリットの施工

新人
工事係員

ベテラン
工事主任

構造設計
室長

Q

①既製品スリットがあります。よく使われていますか？

回答

A

10社ほどからシステム品が市場投入されています。樹脂製耐火断熱材を耐火セラミックで囲い、補強部材でセパレーターと繋ぎ、目地棒を固定するもので、取り付けやすく工夫されています。

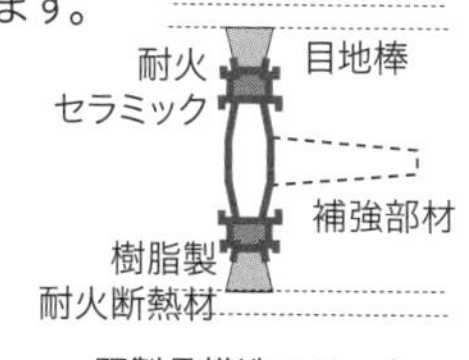

既製品構造スリット

補足

簡便ですが、手順を守り正確な施工をしないと、ずれてしまったりコンクリートの充填不十分になったりして、耐震性を低下させることがあります。
大切な柱際に設けるものですから、慎重な施工と検査確認が必要です。

②柱の壊れ方で、短柱の脆性破壊を回避する構造スリットを設けるということですが、他の破壊形式は？

回答

曲げ柱・圧縮柱があります。せん断柱、特に脆性柱（短柱）を回避し、耐震壁を含め各種柱をバランスよく配置します。

補足

柱の破壊形式は、以下の通りです。

せん断柱（せん断破壊）

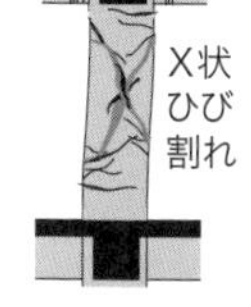

地震力で、柱に水平や斜方向に亀裂が入る。地震力増大で斜方向の亀裂長さ・幅が拡大し、変形量が小さいのに（層間変形1/400～1/200）終局耐力に達し、脆性的な破壊をする。

曲げ柱（曲げ破壊）

地震力で、柱頭・柱脚に亀裂が水平に入る。これは地震力増大で、変形とともに大きくなり、層間変形角1/150～1/50まで変形し終局耐力に達する。

圧縮柱（圧縮破壊）

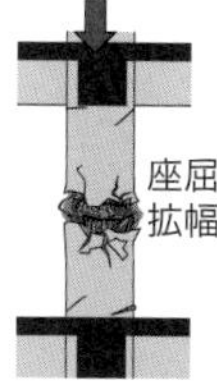

せん断・曲げ破壊が進行、柱軸力を支えきれず圧縮破壊に至る。もう一つは、圧縮力のみで座屈する破壊。耐震壁枠柱や隅柱が転倒モーメントで過大な変動軸力を受ける。直上下動が大きい場合に生じる。

③構造スリットで柱を守りますが、もう一方の非耐力壁・雑壁はどうなるのですか？

回答

先に壊れます。防水や仕上げ・避難などに重要な関わりがあり、別途対策が必要です。雑壁あるいは非耐力壁は、一見構造体のようだけれど、強度はゼロとみなされる壁です。壁は剛性が高く、地震力はまず壁にかかり壁を破壊します。壁の破壊はほとんどせん断破壊です。
質問④を参照ください。

④建物がいかに安全に壊れるかを工学的に設計すると聞きました。地震で構造体がどう壊れるか想像できません。

回答

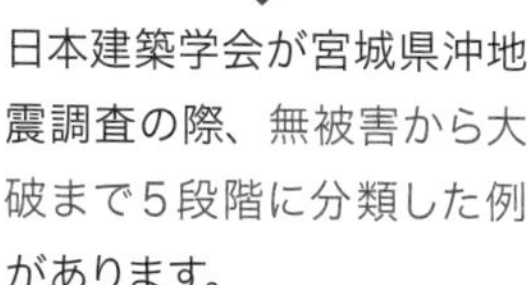

日本建築学会が宮城県沖地震調査の際、無被害から大破まで5段階に分類した例があります。

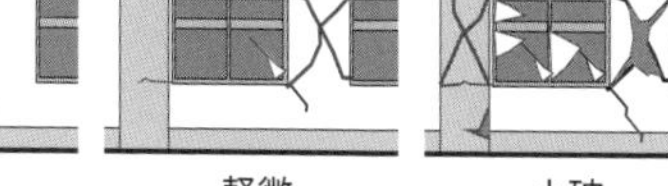

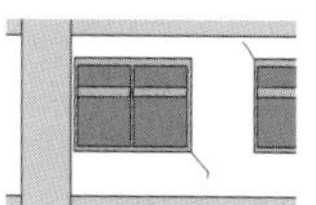

無被害

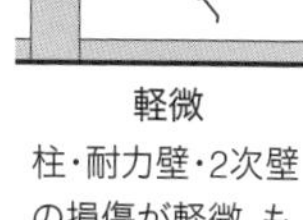

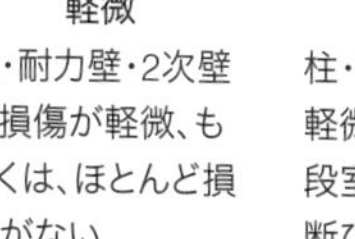

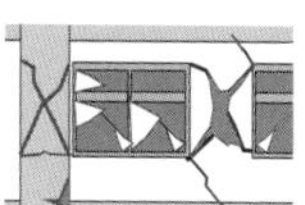

軽微
柱・耐力壁・2次壁の損傷が軽微、もしくは、ほとんど損傷がない。

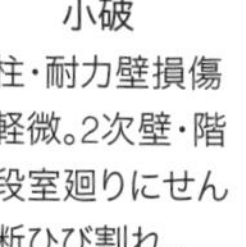

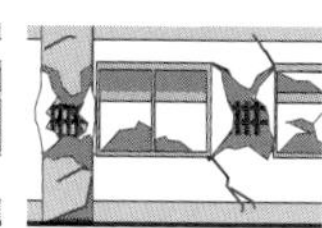

小破
柱・耐力壁損傷軽微。2次壁・階段室廻りにせん断ひび割れ。

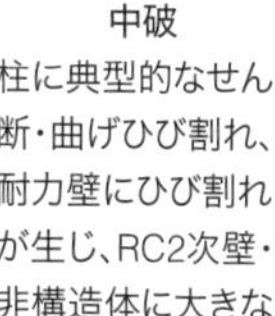

中破
柱に典型的なせん断・曲げひび割れ、耐力壁にひび割れが生じ、RC2次壁・非構造体に大きな損傷が見られる。

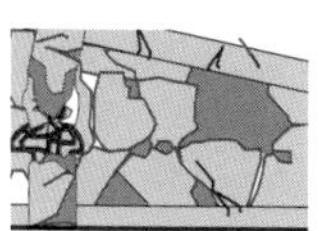

大破
柱のせん断・曲げひび割れで鉄筋が座屈し、耐力壁に大せん断ひび割れが生じ、耐力に著しい低下が認められる。

59 施工不良による非構造部材地震被害の抑制

→ 4 65 68 71 79 87 95

耐震機構設計メカニズムを理解した施工
- 地震被害のイメージと原因
- 地震追随できるかをよく考える
- 構造体に粘り型と強度型があり非構造部材の耐震対策を整合させることが肝要

1 地震への備えは総合的であるべき

構造被害の大小にかかわらず、ガラスや外装材などの非構造部材が、破損・落下する地震被害が見られる。主体構造がほとんど無被害でも、これら非構造部材の被害が大きい場合は、居住・執務機能に大きな影響を与え、経済的損失も大きい。地震被害は一番弱いところから現れ、その拡がりによって、人命・財産・機能の毀損の大小につながる。したがって、建物の耐震性能は、構造部材・非構造部材（2次部材・内外装部材・設備部材・家具什器類など）について、バランスよく整合させる「総合的耐震安全性」を満足させる必要がある。

しかし、個々の部品には耐用寿命・ライフサイクルがあり、保全・更新時期が異なり、どれくらいのクライテリアを持たせるべきかを整理することはなかなか難しい。

過去の地震被害が頻発した重要部品のうち建築部品について、一般的な「総合的耐震安全性」のありかたを下図に整理する。

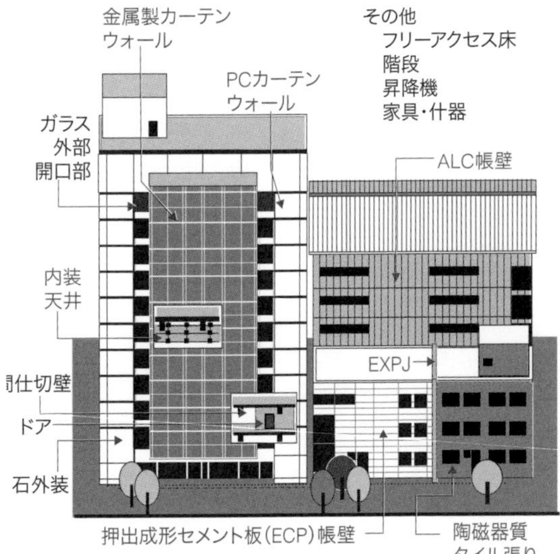

過去の地震で損傷が頻発した非構造建築部材

※赤文字部品は、本項で取り上げる部品

なお、建築設備部品は被害が建物基本機能を損なうので、建物と整合をとった耐震設計施工が求められる。対象部品は、電気・給排水衛生・空調・防災工事の、機器・槽・配管・配線・ダクト・計装・器具の多種に及ぶが、本書では扱わないので、他書を参照されたい。

2 非構造部材の耐震設計

非構造部材の耐震設計は、

① 構造骨組からの床応答加速度による慣性力

② 構造骨組の層間変位による強制変形角

に対し構法、部材の安全性を検討し、材料品質、施工精度などを考慮し総合的に安全性を確かめる。慣性力と強制変形角は、設置建物の耐震設計算出値を用いる。

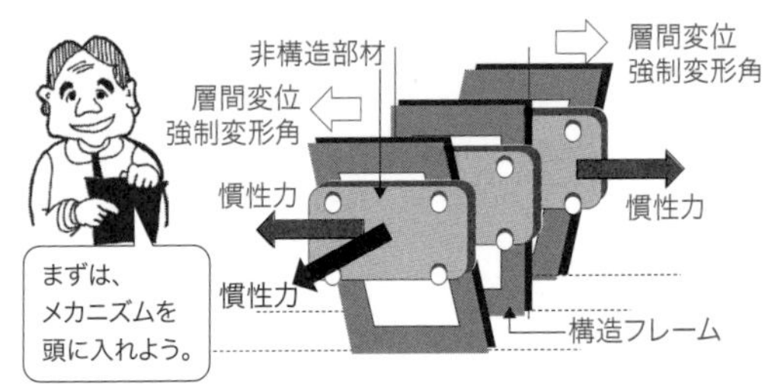

非構造部材の耐震設計

耐震設計品質は、対象部品の、形状寸法・仕上げ・材料品質・接合部品・可動機構・緩衝機構などについて図面・文書で設計図書として、施工者に伝達される。

施工担当者はこれを、独自の品質保証のしくみに則って、施工品質に造り込む。施工不良に繋がるのは、可動部分を固定したり、必要な間隔がなかったりする初歩的なものが多く、確実な品質展開とプロセス管理が望まれる。

しかし一般的には、これらの詳細について豊富な知識を持ち、技術的対話のできる設計者は多くない。構造設計者にも聞いて、施工技術者（防災専門分野）に参加いただいて施工者側から提案することが多い。

3 外装部品の施工不良による地震被害抑制

代表的な非構造部材である6外装部品について、耐震設計を損なう施工不具合の防止策を、想定被害とともに表にまとめる。

この頁で取り上げる金属製カーテンウォールをはじめとする4外装部品では、以下を解決することがポイントになる。

① 耐震設計内容の理解
② 層間変位追従への拘束
③ 過大の層間変位への対応
④ 他部材との取り合い
⑤ 取り付ける部材の設計

❶外装 PC カーテンウォール	
地震被害	・ファスナー破損・目地切断 ・パネル部分的割れや破損発生 ・パネル面外反り出し、一部脱落
耐震設計要点	・層間変位追随方式ロッキング構法・スウェイ構法を採用 1/150 変位に追従。ファスナーの可動設計 ・適切な滑り（摩擦低減）材選定 ・無理のないパネル設計と納まり
施工不具合	・躯体・ファスナー精度不良 ・パネルが精度よく納まらない ・ファスナー可動機能不全。 ボルトトルク不足・溶接固定
重要施工管理点	・躯体・ファスナー位置精度確保 ・パネル製作精度確保 ・ファスナー可動機能確認 ・トルク管理・不要固定回避

→65

❷外装金属製カーテンウォール	
地震被害	・シール・グレージング破断 ・パネル・方立変形破損 ・ファスナー損傷一部解放 ・サッシ変形・ガラス落下
耐震設計要点	・層間変位には、面内変形追随方式採用。 1/150 変位に追従 ・部材強度・靭性を確保した設計 ・適切な目地とグレージング
施工不具合	・躯体・ファスナー精度不良 ・組立て精度・目地精度不良 ・エッジクリア・かかりしろ不足
重要施工管理点	・躯体・ファスナー精度確保 ・部材製作組立て精度確保 ・ガラスグレージング標準施工 ・総合性能の工程内検査徹底

→65

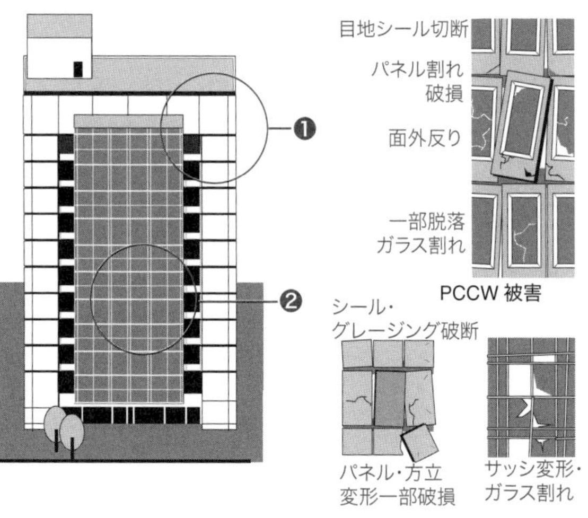

PCCW 被害

金属 CW 被害

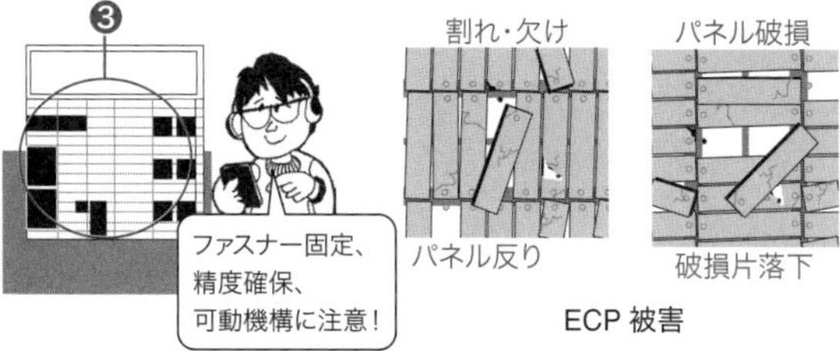

ECP 被害

❸外装押出成形セメント板帳壁	
地震被害	・目地廻りひび割れ・欠け ・パネル破損し破片が落下 ・一部のパネルが反り出す
耐震設計要点	・縦壁ロッキング、横壁スライド構法を採用 ・層間変形 1/150 に対し追従
施工不具合	・躯体・下地・パネル精度不良 ・躯体・貫通金物とのあき不足 ・Z クリップが回転できない固定
重要施工管理点	・精度確保 ・躯体・貫通金物とのあき確保 ・稼働機構の工程内検査確認

→68

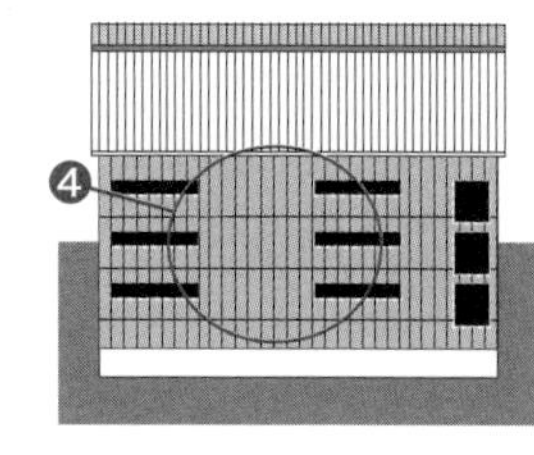

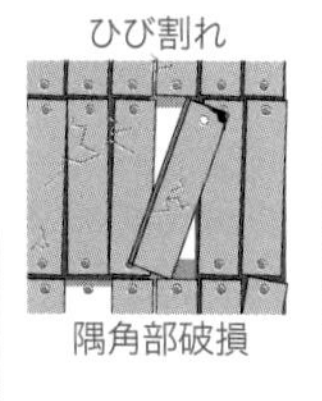

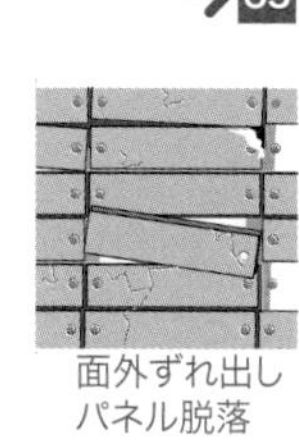

ALC 被害

❹ 外装 ALC 帳壁 + 仕上げ塗材 E	
地震被害	・目地廻りひび割れ・欠け ・隅角部が破損・ずれ出し ・一部のパネルが脱落
耐震設計要点	・縦壁ロッキング構法、縦壁スライド構法、横壁ボルト止め構法を採用。 ・層間変形 1/150 に対し追従。
施工不具合	・躯体・下地・パネル精度不良 ・躯体あき不足、ボルト張力不足 不必要な固定で稼働機構不全
重要施工管理点	・精度確保 ・ボルト張力・モルタルの管理 ・稼働機構の工程内検査確認

❺ エキスパンションジョイント（EXPJ）	
地震被害	・シール・ガスケット破断 ・衝突により破損、破片が落下 ・カバーが変形し脱落する
耐震設計要点	・地震時最大変位に応じた、損傷回避クリアランス確保 ・可動状況で、強度を確保 ・適切なシーリング目地設計
施工不具合	・躯体・下地鋼材精度不良 ・下地鋼材の固定強度不足 ・組立て精度・目地精度不良
重要施工管理点	・躯体・下地鋼材精度確保 ・下地鋼材の固定度確保 ・可動機構の工程内確認

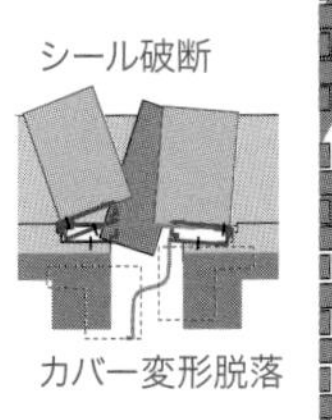

全変位は非対応。小破覚悟で金物脱落を防ぎ、構造体衝突を防ぐ設計とする

EXPJ 被害

タイル被害

❻ セメントモルタル下地 外装陶磁器質タイル張り	
地震被害	・ひび割れ・浮きが生じる ・広範囲な損傷、剥落するタイル、部分的な区画で剥落
耐震設計要点	・接着力の高い下地モルタル壁 ・軽量で過大でなく、裏あし適正 ・伸縮目地を適切に設置
施工不具合	・下地精度不良、厚塗り ・タイル接着力不足
重要施工管理点	・適切な塗工程で下地精度確保 ・付け送り管理、厚モルタル防止 ・タイル接着力確保

→71

間隔精度・可動機構障害・落下防止策が肝！

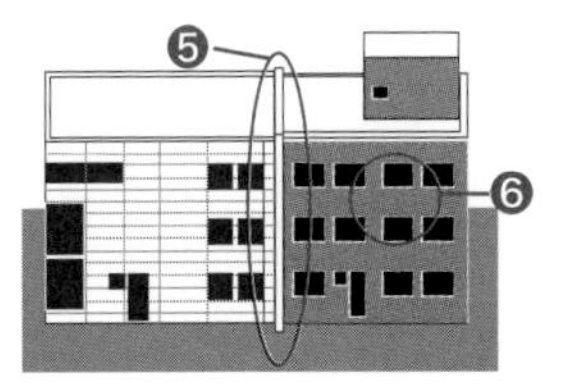
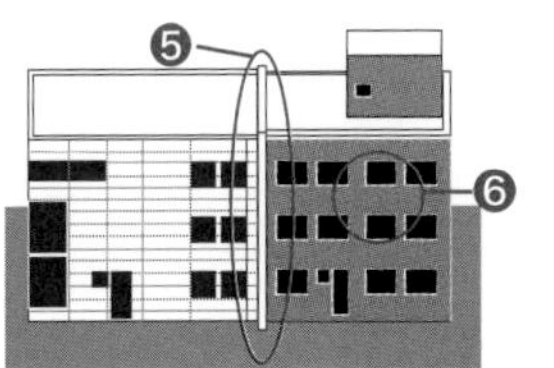

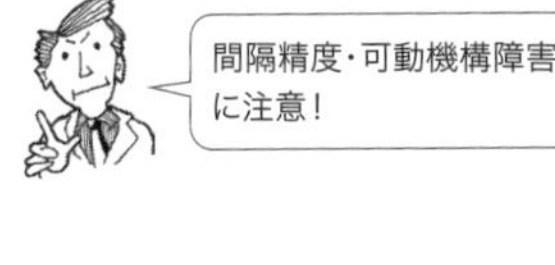

間隔精度・可動機構障害・落下防止策に注意！

4　天井施工不良による地震被害抑制

在来工法天井は、剛強・高靭性な構造でなく、内部に設備機器などを抱え、保全で頻繁に人が出入りし傷むこともあり、地震被害が多い部品である。面積範囲が広く至る所にあって、人の上からまともに落ちてくるので人的被害が大きく、避難場所での落下などがあれば、影響は甚大である。地震の周期や継続時間が長いと、全体が振れ動き、さらに大きな被害になる。

天井の個別設置条件は様々で、これらに応じた最適の構工法を吟味する必要がある。

これら耐震設計を損なう施工不具合の防止策を、同様に、想定被害とともに表に整理する。

❼ 軽量金属天井下地による PB 捨張り＋岩綿吸音材張り	
地震被害	・天井板が大きな範囲で下地から脱落 ・天井下地が、壁・柱際で損傷 ・設備ユニットや照明機器など、重量部材落下
耐震設計要点	・吊りボルト・野縁などの強度と間隔確保 ・クリップ強化・揺止めブレース補強 ・壁・柱際のクリアランス確保と補剛 ・設備機器の補強、独立支保
施工不具合	・インサートの強度不足・間隔不良 ・組立て精度が悪く、接合部に無理 ・ブレースが不足・切欠き補強の不良 ・重量物支持機構と天井下地が兼用される
重要施工管理点	・インサートの間隔・強度確保 ・天井下地の標準施工 ・壁柱際スリット・振止めブレース設置 ・設備機器などの独立支持

→79

なお、建築学会から「天井等の非構造材の落下事故防止ガイドライン」、国土交通省から「特定天井の構造方法を定めた告示第 771 号」が公布されている。

設備ユニット落下
照明機器落下
天井下地壁・柱際損傷
天井板脱落

天井被害

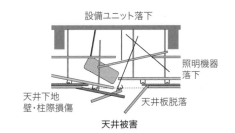

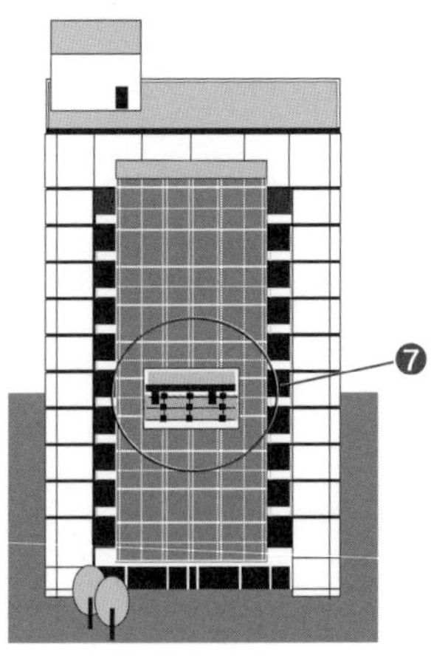

壁際スリット・振止めブレース・クリップの固定に注意

Q

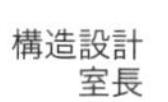

A

①本震で非構造部材に大きな被害が出て、危険な状態になっている時、余震がくると被害が拡大しますか？

回答

耐震メカニズムや被害程度により異なりますが、基本的には被害が拡大すると考えたほうがいいです。
本震が大きいと、余震も大きく危険です。

補足

人が接近しない方策と、被害部品について可能な安全対策をとる必要があります。タイルであれば、落ちかけているものを落とし、バリケードで危険部に人が立ち入らないように注意喚起します。

②構造体・躯体には被害がなくて非構造部材に被害が多いということがあるのですか？

回答

構造体の強度・変形を背景として非構造部材の慣性力や強制変形角を用いて耐震設計をしています。
想定通りであれば、被害は比例するはずです。しかし、標準的な耐震メカニズムをもった非構造部材の耐震構法を使った場合、構造体の地震時の動き・地震入力と整合せず、被害が大きくなることも稀にあります。想定する地震の周期や継続時間も異なるので、大変難しい問題です。

補足

耐震構造では、地震水平力に、強さで抵抗する「強度指向型」（壁式構造や耐震壁付ラーメン構造など）と、ねばりで抵抗する「靭性指向型」（変形性能に富む柱と大梁からなるラーメン構造や、壁の少ない建物）の2種類があります。
「強度指向型」は、予想外の大きな地震力が加わると、脆い壊れ方をする部材があるため、より余裕のある強さを持った構造骨組みとなるよう設計しています。この場合、非構造部材は、強制変形角が小さく、慣性力が大きい設計をしなくてはなりません。
一方、ねばりで抵抗する「靭性指向型」建物では、柱・大梁などの構造部材は、大きな変形にねばり強く抵抗する構造としています。
この場合は逆に、非構造部材は、強制変形角が大きく、慣性力が小さい設計をしなくてはなりません。

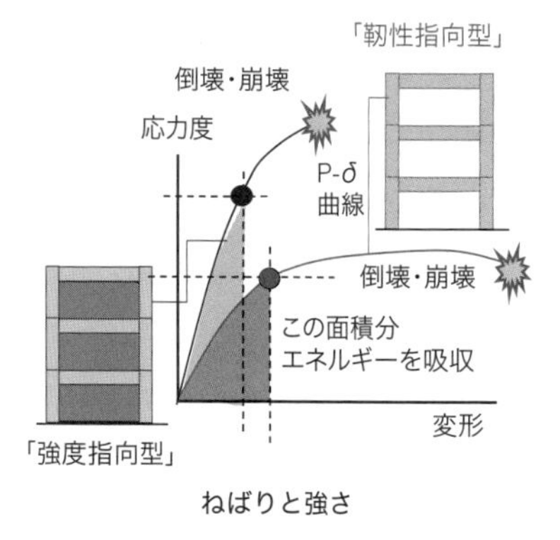

ねばりと強さ

③免震構造・制振構造では非構造部材は無被害になりますか？

回答

地震力と変形がほとんど非構造部材に入らず無被害に近いです。制振は変形が多少残るので、免震の方がより安全です。

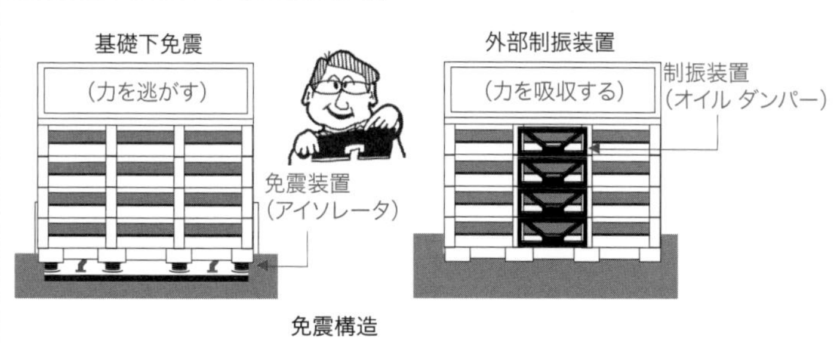

免震構造

60 外壁のひび割れを低減する

→ 4 33 35 37 39 41 60

鉄筋かぶり確保に力点!!

・美観・耐久性・防水性を低下させる永遠のテーマ
・要因が多く対策が多岐にわたる
・かぶり厚さ確保と、単位水量の少ない密実なコンクリート打設が肝要

コンクリート外壁のひび割れは、構造物の美観を損ない、劣化を進行させ、耐久性や防水性を低下させる。引張応力が生じるとひび割れが発生しやすいのがコンクリート。ひび割れを引き起こす要因は、材料･気象･外力、設計仕様・施工状況・維持保全など多岐にわたる。

築 40 年商業ビルの劣化外壁実例（下図）から施工面でのひび割れ防止方法を確認する。この教訓を活かしたい。

この劣化外壁は、隣接建物の撤去後に露呈したもの。様々な要因と事情があったと推定する。汚染しやすいシリコンオイルを含むシーリングが施され、見苦しさを増している。

隣家外壁が接近する狭隘施工で、新築時、点検調査時、保全改修時の各段階で様々な困難がともない、十分な施工管理が難しい条件となっている。

このような状況になる可能性は至る所にあることを認識しなくてはならない。現今、新技術・新材料・新工法があり、このような事象には至らないであろうが、油断は禁物である。

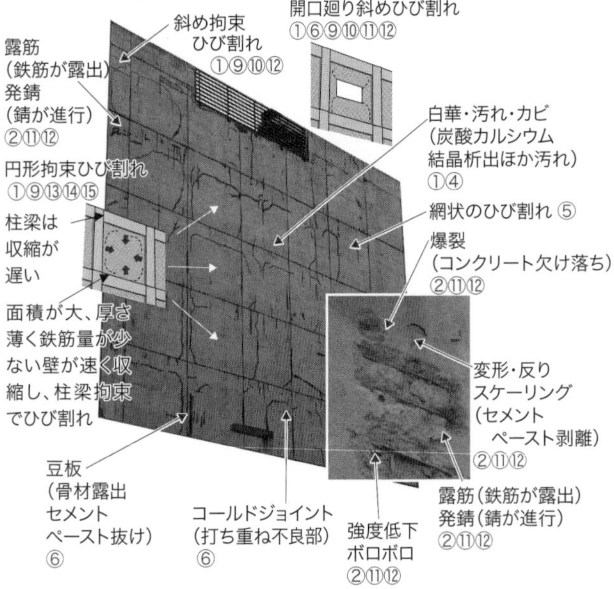

露筋
（鉄筋が露出）
発錆
（錆が進行）
②⑪⑫

斜め拘束
ひび割れ
①⑨⑩⑫

開口廻り斜めひび割れ
①⑥⑨⑩⑪⑫

円形拘束ひび割れ
①⑨⑬⑭⑮

柱梁は
収縮が
遅い

面積が大、厚さ薄く鉄筋量が少ない壁が速く収縮し、柱梁拘束でひび割れ

白華・汚れ・カビ
（炭酸カルシウム結晶析出ほか汚れ）
①④

網状のひび割れ ⑤

爆裂
（コンクリート欠け落ち）
②⑪⑫

変形・反り
スケーリング
（セメント
ペースト剥離）
②⑪⑫

豆板
（骨材露出
セメント
ペースト抜け）
⑥

コールドジョイント
（打ち重ね不良部）
⑥

強度低下
ボロボロ
②⑪⑫

露筋（鉄筋が露出）
発錆（錆が進行）
②⑪⑫

コンクリート外壁ひび割れなど劣化現象の例
※赤文字番号は右段の要因番号に対応

外壁のひび割れについて、施工面での原因と対策を下図に示す。このほか、凍害・塩害などの使用環境、埋設管不具合などの設備関連、不適切な改修などの維持管理上の原因が考えられる。

ひび割れ原因 ⇨ ひび割れ対策

A コンクリート 材料・調合

①乾燥収縮大
②中性化進行
③海砂による発錆
④粗悪骨材
⑤アルカリ骨材

・スランプ15cm以下
・流動化コンクリート
　ベーススランプ12～18cm以下
・単位水量170kg/m^{3}以下
・単位セメント量270kg/m^{3}以上
・水セメント比60%以下
・海砂使用制限
・コンクリート中の塩化物量
　塩素イオン量0.30kg/m^{3}以下
・アルカリ骨材使用制限

B コンクリート 打設・養生

⑥打込み欠陥
　豆板
　コールドジョイント
⑦初期養生不足
⑧型枠存置不足

・締固め量に応じた打設量
・妥当な1回の打上り高さ
・打継ぎ時間間隔25℃未満120分
　25℃以上90分
・十分な締固め
・硬化するまで、乾燥、温度変化、高温・低温、振動から養生
・打込み後、シートで湿潤に保つ
・型枠存置期間を守る

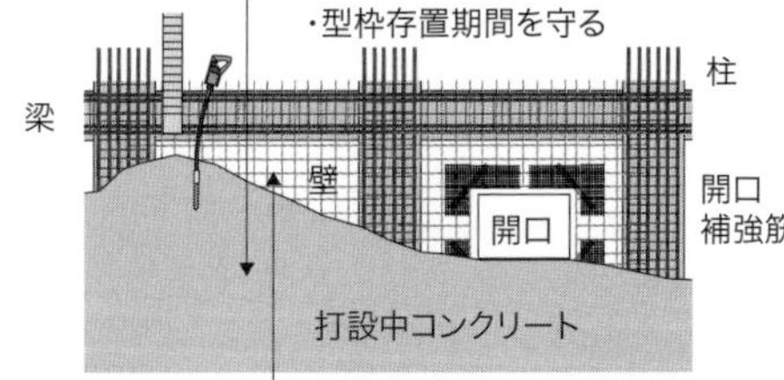

コンクリート打ちと配筋

C 鉄筋

⑨鉄筋量拘束不足
⑩鉄筋補強不足
⑪かぶり厚さ不足
⑫鉄筋乱れ

・外壁は複筋とし、鉄筋比0.4%以上
・建物隅角部に斜めひび割れ補強
・開口隅角部に斜めひび割れ補強
・補強筋は、異形鉄筋か溶接金網
・かぶり厚さ許容差内、コンクリート打込みで、鉄筋を乱さない

D 部材設計形状

⑬形状大きさ無理
⑭亀裂誘発目地の誘発機能が不全
⑮壁厚不足

・ひび割れ誘発目地を設置
　目地以外のひび割れに補強筋分散
・周囲を柱・梁・誘発目地で囲まれた1枚の壁面積は25m^{2}以下
　辺長比は1.5以下
・誘発目地壁断面欠損率1/5以上
・誘発目地間隔3m程度以下
・外壁厚15cm以上

壁断面

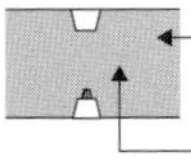

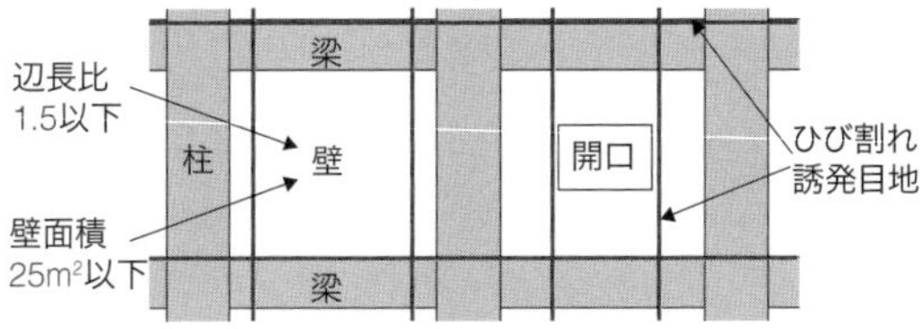

梁
辺長比
1.5以下
柱
壁
開口
ひび割れ
誘発目地
壁面積
25m^{2}以下
梁

ひび割れ誘発目地設置と構造

外壁ひび割れの原因と対策

Q A

①コンクリートの乾燥収縮率は、どのくらいを狙っていますか?

回答 乾燥収縮率目標値は、標準級で0.065〜0.08%以下。
JASS 5は0.08%(長・超長期)。

補足 乾燥収縮率を下げるため、単位水量・単位セメント量・スランプ・細骨材率を検討しますが、日本建築学会『鉄筋コンクリート造建築物の収縮ひび割れ制御設計・施工指針案・同解説』(2006)では0.065〜0.08%を目標値として設定しています。対策が可能で最小の値を目標としたということです。

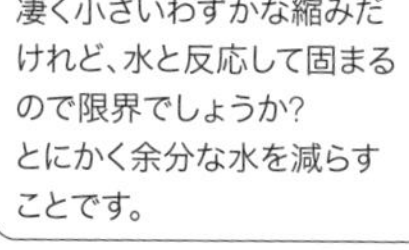

凄く小さいわずかな縮みだけれど、水と反応して固まるので限界でしょうか?
とにかく余分な水を減らすことです。

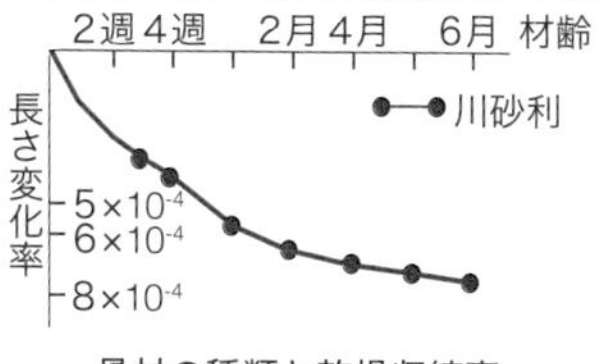

骨材の種類と乾燥収縮率

②ひび割れは、有害とするのはどのくらいの幅ですか?それはなぜですか?

回答 最大ひび割れ幅制御の目標値は、構造体表面に生ずるひび割れ幅が0.3mmを超えないことが設計の目標です。

補足 0.05mm以下は漏水危険性がなく、0.2mm以上で漏水が増加する実験報告もあります。0.2mm以下のひび割れで成長が止まれば、未水和混和物により自癒するという研究です。
コンクリート表面と、鉄筋表面のひび割れ幅は異なりますが、表面を目標とします。諸外国規準も参照し、普通環境で屋内外区別せず、目標値0.3mmを与えました。

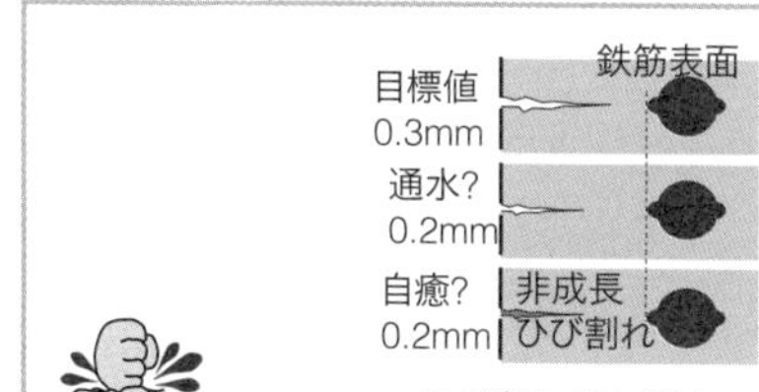

ひび割れ幅と漏水

③デザインを台無しにする施工者力不足の逃げとなる目地をなぜ造らなきゃならんか!!と設計者に言われました。

回答 現在の建築技術では、ひび割れをゼロにはできません。
これを最小にするよう全力で取り組むので、建物美観を維持し耐久性を高めるため、ぜひ協力をいただきたいと説明し、理解してもらう必要があります。

補足 誘発目地は設計者の理解を得にくいものです。

鉄筋かぶり厚さを必死で確保し、低スランプの硬練りコンクリートを、額に汗して、しっかり締固めて打ち込み、水養生を徹底することで、設計者もわかってくれるでしょう。

④コンクリートの乾燥収縮を打ち消す膨張剤がありますが。

回答 コンクリート硬化に伴い、管理された膨張性を発揮する膨張剤を混和する方法があります。鉄筋の拘束と調和させ、水を与える養生管理です。
慎重な計画が必要で、技術的には難しいところもあります。

補足 膨張成分の水和によりエトリンガイトの針状結晶が生成し、体積が膨張します。
この膨張が鉄筋に拘束されることにより、コンクリートに圧縮応力(ケミカルプレストレス)が導入され、ひび割れ抵抗性が付与されます。
JIS A 6202「コンクリート用膨張材」に規定されています。

乾燥 収縮
水和反応により生成される
膨張
エトリンガイト
($3CaO \cdot AL_2O_3 \cdot 3CaSO_4 \cdot 32H_2O$)

ケミカルプレストレス

→34

61 鉄筋かぶり寸法確保

→ 4 33 35 37 39 41 60

配筋納まり検討が大切 !!

・かぶり厚さ過不足は重大問題
・厳格なかぶり厚さ規定と検査
・施工管理ポイントの多さ
・納まる配筋設計を実現するチームワークが必須

最小かぶり厚さは、構造体の計画供用期間・部材を考慮し、建基法施行令 79 条（下表の黒太字）に従い、JASS 5 に規定されている（表中黒数値）。

表中赤数値は、設計かぶり厚さ標準値で、施工誤差 10mm を加算している。

最小かぶり厚さと標準かぶり厚さ

部材の種類		建基法施行令79条値	短期	標準・長期		超長期	
			屋内外	屋内	屋外	屋内	屋外
構造部材	柱・梁 耐力壁	**30 以上**	40・30	40・30	50・40	40・30	50・40
	床・屋根 スラブ	**30 以上**	30・20	30・20	40・30	40・30	50・40
非構造部材	構造部材と同等の耐久性を要求する部材	**20 以上**	30・20	30・20	40・30	40・30	50・40
	計画供用期間中に維持保全を行う部材	**20 以上**	30・20	30・20	40・30	30・20	40・30
直接土に接する壁・柱・梁・床・布基礎の立上り		**40 以上**	50・40				
基礎		**60 以上**	70・60				

・化学・火熱作用など厳しい環境では、かぶり厚さを増す。
・捨コン厚はかぶり厚さに算入しない。
・杭上昇水があり、かぶり厚さは杭頭から確保。

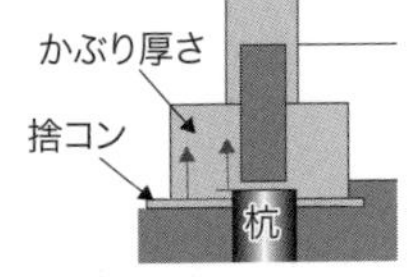
かぶり厚さ
捨コン
杭

かぶり厚さ不足により、次の事象が発生する。

・太径主筋に大きな設計軸力がかかると、主筋に沿って付着割裂ひび割れが生じる。
・長期供用で中性化進行、鉄筋不導態膜が毀損発錆膨張、ひび割れ誘発。水が浸入、爆裂。
・粗骨材が通過せず、コンクリート充填性が悪くなり、密実にならず通水し、上記の事象を助長する。

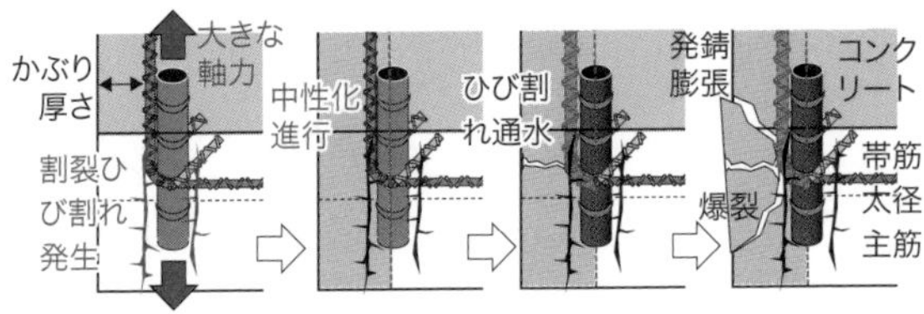
かぶり厚さ
大きな軸力
割裂ひび割れ発生
中性化進行
ひび割れ通水
発錆膨張
爆裂
コンクリート
帯筋
太径主筋

ひび割れ発生増大のメカニズム

かぶり厚さ過大でも、以下の事象が発生し、鉄筋コンクリート性能が著しく低下する。

・無筋部で、コンクリート収縮を拘束できず、ひび割れが増大。浸水し鉄筋が発錆する。その後、発錆とひび割れ拡大を繰返し爆裂。

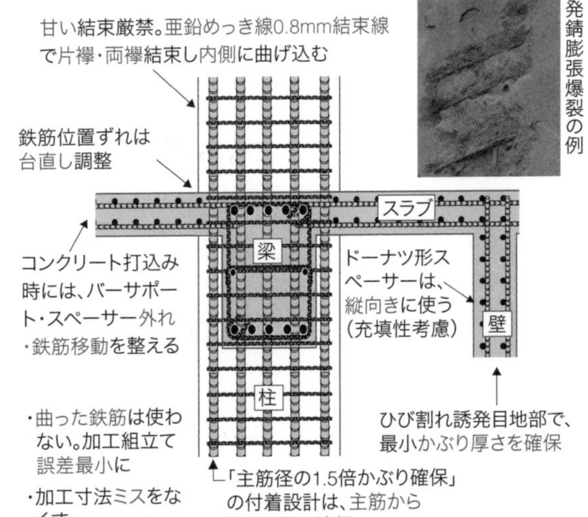
甘い結束厳禁。亜鉛めっき線0.8mm結束線で片襷・両襷結束し内側に曲げ込む
発錆膨張爆裂の例
鉄筋位置ずれは台直し調整
スラブ
梁
コンクリート打込み時には、バーサポート・スペーサー外れ・鉄筋移動を整える
ドーナツ形スペーサーは、縦向きに使う(充填性考慮)
壁
柱
・曲った鉄筋は使わない。加工組立て誤差最小に
・加工寸法ミスをなくす
ひび割れ誘発目地部で、最小かぶり厚さを確保
「主筋径の1.5倍かぶり確保」の付着設計は、主筋からかぶり厚さ確保

	スラブ	梁	柱	基礎	地中梁	壁・地下外壁
スペーサー バーサポート	**コンクリート製** 安定性、剛性、強度、耐久性があるが重い		**鋼製サポート** 最小かぶり範囲に防錆処理。断熱材部はめり込まない面積確保		**プラスチック** 強度・耐火性に難 梁・柱は側面のみ	**ステンレス** 高耐久性建物の場合に採用
数量または配置	上端筋、下端筋それぞれ 1.3 個 / m^2 程度	間隔は 1.5m 程度 端部は 1.5m 以内	上段は梁下より 0.5m 程度、中段は柱脚と上段の中間、柱幅方向は 1.0m まで 2 個、1.0m 以上 3 個	面積 $4m^2$ 程度 8 個 $16m^2$ 程度 20 個	間隔は 1.5m 程度 端部は 1.5m 以内	上段は梁下より 0.5m 程度、中段は上段より 1.5m 間隔程度、横間隔は 1.5m 程度、端部は 1.5m 以内
備考	端部上端筋および中央下端筋には必ず設置	側梁以外の梁は上または下に設置。側梁は側面の両側へ対称に設置	同一平面に点対称となるように設置		上または下と側面の両側へ対称に設置	

かぶり厚さ確保の要点

Q

A

①かぶり厚さを確保できない、配筋が納まらない現場があります。設計図の検討不足ではないでしょうか。

回答

施工上のポイントを守っても、配筋が納まってなければ、かぶり寸法は守れません。
一方、かぶり厚さを確実にとると、無筋部分が増え、コアが減るので、構造的には不利になります。鉄筋のあき・間隔もとる必要があります。それらをすべて解決した配筋図が必要です。
設計配筋本数・径・定着・継手・鉄筋間隔・あき・アンカーボルト・鉄骨・コンクリート骨材などを踏まえ、鉄筋の施工手順を考えて、はじめて納まる配筋図（加工図・組立て図）が完成します。源流の構造設計→躯体施工図→加工図・組立て図→加工帳へと至る関係各部門の責任感ある協調が必須です。

補足

下請まかせ・職人まかせでは解決しません。関係者が検討し擦り合わせる機会が必要で、チームワークがすべてです。
JASS 5では、かぶり検査を以下のように規定しています。
①型枠脱型後、かぶり寸法に異常があれば磁気探査などで、一定数抜き取り検査。合格すれば不良部を補修して終了。
②上の検査で合格しない場合、さらに抜き取り率を上げて再検査。合格すれば不良部を補修して終了。
③上の検査で合格しない場合、全数を検査し検査結果に応じ根本対策を検討する。

→39

②かぶり厚さ規定の供用期間について教えてください。長い間使う場合、かぶり厚さが大きくなるのはなぜですか？

回答

コンクリートは強アルカリで、鉄筋廻りに発錆を防ぐ不導態膜ができ、鉄筋コンクリート構造体の耐久性を支えます。経年で、炭酸ガスの作用で次第に炭酸化が進み、アルカリ性が失われるのを中性化といい、鉄筋に達すると不導態が毀損し発錆、耐久性が低下します。中性化深さは経過年数の平方根に比例します。
（岸谷式：進行予測式）
かぶり厚さが大きければ、コンクリートの中性化進行に対し安全になります。供用期間は右の通りです。

短期、標準・長期、超長期のめやす
（構造体の計画供用期間）
- 短期供用級→ 計画供用期間約 30 年
- 標準供用級→ 約 65年
- 長期供用級→ 約 100年
- 超長期供用級→ 約 200年

③かぶり厚さ規定には、仕上げの有無が関係します。この判断基準を教えてください。

回答

中性化抑制効果の実験によると、防水モルタル、タイル、石張りは当然仕上げによる効果があり、複層塗材・厚付け仕上げ塗材・塗膜防水材も、中性化抑制効果があると判断されます。仕上げありでいいでしょう。しかし、JASS 5では、仕上げ塗材などを耐久性上有効とする場合は、慎重に評価することが示され、公共建築工事標準仕様書は、仕上げ塗材・塗装は耐久性上有効でないとされます。仕上げなしと考えるべきです。

62 耐火防火の丁寧な施工が命を守る

→56 76 95

防火区画貫通部分をよく点検する!!

- 設計図をよく読み、耐火・防火・消火のコンセプトを頭に入れる
- 防火施工は、格別の意識をもって施工する
- 特に防火区画を確実に、火が廻らないよう何回も点検して施工しよう

火災に対し人命・財産を守る「建築防火」は、厳しい法規制を遵守し、万全の防火施策を取り入れ、設計され、建築確認を受け建設される。

その設計施策には以下があり、赤字は、他に比べ施工要素が多く、施工欠陥が起きやすい項目である。これら施工欠陥は、耐火防火性能を損ね、建物安全性を大きく毀損する。

一般的な建築防火施策例

①市街地の延焼を防ぐ
地域・規模・用途で異なる規制法22条区域、防火地域、延焼のおそれのある部分、屋根不燃、軒裏開口部防火

②建築物の不燃化を推進する
耐火・準耐火建築物、耐火構造と耐火時間、1時間準耐火・準耐火構造、特定避難時間倒壊等防止

③建築物の内装を不燃化する
廊下・居室を不燃化、不燃性能・材料、準不燃・難燃材料、各種の防火上の性能・カーテン防災

④建築物を防火区画する
耐火・準耐火建築物の防火区画、袖壁・庇・腰壁・下り壁の防火性能、耐火構造の壁・床による防火区画、特定防火設備、貫通するダクト・パイプの防火

⑤避難階段・通路を安全確実に造る
避難階段(屋外・屋内)の構造、特別避難階段の構造、直通階段幅・勾配、階段歩行距離、二方向避難、避難通路

⑥より安全な避難を可能にする
非常用進入口・エレベータ・照明装置、排煙設備

⑦消火活動のための消防用設備を有効に設置する
防火対象物規定、消火器・簡易消火用具、屋内・外消火栓設備、動力消防ポンプ設備、消防用水、スプリンクラー設備、特殊消火設備、自動火災報知設備、感知器、ガス漏れ火災警報設備、漏電火災警報器、非常用警報・器具、避難器具、誘導灯・誘導標識、連結送水管、連結散水設備、非常用コンセント設備、無線通信補助設備

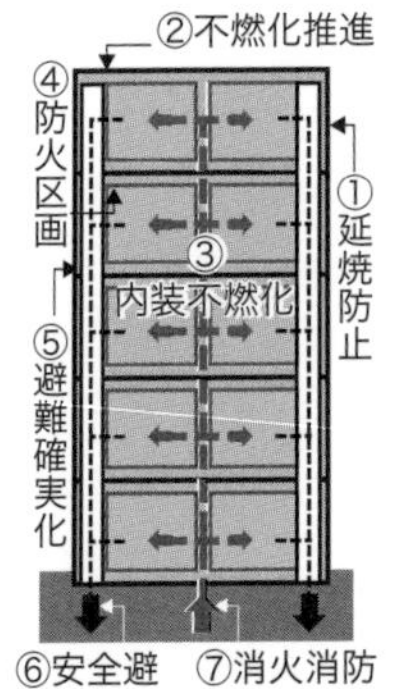

よくある耐火防火施工の不具合

部位部品	イメージと規定	施工不良例
防火区画を貫通するパイプ	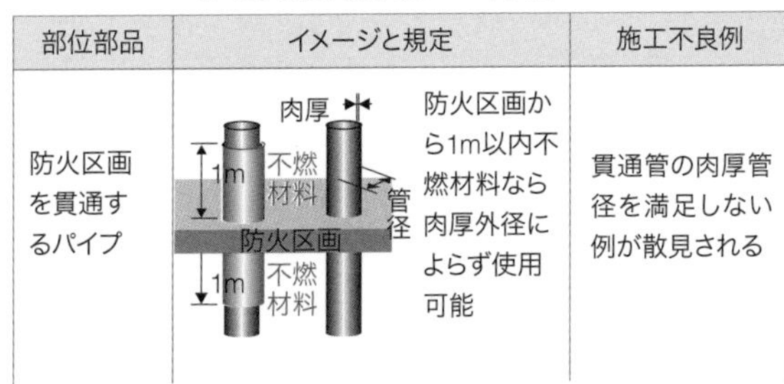 防火区画から1m以内不燃材料なら肉厚外径によらず使用可能	貫通管の肉厚管径を満足しない例が散見される

防火区画を貫通できるパイプの管径・肉厚

			配電管	給水管	排水管
耐火構造	30分耐火	配管肉厚	5.5mm以上	6.6mm以上	6.6mm以上
		配管肉厚	90mm以下(呼径82mm)	115mm以下(呼径100mm)	115mm以下(呼径100mm)
	60分耐火	配管肉厚	5.5mm以上	6.6mm以上	5.5mm以上
		配管肉厚	90mm以下(呼径82mm)	115mm以下(呼径100mm)	90mm以下(呼径75mm)
	120分耐火	配管肉厚	5.5mm以上	5.5mm以上	4.1mm以上
		配管肉厚	90mm以下(呼径82mm)	90mm以下(呼径75mm)	61mm以下(呼径50mm)

部位部品	イメージと規定	施工不良例
防火区画を貫通するダクト	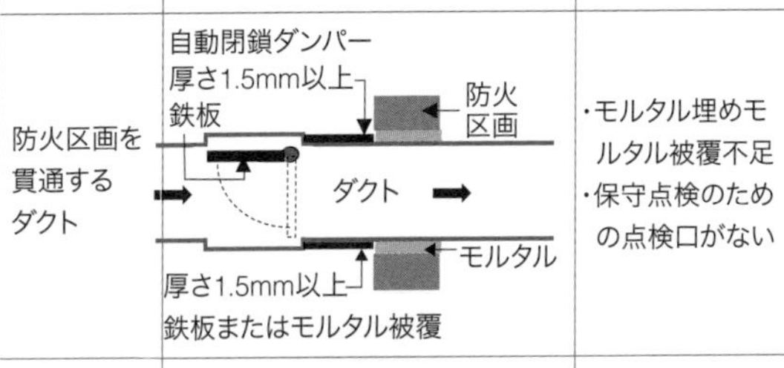	・モルタル埋めモルタル被覆不足 ・保守点検のための点検口がない
DS・PS貫通部分	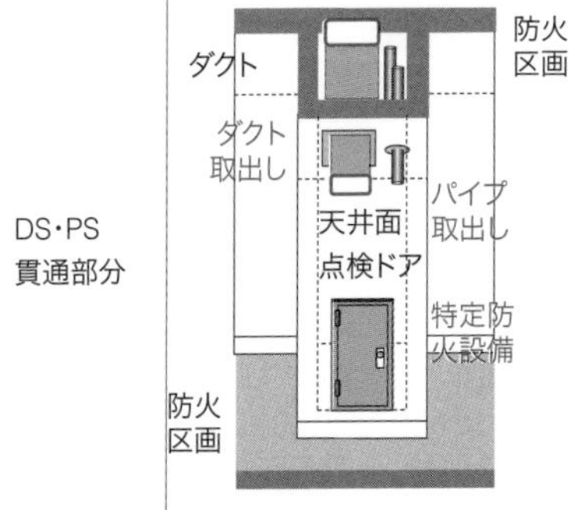	・水平防火区画のモルタル詰不良 ・特定防火設備不備 ・上2項の貫通処理不良
非常用進入口関連	750mm以上　1000mm以上 内接円 1200mm以上	・大きさが不足 ・三角表示の不揃い・欠落
感知器の設置関連		・感知器に塗装 ・間仕切壁変更で感知器のない部屋になった

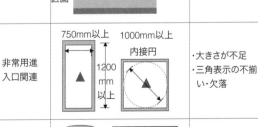

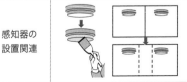

Q

①防火区画廻りで、面積区画が緩和される場合があるそうですが。

回答

A

・大規模劇場客席
・工場生産ラインによる連続空間や、ベルトコンベアが連続する場合
・冷蔵品保管倉庫で、火災の発生の恐れが少ない場合

は、防火区画を免除される場合があります。区画にかかわる細かい施工がなくなり、容易になります。

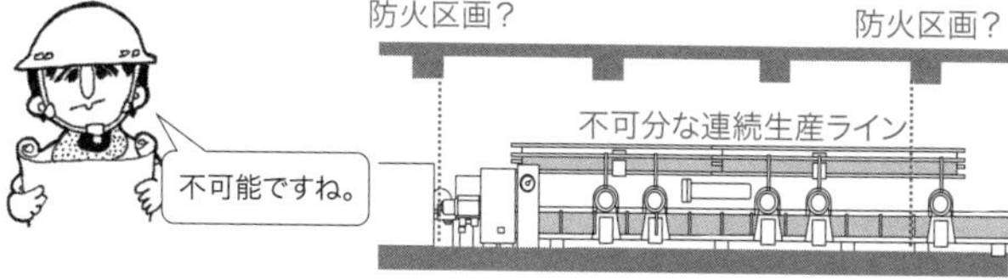

防火区画免除

補足

建築基準法第 112 条(防火区画) では､｢主要構造部を耐火構造とした建築物…は、床面積 1500m² 以内ごとに、…準耐火構造の床若しくは壁又は特定防火設備で区画しなければならない。但し、やむを得ない理由がある場合は、区画を免除することができる」となっており、左の場合が該当します。｢防火区画設置免除願い」を事前に行政に提出し協議して免除してもらいます。あくまで総合的に安全性が確認されることが必要で (例えば、無人に近いなど)、他の可能な延焼防止・避難施策が検討され、区画可能な部分は区画をする必要があります。

②防火区画貫通工法の大臣認定がありますか?

回答

防火区画貫通部分は、貫通する管は最大 1 時間の遮炎性が必要です (令 129 条)。
この点をクリアすれば、基準法第 68 条にて、大臣による評価が認められます。性能確認は、定められた加熱曲線に沿った燃焼試験で、①非加熱側へ 10 秒を超える火炎の噴出がない、②非加熱面で 10 秒を超える発炎がない、③火炎が通る亀裂などの損傷および隙間を生じないことです。

CEAJ

認定品にはラベル表示。

補足

旧 BCJ (日本建築センター) 工法については、改正法の性能基準と照らし、引き続き使用できます。

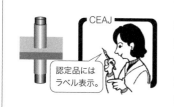

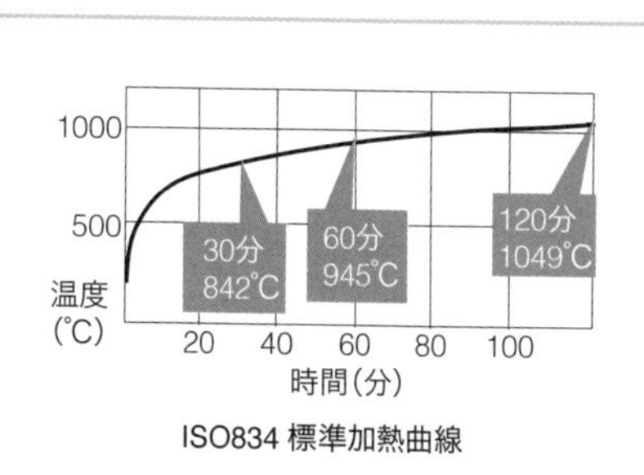

ISO834 標準加熱曲線

③特定防火設備とは何ですか?

→74

回答

防火設備の種類には、特定防火設備、防火設備、複合防火設備の 3 種があり、特定防火設備は、防火区画に設置する開口部に適用され、防火設備は延焼の恐れのある部分に設置されます。特定防火設備は旧の甲種防火戸のことで1時間耐火性能を有する開口部、防火設備は旧の乙種防火戸で、20 分間の耐火性能を有する開口部、複合防火設備は遮煙性能も有するものです。特定防火設備は、鉄板厚さ 1.5mm 以上などの構造規定数があります。

旧甲種防火戸で、鉄板厚さ1.5mm以上
1時間の耐火性能があります。

補足

MEMO

著者の実務経験です。
竣工前の適切な時期に、防火区画ダメ廻り班 (施工図担当・係員配管工・左官工・耐火被覆工など数名) を編成、全箇所を点検し、不具合は、その場で直し確実に防火区画施工しました。

防火区画ダメ廻り班

63 外部足場

→2 54 73

関係法規を徹底理解 !!
・構造・規格、暴風対策・風荷重の計算原理を理解
・組立て解体の事故防止
・狭隘地の足場の工夫

1 足場の大切さ

安全な作業床を確保する優れた足場は、よい品質、高い経済性、迅速な施工につながる。足場の機能は、①作業床、②作業員の水平・垂直移動ルート確保、を主目的とし、③敷地内外への危害防止、④周辺環境への影響低減、などがある。

材料は、鋼管・鋼材加工品、それらのシステム製品が供給されている。躯体・仕上げ施工法、施工作業姿勢・各作業の危害要因などを確認し、足場の要否、敷地境界との離隔・寸法サイズ、構造、設置期間を検討し決定する。

2 足場の適法性

足場の設置・管理には、労働安全衛生法・安全衛生規格を遵守し、建設業労働安全協議会、仮設工業会などによる基準やガイドラインも参照する。計画届、設置・変更届提出が義務づけられ、計画図・計算書・明細詳細の添付が必要である。

各足場の要点を右に示す。

敷地に余裕がない場合、外周下部工事を早期着手する場合や、下部スペースを確保する時には、下図の張出し足場を設置する。

アンカーボルトの強度発現が早期に必要で、足場をかけるタイミングが難しい。吊り方式は、架構として安定しているが、鉄筋コンクリート造の場合、必要な時に設置できない。鉄骨鉄筋コンクリート造であれば、鉄骨からアンカーが取れるので問題がない。

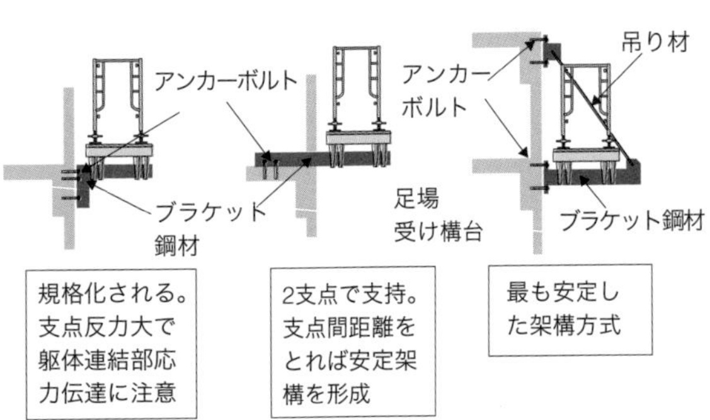

張出し足場

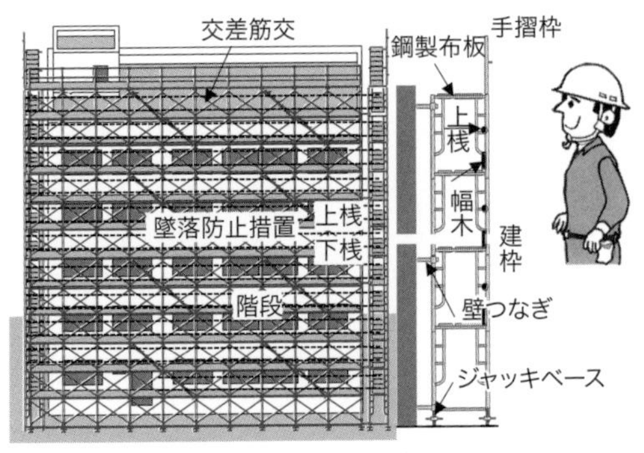

・高さ45m以下、建枠間隔1.85m以下、高さ2.0m以下
・補強水平材最上層5層間隔以内(高剛性布枠→不要)
・墜落防止措置→高さ15〜40cmに下桟設置
・高さ15cm以上幅木設置　・壁つなぎ間隔垂直9m水平8m以下
・最上層布板設置時手摺枠と幅木設置

枠組み足場

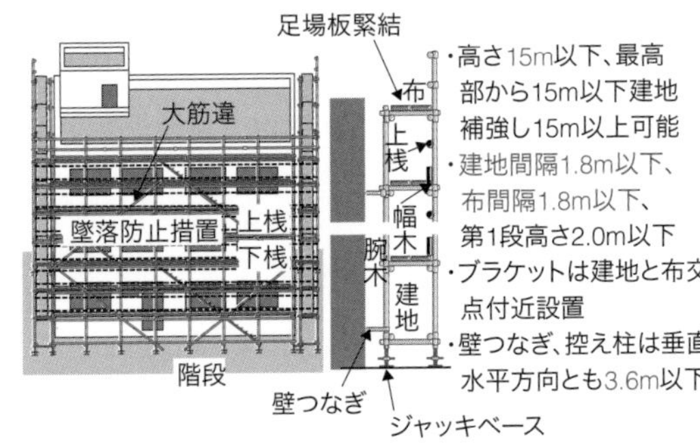

・高さ15m以下、最高部から15m以下建地補強し15m以上可能
・建地間隔1.8m以下、布間隔1.8m以下、第1段高さ2.0m以下
・ブラケットは建地と布交点付近設置
・壁つなぎ、控え柱は垂直水平方向とも3.6m以下

ブラケット一側足場

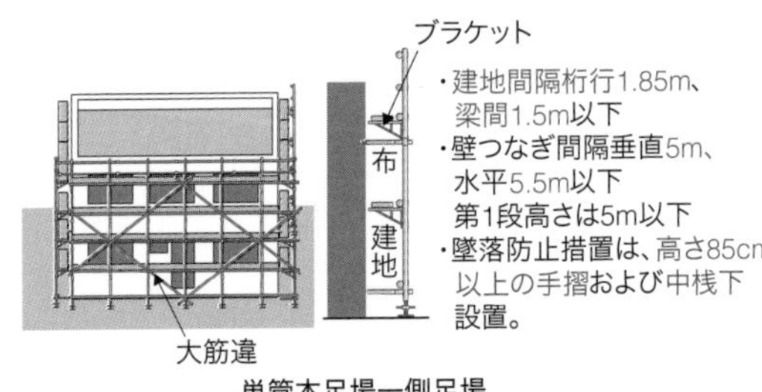

・建地間隔桁行1.85m、梁間1.5m以下
・壁つなぎ間隔垂直5m、水平5.5m以下
第1段高さは5m以下
・墜落防止措置は、高さ85cm以上の手摺および中桟下設置。

単管本足場一側足場

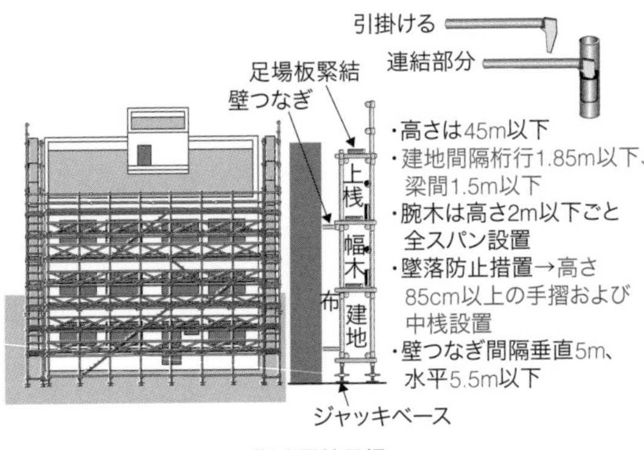

・高さは45m以下
・建地間隔桁行1.85m以下、梁間1.5m以下
・腕木は高さ2m以下ごと全スパン設置
・墜落防止措置→高さ85cm以上の手摺および中桟設置
・壁つなぎ間隔垂直5m、水平5.5m以下

楔式緊結足場

鳶工
職長

Q

①足場の組立て解体で、手摺先行方式が推奨されていると聞きました。

回答

A

仮設担当
現場監督

足場作業床に乗る前に、その作業床に手摺を先行設置し、作業床を取り外す時は、作業床の手摺を残す工法です。

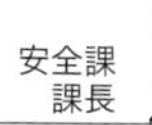

安全課
課長

新しい方法は何かと抵抗があるものです。①と②は、複雑で手間がかかり重いという意見がありますが、③手摺先行専用足場方式は大変好評です。今後広く普及するでしょう。

①手摺先送り方式

先行手摺　作業床

最上層に作業床を取り付ける前に、一層下の作業床から、建枠の脚柱に沿って上へスライド可能な先送り手摺機材を送り出し、作業床の端に先行設置する。

②手摺据置き方式

据置手摺　作業床

最上層に作業床を取り付ける前に、一層下の作業床から、据置手摺を、作業床の端に先行して組み立てる方式。

③手摺先行専用足場方式

最上層に作業床を取り付ける前に、作業床の端となる箇所に、最上層より一層下の作業床上から手摺の機能を有する部材を設置することができる専用のシステム足場による方式。最上部作業床を取り外す時は、作業床に手摺機能を有する部材を残置して行う。

2003年に厚生労働省から、ガイドラインが出されました（2009年改正）。墜落災害防止に大きな効果を果たします。

②強風で足場が倒れる事故が多発しています。対策を再確認したい。

回答

風荷重算出式は、仮設工業会「改訂風荷重に対する足場の安全技術指針」を参照します。基本式は以下ですが、パラメータ条件が緻密に反映され、計算は複雑です。

$P=q_z \cdot C \cdot A$

P：足場に作用する風圧力（N）
C：足場の風力係数　A：作用面積（m^2）
q_z：地上高さ（m）の設計用速度圧（N/m^2）

・あさがお取付け部、ブラケット構台下、異形枠部分に必ず設置する。
・風の通り道・崖上建物は特に危険。
・壁繋ぎは1か所が降伏すると、隣接負担面積が増大し、次々と降伏し全面倒壊する。安全率は2倍以上確保したい。
・隅部・解体途上端部は風が巻き込む。

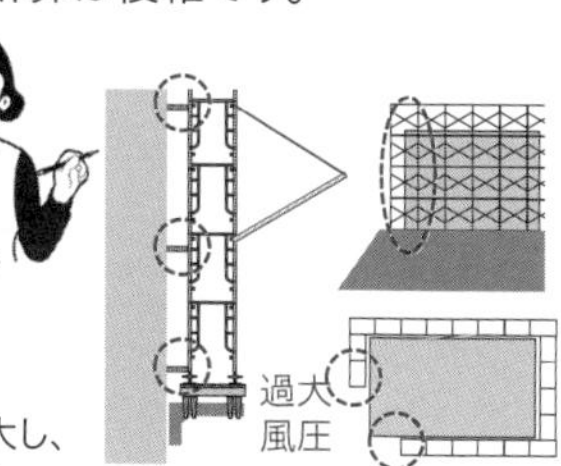

補足

風荷重を算定し、壁繋ぎ間隔を見直します。強風が予想される時は、補強や荷重低減対策を行う必要があります。安衛法規定の間隔は、足場だけの最低値と理解してください。

シート外す風対策

③隣家との間隔がなく、足場が建てられない場合はどんな方法がありますか？

回答

図の方法があります。

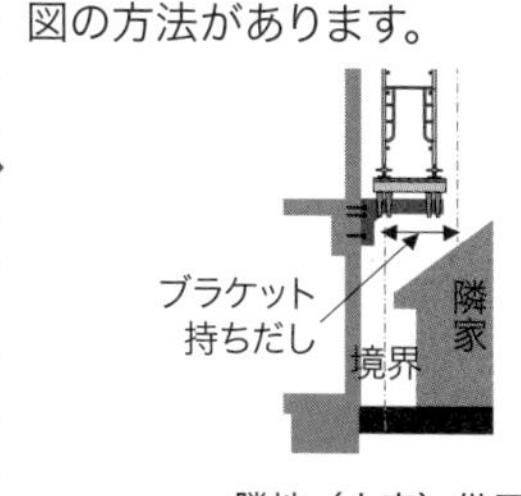

隣地（上空）借用

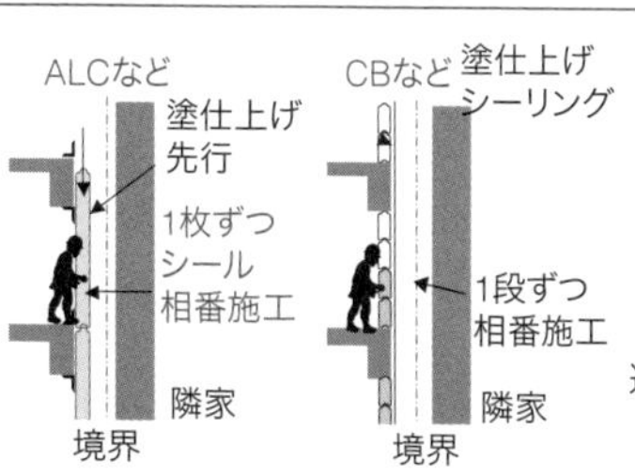

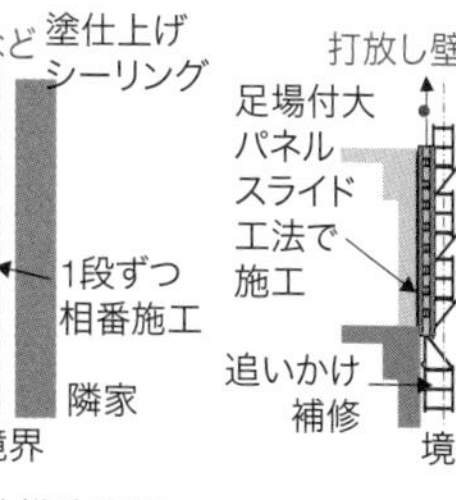

工法構法変更

64 陸屋根防水

→34 60

健全な下地造りがすべて !!

・メンブレン防水の仕様確認
・下地も含めトータルで防水
・パラペットの納まりが重要

陸屋根には、降水・降雪が建物耐用年数の間、数限りなくかかる。防水の役割は、水分浸入・移動を遮断、室内を快適で衛生的な環境に保ち、構造体や構成部材の水分起因劣化を抑制することにあり、漏水事故の絶無を期さねばならない。

防水機能は、下地・押え層や付帯設備機能部品・基礎を含めトータルで求められる。対象部位として、陸屋根に類し、ルーフバルコニー・ベランダ・解放廊下・庇などがある。

JASS 8 に紹介される防水として、メンブレン防水（アスファルト防水・改質アスファルト防水・合成高分子シート防水・塗膜防水）と、ステンレスシート防水があり、密着・絶縁・断熱・保護・露出を組み合わせ 30 種紹介されている。メンブレン防水3種の要点を右に図解する。

陸屋根防水：下地の基本要件

180mm 以上
150～250mm程度
180mm 程度
180mm 以上
露出300mm
RC押え500mm
100mm

パラペット

・下地ひび割れを分散させる。ダブル配筋、補強筋設置
・設備配管類打込みは避ける
・パラペットダブル配筋
厚さ 180mm 以上
誘発目地 3m 程度シーリング
・パラペット同時打ち
打ち継ぐ場合 100mm 以上嵩上水切目地あご下面に設置
・排水勾配
改質アスファルト防水
1/75 ～ 1/50
露出防水 1/50 ～ 1/20
・コンクリート下地平場仕上げは金鏝仕上げ
・立上り面のコンクリートは、打放し仕上げ

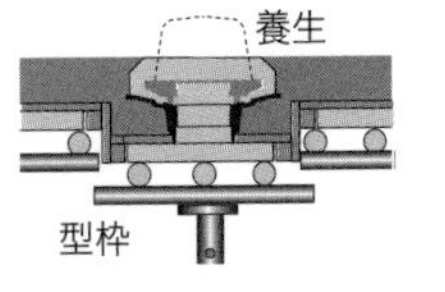

ドレンと打込み

・ドレンは、防水工法に適した指定の管径で取り付け、欠損なく打ち込む

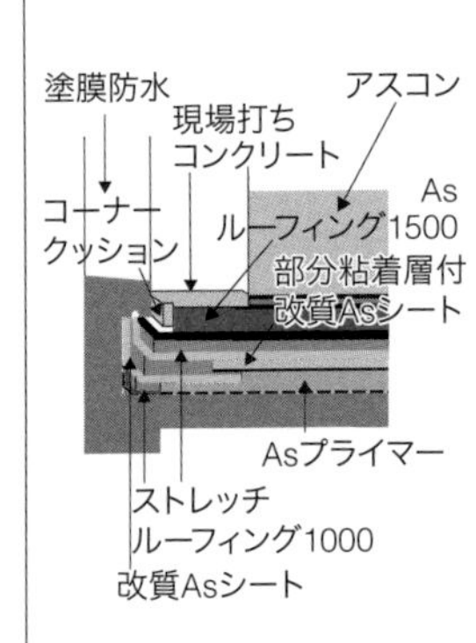

・下地の挙動部分、出入隅、ドレン回りに絶縁テープを張り、増張りを施す。
・溶融アスファルトは所定量を確実に塗布。ルーフィング重ね部から一定幅はみ出させる。
・所定重ね幅を確保し、水上が水下の上になるよう重ねる。
・上下の重ね位置が一致しないようにずらす。
・保護コンクリート入隅に成形緩衝材を設置する。
・保護層下面まで達する伸縮目地を適正間隔に配置。

アスファルト防水絶縁保護仕様（AM-PS）

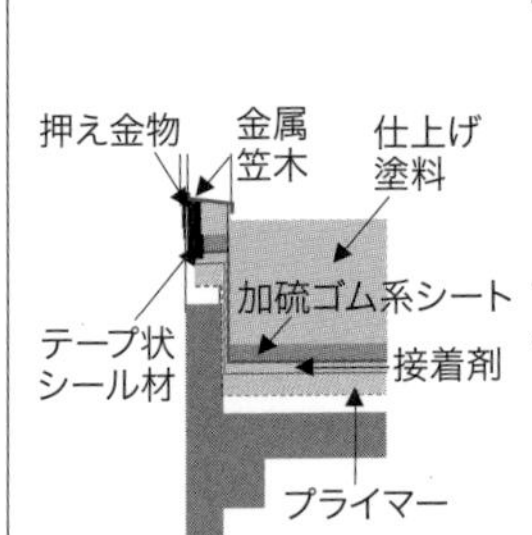

・シートの厚さは 1.2mm
・接着剤積層したシート接合は、平場は、接着剤とテープ状シール材を併用。接合幅は 100mm 以上。立上り部、170mm 程度立上げ接合。幅は、150mm 以上
・雪下ろしはできない
・同日施工範囲にプライマーを塗布。その後、接着剤をむらなく塗り、オープンタイムを確保し張力を加えず、しわを寄らせず張付け、ローラーで転圧。出隅・入隅は、シートの張付けに先立ち増張りを行う。

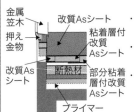

加硫ゴム系シート防水接着仕様（S-RF）

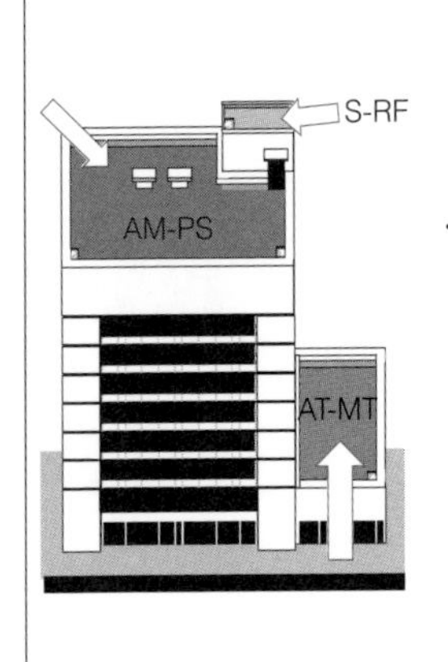

・断熱材を接着剤などで下地に接着し、その上に部分粘着層付改質アスファルトシートを張り付け、さらに改質アスファルトシート（露出複層防水用）をトーチバーナーにより張り合わせる。シートの裏面と下地を均一に炙り、押し広げ密着させる。溶けた改質アスファルトを、シートと下地間に隙間なく充填させ、重ね部から一定幅ではみださせる。
・保護・仕上げは、仕上げ塗料を施すか、またはナシとする。
・断熱材は硬質ウレタンフォーム保温板を使用する。
・防水層の上に機械基礎などの荷重が大きいものを設置することは適切でない。この場合には、躯体で直接基礎などを形成する。

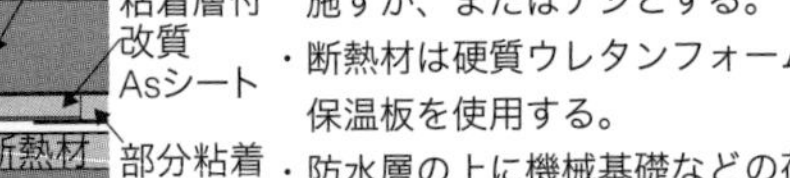

トーチ防水工法断熱露出仕様（AT-MT）

Q AS防水工 職長

A 防水 工事係員

防水研究室 室長

①防水完了後、水張り試験はしないのですか？

回答

特記がある場合のみ行います。施工直後で一般部で漏るようなことは少なく、段取りも大変なので、屋根では省略することが多いです。

補足

目視または簡易な道具を用い、防水層の重ね部、末端部などの納まりや仕上り状態などを確認します。
ドレン廻りにせきを設けた水張り試験や散水試験を行います。

②下地の乾燥は、ふくれ防止の意味で重要ですが、なかなか乾きません。
管理基準はありますか？

回答

コンクリート面含水率は8％程度まで乾燥させるとされます。図の方法が乾燥の目安を知るために、昔から使われています。

含水の確認

補足

次の下地は、脱気が必須です。
①デッキプレートが下にある現場打ちコンクリート
②下部に断熱材を敷き込んだコンクリート
③人工軽量骨材・パーライトを用いたコンクリート
④吸水性が大きいALCなどの下地

③防水が確実に仕様通り施工されたかを調べる方法はありますか？

回答

ルーフィング・アスファルトなど材料の使用量（納入量一残存返却量）を面積で割って、仕様通りに施工されたか確認することが行われていました。

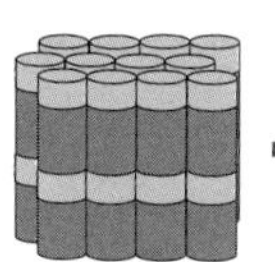
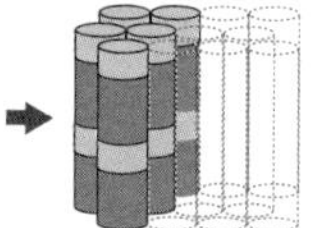

施工に見合う材料量か確認

④アスファルト溶融釜の設置と管理は大変です。アスファルトの熱管理と合わせ注意点を教えてください。

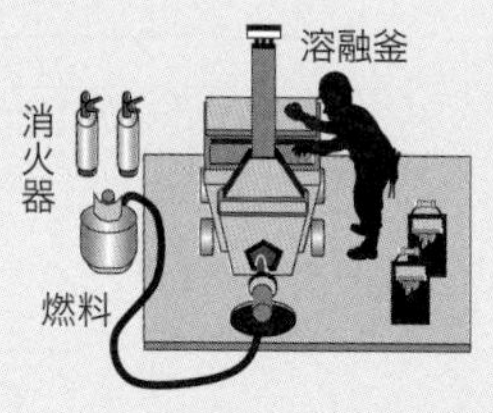

回答

近隣への公害を防止するため仮囲いや養生の設置、火が入ることを防ぐための風防措置を行います。釜はスラブの上に直接置かず、ブロックの上に置くなど断熱を考慮してください。消火器は2本以上置いて、燃料と釜とは4m以上、可燃物や電線などからも4m以上離します。

補足

局部的に加熱しすぎないよう小塊にして投入します。材料製造所が指定する温度で溶融し、3時間以上は溶融しません。過加熱ではアスファルトが変質し、加熱不足では外気や下地で冷却されて粘性が低下し、ルーフィング類の張付けに支障をきたします。近年、臭気や煙の発生量抑制のため、低温溶融化が進んでいます

⑤防水が完了しないと、施工中の雨で最終仕上げができません。

→98

回答

仮止水措置をします。後続工程早期着手の意味で重要です。竪樋の排水を仮設サニーホースで外へ出し、だめ孔を仮設屋根でふさぎます。超高層ビルでは中間に仮止水階を設けます。

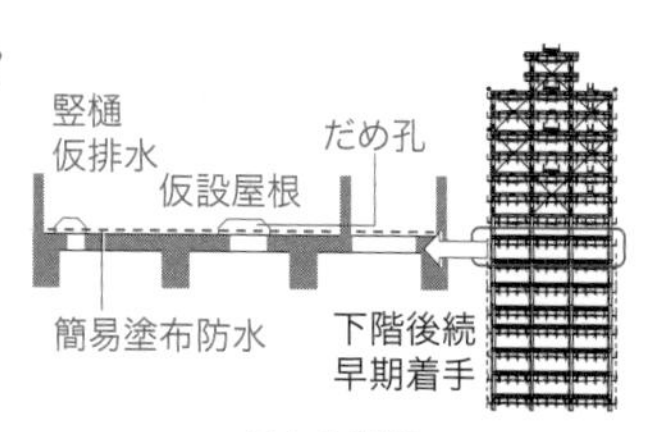

仮止水措置

2章 解説！厳選100知識

5 屋根・外部仕上げ施工

65 カーテンウォールの基本

→48 59 66 68

ファスナーの施工法がすべてにかかわる!!
・ロッキング・スライド構法など耐震技術・層間変形追随のしくみを徹底的に知る
・無足場施工のノウハウを確実に習得
・確実に品質をつくり込み、製作工程を円滑に展開

軽量・高性能で、施工性に優れたカーテンウォールは、非耐力帳壁として高層ビルに多用され、施工に、高い技術と経験が必要である。Pca（プレキャストコンクリート）製・金属（アルミ）製カーテンウォールを対比し、展開品質項目を示す。

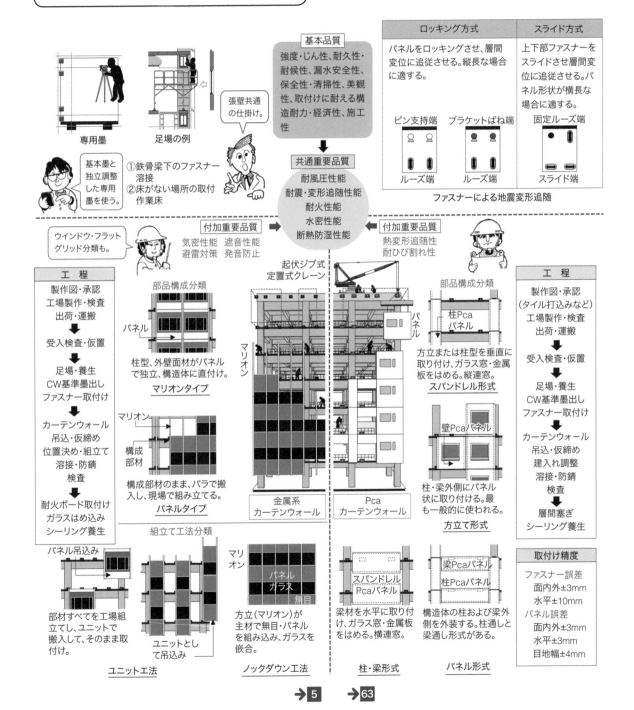

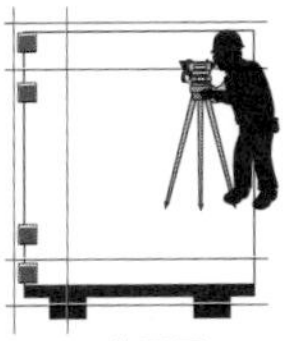

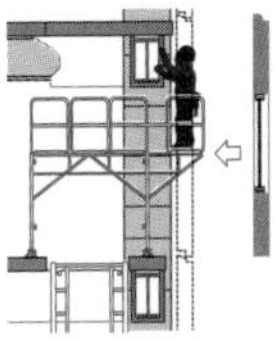

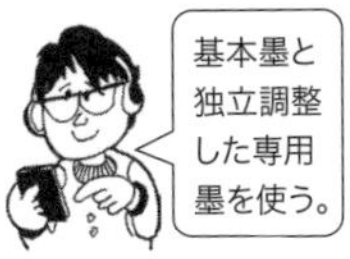

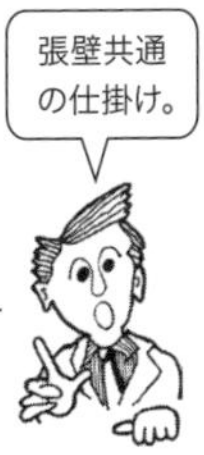

ロッキング方式	スライド方式
パネルをロッキングさせ、層間変位に追従させる。縦長な場合に適する。	上下部ファスナーをスライドさせ層間変位に追従させる。パネル形状が横長な場合に適する。

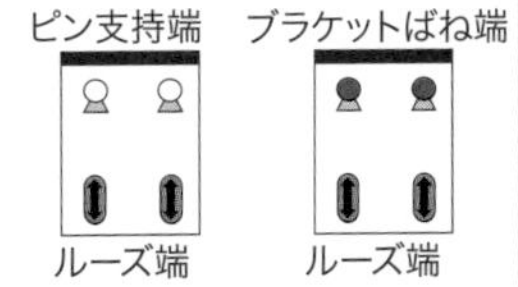

ファスナーによる地震変形追随

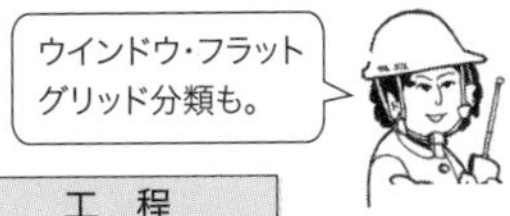

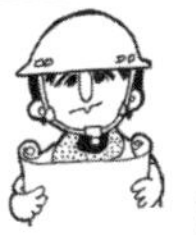

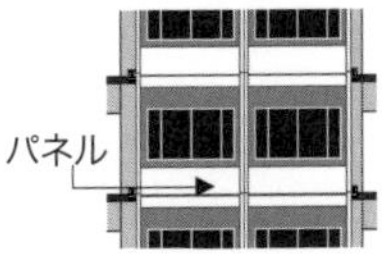

工程（金属系）

製作図・承認
工場製作・検査
出荷・運搬
↓
受入検査・仮置
↓
足場・養生
CW基準墨出し
ファスナー取付け
↓
カーテンウォール
吊込・仮締め
位置決め・組立て
溶接・防錆
検査
↓
耐火ボード取付け
ガラスはめ込み
シーリング養生

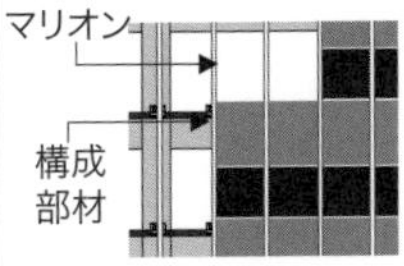

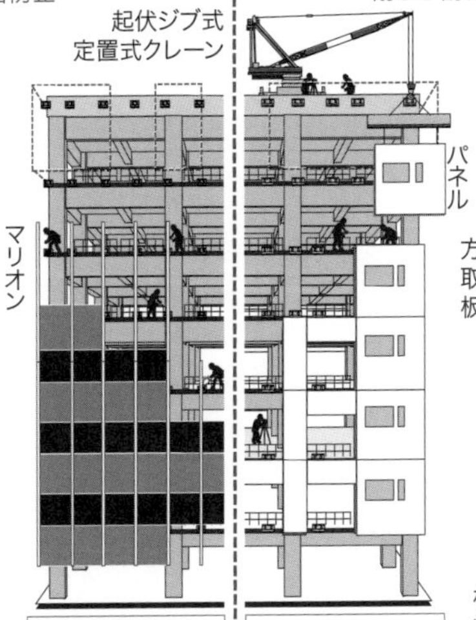

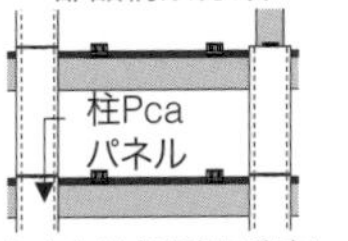

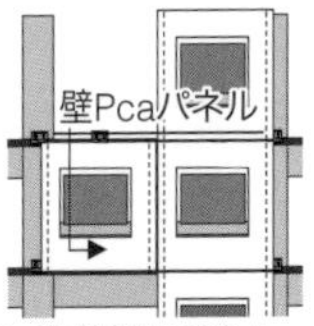

工程（Pca）

製作図・承認
（タイル打込みなど）
工場製作・検査
出荷・運搬
↓
受入検査・仮置
↓
足場・養生
CW基準墨出し
ファスナー取付け
↓
カーテンウォール
吊込・仮締め
建入れ調整
溶接・防錆
検査
↓
層間塞ぎ
シーリング養生

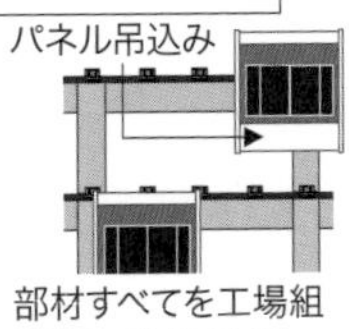

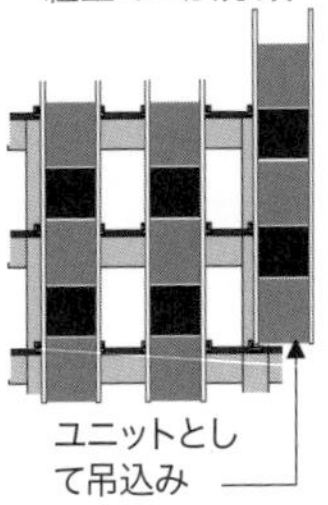

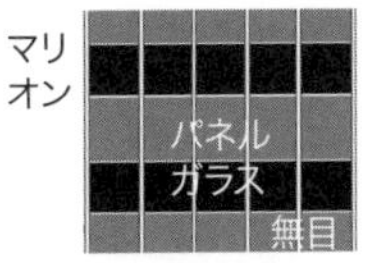

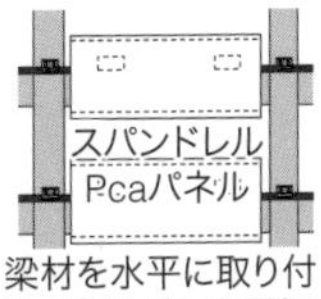

取付け精度

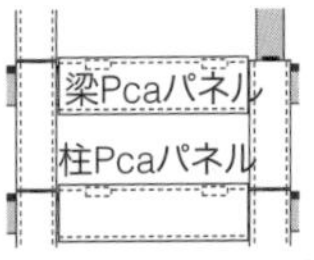

ファスナー誤差
面内外±3mm
水平±10mm
パネル誤差
面内外±3mm
水平±3mm
目地幅±4mm

→5　→63

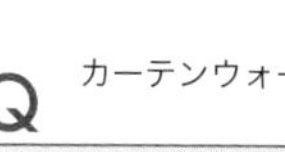

Q カーテンウォール工 職長

A カーテンウォール担当工事係員

技術部 課長

①カーテンウォールには説明された汎用2種以外にも多々あるようですが。

回答 デザインもコストも大きな影響のあるカーテンウォールには、多様な素材・工法があります。個々の説明は省略しますが、以下を紹介します。

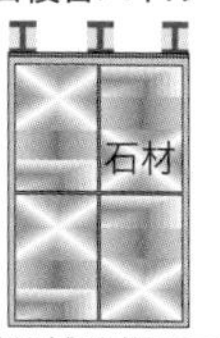

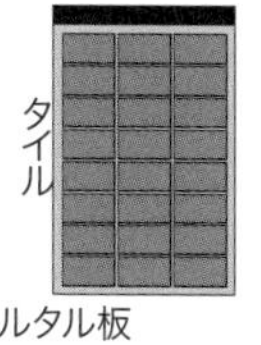

多様な CW

表面仕上げ複合 ➡ ・本石・タイル打込みPC ・石複合パネル

素材開発 ➡ ・ハニカムアルミパネル ・チタンパネル ・セラミックパネル ・ガラス(DPG)

補足 軽量で高強度、高耐候性であることが要求されます。この点から繊維補強コンクリート系が有望で、例えば次のような素材を利用した実用化が進んでいます。

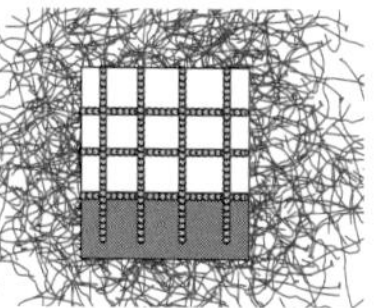

繊維補強

・硝子繊維補強コンクリート（GRC）
・炭素繊維補強コンクリート（CFRC ）
・ビニロンファイバー補強コンクリート
・アラミド繊維補強コンクリート

②カーテンウォール目地に、オープンジョイントは使いませんか？

回答 目地にはクローズド・オープン両ジョイントがあります。

➔66

③バックマリオンカーテンウォールとは？

回答 ガラスを室内側のメタルフレーム（バックマリオン）に SSG (Structural Sealant Glazing System) 構法にて接着固定するカーテンウォール。外観が総ガラス張りのフラット面に見え、急速に普及しました。

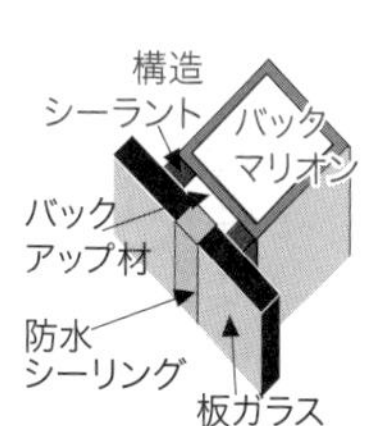

➔87

④カーテンウォール製作期間・取付け期間はどのくらいですか？

回答 製作図作成承認・型枠製作・型数・ピース数・表面仕上げに要する期間が絡みます。
一様には言えませんが、製作開始まで 1.5 ～ 2 月、最初の出荷まで 1.5 ～ 2 月かかり、その後は並行工程となり半年以上の製作工程となります。

・耐火被覆作業
先付工法
継手部跳出し足場で可能
・ファスナー作業
跳ね出し足場で可能
・シーリング作業
ゴンドラで可能
・デッキPL作業
下向き作業で可能

無足場検討例

⑤ PC カーテンウォール足場の説明では、跳出し足場の例が紹介されていましたが、完全無足場は不可能ですか ？

回答 矩計を照査し、鉄骨、床板、外装の各段階で、作業内容や姿勢を分析、内部作業床のみの施工可能性を検討すれば、無足場施工の可能性があります。設計段階より検討し、外側から施工不可能な、梁下ファスナーを回避するなどの工夫を重ねる必要があります。完全無足場が不可能でも、局所足場や養生が可能な場合があります。

➔63

2章 解説！厳選100知識

5 屋根・外部仕上げ施工

66 シーリング防水

→65 68 87

二面接着と三面接着を使い分ける!!

- シーリング材の原理を認識
- シーリング防水メカニズムを使い分ける
- シーリング設計を理解する

屋根外装の部材目地に、弾性シーリング材を充填する防水システム。代表的な例を下図に示す。1成分形、反応硬化2成分形、シリコン系など各種シーリング材の組合せ・使い分けには深い知識が必要である。その要点は右表だが、接着性が難しい組合せは接着性試験を行い確認する。

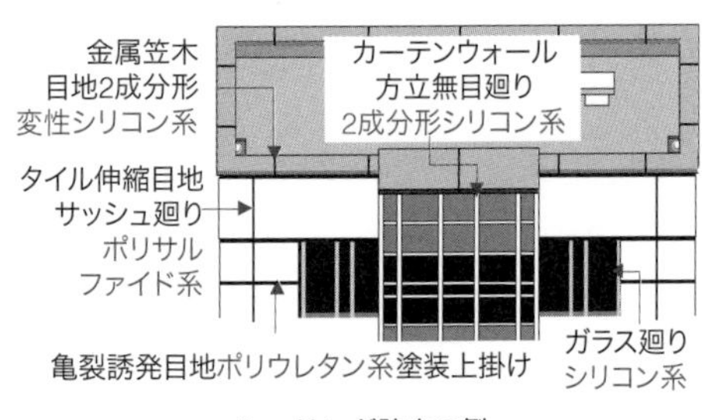

シーリング防水の例

1 シーリング防水の設計

目地の動きは、おおよそイメージの通りで、この大きさをムーブメントとよぶ。ムーブメントが大きい「ワーキングジョイント」か、ない、または小さい「ノンワーキングジョイント」かを見極め、ムーブメントをもとに材料性能・精度を計算し、目地設計をする。

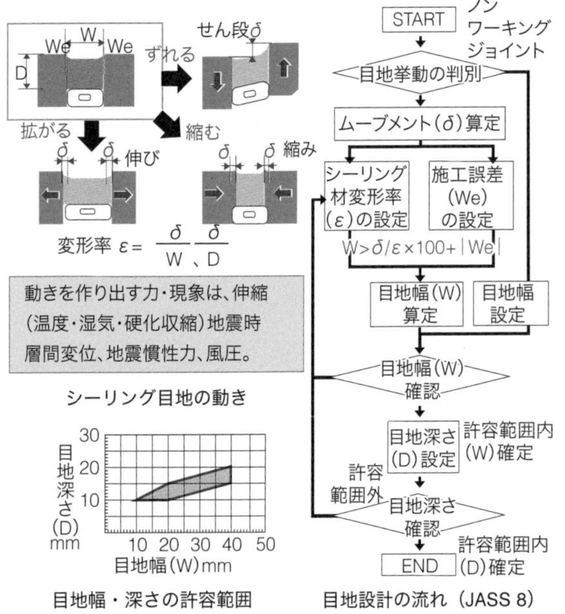

シーリング組合せのポイント

シーリング材		被着体の組合せ
シリコン系	2成分形	金属→金属方立、アルミ建具工場シール
	1成分形	金属→ガラス、樹脂建具→ガラス ガラス→ガラス、水回り
変成シリコン系	2成分形	金属→コンクリート・石・タイル・成形セメント板 石→乾式工法石目地 コンクリート→ALC・石・タイル・成形セメント板 ※コンクリートどうしの打継ぎ・誘発目地
ポリサルファイド系	2成分形	石→石、アルミ建具工場シール タイル→タイル
ポリウレタン系	1成分形	金属→塗装ALC、塗装ALC→塗装ALC コンクリート→塗装成形セメント板・塗装ALC 成形セメント板→塗装成形セメント板

2 シーリング防水の施工

代表的なタイル伸縮目地のシーリング施工の流れと要点を示す。

No	工程	イメージ	施工要点
①	清掃		被着面の欠け・汚れ・乾燥の状態を確認し清掃する。
②	BU材装填		バックアップ材は目地深さ一定に、目地底のない時は治具で装填。目地底にボンドブレーカーを張り付ける。
③	マスキングテープ		目地周辺汚れを防ぎ、シーリングを正確に充填するためマスキングテープを貼る。
④	プライマー塗布		プライマーを被着面に、同日範囲、接着不良ない範囲のみ塗布する。2成分形練混ぜは、機械練りし、気泡や異物が入らぬよう均質になるまで行う。混合比は指定割合、練混ぜ量は可使時間に施工できる量とする。
⑤	シーリング充填		気泡混入しない、適切なガンに充填する。プライマー乾燥後、隙間・打ち残し・気泡が入らぬよう、充填できるノズル角度と速度を調整し、十分加圧して速やかに充填交差部から打ち始める。交差部打留めは避け、打継ぎは斜めにする。（先打ち 後打ち 後打ち 目地底）
⑥	ヘラ仕上げ		ヘラは目地に合うものを使用し、被着面に密着するよう十分に押え、表面を平滑に仕上げる。
⑦	テープ除去 養生		マスキングテープは、ヘラ仕上げ終了後ただちに剥がす。張り跡、プライマーはみ出しは、速やかに清掃する。

Q A

①二面接着と三面接着の使い分けが大切とは？

回答 二面接着は、目地底にボンドブレーカーなどを設置し、充填シーリング材が目地の動きに幅広く追従します。ムーブメントの大きいワーキング目地に使われます。
三面接着は、ボンドブレーカーを使わず、目地底を含む全てにシーリング材を接着する工法で、ノンワーキング目地に使用します。

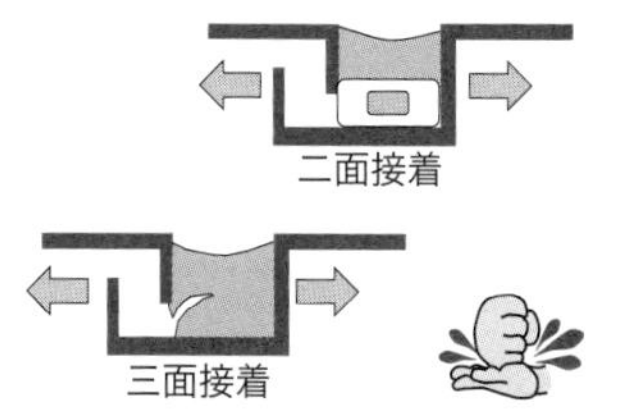

ノンワーキングジョイント：三面接着
ワーキングジョイント：二面接着

補足 ワーキング目地に三面接着をすると、ゼロスパンテンション（スパンゼロの状態から引っ張られ、伸び率無限大となって破断する）という現象が起こり、簡単に凝集破壊します。一方、ノンワーキング目地に二面接着すると、目地底が水道となり漏水範囲が拡大します。

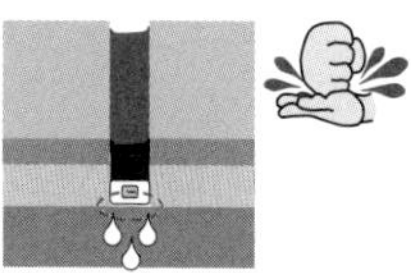
二面接着の水道

②工場シーリングをよく使いますが。

回答 サッシュなどシール面の接着面積を確保するため、工場で捨て打ちするシールです。
アルミ押出形材などは、やむを得ず小口面接着となり、必要な接着面積を確保しにくい場合があります。

→75

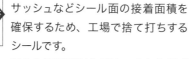

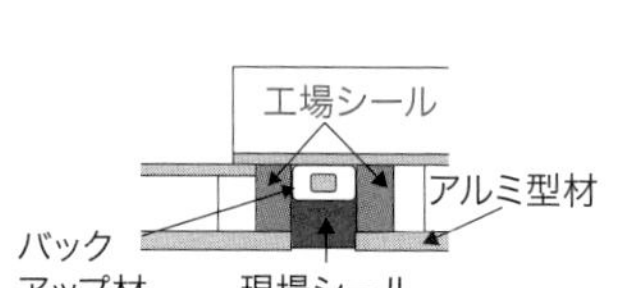

補足 アルミ押出形材の方立ジョイント、無目ジョイントや金属笠木、ガラスなどで工場シールが施されます。
シーリング材の打継ぎの相性がよい先打ちシーリングが使われます。ポリサルファイド系は汎用性がありよく使われています。

→65

③直交接合線に三角シールを打ちます。シーリング理論的にはどうなんでしょうか？

三角シール

回答 防水を目的とせず、ムーブメントがない場所で美観目的で使います。ノンワーキング目地で三面接着目地（直交二面接着）です。

補足 防水目的でも、金属板葺屋根や貫通孔廻りなど目地を設けない場合や、簡易な目地に使用する場合、または、防水端末部や防水保護層の伸縮目地に使用する場合もあります。

④シーリングをしない等圧理論目地というのがあります。

回答 企図した機構が働けば、漏水は発生しません。メンテナンスフリーと長期耐久性が期待できます。
接合部をシーリング密封せず、外気に開放させ、接合部にいったん侵入した水を外部に排出する方式の目地をオープンジョイントといいます。
接合部をシーリングする方法をクローズドジョイントといいます。

→65

補足 等圧理論目地における等圧設計は、外部圧力と目地内部等圧空間の圧力を近似的に等圧にすることで、水を移動させる力の一つである圧力差を低減させ、雨水が浸入することを防止する設計法です。

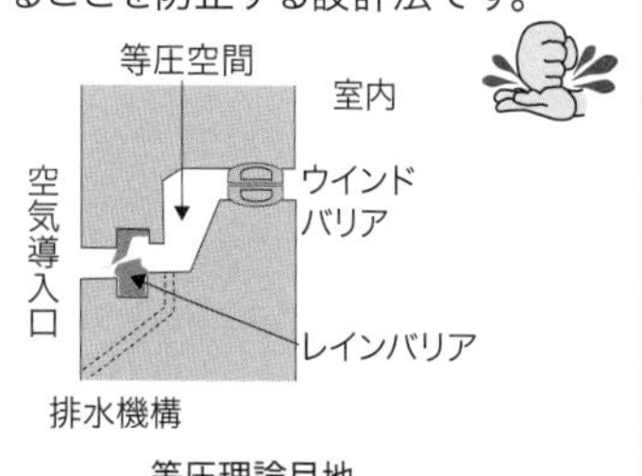

等圧理論目地

67 異種金属の接触腐食

→65 68 75

絶縁技術を使いこなす !!

- 異種金属接触腐食の原理
- 危険な組合せの理解
- 腐食防止技術
- 犠牲防食

異種金属接触腐食は、「異なる種類の金属材料が電気的に接触し腐食環境中で相互に影響し合って生じる腐食現象」で、接触局部電池と銅亜鉛電池が代表的である。

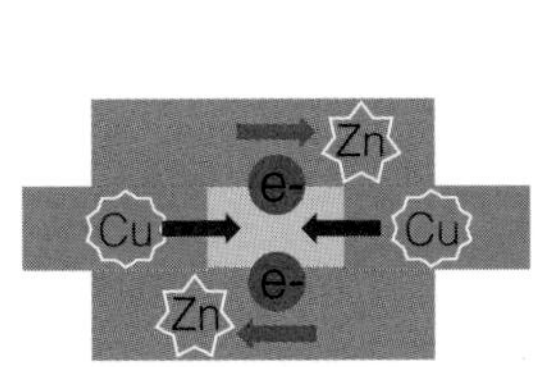

Zn
e-
Cu
Cu
e-
Zn

接触局部電池

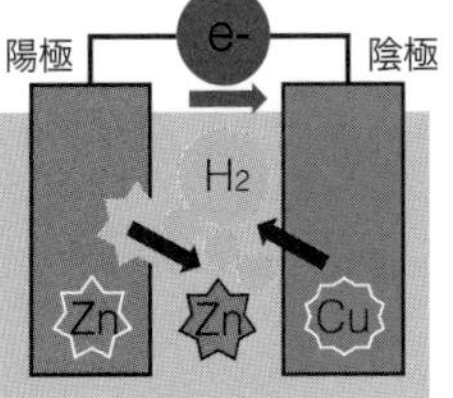

陽極
e-
陰極
H2
Zn
Zn
Cu

銅亜鉛電池

金属は電解質（塩水・アルカリ溶液・酸・水）中に溶解しイオン化する傾向があり、電気が流れるような局部電池（陽極「アソード」、陰極「カソード」）が形成されると、金属が溶解し、錆が発生して腐食してしまう。以下に危険部位と予防の要点を示す。

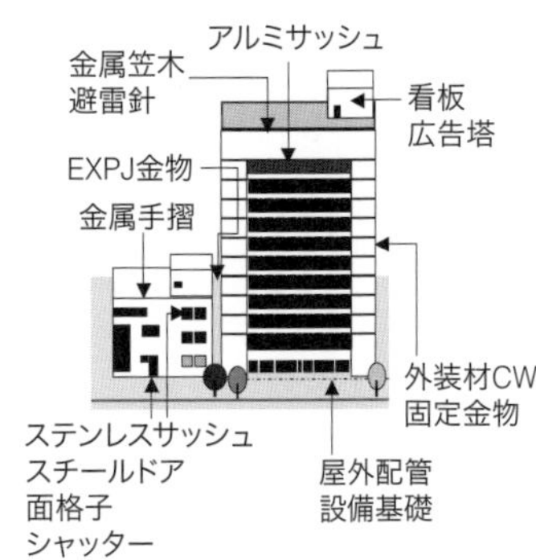

アルミサッシュ
金属笠木
避雷針
看板
広告塔
EXPJ金物
金属手摺
外装材CW
固定金物
ステンレスサッシュ
スチールドア
面格子
シャッター
屋外配管
設備基礎

金属腐食危険 BE
(BE: Building Element 建築部品)

"もらい錆"は金属面に溶融金属や加工金属粉などが付着し、局部電池腐食が発生するもの。"めっき錆"もめっき部の傷により同様に局部電池腐食が発生するもの。

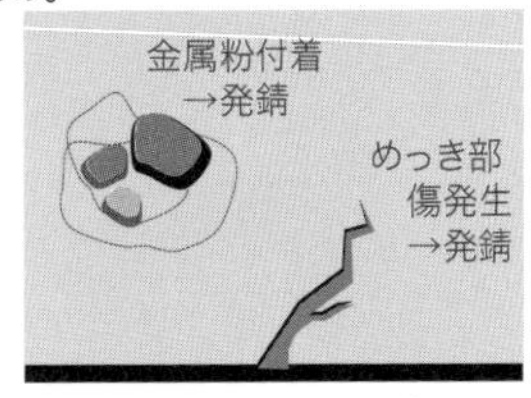

金属粉付着
→発錆
めっき部
傷発生
→発錆

もらい錆・めっき傷

1 接触腐食とイオン化傾向

イオン化傾向の差が大きく金属間の電極電位差が大きくなる場合、接触腐食が生じる。下表は、許容できる異種金属の組合せを示したもので、電位差を0.1V以下とすることが望ましい。

仕上げ各部で組合せが考えられ、傷や付着物の影響などにより各部で発生するおそれがある。

許容しうる異種金属の組合せ

金属名	標準電極電位（ボルト）	直前金属との電位差（ボルト）	許容しうる組合せ
金または金めっき　白金	0.15	−	
銀または銀めっき　高銀合金	0.00	0.15	
ニッケルまたはニッケルめっき	−0.15	0.15	
銅または銅めっき	−0.20	0.05	
ニクロム　オーステ系SUS鋼	−0.20	0.00	
高合金黄銅　青銅	−0.30	0.10	
18%ステンレス鋼	−0.35	0.05	
クロムめっき　錫めっき	−0.45	0.10	
鉛または鉛めっき	−0.55	0.10	
ジュラルミン系アルミニウム	−0.60	0.05	
炭素鋼	−0.70	0.10	
カドミウムめっき	−0.80	0.10	
熱付け亜鉛めっき板	−1.05	0.25	
亜鉛めっき	−1.10	0.05	
マグネシウム亜鉛めっき合金	−1.60	0.50	

小　イオン化傾向の大小を示す　大

● 陰極
○ 陽極

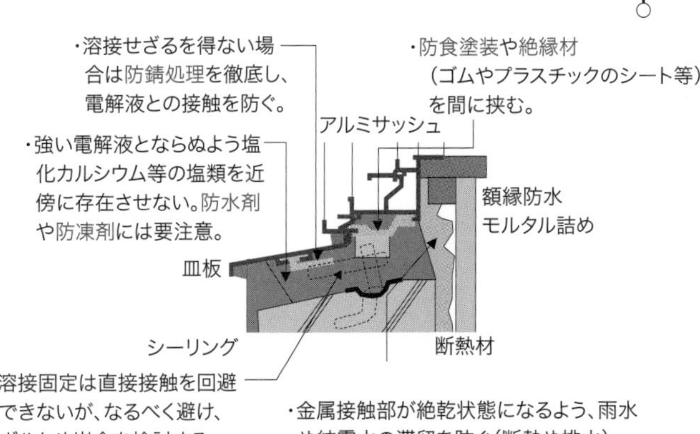

・溶接せざるを得ない場合は防錆処理を徹底し、電解液との接触を防ぐ。
・防食塗装や絶縁材（ゴムやプラスチックのシート等）を間に挟む。
アルミサッシュ
・強い電解液とならぬよう塩化カルシウム等の塩類を近傍に存在させない。防水剤や防凍剤には要注意。
額縁防水
モルタル詰め
皿板
シーリング
断熱材
・溶接固定は直接接触を回避できないが、なるべく避け、ボルトや嵌合を検討する。
・金属接触部が絶乾状態になるよう、雨水や結露水の滞留を防ぐ（断熱や排水）。

窓廻りの金属腐食を防ぐ

材料間相互作用を抑制	①材料間を絶縁 ②電位差が少ない材料に変更 ③材料間距離を大きく	② + ① ③ ② −
腐食損傷を抑制	④陽陰極面積比を大きく ⑤アノード部材交換可能に	④⑤ + ④ −

金属接触腐食低減策

Q

①アルミニウム合金の場合、腐食させないための要点は？

→75

A

回答 腐食程度は、田園地区、都市では小さく、海岸、海洋性雰囲気、伝導性のよい化学溶液中では大きくなります。
アルミニウムに害のない金属は亜鉛、害の少ない金属は、18Cr − 8Niステンレス鋼が一番有名です。

補足 亜鉛は、アルミニウムよりイオン化傾向が高いため腐食が促進されます。逆にアルミニウムを陰極防食し、接触腐食防止に使用できます。ただし、海水中などでは亜鉛の消耗が大きいため注意が必要です。
18Cr − 8Ni ステンレス鋼は、それ自身の耐食性がすぐれ、特に防食処理を施さなくても安全に使用されます。

②亜鉛は犠牲防食で使うと聞きました。
どういう意味ですか？

回答 亜鉛などのイオン化傾向の大きい金属を鉄鋼材料などに接触させておくと、亜鉛などが犠牲的に腐食して鉄鋼材料などの腐食を抑制することができます。

補足 亜鉛が先に腐食して電子を放出することで鉄に電子を供給し、鉄の電子放出を妨げることで防食効果が得られます。
溶融亜鉛めっき、電気亜鉛めっきなどが該当します。

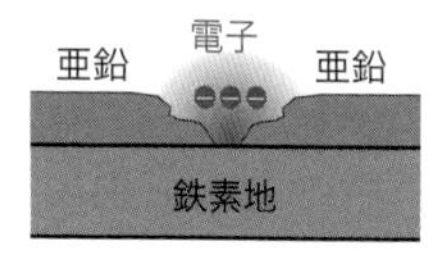

犠牲防食

③ステンレスは一般的に錆びないとされますが、錆びることもあると聞きました。どんな現象ですか？

回答 ステンレスも錆びます。
錆にくいと理解してください。ステンレス流し台に鉄釘を置いて、水道水で濡らして一晩置いておくと、「赤錆」が流し台の上にできます。

補足 ステンレスは合金で、イオン化列にはありませんが、当てはめると銅（Cu）と同じくらいです。例えばアルミリベットでステンレス建材を固定すると、風雨に曝されて、アルミリベットの腐食が促進されます。

④防腐剤、防蟻剤を含む木材と金属が接触すると腐食しますか？

回答 防腐防蟻処理（銅系の薬剤）した木材や合板は、めっき鋼板や塗装鋼板の耐食性に影響します。直接接する部分には絶縁用ルーフィングまたはブチルテープなどで防錆し、木材や合板との直接接触は避けてください。

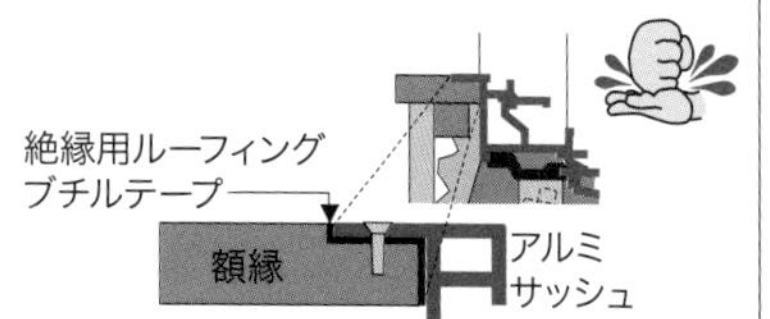

絶縁材挿入

→75

補足 木材が水分を含んだ場合、銅は木材の中で銅イオン（Cu^{2+}）として存在すると考えられ、銅に対しイオン化傾向の高い亜鉛やアルミニウムは溶け出し、腐食します。
また、木材中に多量の水分が存在し、長期の直接接触があれば、腐食はゆっくり進行します。

68 パネル系外壁構法

→48 65 66

固定金物の働きを知る!!

- 構法・施工の概要
- 耐震構法の理解と重要管理点
- 漏水防止の注意点
- 施工図の重要性

軽量で、取付けが容易、工期がかからず、経済的であり、断熱・耐火・遮音性に優れた、ALC・ECP（押出成形セメント板）・GRC（ガラス繊維強化セメント板）・穴あきコンクリート板などのパネル系構法は、耐力壁でない帳壁外壁として多用されている。工場製作品を、下地構造に取り付ける構法で、施工には、経験とノウハウが必要である。

1　ECP（押出成形セメント板）外壁

支持スパンは、耐風圧強度で決定。負圧が大きいので注意し、動的層間変形性能試験で、縦張り・横張り工法とも1/60まで有害な損傷がないこと。

規格幅で割り付け、切断品は、最小幅を300mm以上とする。シーリング材は変成シリコーン系シーリング材を使う。

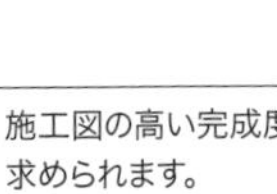

2　ALCパネル外壁

耐火性能は、延焼のおそれのある部分で1時間、それ以外で30分間。風荷重は、施行令による風圧力に対し安全で、正圧は、各構法で2000N/m^2、負圧は、ロッキング・ボルト止め構法で1600N/m^2、スライド構法で1200N/m^{2}を満足する。地震慣性力に対しALCパネルが脱落せず、層間変形1/150に対し、各構法が追従性能を確保し、ALCパネルが脱落しないこと。伸縮目地およびパネル相互目地は、ワーキングジョイントであり二面接着構造、スライド構法縦目地は、ノンワーキングジョイントで三面接着構造とする。

パネル素材は軽量気泡コンクリートで表面強度が小さく、運搬・ストック・取付け時に傷がつきやすい。適切な治具を使用し、養生に気を遣うこと。欠けや割れには専用の補修材と方法があるので注意する。雨にも弱い。

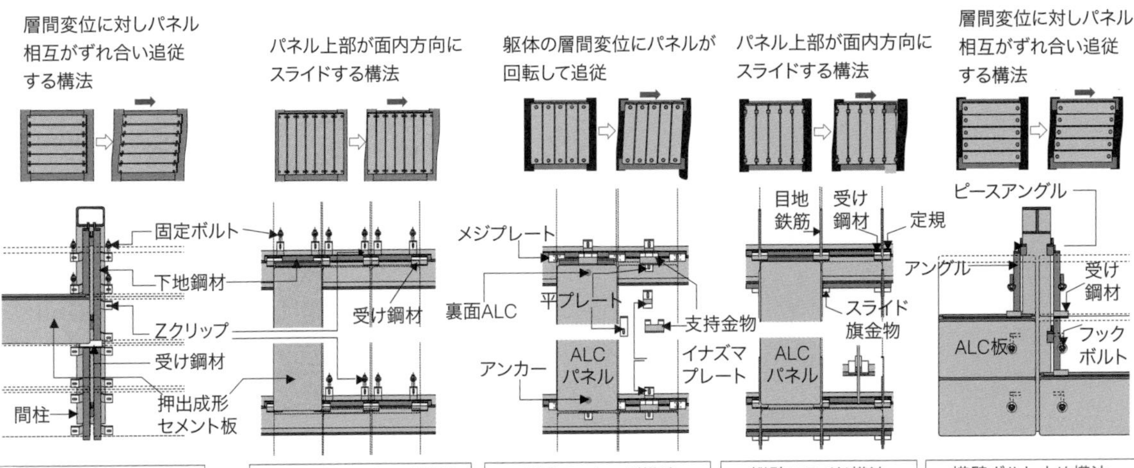

横張りB種スライド構法	縦張りA種ロッキング構法	縦壁ロッキング構法	縦壁スライド構法	横壁ボルト止め構法
横使いし、変位にスライドして追従。3枚以下ごとに金物で受け、四隅のルーズホールZクリップで固定。	縦使いし、変位にロッキング追従。各段ごとに鋼材で受け、四隅のルーズホールZクリップで固定。	ALCアンカーにより、平プレート、イナズマプレートなどの取付け金物を介し、下地鋼材に取付け。	縦目地下部の鉄筋と充填モルタルで下地鋼材に取付け。上部は旗金物で、面内方向可動に取付け。	パネルの取付けは、座掘孔を設け、フックボルトなどの取付金物を介し、下地鋼材に溶接し取付け。

ECP（押出成形セメント板）外壁の施工要点

ALCパネル外壁の施工要点

Q カーテンウォール工職長

A カーテンウォール担当工事係員

技術部部長

①旧 JASS では、縦壁挿入筋構法、横壁カバープレート構法がありましたが。

回答

今は削除されています。近年この 2 構法は、ほとんど使われていません。ロッキング・スライド構法は、耐震性が高く、乾式で施工性よく、解体・リサイクルもしやすいです。

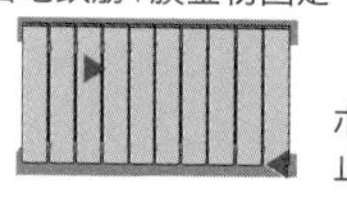

縦壁挿入筋構法

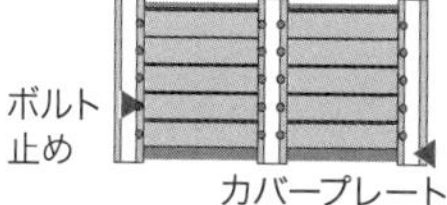

横壁カバープレート構法

②伸縮目地の設置ルールを教えてください。

回答

地震時パネル損傷を防止するために伸縮目地を設けます。
出隅・入隅・横壁一般部、建物高さ変化部分、長大壁長 30m 以内ごとに幅 10 ～ 20mm 程度の伸縮目地を設けます。

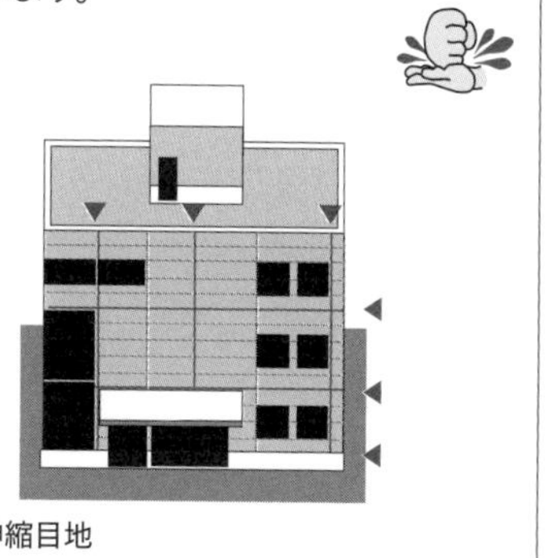

ALC 外壁伸縮目地

補足

縦壁の横目地には、ロッキング構法の場合は幅 10mm 程度、スライド構法では幅 20mm 程度の目地を設けます。横壁の場合には、パネル重量が下層のパネルに伝達されないように、パネル 5 枚ごとの横目地に、自重受け鋼材を取り付けて伸縮目地を設けます。

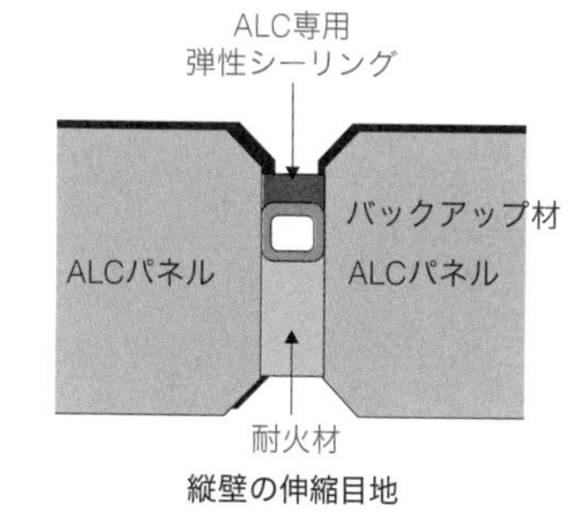

縦壁の伸縮目地

③押出成形セメント板には乾式工法でタイルを張れるのですか?

回答

表面にリブを設けた専用のパネルを用いてタイル張りを行います。リブ形状に合わせたタイルを、パネルの表面に引っ掛け、接着剤などで固定します。

→71

補足

押出成形セメント板の取付けは、横張り工法とします。

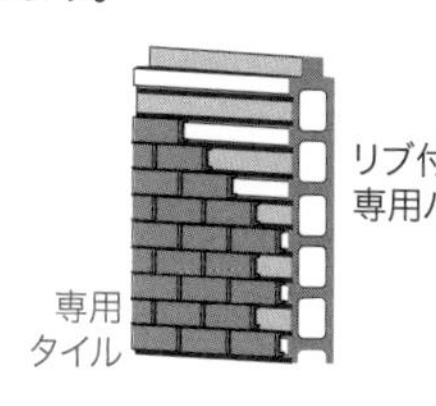

タイル張り専用 ECP

④押出成形セメント板外壁からの漏水にはいつも苦労します。よい防止技術があれば、教えてください。

回答

表面シーリング材の欠損部などから侵入した雨水を、中空部を利用して下部に排水する、2次防水工法が用意されています。フェールセーフを考えた防水構法で、メーカーにより各種用意されています。

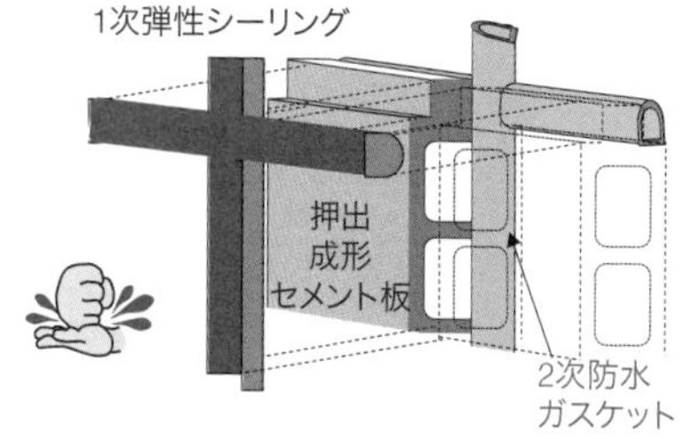

ECP 2次防水工法

外装仕上げ塗材吹付け

→82 88 89

足場と吹付け施工の関係 !!

- JASS 23「外装仕上げ塗材の選び方」を活用
- 汎用防水形外装塗材 E の施工要点を押える
- 外装吹付け施工の心構えを学ぶ

JASS 23 には、標準的な外装吹付け仕様を選定するありがたい提案がある。右表をぜひ活用されたい。汎用される経済的な「防水形外装塗材 E 仕様」を選び、コンクリート打放し下地の場合について、施工要点を説明する。

下地調整塗材で調整し、合成樹脂エマルションシーラーで吸込み止めを行う。穴などは、樹脂モルタル・下地塗材で埋める。コンクリート打継ぎ・コールドジョイント・ひび割れは、防水処理しておく。表面硬化不良・脆弱箇所は、ワイヤブラシなどで取り除く。

吹付けは、スプレーガンノズルを、下地面に対し直角になるよう、やや上向きに保ち、模様むら、吹き残しがないよう一様に吹き付ける。

ローラー塗りでは、運行速さは材料飛散がなく、模様崩れのないように一様に塗る。

刷毛塗りは、塗りにくい箇所（出入隅、目地、開口部廻りなど）は、コーナー用ローラーなどで増塗りを行い、段差なく仕上げる。

凸部処理は、鏝またはローラー押えにより、見本と同様の模様になるように、主材の模様塗後 1 時間以内の適当な時間を選んで行う。

気温が 5℃以下、相対湿度 85% 以上または結露するおそれのある場合、および強風時には外装仕上げを行わない。施工場所は換気に注意し、溶剤による中毒を起こさないようにする。

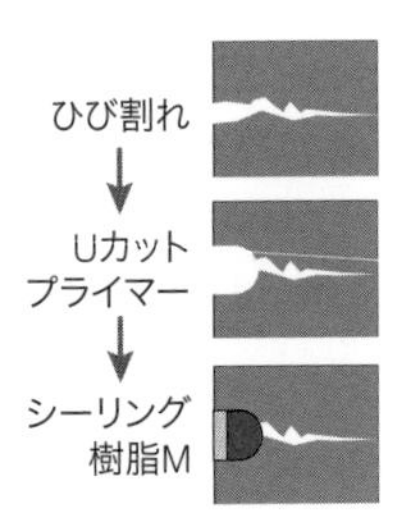

下地処理施工

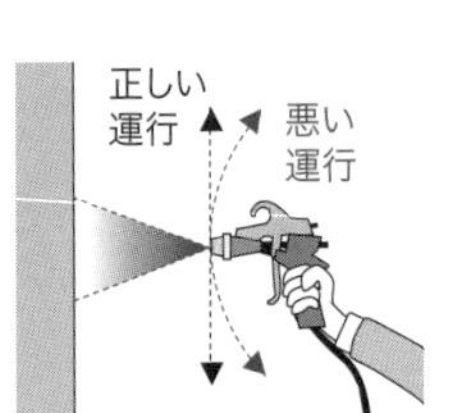

吹付け施工

→88

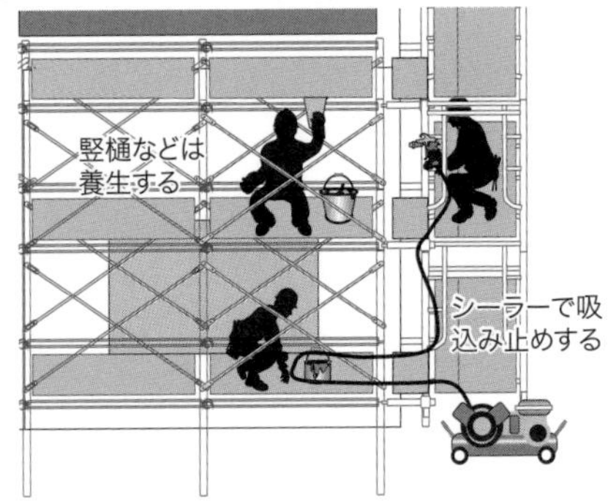

防水形外装塗材 E の施工

実用的な選定表です。

外装仕上げ塗材の選び方（JASS 23 より）

要求性能	グレード	塗装仕様	仕上げ記号	コスト
高耐候	超高級	耐候形 1 種複層塗材	RE	高価
			RS	高価
高耐候防水性	高級	耐候形 2 種防水形複層塗材	E	やや高価
			RS	やや高価
高耐候防水性	中級	耐候形 3 種防水形複層塗材	E	中位
			CE	中位
高耐候	中級	耐候形 3 種複層塗材	E	中位
			CE	中位
特殊模様高耐候	中級	外装厚塗材	C	中位
			E	中位
防水性	高級	可とう形複層塗材	CE	やや廉価
	汎用	防水形外装塗材	E	やや廉価
	汎用	防水形複層塗材	E	やや廉価
	汎用	外装薄塗材	E	廉価
		可とう形外装薄塗材	E	廉価
		外装薄塗材	S	廉価
		複層塗材	E	やや廉価
		複層塗材	CE	やや廉価
		複層塗材 Si 仕上げ	Si	やや廉価

模様・ゆず肌模様の仕上げで、防水性のエマルション汎用吹付材です。

防水形外装塗材 E の工程（JASS 23 より）

工程	材料	所要量（kg/m^3）	塗り回数
下塗り	防水形複層塗 E 下塗材	0.1 ～ 0.3	1
	専用うすめ液または水	－	
増塗り建物隅など	防水形複層塗 E 主材	0.6 ～ 1.2	1
	水	－	
主材基層塗り	防水形複層塗 E 主材	1.7 以上	2
	水	－	
主材模様塗り	防水形複層塗 E 主材	0.6 ～ 1.2（ゆず肌状）（さざ波状）／ 0.7 ～ 1.3（凹凸状）	1
	水	－ ／ －	
凸部処理	こてまたはローラーで押える		1
上塗り	防水形複層塗 E 主材	0.25 ～ 0.35	2
	水	－	

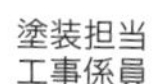

Q

①建築仕上げ塗材には、どのようなテクスチュアがありますか?

A（回答）

一般塗料の膜厚が数 10 μ m であるのに対し、仕上げ塗材は膜厚が数 mm ～ 10mm 程度あり、造形的な模様を持っています。現在、市場にある仕上げ塗材には下図のような種類があります。

（補足）

主材が、砂壁状、さざ波状、凹凸状などの立体的または平坦模様を形成する役割を果たします。
主材には基剤および硬化剤、粉体・混和液を混合使用します。

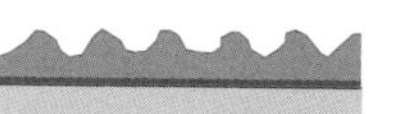
砂壁状テクスチュア

さざ波状テクスチュア

凹凸状テクスチュア

ヘッドカットテクスチュア

月面状テクスチュア

こて仕上げテクスチュア

②吹付け施工で、外部足場の存在が問題で斑などが生じ困っています。対策は?

→88

（回答）

横布の上、下から交差して横に二重吹きをすると重なりから色むらを生じます。
逆に横布を中心とした塗り不足もあります。防止策は、スプレーガンノズルを絶対に吹下げはしないことです。範囲で吹上げて仕上げるように心がけましょう。

（補足）

作業足場と壁面との適正間隔は、吹付けで 30 ～ 50cm、ローラー塗りで 40 ～ 50cm です。
また、天井と足場床面との適正間隔は、吹付けでは 1.3 ～ 1.9 m、ローラー塗りで 1.9 ～ 2.2 mです。
つなぎ跡補修は、タッチアップ性のよい仕上げ塗材、補修しやすいテクスチュアを選択するよう考慮します。

③吹付け施工では、下地含水率が管理項目ですが、アルカリ性は問題にならないのですか?

含水率は10%
以下が良好と
されています。

（回答）

セメント系材料を用いた下地では、アルカリ性が強いと塗膜が変色したり、塗材が変質する原因となります。
コンクリートは打込み直後においては pH12.5 程度ですが、アルカリ性は表面から徐々に失われます。
一般的には、アルカリ度は pH10 以下が良好とされます。

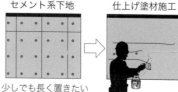

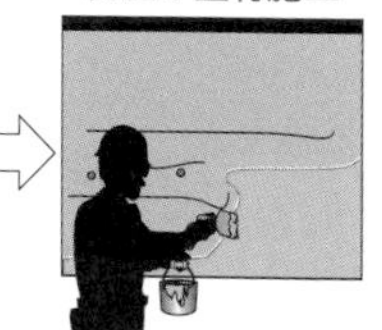

（補足）

下地の材齢と pH の関係と、コンクリート表面からの深さと pH との関係を下グラフに示します。参考にしてください。

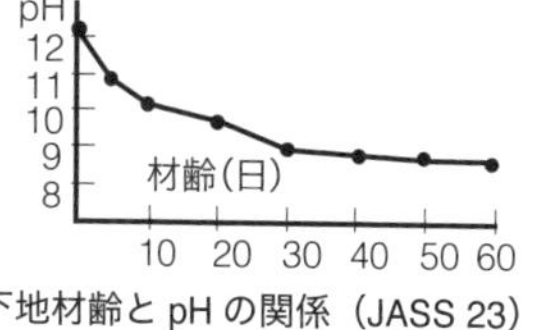

下地材齢と pH の関係（JASS 23）

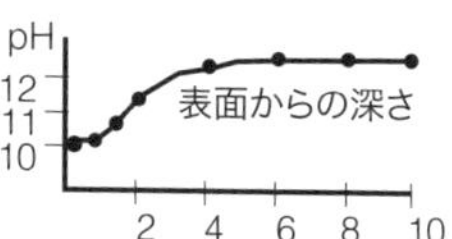

コンクリートの深さと pH との関係（JASS 23）

70 陶磁器質タイル工事の基本

→82 84 85

有機系接着剤張りに注目 !!
- 多様な下地と工法の組み合わせを理解する
- 基本的なタイルの知識（吸水率や呼称）を知る
- 有機質タイル張り工法が広まっている

陶磁器質タイル張りは、歴史的には、明治末にビル建築に使われ、F.L. ライト設計の帝国ホテル旧本館をきっかけに、煉瓦調タイル外装が普及した。日本独自の技術手法で「文化」となっている。

タイル材料・工法などの改良は急速に進んでいる。施工者は変化を常に知らねばならない。

JASS 19 で標準仕様とされる工法・下地・材料とその組み合わせは、下図に示す種類がある。剥落事故による工法改良、省力化や熟練工減少に対応した各種工法の開発により、下地やタイル種ごとに多様な工法が残り、施工者はその選択に迷わされている実態がある。

そのなかで有機系接着剤タイル後張り工法は、2006 年に JIS A 5557 として標準化され、実建物で初期性能を 20 年間維持することができ、施工管理が容易であり、採用実績が増大していることから、JASS 19 で標準仕様として取り上げられた。今後は主流になっていくと考えられる。

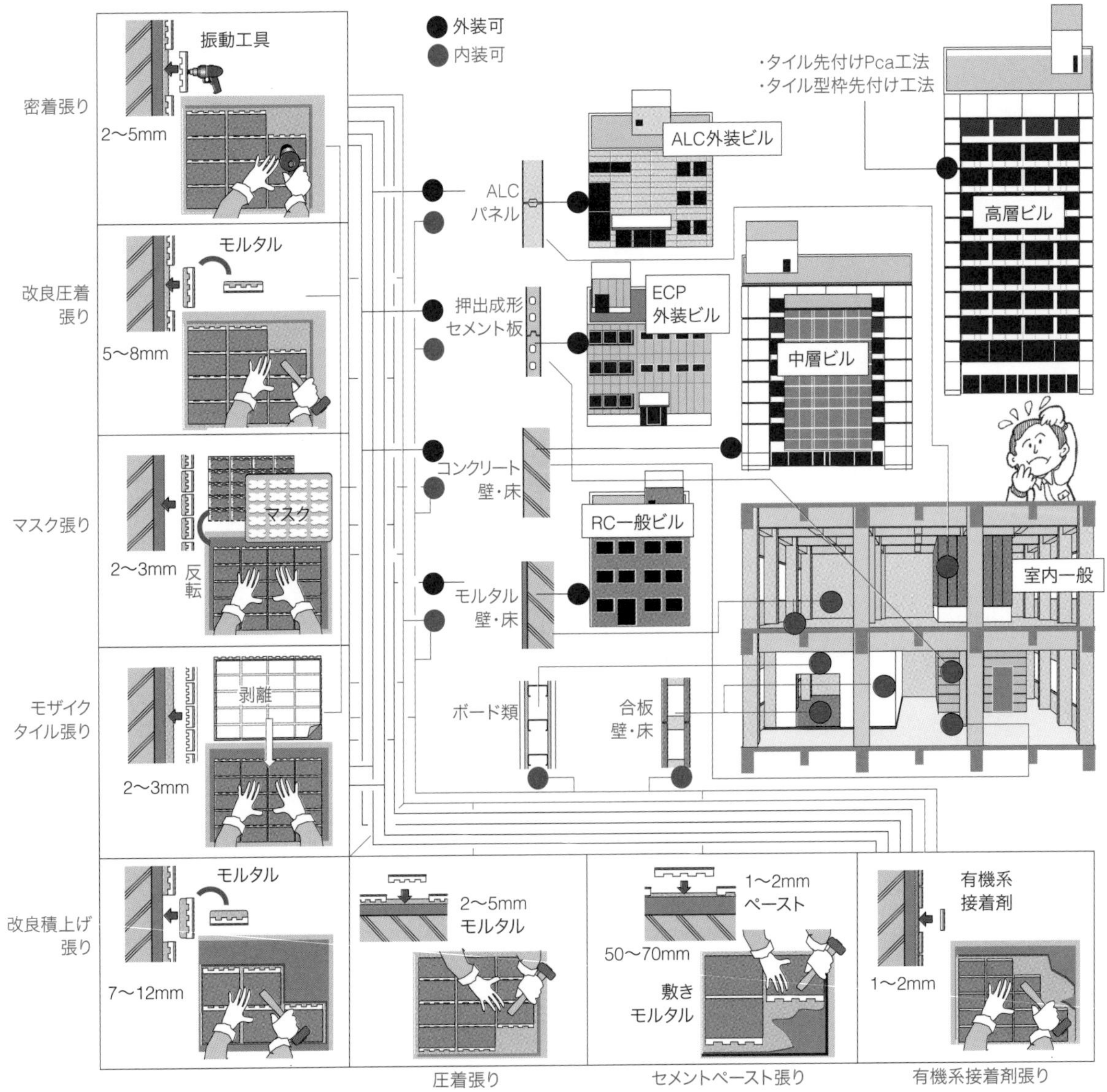

陶磁器質内外装タイル工法・下地の多様な組合せ

Q タイル工職長 A タイル担当工事係員

①タイルの製法の違いにより、どんな違いが出ますか？

回答

湿式製法と乾式製法があります。湿式製法は、大きさ・出来栄えが微妙に異なり、手作りの風合いがあります。焼きものらしいので好まれます。

補足

湿式は、含水率の高い原料を押出成形機により板状に押し出し、所定の形状・寸法に切断して成形します。乾式は、微粉砕された含水率の低い原料を、高圧プレス成形機で所定形状・寸法に成形します。精度高く工業製品らしい出来栄えです。

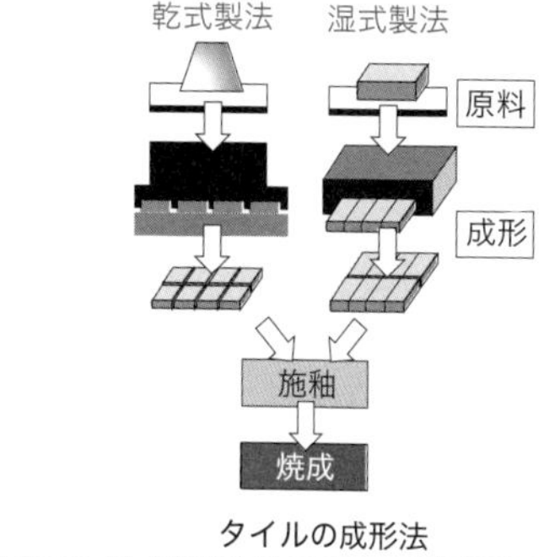

タイルの成形法

②タイルの大きさは煉瓦をもとに決まっていると聞きましたが。

回答

このように呼ばれます。

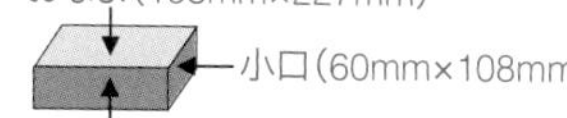

小口平：108×60	100 角：94×94
二丁掛：227×60	150 角：144×144
三丁掛：227×90	200 角：194×194
四丁掛：227×120	300 角：294×294
ニュー小口：94×54	ボーダー：227×40

（単位：mm）

③釉薬の種類・特殊なデザインタイルについて注意事項も含め教えてください。

回答

釉薬は SiO_2 成分を主体としたガラス材質で、施釉薬時には液体。これをタイルに塗って焼成すると、施釉タイルができます。

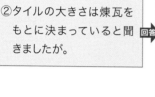

釉薬の種類	透明釉	釉の基本。組成により石灰釉、亜鉛釉などの無色透明の釉
	砂金石釉	鉄、クロム、ウラン、銅などの酸化物が釉中に懸濁浮遊
	マット	微細な結晶や気泡を生じさせた釉や、半融状のツヤ消し釉
	貫入釉	釉と素地との膨張率を変え、釉の前面にヒビをいれたもの
	乳白釉	乳濁剤としてジルコニットなどで釉の透明性をなくしたもの
	結晶釉	釉の一部が熔融状態から冷える時、結晶を折出するもの
	なまこ釉	二重掛け釉で、釉の流動によって斑紋や流紋などが現れる
	ラスター釉	チタンや錫化合物を焼き付けた光沢タイル。曇りやすい
特殊なタイル	スクラッチタイル	押出成形時、突起物を使って表面を引っかいたもの
	テッセラタイル	石を割った感じの形状
	テラコッタ	表面に彫刻・施釉した大型タイル
	象嵌タイル	切込みや押印をつけ、着色粘土を埋め込み装飾したもの

タイルの装飾性を活かした空間をデザインすることもできる。このニーズにこたえるタイル商品がデザインタイルとして販売されている。

デザインタイル

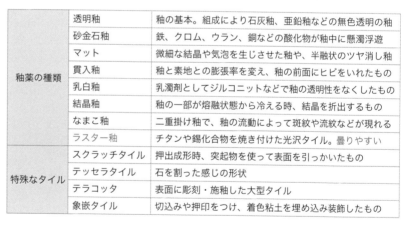

④磁器質・せっ器質・陶器質のタイル材質が、I類〜III類という呼び名に変わったと聞きました。どう違うのですか？

回答

2008年JIS改正で吸水率測定方法を、自然吸水から強制吸水へ変更したため、I類〜III類に変わりました。
I類は磁器質、II類はせっ器質、III類は陶器質にほぼ該当します。

JIS A 5209
(2008)区分
吸水率(%)
I類→3以下
II類→10以下
III類→50以下

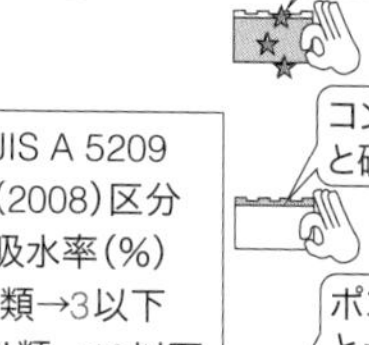

磁器質タイル(I類)
高温焼成、緻密、吸水性なく金属製清音

せっ器質タイル(II類)
透明性なく焼き締まり。吸水性小。

陶器質タイル(III類)
低温度焼成、多孔質、吸水性大、濁音

71 陶磁器質外壁タイル張り

→ 4 60 70 82

適切な伸縮目地の配置と仕様を確認 !!
- 工法と下地、タイルの最適な組合せを知る
- セメントモルタル改良圧着・有機質接着剤外壁張りの工程の要点を理解する
- 外装タイル割付のポイントを押える

外壁タイル張りは、JASS 19 に多様な工法が示されている。ここでは、基本的な改良圧着工法と、有機系接着剤工法の要点を説明する。

その他の工法では、密着・改良積上げ・マスク・モザイクタイル張りが規定されている。

1　セメントモルタルによる改良圧着張りの工程

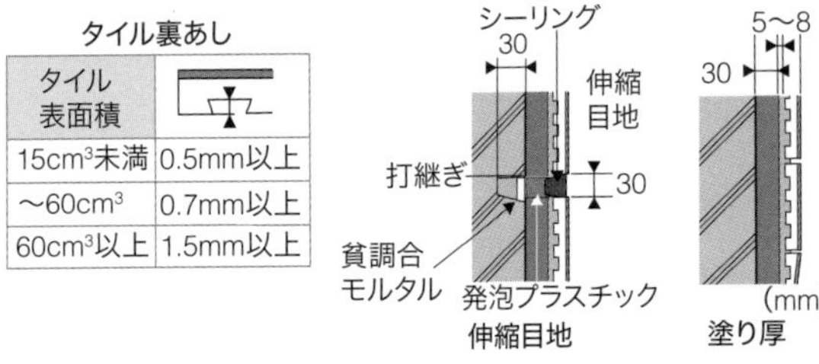

タイル裏あし

タイル表面積	
15cm^3未満	0.5mm以上
～60cm^3	0.7mm以上
60cm^3以上	1.5mm以上

伸縮目地　塗り厚

①吸水調整剤塗り

下地の汚れや浮きを確認。

吸水調整材塗布（希釈率・塗布量遵守）。

> 界面活性・増粘効果によるワーカビリティ改善および保水性の向上を目的に使用。

②機械練り

> 接着・耐久・凍結融解抵抗性向上、ドライアウト低減目的に混和用ポリマー使用。

③しごき塗り（下塗り）

鏝圧をかけ、しごくように 1 回 $2m^3$ 以内を塗り付ける。

④上塗り

塗り厚目安 4 ～ 6mm。

⑤タイル裏面モルタル

専用タイル固定治具で裏あしに確実に充填。

塗り厚の目安は 1 ～ 3mm。

> 施工時と施工後の気温が 3℃以下と予想される場合は、採暖などの対策を立てる。

⑥タイル貼付け

塗置き時間を守り、目地部にモルタルをはみ出させる。

⑦触るとモルタルが指先につく状態で目地直し

2　有機系接着剤タイル張りの工程

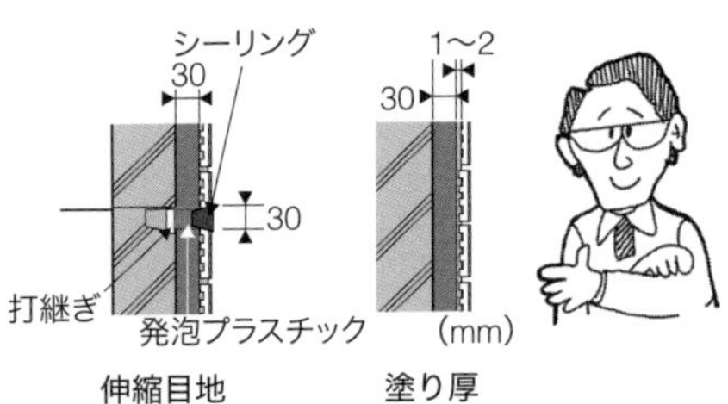

伸縮目地　塗り厚

①接着剤準備

接着可能な時間内にタイル張りを終える量を搾り出す。

> 1 液反応接着剤は、気中反応硬化を防ぐため直ちに使用。張付け時間は、許容範囲を遵守。

②接着剤塗付け

鏝圧をかけ接着剤を平坦に塗り付ける。

> 接着剤は、JIS A 5557-2010、ウレタン・変成シリコーン系の 1 液反応硬化形。2 液は使わない。

③櫛目立て

櫛目鏝を壁面に対し 60° を保ち櫛目を立てる。

④タイルのもみ込み

⑤たたき押え

たたき板、張付け用ハンマー、振動工具などでたたき押える。

> タイルと接着剤は、化学的接着なので、裏あしは不要。

3　タイル引張接着強度試験

材齢 2 週経過後、油圧式接着力試験機にて行う。判定は、0.4N/mm^2 以上の強度基準に、接着界面破壊状況を加えて判定。試験体は 3 個以上、かつ 300m^2 を超える場合は 100m^2 に 1 個を追加する。

有機系接着剤タイル後張り

接着界面破壊状況を主とし判定。

セメントモルタルタイル後張り

コンクリート接着界面破壊率が50%以下、強度基準満足、両者で判定。

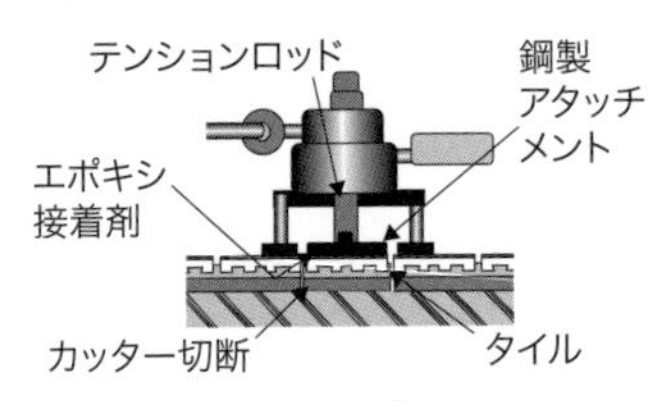

油圧式接着力試験機

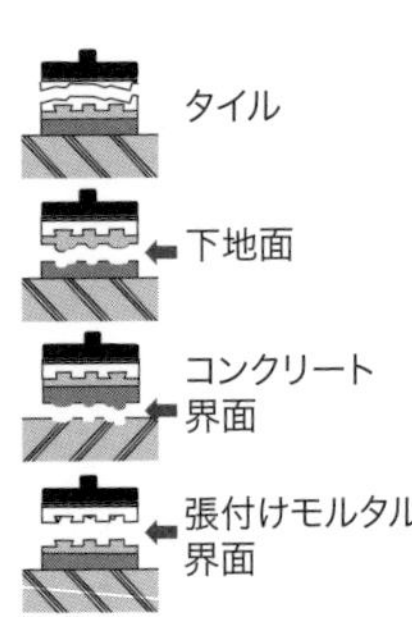

破壊状況

Q

A

①タイルを見本焼きします。期間はどのくらいかかりますか？

回答

1回の見本焼きには、最低3週間以上、新型製作を伴う時は、1ヶ月以上の期間を要します。見本焼きは実施前に綿密に確認し、最終イメージを具体的に合意してから、焼きにかかります。

新型の製作	30日
第1回見本焼き	21日
第2回見本焼き	21日

②タイルの吸水率の違いで、凍害を受けるそうですが。

回答

凍害は、タイル中に吸水された水が凍結融解を繰り返し、疲労破壊するもので、吸水率の大きいタイルほど危険とされます。

吸水率と飽和係数を合わせ試験して耐凍害性の有無を判定します。

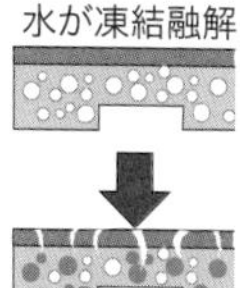

タイルの凍害

③接着役物が、接着面で剥離することはないのですか？まぐさに役物を張る時の補強はどうしたらいいですか？

回答

（社）全国タイル業協会は、接着面剥離を右図の規定で防止しています。信頼のおける工場接着とし、厳しい品質管理のもと確実な接着強度を確保しています。耐久性も高く、この部分の不具合はほとんど聞きません。

まぐさの小口平以上の役物タイルには、イラストの剥落防止策を施します。施工はなかなか難しく引き金物があることにより、貼り付けには高い技量が必要です。なお、上裏や天井には、タイルを後張りできません。

裏面にだぼ穴や針金穴を設け、なましステンレス線を、エポキシ樹脂で躯体に緊結

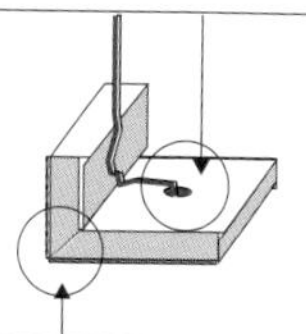

①工場で接着する
②接着強さは以下を満足すること
・(常態)平均80→最小60N/cm以上
・(アルカリ浸漬・高熱負荷下)
平均60→最小40N/cm以上

まぐさ役物

④張付けモルタルや接着剤を使わず、引っ掛けるだけで取り付ける方法がありますが。

回答

特殊な専用下地を壁に取り付け、タイルを引っかける工法で、戸建住宅などで多用されています。タイル溝に接着剤を併用して嵌め込む方法や、金物に引っ掛けるだけのものなど、各種の工法があります。下地を押出成形セメント板としたシステムもあります。剥離の心配が少なく、施工効率が高く、専用技術が不要です。

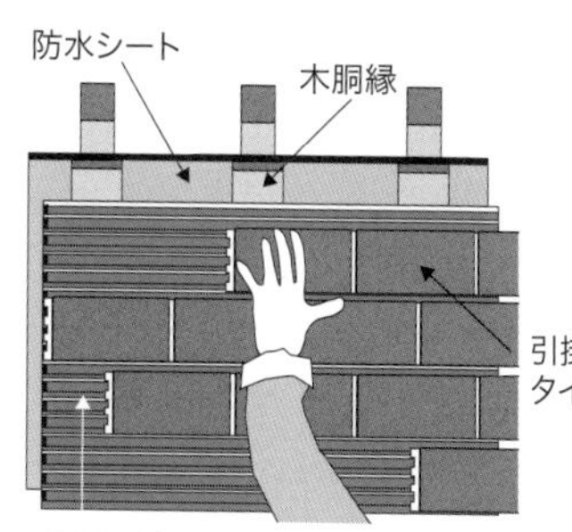

タイル引掛け工法の例

72 外壁張り石工事

石種選定を誤らず、精緻な施工図を作成する!!
- 建築用石材・補助資材の概要
- 外壁石張り工法３種類と施工の要点を押える
- 汚染防止とクリーニング

1　３種類の外装石張り標準仕様

堅牢緻密で独特の風合いをもち、花崗岩・安山岩の石外装は、耐久性が高く高級仕上げとして多用されている。外装石張りの工法は、JASS 9 では、従来からの湿式工法、石先付プレキャストコンクリート工法、1980 年代から発展普及した乾式工法の3工法を、標準工法としている。

2　建築に用いられる主な張り石

JASS 9 に示される建築用石材の主なものについて、表面仕上げの種類・適用場所を整理する（下右表）。石材の調達・加工・仕上げおよび施工は、専門工事会社がほぼ全般を担当し、高い技術と経験・熟練度が必要である。人手不足が深刻な中、施工者とのよいパートナーシップ構築が要求される。

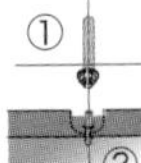

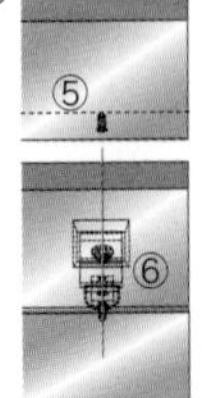

①あと施工アンカー
②石材上端面に、充填材とだぼを取り付ける
③ファスナーをコンクリート躯体面に取り付ける
④②のだぼと緊結する
⑤上石の下端面だぼ孔に、だぼ孔充填材を充填
⑥ファスナーのだぼに上石を乗せ、取付け精度を調整

乾式工法施工手順

外壁乾式石張り工法

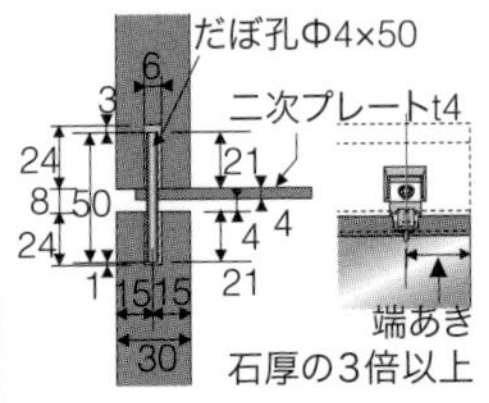

だぼ孔の施工要点

性能確保の留意点

外壁乾式工法の留意点		
基本的性能	耐風圧性	正・負圧力に、対角２点ファスナーで対抗。だぼ穴、張り石破壊、ファスナー変形破壊などがなく安全。
	耐震性	ファスナーの変形追従機能、層間変位追従機構に安全性を検証。
二次的性能	止水性	張り石面を第１止水面、躯体コンクリート面を第２止水面とする２段階防水工法構築。
	熱変形追従性	ファスナー側のだぼ穴クリアランス・だぼ穴充填材・だぼ自体の変形能で吸収。
	防滑性	試験確認。過去の使用実績確認。
	耐摩耗性	試験確認。過去の使用実績確認。
	耐凍害性	飽和吸水率と飽和係数を確認。凍結融解試験して確認。
	耐薬品性	試験確認。過去の使用実績確認。
	耐汚染性	シリコンオイルを含まない適切なシーリング材を選定。事前に確認。

建築石材・材料・仕上げ・適用箇所一覧

分類	石の銘柄名	石種
火成岩	稲田石	花崗岩
	マホガニーレッド	
	ルナパール	
	ローザベータ	
	ローザポリーニョ	
	中国 G309	
	バルチックブラウン	
	ベルデフォンティン	
変成岩	トラベルテーノ キャーロ	大理石
	ビアンコ カラーラ	
	ドラマホワイト	
	エンペラドールダーク	
堆積岩	レッド サンドストーン	砂岩
	多胡石	
	コンブランシェンクレール	石灰岩
	タイガーベージュ	
	ジュラ イエロー	
	ピエトラ アズール	
	モカ クリーム	

石種	表面仕上げ	適用部位　可→○　不可→×					
		外壁	外部床階段	内壁	内部床階段	笠木甲板	浴室各部
花崗岩	のみきり	○	○	○	○	○	○
	びしゃん	○	○	○	○	○	○
	小叩き	○	○	○	○	○	○
	ジェットバーナー	○	○	○	○	○	○
	ウォータージェット	○	○	○	○	○	○
	ブラスト	○	○	○	○	○	○
	割り肌	○	○	○	○	○	○
	粗磨き	○	○	○	○	○	○
	水磨き	○	○	○	○	○	○
	本磨き	○	○	○	○	○	○
大理石	ブラスト	×	×	○	○	○	○
	割り肌	×	×	○	○	○	○
	粗磨き	×	×	○	○	○	○
	水磨き	×	×	○	○	○	○
	本磨き	×	×	○	○	○	○
砂岩	ブラスト	×	×	○	○	×	○
	割り肌	×	×	○	○	×	○
	粗磨き	×	×	○	○	×	○
	水磨き	×	×	○	○	×	○

Q

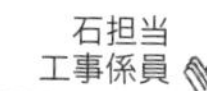

A

①シーリング材により、石材の目地に沿った汚染を生ずることがあります。対策は？ →66

回答

シーリング材中の可塑剤などが石材に浸透し、汚染となって現れる不具合です。大理石は特に汚染が多く、推奨されるシーリングは以下です。

- 湿気硬化１成分形変性シリコーン
- 湿気硬化１成分形ポリサルファイド
- 反応硬化２成分形変性シリコーン
- 反応硬化２成分形ポリサルファイド

補足

被着面（石材）に浸透性吸水防水剤を塗布して汚染を防げることがあります。

いずれの場合にも、事前に試し打ちをして汚れの有無を早期に確認することが必要です。

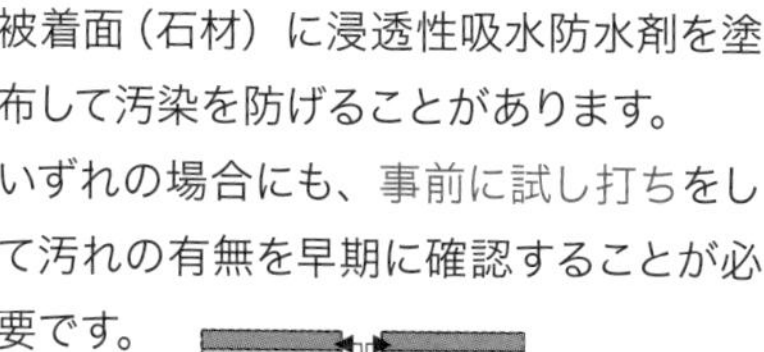
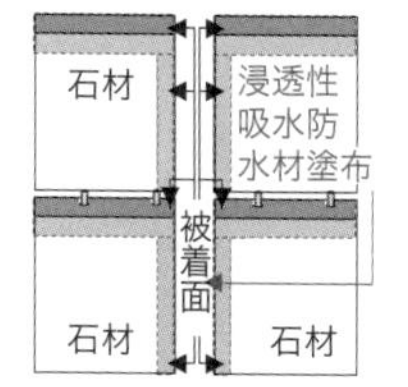

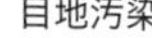
目地汚染

浸透性吸水防水剤としては、１液反応硬化形変成シリコーン系の製品、１液反応硬化形エポキシ樹脂系の製品が使われています。

濡れ色および白華を防止しますが、石先付けプレキャストコンクリート工法で、石材とコンクリートの相異なるムーブメントの緩衝、シアコネクターなどの接着性向上を目指して使用されます。

②石の裏面に、補強材として張られる材料は？

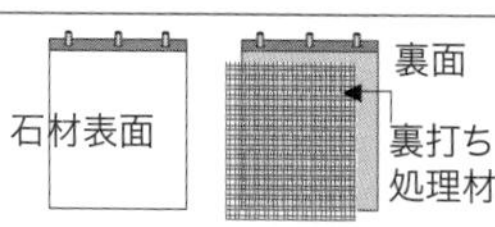

裏打ち補強

回答

裏打ち処理材と呼ばれます。以下の素材が使われます。

- ２軸ガラス繊維織布
- ３軸ガラス繊維組布
- チョップドストランドマット張付け
- ロービング吹付け

補足

裏打ち処理材は、石材裏面にガラス繊維マットやクロスなどを樹脂で張り付け、繊維補強層を構成します。石材が衝撃を受けた時の飛散脱落防止を目的とし、外壁乾式工法や内壁空積工法で採用されます。

③張り石工事が完成すると、ほぼ竣工間際となります。クリーニングで失敗しないコツを教えてください。

回答

極力酸洗いはやめ、白華はケレンした後、水洗い・から拭きにより落とします。落ちない場合は温水に石鹸を溶かして洗います。

酸洗いせざるをえない時は、十分な洗浄水と排水を用意し、弱酸（シュウ酸・リン酸ソーダなど）を用いて洗浄します。洗浄後、酸を残さないようたっぷりと水洗いし、拭き取りにより水気を除去します。

→91

最後にワックス拭きで仕上げます。木片のアクなどのシミの除去は簡単ではなく、専門業者の特殊技術に頼らなければなりません。

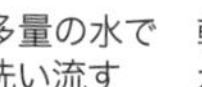
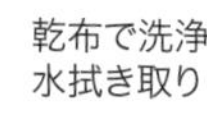

石のクリーニング

73 内装用足場

→2

脚立足場に注意!!
・室内足場の種別と使い分け
・安全基準・禁止設置などの理解
・禁止危険作業姿勢を知る

２ｍ以上の高さでの作業は高所作業である（労働安全衛生規則第518条）。室内足場による災害は、死亡例が少ないため、統計上はあまり注目されないが、身近で怖い災害である。

1　ローリングタワー

ローリングタワーは、枠組構造で、高さを容易に変えられ、移動することができるため、内装仕上げ工事、設備工事などに使用される。

主な事故として、

・ローリングタワーの手摺盛替え作業で墜落
・ローリングタワー上で作業中に墜落
・作業者を乗せたままローリングタワーを移動中、脚輪が外れて転倒し墜落

厚生労働省から、「移動式足場の安全基準に関する技術上の指針」が示されている。

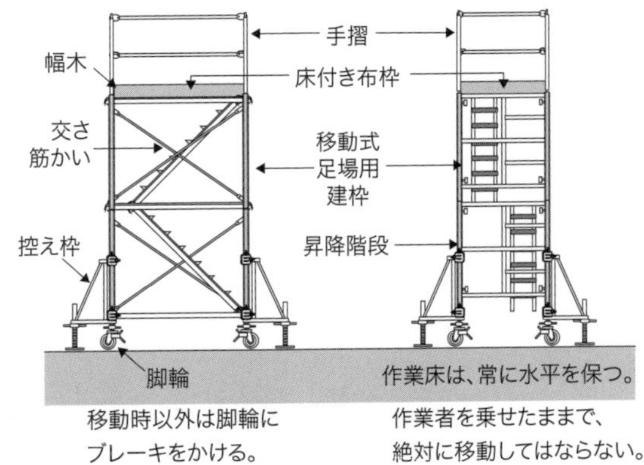
床面より900mm以上の高さに手摺を設け、その中間に中桟および高さ100mm以上の幅木を取り付ける。
作業床には、床付き布枠などを隙間のないように敷く。
手摺
幅木
床付き布枠
交さ筋かい
移動式足場用建枠
控え枠
昇降階段
脚輪
作業床は、常に水平を保つ。
移動時以外は脚輪にブレーキをかける。
作業者を乗せたままで、絶対に移動してはならない。

※控え枠の張り出しによる限度高さ、作業床面積による荷重の制限が定められている。

ローリングタワー

2　移動式室内足場

移動式室内足場とは、建築物などの天井や内壁面などの作業に用いる脚柱台車および作業床がある足場である。運搬・保管時には折り畳めるため、建設現場で広く使用されているが、「移動式室内足場」の語句は安衛法令にはなく、指針・通達もない。可搬式作業台（通称：立ち馬）との違いは、単独使用以外に、数台並べて使用可能なことと、作業床面積の広さ。事故例としては、

・足場上を移動中に足場が動き出し転落
・後ろに下がった時、作業床端部から転落
・天井塗装作業中に移動式室内足場から転落

があり、仮設機材認定基準で、材料などを規定している。

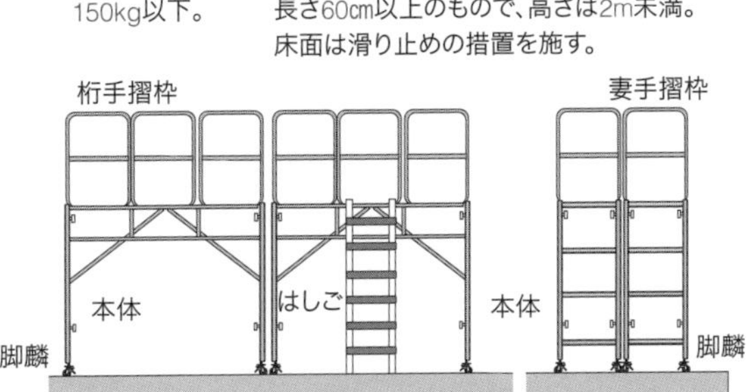
作業床部
150kg以下。
作業床の大きさは幅40cm以上、
長さ60cm以上のもので、高さは2m未満。
床面は滑り止めの措置を施す。
桁手摺枠
妻手摺枠
本体
はしご
本体
脚麟
脚麟
脚輪の車軸間の距離が作業床部最大使用高さの35%以上。
車輪の外径は75mm以上。

移動式室内足場

3　脚立足場

脚立足場は、法律に以下が規定されている。

・丈夫な構造で、著しい損傷・腐食がない
・脚と水平面との角度が75°以下
・脚と水平面の角度を確実に保つ金具を備える
・踏み面は必要な面積を有する

天板、2段目の踏ざんには、絶対に立たない。
脚立が安定しない場所には設置しない。
昇降面を作業対象に向けて作業する。
脚立を跨いで作業をしない。滑りやすい場所に設置しない。
人の出入り口の前では、使用しない

脚立足場

Q

内装工
職長

①持ち運びできて、簡単に設置できる脚立作業に慣れています。天板で作業しないなど、安全基準を守れば、事故は起きませんか？

回答

局所的なスポット作業で、一人作業では、脚立作業が優れます。一群の作業で、重量物を取り付けたり、移動の多い作業では、能率が悪くなります。工程と作業量を見て、可搬式作業台、室内移動足場、ローリングタワーを使い分けます。

脚立足場はなるべく避けましょう。

補足

A

仮設担当
現場監督

安全課
課長

脚立起因災害は、作業中に作業者がバランスを崩し、墜落・転落するケースが70％以上を占めます。災害事例では、足場からの墜落が40％を占めて、室内移動式足場からの墜落事例は多く、死亡災害も発生しています。脚立作業の、人の姿勢とリーチ距離、体重移動について実験結果を紹介します。＊1

脚立上作業時の体重移動距離

・天板に立った場合は 8cm 程度。

・天板の 2 段下に立つと 17cm と約 2 倍になる。

・天板の 1 段下に立った場合は約 10cm と、天板の 2 段下に比べ姿勢を安定させる効果は少ない。

脚立上作業時の手の到達距離

・天板に立つ場合と天板の 1 段下に立った場合は、最大限まで伸ばしても、腰が曲がり思うように伸びない。

・天板の 2 段下に立った場合は、脚立に寄りかかれるため、腰が伸びたまま前に手を伸ばすことができ、一番前に立っている天板と同じ距離まで手を伸ばせる。

・どの条件でも脚立から 100 ～ 110cm 程度の距離まで指先が伸びている。

持ち運びを重視して低い脚立の天板に乗って作業することは避け、通常より高めの脚立を選び、少なくとも脚立の上 2 段分は空けて作業をすることが望ましいと考えられます。

天板下
2段で
作業
天板下
1段で
作業
天板で
作業
手の到達距離重
心移動量を測定

4 可搬式作業台（立ち馬）

作業台のついた脚立足場状のものをいう。仮設工業会認証品、JIS 認定品と表示されている製品を使う（脚立と足場板を組み合わせて立ち馬のような形状の足場としたものは脚立足場）。

5 内装用足場の使い分け

内装工事や設備工事は、多職種の出会い作業で、作業の特性（位置・姿勢・工具治具・工事期間・動員人数など）が様々で、計画的一定工程とはなりにくい。また、空間高さも微妙で、足場・作業床の要否判断も曖昧である。また、専業者保有と元請共用が混ざるのも管理を難しくしている。

作業量と工程を見合わせて一般的には、下図の考え方で足場を使い分けている。

・反力のある作業をしない
・踏さん上で作業をしない
・端に立たない
・2人乗らない
・飛び降りない
・飛び移らない
・安定した場所
に設置
最大使用質量
120kg以下
・物・人を乗せたまま移動しない
・背面降りしない
・荷物を持ったまま昇降しない
脚立足場
可搬式作業台
ローリング
タワー
工程と作業量を見て足場を
使い分ける。右ほど安全。
移動式室内足場・内装用全面棚足場

可搬式作業台

仕上げ用室内足場の使い分け

＊1 脚立足場作業の実験（菅間敦、大西明宏「脚立に起因する労働災害の分析」）

74 スチールドア取付け

→ 4 5 91

後続仕上げの基準となるので、
正確に取り付ける!!
・検査で確認する項目を知る
・強度確保の要点
・多様なキーシステム

スチール製建具は、熱間圧延鋼板に溶融亜鉛めっき(合金化)された材料で、窓はほとんどなく、両面(片面)フラッシュ戸、框戸が多用される。また、ステンレス製も増えている。防火戸・防音ドア・断熱ドア・耐震ドア・普通ドアに分かれ、耐風圧・気密・水密などの要求性能、開閉性・防犯性・耐久性などの基本性能を合わせもつよう設計される。サッシュ図を作成承認し、工場製作・検査・搬入し取り付ける。取付け施工は、原則として製作者が行う。施工管理者はサッシ施工技能士の資格を有する者を現場管理者として専任し、自主管理にあたらせる。

建具の検査は通常以下の3段階に分けて行う。

①溶接作業前、修正可能段階で行う自主検査

・取付け部位：出入り・倒れ・ねじれ・水平
・取付け精度：

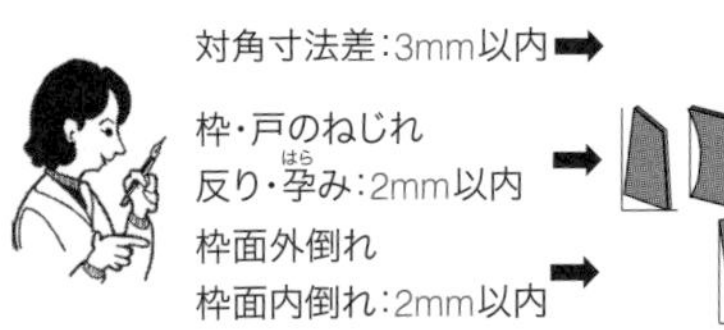

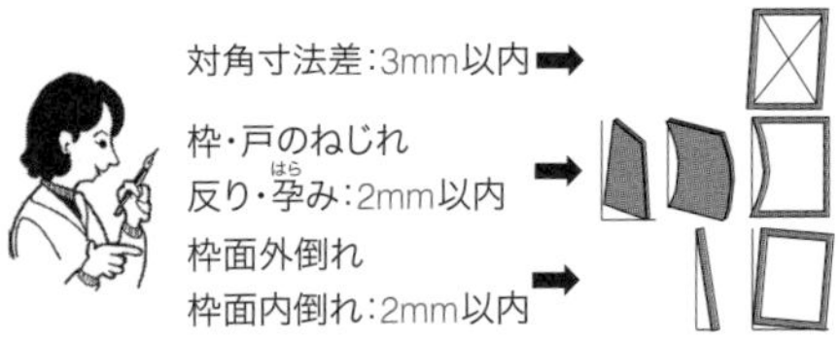

②溶接作業・モルタル詰め後自主検査

・施工精度：ジョイント・取合い納まり
・固定状態：溶接の状態
・外観：汚れ・打痕・傷
・機能・性能：戸・金具の作動状態

③監理者の立会検査

(塗装・付属品取付け・調整・シーリング・清掃などすべて完了したあと実施)
・開閉：作動、枠と戸の寸法
・施錠：施錠の具合
・外観：汚れ・打痕・傷、テープ糊、清掃むら

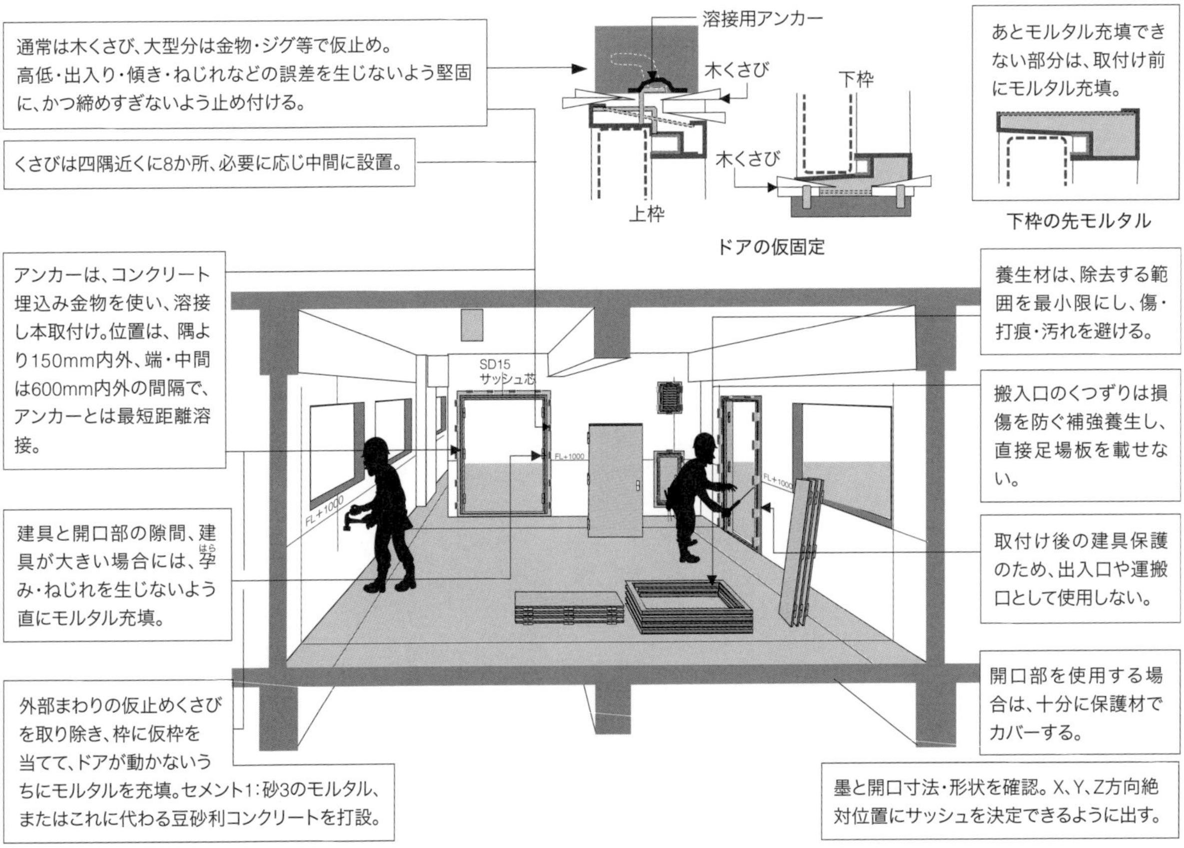

通常は木くさび、大型分は金物・ジグ等で仮止め。高低・出入り・傾き・ねじれなどの誤差を生じないよう堅固に、かつ締めすぎないよう止め付ける。

くさびは四隅近くに8か所、必要に応じ中間に設置。

溶接用アンカー
木くさび
下枠
木くさび
上枠

ドアの仮固定

あとモルタル充填できない部分は、取付け前にモルタル充填。

下枠の先モルタル

アンカーは、コンクリート埋込み金物を使い、溶接し本取付け。位置は、隅より150mm内外、端・中間は600mm内外の間隔で、アンカーとは最短距離溶接。

SD15
サッシュ芯
FL+1000

建具と開口部の隙間、建具が大きい場合には、孕み・ねじれを生じないよう直にモルタル充填。

外部まわりの仮止めくさびを取り除き、枠に仮枠を当てて、ドアが動かないうちにモルタルを充填。セメント1：砂3のモルタル、またはこれに代わる豆砂利コンクリートを打設。

養生材は、除去する範囲を最小限にし、傷・打痕・汚れを避ける。

搬入口のくつずりは損傷を防ぐ補強養生し、直接足場板を載せない。

取付け後の建具保護のため、出入口や運搬口として使用しない。

開口部を使用する場合は、十分に保護材でカバーする。

墨と開口寸法・形状を確認。X、Y、Z方向絶対位置にサッシュを決定できるように出す。

スチールドアの取付け施工

Q

①ドアには錠前がつきます。管理には気を遣います。種類とキーシステムについて確認したいのですが。

回答

A

キープランを作り厳密に管理して引き渡す必要があります。
防犯上極めて重要な業務です。

個別キーシステム
　一般住宅などに用いられる。

マスターキーシステム
　事務所のように複数の錠を一括して管理する建物などに用いる。

逆マスターキーシステム
　集合住宅のように共同出入口を有する建物などに用いられる。

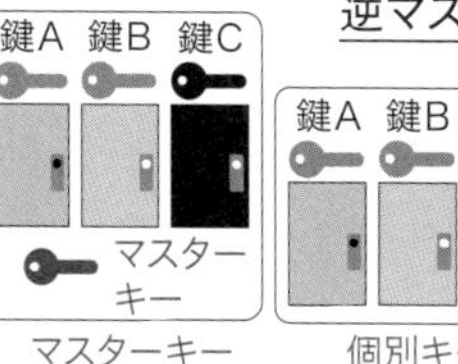

逆マスターキー　マスターキーキーシステム　個別キー

補足

その他のキーシステムも紹介します。

同一キーシステム
複数の扉に同じ個別キーを取り付けたり、1本のキーで複数の施解錠を行う。

グランドマスターキー、グレートグランドマスターキーシステム
マスターキーシステムを持つグループをまとめたもの。

クロスマスターキーシステム
マスターキーを持つ複数のグループのマスターキーまたは個別キーを用いて特定の錠を施解錠できるようにしたもの。

コンストラクションキーシステム
工事中に使用する鍵を、工事後にリセットキーを用いて対応する錠のシリンダーピンの組合せを変えることができる。シリンダーを変更することなく使える。

②防火戸には特定防火設備という基準法上の分類がありますか？

→62

回答

特定防火設備は、建物の内部区画開口部に、防火設備は建物外周開口部に使用するもので、類焼・延焼防止を目的とします。

③耐震ドアの性能は決まっていますか？どういう仕組みですか？

回答

面内変形に対する鋼製建具などの追随性を、面内変形角(rad)の逆数で規定し、300、150、120の3クラスがあります。ドアと枠にスペースを確保したり、スプリング耐震丁番を用いるものがあります。

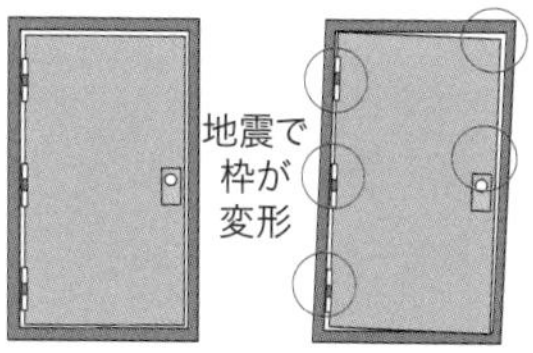

耐震ドア

→59

④鋼製建具製作図の作成・承認と、チェックポイントを教えてください。

回答

製作図は、設計要求性能を満足し、ドアとその周辺の取合いが、正確にわかりやすく書き込まれている必要があります。施工図担当者・施工担当者・監理者が幅広く検図し、承認した版を用いて施工します。

同じ番号で、数か所に取りつくドアがあります。工事担当者は、製作図の脇に右図のようにスケッチしておくと便利です。

コンクリート躯体との関係寸法・壁心・通り心と枠材の関係寸法・躯体欠込み寸法など。

ドア番号・設置室名・内法幅・内法高・下枠天端と床との関係・枠見込・ちり寸法・開き勝手・引き勝手・ノブ高さ・金物位置・ドアクローザ補強裏板・補強骨・アンカーピッチ・ガラス位置・寸法・厚さ・がらり位置寸法と仕様

製作図記載内容

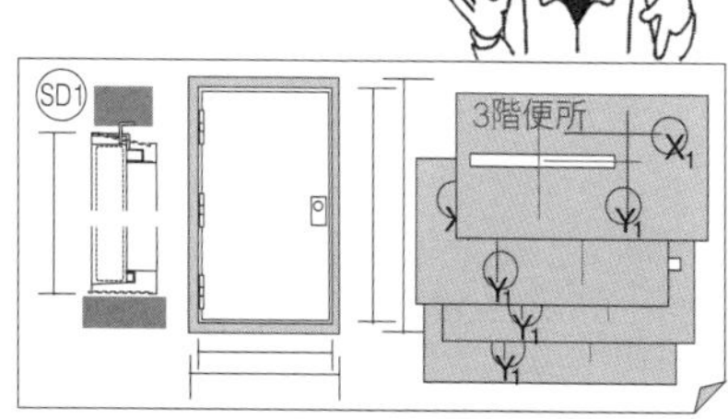

製作図活用例

→4

75 アルミ製建具取付け

漏水を防ぐ材料と納まり徹底!!
- 精度の高い取付けと仮固定
- 腐食を防ぎ密実に充填する
- ディテールと施工方法を知る

アルミ製建具は、アルミ合金主材に、複合陽極酸化被膜など（着色・発色など）が施された素材に、耐風圧・気密・水密・遮音・断熱・防火・遮煙などの要求性能、開閉性・防犯性・耐久性・耐震性・安全性などの基本性能を満足するよう設計された建築部品（BE）である。現場躯体図と調整してサッシュ図を作成承認し、工場製作・検査・搬入し取り付ける。強度確保はもちろん、漏水や腐食防止の観点で気を遣うことが多い。大きなサッシュは現場組立て（ノックダウン）、連窓サッシュは、総合組立てを行う。

建具の検査は通常以下の３段階に分けて行う。

①建具枠が修正可能な、くさび飼い仮止め段階で、部位の確認、精度の計測を行い、許容値を外れたものは手直しをする。

②次に溶接を行い、その状態を検査確認。

③モルタル詰め、建具金物・ガラス・シーリングや清掃などすべて完了後に、監理者も立会い、最終完成検査を行う。

置き方は、平積みを避け、傷まないよう台木を飼い、部品類はサッシュに添わせ、シートを掛ける（アルカリに弱いので注意）。

アルミ製建具の荷受け

サッシュドア下端でモルタル詰めを先行する。作業がしやすい場所で上下逆に仮置きし、防水モルタルを先詰めしておく。

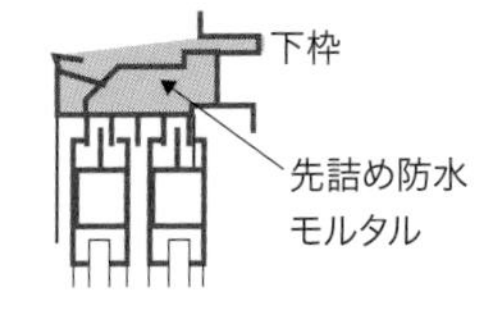

下枠の先モルタル

建入れ・ねじれ・開き勝手などを精度よく調整し、くさび飼いなどにより、水平・鉛直・出入りを正確に仮止め。
くさびは四隅近くに8か所、必要に応じ中間にも設ける。
締めすぎはサッシュの変形や損傷のもとになるので注意。

アンカーは、コンクリートに埋め込んだ溶接用金物を使い、サッシュ側固定金物と溶接し本取付け。

養生材は、取付け・溶接作業・モルタル詰め時に除去する範囲を最小限にし、傷・打痕・汚れがつかないようにする。

位置は、 隅より150mm内外を端とし、中間は500mm内外の間隔で、100mm以上の枠では2カ所からとり、アンカーとは最短距離で溶接。

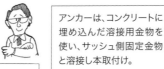

墨の確認と取付け
開口寸法・形状を確認。通常、墨はX、Y、Z方向絶対位置にサッシュ位置が決定できるように出す。

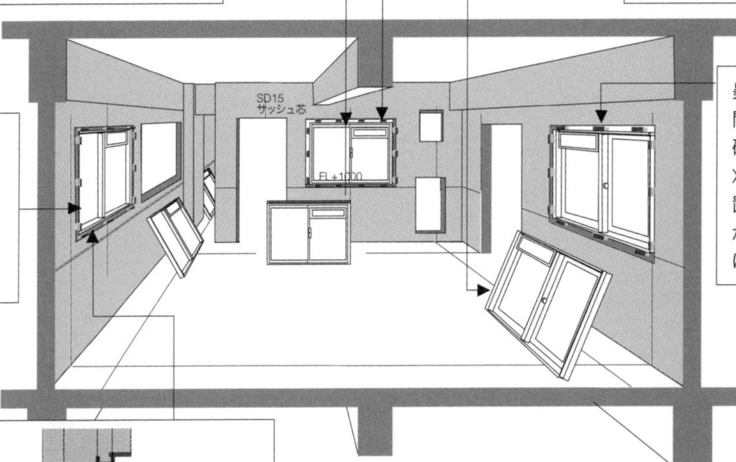

溶接火花により、アルミニウム・樹脂などの表面に傷・シミなどが生じないように注意。

外部まわりの仮止め用くさびを取り除き、枠の内外面に仮枠を当てるなどして、サッシュが動かないうちにモルタルを充填。

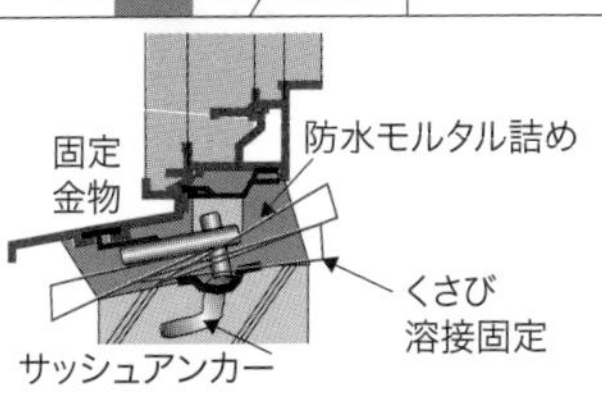

搬入口・くつずりなどは損傷を防ぐため、別に補強養生し、直接足場板を載せたり、足掛かりにしないよう注意。

アルミ製建具の取付施工

Q サッシュ工 職長

①サッシュ裏込めモルタルがサッシュを腐食させる例がありますが、防止方法は？

回答

A サッシュ担当 工事係員

詰めモルタル中の砂に含まれる塩分が腐食の原因となりますので、これをなくすために、海砂を使用しないことです。

もし、詰めモルタルに海砂を用いる場合は、NaCl 換算 0.04% 以下まで除塩してください。混和する防水剤や防凍剤に塩化カルシウムの入っているものを用いないでください。

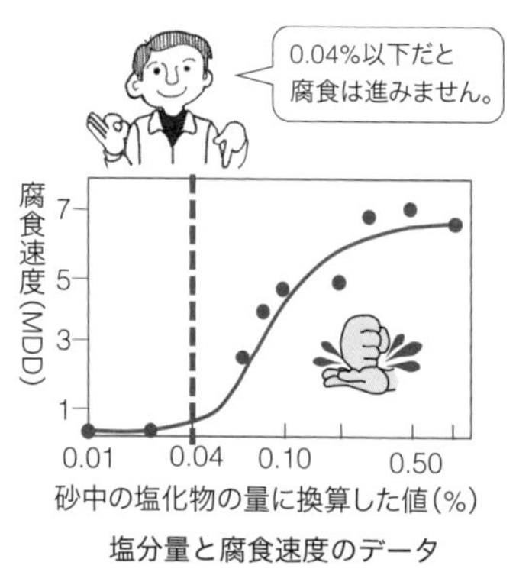

塩分量と腐食速度のデータ

補足

技術部 課長

額縁の塩分が、アルミサッシュを腐食させます。木材接触面に塗装をしたり、十分乾燥させて表面仕上げをする配慮をします。

腐食の原因は以下があります。

①モルタル・アルミ間に水が存在

②モルタル中に塩分がある

③アルミとモルタルの電気的結合

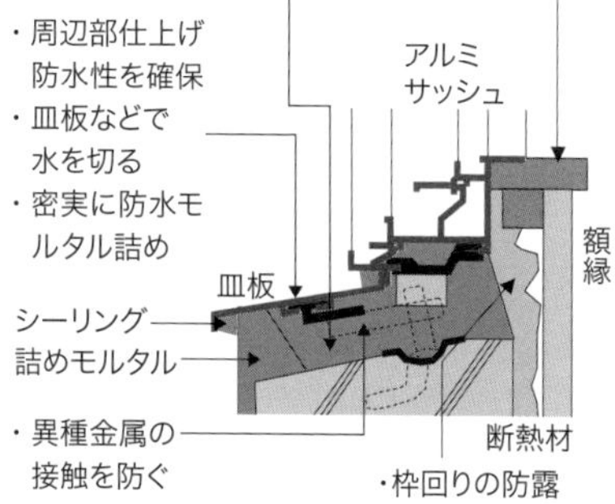

アルミサッシュの腐食防止

→67

②外壁アルミサッシュからの漏水は多く、特に、外壁面と揃った面ゾロサッシュでは苦労します。

回答

昔からの難問です。

通常タイプの納まりでは、上枠は、水が切れるように、防水面（タイル仕上げなどではコンクリート面）は、サッシュ外ヅラより外とします。ひび割れ誘発目地底部の位置も同じです。サッシュのモルタル固定幅が、最低でも 60mm、サッシュ見込み寸法以上、なるべく広くとり、外力で傷まないように注意します。

質問の、面ゾロ（フラット）サッシュは、上枠内部に水を呼び込まずに返すフラッシングを内蔵し、ファスナー固定構法で、二重止水とするなどの高度な工夫が必要です。

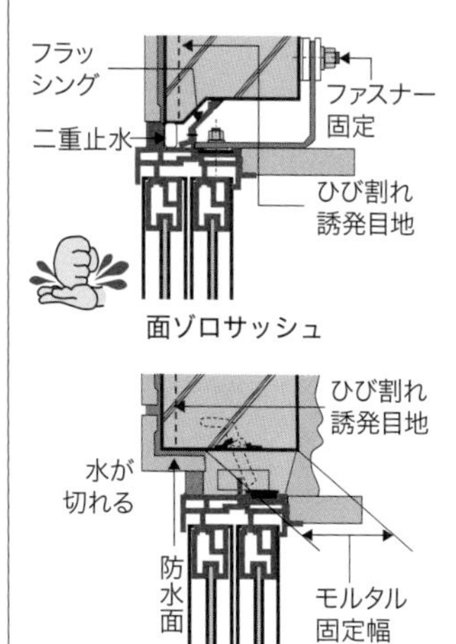

→66

補足

雨漏りルートは次の2つがあります。

①サッシュ防水構造の止水欠陥

面ゾロサッシュはここに入ります。

・型材交点止水処理が不良
・万が一の漏水排水ルートが不全
・外部突出障子類の水返しが不全
・上部クリープなどムーブメント欠落
・連窓通し枠材の止水 EXP.J 不良

②サッシュ周辺固定部分の止水欠陥

・シーリング構造・施工の不良
・詰めモルタル材料・施工の不良
・周辺の躯体の欠陥
　豆板・コールドジョイント・ひび割れ・開口周囲の配筋補強不全・鉄筋のかぶり不足など
・防水仕上げ層の不良
　施工中の雨を観察したり、水を噴霧しテストして、漏水がないことを確認してください。

76 内部区画・間仕切り壁パネル

→59 62 68

構造規格を施工図で明確にし
確実に遵守施工する!!

・耐震構法と一般構法を使い分ける
・部品の機能を知り、確実に働かせる
・施工図の重要性を再確認

非耐力内部間仕切り壁として、従来の補強コンクリートブロックに変わり、工場製作品であるALC・ECPが多用されている。軽量・安定品質、高施工性・低価格が特長で、規格品を取り付ける構法で、高い完成度の施工図が求められる。

1 押出成形セメント板（ECP）間仕切り壁の施工

ECPは、セメント、けい酸、繊維を、中空層になるよう押出し成形しオートクレーブ養生された板で、耐火性・断熱性・遮音性・施工性などの特徴は、ALCに近く、以下の機能品が販売されている。施工法はALCに類似し、要点を図に示す。

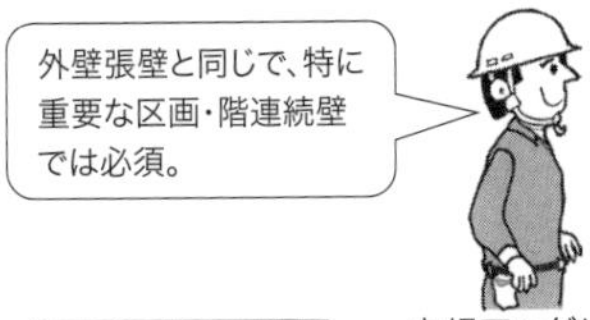

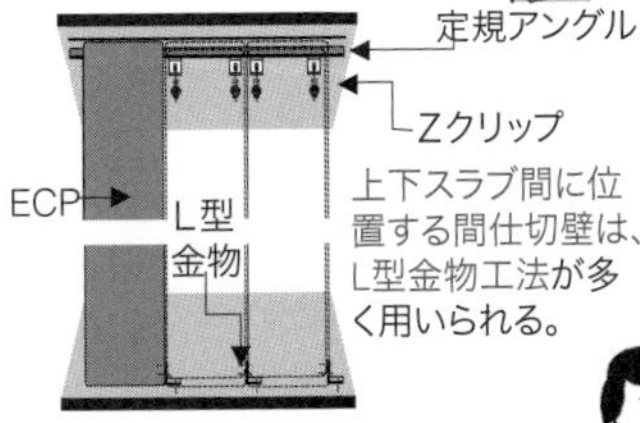

2 ALCパネル間仕切り壁の施工

珪石、セメント、生石灰を主原料とし、オートクレーブ養生した軽量気泡コンクリートパネルで、耐火性能は1時間があり、断熱性などあらゆる性能に優れる。厚さとスパン、跳ね出し長など細かい規定があり、図の施工要点を守る。

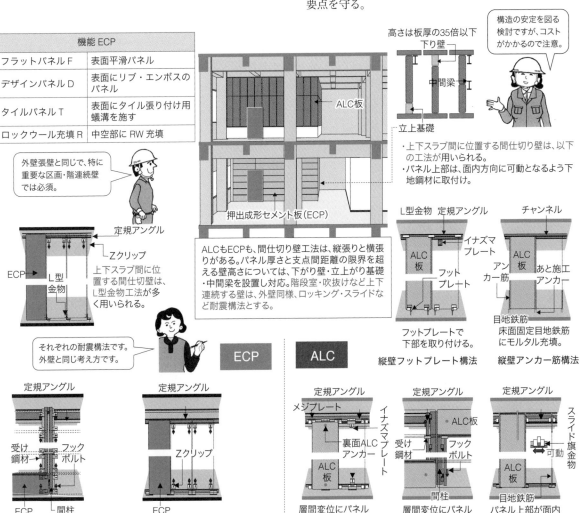

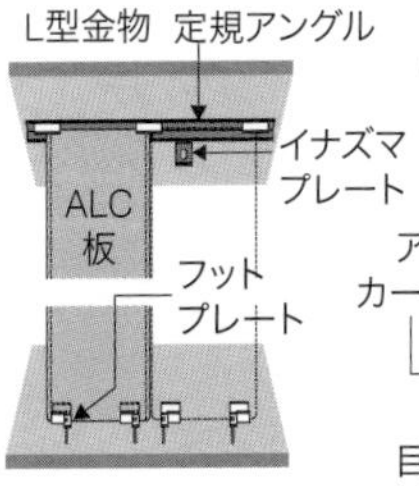

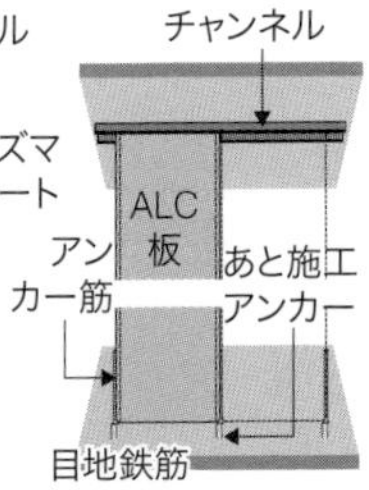

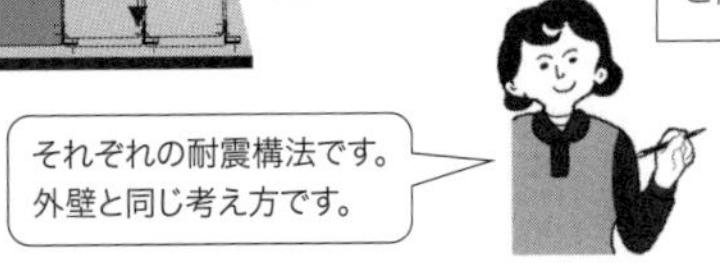

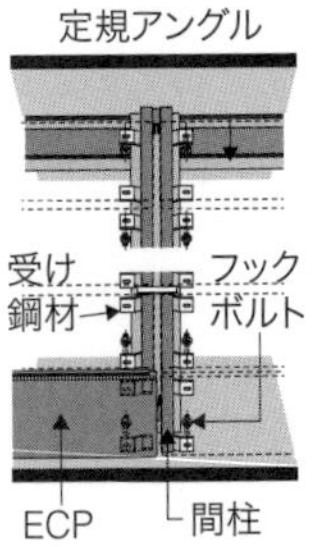

機能 ECP	
フラットパネル F	表面平滑パネル
デザインパネル D	表面にリブ・エンボスのパネル
タイルパネル T	表面にタイル張り付け用蟻溝を施す
ロックウール充填 R	中空部に RW 充填

外壁張壁と同じで、特に重要な区画・階連続壁では必須。
ALC板
押出成形セメント板（ECP）
高さは板厚の35倍以下
下り壁
中間梁
立上基礎
構造の安定を図る検討ですが、コストがかかるので注意。
・上下スラブ間に位置する間仕切り壁は、以下の工法が用いられる。
・パネル上部は、面内方向に可動となるよう下地鋼材に取付け。
定規アングル
Zクリップ
ECP
L型金物
上下スラブ間に位置する間仕切壁は、L型金物工法が多く用いられる。
ALCもECPも、間仕切り壁工法は、縦張りと横張りがある。パネル厚さと支点間距離の限界を超える壁高さについては、下がり壁・立上がり基礎・中間梁を設置し対応。階段室・吹抜けなど上下連続する壁は、外壁同様、ロッキング・スライドなど耐震構法とする。
L型金物
定規アングル
イナズマプレート
ALC板
フットプレート
フットプレートで下部を取り付ける。
縦壁フットプレート構法
チャンネル
ALC板
アンカー筋
あと施工アンカー
目地鉄筋
床面固定目地鉄筋にモルタル充填。
縦壁アンカー筋構法
それぞれの耐震構法です。外壁と同じ考え方です。
ECP
ALC
定規アングル
受け鋼材
フックボルト
ECP
間柱
横使いし、建物変位にスライドで追従。積上げ3枚以下ごとの受け金物で支え、四隅Zクリップ固定。
横張りB種スライド構法
定規アングル
Zクリップ
ECP
縦使いし、建物変位にロッキングで追従。各段で受け、クリップで固定。下端は床面アングルに取付け。
縦張りC種ロッキング構法
定規アングル
メジプレート
イナズマプレート
裏面ALCアンカー
ALC板
層間変位にパネルが回転して追従。
縦壁ロッキング構法
定規アングル
ALC板
受け鋼材
フックボルト
間柱
層間変位にパネルずれ合い追従する。
横壁ボルト止め構法
定規アングル
スライド旗金物
可動
ALC板
目地鉄筋
パネル上部が面内スライドする構法。
縦壁スライド構法

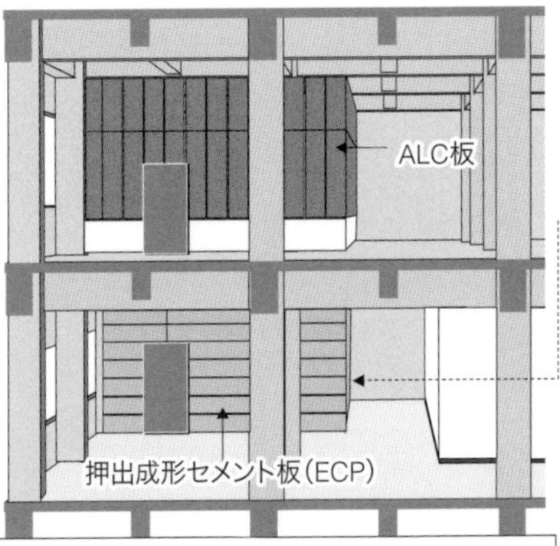

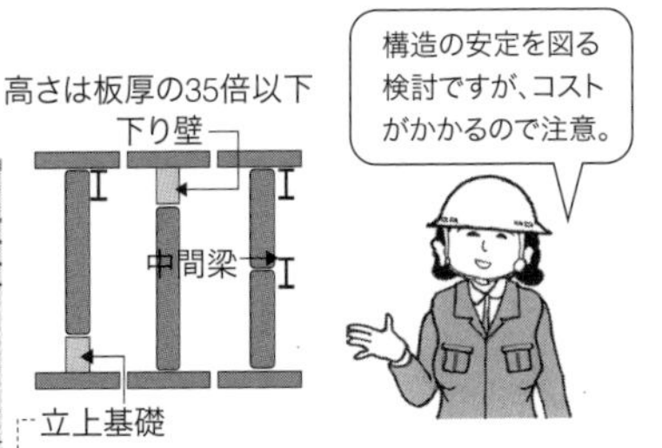

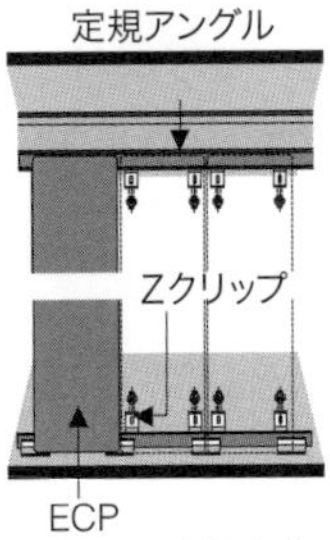

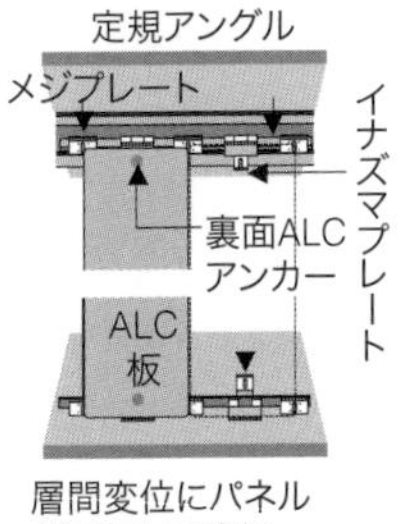

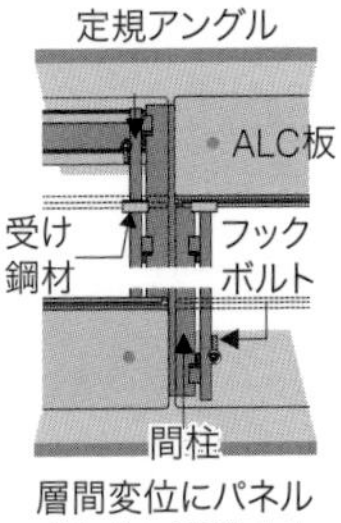

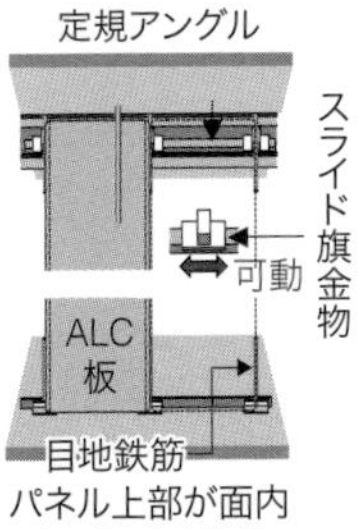

内部区間・間仕切りパネル壁

Q

① ALCは、軽量で断熱性が高いなど利点が多いのですが、吸水性が高く、表面強度も低いので、傷みやすい印象があります。

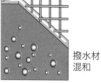

吸水性が低く水をはじく

撥水材混和

撥水パネル

回答

A

ALC担当
工事係員

寒冷地で、ALCを使う時、納まりや材料に工夫しないと低温と凍害に苦労します。

降雨・融雪水が外からALCに浸入すると、内部結露などで水分がパネル内部に浸入し、凍結を繰り返してボロボロになります。

漏水対策・結露対策・透湿対策が大切です。ALCに撥水剤を混入することで、表面だけではなく、内部にも低吸水性能を付加した撥水パネル・ドライパネルという商品もあり、効果的です。

塗装や仕上げ塗材との相性にも注意してください。

補足

高温下である煙突や溶鉱炉には使用できません。低湿度で高温に常時さらされる部分も危険です。

断熱材で保護し換気に注意します。また、湿度が高いと、吸湿して断熱性や強度の低下をきたすので、温水プールや湿度の高い工場は使わない方が安心です。

使う場合は、水分浸入防止のため室内側に防湿層を設け、透湿抵抗のある仕上げとし、高湿空気を換気します。

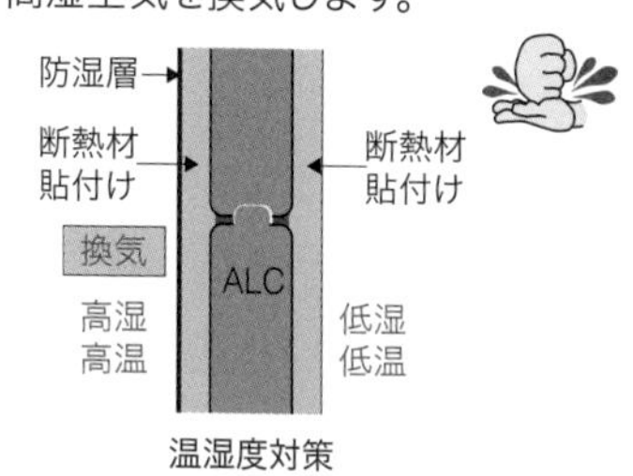

温湿度対策

② ALCは、厚みやスパンの制限がありますか？押出成形セメント板も合わせ教えてください。

ALC

ALCパネルの断面

回答

ALC平パネルでは、支点間距離はパネル厚さの35倍まで、跳ね出し長さはパネル厚さの6倍までとしています。間仕切り壁では、100mm厚さで5m、120mm、150mm厚さで6mを最大長さとしています。

押出成形セメント板では、許容支持スパンは、外力に対し強度的に2倍以上の安全率、最大たわみ量が支持スパンの1/200以内かつ20mm以下になることとしています。片持ち寸法は強度計算結果にかかわらず、600mm以内です。

③ ALCパネルと押出成形セメント板の現地加工の注意点は？

回答

ALCパネルの現地加工に対し、メーカーにより規定があります。

ALCは中性であり、錆びやすいのが欠点です。加工により露出したパネルの補強筋には、モルタルで防錆保護される場合を除き、防錆処理を確実に行って下さい。素材は欠けやすく強度が小さいので、補修は専用補修材を使います。

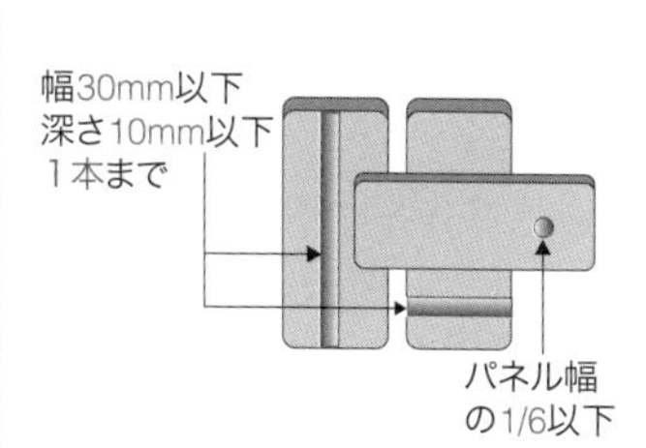

ALCパネル現地加工

補足

押出成形セメント板（ECP）では、パネル加工を行う場合の目安は右図の通りです。破損片はエポキシ樹脂系などで接着し、破損片がない場合は樹脂モルタルなどで補修します。

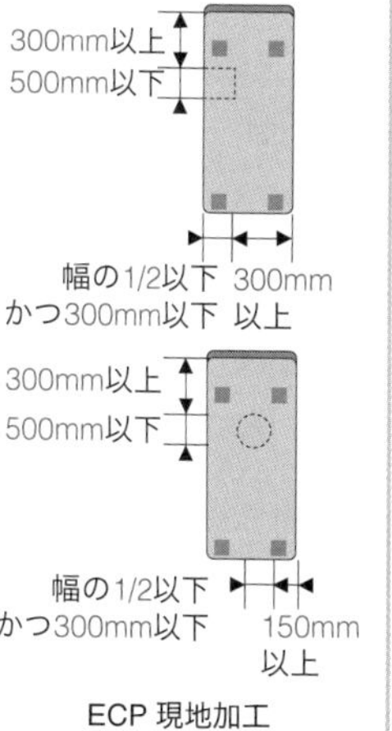

ECP現地加工

2章 解説！厳選100知識

6 内部仕上げ施工

77 RC構造内の造作木工事

伝統作法を学習 !!

- 段取よく、熟練の造作大工に一切を信頼して仕事を頼み、見て学び、知識を習得する
- 伝統の納まり・作法は、見て学ぶ
- 防腐・固定の要点を押え、材料扱いに万全を

木造造作は建物内に設けられ、風圧を受けず、地震力も、鉛直荷重も少なく、しかも1層分に限られ、直接雨露にさらされない。構造・耐久上の制約の少ない工種である。

伝統的に確立された継手、仕口、施工法が使われ、仕事は、ほぼ大工職任せで行われている。

ここでは、RC・SRC構造内に和室が設計された場合を考え、壁床組み・床の間・内法造作を取り上げる。

1　木造間仕切り壁軸組

墨出し、アンカー打ち、土台据え、添付け柱、柱・間柱建込み、窓台・窓楣（まぐさ）・建具枠取付け、土台高さを調節し固定。

2　ころばし床組み

床面のあばれや床鳴りを防止することが施工の要点。彫込みアンカーボルトにより、ころばし大引を止め付け、根太を掛ける。壁際には頑強に際根太を取り付け、合板を床下地とする場合には、根太と直交する補強根太を配置する。

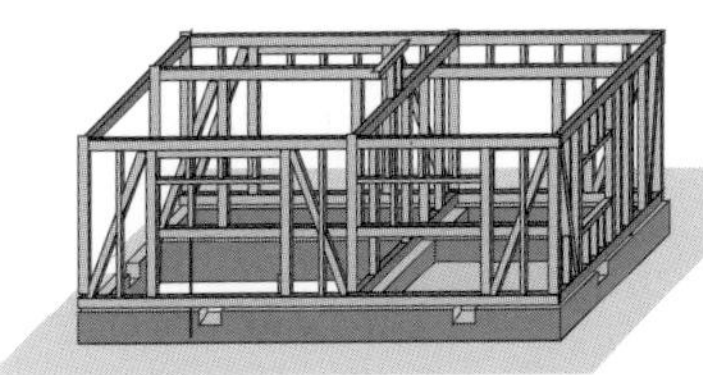

添付け柱
コンクリート柱壁に取り合う柱は土台および間仕切り桁、頭繋ぎに突き付け、600mm内外に千鳥にコンクリート釘打ち。両端および中間寸法は二つ割とする。

柱
土台・間仕切り桁・頭繋ぎ取合いは、角材の上は短ほぞ差し、下は土台へ柱見込みの1/2欠き込み、側面へ釘打ち。ひき割材の上は目違い入れ、下は土台へ欠き込み、いずれも側面より釘打ち。

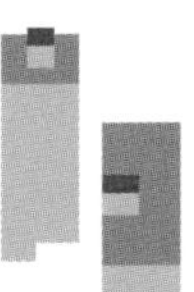

間柱
頭繋ぎには短ほぞ差し、土台に払い込み、両側面より斜め釘打ち。楣付きの場合は上下間柱900mm内外ごとに、両面かすがい打ち。

木材
十分な乾燥期間をとった乾燥材を使うようにして(含水率20%以下。電気抵抗式・高周波水分計で測定)、狂い(床鳴り原因)と腐食を防ぐ。

大引受け・根太掛け
コンタリート壁に添え付け、両端および継手を押え、中間900mm内外に、固定用ボルト接着剤併用にて取り付ける。

床組み
- 温水配管など温度ムーブメントを生ずる管類は木材と接触しないようにGWなどの緩衝材をはさみ込む。
- 換気孔を配置して通気。

土台
受材(コンクリートまたはモルタル台)上で、目違い継ぎまたは相欠き継ぎ釘打ち。コンクリートに接する部分(大引)には檜、ひばを使うのがよい仕事。

防腐・防蟻
常時湿気を受けやすい部分にはクレオソート油などを塗って腐朽防止処置をとる。塗布量はおよそ150g/m²として2回塗り、接着面には塗らないこと。

土台
- くさびなどで不陸調整し、柱・間柱・継手の位置を避け、アンカーボルトで取り付ける。
- 土台端部より150mm内外の箇所にアンカーボルトで締め付ける。
- 端部を押え、中間間隔1.8m内外の位置に植え込む。
- 柱・間柱下およびアンカーボルトを避け、相欠き継ぎ釘打ち。隅取合いは相欠き継ぎ釘打ち。T・十字取合いは腰掛け釘打ち。

RC構造内の造作木工事：軸組みと床組み

3 和室の内法意匠

『匠明（しょうめい）』は、日本最古と呼ばれる木割り書。1608年に平内正信（へいのうちまさのぶ）によりまとめられた全5巻からなる木割の秘伝書である。バランスを整えるために、内法寸法をどう決めるかは、和風空間にとって重要な課題であり、柱を基準として細かい算定法が指示されている。

木割書 匠明

大壁造りの現代和室が出てきた現在でも、柱を中心とした伝統木割の考え方は重要であり、和室内法高さと、広さの違いによるバランスのよい各部内法意匠寸法には一定の関係がある。多くがその木割ルールによって造られているため、建物の大小にかかわらず、外観のバランスが一定に保たれることになる。

内法は、対面する両部材の内・内距離のことで、楣（まぐさ）が芯々なのに対し、鴨居や敷居など開口廻楣は、柱内法を基準とする。そのため開口廻りの造作を内法意匠という。主なポイントを以下に示す。

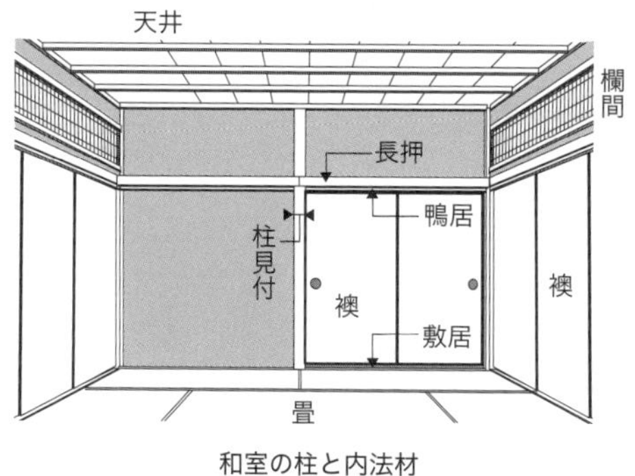

和室の柱と内法材

(1) 鴨居と敷居

敷居は上端を、鴨居は下端を木表に使う。敷居は下に鴨居は上に反らせ、木の性質に合わせた納め方をする。逆では建具開閉しにくくなる。溝加工は以下が標準。

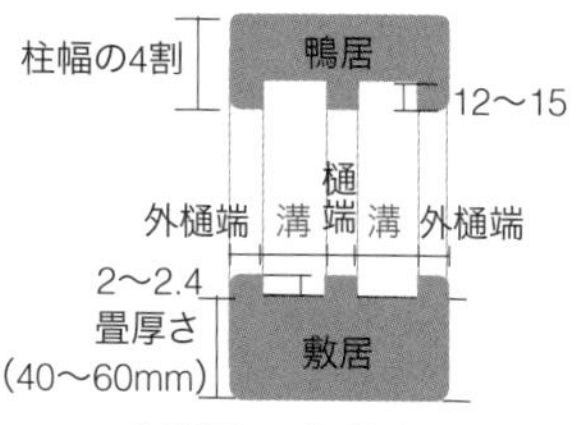

内法溝加工標準寸法

(2)「三七・四七の溝」

建具溝寸法は、内法高5尺7寸〜6尺程度の場合、「四七の溝」が障子用で中樋端の幅四分（12mm）、溝の幅七分（21mm）、「三七の溝」は襖用で中樋端の幅三分（9mm）、溝の幅七分（21mm）にする。

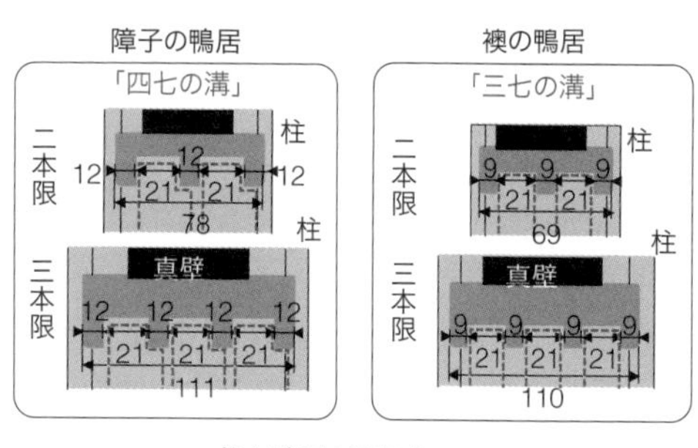

柱と鴨居の取り合い

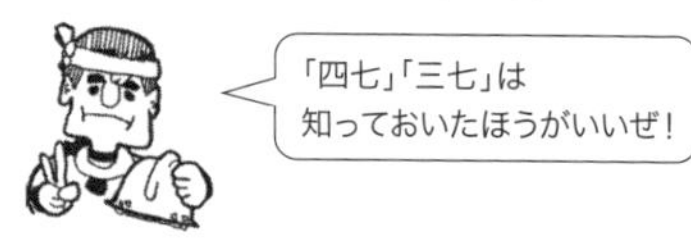

(3)「はっかけ」

和室の落し掛けや、袖壁などの端部に用いられ、木部と壁との取合部分で、木部の見付部分を薄く軽快に見せるため、木部を杓って見付を細くした納まりである。

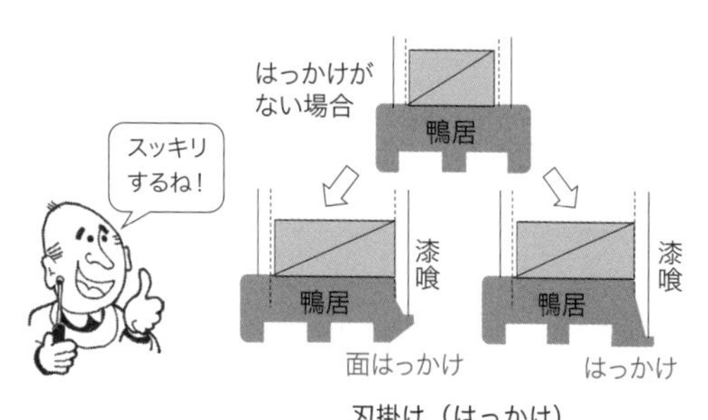

刃掛け（はっかけ）

4　床の間の造作

座敷正面に置かれ，美術品などを飾る重要な場所が床の間で、書院造りから取り入れられ、茶室では、さまざまな形式、手法が工夫された。数寄屋建築においても多様な近代解釋が試みられ、シンプルな現代和室意匠として床の間を表現している。格調高い本床を「真」、やや崩したものを「行」､さらに崩し簡素化したものを「草」と分類。「真」の床の間は、床脇・書院をもち、床は框(かまち)床・蹴込床で、床柱・落し掛けを設ける。1間以上が必要になる。「行」の床の間は、床脇や書院が抽象化した形でつくか、片方が省かれたものとなる。「草」の床の間は、自由な発想の床の間で、半間床または枡床・袋床・室床・洞床・釣床・織部床がある。

床の間の向きは、座敷の西面または北面に設けるのが正式で、防寒・防暑に備えている。構えは、書院を床の間の左側に設けるのが正式で、本床（本勝手）といわれる。竿縁が、床の間と直角に取り付けた天井を「床差し」といい不吉とされる。

猪股邸（吉田五十八設計）の床の間

昭和期に活躍し、和風意匠である数寄屋建築を独自に近代化した建築家吉田五十八の作品。シンプルな床の間が見せ場。

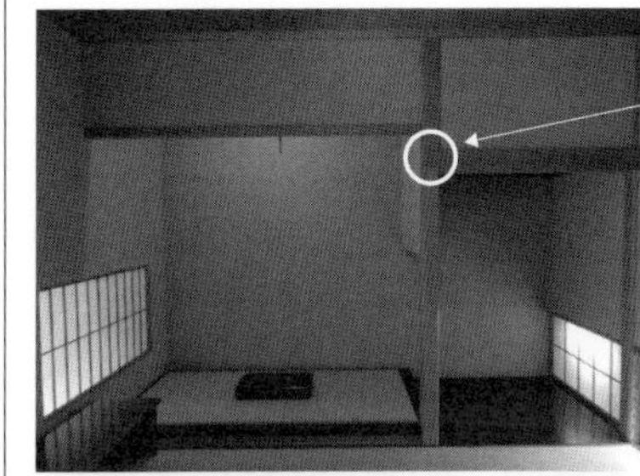

長押が右半分でとまっている。

床框の細い隙間は空調の吸い込み口になっている。

雨戸の一筋鴨居と本鴨居、長押が隅柱ですっきり納まっている。

機械設備を和風デザインの中にさりげなく融合する吉田五十八の得意技。

框床（本床）
床の中で最も格調が高い。「真」の床の間。蠟色漆塗の框がその筆頭とされ、紫檀・黒檀、欅などの角框を素地で使うこともある。床は畳またはうすべりを敷くが、板敷のものも見られる。

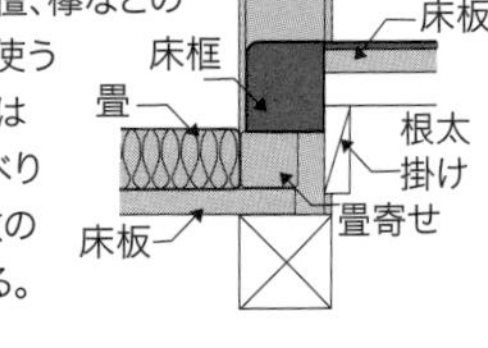

蹴込床
床板を一枚板とし、畳寄せと板厚との間に蹴込板を入れたもの。柱寸に近い蹴込寸法のものは「真」、蹴込板に竹などを使い面白味をだしたものは「行」「単」。

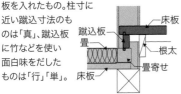

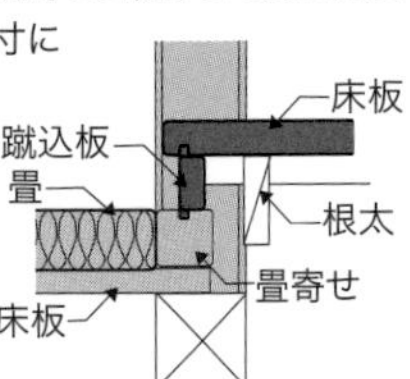

踏込床
床板を一枚板とし、畳と同面に仕上げた形式のもの。単純でプレーンな感覚は、現代向きといえる。
材料は松が多く、欅・楓などの玉杢は面白く、珍重されている。

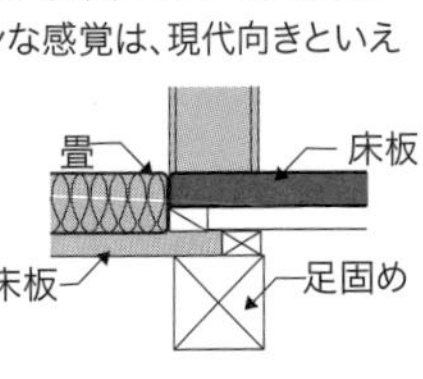

天井
廻縁に鏡板天井で納める。床奥の廻縁下に無双四分一という稲妻釘レール状見切縁を取付け。

落とし掛け
格調の高い座敷では桐や杉柾などの軽い材の角物を使い、また洒落た部屋では皮付丸太や竹などを用いる。

床柱
柱は、紫檀・黒檀の角柱、面皮や丸太など、銘木を使って目をひく演出。現代数寄屋では、床柱は座敷の造作と同材を使用し、控えめに。

床脇意匠
装飾戸棚である天袋と地袋は、縁は細めの漆縁、手掛けは手作りの彫金製、上張りは小紋模様の版本でつくられる。襖上張りは鳥の子または裂地、縁は漆塗り細目。

ビルでは、こういう仕事は少ない。

床板
畳またはうすべりの他に欅､やに松・赤松などの松類、あるいは楓など杢目の美しい広板。

床框
蠟色漆塗が格調高く、角・丸いずれも使用。

鳩胸形
若葉形
返波形
立浪形
唐浪形

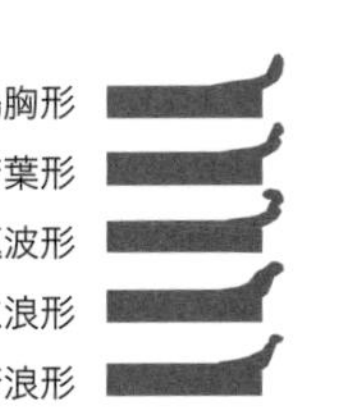

筆返しの意匠

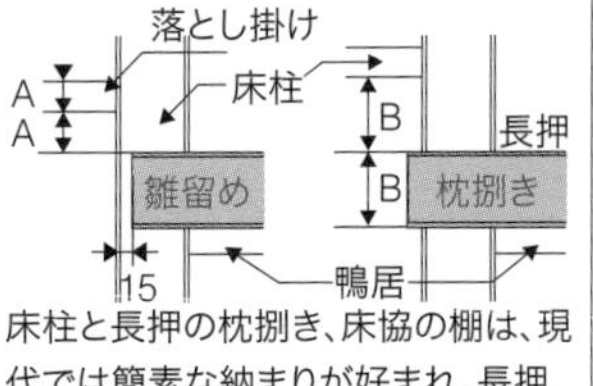

床柱と長押の枕捌き、床脇の棚は、現代では簡素な納まりが好まれ、長押、筆返しなどは省略されることが多い。

床柱と長押

床の間

Q

①木材の狂いが問題にならないようにするには、含水率はどれくらいのものを使えばいいのですか?

A（回答）

木材は存置すると、大気中の水分と平衡し気乾含水状態（構造材約18%・床組材約25%）になり、高含水率で搬入された木材に、割れや変形が生じます。含水率は構造材20%、造作材15%、仕上げ材13%以下に。

補足

木材の含水率管理JASによるD20、D15、D13表示品（重量含水率表示）をもって検査に代える方法と、高周波木材水分計により受入れ時非破壊で測定して検査する方法の2つがあります。

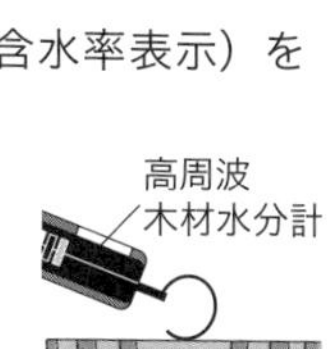

②継手・仕口の加工面の基準はありますか?

回答

継手、仕口の接合部は応力の伝達や材の狂い、変形の防止などの役割を持ちます。

「緩み」や「隙間」が生じない加工が求められ、かみ合わせは表の通り。

かみ合わせ基準（JASS 11）

位置			かみ合わせの程度
一般の場合	軸組	柱・横架材・吊束・込み栓	固く：叩き込んで嵌め合わせて密着
		間柱・添え柱・楣・窓台	普通：嵌め合わせて密着し、引き抜ける
		貫類	緩く：嵌め合わせたものが、たやすく引き抜ける
	小屋組	束	固く：叩き込み嵌め合わせて密着する
		その他	普通：嵌め合わせ密着し引き抜ける
	床組各部		普通：嵌め合わせ密着し引き抜ける
化粧の場合			固く：叩き込み嵌め合わせて密着する。仕口位置にかかわらずすべて同じ

補足

かんな削りは、ほぼ電動、もしくは機械かんな削りですが、手加工による仕上げ程度は表の通り。

手加工によるかんな削り基準（JASS 11）

種類	表面の仕上がり程度
内部造作見え掛り材	斜めから光線をあてて、さか目、かんなまくれがまったくないもの。
外部造作見え掛り材	さか目、かんなまくれがほとんどないもの。
下地材	多少の、さか目、かんなまくれを許容するが、鋸目が見えないもの。

③木材の防腐・防蟻処理の考え方は?

回答

土台は、木材保存処理材（JAS保存処理の性能区分）に記載するK3以上に適合する材、またはJIS A 9108（土台用加圧式防腐処理木材）、機械プレカット材などのAQ認証製品に適合する材とします。

有機リン化合物である居室を有する建築物へのクロルピリホスを含んだ建材の使用が、2003年から禁じられました。

基本的に、木材保存処理材を選定し、不足する部分に現場処理をします。

表面塗布処理

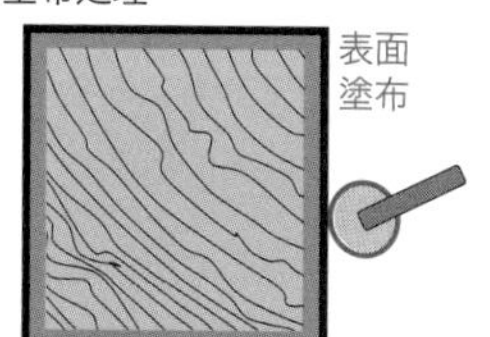

加圧注入処理

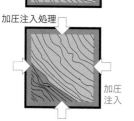

加圧
注入

補足

保存薬剤の現場処理は以下のように行ないます。処理範囲は、水廻り壁内の柱・間柱・筋違・構造用材・胴縁類・床組材とします。薬剤はJIS K 1571に適合する薬剤、（社）日本しろあり対策協会または（社）日本木材保存協会認定の防腐・防蟻剤とし、表面処理は2回塗布または吹付けとします。木材のきざみ加工後、材の全面に処理し、木材保存処理材に加工した場合は、きざみにより未処理になった部分に保存薬剤の表面処理を行います。

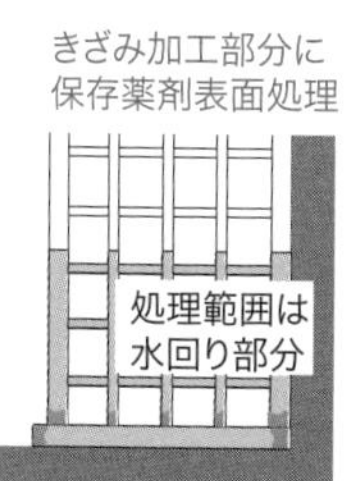

78 内壁張り石工事

適切な石種選定と施工図!!
・帯とろ・総とろは避ける
・墨の正確さの確認
・内壁空積工法の基本施工要領を知る
・石状シートなどの施工法も理解

模様や色調が美しく、緻密で磨くと光沢が出る大理石などの装飾石材は、内装として欠くべからざる高級仕上げ材である。

JASS 9 では、階段や床で使う従来からの湿式工法、耐震性に乏しい内装帯とろ工法に変わった内壁空積工法を標準仕様としている。

なお、内壁乾式工法は最近ほとんど使われない。

吹抜け空間など高さのある壁面では、外壁に準じた施工が必要である。石材は、風化の心配がなく、大理石は 20mm、花崗岩は 25mm が採用される。ジェット仕上げ、ブラスト仕上げでは、石厚が 25mm 以上必要である。

地震時面内変形は避けられず、内壁でも所定位置に伸縮調整目地を設ける必要があり、形状は、矩形を標準とし大きさは面積 0.8m^2 以下とする。

最下部石材の取付けは、下地清掃後、くさびを挟み、水平・垂直および通りを正確に据え付け、下端を取付け用モルタルで固定する。

内壁空積工法の留意点

基本的性能	耐震性	鉛直力は受け金物で、面外引張力は引き金物で、面外圧縮力は取付け用モルタルで支持する。
二次的性能	熱変形追従性	根石と床仕上げの取合い・壁の出入隅・平面的に長い壁は伸縮目地を設置。
	耐薬品性	試験確認。過去の使用実績確認。
	耐汚染性	シリコンオイルを含まない適切なシーリング材を選定。事前に確認。

最下段石のみ裏込めモルタル

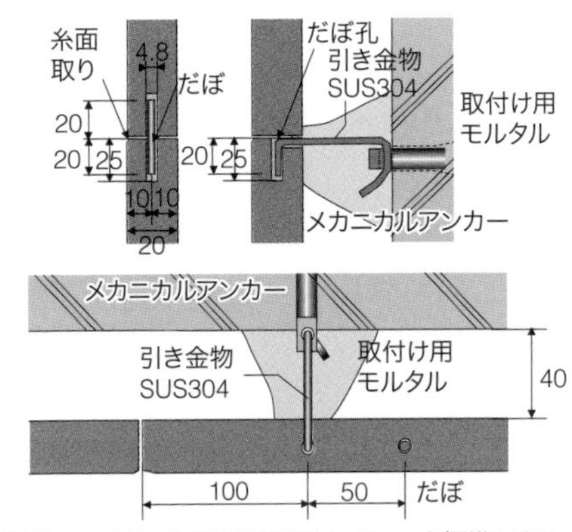

・石材の裏面とコンクリート躯体面間隔は、40mmを標準とする。
・石裏には、最下段以外裏込めモルタルなし。

あと施工アンカー工法

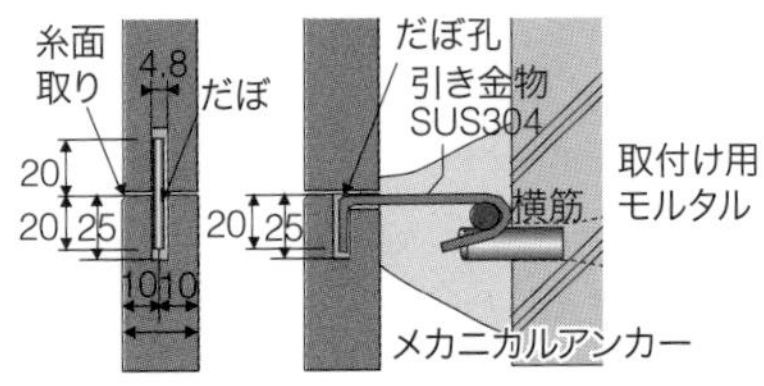

・横目地位置に合わせ、引き金物位置両側のコンクリート躯体にあと施工アンカーを打ち込み、これに鉄筋を溶接する。

あと施工アンカー横筋流し工法

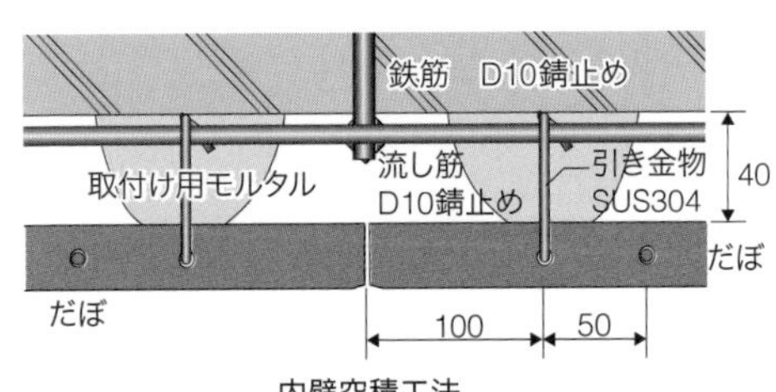

内壁空積工法

最下部石材の取付けは、下地清掃後、くさびを挟み、水平・垂直および通りを正確に据え付け、下端を取付用モルタルで固定する。上端は引き金物で緊結。一般部石材の取付けは、下段の石材の横目地あいばに取り付けただぼに合わせて目違いのないように据え付け、上端を引き金物で緊結する。この際、目地を設ける場合は目地幅に相当する厚さのスペーサーを挟む。

引き金物と下地の緊結部分は、石裏と下地面との間に 50×100mm 程度に取付け用モルタルを充填することにより被覆する。眠り目地は、だぼ穴にセメントペーストを充填し、目地を設ける場合は、だぼ穴に接着材またはセメントペーストを充填する。取付けの際に使用したくさびを取り外した後、最下部の石裏に高さ 100mm 程度まで、裏込めモルタルを充填する。

Q

①内壁で、石の納まる部屋では墨が重要です。直角が狂っていて、何度も製作し直した失敗があります。

回答

A

石張り部分は、独立して、直角・通り精度・水平が確保されているか、サッシュなどの先行製品精度を含め確認し、必要に応じ独立して修正する必要があります。

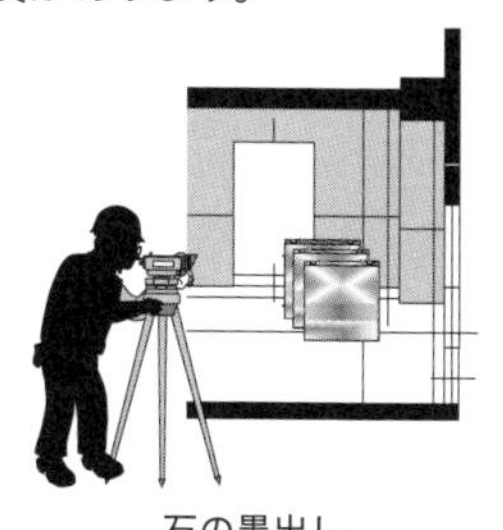

石の墨出し

補足

現場の墨は、各所から追い出された墨が交絡し、ズレを生じていることがあります。

→5

石の施工は取り合う部分が多く製品の逃げが効かないので、このズレを放置すると、まったく納まりません。また、石施工図と他施工図との擦り合わせは、確実に行ってください。

②内壁湿式帯とろ・総とろ工法が以前は主流でした。今はなぜだめなんですか。

回答

内壁帯とろ工法は、裏込めモルタルを水平目地の上下 10cm 程度に充填し、残りを空洞とする工法で、総とろ工法は、石裏全体に裏込めモルタルを充填します。全体的に重くて、強度が小さく、耐震性に乏しい工法です。

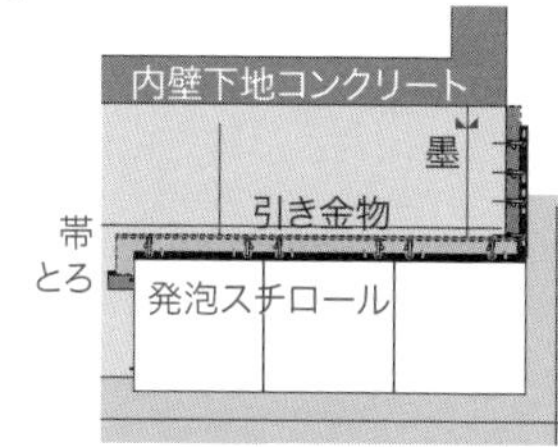

帯とろ工法

補足

内壁湿式工法総とろ工法は、裏込め総モルタルにより、躯体の挙動や構造ひび割れを直接石材に伝達するため、地震時に破損脱落しやすいです。1995 年兵庫県南部地震の被害をみて、湿式工法と帯とろ工法は、標準仕様から外されました。逆に、空積工法は被害が少なかったようです。

→59

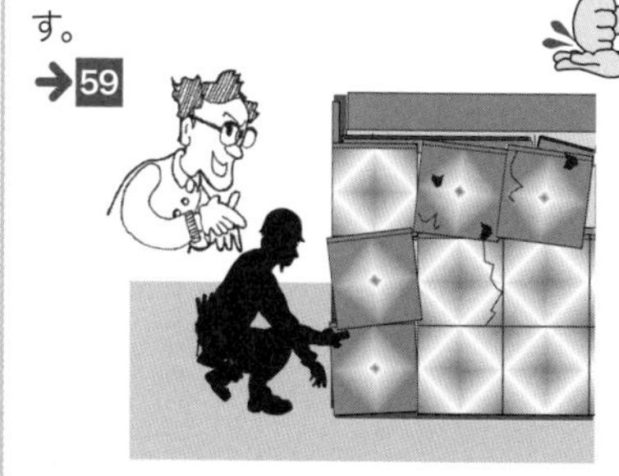

③天然石材でなく、石材の高級質感を再現したシート状内装材が多数市場投入されています。施工法も簡単でコストも手ごろなので、よく使っています。

回答

新しい表面仕上げ工法として開発された天然石調シートがあります。天然石や自然石調骨材を特殊フィルム上に固着させたシートを、専用接着材にて各種下地に貼り付けるだけで表面が天然石調に美しく仕上がります。
今後も採用は増えるでしょうが、やはり風合いは違います。

補足

骨材（天然石、機能性粒子）の種類・配合を変更することで独特のデザインを生むことができ、意匠性の高いイメージを表現できます。フィルムがそのまま養生テープの代わりとなるため、汚れる心配がありません。

79 内装鋼製壁・天井下地

→59 62

構造規格を遵守し、天井は落とさない!!

- 鋼製壁下地・天井下地の構造規定を知る
- 耐震性確保の要点を押える
- 工事中傷みやすく緩みやすい弱点を知る
- 多様化するシステム天井を展観

内部の間仕切り壁・天井の下地は、不燃などの要求から、ほとんどが鋼製であり、短工期、高精度、低価格化に貢献している。材料は、亜鉛めっき表面処理薄鋼板を冷間成型したもの。地震時の落下や損傷を防ぐには細かい注意が必要。

1 鋼製壁下地

鋼製壁下地の規格は表に示す壁高さにより異なる。施工手順・要点を右に示す。

壁下地の要点

①施工図に基づき間仕切り位置を正確に床面に出す。
②ランナー両端は、端部より約50mm内側を固定。
③継手は突付けとし、ランナーと野縁・野縁受に、間隔900mm程度にねじ・溶接で固定する。
④スタッド両端スペーサーは、端部よりずらし、建込み後、近くにセットし、緩みのないよう固定。
⑤スタッド間隔は、ボード張り精度から±5mmに抑える。間隔は、1枚張り450mm、2枚張り300mm。振れ止めは、間隔1200mmごとに設け、上ランナー400mm内は省略。フランジを上向きで、スタッドに引き通し、スペーサーで固定。
⑥設備配管で振れ止めを切断する時は、振れ止め材、または9 φ以上のボルトで補強。溶接箇所は錆止めしておく。

施工箇所点検・墨出し
↓
上・下ランナー固定
↓
スペーサー取付け スタッド調整切断建込
↓
振れ止め取付け調整
↓
開口・袖壁など補強
↓
全体精度調整・検査

壁下地の施工手順

鋼製壁下地の施工

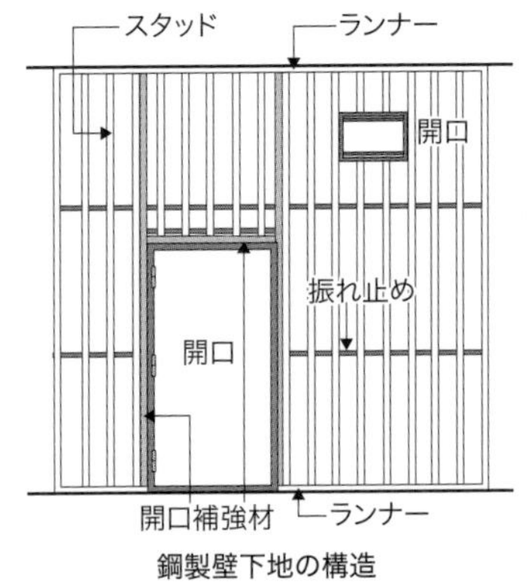

鋼製壁下地の構造

鋼製壁下地の規格（JASS 26）

付属金物＼部材		50形	65形	75形	90形	100形
スタッド	記号	WS-50	WS-65	WS-75	WS-90	WS-100
	寸法（mm）	50×45×0.8	65×45×0.8	75×45×0.8	92×45×0.8	100×45×0.8
ランナー	記号	WR-50	WR-65	WR-75	WR-90	WR-100
	寸法（mm）	52×40×0.8	67×40×0.8	77×40×0.8	92×40×0.8	102×40×0.8
振れ止め	記号	WB-19	WB-25			
	寸法（mm）	19×10×1.2	25×10×1.2			
スタッドの高さによる区分		2.7m以下	4.0m以下		4.0mを超え 4.5m以下	4.5mを超え 5.0m以下
開口部の補強材		[-50×30×10×16	[-60×30×10×23	[-60×30×10×23	[-75×45×15×23	2[-75×45×10×23
亜鉛の付着量	JIS G 3302	Z12（120g/m^3）以上				
	JIS G 3321	AZ90（90g/m^3）以上				
部材の形状安定性	横曲がり(A)mm	ランナおよびスタッドはℓ/1000以下、振れ止めは2ℓ/1010以下				
	反り(B)mm	2ℓ/1010以下				
載荷強さ		最大残留たわみ量は2mm以下				
耐衝撃性		最大残留たわみ量は10mm以下で、部材の折れおよび外れがあってはならない				

2 鋼製天井下地

鋼製天井下地は、在来一般構法とシステム天井構法に大別される。

工事中も緩みやすい。

(1) 在来一般構法

規格は右表の通り。野縁成がそれぞれ19mmの19型と25mmの25型の2種類があり、一般に風荷重などで外部天井下地に大きな荷重がかかる屋外では19型、屋内では25型が使われる。母屋間隔が大きい場合や、吊り荷重が大きい場合は、屋内でも25型を使うことがある。

軽快な天井を形づくるため、材料は軽量形鋼を用いる。軽くて扱いやすいが、各部材の剛性と、組み上がった天井構面の剛性が低い。補強や器具付け、内挿品の取付けや設備配管・配線の際に、組み上がった天井下地構造を痛め、緊結部材が緩むこともある。この回数を減らし、最後に点検調整を必ず行うことがポイントである。

この構法は、地震時に天井が落下する被害が頻発し、規定見直し指導や、新工法開発が盛んである。常に耳目を開いておきたい。施工手順･注意点･要点を下に示す。

鋼製天井下地の規格（JASS26）

付属金物＼部材		19型	25型
シングル野縁	記号	CS-19	CS-25
	寸法（mm）	25×19×0.5	25×25×0.5
ダブル野縁	記号	CW-19	CW-25
	寸法（mm）	50×19×0.5	50×25×0.5
野縁受	記号	CC-19	CC-25
	寸法（mm）	38×12×1.2	38×12×1.6
ハンガー		板厚 2mm 以上	
クリップ		板厚 0.6mm 以上	板厚 0.8mm 以上
野縁ジョイント		板厚 0.5mm 以上	
野縁受ジョイント		板厚 1.0mm 以上	
吊りボルト		転造ねじ、ねじ山 9mm	
ナット		高さ 7.7mm 以上	

鋼製在来一般構法の天井下地

天井下地の要点（在来一般構法）

①壁面に天井下端、床面に下がり壁・器具位置を墨出す。
②インサート、鉄骨専用具で、吊りボルトを取り付ける。吊りボルトは垂直に保つ。
③野縁受は一方向配列とし、繰返し力を受ける箇所は、ボルト・溶接で緩みを止め、野縁受とハンガーを固定する。野縁受ジョイント位置は10m以上ずらして千鳥に配置し、必ず躯体まで届かせる。野縁は、野縁受から150mm以上はね出さない。
④ジョイントは、野縁受近く（150mm以内）に設け、千鳥に配置、端部は躯体まで届かせ、ボード継目・壁際野縁はダブルとし、隙間を生じない。
⑤クリップは、方向を交互とし、外部は上部を内折りする。野縁取付け完了後、調整し、ハンガーナットを本締め固定。周辺部から水糸を張り、中間面のレベルを調整し本締め。水平精度は、基準レベルに対して±10mm以下、水平距離3mに対して±3mm以下程度とする。
⑥「むくり」は、1/500～1/1000程度、4m間隔で5mm程度。
⑦下地材および補強材などの溶接箇所は、錆止め処理。
⑧器具開口部により切断された場合、および大きな機器開口の場合は、野縁または野縁受と同材で補強を行う。

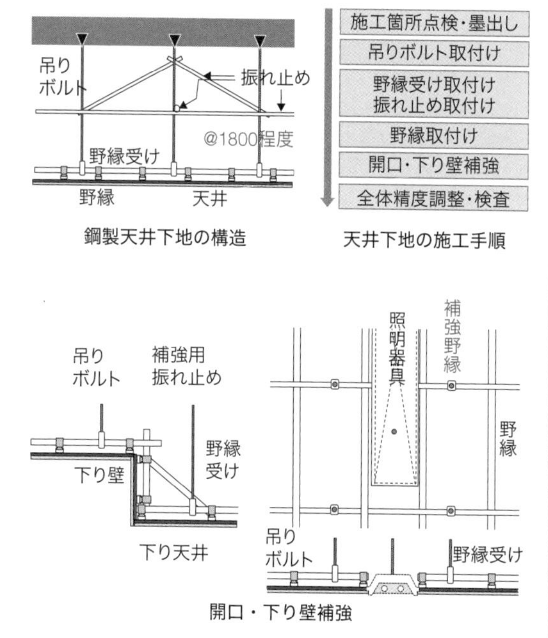

鋼製天井下地の構造

天井下地の施工手順

開口・下り壁補強

(2) システム天井構法

照明・空調吹出口・スプリンクラー・火災探知器などの設備機器と、天井下地・板をシステム化したもので、Tバー・Hバーなどの金属部材を中心に、設備機器パネルやラインと岩綿吸音板を組み合わせる構成が一般的である。高層オフィスビルに多く使用される。下図の8種類がある。この構法も、地震時に落下する（在来構法よりは少ない）ことがあり、改良が盛んである。施工手順・注意点・要点を右に示す。

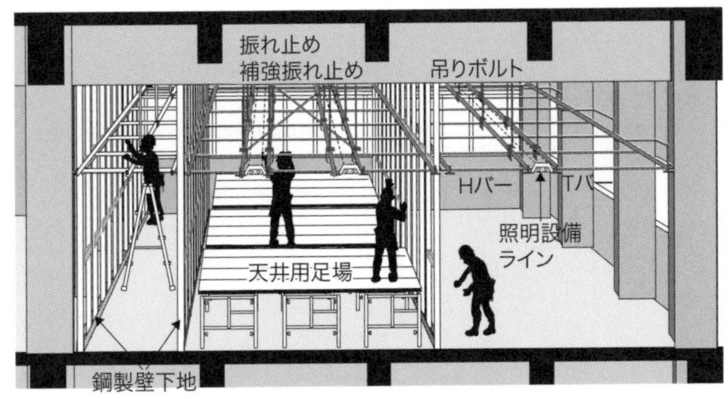

システム天井構法の鋼製天井下地

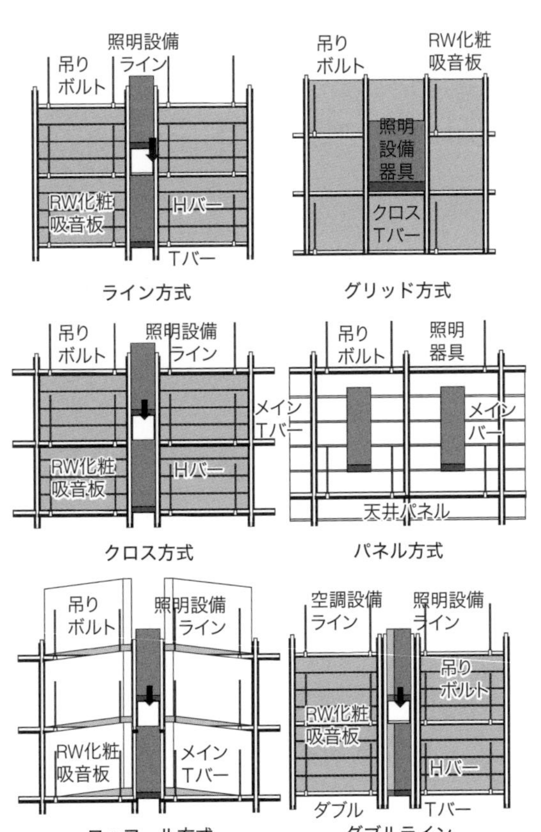

システム天井下地の要点

①吊りボルトは1600mm間隔、野縁受1600mm以内。
②振れ止めは、$30m^2$以内に1組ずつ45°程度の角度で、XY両方向に設け、間仕切り・垂れ壁上部は、1600mm以下に間仕切りと直角に設ける。
③Tバーなど野縁を、チャンネルクリップで野縁受けに固定。
④継手はクリップで接続脱落防止用爪を食い込ませる。
⑤野縁間に、設備器具などを取り付ける。ラインタイプでは、野縁受けをつなぎ、重量により野縁受け間隔や吊りボルト配置を調整する。脱落防止金物をワイヤー吊りして照明器具の落下を防止し、耐震性を確保する。
⑥天井パネルは周辺かかり代を一定にする。取外し自由の天井パネルは、押えバネを上部フランジ間に挿入し、頭押えスプリングをTバーで上部に取り付ける。
⑦Hバーは天井板長手に沿い、やとい実状に天井板を固定する。

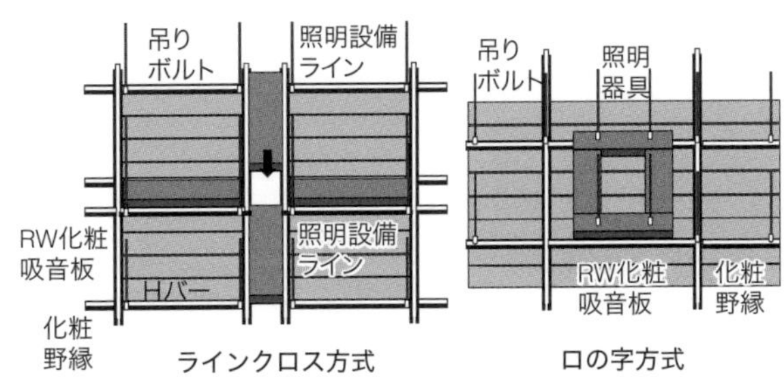

システム天井下地規格（ロックウール工業会）

部材・付属金物		寸法（mm）・規格等
Tバー受け Hバー受け チャンネル		38×12×12
Hバー		A=20、B=10、C=1.45
Tバー		A=メーカの仕様による B=メーカの仕様による
廻縁		A=メーカの仕様による B=メーカの仕様による
チャンネルハンガー		板厚2mm以上
チャンネルジョイント		板厚1.0mm以上
吊りボルト		転造ネジ、ネジ山9mm
その他の金物		メーカーの仕様による
ナット		高さ8.0mm以上
鋼材の性能		亜鉛付着量120以上
アルミニウム合金の性能		陽極酸化皮膜6μm以上
化粧面の塗装膜厚		20μm以上　焼付塗装

技術部
課長

Q ①地震時に天井が落下する被害が多いのですが、原因と有効な対策を知りたい。 →59

回答

A 在来工法天井は、剛強・高靭な構造でなく、耐震的とはいえません。内部に設備機器などを抱え、人が保全で出入りし傷むこともあります。

まず地震初撃で、無理のある箇所や傷んだところが落下し、地震周期や継続時間が長いと、さらに大きな被害になるようです。様々な対策構法が提案されています。

補足

建築学会から「天井などの非構造材の落下事故防止ガイドライン」、国土交通省から「特定天井の構造方法を定めた告示第771号」が公布されています（2003）。抜粋要約すると、以下となります。

1. 天井と周囲壁の間にクリアランス設置
2. 補剛材の配置による剛性調整
3. 固有周期に配慮し吊ボルト相互補剛
4. Tバーなどは、下地材に固定し落下防止
5. 既設天井の点検、改善措置を講じ、改善困難な場合は、ネットを設置

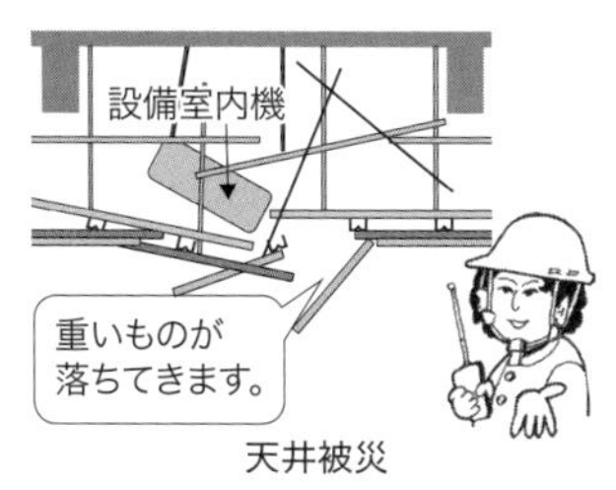

天井被災

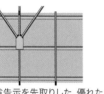

建設省告示を先取りした、優れた耐震天井が開発されている。

耐震天井

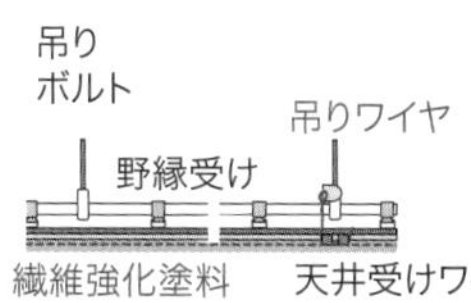

落下防止ワイヤを繊維強化塗料で天井部材に接着。一体化し天井面構成材が落下することを防止する工法。

CSFP 工法

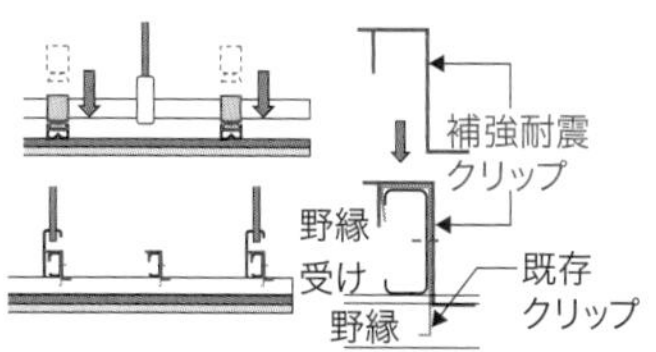

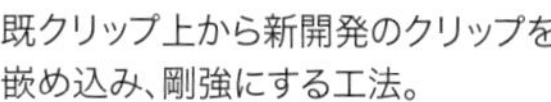
既クリップ上から新開発のクリップを嵌め込み、剛強にする工法。

耐震クリップ工法

②防火区画壁・避難通路に鋼製壁下地が使われます。どのように耐震性を確保しますか？

回答

壁面を上部ランナーでスライドさせ層間変位を吸収する工法があります。透かし目地を設け、樹脂製目地を挿入します。

→59

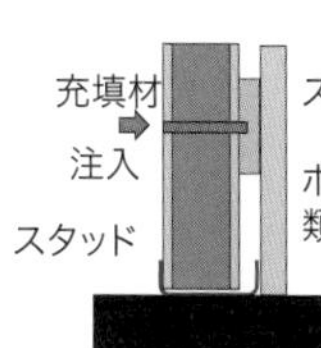

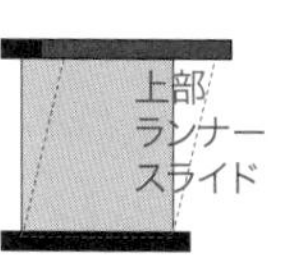

変形追従性を有する鋼製壁下地構法

③鋼製壁下地は、撓んだり損傷しやすいと思います。どのくらいの高さまで可能ですか？

回答

鋼製（LGS）壁の適用可能高さは、JIS 規格において 5m と制限されています。高さが 5m を超える場合は中間梁を設ける必要があります。

物流施設や商業施設では、LGS 壁は 6m や 7m の高さが必要となります。スタッド・ボードの固定などを工夫して、剛性の高い大型 LGS 壁を実現する研究が進んでいます。高さ 5m を超える壁では、スタッドは 100 幅で、タッピンねじピッチを狭め、圧縮側石こうボードの曲げ剛性を高め、拘束度を向上させることが有効で、将来商品化される予定です。

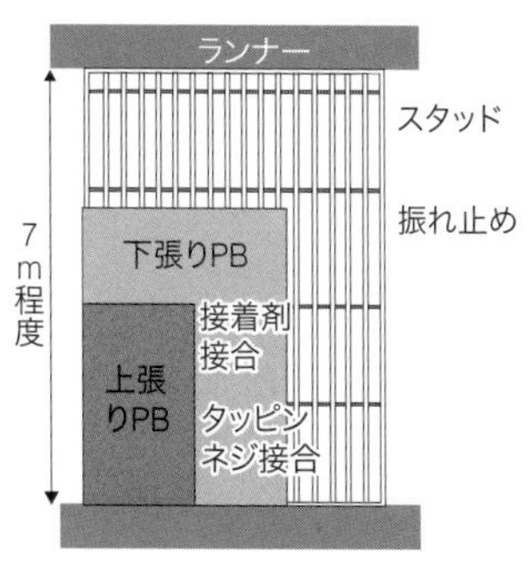

大型鋼製下地の間仕切り壁

 80 内装壁・天井表面材張り

→59 62

材料特性を熟知し使い分け !!
・石こうボード・繊維強化セメント板は確実に使えるようにする
・GL 工法と防カビの要点を知る

壁・天井内装表面材は、クロス・塗装などによる最終仕上げの下地、あるいは自体が直接最終仕上げ材となるため、出来栄え・見え掛かりを決定する重要工程である。

1 石こうボード系表面材

種類・特性を下表に示す。施工にあたって、割付は切断むだを減らし、幅方向強度が小さく、横張りは下地とボード方向を直交させる。ねじ留めは、10mm 以上の余長がある亜鉛めっきクロメート処理・塗装タッピンねじ、釘またはステープルで、頭がボード表面からへこむよう締め込む。

水と接する切断面はシーラーなどを塗布し、接着剤は、下張りを合成ゴム（両面塗布）溶剤形、上張りを酢ビ（片面塗布）溶剤形、合成ゴム（両面塗布）エマルション形とし、水分の影響を受ける場所は耐水接着剤を使用。通常は F ☆☆☆☆とする。

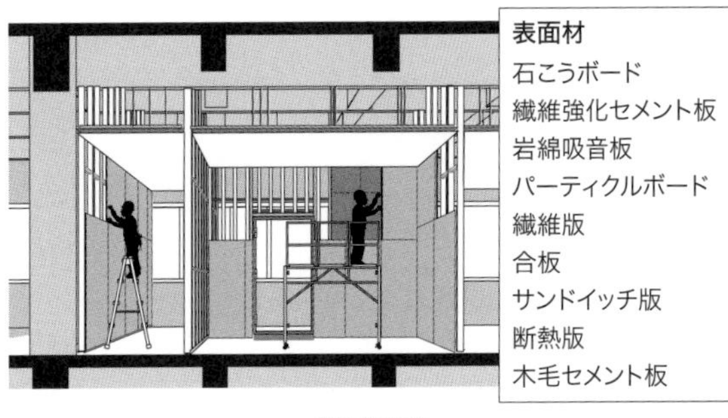

表面材
石こうボード
繊維強化セメント板
岩綿吸音板
パーティクルボード
繊維版
合板
サンドイッチ版
断熱版
木毛セメント板

表面材張り

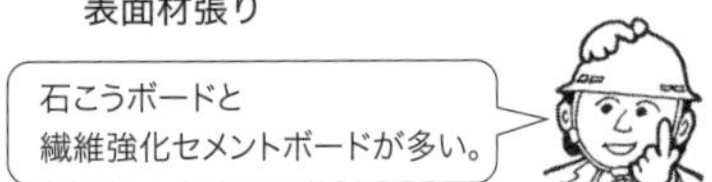

石こうボードと
繊維強化セメントボードが多い。

2 繊維強化セメント系ボード表面材張り

種類と特性を下表に示す。タッピン・小ねじで取り付け、以下の大きさとする。天井は、タテ 200mm・ヨコ 300mm 以下、接着剤併用時は 300 〜 450mm 以下、へり 150mm 以下。壁は、タテヨコ 300mm 以下とし、他は天井と同じ。

釘は板厚の 3 〜 4 倍以上、ねじは裏面に 10mm 以上の余長を設け、接着剤使用時は取付け用金物を併用する。下地に対し抄造方向を直角とし、天井は中央から四周に張り上げる。

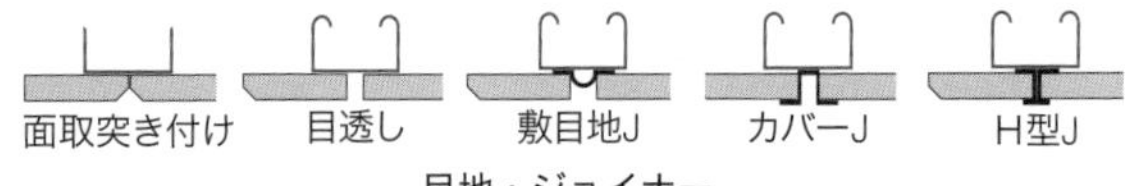

目地・ジョイナー

石膏ボード系表面材（JASS 26）

種類	概要	主用途
石こうボード（GB-R）	石こうを心材とし両面・長手小口をボード用原紙で被覆したもの。	内壁・天井 防火・準耐火・耐火
シージンク石こうボード（GB-S）	両面の原紙と石こうの心材に防水を施したもの、吸水時の強度低下、変形が少ない。	外壁・屋根 浴室下地・軒天井
強化石こうボード（GB-F）	芯材の石こうに無機質繊維等を混入したもので防火性が高い。	防火・準耐火・耐火 遮音構造
不燃積層石こうボード（GB-NC）	ボード表紙に不燃性の原紙を用いたもので、表面の化粧加工あるなしがある。	内壁・間仕切り・天井仕上げ
化粧石こうボード（GB-D）	表面にプリントした普通品と、普通ボードに紙やプラスチックシートを張る特殊品がある。	内壁・間仕切り・天井仕上げ
その他のボード類	普通硬質石こうボード（GB-R-H） シージング硬質石こうボード（GB-S-H） 化粧硬質石こうボード（GB-D-H） 吸放湿石こうボード（GB-Hc） 吸音用あなあき石こうボード（GB-P）	

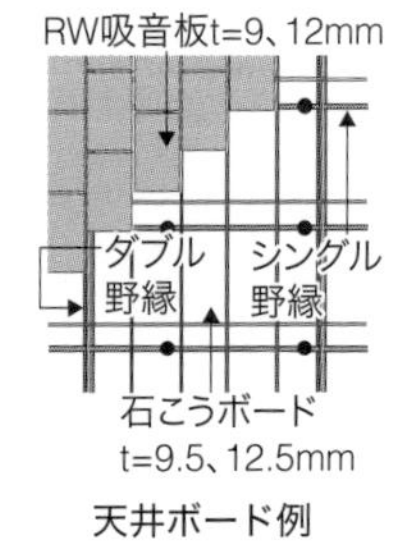

天井ボード例

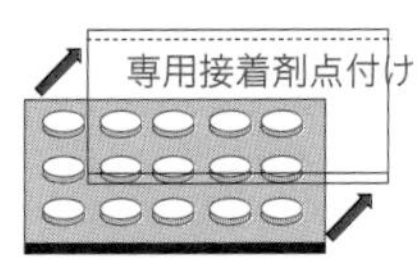

RW 化粧吸音板重ね張りは、目地を 50mm 以上ずらし、接着剤は 15 点以上点付け、釘・ステープルで固定。

重ね張り

繊維強化セメント系ボード（JASS 26）

種類	概要	主用途
（スレートボード）フレキシブル板	セメント、無機質繊維を原料とし抄造、加圧成形した。 強度が高く、可撓性がある。	内外装 天井・壁
（スレートボード）軟質フレキシブル板	化粧用不燃材で、フレキシブル板と曲げ強度同等、繊維量多く、吸水性が高い。	内装
ケイ酸カルシウム板	石灰質・ケイ酸質原料を原料とし抄造成形後に高温高圧蒸気養生を施したもの。 軽量で耐火・断熱に富み、加工性が良く、伸縮・反りは小さいが、吸水性は高い。	内外装 天井
その他のボード類	スレート波板、スラグ石こう板（スレートボード）、平板（大平板）、吸音用あなあきスレートボード	

Q

①石こうボードは、鋼製下地のない直張り工法があります。要点は？

A

回答 RC壁・ALC・断熱材下地に鋼製壁下地を省略した、石こう系接着剤直張り工法「GL工法」として多用されます。

懐寸法は、ボード厚さ(t)+3mm以上、12.5mmボードで25mm程度です。非通気性の仕上げを施さないほうが安全です。取付け物には下地が必要です。

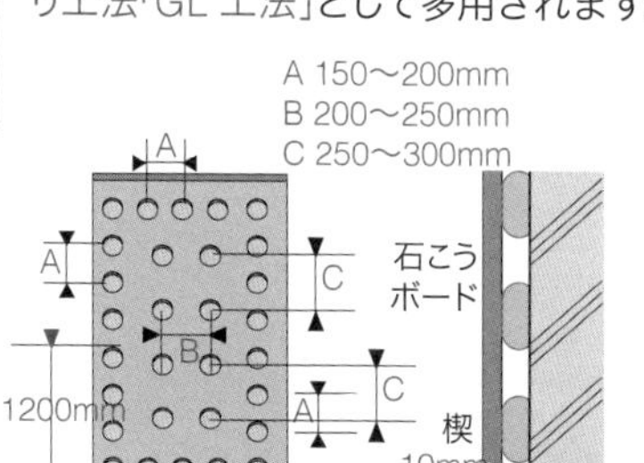

GL工法

補足 省力化の進んだ汎用工法で多用されます。施工の注意点は以下です。

- 下地面の精度を確保し十分乾燥させ、清浄にする。
- RC以外は、プライマー塗布。
- 接着剤は、150〜300mm間隔で、仕上がりの2倍程度の高さをボード面にダンゴ状に塗る。
- ボード下端にスペーサーを置いて10mm程度浮かす。

②石こうボードは、カビ汚れに要注意といいます。

回答 質問①で、非通気性の仕上げを施さないという言葉がありましたが、確かに大きな問題です。下地の水分が高くなりやすく、構成材料がカビに弱いからです（カビの好物→温度・水分・栄養分）。

防カビ工夫

補足 「GL工法」に限らず石こうボード系の防カビ施工の要点は以下です。

- 下地面の汚れを除去・清掃。
- ボードは、湿気の少ないところに置き、シートをかぶせる。
- 軍手は必ずきれいなものを使い、汚れをつけない。

③石こうボードは、曲げられますか？

回答 石こうボードは曲げられます。曲率が大きい場合は、そのまま曲面下地に取り付け、曲率が小さい時は片面の紙を10〜15mm間隔で切り、曲面を形成します。

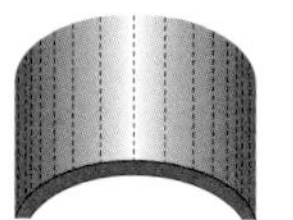
曲面加工

④石こうボード系壁には、遮音壁や耐火壁など高機能システムがあると聞きました。

回答 遮音壁は、厚さの違う厚手のボードを重ね張りし、隙間に吸音材を詰め、スタッドを独立させるなどして、かなりの遮音性能を確保することができます。音漏れ低減のため、壁面周辺部の隙間に弾性シーリング材を充填します。メーカーから各種製品が出ています。

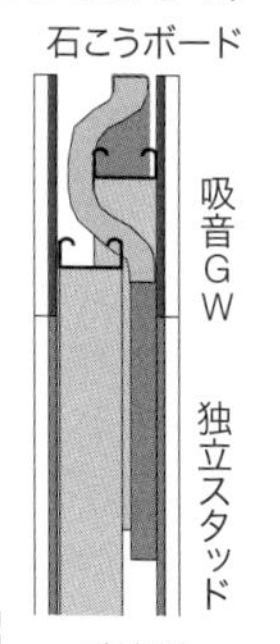

遮音壁

補足 石こうは本来、不燃で伝熱性が高いので、防・耐火壁として使われています。厚いボードを重ね、周囲の隙間を不燃材で充填し、火熱あるいは煙の遺漏を防止するために、ロックウール保温材、岩綿モルタルなどの不燃性で断熱性能をもつ材料を内部に充填します。耐火性能は個別認定されたものを使います。

81 内装床仕上げ

→91

綺麗に精緻に納める !!
- ・下地処理とプライマー選定を徹底的に知る
- ・特殊機能床を押え、適切に選ぶ

ここでは、JASS 26 に示される3施工法の代表工法で、施工の基本を確認する。

1 代表的3施工法（タイル・石・左官を除く）

内装床仕上げには、耐摩耗性・防滑性・意匠性・感触・耐久性・保全性等が要求され、配線や暖房等の機能が加わる。施工方法には、張る床、敷く床、塗る床があり、それぞれ多様な床仕上りシステムがある。

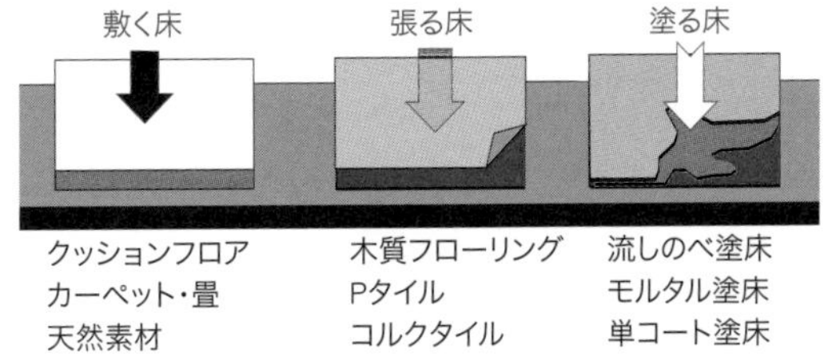

3つの施工法

2 置く床：カーペット（絨毯）置き

種類と特性を表に示す。同類に畳・OAフロア・フリーアクセス等がある。施工要点は、下地不陸・目違い・凹凸部を樹脂モルタルで補修。ドア開閉で擦らぬよう、扉と下地のあきを確認。辺長・対角長、出入口・柱型なども、正確に採寸（型紙準備）する。

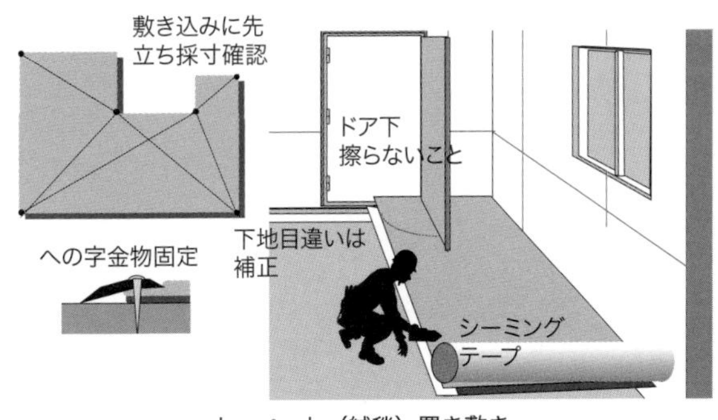

カーペット（絨毯）置き敷き

カーペット（絨毯）置きの種類と特性（JASS 26）

工法		取付材料	カーペット類	施工			備考
				張付け	接合部・周辺部処理		
接着工法	全面張り	接着剤一般形	・タフテッドカーペット ・ニードルパンチカーペット ・コードカーペット	仮敷きカーペットを折り返し、全面に櫛目鏝にて接着剤を塗布。しわ・膨れを伸ばしながら圧着。	接着剤	タフテッドカーペットやニードルパンチカーペットの場合は、接合部処理不要。 歩行量が多い場所は、はく離や損傷防止のため、切断面に接着剤を塗布して補強。 ラバー（発泡）バックのカーペットは、接合断面への接着剤による接合を必ず実施する。	—
		接着剤粘着はく離形	・タイルカーペット	櫛目鏝を用い接着剤を下地に均一に塗布。タイルカーペットは市松張りとし、適切な方法で圧着する。			粘着剥離形接着剤を用いる
	部分張り	接着剤	・タフテッドカーペット ・ニードルパンチカーペット ・コードカーペット	周囲に15～20cm幅で接着剤で固定。ジョイント部に、30～40cm幅で接着剤を塗布し、圧着。	両面接着テープ		—
		両面粘着テープ		周囲、ジョイントに両面粘着テープを張り、カーペットを圧着。			—
グリッパー工法		グリッパーエッジ	・ウイルトンカーペット ・タフテッドカーペット ・アキスミンスターカーペット	下敷フェルトの接合および敷き仕舞は突付けとし、隙間なく敷き込む。グリッパーは、釘・コンクリート釘・接着剤で固定。パワーストレッチャー・ニーキッカーを用いて伸長しグリッパーに固定。	グリッパ	シーミングテープを用い、アイロン仕上げで、接合部裏面を接合補強。適切な加熱と十分な圧着が必要。織カーペットは、継目部を、しつけ糸によって手縫い接合。裁断し、端部パイルのほつれを防止する。加工法は、①縁かがり、②折込み、がある。	下敷き用フェルトを敷く
置敷き工法		—	・段通 ・ウイルトンカーペット ・タフテッドカーペット ・アキスミンスターカーペット ・フックドラグ	裏面にノンスリップ加工されたカーペットを床仕上げの上に置敷き。あるいは、ノンスリップシートを敷き、その上にカーペットを置敷きする。	接着剤 折り込む		床仕上げの上に敷く

3 張る床：高分子床タイル・シート張り

種類と特性を下表に、施工要点を以下に示す。同じ張る床には木質フローリング・縁甲板張りなどがある。タイルは、目通りよく、目違い、空気溜りなく張り付け、ローラーで圧着。表面に出た接着剤を拭き取り、硬化するまで反り上がりを防止する。

施工前に採暖、室温で24時間以上馴染ませ、巻き癖を除き、印刷ものは、接合部で柄合せをして重ね切り。施工後は採暖し、12時間は10℃以上に保温する。くぼみ部は樹脂モルタル塗り、突起部はグラインダー掛けする。床シートは一度に大面積を張れるが、湿気の影響を受けやすいことに注意。出入口際・柱つき床埋込金物廻りは、部位形状寸法に合わせ隙間なく切り込む。

所定櫛目鏝で適量塗布、壁端部しっかり

割付心に沿って張り始める。バチに注意

床タイルの施工

土間床コンクリート

防湿フィルム

接地床の防湿

床シートの施工

高分子床タイル・シート張りの種類と特性（JASS 26）

種類				記号	概要・特性	接着剤 一般工法 水の影響を受けない箇所	接着剤 耐湿工法 水の影響を受ける箇所	接着剤 垂直面工法 垂直となる箇所
床、タイル	ビニル床タイル	半硬質コンポジション床タイル		CT	充填材を大量に含み、硬質で縦筋状流れ模様が主	SBR系酢ビ系溶剤形	エポキシ系	酢ビ系溶剤形
		硬質コンポジション床タイル		CTS	添加量加減で軟性付与。模様を強め、スルーチップ式で外観変化			
		ホモジニアス床タイル		HT	バインダー30%以上。均等単層品・積層品がある	酢ビ系溶剤形		
	ゴム床タイル			—	天然ゴム・合成ゴムが主原料。単層・積層品があり、独自の足触りと耐摩耗性	クロロプレンゴム系溶剤形、ウレタン樹脂変性シリコン系		クロロプレンゴム系溶剤形
	レジンタイル			—	ポリエステル・エポキシ樹脂に充填材を加えテラゾ意匠	クロロプレンゴム系溶剤形		
	コルク床タイル			—	コルク床タイルのうち、表層を塩ビまたはウレタン樹脂で加工	クロロプレンゴム系溶剤形、酢ビ系溶剤形		クロロプレンゴム系溶剤形（両面）
床、シート	ビニル床シート	発泡層なし	単体	NM	均一なビニル層からなる床シート	SBR系酢ビ系溶剤形	エポキシ系	酢ビ系溶剤形
			織布積層	NC	合成繊維裏打ち着色ビニルシート表層			
			不織布積層	NF	NCに加え、ビニル粒等を散布し、柄を出す			
			積層	NO	ビニルシートを裏打ちし、ビニル片・粒などを散布し、柄を出した床シート			
		発泡層タイプⅠ	積層	DO	ビニルスキン層裏打ちし、着色表層と中間発泡ビニル層を複合した機能シート			
			織布積層	DC DF	DCの裏打ち材に、天然、合成繊維等の織布、または不織布としたもの			
		発泡層タイプⅡ	積層	PO PF	ビニルシート・ビニル処理ガラス繊維裏打ち材。表層は透明ビニルで印刷を施し、中間層は発泡ビニルとしエンボスを施す			

六角形や三角形もあります。

接合工法

床シート接合処理

溶接

開先をVカット

塩ビ樹脂系に用いる。専用溶接棒で熱接合後仕上げ

溶接棒による一体化接合

注入 テープ

溶接液

テープと液を削り取る

瞬間接着剤・塩ビ樹脂を有機溶剤で溶解した液で接合

溶接液による一体化接合

専用目地材

テープ

目地材（パテ）詰め

4 塗る床：塗床塗り

塗る床には左官系の（着色）セメントモルタル塗り・散布仕上げがあるが、ここでは合成樹脂・ウレタン系の流しのべ工法・樹脂モルタル工法を紹介する。

流しのべ工法は、養生期間は5℃で2～3日、20℃で12～24時間とし、施工可能温度は5℃～35℃。金鏝で1～3mm厚に塗布し、自己流動で平滑性を形成。流動性は温度影響を受けやすい。調整溶剤が強度発現の妨げとなるので指定量を厳守する。

- 下地表面強度1N/mm^{2}以上、コンクリート・モルタル下地養生は、夏3週間、冬4週間以上とする。
- 乾燥度現場簡易判定（右図）も活用。
- 適正粘度・可使時間を保つため、保管・作業時気温は20～25℃が最適。
- 結露発生時、RH85%以上では作業中止。
- 施工後、湿気上昇箇所は防湿層を設置。

乾燥度試験紙の変色判定

粘着テープ

乾燥度試験紙

下地の管理（両工法共通）

樹脂モルタル工法は、厚みが自由に調整でき、下地に不陸があっても平坦に仕上げられる。骨材は、作業性・強度を考慮し、既配合される。

効率向上のため、機械ごて施工も開発中である。

樹脂モルタル工法は
耐薬品性などに優れ、
研究室の床などに使われます。
下地不陸の許容
限度0.5mm以下
・可使時間・オープンタイム遵守
・塗重ね・塗継ぎ最大間隔は夏2日、冬4日、春秋3日
・下地不陸許容2.5mm以下
ウレタン系塗床
流しのべ工法
ウレタン系塗床
樹脂モルタル工法

高分子系塗床の種類と特性（JASS 26より抜粋）

材料	名称			ウレタン樹脂系	エポキシ樹脂系	メタクリル樹脂系
材料	主な用途			事務所・倉庫・防塵床など	工場・研究実験室・倉庫・防塵床など	厨房・冷凍倉庫・各種工場など
工法・工程	流しのべ工法 ペースト状樹脂を厚く流しのべ	断面図（上塗／下塗ペースト／プライマー／下地） 特徴： ・膜厚の管理が重要となる ・平滑で美観性がよい ・耐薬品性・耐摩耗性がよい	名称	ウレタン樹脂系塗床	エポキシ樹脂系塗床	メタクリル樹脂系塗床
			工程1	ウレタン樹脂プライマー（0.2～0.3kg/m^2）	エポキシ樹脂プライマー（0.15～0.2kg/m^2）	メタクリル樹脂プライマー（0.3～0.5kg/m^2）
			工程2	ウレタン樹脂ペースト（1.0～1.5kg/m^2）	エポキシ樹脂ペースト（1.0～2.0kg/m^2）	メタクリル樹脂ペースト（3.0～5.0kg/m^2）
			工程3	ウレタン樹脂ペースト（1.0～1.5kg/m^2）	エポキシ樹脂ペースト（0.8～1.2kg/m^2）	メタクリル樹脂トップコート（0.25～0.3kg/m^2）
			工程4	ウレタン樹脂トップコート（約0.3kg/m^2）		メタクリル樹脂トップコート（0.25～0.4kg/m^2）
			工程5			
			参考厚	1.5～2.5mm	1.5～2.5mm	2.0～3.0mm
	樹脂モルタル工法 モルタル状の樹脂を鏝で厚く塗る	断面図（上塗／樹脂モルタル／下塗／プライマー／下地） 特徴： 耐荷重性 耐衝撃性・耐摩耗性・耐薬品性・耐熱性がよい	名称	ウレタン樹脂系樹脂モルタル床	エポキシ樹脂系樹脂モルタル床	メタクリル樹脂系樹脂モルタル床
			工程1	ウレタン樹脂プライマー（0.2～0.3kg/m^2）	エポキシ樹脂プライマー（0.15～0.2kg/m^2）	メタクリル樹脂プライマー（0.3～0.5kg/m^2）
			工程2	ウレタン樹脂モルタル間結合材（0.3～0.4kg/m^2） ウレタン樹脂モルタル（10～15kg/m^2）	エポキシ樹脂モルタル間結合材（0.3～0.4kg/m^2） エポキシ樹脂モルタル（8.0～10.0kg/m^2）	メタクリル樹脂モルタル（7.0～10.0kg/m^2）
			工程3	ウレタン樹脂ペースト（0.4～0.5kg/m^2）	エポキシ樹脂ペースト（0.3～0.5kg/m^2）	メタクリル樹脂トップコート（0.25～0.3kg/m^2）
			工程4	ウレタン樹脂ペースト（1.0～1.2kg/m^2）	エポキシ樹脂トップコート（0.8～1.3kg/m^2）	メタクリル樹脂トップコート（0.25～0.4kg/m^2）
			工程5	ウレタン樹脂トップコート（0.3～0.4kg/m^2）		
			参考厚	10.0～15.0mm	5.0～6.0mm	4.0～6.0mm
	コーティング工法	施工が簡単で安価。耐熱性・耐薬品性・耐摩耗性に劣る。水回りには使えない	塗膜厚さは1mm以下と薄く、仕上がり状態も下地の凹凸が出るなどの理由であまり多用されない。日本建築学会標準仕様書では適用外とされている。			
	ライニング工法	耐衝撃性・クラック性・防水性に優れ、耐熱性・薬品性が向上	化学薬品工場、実験室、めっき工場など重防食性や防水性が要求される床、排水溝、貯液槽などの内面に用いられる。非常に過酷な条件での採用が多いので、日本建築学会標準仕様書では適用外とされている。			

Q

①置く床の中で、フリーアクセス・OA フロアは高機能システム床として重要です。

A

フリーアクセスフロアは、当初、電算機室の揚げ床としてシステム化されました。その後事務所ビル OA 化に対応し、配線収容薄型、配管・ダクト・ケーブルを収容できるシステム床も開発され、メーカー、素材、支持方法も多様です。

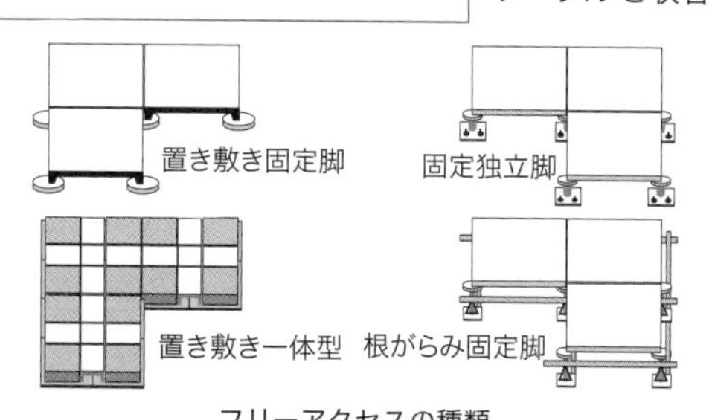

フリーアクセスの種類

補足

床パネルが、必要に応じ、管・線などをいつでも容易に収納・更新・取り外しできる機能が建材として要求され、そのアクセス開口や仕掛けも必要です。

施工のポイントは、強度（耐荷重・耐震）と精度の確保につきます。接着方法、脚などの固定、墨の精度、周辺との取り合いが管理項目です。

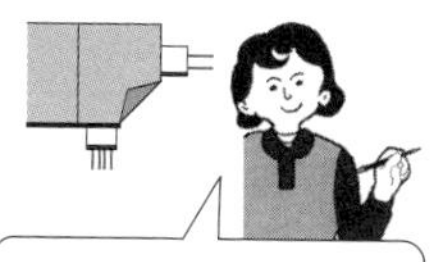

薄型テープ状の電線を敷設した、アンダーカーペットもあります。

②床には、化学薬品や摩耗作用など過酷な使用状況が考えられます。塗床では、樹脂・工法の使い分けがありますが、タイル・シートでも対応できますか？

下表の特殊機能床タイル・シートがあります。接着剤・性能測定法など、システム化されています。

特殊床タイル・シートの種類（JASS 26）

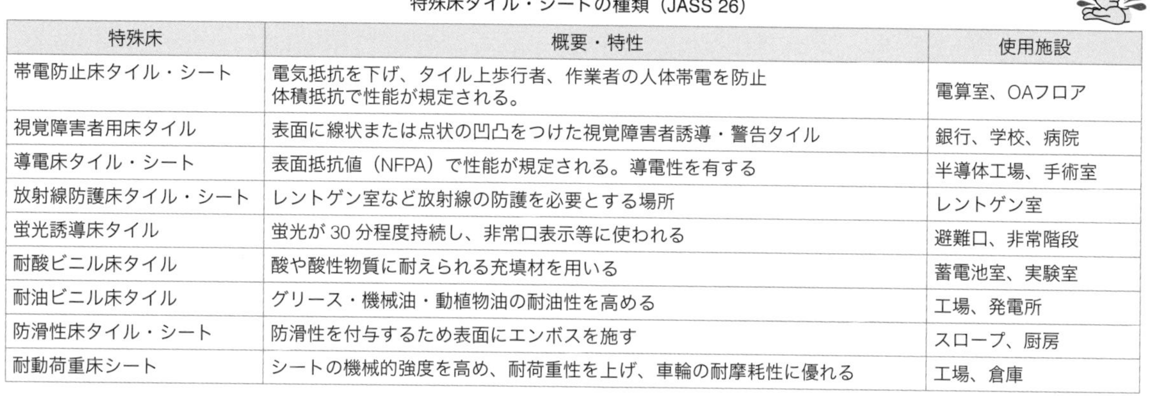

特殊床	概要・特性	使用施設
帯電防止床タイル・シート	電気抵抗を下げ、タイル上歩行者、作業者の人体帯電を防止 体積抵抗で性能が規定される。	電算室、OAフロア
視覚障害者用床タイル	表面に線状または点状の凹凸をつけた視覚障害者誘導・警告タイル	銀行、学校、病院
導電床タイル・シート	表面抵抗値（NFPA）で性能が規定される。導電性を有する	半導体工場、手術室
放射線防護床タイル・シート	レントゲン室など放射線の防護を必要とする場所	レントゲン室
蛍光誘導床タイル	蛍光が 30 分程度持続し、非常口表示等に使われる	避難口、非常階段
耐酸ビニル床タイル	酸や酸性物質に耐えられる充填材を用いる	蓄電池室、実験室
耐油ビニル床タイル	グリース・機械油・動植物油の耐油性を高める	工場、発電所
防滑性床タイル・シート	防滑性を付与するため表面にエンボスを施す	スロープ、厨房
耐動荷重床シート	シートの機械的強度を高め、耐荷重性を上げ、車輪の耐摩耗性に優れる	工場、倉庫

③塗床は、自体の強度が高いので、リフトアップを起こしやすく、プライマーが大切だと思いますが、どんな種類がありますか？

回答

プライマーは、低粘度溶液で、悪さをもつ下地表面を改善し、塗床材の付着力を保持します。特殊プライマーには右記のようなものがあります。これらの機能・効果をよく知り、使いこなすことが大切です。

①低強度コンクリート浸透性プライマー
②湿潤面用容プライマー
③油潤面用プライマー
④鋼板面用プライマー
⑤アスコン面用プライマー
⑥高接着性プライマー

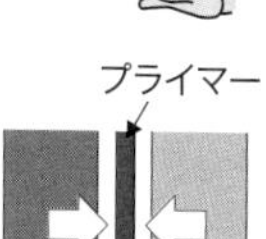

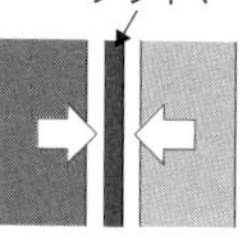

82 建築用仕上げ塗材とセメントモルタル壁下地

→91

砂の吟味と塗り厚の管理が重要

・ひび割れ・浮きを防ぐ技術要点
・必要精度と精度確保の勘どころ
・混和ポリマーの使い分け

1　仕上げ塗材下地のセメントモルタル塗り

建築用仕上げ塗材との組合せを考え、仕上がり精度を十分に考慮し、金ごて、木ごて、はけ引きの3種類から選択する。建築用仕上げ塗材仕上げ用の壁仕上げ下地の調合と施工のポイントを以下に示す。

現場調合モルタルの標準配合

工程	セメント	砂	混和材	混和剤	
				セメント混和用ポリマー	保水剤
下塗り	1	2.5	0.15～0.2	適量	適量
中塗り・上塗り	1	3	0.1～0.3	適量	適量

塗装前に下地面を清掃。施工前日または当日に、吸水調整材を塗布するが、接着剤を塗る時は不要。下塗りは鏝で十分塗付け、鏝むらを防ぐ。仕上げ厚は25mm、1回塗厚は6mmを標準、9mmを限度とする。中塗り前に、隅・角・ちり廻りを定規塗りし、下塗り上に平坦に塗る。上塗りは、下付け後、水引き具合を見て上付けし、面・ちり廻りに注意して仕上げる。塗厚が大きい時、あるいはむらが著しい時は、むら直しを行い、14日以上放置する。金鏝仕上げは、定規ずり、木鏝均し後、金鏝で押える。

外壁は、各階打継ぎに横目地を、2.5～3m程度に縦目地を設ける。ひび割れ誘発目地は、モルタル層目地と重ねる。エキスパンションジョイント、異種下地接合部などには目地を設ける。ひび割れ誘発目地の室内側のモルタル壁にも縦目地を設ける。

外装薄塗り仕上げ下地のセメントモルタル塗り施工

2　建築用仕上げ壁塗材

セメントモルタル塗り仕上げ下地に、鏝・ローラーブラシで模様付けし、左官仕上げの質感とするのが建築用仕上げ塗材である。

JASS 15（左官仕事）で取り上げているのは下表の通り。

仕上げ塗材の種類（JASS 15）

種類		呼び名
薄付け仕上げ塗材	外装合成樹脂エマルション系薄付け仕上げ塗材	外装薄塗材E
	内装合成樹脂エマルション系薄付け仕上げ塗材	内装薄塗材E
	内装セメント系薄付け仕上げ塗材	内装薄塗材C
	内装消石灰・ドロマイトプラスター系薄付け仕上げ塗材	内装薄塗材L
	内装水溶性樹脂系薄付け仕上げ塗材	内装薄塗材W
厚付け仕上げ塗材	外装セメント系厚付け仕上げ塗材	外装厚塗材C
	内装セメント系厚付け仕上げ塗材	内装厚塗材C
	外装合成樹脂エマルション系厚付け仕上げ塗材	外装厚塗材E
	内装合成樹脂エマルション系厚付け仕上げ塗材	内装厚塗材E
	内装消石灰・ドロマイトプラスター系厚付け仕上げ塗材	内装厚塗材L
	内装石こう系厚付け仕上げ塗材	内装厚塗材G
軽量骨材仕上げ塗材	こて塗り用軽量骨材仕上げ塗材	こて塗り用軽量塗材

代表的な、「外装薄塗り仕上げ材E」の工程を下表に示す。下塗りは、下地をよく清掃し、だれ、塗残しのないように均一に、主材塗りは、一定の塗り厚で指定量を1～2回で塗り付ける。

模様付け・凸部処理は、見本の模様に仕上がるよう、鏝またはローラーで押えて仕上げる。

外装薄塗材Eの工程（JASS 15）

工程	材料	調合（質量比）	所要量（kg/m^2）	塗り回数	間隔時間（h）		
					工程内	工程間	最終養生
下塗り	外装薄塗材E下塗材	100	0.1～0.2	1	ー	3以上	ー
	水	製造業者指定	ー				
主材塗り	外装薄塗材E下塗材	100	0.6～3.0	1～2	2以上	0.5以内	ー
	水	製造業者指定	ー				
模様付け	こてまたはローラー	ー	ー	ー	ー	ー	24以上

Q

内装担当
工事係員

A

①細かい砂で富調合なほど鏝伸びがいいのですが、乾燥収縮が大きくなるのですか?

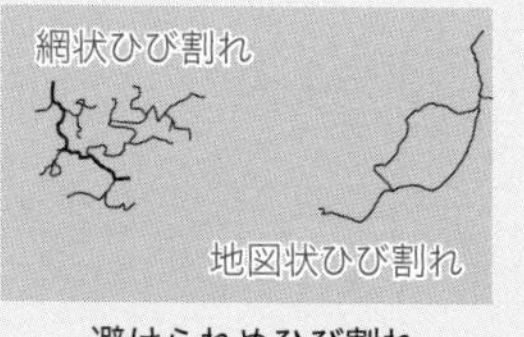

避けられぬひび割れ

回答

水の量が過剰なほど、乾燥して収縮します。この余分な水を減らすため、砂の粒度に注意し、施工性の許す範囲で粗い最密充填の砂を用い、減水剤やセメントポリマーを混和することで、鏝伸び性を良くします。

補足

同じ砂粒で構成すれば、砂径にかかわらず水の締める空隙比率は同じですが、最適に混じった砂は空隙の割合が減ります。また細かい砂ほど表面に水がつくので水量が多くなります。粗めの砂で、うまく粗細が混じった砂を選びます。実際は、既調合モルタルを使うことが多いです。

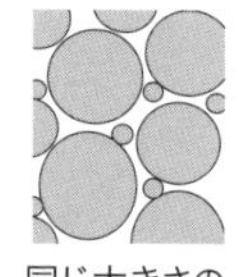
同じ大きさの粗い砂

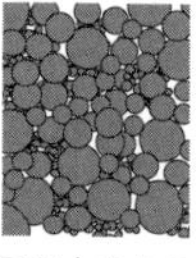
同じ大きさの細かい砂

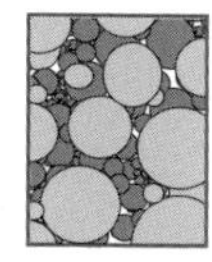
大きさが適度に混じった粗めの砂

好ましくない砂　よい砂

②塗り工程では、下地側から富調合から貧調合へ、塗り厚は次第に薄くせよといいます。なぜですか?

回答

1回の塗り厚を薄くし(JASSでは6mm以内)、下地コンクリート側から富→貧調合となるように十分乾燥ひび割れを出させて塗り重ねるのが原則です。

補足

下地側ほど富調合（強度を大きく）とし、上に塗られるほど貧調合にします。これは、収縮したモルタル層の界面を剥離させる力が下層ほど増大するため、下層ほど接着強度を大きくし、バランスをとることで抵抗する最良の方法です。

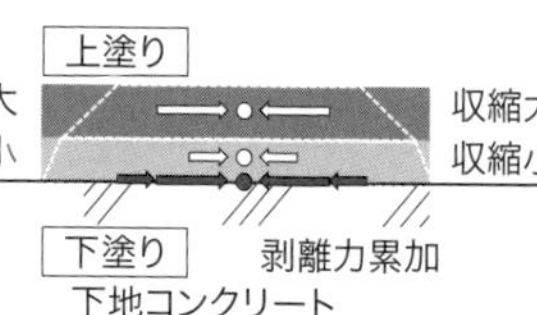

浮きやすい塗り層

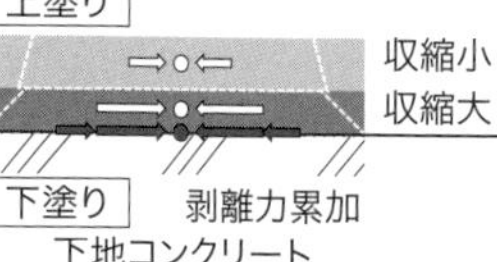

浮かない塗り層

③じゅらく壁・京壁など土ものの仕上げ塗材は繊細です。下塗りがセメントモルタル塗りで問題ないですか?

回答

内装薄塗材Wは、繊維壁・じゅらく壁・京壁などの土ものの質感を持つ塗材で、高級感を醸す仕上げです。過去、カビが生じたり、水分で劣化することもあったようです。セメントモルタル塗り下地では「耐アルカリ試験合格」、耐湿性を必要とする場所で使う場合、「耐湿性試験合格」「かび抵抗性試験合格」の表示があるものを用いてください。

④セメントモルタル塗りの塗付け後の養生はどうしますか?

回答

水和反応ですから、初期養生は重要。塗厚が薄いと、さらに不利です。硬化後、最低2～3日間は、ポリエチレンフィルムなどで覆い、湿潤状態で養生することが必要です。

補足

屋内仕上げでは、ガラスを入れ通風乾燥を避けます。外壁では日照による急乾燥、凍結を防ぐため、作業前に足場をシートで覆い作業します。
冬期は気温低下に注意し、暖かい日に作業し、終了時間を早めます。

83 陶磁器質内壁タイル張り

→ 5 70 82

上手な納まりと高精度確保がポイント

- 工法と下地、タイルの最適な組合せを確保
- モザイクタイル工法・内装有機系接着剤工法の工程は使用例が多く確実に押える
- 下地ボードの選定ポイント・目地の知識を知る

1　陶磁器質内壁タイル張り工法

内壁タイル張りは、多様な意匠性を目通りで表現するため、剥落安全性に加えて、高精度・精緻な納まりが要求される。JASS19 にある工法を以下に整理している。下地は、乾式のボード・ALC などが多く、内装有機系接着剤工法の採用例が多い。ここでは、モザイクタイル張り工法と、2例（赤枠）の要点を次頁に記す。

内壁タイル張り工法と適用下地一覧

分類		セメントモルタルによるタイル後張り工法					有機系接着剤によるタイル後張り工法
タイル張り工法	工法	密着張り	改良圧着張り	改良積上げ張り	モザイクタイル張り	マスク張り	
	工法概要	張付けモルタルを下地に塗り、軟らかいうちに振動工具で振動を与え、埋め込むように張る。	モルタル下地に、張付けモルタルを塗り、軟らかいうち、タイル裏面に同じモルタルを塗って張る。	タイル裏面に張付けモルタルを、所定の厚さに塗り、モルタル下地面に壁タイルを張り付ける。	張付けモルタルを下地に塗り、直ちにユニットモザイクタイルをたたき押えて、壁に張る。	ユニットタイル裏にマスクを乗せモルタルを塗り、マスクを外して下地にタイルをたたき押えて張る。	有機系接着剤を下地面に塗り、これにタイルをもみ込み、たたき押えて張る。
	図解	振動工具 2〜5mm	モルタル 5〜8mm	モルタル 7〜12mm	2〜3mm 剥離	マスク 2〜3mm 反転	有機系接着剤 1〜2mm
接着可能な下地とタイルの大きさ		コンクリート下地直張り →100角以下 モルタル下地壁 →小口平 二丁掛 100角	コンクリート下地直張り →100角以下 モルタル下地壁 →小口平 二丁掛 100角	モルタル下地壁 →小口平・二丁掛 100角・200角 三丁掛・四丁掛	コンクリート下地直張り →50二丁以下 モルタル下地壁 →50二丁以下	モルタル下地壁 →50二丁以下	・モルタル下地壁 ・リブ付き押出成形セメント板 ・ALC パネル素地 ・ポリマーセメントで不陸調整した ALC パネル ・ボード類 →300角以下 50二丁以下
接着不可能な下地とタイルの大きさ		・リブ付き押出成形セメント板 ・ALC パネル素地 ・ポリマーセメントで不陸調整した ALC パネル ・ボード類 →すべてのタイル	・リブ付き押出成形セメント板 ・ALC パネル素地 ・ポリマーセメントで不陸調整した ALC パネル ・ボード類 →すべてのタイル	・コンクリート下地直張り ・リブ付き押出成形セメント板 ・ALC パネル素地 ・ポリマーセメントで不陸調整した ALC パネル ・ボード類 →すべてのタイル	・リブ付き押出成形セメント板 ・ALC パネル素地 ・ポリマーセメントで不陸調整した ALC パネル ・ボード類 →すべてのタイル	・コンクリート下地直張り ・リブ付き押出成形セメント板 ・ALC パネル素地 ・ポリマーセメントで不陸調整した ALC パネル ・ボード類 →すべてのタイル	・コンクリート下地直張り →すべてのタイル
備考		50二丁（45二丁）45mm×95mm、小口平 60mm×108mm、二丁掛 60mm×227mm					

2 モルタルによるモザイクタイル張りの工程

（前頁表赤枠囲い工法／セメントモルタル下地）

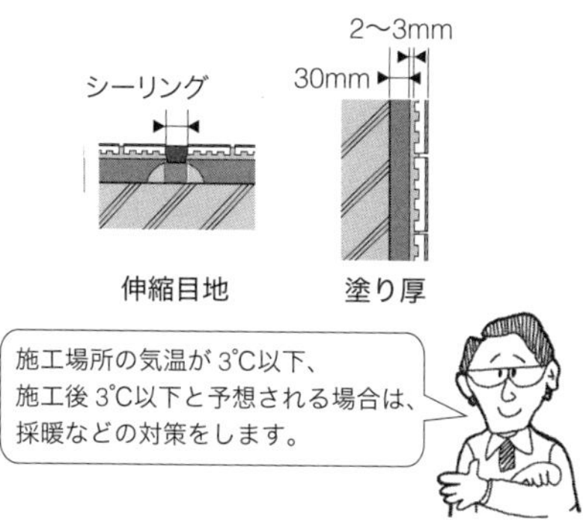

①吸水調整剤塗り

下地の汚れや浮きを確認。吸水調整剤（界面活性・増粘効果によるワーカビリティ改善・保水性向上を目的に使用）の希釈率と塗布量を遵守する。

②機械練り

接着力・凍結融解抵抗向上、ドライアウト低減目的に混和用ポリマーを使用し練り上げる。

③しごき塗り（下塗り）

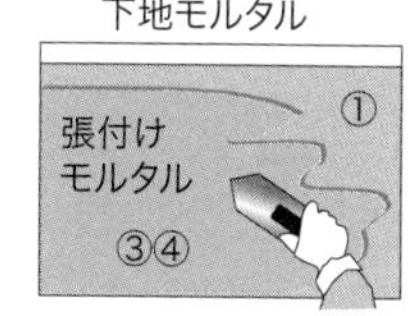

張付けモルタルは必ず二度塗りとし、1 回 3m² 以内を鏝圧をかけて、しごくように塗り付ける。

④上塗り

塗り厚目安は 3 ～ 5mm とする。

⑤タイル張付け

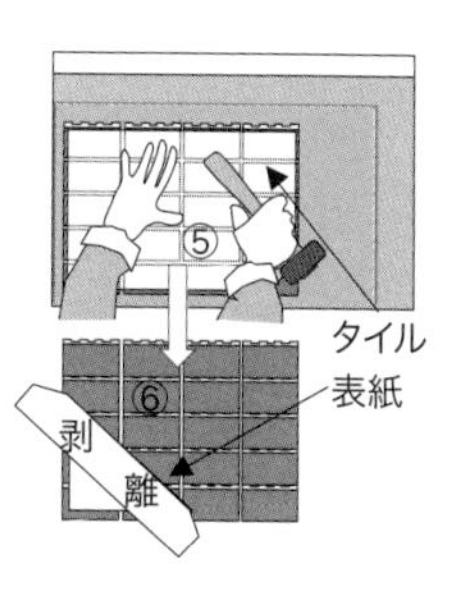

目地部にモルタルをはみ出させる。目地部の表張りが濡れるまでタイル裏あしの張付けモルタル充填を確実に行う。張りながらユニットタイル間目地の間隔調整を行う。

⑥表張りはがし

表紙をはがした後、糊を拭き取る。この後目地調整はしない。目地を合わせるためにタイルを動かすと接着性を損なう。

⑦目地清掃

タイルを動かさずに目地部分の汚れを拭き取る。

3 内装有機系接着剤タイル張りの工程

（前頁表赤枠囲い工法／ボード下地）

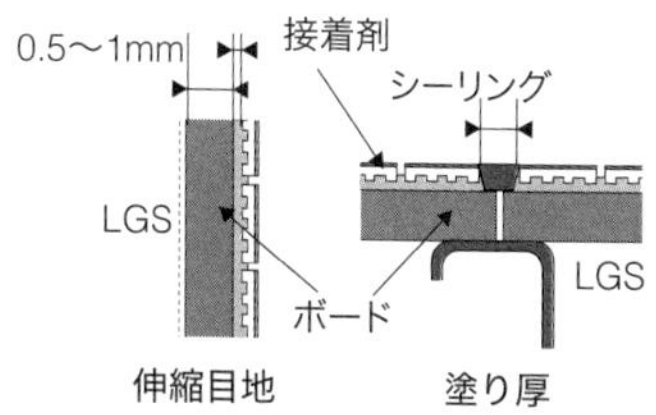

①接着剤準備

一液反応硬化形は必要量のみ取り出し、二液反応硬化形は、主材と硬化剤を十分に練り混ぜ、可能時間内にタイルを張り終えるよう計量する。接着剤は、JIS A 5548（2003）に適合する合成ゴムラテックスなどの一液反応硬化形、エポキシ反応硬化形などから、また耐水性を考慮して3タイプから最適なものを選択する。

JIS 適合していればホルムアルデヒド区分は F ☆ ☆ ☆ ☆である。練混ぜ不良が品質不具合につながるので管理には特に注意する。

②接着剤塗付け

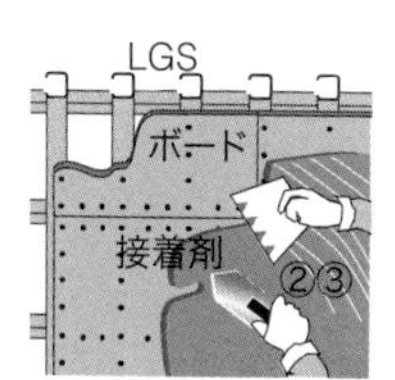

鏝圧をかけ接着剤を平坦に塗り付ける。接着剤厚さは 3mm 程度だが、タイルと接着剤の最適厚さがあり、製造社指定の櫛目鏝を用いる。

③櫛目立て

櫛目鏝を壁面に対し 60° を保ち櫛目を立てる。

④タイルのもみ込み

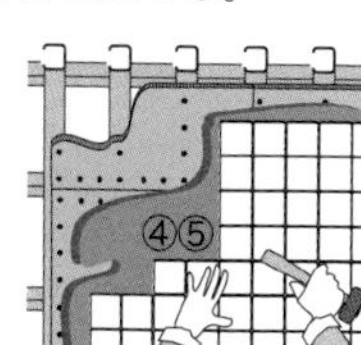

しっかり力を加えて、ずれないように押し付ける。

⑤たたき押え

たたき板でたたき押える。

4　タイル張り下地のボード

内装の乾式化にともない、ボード下地にタイルを張る場合が増えている。ここで、タイル張りに用いられるボードの選定と施工について確認する。下表は、よく用いられる各種ボード類の性状を比較したものである。

乾燥収縮や吸水寸法変化が小さく、湿気の少ない環境では最適なため、石こうボードが多用される。石こうボードはボード目地を跨いで張っても支障はない。表面強度が小さく、タイルの接着力で、石こうボードの表面紙がリフトアップを起こさないようにするには、可撓性・弾性が大きく、モジュラスの小さい有機系接着剤しか使えず、かつ最適な組み合わせである。

タイルは、本来水掛かりに用いる建材なので、ザアザア水を掛けなければ、それなりに対応する仕様が用意されている。

湿りやすい壁にはシージング石こうボード（耐水石こうボード）を用い、ボード切り口に防水処理を施し、床面に接するところは、5 ～ 7mm 程度の隙間を設ける。

他の堅牢な下地とは
違う特性を理解しよう。

タイル下地ボードの適性

種類	耐水性	表面強さ	乾燥収縮	吸水寸法変化	使用箇所
石こうボード	× 劣る	小さい	小さい	小さい	乾燥箇所
ケイ酸カルシウム板（かさ比重 1.0）	○ 優れる	中位	中位	中位	水掛かり箇所 乾燥箇所
フレキシブル板（かさ比重 1.0）	○ 優れる	大きい	大きい	大きい	水掛かり箇所 乾燥箇所

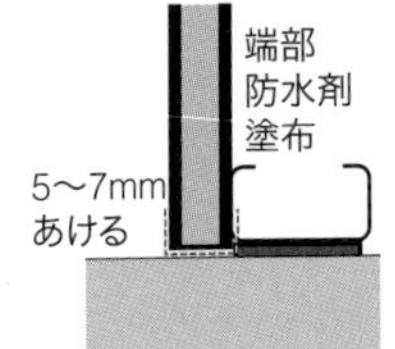

石こうボード耐水処理例

基本的に、ボードのジョイントは突き付けとし、タイルの目地を割付けでボード目地とし、弾性シーリングとするのが理想である。

石こうボード以外のボードを用いて目地を跨いで張る場合は、ムーブメントが大きく、割れ・浮きにつながるので、ボード表面に接着性のよいゴム状の防水シートを張ってからタイルを張る方法が安全である。

内装有機系接着剤張りに用いられる石こうボードの種類は下表の通りである。

ガラス繊維ネット入りセメントボードも、耐水性が高くよい材料である。

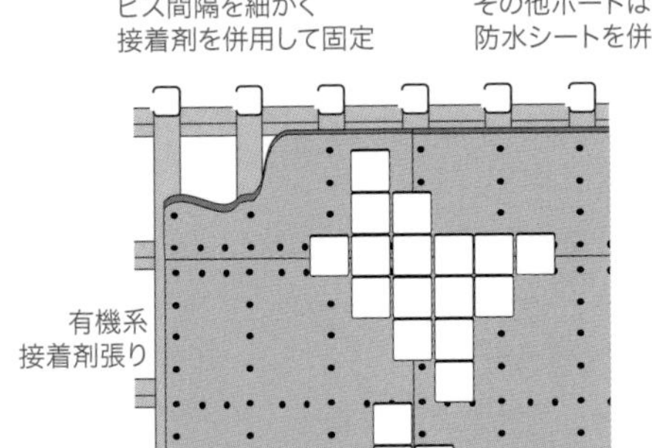

ボード類へのタイル張り

→80

石こうボードが最適、
水廻りには耐水石こうボードを
使う!!

内装有機系接着剤張りに用いる石こうボード

種類	概要
石こうボード（GB-R）	石こうを心材として両面および長手小口をボード用原紙で被覆したもので、普通ボードともよぶ。
シージング石こうボード（GB-S）	両面のボード用原紙と石こうの心材に防水処理を施したもので、一般の石こうボードに比べ吸水時の強度低下、変形が少ない。
強化石こうボード（GB-F）	芯材の石こうに無機質繊維などを混入したもので防火性が高い。
不燃積層石こうボード（GB-NC）	ボードの表紙に不燃性のボード用原紙を用いたもので、表面を化粧加工したものもある。

Q タイル工

①タイル目地モルタルの機能と施工法を教えてください。

回答

A 工事主任

密実充填された目地モルタルは、膨張発生せん断力を緩和し、界面疲労を和らげ、剥離を防止します。
目地が深いと、タイル端部界面に応力が集中し、せん断力を緩和できません。目地深さは、タイル厚の1/2以下まで充填します。

技術部課長

目地モルタルは、雨水を防ぎ、下地・張付けモルタルの吸水・乾燥挙動を抑えます。
目地幅は、小口・二丁掛で6～10mm、三・四丁掛で8～12mm、50二丁以下で5mmが標準です。
下図の施工法があります。

目地を含めたタイル表面に、ゴム鏝でモルタルを全面に塗り込み、詰め忘れやピンホールがないか確認しながら拭取ることで目地詰めが完成する。伸縮目地には塗り込まないようにする。特殊な面状や、タイル含水率が高いラスター釉の虹彩などは不具合を生じやすいので注意。

塗り目地

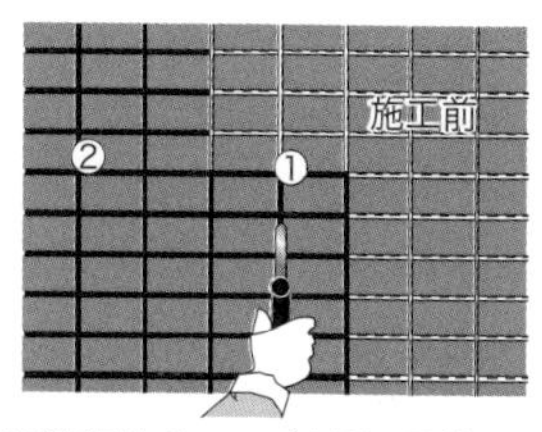

目地鏝やチューブを用い目地にモルタルを詰め込む。
チューブの場合、細い目地幅には施工できない。
伸縮調整目地には目地モルタルを塗り込まないように注意する。

一本目地

②煉瓦のような暗色床タイルでは、白華現象が目につきやすく困っています。

回答

吸水性の高いタイルを用い、セメントモルタル後張り工法で張る場合には、白華が出やすく、特に気温の低い冬期施工では注意が必要です。
下地の排水機能・水勾配を適切に取るほか、裏面に撥水処理を行うこと、目地の密実な施工が有効です。

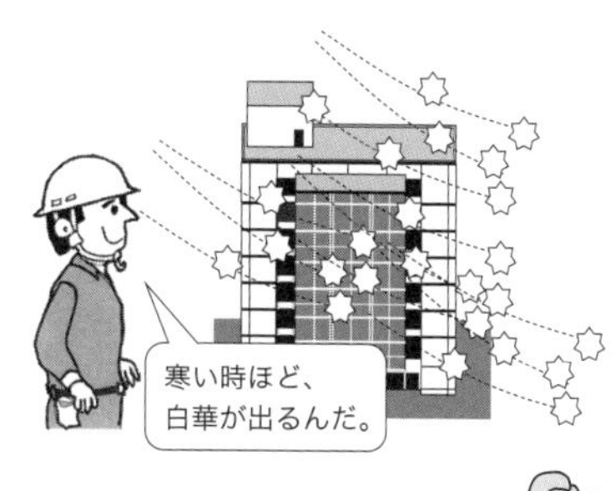

補足

吸水性の大きなタイルを、敷きモルタル張りのように湿式施工した場合に生じます。
裏面水分を吸い上げ、表面で乾燥し、材料中の遊離石灰をタイル表面に白華結晶として固着させます。

→91

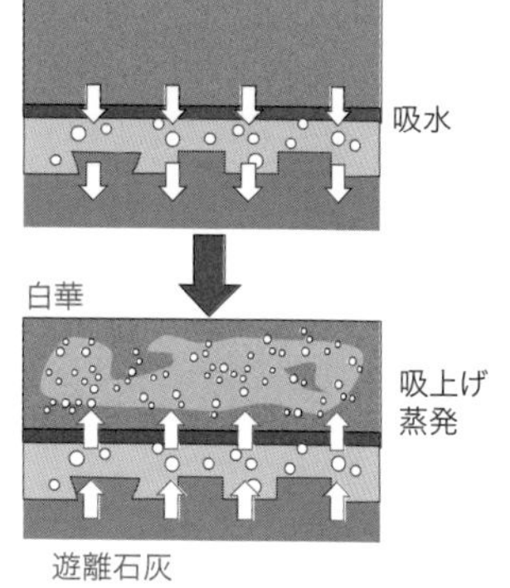

白華現象

MEMO

白華現象
水に溶けだした原因物質が表面に出て、空気中の二酸化炭素が溶け込み、カルシウムイオンと反応し、白華の主成分である炭酸カルシウムができることです。エフロレッセンスともいいます。

84 セメントモルタル塗り床下地

→34

> 下地の清掃！
> ・ひび割れ・浮きを防ぐ技術
> ・必要精度と精度の確保
> ・混和ポリマーの使い分け

モノリシック工法（直押え）が多い中で、高い面精度が必要な場合にセメントモルタル塗りが採用される。本来床下地は、薄い塗厚で、調合は富から貧・時間間隔を確保した上で、乾燥収縮を開放して塗り重ねたい。しかし諸工程の作業床となるため、ゴミなど汚れが付きやすい、傷みやすい、時間がかけられない…などの理由により、厚塗り系の仕様になっていることが多い（重力に逆らわないので剥落危険がなく、施工時、付着面に重量がかかるのは有利）。

1　工程と調合

塗り厚とモルタルの種類により、1回塗り工法と2回塗り工法から選択する。下塗りの塗り厚は上塗りが15 mm程度になるように調整し、1回の塗り厚が8mm以上になる場合は2回に塗り分ける。

2　施工

金鏝押えは、塗り・張り床・カーペット下地に使い、木鏝押え・刷毛引きは、石・タイル・テラゾ・人造石・畳・二重床の下地とする。伸縮目地は設けない。

天端定規は線状木目地を1.5～2.5m間隔とし、モルタルだんごで先に固定する。壁際はあたり定規方法、薄ベニヤやプラスチック材先張り法、周辺部ちり回りモルタル方法がある。定規類は高さ決定後はずしモルタル埋め。下地ひび割れは、樹脂モルタルやポリマーセメントペーストで補修し、レイタンスや脆弱部、油汚れ・ゴミを高圧水洗浄・サンダーなどで清掃除去して、被着面に専用の接着剤を塗布する。

つけ送りは、塗り厚9mm以内で、十分乾燥してから次のつけ送りを施す。

櫛目を付け、2週間以上おき、乾燥ひび割れを生じさせる。総塗り厚が25mmを超える場合、鋼製金網取付け、繊維ネットとアンカーピンを併用する。下ごすりは、鏝に圧力を掛けてすり込む。

乾燥後、セメントペーストアマ掛けしデッキブラシでしごき、硬練りモルタルを追いかけ塗りし、下ごすりが硬化する前の、生乾きのうちに下塗りを塗り付ける。さらに定規ずりし、締まり具合を見て木鏝でむらを取り除き、表面に櫛目を付ける。下塗り後3日以上経過したら上塗りをする。粗均し→定規ずり→木鏝均し→金鏝磨き、の順で十分に鏝磨きする。過度に磨くと表面にペーストが浮き上がり亀甲状ひび割れが出やすい。仕上げ後5日程度は、傷や汚損などが生じないよう載荷歩行を禁止し、湿潤養生する。

定規と下地処理

上塗りと鏝磨き

仕上げ下地２回モルタル塗りの工程（１回塗り赤文字のみ）

工程	材料		調合（容積比）	所要量（kg/m^2）	塗り厚（mm）	塗り回数	間隔時間		
							工程内	工程間	最終養生
吸水調整材塗り	吸水調整材		100	0.1～0.2	—	1～2	1時間	1日	—
	水		製造業者指定による						
下ごすり	既調合材		100	—	2	1	—	半渇き	—
	セメント混和用ポリマー＊1		製造業者指定による						
	水		適量						
下塗り	既調合材		100	—	製造業者指定による	1～2	製造業者指定による	製造業者指定による	—
	セメント混和用ポリマー＊1		製造業者指定による						
	水		適量						
上塗り	既調合材		100	—	製造業者指定による	1	—	—	14日以上
	セメント混和用ポリマー＊1		製造業者指定による						
	水		適量						

＊1　良質細骨材が不足により、品質が均一な既調合モルタルが多用される。

Q 左官工 職長

A 内装担当 工事係員

技術部 課長

①樹脂モルタルとかポリマーディスパージョンなど、用語がわかりにくいです。

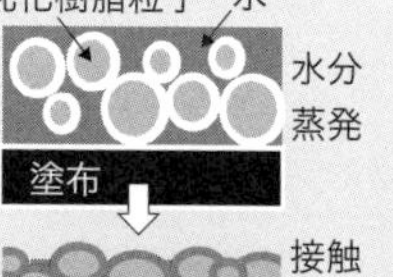

エマルションの意味

回答 ポリマー混和剤は、下地吸水を防ぐ「吸水調整材」、ドライアウトを防ぐ「保水材」、接着力を発揮する「接着補強材」があり、モルタルの総合物性を高めますが、いずれも「混和型ポリマー」が使い分けられます。

補足 「混和型ポリマー」には、ディスパージョンと再乳化形粉末樹脂があり、よく使われる前者は、セメント混和用ゴムラテックスとスチレンブタジエンゴム（SBR）が、後者は、ポリエチレン酢酸ビニルエマルション（EVA）・ポリアクリル酢酸エステルエマルション（PAE）が、JASS 15で、それぞれ推奨されています。

②モルタルを練って、運び込むのに手間がかかりますが、品質上重要です。基本的な注意点を教えてください。

回答 練り混ぜは均一に行うため、モルタルミキサーを使用します。
ミキサー混和は多量の空気を連行しがちで、接着不良・強度不足などの原因となり、長時間練り混ぜてはいけません。練り混ぜから塗付けまでの時間（可使時間）は1時間程度とし、1時間以上経過したものは、使用禁止です。

補足 混和剤が混入されたモルタルの中には、可使時間が30分程度のものもあるので留意してください。

③高強度コンクリート下地で、特別注意することはありますか？

回答 高強度コンクリートは、表面が緻密化し、モルタルの接着性に影響を与えます。高圧洗浄をすることで、目荒しなどによる下地の処理をします。

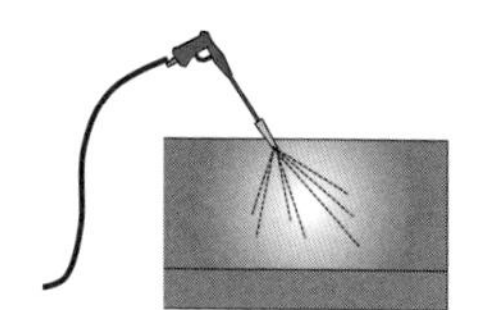

④最終仕上げの種類に応じ、下地モルタルとして必要な床精度は、規定がありますか？

回答 適用する床仕上げ材に応じ、所定の精度を確保する必要があります。

下地モルタルの平坦さの基準（JASS 15）

下地表面の平坦さの程度	平坦さ	床仕上げ
仕上げ厚さが7mm以上の場合、または下地の影響をあまり受けない場合	1mにつき10mm以下	左官工事塗床 二重床
仕上げ厚さが7mm未満の場合、その他かなり良好な平坦さが必要な場合	3mにつき10mm以下	タイル直張り カーペット張り 直防水
コンクリートが見えがかりとなる場合、または仕上げ厚さがきわめて薄い場合、その他良好な表面状態が必要な場合	3mにつき7mm以下	樹脂塗床 耐摩耗床 金鏝仕上げ床

85 陶磁器質内装床タイル張り

→70

精緻な納まりと高精度確保 !!
- セメントペースト張りが多い
- 滑り抵抗を理解しておく
- 白華防止を再確認し、寒冷時施工に注意

1　陶磁器質内装床タイル張り工法

内装床タイルは、人・車両の通過が想定され、滑りにくさや耐摩耗性が要求される。剥落安全性は考慮しない。外力負荷が大きく耐久性・修復性も要求される。JASS 19 の工法・下地・材料の一覧から、多用されるセメントペースト張り工法の要点を以下に記す。

内装床タイル張り工法・材料・下地一覧

	分類	セメントモルタルによるタイル後張り工法				有機系接着剤によるタイル後張り工法
	工法名	改良圧着張り	圧着張り	モザイクタイル張り	セメントペースト張り	
タイル張り工法	工法概要	モルタル下地面に、張付けモルタルを塗り、モルタルが軟らかいうちにタイル裏面に同じモルタルを塗って張り付ける。	張付けモルタルを下地面に塗り、モルタルが軟らかいうちにタイルをたたき押えて床タイルを張り付ける。	張付けモルタルを下地面に塗り、直ちに表張りのユニット化モザイクタイルをたたき押えて、床に張り付ける。	敷きモルタルを敷き均した後、セメントペーストを流してタイルを置き、たたき押えながら張り付ける。	内装用の有機系接着剤を下地面に塗り、これにタイルをもみ込み、たたき押えて張る。
	図解	5〜8mmモルタル	2〜5mmモルタル	2〜3mm モルタル 剥離	1〜2mm ペースト 50〜70mm 敷きモルタル	有機系接着剤 1〜2mm
接着可能な下地とタイルの大きさ		・モルタル下地 ・敷モルタル硬化後タイル張り →300 角以下	・モルタル下地 ・敷モルタル硬化後タイル張り →300 角以下	・モルタル下地 ・敷モルタル硬化後タイル張り →50 二丁以下	・敷モルタル硬化後タイル張り →300 角以下	・モルタル下地 ・合板下地 →50 二丁以下 300 角以下
接着不可能な下地とタイルの大きさ		・合板下地 ・敷モルタル硬化前タイル張り →すべてのタイル	・合板下地 ・敷モルタル硬化前タイル張り →すべてのタイル	・合板下地 ・敷モルタル硬化前タイル張り →すべてのタイル	・合板下地 ・モルタル下地 ・敷モルタル硬化前タイル張り →すべてのタイル	・敷モルタル硬化前タイル張り ・敷モルタル硬化後タイル張り →すべてのタイル

2　モルタルによるセメントペースト張りの工程

①下地の清掃

下地の汚れや浮きを確認し清掃する。

②水湿し

噴霧器を用いて適度に水湿しする。

③敷きモルタル塗り

敷きモルタルはタイル2枚の幅とし、定規などで平らにならす。モルタルの厚みが薄いと、浮き・割れの原因になるので、モルタル厚さは 30 〜 40mm を確保する

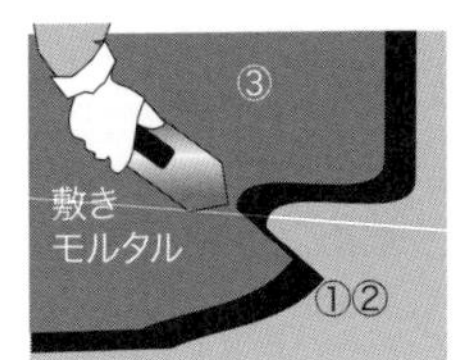

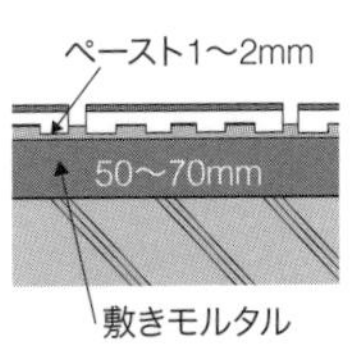

塗り厚

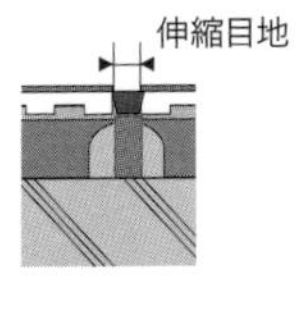

伸縮目地

④タイル張り

たたきしめた後にセメントペーストで張り付ける。薄いタイルは敷きモルタルがたたき締めてないと割れやすい。

⑤たたき押え

適度にタイルをたたき押える。

⑥目地清掃

目地廻りを拭き取り清掃する。

Q タイル工

A 工事主任 技術部課長

①内装床タイルの滑りにくさの評価方法は？

回答

床タイルは、人が常に接するため、歩行滑動や転倒を予防しなければなりません。質感・実績でおおよそ確認できます。

補足

滑り抵抗性の評価は、JIS A 1509 12（2008）では、東工大式すべり試験機（OY–PSM）による試験を採用しています。滑り抵抗係数として、CSR 値で 0.37 ～ 1.05、CSR・B 値で 0.62 以上がよいとされます。滑りにくさに加えて、常時の使用による耐摩耗性も要求されます。

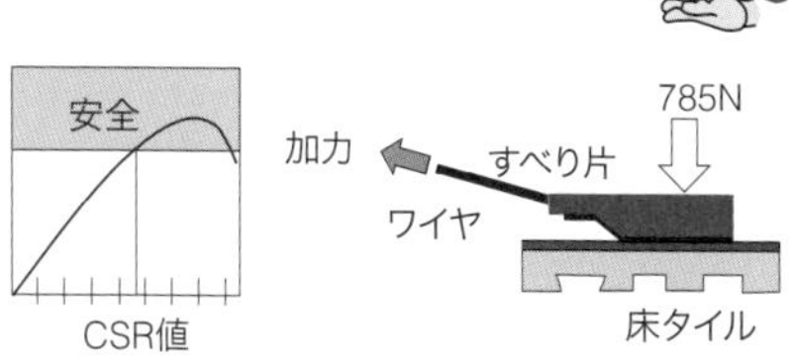

東工大式すべり試験

②セメントペースト張りの派生工法である敷モルタル硬化後工法とは？

回答

敷モルタルを 1 日硬化させてから、翌日ペーストを流して貼り込む、いわゆるパサモル工法のことです。便所など小部屋に限り、剥落の恐れのない床だからこそできる省力工法です。
下の、工程③を前日に施した後、前ページの①②④⑤⑥と進みます。

③ 1:4 程度の貧調合硬練りモルタル（パサモルタル）を叩き込むようにフロア全体に敷き詰め、定規で水平面を精度よくつくり、そのまま 1 日放置し硬化。

③床タイルの下地として、JASS19 規定以外の多様な下地を見ます。

回答

タイルメーカーや建材メーカー、専門工事業者を中心に、建築物の諸室で、多様な下地への施工方法が開発されています。JASS 19 にも、いずれ標準仕様として規定されるでしょう。3 つの下地を紹介します[*1]。

●合板へのタイル張り

9mm×2 または 18mm　合板 釘打ち+接着　有機系接着剤　0.5～1mm　根太@300

精度よく組まれた合板床下地に、有機系接着剤を用いて、タイルを圧着していく工法です。合板下地で板間の動きが大きくなる場合には、タイル張り前に板間補強金属板などを張り付けてひび割れ対策を行うことができます。JASS 19 に明示されています。

●鋼板下地床へのタイル張り

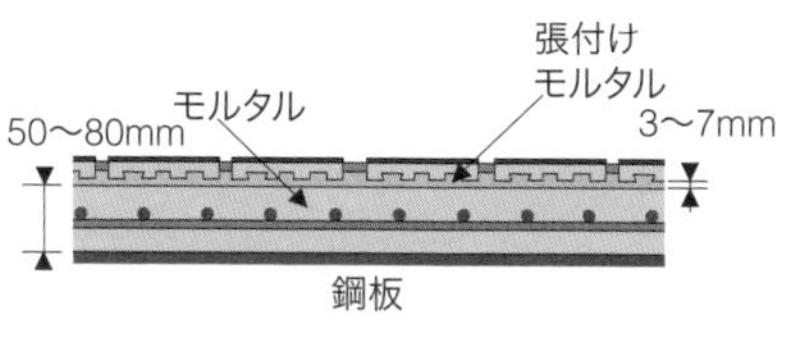

鋼板下地には、厚み 50mm 以上のメッシュ筋補強モルタル層を下地とします。タイル張りは下地を十分養生した後、改良圧着張りにより行います。
20 ～ 30mm 程度の塗り厚とします。
伸縮目地は、2 mピッチ程度で設置します。

●アスコンへのタイル張り

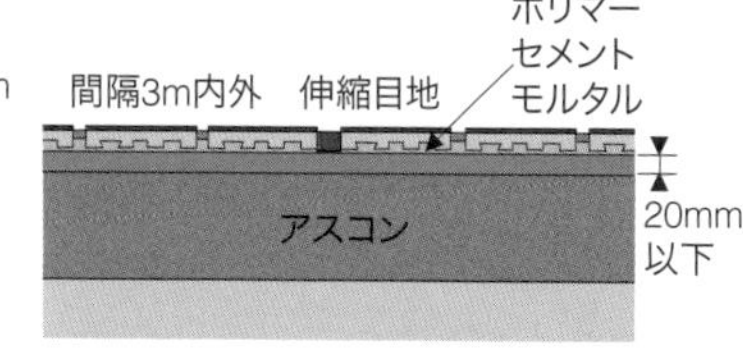

アスファルトは、開粒度アスコン・粗粒度アスコンとし、モルタルがアスファルトの凹凸へ十分にくい込むようにします。ポリマーセメントモルタルでアスファルト面にしごき塗りして、タイルは直張りします。張付けモルタルには、SBR を混和したポリマーセメントモルタルを用い、20mm 以下の総塗り厚とし、3 m間隔で伸縮調整目地を設けます。

＊1　Lixil「内装床タイル施工マニュアル」

86 左官塗り床仕上げ

→34 86

平滑度高精度第一!!
・床モルタル塗り・着色セメント散布・セルフレベリング材塗りの要点を押える
・高精度床施工技術を知る

左官工による床の塗り仕上げには、JASS 15では、①床モルタル塗り、②床コンクリート直均し、③着色セメント散布、④床コンクリート洗い出し、⑤セルフレベリング、⑥人造石塗り、⑦テラゾー現場塗りの仕様が規定されている。ここでは、①③⑤を取り上げる。

1 床モルタル塗り仕上げ

中塗りが、十分硬化乾燥した(3日以上)後、硬練りモルタルを塗り、板槌類で叩き、表面の水引き具合を見て定規ずりし、敷板などを用いて、金鏝やプラスティック鏝を用い入念に押える。

上塗りの工程と調合は、下表の通りである。

上塗り工程

工程	材料	調合(質量比)	塗り厚(mm)	塗り回数	間隔時間		
					工程内	工程間	最終養生
上塗り	セメント	100	15	1	―	―	14日以上
	砂	250					
	水	適量					

はけ引き仕上げの場合は、塗付け後に金鏝で軽く押え、定規などを用い、刷毛または箒で仕上げる。押目地の場合、専用鏝を用い、約3m間隔で通りよく設ける。

伸縮目地の場合、目地棒を伏せ、硬化時に取り外し、指定材料で目地詰めする。

2 着色セメント散布仕上げ

床コンクリート打設直後に、着色セメントと硬質骨材の混合物を粉末状のまま散布し、これを鏝で仕上げる。散布用着色セメントは、金鏝仕上げに適するように、白色セメントに顔料などを配合する。硬質骨材は、カーボランダム・アランダム・シリカ硬質骨材・鉄粉・石粉も使用。

3 セルフレベリング材塗り仕上げ

Pタイル・長尺フロアなどの床下地で採用される。材料は、石こう組成物やセメント組成物に骨材や流動化剤を添加し、セルフレベリング性を付与し、床面に流し、平滑な床下地を作る。標準流し厚は10mmとし、5mm未満や、20mmを超える場合は、下地を調整する。

あたりは、水準器で正確に設置する。1か所に流し込まず、移動して均一に流し込み、トンボでならす。

床モルタル塗り仕上げ

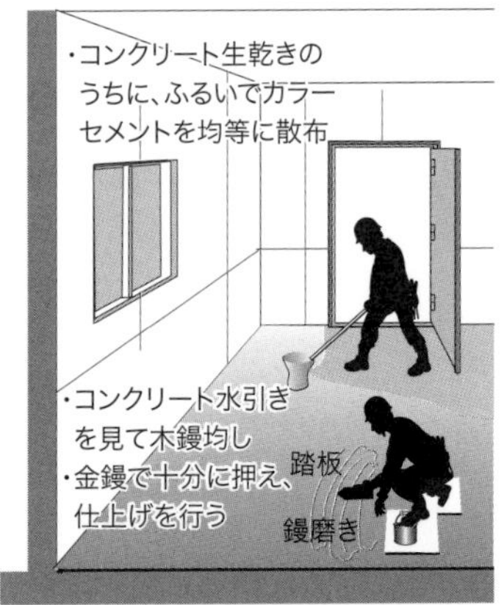

・湿潤養生終了後に中性洗剤で表面を洗浄し、乾燥後に水性または油性のワックスをかける

着色セメント散布仕上げ

・硬化後、気泡・ひび割れ・レイタンス・不陸・白華などを、サンダーやけれん棒などで処理する

・石こう系SL材
石こう原料の既調合SL材。収縮少なく施工性よいが、耐水性に劣る
・セメント系SL材
セメントが主原料の既調合セルフレベリング材

セルフレベリング材塗り仕上げ

Q

A

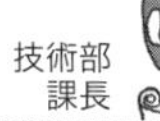

①セメントモルタル塗りの工場の床で極めて高い床精度を要求されることがあり、大変苦労しました。精度を高めるよい方法を教えてください。

精密機器床置き

工場精密床

回答

極めて高精度な施工が要求された精密機械設置の実例を紹介します。

採用した工法・材料
- 床は構造床で 250mm 厚さの高強度コンクリート
- 重量機器の下にはラップルコンクリート
- 伸縮目地 6m 間隔で鋼製定規と兼用
- 微調整機能付き鋼製定規を 3m 間隔で設置
- 測定機器はセオドライト 10 回平均値使用
- 仕上がり面−10mm まで嵩上げ豆砂利コンクリート
- 最上層モルタル施工金鏝磨き

10000m^2 の 1 階床で高さ測定値の標準偏差が 1mm 以下となるのが、± 3 mm の規格に対し 99.7% 以上が納まりました。でもコストは 3 倍かかりました。

補足

これ以上の精密床は、鋼鉄定盤とするか、高強度低収縮率コンクリートを研磨切削するなどが考えられます。
温度変化や荷重変動による微変形などもあり難しいです。

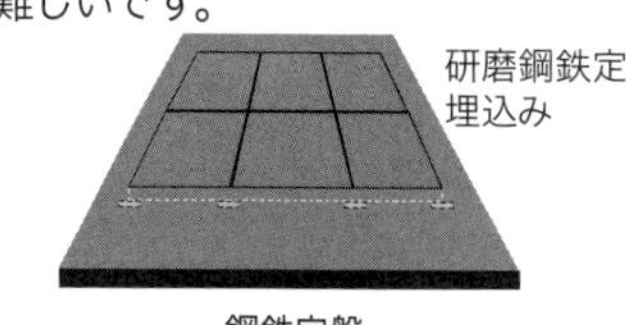

鋼鉄定盤

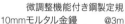

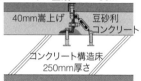

10mmモルタル金鏝　@3m
40mm嵩上げ　豆砂利コンクリート
コンクリート構造床 250mm厚さ

高精度床工法

②セルフレベリング材の流し込みの後、気泡が残ります。防止策を教えてください。

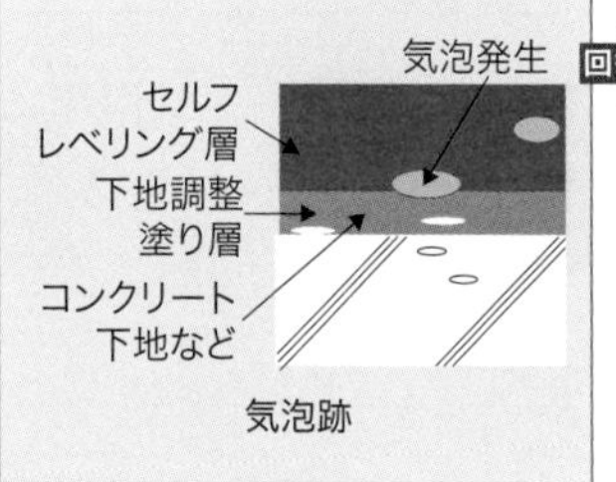

気泡跡

回答

よくある不具合です。表面気泡を防止する方法として、下地コンクリート表面に専用吸水調整材塗布法があり、スラリーが浸み込み空気を追い出さぬようにします。

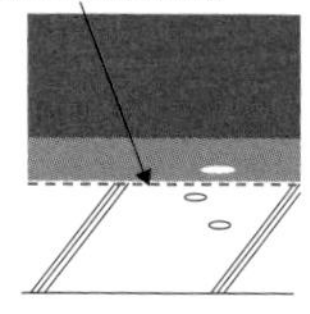

気泡防止

補足

セルフレベリング材を流した時に、下地コンクリートの空隙にスラリーおよび練り水の一部が浸透、コンクリート内の空気が置換されてセルフレベリング材の層中に移行し、脱泡されて空気中に放出されます。
置換空気量が多すぎると脱泡しきれずに表面に気泡跡が残り良好な仕上がりが得られません。

③セルフレベリング材は材料の品質によって、出来栄えや性能が大きく左右されると思います。品質基準はありますか？

回答

JASS15 M-103 セルフレベリング材の品質規準に、石こう系とセメント系が規定されています。
施工に厳密を期しても、材料の性能が不十分なら品質は維持できないので、厳しい基準が設定されています。石こう系は水に弱く、水の侵入する場所には使えません。

品質規準

項目		石こう系	セメント系
フロー値（cm）		19 以上	
凝結時間	始発	45 分以上	
	終発	20 時間以内	
圧縮強度 (N/mm^2)		15 以上	20 以上
下地接着強度 (N/mm^2)		0.5 以上	0.7 以上
表面接着強度 (N/mm^2)		0.4 以上	0.5 以上
長さ変化（%）		0.05 以上	0.12 以上
衝撃		割れおよび剥がれのないこと	

試験室は温度 20±2℃、湿度 65±5%RH

87 ガラス施工

→59 65 66 74 75

エッジクリアランス・面クリアランス・かかりしろが重要!!

- はめ込みガラスで基本的な施工技術を知る
- 多様なガラス構法を整理しておく
- エッジクリアランス・面クリアランス・かかり代の重要さを知り、割れを防ぐ要点を認識

板ガラスには、複層・合わせガラスなど多種の材料があり、構法では、SSG・DPG構法など開発と普及が進んでいる。ファサード意匠・視界機能・省エネ・耐震性などを左右するため、JASS 17では、右の4構法について標準仕様を示している。ここでは、最も多い「はめ込み構法」を説明する。

はめ込み溝は、下図A～Cが、耐風圧、耐震性、熱割れなどを考慮し定められ、性能上極めて重要な数値である。

A:面クリアランス
B:エッジクリアランス
C:かかり代

はめ込み溝

施工方法は「外ばめ」と「内ばめ」があり、前者は、外部足場を用いて室内作業員と共同で外部側から取り付ける。後者は、室内足場を利用し室内側から作業するもので、ガラス重量・形状に無理がない安全な場合に限られる。

条件がそろえば機械力を使って高効率に取り付けられる。取っ手付き吸盤を使い、レバー操作で吸盤をガラスに吸着し持ち運ぶ方法のほか、グレイジングマシン（施工補助機械）を使い、大きいガラスを取り付ける方法などがある。

ガラスは、室内で開梱せず保管する。裸台はゴム木板を敷き、壁に配しガラスを立てかけ、紙を挟み養生し、ロープで躯体に繁結する。屋外で保管する場合は、シート養生し移動を避ける。

ガラス施工の構法

①ガラススクリーン構法
枠を介さず板ガラスが連続したファサードを実現する。

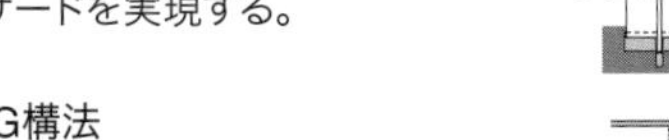

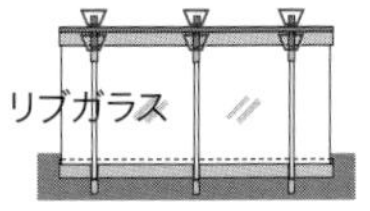

②SSG構法
(Structural Sealant Glazing System)
ガラス周辺に構造シーラントを設け、この接着辺を強度上の支持辺とする。

③張付け構法
ガラス鏡,壁装ガラスを接着、または金物を併用し支持する。

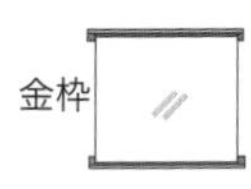

④はめ込み構法
窓枠や構造躯体・仕上げ材に設けた溝に、板ガラスと加工品をはめ込む。

①セッティングブロックのセット
②エッジスペーサーのセット
③押縁側のバックアップ材セットとガラス固定
④プライマー処理
⑤シーリング材充填
⑥へら仕上げ

「内ばめ」施工手順

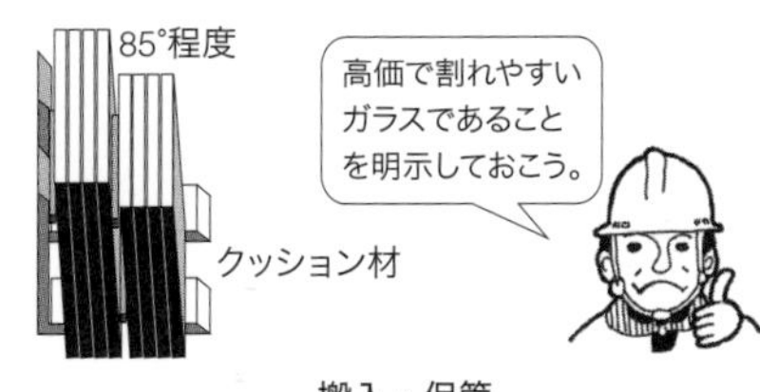

搬入・保管

不定形シーリング材

U字形溝・押縁止め溝に弾性シーリング材を用いガラスを固定する

グレイジングガスケット

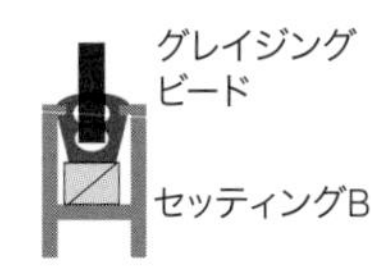

ガスケットあるいは、ビードで金属またはプラスチック押縁止め溝にはめ込む

構造ガスケット

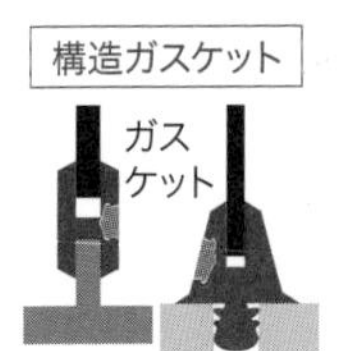

Y・H・C型ガスケットでPCコンクリートなどのU字溝にはめ込む

トップライト

屋根の一部に採光目的で、開口部を設け、網入ガラスなどをはめ込む

4種のはめ込み構法

Q

①外壁全般にミラーガラスが広がる建物の場合、映り込みが問題になります。調整はどうする?

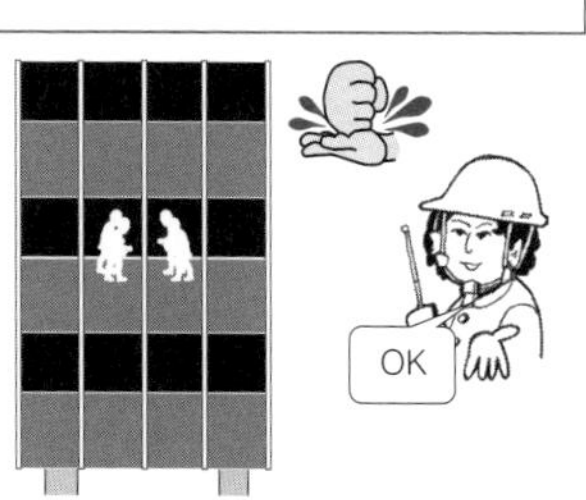

鏡像調整

A

基本的にゆがみが最小となるよう以下を徹底します。

- 厚さ 8mm 以上の剛性の高いガラスを使用。
- 特殊セッティングブロックバックアップ材を採用。
- ガラス自体のゆがみを最小限とし、サッシの取付け寸法精度を高くする。

最終確認として、対面遠望して連絡を取り合い、時間をかけて治具で鏡像調整します。

→65

補足

ガラス反射映像は、遠景反射像を比較的遠い視点から見るので、ゆがみがわずかでも、その影響は増幅されて大きくなります。

可視光反射率が高いガラスで設計したファサードでは、隣接風景の映り込みを借景とするデザインもあります。反射映像にゆがみが生じないよう、耐震性能などに影響しない範囲で鏡像調整します。

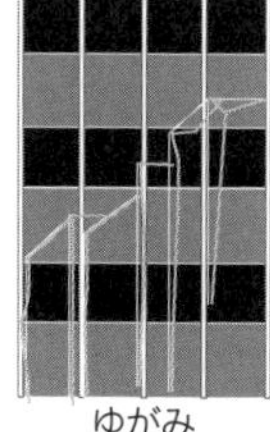
ゆがみ

②基本的なはめ込み構法以外の、ガラススクリーン・SSG・張付け構法の概要を教えてください。

回答

ガラススクリーン構法

枠を使用せず、ガラス自体と特殊金物などで外壁や間仕切りを構成する構法。

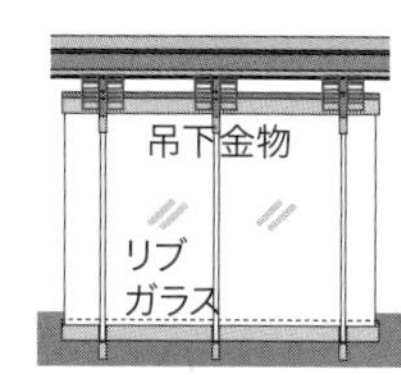

吊下げ型
ガラススクリーン構法

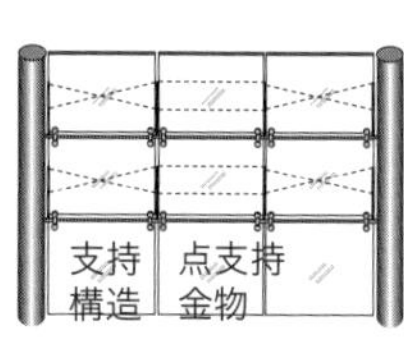

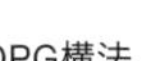
DPG構法

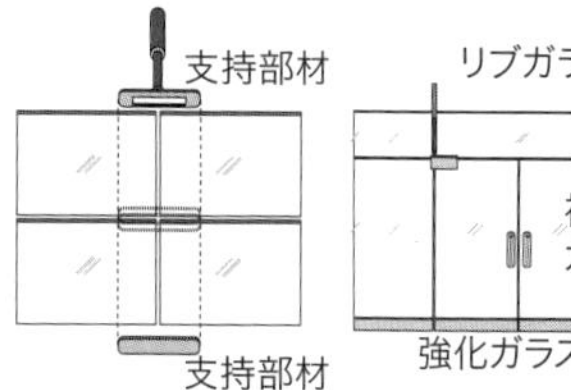

ガラス部分支持構法　強化ガラスドア構法

張付け構法

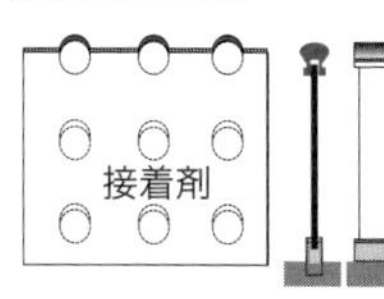

ガラス接着構法

ガラス手摺構法

ガラス鏡・壁装ガラスを接着材で接着して支持する構法で、金物と接着材を併用して支持する。

SSG構法

構造シーラントを板ガラスと支持部材の隙間に充填して構造接着系を形成し、サッシによる支持と同様に荷重を負担させる構法。
1辺支持・2辺支持・3辺支持・4辺支持構造がある。

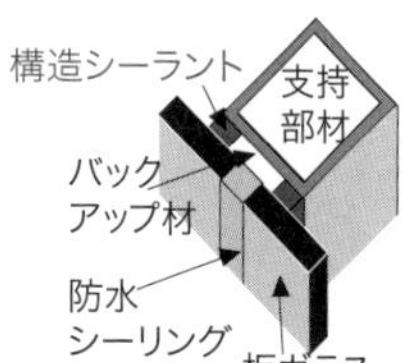

③ガラスは、衝撃や風圧、地震、熱で割れますが、防止対策を教えてください。

回答

衝撃・風圧割れ対策

- ガラスを厚く
- 大きさを小さく
- 高強度ガラス品種

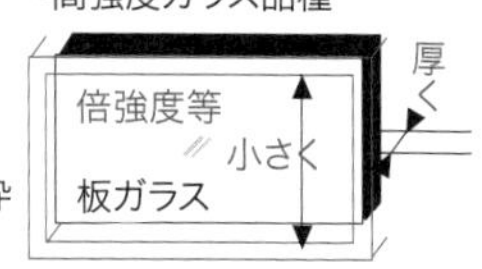

地震対策

- エッジクリアランス
- かかり代確保

熱割れ[*1]対策

- ガラス切断端管理
- サッシュ断熱性確保

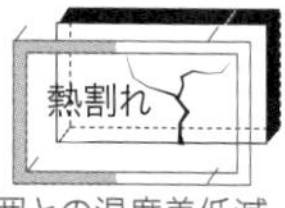

＊1　熱割れ：ガラス中央と周辺温度差が大きくなり周辺に相対的な引張応力が働き破壊させる現象。事前予測計算し対策を検討する。

→59

88 現地塗装の基本

→69 89 91

「配る→均す→刷毛目を通す」の３連続操作を円滑に行う

・現地塗装に使う工具の主なものを再確認し、その基本作業の原則を理解する

・シックハウス・VOCなどの環境影響を理解して機能性塗料の効用を知る

塗装工事は、有機溶剤・重金属を含む材料を使用しており、環境保全や健康安全が取り上げられる昨今、施工には万全の配慮と厳密な管理が必要で、塗料をよく知ることが要求される。

JASS 18では、現地塗装に絞り、標準仕様を説明している。ここでは施工法の基本を整理する。

1　使用工具

刷毛は、塗料・塗る箇所に適した形状・毛質を、ローラーブラシはカバーを含め、塗る箇所に適したものを選択する。吹付け用ガンの吹付け空気圧は、塗料、素地・施工面積に応じ選択する。

刷毛の種類

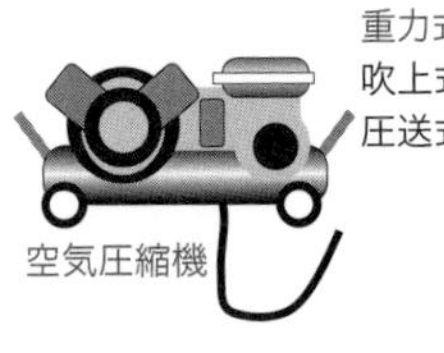

吹付け用ガン　　ローラーブラシ

2　塗装基本作業

分離・沈殿・皮ばり塗料を、混合撹拌し均一にこしわける。篩やストレーナーで濾過することもある。

素地汚れや錆、塵埃を取り除き、塗料付着性を確保する足掛かりをつくり、仕上がりをよくするのが、研磨紙ずり。

パテしごきは、パテかい・研磨紙ずり後、全面にパテを薄く塗付け、肌を揃え、過剰パテをしごく。パテ付けはパテかい後、パテが所定の厚さとなるよう全面に塗り付け乾燥後、研磨して全面を平滑にする。

一般に手研ぎだが大面積の
場合は電動式研磨機を使用

研磨機

塗り作業は、塗料を「配る→均す→刷毛目を通す」の3連続操作を円滑に進め、能率よく美しく塗り上げること。塗料に適した小刷毛を用い、最初に周囲や塗りにくい部分を塗った後に、適切寸法の刷毛で全面を順序よく、上から下に塗り進める。

現地吹付け塗りは、エアスプレー、エアレススプレー塗装がある。

エアレススプレーは、塗料に100MPa前後の圧力を加え、ガン先端ノズルから噴射して霧化する方式。1回の噴射でエアスプレーの２～３倍の塗膜が得られ、能率が高い。

塗りにくい部分は、小刷毛などを用い先塗りする。ローラーは、上下に転がしながら逆W字形に円滑に移動させ横方向には動かさない。左右にローラーを転がすと、塗膜が不均一になる。ローラーを離すことなく塗り切るよう傾斜をつけて移動する。

ガンは塗り面に直角に向け平行に動かす。塗料噴霧は、1列ごとに吹付け幅が約1/3ずつ重なるよう一定速度で運行する。

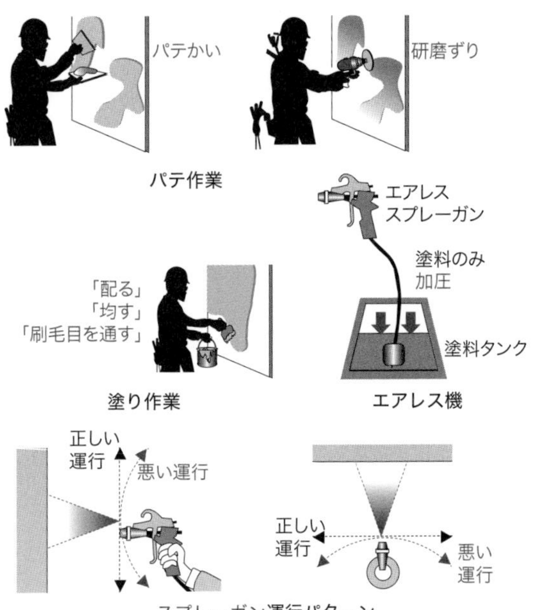

Q

①シックハウスをおこす塗料のホルマリン対策は？

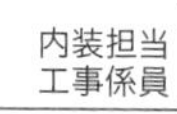

A

回答

塗料のホルムアルデヒド放散による区分は下記の通りで、☆が多いほど安全です。

F☆☆☆☆等級
放散速度が 5 μg/m²h 以下
エチレン酢ビエマルションなどが使われますが、ユリア樹脂、メラミン樹脂フェノール樹脂、レソルシノール樹脂、ホルムアルデヒド系防腐剤などは使用禁止です。

F☆☆☆等級
放散速度が 20 μg/m²h 以下

F☆☆等級
放散速度が 120 μg/m²h 以下

頭痛めまい
吐き気
目がチカチカ
疲労感
皮膚疾患
喉が痛い
新建材の化学物質と建物の気密化が誘引
こんな症状があります。

シックハウス症候群

補足

建材を造る段階で、アミン系やヒドラジン系化合物をホルムアルデヒドキャッチャー剤として併用し、実質的にホルムアルムデヒドの放散量を抑えています。

ゴム溶剤形接着剤で使うフェノール樹脂がホルムアルデヒドを放散するので、最近は使われません。

「シックハウス症候群」を引き起こすVOC

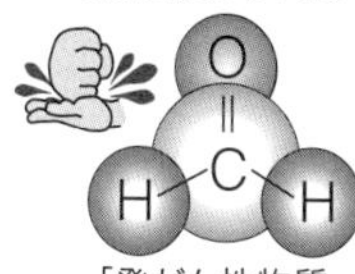

「発がん性物質」毒性強い有機化合物

ホルムアルデヒト

②塗料の VOC 対策はどうなっていますか？

回答

塗料からは、塗布後に VOC（揮発性有機化合物）が発散します。
典型例は溶剤形塗料です。
TVOC 含有が 1% 未満、芳香族炭化水素が 1% 未満の水系塗料 TVOC 含有が 1% 以上で 5% 未満、芳香族炭化水素 1% 未満の無溶剤塗料が開発され、削減対策が講じられています。

・塗料缶や洗浄剤缶の、こまめな蓋閉め
・溶剤染み込み廃棄物は常に密閉
・ホース長さの短縮
・塗装終了時の吐き捨ての最小化
・高能率塗機の採用

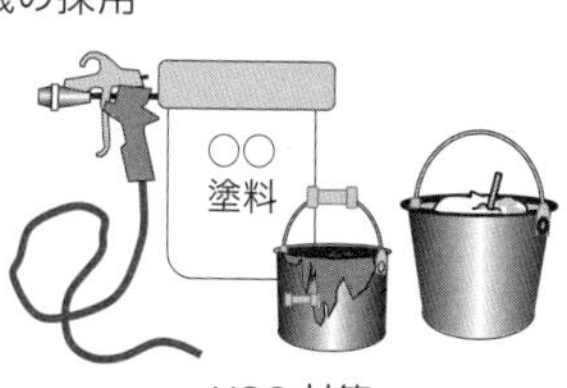

VOC 対策

③特殊機能塗料・仕上げ塗材を紹介してください。

回答

塗料は、各種の特性・機能を被塗物面に与えることができ、高機能なものが日進月歩で開発されています。
身近な機能性塗料として低汚染塗料があります。塗膜が汚染しにくく、かつ自己洗浄性のある塗料です。
酸化チタン（光触媒）を原料としたものは抗菌性があります。

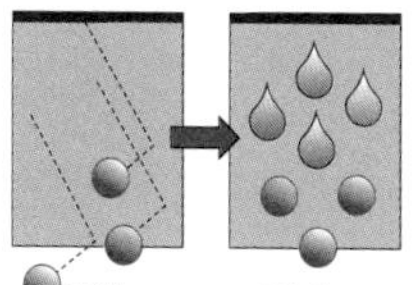
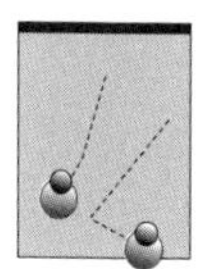

低汚染・抗菌塗料

補足

左記以外でも、こんな機能性塗料があります。

・トラフィックペイント
・ストリッパブルペイント
・示温ペイント
・プラスチック用塗料
・導電塗料
・発熱塗料

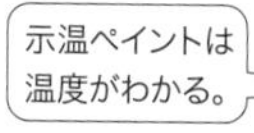

特殊用途塗料

・多彩模様塗料
・メタリック塗料
・ハンマートン塗料
・クラッキング塗料
・石材調仕上げ塗材

特殊模様塗料

89 代表的な3つの現地塗装

→69 88 91

塗装時の気象条件に注意!!

- 現地塗装仕様の全体像を、JASS 18「塗装仕様の選び方」を活用して学ぼう
- 汎用塗装仕様3種の施工要点を押える
- 初歩的な合成樹脂や化学反応を理解する

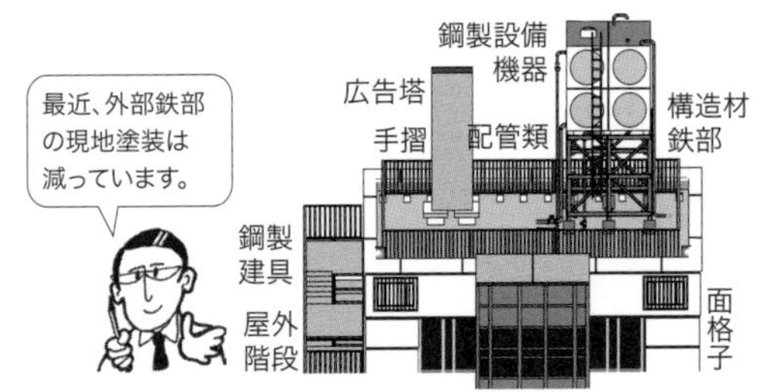

金属塗装部

1　標準的な現地塗装仕様の目安

JASS 18では、現地施工に限り、最適な塗装仕様を多方面から選べるよう、付録で「塗装仕様の選び方」を説明している（下表）。深読み時間をとりにくい設計者や現場技術者には、大変ありがたく、またよく練られた内容になっている。

2　鋼材への現地塗装

金属系素地への塗装仕様の選び方から、鋼材への合成樹脂調合ペイント塗り（SOP）について再確認する。手摺や面格子などに汎用される、経済的な防錆着色の一般仕様である。

塗装種別はA～Dの4種類があり、ここでは、B種の仕様を説明する（下表）。下塗り2回・中塗り1回・上塗り1回の工程で、下塗り塗料は、JIS K 5674-1種に適合する錆止めペイント、JASS 18-M109に適合する変性エポキシ樹脂プライマーのいずれか、中塗りおよび上塗りは、JIS K 5516（合成樹脂調合ペイント）に適合する塗料を使う。

素地調整は1種A（化成処理）、1種B（ブラスト処理）、2種（手工具）のいずれも適用可能。一般には2種を採用。工程間隔は24時間以上（23℃）必要。塗装方法は、エアレススプレー吹付けとするが、上塗りはエアスプレーを用いることができる。

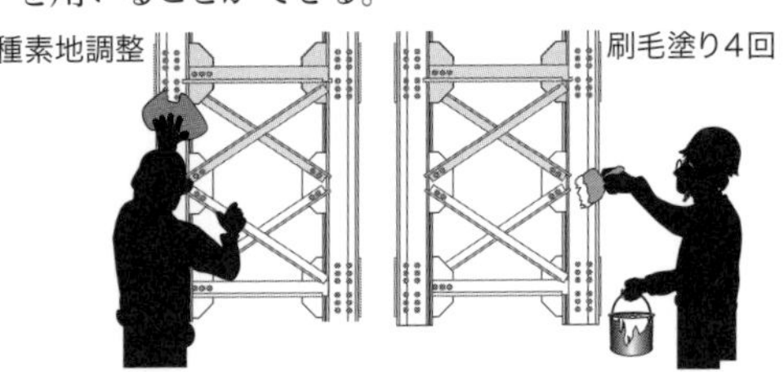

鋼材部SOP現地塗装

金属系素地に対する塗装仕様の選び方（JASS 18）

部位	要求性能	等級	塗装仕様	記号	耐久性	コスト	適用事例、特徴
外部	高意匠 高耐候 防食性	超高級	常温乾燥形フッ素樹脂エナメル塗り	2-FUE	最優	高価	大型鋼構造物・高耐久性仕様
			弱溶剤系常温乾燥形フッ素樹脂エナメル塗り	LS2-FUE			大型鋼構造物・環境配慮高耐久性仕様
		高級	アクリルシリコン樹脂エナメル塗り	2-ASE	優	やや高価	大型鋼構造物・高耐久性仕様
			弱溶剤系アクリルシリコン樹脂エナメル塗り	LS2-ASE			大型鋼構造物・環境配慮高耐久性仕様
			2液形ポリウレタンエナメル塗り	2-UE	中位	中位	大型鋼構造物・高耐久性仕様
			弱溶剤系2液形ポリウレタンエナメル塗り	LS2-UE			大型鋼構造物・環境配慮高耐久性仕様
	高意匠 高耐候		フタル酸樹脂エナメル塗り	FE	劣	やや廉価	鋼製建具・設備機器・SOPより高級
	高意匠 汎用性	汎用	合成樹脂調合ペイント塗り	SOP	最劣	廉価	経済的な防錆塗装・一般仕様
内部	汎用性		つや有合成樹脂エマルションペイント塗り	EP-G	ー	やや廉価	環境負荷を低減した・一般仕様

鋼材面へのSOP塗装工程（素地調整2種塗装種別B種）（JASS 18）

工程	内容	希釈割合（質量比）	標準膜厚	塗付け量	工程間隔時間・日
素地調整	動力工具を主体とし手工具を使用した錆落とし				
下塗り1回目	鉛クロムフリー・錆止めペイント1種	100	30 μm	0.1kg/m^3	24時間以上 30日以内
	希釈材	刷毛塗り0～5、吹付け塗り5～10			
下地調整	搬入後、発錆・損傷部は再度素地調整。他は汚れを除去し清掃。処理後すぐ次工程に移る				
補修塗り	素地の露出面に下塗り塗装を行う				
下塗り2回目	鉛クロムフリー・錆止めペイント1種	100	30 μm	0.1kg/m^3	24時間以上 30日以内
	希釈材	刷毛塗り0～5、吹付け塗り5～10			
中塗り	合成樹脂調合ペイント1種または2種中塗り用	100	25 μm	0.09kg/m^3	24時間以上 30日以内
	希釈材	刷毛塗り0～5、吹付け塗り5～15			
上塗り1回目	合成樹脂調合ペイント1種または2種上塗り用	100	25 μm	0.08kg/m^3	24時間以上 30日以内
	希釈材	刷毛塗り0～5、吹付け塗り5～15			

3 セメントモルタル面への現地塗装

セメント系および石こうボード素地への塗装仕様の選び方から、内壁面に多用される、経済的な不透明塗装でつや有り仕様の合成樹脂エマルションペイント塗り(EP-G)について説明する。下地は、含水、高アルカリ、レイタンス・脆弱部、ひび割れによる縮みや割れ、粗さ・ピンホールなどの難しい問題点が多い。

EP-Gは、下塗り・中塗り・上塗り各1回のB種とする。アクリル樹脂エマルションや酢ビ樹脂系エマルションを展色剤とし、これに着色顔料や樹脂などを配合したもので、下地を隠ぺいできる。JIS K 5663-1種は、主として建築物外部や水掛り部分に用い、2種は主として内部に用いる。

素地調整は1種A（パテかい）、1種B（パテつけ）または2種（清掃除去）のいずれも適用可能。塗装は、刷毛・吹付け・ローラーブラシ塗りとする。パテ付けやパテかいは屋内塗装に限る。水掛り部には行わない。

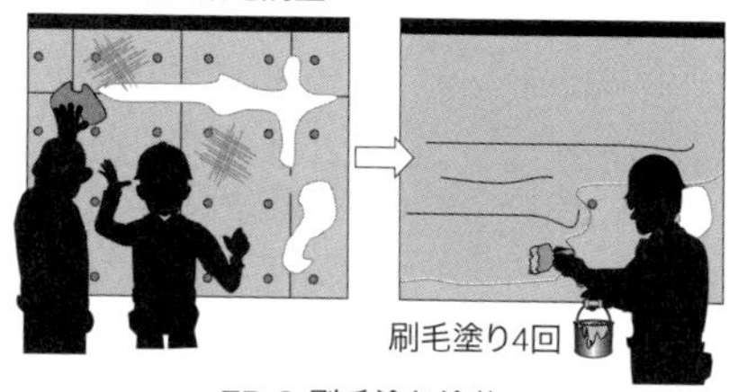

EP-G 刷毛塗り塗装

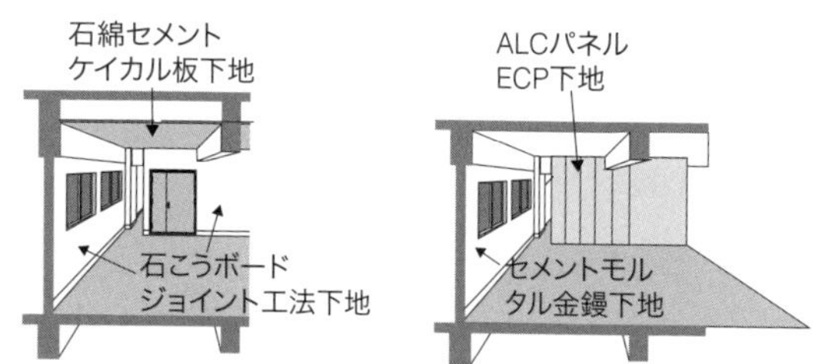

塗装部位

モルタル面へのEP-G塗装工程（塗装種別B種）(JASS 18)

工程	内容	希釈割合質量比	塗付け量	工程間隔
素地調整	汚れ、付着物、突起物の除去	−	−	−
下塗り	合成樹脂エマルションシーラー	製造所指定	0.07 kg/m³	3時間以上確保
中塗り	合成樹脂エマルションペイント	100	0.11 kg/m³	
	水	5〜20		
上塗り	合成樹脂エマルションペイント	100		48時間以上確保
	水	5〜20		

この表は便利。
標準的な安心できる
仕様が選定できます。

セメント系および石こうボード素地に対する塗装仕様の選び方（JASS 18）

部位	要求性能	等級	塗装仕様	記号	耐久性	コスト	適用事例 塗装仕様の特徴	素地の種類 RCモルタル	ALC板	スレート板	ケイカル板	GRC	ECP	石こうボード
外部	透明高耐候	超高級	常温乾燥形フッ素樹脂ワニス塗り	2-FUC	最優	高価	苛酷な環境下での高耐候性透明塗装	○	×	×	×	×	×	×
		高級	アクリルシリコン樹脂ワニス塗り	2-ASC	優	やや高価	苛酷な環境下での高耐候性透明塗装	○	×	×	×	×	×	×
			2液形ポリウレタンワニス塗り	2-UC	中位	中位	高級な透明塗装	○	×	×	×	×	×	×
	着色高耐候	超高級	常温乾燥形フッ素樹脂エナメル塗り	2-FUE	最優	高価	苛酷な環境下での高耐候性不透明塗装	○	×	○	×	○	○	×
			弱溶剤系常温乾燥形フッ素樹脂エナメル塗り	LS2-FUE	最優	高価	環境負荷を低減した過酷な環境下での高耐候性不透明塗装	○	×	○	×	○	○	×
		高級	アクリルシリコン樹脂エナメル塗り	2-ASE	優	やや高価	苛酷な環境下での高耐候性不透明塗装	○	○	○	×	○	○	×
			弱溶剤系アクリルシリコン樹脂エナメル塗り	LS2-ASE	優	やや高価	環境負荷を低減した過酷な環境下での高耐候性不透明塗装	○	○	○	×	○	○	×
			2液形ポリウレタンエナメル塗り	2-UE	中位	中位	耐候性のある高級な不透明塗装	○	○	○	×	○	○	×
			弱溶剤系2液形ポリウレタンエナメル塗り	LS2-UE	劣	中位	環境負荷を低減した高級な不透明塗装	○	○	○	×	○	○	×
	着色美装性		ポリウレタンエマルションエナメル塗り	UEP	劣	中位	一般的な不透明塗装	○	○	○	○	○	○	○
		汎用	アクリル樹脂系非水分散形塗料塗り	NADE	最劣	やや廉価	一般的な不透明塗装	○	○	○	○	×	○	×
			つや有合成樹脂エマルションペイント	EP-G	最劣	やや廉価	一般的な不透明塗装	○	○	○	○	○	○	○
			合成樹脂エマルションペイント塗り	EP	最劣	廉価	一般的な不透明塗装	○	○	○	○	○	○	○
内部	透明美装性	高級	2液形ポリウレタンワニス塗り	2-UC	−	中位	高級な透明塗装	○	×	×	×	×	×	×
	着色美装性	汎用	つや有合成樹脂エマルションペイント	EP-G	−	やや廉価	一般的な不透明塗装	○	○	○	○	○	○	○
			合成樹脂エマルションペイント塗り	EP	−	廉価	一般的な不透明塗装	○	○	○	○	○	○	○
			多彩模様塗料塗り	EP-M	−	やや廉価	意匠性要求部位に適用	○	○	○	○	○	○	○

2章 解説！厳選100知識

6 内部仕上げ施工

4　造作材木部への現地透明塗装

内部で透明仕上げの造作材、扉や造付け家具などに用いられる２液形ポリウレタンワニス塗り 2-UC について解説する。素地調整は１種 A（パテかい）、１種 B（パテつけ）または２種（清掃除去）が適用可能。ここでは２種による。目止めには合成樹脂目止め剤を使用。塗付け後に手早く木目にそって摺り込み、乾かぬうちに余分な目止め剤をウェスで拭き取り、十分に刷り込み余分な材料を除去する。パテ付けやパテかいは屋内塗装に限り、水掛り部分には行わない。２液形ポリウレタンシーラーは、吸込み止めや素地押え目的で用いる。

塗装方法は、通常は刷毛塗りを採用するが、仕上がりがよいのは吹付け。上塗り前に、必ず研磨紙ずりを実施。ミスト吸入を避けるよう防毒マスクを着用する。

塗装対象木部材

木材を基調とした洋室や教室・図書室・廊下などで透明仕上げのワニスが多用されます。

本質系素地に対する塗装仕様の選び方（JASS 18）

部位	透明着色	要求性能	等級	塗装仕様	記号	耐久性	コスト	塗装仕様の特徴
外部	半透明	美装性	汎用	木材保護塗料塗り	WP	最劣	中位	定期的な塗替えが必要 外壁の半透明塗装
	ステイン			ピグメントステイン塗り	—		やや廉価	美観は低下するが、塗膜を形成しないため剥がれない
	着色			合成樹脂調合ペイント塗り	SOP			定期的な塗替えが必要 外壁の半透明塗装
			高級	つや有合成樹脂 エマルションペイント	EP-G	劣	中位	
内部	透明	高耐久	高級	２液形ポリウレタン ワニス塗り	2-UC	—	中位	柱・造作材・建具・家具・壁・床、高級透明塗装
	透明	耐久	高級	２液形ポリウレタンクリヤーラッカー塗り	2-ULC	—	中位	柱・造作材・建具・家具・壁・床 高級透明塗装
				１液形油変性ポリウレタン ワニス塗り	1-UC	—	やや廉価	
		美装性		クリヤーラッカー塗り	LC	—	やや高価	
	ステイン		汎用	オイルステイン塗り	ST	—	廉価	造作材・建具・壁 経済的透明塗装
				ピグメントステイン塗り	—	—		
	着色		高級	つや有合成樹脂 エマルションペイント	EP-G	—	中位	柱・造作材・建具・家具・壁・床 不透明塗装
		汎用	汎用	合成樹脂調合ペイント塗り	SOP	—	やや廉価	
				合成樹脂エマルション ペイント塗り	EP	—		

合板面への 2-UC 塗装工程（素地調整２種、塗装Ｂ種）（JASS 18）

工程	内容	希釈割合質量比	塗付け量	工程間隔
素地調整	汚れ、付着物、突起物の除去	—	—	—
	研磨紙摺り			
	節止め			
下塗り	—	—	—	—
中塗り	２液形ポリウレタンサンジングシーラー	100	0.06 kg/m³	16時間以上確保
	希釈材	0～40		
研磨紙摺り	研磨紙　P320～P400			
上塗り	２液形ポリウレタンワニス	100	0.11 kg/m³	72時間以上確保
	水	0～40		

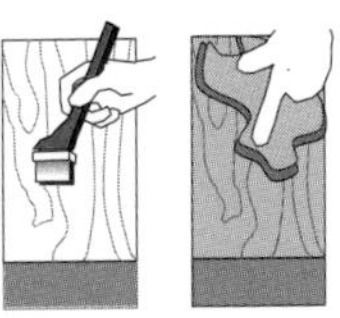
導管の深い素地を平滑にするための目止め

目止め作業

合成樹脂目止め剤に溶剤形顔料着色剤を混合し、着色目止め剤とすることができる

2-UC 刷毛塗り塗装

Q

塗装工
職長

①塗料の種類や特性を知るには化学知識が必要ですが、建築技術者には難解で学びきれません。

回答

A

内装担当
工事係員

技術部
課長

その通りです。筆者も苦労してきました。ベンゼン核や化学反応式が出てくるとお手上げです。しかし、乗り越えて勉強するしかありません。そんな要望に応えようと、ここに必須知識のほんの一部ですが、整理してみました。

難しい化学用語も身近な製品などに置き換えるとわかりやすいです。おさらいしましょう。

→90

基本的な樹脂・塗料

樹脂塗料名等	内容・意味	身近な製品や商品名
フッ素樹脂	フッ素を含むオレフィンを重合した合成樹脂。耐熱・耐薬品性が高い。	デュポン社「テフロン」 ダイキン工業「ポリフロン」
アクリル シリコン樹脂	シリコンのシロキサン結合に、側鎖にアクリル樹脂が繋がった構造。	高耐候性・高密着性。 関西ペイント「セラMシリコン」 エスケー化研「水性セラタイト」
ポリウレタン樹脂	ウレタン結合を有する重合体の総称。通常イソシアネート基と水酸基を有する化合物の重付加により生成。	DNT「V トップ」
フタル酸樹脂	フタル酸樹脂ワニスで顔料を練った塗料。油の脂肪酸を含み、含有量の大きいものから長油性、中油性、短油性に分類。「合成樹脂調合ペイント」として JIS 規格化されている。	日本ペイント「CRペイント」 DNT「タイコーマリン」
エポキシ樹脂	高分子内にエポキシ基で架橋させ硬化させることが可能な熱硬化性樹脂。代表的なものはビスフェノールAとエピクロルヒドリンの共重合体。寸法安定性や強度・耐水性・耐薬品性・電気絶縁性が高い。	日本ペイント「ハイポン」 DNT「エポニックス」 三菱ケミカル「jER®」 コンクリートや鋼板の接着剤 電化製品、プリント基板、メモリ
メラミン樹脂	アミノ樹脂に属する熱硬化性樹脂でメラミンとホルムアルデヒドとの重縮合により製造される合成樹脂。 メラミン樹脂塗料はアルキド樹脂とメラミン樹脂とを混合した塗料。	関西ペイント「アミラック 4030」 自動車、冷蔵庫、洗濯機、家具、 化粧版成形や木工製品表面材接着
ポリエチレン樹脂	エチレンが重合した構造を持つ高分子。最も単純な構造。	容器や包装用フィルム
ポリプロピレン樹脂	プロピレンを重合させた熱可塑性樹脂。	包装材料、繊維、文具、容器、実験器具、自動車部品、紙幣など
ポリ塩化ビニル樹脂	塩化ビニル（クロロエチレン）を重合。耐水性・酸性・アルカリ性・溶剤性に優れる。難燃性で、電気絶縁性がある。ダイオキシンの発生源と考えられ社会問題となった。	衣類、壁紙、バッグ、インテリア、縄跳び用などのロープ、電線被覆（絶縁材）、防虫網、包装材料、水道パイプ、建築材料、農業用資材（農ビ）、レコード盤
ポリスチレン樹脂	スチレンをモノマーとする高分子化合物。比較的硬質の無色透明か白色で、染色性、塗装性や接着性、切削などの加工性が良好。	発泡スチロール 発泡成型して食品の断熱容器のほか、近年は建築用断熱材
ポリ酢酸ビニル	酢酸ビニルをラジカル重合して得られる無色透明の熱可塑性樹脂。	コニシ㈱「木工用ボンド®」エマルジョン系接着剤 感光材、洗濯糊、乳化剤、化粧品
ABS 樹脂	アクリロニトリル、ブタジエン、スチレン 共重合合成樹脂の総称。	家電や電気電子製品の各種外装・筐体・機構部品類、自動車パネルなど内装部品、文具・雑貨類、事務用家具部材、ブラシの柄など
ポリカーボネート樹脂	熱可塑性プラスチックの一種。モノマー単位接合部は、すべてカーボネート基 で構成される。有機ガラスとも呼ばれる。	航空機・自動車など輸送機器、電気・電子・医療機器、防弾ガラス
ポリビニル アルコール（PVA）	親水性が非常に強く、温水に可溶という特徴を持つ合成樹脂。別名をポバール（POVAL）とも呼ばれる。	接着剤、バインダー、洗濯のり、FRP 成型などの離型剤、コンタクトレンズ装着薬、文具液状糊「アラビヤ糊」

基本的な化学反応・化学物質

化学用語	意味
プライマー	下塗り塗料。接着を目的としたもの。薄くあるいは厚く塗るタイプ、水系や溶剤系などの種類がある。 後に塗る中・上塗りと塗装面の密着性を高める役割がある。
マスチックス	高粘度で垂れ下がりのないペースト状の接着剤やシール材。
エマルション	分散質・分散媒がともに液体である分散系溶液。乳濁液あるいは乳剤ともいう。マヨネーズ・木工用接着剤・アクリル絵具・写真フィルムの感光層・アスファルト舗装のシール剤。
モノマー	重合を行う際の基質のこと。単量体ともいう。
ポリマー	複数のモノマー（単量体）が重合する（結合して鎖状や網状になる）ことによってできた化合物。
重合反応	重合体（ポリマー）を合成することを目的にした一群の化学反応。
縮合反応	2つの官能基からそれぞれ1部分が分離・結合して小さな分子を形成して脱離すると、同時に、2つの官能基の残った部分同士で結合が生成し、新しい官能基が生成する形式の反応。
共重合	2種類以上のモノマーを用いて行う重合のこと。

90 接着剤

早見表を活用。メーカーに聞くのが早い

- 接着剤の種類と特性
- 建築で使われる接着法と接着面処理法
- 早見表を使う
- VOC・ホルマリン対策

多様化・高性能化している接着剤の種類と選び方、使い方、基本的知識について概説する。

1　接着剤の固まり方

乾燥固化型、化学反応型、熱溶融型、感圧型の4種類（感圧型は固まらない）。乾燥固化の代表的なエマルジョン塗料は、界面活性剤に、アクリルポリマーやゴムラテックス、各種樹脂を分散し乳剤としたもの。木工用からアルカリ性のコンクリート用、粘着剤まで作ることができる。

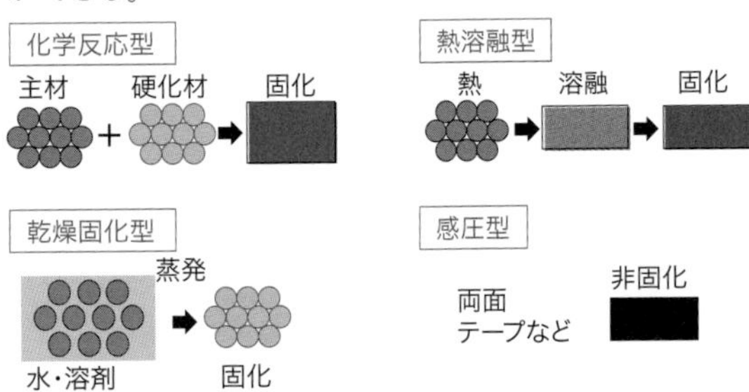

接着剤の固化

2　接着剤の種類と適応

多種の接着剤を分類し、性能や適用下地を対比して整理した。おおよその傾向を理解しておきたい。

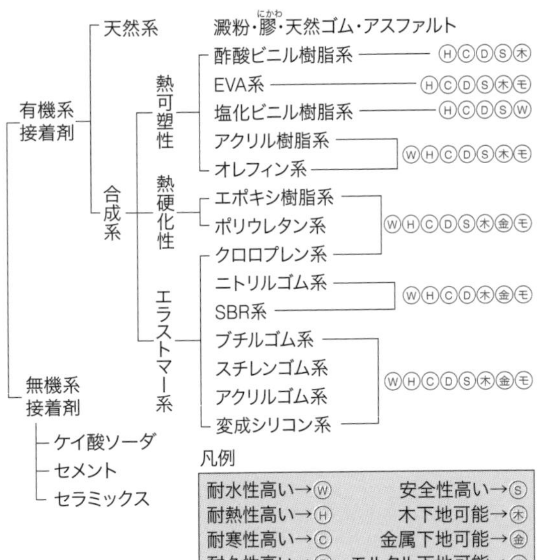

3　接着剤の形状・塗布方法

塗布ツールと接着剤形状を図に示す。塗布方法は、全面塗布は刷毛などで均等塗布し、櫛目塗布は高粘度品を広い面に塗れる。部分塗布法は、点状に塗布する。

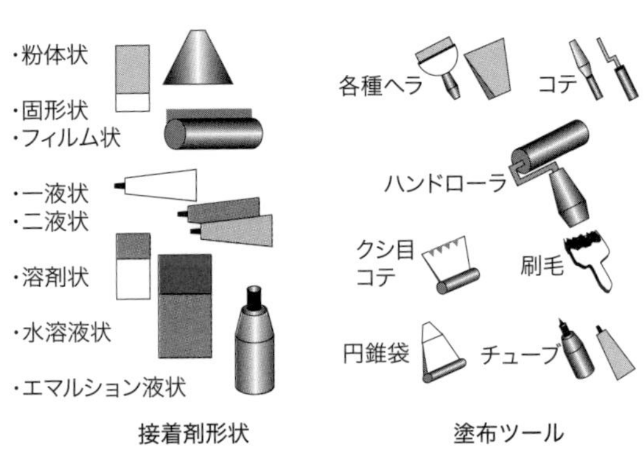

4　各部の接着方法

被着面ごとに、最適な接着剤のほか、接着の原則とポイントを以下に整理した。

① 木材全般
- 酢酸ビニル・ユリア・フェノール樹脂の水系を使う。
- 含水率8～15%で接着。表面はカンナ仕上げ程度。
- 繊維方向の組合せに注意し、木口は両面塗布。

② フローリング
- 一液ウレタン系（カートリッジタイプ）接着剤を使う。
- コンクリート下地はエポキシ系を使う。

③ 天井・壁
- 作業性がよいのはゴム糊。
- 意匠性がよいのはTM工法（両面テープと接着剤の組合せ接着法）

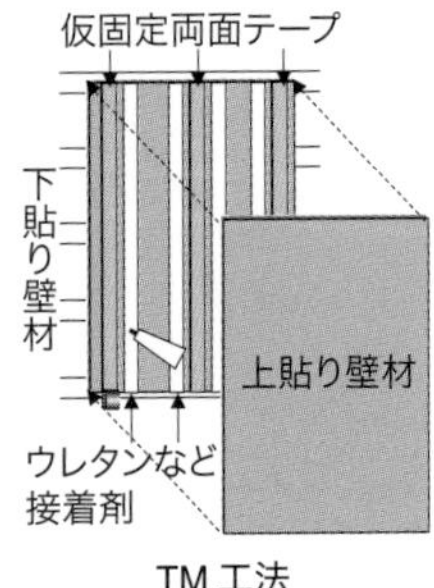

TM工法

④ 合板
- 耐熱性と強度を高める→フェノール樹脂・レゾルシノール樹脂。水性高分子イソシアネート樹脂も多い。

⑤ 集成材
- 大断面集成材はレゾルシノール樹脂系、メラミン樹脂系。
- 中断面でイソシアネート系で利用が増える。

⑥ コンクリート
- 表面清掃、水分除去、耐アルカリ性に留意。
- エポキシ樹脂系、変成シリコーン樹脂を使う。

⑦ タイル
- セメント系（アクリル樹脂などの入ったもの）、エポキシ樹脂系、変成シリコーン樹脂系が使われる。

内装工
職長

Q

内装担当
工事係員

A

技術部
課長

①接着剤はいろいろあって、商品名も含め混乱してしまいます。下地への接着可否を調べるいい方法はありませんか?

回答

各メーカーは、目的に応じて接着剤を選べるよう、異なる材料間の接着にどの接着剤が使えるかわかる早見表を用意しています。ホームページを参照してください。大変便利です。

○○化学工業　材料/接着剤　早見表

材料	金属	木材	ゴム	磁器	紙	皮革	硝子
金属	AK	ABOK	ABOK	ABL	AK	ABOK	ABOK
木材	ABOK	AK	BHK	ABL	AK	ABOK	
ゴム	BHK	ABL	AK	ABOK	ABOK		
磁器	ABL	AK	ABOK	ABOK			
紙	ABOK	ABOK	AK				
皮革	BHK	BHK					
硝子	ABL						

これは
便利
ですね。

早見表の例

②よい接着は、被着面の状態が第一で、汚れも油もなく適度に粗く、接着剤が濡れる状態だと言いますが、他の方法を教えてください。

回答

接着性能を向上するためには、表面を接着しやすくするという方法も考えられます。

・プライマーを使用する
・金属の表画を処理する
・リン酸系強化皮膜形成
・脱脂、サンドブラスト
・アルミニウム系は、酸化皮膜

補足

ポリエチレン、ポリプロピレン、シリコーン、フッ素樹脂などは、きわめて接着の難しい材料です。文献によると、以下の方法が有効です。

・ガス炎、熱風、酸処理、コロナ放電、紫外線、プラズマジェットなどで表面を酸化する方法
・重クロム酸カリ、濃硫酸などを使用した改質処理
・専用プライマと瞬間接着剤を併用
・特殊弾力性エポキシ樹脂系接着剤

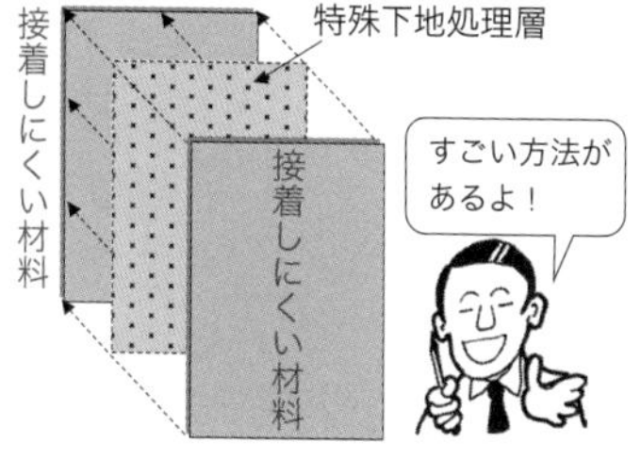

③接着剤の VOC 対策はどうなっていますか?

回答

接着剤は、塗布後に各種 VOC（揮発性有機化合物）が発散します。その典型例は溶剤形接着剤です。削減対策を講じていますが、日本接着剤工業会は「4VOC 基準適合」表示と証明書発行を実施し、啓蒙しています。

④ホットメルト接着剤とはどんなものですか?

回答

「ホットメルト」とは熱で溶けるという意味で、熱可塑性樹脂を主成分とし、有機溶剤を含まず、常温で固形の接着剤です。サイディング、床材、カーペット、壁紙、断熱材フォームの接着などに使われます。

多用される接着システムとして「グルーガン」とグルーガン用スティックがあります。スティックを加熱しながらピストンでシリンダーに施されているノズルから溶解しているスティック樹脂を押し出して接着します。

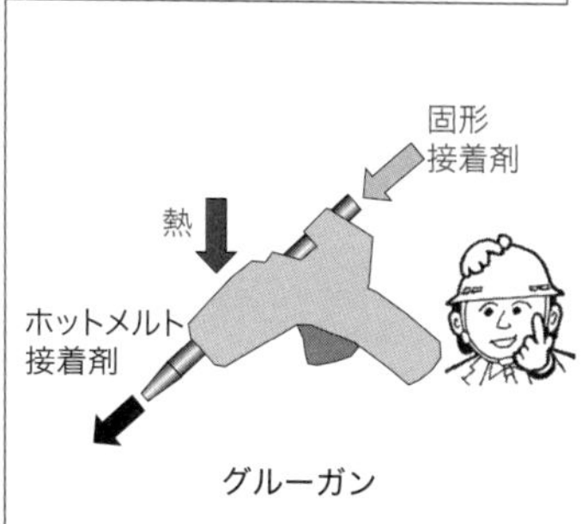

グルーガン

補足

エチレン酢酸ビニルのような熱可塑性プラスチックが用いられます。

硬化が早く、熱で溶かし冷やして固めるため、温度が高くなる場所には不向きで、熱で溶解するものには使えません。

また、ツルツルした面に使用すると十分な接着力が得られないことがあります。

古くから使用されたホットメルト接着剤として、アスファルトがあります。

熱 AS 舗装

91 汚れ・傷を減らす（工事中・運用後）

→93

心配りと養生 !! 施工図で造り込み
・必ず「養生」を行い、完成部に「傷をつけず、汚さない」手順と心遣いを徹底する
・汚れないディテールがあることを認識する

工事中の傷や汚れが残れば、検査に通らず、悔しい思いをする。運用時の汚れも、設計・施工の気遣いで、大きく減らすことができる。

1 工事中の仕上げ材の傷・汚れをなくす

傷・汚れが生じる原因は、

・手順を間違って、後から施工する部分を先に塗ったために後工程でシミや傷ができる。
・養生や見切(マスキング)が不完全で見苦しく仕上がる。
・施工後養生や防護が適切でなく汚れ・傷がつく。

である。これらを防ぐには、その原因に遡って、施工手順遵守、適切な施工養生、確実な施工後防護・養生を確実に行うことである。

JASS に記述される養生・保護法（抜粋）

工事		No	保護・養生 記述
張り石工事		JASS 9	樹脂製の養生カバー取り付け、湿式工法白色大理石は、モルタル・木による汚染を防ぐ。
木製建具工事		JASS 16	日焼け・変色・退色や、乾燥による変形、他工事による傷・汚損に注意。
アルミ製建具工事		JASS 16	搬入口・くつずり補強養生。モルタル・塗料は、柔らかい布と清水などで除去。
内装工事	フローリング床工事（乾式工法）	JASS 26	接着剤使用の場合は硬化するまで（1日以上）歩行を禁止。ポリエチレンシートなどを用いて養生。
内装工事	ロックウール化粧吸音板	JASS 26	施工後少なくとも三昼夜以上は、衝撃や接触を避け、夜間は外気から遮断する。
内装工事	表面処理金属板	JASS 26	物理的損傷、変退色、はく離などが生じないように、無漂白紙などで養生。
内装工事	塗床工事	JASS 26	製造業者指示のワックスをかける。

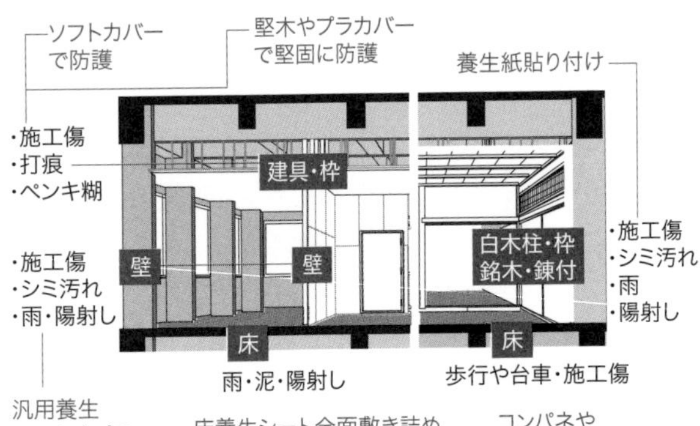

工事中の仕上げ材の傷・汚れ防止

2 使用開始した建物の汚れを減らす

汚れは、環境により著しい差がある。汚れを防ぐ基本的な納まり・材料・仕上げを工夫して、大きく改善することができる。設計者と施工段階で詳細検討し、施工図に反映し具体化する。

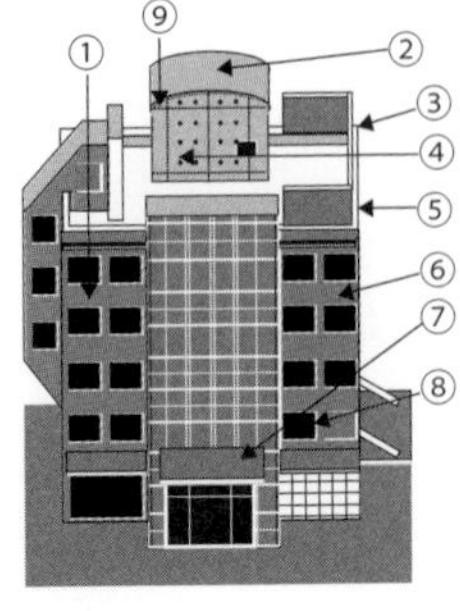

運用時の建物外部汚れ防止

部位	汚れ対策
①壁全般	ひび割れを防ぐ。水返し・水切りをつける屋根壁面に雨水を伝えない。
②アール屋根	適切な屋根材料とする。壁境目に水切り・水返し・小樋を設ける。
③パラペット	天端は勾配を内側に向けて取る。
④打放しコンクリート	微生物による汚れ防止・中性化の抑制のため、表面塗布材を塗布する。
⑤庇先端部	金属製の水切りまたは樋を設ける。
⑥石・タイル目地	深目地回避。2成分形ポリサルファイド系シーリング材を使用。
⑦軒・庇裏	鳥類がとまる空間をつくらない。
⑧開口下部	開口隅部のひび割れを防ぐ。確実な水切りの形状・出寸法を確保。皿板端部の水返しと出寸法を確保。
⑨目地割り	目地は垂直、水平に配置。縦目地を一致させ、排水経路として利用。

3 清掃・維持管理

適切なタイミングで正しい方法により清掃することが、汚れを最小にする最善の方法で、清掃インフラが完備される必要がある。

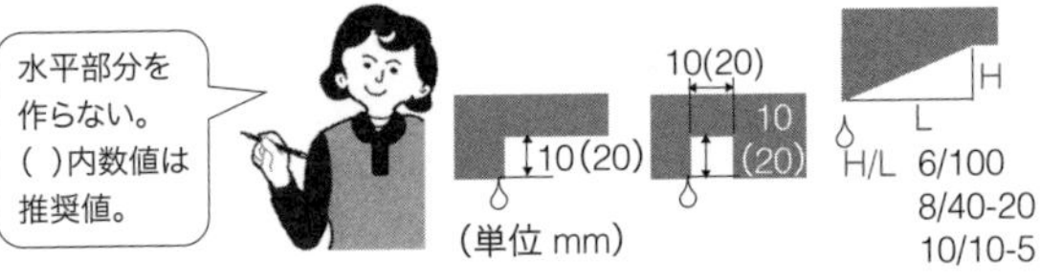

水切りの形状と出寸法

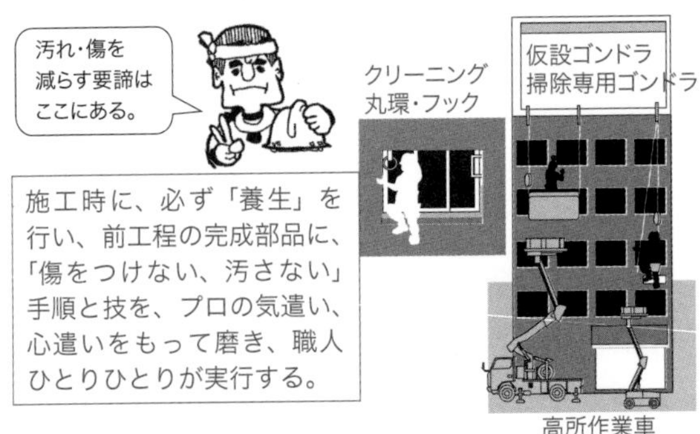

外壁清掃インフラ

Q

①汚れ・傷を残さない施工手順とは？

回答

A

手順の簡単な例で説明します。
こんな工夫をしています。
①木製見切枠・壁下地造作施工
②石こうボード張上げ
③木製見切枠にペンキ刷毛中塗り
④クロス張り（袋下張りとも）
⑤木製見切枠に細刷毛を使いペンキ上塗り

②養生材にはどんなものがありますか？
種類と使い方は？

代表的なものとして、以下を紹介します。

床用養生シート	雨・泥・陽射除け用に床全面に敷き詰める。ポリエチレン、中芯ライナー紙、プラスチック板など。接着剤ありなし２種。
ブルーマット・養生シート・ストレッチシート	ポリエチレン製などで作業傷を防ぐ。汎用養生材。
柱養生紙	最高級養生紙。両端に粘着テープが付く。
階段養生材	プラスチック製・再生紙製で段型加工。
ソフトカバー	ポリエチレン発泡成形マルチ保護カバー。

補足

原則的なルールは以下です。
- 汚れ、傷がつきやすい工程を後に
- 手直し簡便で、傷・汚れが残らない工程を先に
- 上から下に
- 部屋の奥から手前に
- 目掛かりから遠いところを先に、近いところを後に
- 後戻り・手戻り・手直しの禁止

③予期せず起きてしまった、石など高級素材の汚れ、傷の補修方法はありますか？

回答

専門業者の大理石補修例です。

補足

同様に、フローリング補修では、①電気ゴテ充填、②表面平滑化、③カラーインク木目復元、④ラッカーでツヤ復元。クロス補修では、①修復面を平滑化、②近似色充填剤を電気ゴテで塗り、壁を再現します。

④非汚染性塗装がありますが、実際に効果はありますか？

回答

汚れにくく、カビや藻も抑制できる塗料で、「親水性」をもたせ、低汚染性を実現しています。外壁の汚れは親油性のため、親水性塗料と油分の汚れが弾きあってなじまないので汚れがつきません。逆に、雨が降ると、塗膜と雨水がなじむことになり、わずかについた汚れを洗い流します（セルフクリーニング効果）。
この親水性を、フッ素・シリコン・ウレタン樹脂などをベースに、「塗膜表層コーティング」「セラミック複合」「マイクロ反応硬化」などの新技術で実現した低汚染塗料が市場投入されています。

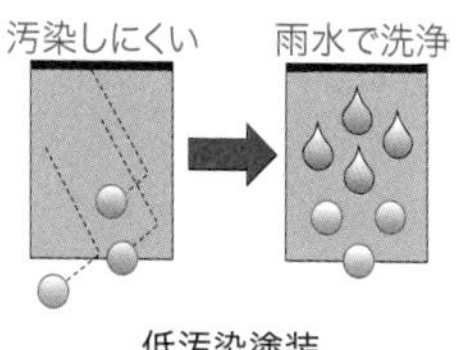

低汚染塗装

92 外構舗装・造園

工程に余裕をとる!!
・部分的に早期着手し、本体工事と並行可能な施工計画をたて、少しでも外構工期を確保
・多種工事を、一括した施工形態とし、複合化やプレファブを検討し段取よく進める

外構工事は最終工程で全体工程のしわ寄せを受けやすい。天候に左右され、並行工事の制約が多く、間に合わせるのに苦労する。舗装中の他工事動線の確保を考える。

(1) 構内道路・駐車場舗装工事

加熱アスファルトコンクリート舗装の路盤は表層と基層で構成。表層は、密粒アスファルト混合物（良質粒度調整砕石・瀝青安定処理層・セメント安定処理）。基層は、粗粒度アスファルト混合物（クラッシャラン・鉄鋼スラグ・砂など）。

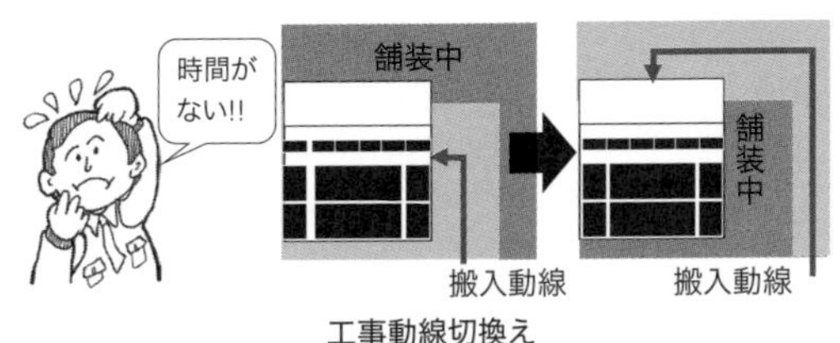

工事動線切換え

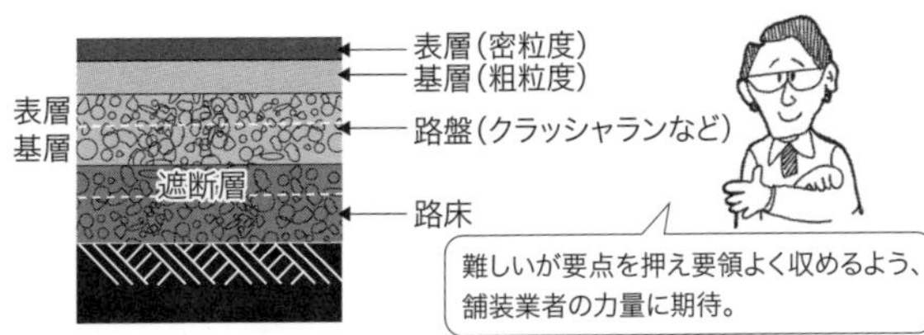

アスファルト舗装の構成

転圧は、乾燥時は散水しつつ、その日に終了する。1回厚さ15～20mm以下。締固めは、①継目転圧、②初転圧、③二次転圧、④仕上げ転圧の手順で行う。ローラー駆動輪をフィニッシャー側に向け、低速で、路端の低い側から高い側へ締め固める。熱アスファルト基層・表層舗装は、雨天時は作業中止。寒冷期は温度を高めに設定（185℃は超えない）し、転圧速度を高める。温度が110℃を下廻らないよう運搬中は保温する。

(2) 先行屋外建築設備工事

外部管・線、ガスなど引込・受電柱・屋外照明などがあり、舗装に先立ち内部工事と調整する。

(3) 並行屋外建築施設工事

屋外広告塔の基礎・塔・看板、門柱・門扉・館名文字、塀・境界施設のフェンスがある。

区画境の時節で、先行・並行・後続工事がある。

(4) 最終造園工事

花壇の客土・植栽は最終工程となるが、継続工事により、損傷を受けやすいので養生を徹底。

植物にダメージを与える真夏と真冬を回避する。

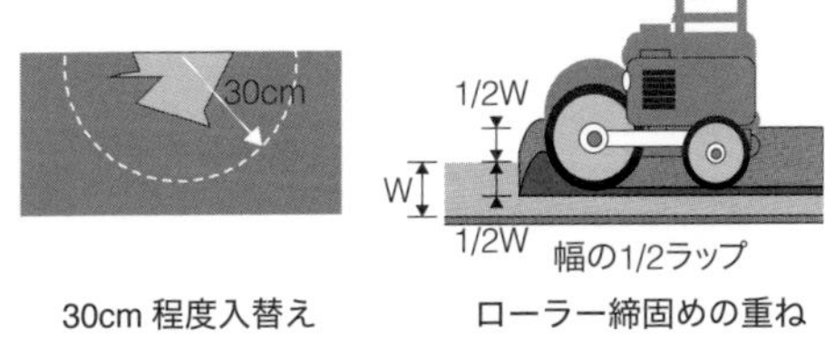

30cm 程度入替え　ローラー締固めの重ね

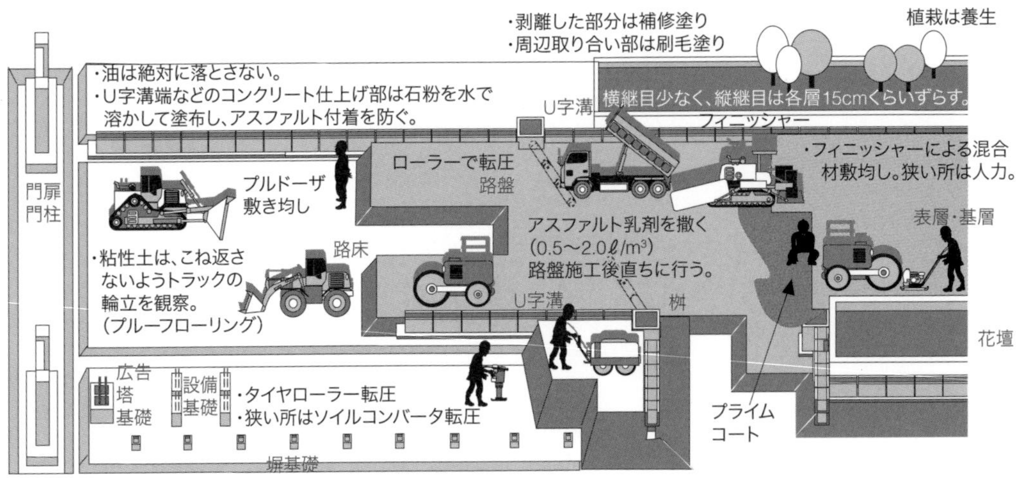

アスファルトの舗装の施工

新人
工事係員

ベテラン
工事主任

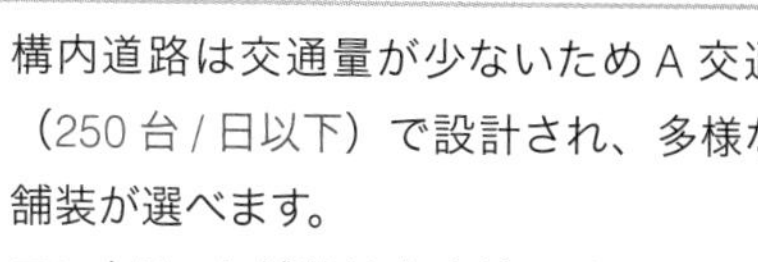
技術部
部長

Q

A

①構内舗装に用いられる舗装の種類には何がありますか?

回答

車道となる構内道路では、圧倒的に加熱アスファルト舗装が使われます。耐久性の高い本舗装と、表層厚さが3～4cmの簡易舗装があり、用途や使用期間によっては簡易舗装とすることもあります。歩道も含め、以下の種類があります。

環境にやさしい
舗装が
増えています。

車道・歩道→ ①加熱式アスファルトコンクリート舗装
車道・歩道→ ②カラー舗装
歩道→ ③インターロッキングブロック舗装
歩道→ ④木質舗装・ウッドチップ舗装
車道→ ⑤透水性・半剛性・遮熱舗装など特殊舗装
車道・歩道→ ⑥コンクリート舗装

補足

構内道路は交通量が少ないためA交通(250台/日以下)で設計され、多様な舗装が選べます。
コンクリート舗装は寒冷地で除雪する場合などで用いられ、遮熱舗装は夏期の構内温度を下げるために用いられます。インターロッキング舗装では、ブロック相互を噛み合わせたユニバーサルデザイン対応のものもあります。

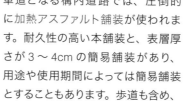

②舗装基盤設計には、設計CBRという数値が使われますが、簡単に教えてください。

平板載荷試験や
標準貫入試験より
簡便な方法です。

回答

基盤はCBRを求め、路盤の基層・表層が設計されます。沈下しやすい支持力の小さな路床では、路盤・基層・表層の総厚は大きく(厚く)必要ということになります。原土では、強さが足りない時は、土の入替え(置換)やセメントなどの安定処理を行います。

補足

原土を採取して試験室へ持ち込み、直径5cmのシリンダを押し込んで、2.5mm沈下させるのに必要な力の基準強さとの比(百分率)をCBR値といいます。

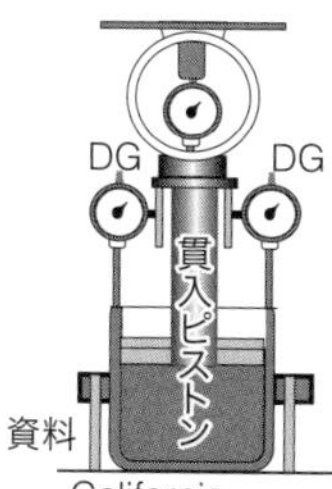
DG
DG
貫入ピストン
資料

California
Bearing Ratio
路床土支持力比

CBR試験

→10

③駐車場ライン引きの種類と施工の注意点を教えてください。

回答

施工の種類は主に、
①常温手動式
②溶融手動式ペイント
があり、②を多用します。

溶融手動式

補足

溶融手動式は、粉末材料を約200℃に加熱溶解し、専用機械で塗布します。塗膜厚が約2mm程度あり、衝撃や磨耗に強く、ランニングコストが抑制されます。

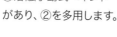

④竣工時期によっては、植栽の時期をずらす必要があると聞きましたが。

回答

植栽工事全般で1年間の中で適している時期とそうでない時期があります。春と秋は植栽に適し、夏と冬は適しません。

補足

理由は、根が痛む可能性が高いからです。夏は水やりしても熱くなり、冬は土壌中の水分が凍結し、根にダメージを与えます。水やり時間帯を選べば、ある程度の対策にはなります。

93 検査受検と竣工引渡し

→1 4 91

可能な限り自主検査し、手直して対応する!!
・検査の種類と手順・心構えを知る
・引渡し資料と行事
・工事代金支払いと引渡しトラブルに注意
・長期修繕計画の効用を知る

1 すべての検査を受け、合格する

完成検査には以下（枠囲み）の種類がある。

完成検査の前に、全工程が終了した後、事前に工程内で自主検査を行い、だめ工事の手直し（不具合処理）を済ませておく。さらに機器の試運転・調整を完了させ、完全な状態にしてすべての完成検査を受ける。

完成検査は、検査官の幅広い目で、出来栄え・機能が確認される。検査対象によっては稼働状態を運転確認する。この状態では確認できない隠れた工程については、中間検査・工程内自主検査の結果を参照する。指摘事項・修正が必要な事項は、記録に残し、ただちに、手直し・交換・再施工などを行い、再検査を経て、完了の確認を受ける。

顧客の満足を確実に得るためには、建築主による完成検査が最も重要であり、安心して引き渡せるよう真摯に対応することが重要である。

専門工事業者自主検査～元請社内検査

①監理者検査

②消防検査
消防設備が有効に機能するか確認。
適法設置されているか確認。
※その他の届出に伴う各種行政検査

③建築主事または指定確認検査機関の完了検査
建築確認通知通りに作られているか、違法建築になっていないかを行政的視点から最終確認。
合格すると、完了検査済証が発行され、適法な建築物として公認される。

④建築主による完成検査
建物の内外を見て不具合箇所がないか確認、もし不具合指摘があれば是正する。監理者も立ち会い、プロの助言がある。

検査受検

いよいよ完成！
よい仕事ができ、
喜んでもらうの
が一番うれしい。

2 建物を引渡し完工

検査・是正が完了し確認を受けたら、引渡しを行う。引渡し日には、施主・監理者・施工者が参加し、鍵一式のほか、以下の書類・備品の引渡しを行い、建物受領書貰い受けにより引渡しが完了する。竣工式を行うことが多い。

引渡しに必要なもの

・確認申請書副本・住宅性能表示関係書類
・消防用設備設置届・防火対象物使用届
・完成届
・引渡書
・鍵引渡書
・工具引渡書
・予備品引渡書
・竣工検査・修補報告書
・竣工図・施工図・製品図（承諾を受けたもの）
・工事完成写真（アルバム製本）
・主要材料・機器一覧表（性能試験成績書）
・取扱説明書（設備機器・建築物など）
・工事保証書（防水および機器・材料など）
・官公署検査済証
　建築物検査済証・消防用設備検査済証
　電気工作物使用前検査合格書
・工事請負（売買）契約書・工事費内訳書
・設計・施工体制表

建物受領書と
引渡書・鍵を
交換

引渡し

3 工事残金の受領

最終工事残金は、建物引渡しと引換えに支払われる。瑕疵に対する担保・補償のために、ある程度の金額を残しておき、引渡しの１～２カ月後に支払う契約が多い。

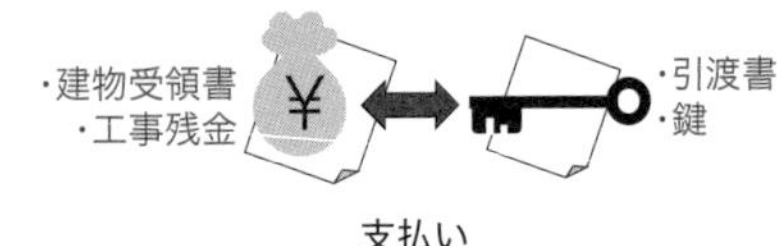

支払い

新人
工事係員

Q

ベテラン
工事主任

A

技術部
部長

①その他届出に伴う各種行政検査とは？

条例や指導により、
いろいろあるんです。

回答

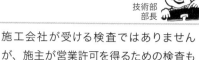

立地により、建物の申請や届出が変わりますが、その中で検査が義務付けられているものです。
例えば次のような検査です。

- 開発行為検査
- 総合設計検査
- 緑化検査
- 下水道検査

補足

施工会社が受ける検査ではありませんが、施主が営業許可を得るための検査もあります。
飲食店や旅館開業のための保健所の検査などです。

②建築や設備、備品の取扱説明書を引き渡しますが、維持保全に役立つ引渡し書類は、他にはないのですか？

回答

引渡し書類は、保証と維持保全を適切に確実にできるためのものが大半です。
竣工図・内訳・保証書・体制表などリニューアル工事にも役立つ資料となっています。

補足

最近は、その建物の長期修繕計画書をサービスで提供することがあります。
長期修繕計画は、30年程度の期間を対象に、建物各箇所の修繕時期、費用を予定するもので、維持保全には極めて重要です。新築施工者は、長期修繕計画書を正しく作成する全情報（数量内訳・完成仕様）をもっており、最善の方策です。

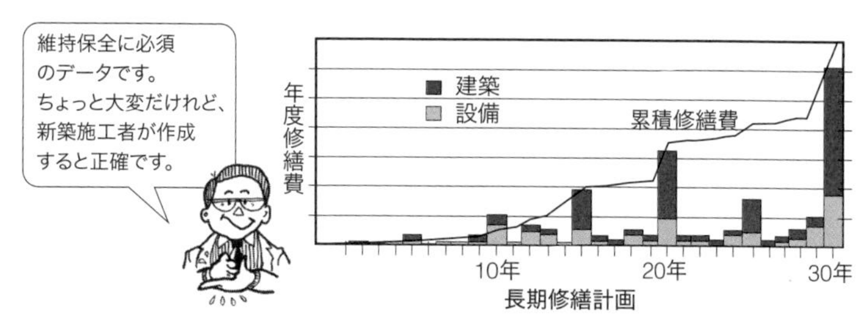
維持保全に必須
のデータです。
ちょっと大変だけれど、
新築施工者が作成
すると正確です。
年度修繕費
建築
設備
累積修繕費
10年
20年
30年
長期修繕計画

③完成・引渡しと同時に、工事残金を全額支払うということですが、その際のトラブルをよく聞きます。発注者と施工者の引渡しの合意が完全でないことが原因とは思いますが。

回答

最終工事残金は、引渡しと引換えに支払うべきですが、10％程度の金額を残し、引渡し数カ月後に支払う契約もあります。使って分かる不具合もあるので、完全に不具合が消失してから全額を支払うものです。
あらを探せば、不具合は主張できます。いつまでも工事金を払わない悪意の施主は困ったもの。

なんだ
かんだ…

補足

法的な解釈を紹介します。

- 建物が完成すると、不動産登記でき、請負人に報酬請求権が発生。
- 「完成」は、「工事」が予定された最後の工程まで一応終了した」時点。
- 建物に瑕疵（欠陥）があれば、完成後は瑕疵担保責任が問題となり、完成前は債務不履行（不完全履行）となる。請負人は、瑕疵担保責任として補修または賠償する義務があり、注文者はこの義務が履行されるまで残代金支払いを拒めます（同時履行の抗弁権）*1。
- 「完成」は「工事が予定された最後の工程まで一応終了した」時点。

＊1　河合敏男『住まいの基礎知識』vol.12「トラブルを未然に防ぐために　建物の完成と引渡し」国民生活、2015

94 竣工時祭式・定礎

→9

感謝の気持ちで厳粛に !!
・定礎石を据える意義・作法を知る
・竣工時の祭式の概要と作法

9 工事中の建築工事祭式 で説明したように、地鎮祭・上棟式・竣工式が「三大祭式」と呼ばれる。
ここでは、主な竣工後の祭式を下表に示す。

竣工式・落成式・落成披露は、工事関係者が主催し、工事完成の慰労と感謝の意義が強い。

これを祭式的には、直会（なおらい）とよぶ。お神酒の乾杯・折詰と清酒の手土産・紅白饅頭や赤飯などの引出物・立食パーティーや宴会までいろいろな形態があり、式後に組み込まれている。

定礎とは、礎（いしずえ）を定めるという字の通り、定礎石は建物の土台となる礎石である。

壁にくぼみを作り、そこに定礎箱を入れ、定礎盤で蓋をする。穴の大きさは煉瓦を基本に、幅 43cm・高さ 32cm・深さ 10cm が標準とされている。定礎盤は厚さ 40mm 程度の御影石が使われるが、鋳鉄・ステンレス製もある。

定礎石の実例

定礎の中には定礎箱と呼ばれる箱があり、その中には、図に示すものが入っている。

定礎の式典は、通常次のように行われる。

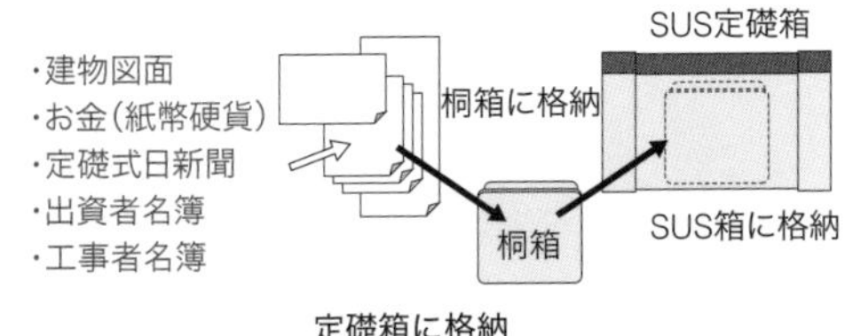

定礎箱に格納

斎鏝の儀

モルタルを底に均し、定礎石を永久に堅固に支える意味

① 定礎の辞奉読（ていそのじほうどく）
② 除幕の儀（じょまくのぎ）
③ 定礎銘板鎮定の儀（ていそめいばんちんていのぎ）
④ 斎鏝の儀（いみごてのぎ）
⑤ 礎石据付の儀（そせきすえつけのぎ）
⑥ 検知の儀（けんちのぎ）
⑦ 斎槌の儀（いみつちのぎ）

主な竣工時祭式

時期	祭式名称	内容
建物完成時	定礎式	鉄筋コンクリート構造体などの建築物躯体が、将来にわたり堅牢と優美を保つよう、建築物の玄関や正面側壁に「定礎箱」を収め、礎石を鎮定する神に祈りを込める儀式。施主・施工者・設計者の三者で行う。別名「いしずえさだめのまつり」とも呼ばれる。
建物完成後	清祓式	建物を使用する前に四方を祓い清める「神棚・神壇奉斎清祓式」「仏壇入魂式」「神棚・神壇奉斎清祓式」など節目で式典が行われている。
	火入式 除幕式	施工者に対する儀式。工場では機械設備が操業する際の「火入式」、胸像・レリーフなどの「序幕式」などが行われる。
	竣工式	施主と建築関係業者が建築物、構築物などの建設工事完了を神仏に報告して感謝を捧げるとともに、その建築物・構築物などが末永く堅固であるように祈願を行う式典。施工者に対する慰労・感謝を兼ねた施主中心の儀式。
	竣工奉告祭	無事工事が完成したことを神々に奉告する儀式。竣工式と合わせて実行されることが多い。
引渡し後	落成式	施主が広く関係者を祝宴に招き、完工した建築物または構築物を披露する式典。竣工式の後に、新築披露を目的として竣工式と区別して「落成式」または「落成披露」とよぶ。
	竣工披露	工事に協力した人たちに対して、感謝・お礼をする祝賀会。祝辞や挨拶、感謝状の贈呈などが行われ、対外的な PR にもなる。竣工式と別に行う場合には、神事は伴わない。

Q	A（回答）	補足
①いつ定礎石を据えるのですか？　どんな建物に設置するのですか？	竣工式前に、柱などに定礎箱を入れ定礎石で蓋をする式を、関係者のみで行う場合が多いですが、必ず行われるわけではなく、煉瓦造などの重厚な建物で多く行われます。	西洋煉瓦造建築で，土台礎石を据える祭式に由来し、工事開始を記念するものでした。これは外国人の仕事（煉瓦積み）から縁を切る"けじめ"の儀式として、日本の大工が考え出したといわれています。
②定礎石は南東に配置されることが多いようですが。	位置は、建物正面右下の見やすいところに置きます。 玄関前の庭石とすることもあります。必ずしも南東とは限りません。	定礎箱は鎮めもので、お祓いをして納めます。南東になっていればさらにいい…という程度に考えてください。
③定礎箱に、納める品物は、いつ取り出すのですか？	定礎箱を取り出すのは建物が取り壊される時です。それまで定礎箱の中身は見ることができません。次世代の建設者に伝承する、建物の建設に関係する様々な物が大切に保管されています。	
④式典の費用は、だれが負担するのですか？ 馬鹿にならない金額でしょう？	工事開始前の地鎮祭までと、竣工式以降は、施主が負担します。起工式から定礎式までは、施工者が負担します。 金額の多寡は、難しい判断です。有意義額と理解したいものです。	工事中の祭式費用は、工事金から支出しますが、工事金は施主との請負金額ですから、もとをただせば全て施主が出しています。工事中の式典は、工事利益の中で贖うということでしょう。
⑤直会（なおらい）は、我々職人にとっては、楽しく、またありがたいものです。なぜなおらいとよぶのですか？ →9	すべての式後、 ・お神酒の乾杯をする。 ・折詰や紅白饅頭の手土産や赤飯などの引出物を渡す。 ・宴会を行う。 などの形で直会が組み込まれます。	儀式には、神仏の加護を願う宗教的な行事と、参加する人たちの親睦と慰労の目的があります。直会は後者で、語源は「きちんとした姿勢で座り（= 直る→なお）、神饌をいただく会合（= 会→らい）」ということです。

95 建築設備関連工事

→1 4 6 62 93

建築部門の得意を活かし積極的に対応したい。
- 建築・設備の部門間協力・活発化
- 複合化・省力化工法の導入支援
- 総合施工と分離施工ではやり方が異なる

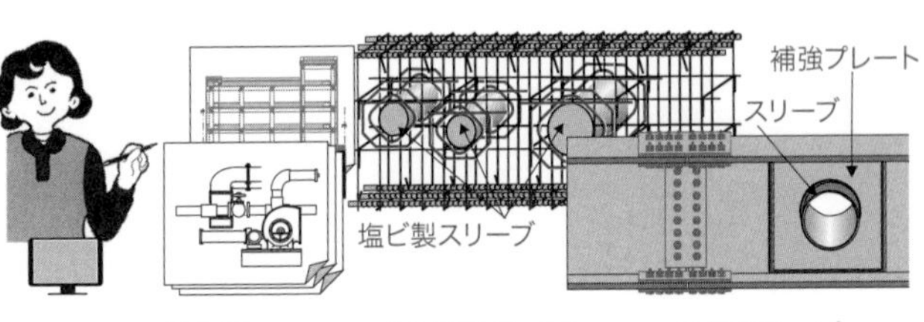

総合図
検証・合意

RC 梁スリーブ
貫通配筋補強

S 梁スリーブ
貫通配筋補強

本書では建築設備を詳しく取り上げていないが、本来は重要な工種である。

設備別途の工事現場では、建築施工がメリットのある工事は、設備から建築へ依頼し調整施工している。

●：依頼の多い関連事項

建築・設備間で関連の強い工事 ＼ 設備→建築依頼工事　工事内容	施工図総合調整・総合図	工程確保・共通仮設提供	掘削・地業・土木	型枠鉄筋コンクリート工事	鉄骨工作補強・鉄骨製作	配筋補強	防火処理・区画	防水・断熱・吸音処理	金属製建具・開閉具据付け	天井壁下地・ボード補強	タイル・石など周辺仕上げ	機器搬入・揚重据付け支援	配管・機器ユニット揚重
① 設備関係諸室構築（機械室・電気室など）	●	●		●	●			●	●			●	
② 躯体築造型各種槽類構築（防火水槽など）	●	●	●	●				●	●				
③ 機械基礎・免震架台構築	●	●	●	●	●			●					
④ 機器架台・タンク架台構築	●	●		●	●			●				●	
⑤ 機器のステージ・階段・手摺設置	●	●			●								
⑥ 通信塔・煙突・避雷針・棟上導体構築	●	●	●	●	●			●					
⑦ 配管スペース・トラフ・洞道 煙道・エアダクト・排煙スペース構築	●	●	●	●	●		●	●	●				●
⑧ ブラケットなど管線ユーティリティ設置	●	●			●								●
⑨ 管・線・風洞の壁・床・梁スリーブ	●	●		●	●	●	●	●					
⑩ 盤・開口の壁・床ボックス箱抜き	●	●		●		●	●	●	●				
⑪ 給排気ガラリ・点検口ドア設置	●	●			●	●	●	●	●	●	●		
⑫ マンホール・マシンハッチ設置	●	●	●	●	●	●	●	●	●		●	●	
⑬ 照明・空調・防災・情報本体機器設置	●	●								●	●		
⑭ ⑬のスイッチ・コントローラー・盤・ 表示器・センサーなど設置	●	●								●	●		
⑮ 給排水衛生機器の据付け設置	●	●						●		●	●		●
⑯ サニタリースペースなどの構築	●	●		●	●			●		●	●		●

設備→建築依頼工事マトリクス

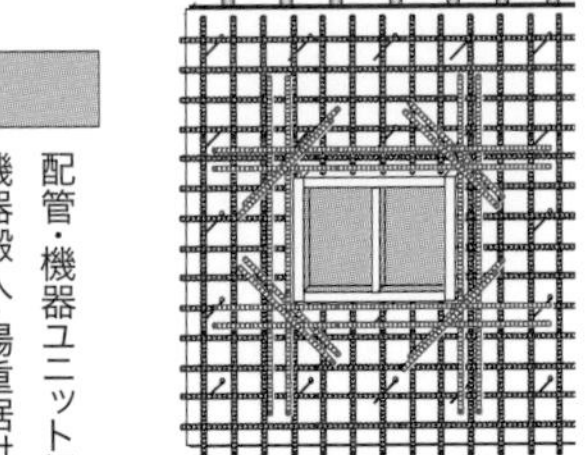

壁箱抜きと
補強筋

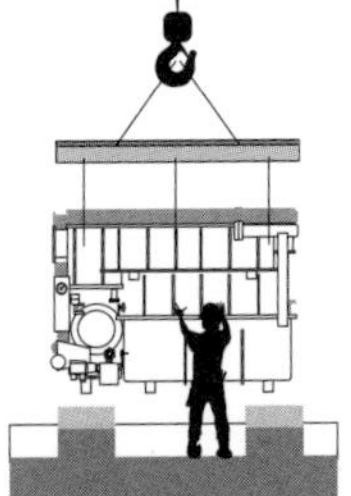

設備機器揚重据付け

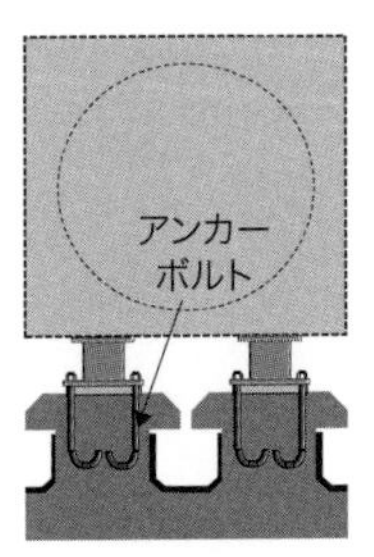

屋上機械
RC 基礎構築

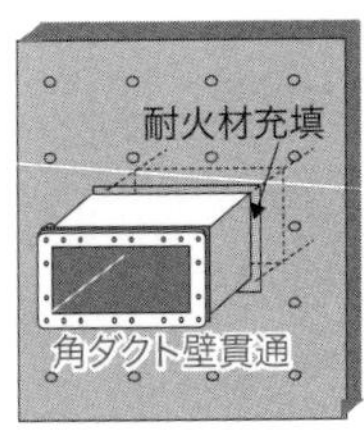

配管貫通部
防火処理

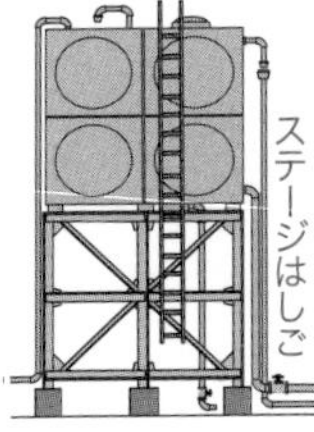

機器廻り
ステージ・はしご

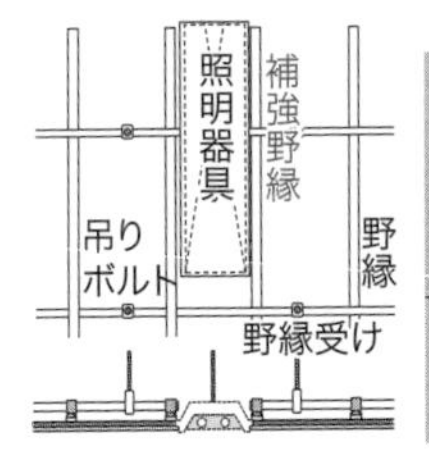

照明器具廻り
下地補強

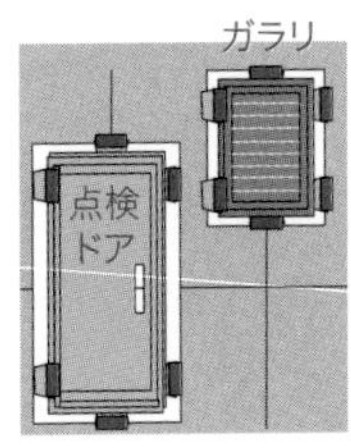

ガラリ・ドア
製作取付け

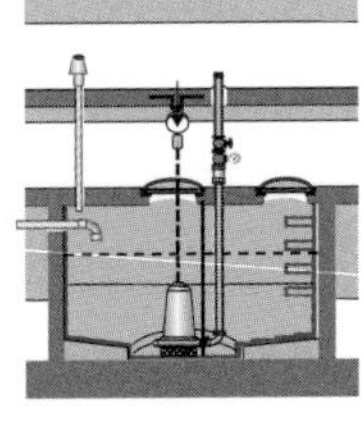

躯体構築型
廃水槽構築

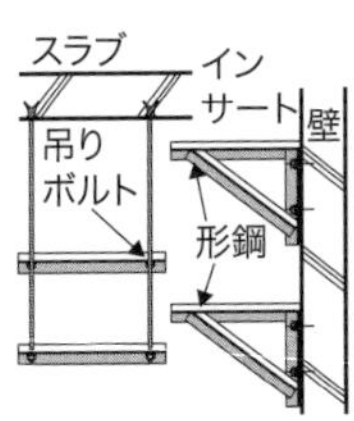

配管線ユーティリティ
構築

Q

新人
工事係員

ベテラン
工事係員

技術部
部長

①建築・設備総合発注と分離発注がありますが、どう違うのですか？

回答

費用が透明化され、よいコミュニケーションが得られるので、設備会社が有利とされるのが分離発注。一方、発注者業務負担が少なく、強みである総合調整力を活かし、短工期や仮設共用化などで低コストを実現するとされる総合発注はゼネコンにとって有利とされます。

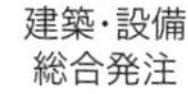

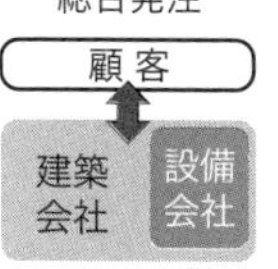

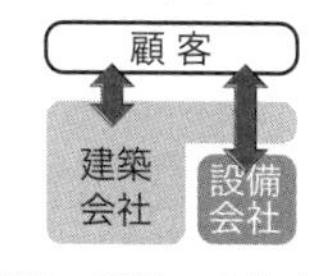

建築・設備の発注方法

補足

両者の言い分は、立場上、当然競合しますが、これとは別のコストオン方式というのがあるので紹介しましょう。分離発注と総合発注を折衷した方式で、発注者は、建築会社と設備会社を選定し、それぞれの工事費を取りまとめ、それに設備工事の現場管理のための経費を加えた（オンした）金額で、建築会社に発注する方式です。

各方式の得失を考え検討し、最良の方式を選びます。

→99

②設備工事の生産性向上のための建築による支援工事とは？

回答

ゼネコンの総合力を折り込み、複合化・工業化・新技術によるダイナミックな施工が該当します。例えば、ユニット化や設備配管の先行取付けにより、工期短縮と現場の省力化を図り、生産性向上を図ります。

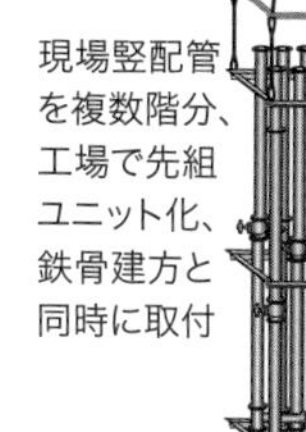

現場竪配管を複数階分、工場で先組ユニット化、鉄骨建方と同時に取付

配管ライザーパイプ工法

補足

その他、大型熱源機器など配管計装を、先組み複合化し、一度に設置してしまう機器ユニット工法や、フロアパネルに設備配管・天井内設備を先行取付けし、ユニット化して揚重する設備複合フロアパネル工法なども多用されます。

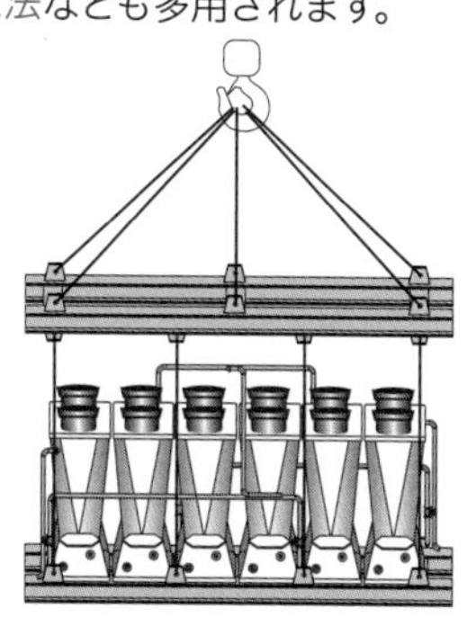

建築設備機器・配管複合化

→4 →100

③建築と設備の整合性の検証で、近年ではBIMの導入が進んでいるそうですが。

回答

仰る通り、設備図とBIM建築設計図が総合化され、機器や配管の納まり、ダクトワークなどの「可視化」と各種データの「共有化」が可能となります。

→39

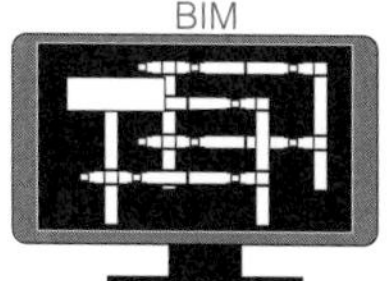

BIMによる総合図支援

補足

建築と設備の詳細仕様を盛り込んだ総合図を、相互確認・情報共有するBIMの導入が進められています。設計者・ゼネコン・設備サブコンで一元管理され、円滑に施工図総合化が進展されるようになると思います。建築依頼工事で総合図を作成協力するのは古くなるかもしれません。

96 建設廃棄物ゼロエミッション

社会的使命だ!!

- 最終処分率をゼロに近づけるゼロエミッション
- 発生抑制・分別収集・リサイクルを徹底する
- コストや時間はかかるが、環境にやさしい施工をめざすためには必須の活動

1　建設廃棄物への一般的な取組み

- 「廃棄物の処理および清掃に関する法律」
- 「再生資源の利用の促進に関する法律」
- 「建設工事に係る資材の再資源化などに関する法律（建設リサイクル法）」

以上の法律により、廃棄に限らず、現場での分別解体、その後の再資源化義務付け、リサイクル推進などにより、発生を抑制するよう努めなければならない。廃棄物処理は、中間処理業者委託処分以外は、現場代理人が責任をもって産業廃棄物発生計画立案、産業廃棄物管理票（マニフェスト）を用いて適切に管理することが要求されている。

2　建設廃棄物ゼロエミッション活動

今、建設業界では、「最終処分率をゼロに近づける」ゼロエミッション活動が行われている。4つの基本行動からなる。

①**「体制づくり・教育」**

数値目標設定や教育など、ゼロエミッションを達成する体制づくりと、事前に発生する建設副産物や廃棄物を洗い出し、計画を策定。

②**「発生抑制」実施例**

設備機器梱包材の簡素化・仮設材再利用、リース材使用・運搬梱包工夫・無梱包化代替品活用、プレハブ構法やプレカットの多用、型枠材レス工法採用などが行われている。

③**「分別収集」**

④**「再資源化・再利用・再生利用」**

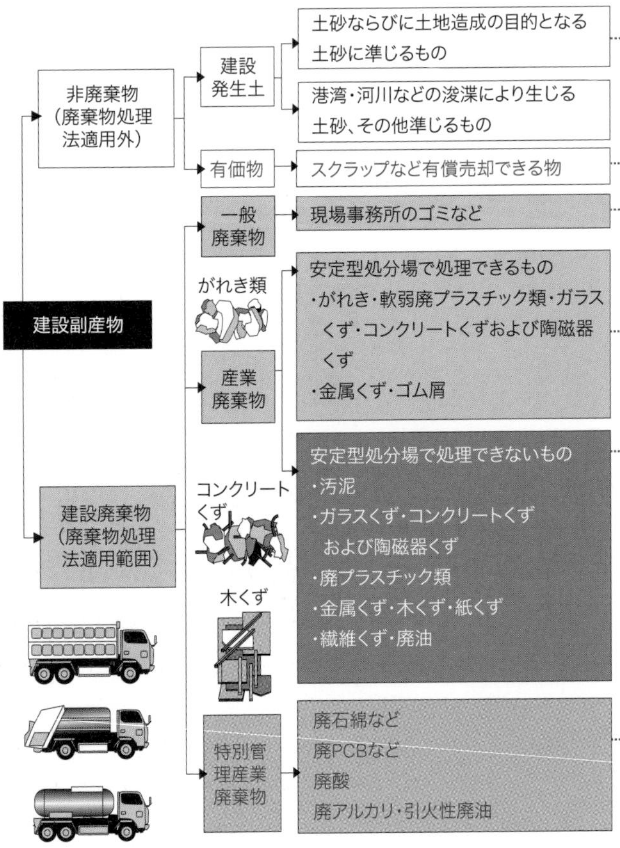

建設副産物の種類

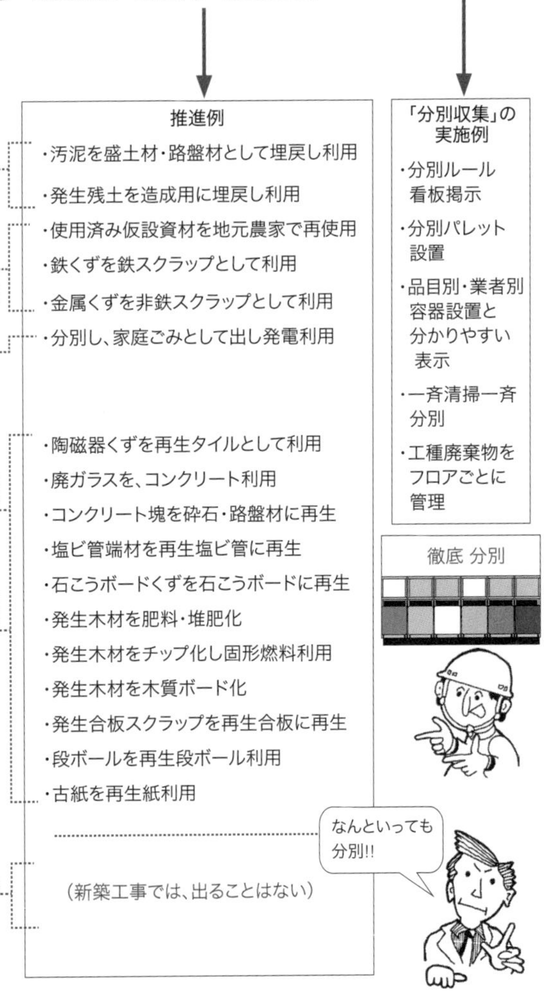

ゼロエミッション活動の実施イメージ

Q

①排出をゼロにすることが本来のゼロエミッションですが、現場では排出ゼロといえますか?

回答

A

建設業・工事現場では、ゼロエミッション活動を、環境負荷の少ない方法を用い、最終処分率をゼロに近づける活動としています。最終処分率とは、直接最終処分場に搬送する埋立処分量と、中間処理後の埋立処分量を合計したものを排出総量で除したもので、マニフェストで管理します。3Rとは、Reduce（発生抑制）、Reuse（再利用）、Recycle（再生利用）、の頭文字です。

補足

ゼロエミッション活動とは、本来は廃棄物に含まれる「有用な資源」をすべて活用し、企業における廃棄物ロスをなくす活動のことをいいます。回答で説明した数値を年度ごとに環境目標に掲げ努力しており、建設業独自の定義ともいえます。本来のゼロエミッション構想は、一企業や一工場で完結しません。地球規模の視点で検討し、実行することが真のゼロエミッションを実現します。

②ゼロエミッションに取り組んでいますが、正直言って大変です。一斉清掃や分別作業などの手間や、再利用や再資源化のためにはコストがかかります。

回答

実は元請は、労力もコスト負担もさらに辛いんです。地球に優しい施工を使命と考え、整理整頓が進み、よい仕事を能率よくできるなど、いいところだけ見て、前向きに考えましょう。

補足

もう一つの課題は、環境配慮設計の推進がやや遅れていることです。工事現場で一生懸命に、建設廃棄物を減らす努力をしていますが、さらに建設行為としてのゼロエミッションを進めるためには、環境配慮型の設計、すなわち工事から使用、解体後のことまで環境に配慮した建築設計をすることが重要です。今でも取り組んでいますが、さらなる努力が必要です。

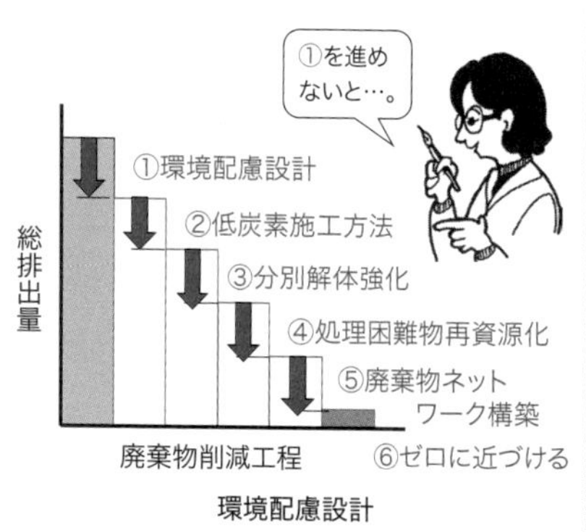

環境配慮設計

③今後の課題は何ですか?

回答

実は、解体撤去工事が難敵です。上記ゼロエミ活動の対象から外している例もあります。
混合廃棄物量がどうしても減らないのです。これを少しでも減らすことが課題です。建設リサイクル法の対象となる建設工事を広げ、解体前の事前措置や分別解体により、廃棄物を素材ごとに分別していくしかないのです。
しばらく前の解体工事は、廃棄物を分別せず、重機で一気に壊すミンチ解体でした。
足場が要らず工期も短いことから解体費用自体も安く、建設リサイクル法施行前には解体工法が主流でした。

木造家屋解体

97 建設現場の地球温暖化対策

→6

社会的使命と考え、できることから!!

・施工段階の CO_2 発生量削減は我々しかできない
・CO_2 削減活動はコスト UP ばかりではなく、メリットを引き出すこともできる

1　施工段階における CO_2 排出量の削減

施工段階の CO_2 発生量は、建設行為全体の中では比較的少ないが、この削減に取り組めるのは建設業者だけである。各社で展開されているが、コストもかかり簡単ではないので、取り組みはまちまちである。

ここでは、社会的使命として、地道な活動をしている事例を紹介する。CO_2 削減目標を全体排出量でなく、施工高１億円あたりの CO_2 排出量（原単位）を目標とする例が多い。全受注量は増減するため、CO_2 全体排出量を管理すると活動効果が見えにくいためである。

2　具体的な CO_2 削減手段

削減手段は、エネルギーを使わない省エネ中心の施工技術で、層別に５種類がある。

①社会変化による削減

…社会環境技術進化。知らぬ間に低 CO_2

排出係数→電力会社や化石燃料ごとに公表される CO_2 排出量の原単位。発電や精製の環境配慮（再エネ・バイオ）で向上が期待できる。

電力使用量 × 排出係数 =CO_2 排出量

②努力工夫による削減…学んで減らす。我慢して低 CO_2

夏の空調温度を上げる、部分消灯など、節約と我慢による CO_2 削減。省燃費運転や整備励行など地道な努力。

③投資による削減…再エネ導入低 CO_2

LED 照明など省 CO_2 の新設備導入や小形再エネ発電を導入。

④排出権購入で削減…買う低 CO_2

グリーン電力を購入し CO_2 削減。グリーン電力→自然エネルギー発電の電力で排出係数ゼロ。高価。

⑤工法改良による削減…創意工夫で減らす低 CO_2

運搬や取付けエネルギーを減らす省力・複合・工業化の推進で CO_2 削減。廃棄物ゼロエミや再利用、省材料になる工法改良などによる CO_2 削減。ＶＥによる変更。コスト低減。

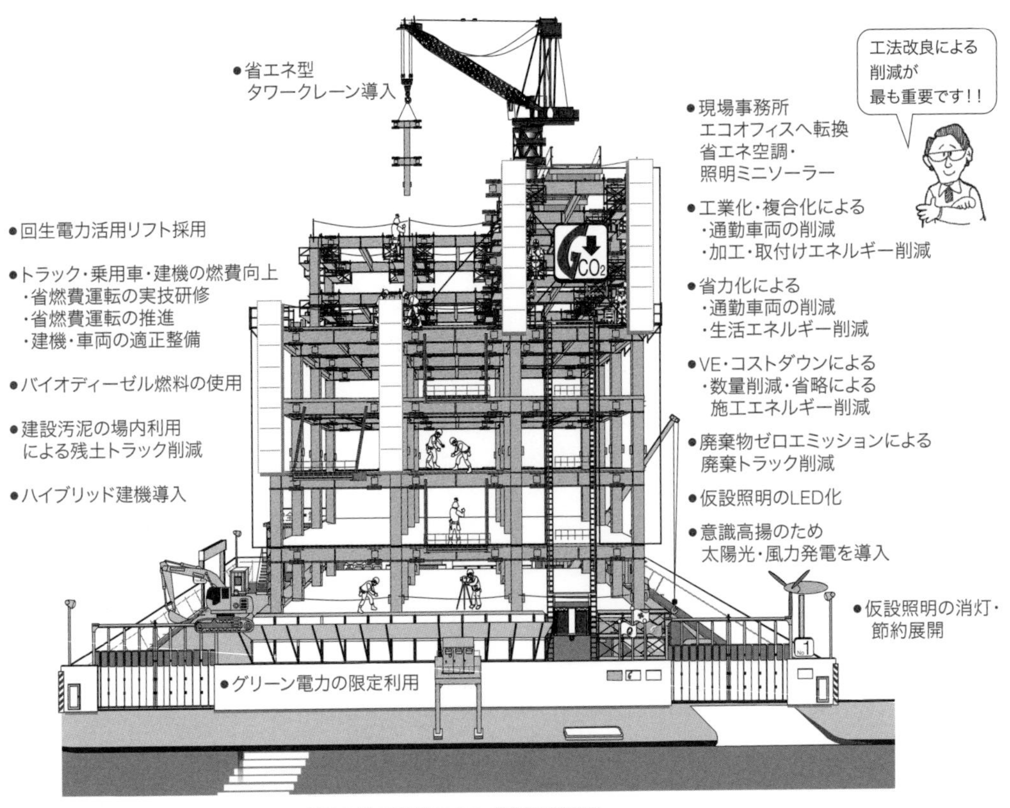

一般的な施工段階の CO_2 削減展開項目

Q

①施工段階での削減は、大切なことはわかりますが、建物運用段階などで、もっとたくさん発生していませんか？

回答

A

建設ライフサイクルにおける CO_2 発生量は、

・運用段階発生量 66%
・資材製造排出量 17%
・施工段階排出量 5%

という報告があります。

確かに施工段階の CO_2 削減は全体からすると少量ですが、ここを減らせるのは施工者ですから、削減に取り組んでいます。

補足

環境事業推進室長

施工段階以外で CO_2 削減に特に力を入れているのが ZEB（ゼブ）（ネット・ゼロ・エネルギー・ビルディング）の実現です。

ZEB とは、建築・設備の省エネ性能向上や自然エネルギーの活用などにより、年間 1 次エネルギー消費量がゼロ以下となる建築物をいいます。

ビルは"ゼロ・エネルギー"の時代へ

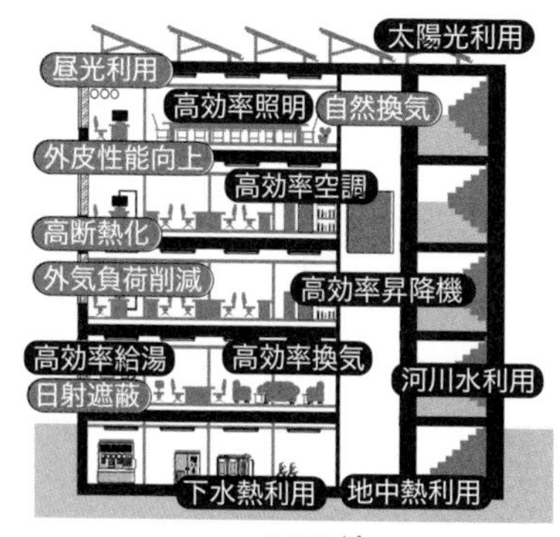

ZEB 企画例[*1]

住宅でも、ZEH（ゼッチ）（ネット・ゼロ・エネルギー・ハウス）を推進しています。ZEH とは、「外皮の断熱性能等を大幅に向上させ、高効率な設備システムの導入により、大幅な省エネルギーを実現した上で、再生可能エネルギーを導入し、年間の一次エネルギー消費量の収支がゼロとすることを目指した住宅」です。

②コストを抑えた CO_2 削減計画は可能ですか？

回答

CO_2 削減量を技術ごとに 2 つに分類し、ベストミックスでコスト抑制します。

コストも CO_2 も削減できる技術

・運搬エネルギーの無駄を省く
・VE や CD により資機材を減らす
・作業標準を見直し我慢する

コスト増加するが、効果が大きい技術

・太陽光発電システムの導入
・風力発電システムの導入
・省エネ建機の導入

コストのかかる CO_2 排出量削減手段の採用を最小限に抑え、パフォーマンスが最大となる計画とすることが大切です。

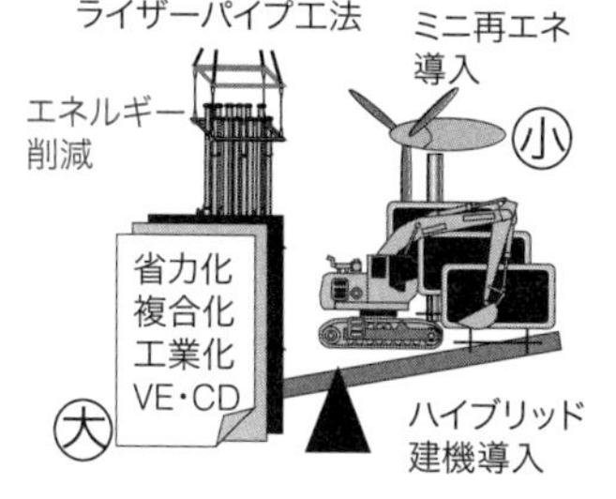

コスト抑制

③建機の省エネ運転で、大きな CO_2 削減効果があると聞きました。どのくらい効果があるのですか？

回答

建設現場における温暖化ガスの発生抑制のために、建機メーカーが省燃費運転の研修を積極的に行っています。研修で、軽油使用量の約 30％を占めるバックホウにて、座学と実地訓練前後の燃費消費率を比較測定したところ、研修を受けた 4 名のオペレータが、省燃費運転で平均 16％の燃費向上を実現しました。実施内容は、アイドリングストップ、事前重機点検実施、潤滑油など適正メンテナンス、回転や掘削方向の変更、手順の見直しなどです。

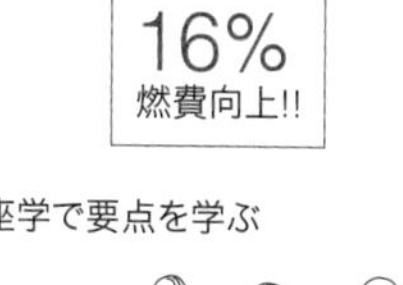

座学で要点を学ぶ

実地訓練でコツを習得

→6

省燃費運転

＊1　環境省地球環境局地球温暖化対策課地球温暖化対策事業室

98 工期短縮ノウハウ

→6 7 99

経験・ノウハウを活かす !!

- ますます困難になる工期短縮
- プロジェクト特性に応じた最適実施事項を絞り込む
- 強力な全社施工体制構築とリーダーシップが必要

現場の五大使命は、「よいものを (Q) 廉く (C) 早く (D) 安全に (S) 環境にやさしく (M・E) 造る」とされる。努力するも、それぞれが拮抗し簡単ではない。特に、「早く (D) 」の短工期施工 (脚注参考) は、昨近の労務不足・熟練工減少の壁に遮られ、困難が増し、簡単に請け負えない状況である。

下図に、実施されている短工期施工挑戦の着目点を紹介する。ここで述べる短工期施工は、契約工期に間に合わせる水準の説明であり、ダイナミックな短工期施工の新技術は述べていない。赤文字は比較的使用頻度が多い。方策として、①工事制約条件緩和、②施工の早い設計、③迅速施工法採用、④施工体制構築の 4 項目が骨子であるが、それぞれ他方策と相いれないものもあり原価が上昇する。プロジェクト要件に添う最適な方策を選び、短い時間で考え、実現するためには、強い (作業所長の) リーダーシップが必要である。

- **迅速施工可能な設計**
  - ・設計変更をなくす。BIM活用
  - ・市場入手性高い材料・構法設計（特殊材料・構法回避）
  - ・部品数削減
  - ・RC・SRC造回避、S・PC造指向
  - ・全天候型構法導入
  - ・型枠支保工のない床構法
  - ・圧接・溶接回避
  - ・単純・明確な納まり
- **ソフト工程の迅速化**
  - ・着工を早める
  - ・工事計画の早期確立
  - ・早期発注・業者決定
  - ・製作時間を短縮
  - ・準備の万全先行
  - ・諸届出の先行
  - ・施工図先行
- **情報インフラの整備**
  - ・連絡指示の正確伝達
  - ・OA機器・通信基盤活用
- **揚重運搬効率向上**
  - ・大型機械カフル活用(クレーンなど)
  - ・施工機械多数導入
  - ・構内運搬ロジスティクス完備
  - ・仮設道路・搬入体制

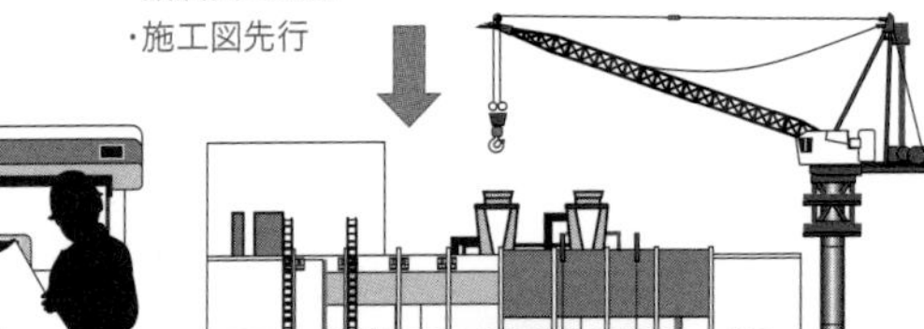

- **高効率プレファブ技術導入**
  - ・省力化工法積極採用
  - ・複数部品を複合化
  - ・部材の工業化
  - ・部材のユニット化
  - ・一群工程部品のキット化
  - ・材料のプレカット

ライザーパイプ工法

- **総合施工体制確立と工程計画**
  - ・建築設備の総合設計施工
  - ・設計と施工の並行模索
  - ・元請の全社推進支援体制（各部門の積極協力体制）
  - ・短工期施工スペシャリスト配員
  - ・緻密で無理のない圧縮工程計画
  - ・無駄のない工区設定
  - ・労務・機材の山均しと集約
  - ・並行工程・ラップ工程活用
  - ・止水・防水工程の早期完了
  - ・実のある工程会議開催と指示徹底
  - ・協力業者の総合連携支援
  - ・近隣・所轄官庁対応強化
- **床の迅速構築**
  - ・床を早く並行築造する

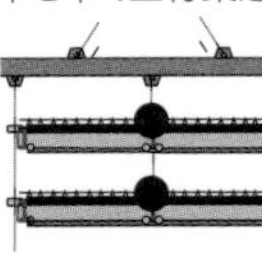

- **最新鋭機器導入・機械化**
  - ・全天候仮設
  - ・自動化施工
  - ・施工ロボット
  - ・ハンドリングロボット
- **労務の増員**
  - ・工程数・工種数削減
  - ・現場工数の無駄ない増員（熟練労務を多数投入）

- **施工能率向上支援**
  - ・ワンタッチ取付け
  - ・取付け・固定乾式化
  - ・養生時間を短縮・省略
- **高能率施工の安全施設**
  - ・万全な作業床
  - ・電気・用水など万全のインフラ

短工期施工の着目点・ノウハウ例

Q 設備会社工事係員

A 工務課長

①工期は元請から与えられます。元請は発注者と工期について約束しています。標準工期はどう決めていますか?

回答

標準工期算出は、考え方・条件設定の違いがあり簡単ではありません。上の条件を満足すれば標準的工期に近いと考えられます。

標準工期の条件

- 4週6休、雨天休み
  夏冬休みそれぞれ1週間
- 作業1日8時間、時間外なし
- 養生・存置・塗置時間遵守
- 検査など適正時間確保
- 投入要員・機械は標準的
- 施工仕様はJASSに従う

補足

実施工期は経済工期や市場工期と呼ばれ、競争条件下で存在します。工期は積み上げるものではなく、客先要望を守るよう創意工夫して配分するのが建設業界の常識です。国土交通省は『建設工事における適正な工期設定などのためのガイドライン』を示し、日建連からは『建築工事適正工期算定プログラムVer3.0』が販売されています。

②設計と施工の並行とは、どういうことですか?
それは可能ですか?

回答

設計完了後建築確認許可を得て工事着工します。普通はできませんが、右の例が可能か模索すべきです。

補足

生産機械配置が決まらず、基本形で設計確認申請し、特急許可(事前相談)を得て、既済事項変更を繰り返し進めた例があったそうです。

③床を早く造ることがポイントとのことですが、どうしてですか?
どんな方法で早く造るのですか? →55

回答

床ができると、設備から内外装仕上げが展開可能で、後続工事が能率的に始まり各階で並行できます。床の完成は工程上の大きな管理点です。

補足

デッキプレート支保工なし床構法とした以下の工法がよく使われます。

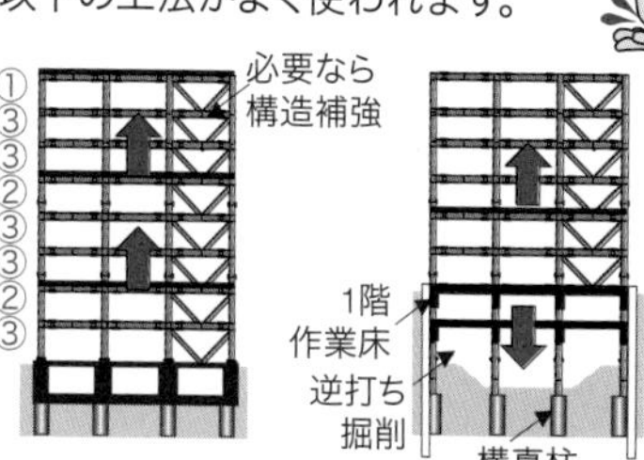

番号順に地上階床を並行構築

1階作業床築造後、地上階・地下階を同時に構築

多段打ち工法　　地上地下同時工法

④短工期施工の事例と、可能にした技術・方策を教えてください。

回答

特徴ある2例を紹介します。多能工とタイムテーブル管理、労務平準化がポイントです。

①内装改修の迅速施工

乾式工法標準設計と、多能工による生産システムが構築され、20坪程度のスケルトン店舗内装が30日程度で完成しています。

小さい店舗では10日位でも完成しています。

②各階3日で完成の超高層住宅

主要構造部に現場打ちコンクリートを設けないオールプレキャストコンクリート工法で、各階3日のサイクルタイムを実現。タイムテーブル管理の労務平準化、部材の物流を一元管理するSCMを導入[*1]。

補足

昔の話ですが、ニューヨークのエンパイアステートビルは、地上102階、延26万m^2の建物を2年で完成し、10日で14階を立ち上げたそうです。

記録によると、鉄骨コンクリート巻き構造で、アセンブル作業を確立し人海戦術で進めたそうです。

エンパイアステートビル

＊1　三井住友建設のスクライム工法

99 コストダウンノウハウ

最優先の最重要目標 !!
- コスト・プライスとマージン
- 原価管理のしくみとコストダウンの着目点
- VE などのコスト低減手法活用
- オープンブック方式が増える

98で紹介した現場の五大使命の中で、「廉く (C) 」のコストダウンは企業・働く人の永遠の目標で最も大切な使命だ。

コスト (C) は原価、プライス (P) は価格＝請負金とすれば、差が利益である。

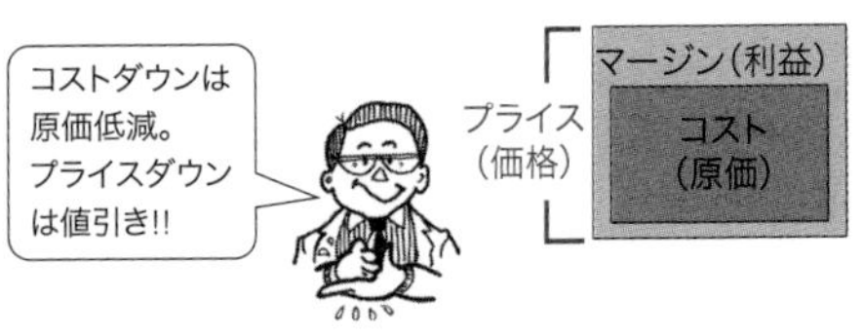

コストとプライス

これを根源とする我々は、工事採算向上のため、コストダウン (原価圧縮) 努力と達成が必要である。“現場の最も大切な仕事”として「工事進捗状況 (原価) と実行予算を担当者が毎日確認し、異常があれば、見直してアクションをとる (管理)」原価管理が行われている。一般的な現場の原価管理のしくみを下図に示す。

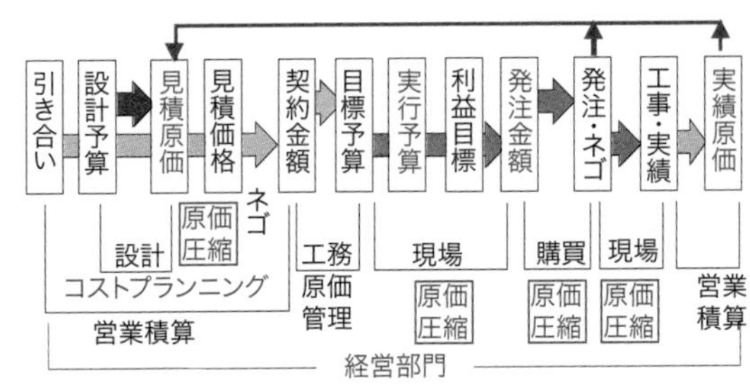

原価管理のしくみ例

以下に展開する項目は、一般的なコストダウン着目点の一部である。

- 受注・契約、工事範囲
  - ・外注より有利な材料の内製・内調達
  - ・賢い別途と包含の使い分け
  - ・責任施工・材工共契約志向
  - ・設計変更・追加の有利な折衝

賢い別途

- 適正工期
  - ・適正工期での契約(突貫費と冗長費回避)
  - ・定常人数で継続安定作業(動員・減員回避)
- 調達・購買
  - ・年間発注量保証し全社的な集中購買
  - ・早期発注で市況底期に(見込み)購買
  - ・早期発注で、息の長い価格折衝
  - ・低廉妥当品質材料を海外調達
  - ・業者指定・メーカー指定回避
  - ・実施工者と直接契約(重層発注の回避)
  - ・新規調達先を開拓、競争原理調達
  - ・妥当品質アウトサイダーからの調達
  - ・重機・機械の長期格安レンタル・リース

集中購買

- 施工能率を上げる
  - ・工程数削減。シンプル手順確立
  - ・機械力の最適活用(無理なく・無駄回避)
  - ・多能工・多能社員の活用(育成努力)
  - ・手待ち・手戻りのない施工管理
  - ・同一メンバー施工で慣れ効果活用
  - ・安心環境で高効率作業
    (安全作業床・酷暑酷寒・雨回避)
  - ・危険作業・手順を可能な限り回避

- 施工図・工事計画
  - ・ローコスト生産設計
  - ・早期計画で総コスト最小工事計画
  - ・無駄な仮設をなくす。仮設レス志向
  - ・要員計画タイムテーブル工程計画

ネットワーク工程表

- VE・コストダウン
  - ・VEを検討しコストダウン提案
  - ・改善活動の展開と水平展開

要員割付

タイムテーブル工程表

- 経費・無駄の削減
  - ・異常事態・事故の出費削減
  - ・経費削減
    (仮設建物・駐車場代・電気代・ガソリン代・通勤交通費など)
- 施工材料削減
  - ・材料歩留まりを高める(プレカット・切断ロス低減)
- 揚重・運搬費用の低減
  - ・運搬の効率化・空車回避・適正載荷
  - ・積み込み荷卸しの効率化・機械化・最適梱包
  - ・構内運搬の効率化・フォークやパレットの活用
  - ・揚重の効率化・まとめて揚重、クレーン遊びの回避
  - ・梱包材の削減・ごみの持ち帰りを減らし再利用
- 技術水準
  - ・標準化の推進
    (施工図・作業要領・作業標準・工具・機械)
  - ・新技術(材料・機械・工法)への挑戦と評価
  - ・IT活用による無駄の削減。効率化

現場におけるコストダウンの着目点

Q

A

①VE 手法が、よく使われます。考え方と効果について教えてください。

回答

Value Engineering の略、同じ機能(F) でより安く、同じ金額(C)でより価値 (V =F/C) の高いものを探し、コストダウンをはかる手法です。

補足

VE は、下の手順ですすめます。チーム活動が基本ですが、現場では、ひとりVE の形で考え方を活用し実施しています。公的資格があります。

機能定義
1.VE 対象の情報収集
2. 機能の定義
3. 機能の整理

機能評価
4. 機能別コスト分析
5. 機能の評価
6. 対象分野の選定

代替案作成
7. アイデア発想
8. 概略評価
9. 具体化
10. 詳細評価

②海外調達は、難しいと聞いていますが、どうですか？

回答

品質・納期力を高めたアジア諸国より材料が調達されていますが、おっしゃる通り、難しいです。
工場受渡価格では日本に比べ半分から 3/4 程度と安いのですが、物流費が高く、物件ごとの注文生産では辛い実情があります。

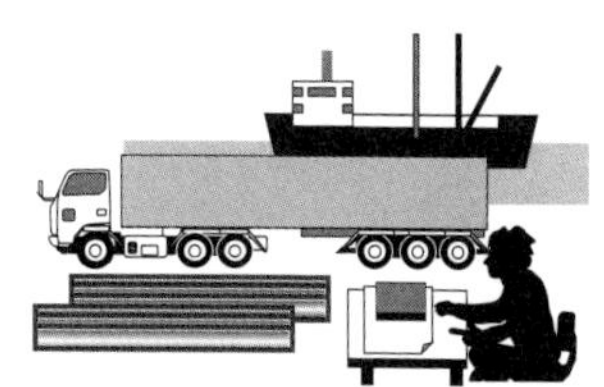

海外調達

補足

扱い量が少なく商社も誘いに乗ってくれません。下記のリスクがあります

- 為替リスク
- 取引先開拓
- 言語の壁
- 日本の規格・基準適合
- コミュニケーション
- 施主や社内との調整
- 物流リスク

③長工期下で、相場・為替・人件費増など、原価が変動し請負のリスクが増す一方です。原価をオープンにし、リスクを減らす発注形式が増えていると聞きますが？

回答

海外工事経験を機に、コスト開示する契約形式が試行され、従来の建設会社による一括請負が見直され、各社に専門組織を立ち上げたり、専業者が現れるなど様変わりしています。

PM（プロジェクトマネジメント）
CM（コストマネジメント）方式

建設のプロで発注者の補助・代行者である PMr/CMr が独立した。お客様の立場で企画から完成、維持管理まで管理を行うものが PM 。CM はコスト管理に限定。オープンブック方式で、適正価格が把握可能。原価が上昇すれば発注者が負担する。PMr/CMr の報酬はあらかじめ約定する。CM アットリスクとリスクを負わないピュア CM がある。

オープンブック方式

コスト＋フィー方式

工事コストを実費精算し、これに報酬を加算し支払う契約。

オープンブック方式

施工者が発注者に全てのコストに関する情報を開示し、発注者または第三者が監査を行う方式。

補足

一括請負は、資材や手間が上昇しても、請負者がカバーします。発注者のメリットで、請負者のデメリットです。このリスクをカバーするマージンが取れず、原価開示方式契約が試行されました。*1

契約時に資材から職人の日当まで、仕様・数量・単価を契約。契約者は原価に対する手数料を報酬とする。原価の低減・増加額は、事前に負担割合を協議し清算。

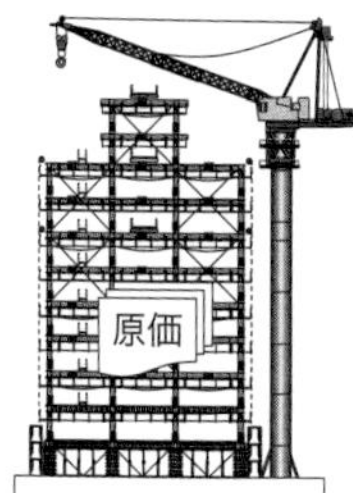

原価開示方式契約

このように原価明細を明らかにし、リスクを削減し、個々の原価を低減する方法は、ゼネコンのめざす方向として注目されています。

＊1　前田建設工業（出所：J-Net21 独立行政法人中小企業基盤整備機構「変わる大手企業の売買戦略」）

100 Iot・ICT・AI は建設現場を変えるか

・深度は別とし、進歩・変革をもたらすことは間違いないので、着目し前向きに取り組む。
・働き方改革につながり、生産性が上がる技術や手法を見極める。かっこいいだけは忌避。

Iot・ICT・AI などの高度化する最新情報技術を駆使した、革命的な生産システムを取り入れ、生産性を上げようと、国を先頭に、建設業界は、こぞって研究開発・実用化を進めている。

一方、個性・芸術性があり、個別敷地の一品生産である建築工事は、人（設計者・請負者・職人など）が多くかかわり、作り方や材料を創意工夫し、感動をもってつくるものともいえる。「BIM やロボットが進歩し、スマート情報機器が進化普及しても、現場は、そう大きくは変わらないよ !!」という識者の意見もある。

いずれにせよ、これらの新技術・手法が、施工場面に進歩・変革をもたらすことは間違いない。これが働き方改革を進め、3K・5K イメージを払拭、生産性向上につながらねばならない。建設業界の研究開発はどんどん進んでいる。これらの変革が、建設現場における施工技術者の仕事がよりクリエイティブになり、魅力的な人気の仕事になることを祈念したい。

国交省 i-Construction（建設現場の生産性革命）構想（i-Construction 推進コンソーシアム設立）

調査・測量から設計・施工・維持管理までのあらゆるプロセスで ICT などを活用して建設現場の生産性向上を図る「i-Construction」を推進（土木系が先行）。
様々な分野の産学官が連携して、IoT・人工知能（AI）などの革新的な技術の現場導入や、3 次元データの活用などを進めることで、生産性が高く魅力的な新しい建設現場を創出する。
最新技術の現場導入のための新技術発掘や企業間連携促進、3 次元データ利活用促進のためのデータ標準やオープンデータ化、i-Construction の海外展開などに取り組む。

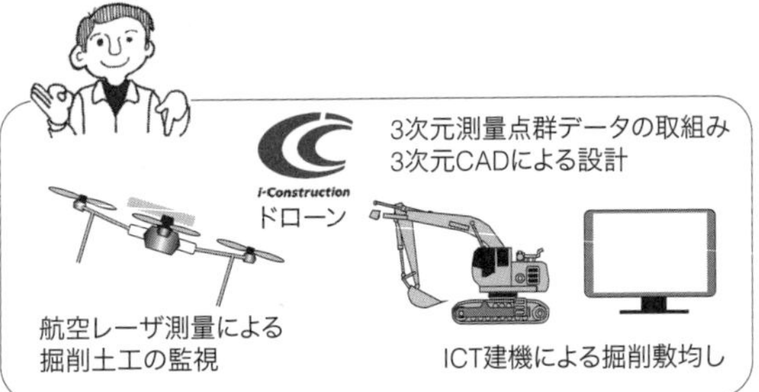

BIM（ビルディングインフォメーションモデリング）の実用化状況

3 次元モデルから図面を自動生成。
図面の整合性を確実にする EDP による設計技術をいう。
建築設備会社・鉄骨工場・サッシュなどの建築部品製作会社と、製作図・工作図・機械図などと BIM 建築設計図が総合化され、部材・ディテール・接合の「可視化」と各種データの「共有化」が可能となりつつある。ソフト・データベースの共有化が課題。

ゼネコン各社の取組み例と開発イメージ

・無人化施工
・建設機械の自動運転
・資材水平搬送ロボット
・複数の施工パターン検討
・AI による構造設計
・コンクリートひび割れ検出
・スマートビルマネジメント
・工程認識・工程管理 AI

電機・通信社の取組み例

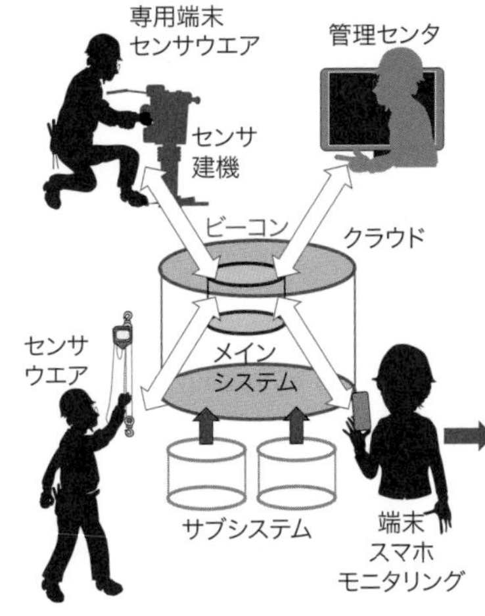

専用端末・ビーコンで、作業者・建機位置情報を把握。

↓

作業員過不足を検知、適正配置して生産性向上。状況を迅速察知し、安全性向上。
・チャットルーム
・カメラアプリ
「工事黒板」
・図面閲覧アプリ
・水平水準アプリ
・スケールアプリ
・仕上げ検査システム
・配筋検査システム

スマホが施工管理ツールとして普及

Q

A

① IoT などの意味は？

回答

次のような意味です。通信と情報技術が融合し、多くのことが可能になります。

IoT→ロボット、施設などあらゆるものがインターネットにつながり、情報のやり取りをして、新たな付加価値を生み出す。

ICT→情報通信技術。通信技術を活用したコミュニケーション。

BIM・CIM →建築・土木三次元のモデルにデータを活用する設計技術。

AI →人工知能。人間の認識や推論能力をコンピューターでも可能にするための技術。人に変わり多くのことを考える。

②人工知能 AI が盛んに取りざたされ研究実用化されているそうですが、何ができるのですか？

回答

ルーチンワーク・単純業務を AI が、人間と同じように実行します。人間では、時間がかかる膨大な作業や分析を AI が短時間で正確に行うと考えられます。

施工場面では、下記のような仕事ができるかも知れません。

・全体最適な施工手順・詳細工程作成
・鉄骨建方・本接合溶接手順最適化
・最適手順による無人掘削床付け
・全体最適な作業所物流計画と運用
・パネルゾーンを含む最適詳細配筋計画

補足

AI は、ディープラーニングにより、学習データから理論的に結論を出すとされますが、創造しません。特化行動に留まり、総合的に考える事はまだできません。

高度な現場員の仕事を全て行うことは考えにくいです。

パターン認識
ビッグデータ
ファジィ制御
エキスパートシステム
ニューラルネットワーク

③自動化施工システムが一時開発実用化されました。最近の動向をみるといよいよ本格化？

回答

以下に、1990 年発表の著者論文の一部を抜粋して紹介します[*1]。2010 年の現場における、作業員の日記風記述の未来予想論文です。

現況はまだ程遠いですが、将来はこうなるかも？…あるいは？

・現場は、全天候ドーム下空調施工空間で高機能クレーン・ロボット稼働。部品組立が主で、ほぼ無人化施工。
・IC カード入場管理。作業プログラム表示確認し端末にダウンロード。
・個人カプセル作業員詰所で、センサー装備スマート作業服に着替え。
・作業所 LAN 総合生産システムにて、端末誘導で施工場所へ。
・墨は、三次元位置情報システムで迅速・高精度に決定。
・前工程を確認すると、完了検査済みで事前情報の通り正確。
・材料は、IC タグで管理された無人搬送システムで既着待機。
・担当作業はスムースに完了。
・自主検査し写真と結果を携帯端末から送信、ごみを分別しダスト BOX に投入。
・工期は短くなったが、品質は良くなり、事故もなく、休みは計画的にとれ、単価は安いが、当社の経営は万全だ。ゆとりある楽しい生活ができる。
・監督さんは、コンピュータと通信回線で対話し、本社・設計事務所・専門業者などと BIM をもとに総合現場管理システムで、品質・工程・安全・原価管理を総合的に進めている。残業とかもほとんどないそうだ…。(一部要約抜粋)

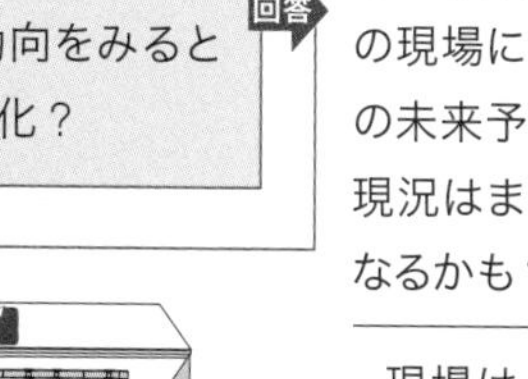

読者のさらなる活躍と、建設業の明るい未来を祈ります。

＊1 稲垣秀雄「2010 年の建築技術について」日経建設工業新聞、1989.3.27

索引

[英数記号]

AGV（無人搬送車）……41
AI……249
BIM……35, 113, 129, 248
CAD（computer-aided design）……35, 127
CBR 試験……233
CM（コストマネジメント）……247
CMC……70
DPG 構法……221
ECP2 次防水工法……175
FEM 解析……83
i-Construction……248
ICT……249
IoT……249
N値……49
PC 基礎ベース……91
PERT/TIME……43
PM（プロジェクトマネジメント）……247
QC 工程表（施工品質表）……34
QC 七つ道具、新 QC 七つ道具……37
SSG 構法……220
TQC：全社的品質管理……34
TQM：総合的品質管理……34
U 形補強筋……93
U 字形定着……112
VH 分離工法……91
VOC 対策……223
ZEB……243

[あ]

圧気潜函工法……85
圧送性評価ソフト……97
後詰中心塗り……92
アンカーフレーム固定埋込み式……92
暗渠……86
暗騒音・暗振動……45
安定液圧（安定液位）……70
アンボンドタイプアンカーボルト……93
逸泥……71
一本目地……213
井戸洗浄……87
斎鍬の儀……236
薄刃三角堰……87
打重ね時間管理システム……99
内法意匠……193
内ばめ施工……220
埋込み柱脚（固定）……92
エアスプレー・エアレススプレー塗装……222
エアリフト方式……72
鋭敏比……83
エトリンガイド……125
エンゲルの方法……56
オーガー駆動電流値……67
オープンジョイント……169, 171
オープンブック方式……247
大型システム型枠……91
置きスラブ……90
落し込み法……106

[か]

カード入退管理システム……40
海外調達……247
開先防錆塗装……133
海事用重錘検尺テープ……72
抱え込み定着……112
崖錐地形……65
過剰打撃……68
片たすき結束……106
可動埋込式……92
釜場……86
かみ合わせ基準……195
仮止水措置……167
ガルタイト……145
環境基準……44
乾燥収縮率目標値……159
乾燥度現場簡易判定……206
管内圧力損失K値……96
かんな削り基準……195
キーシステム……187
機械式定着工法……113
犠牲防食……173
亀裂変位計……65
脚部浸食……65
凝集破壊……171
鏡像調整……221
狭締金具……63
共同物流、地域物流……41
強度指向型……157
杭芯誘導システム……69
偶然誤差……39
グリーン電力……242
クリテイカルパス……43
グレイジングマシン……220
クレーン吊りバケット……96
鍬入れの儀……46
ケイ酸質系塗布防水……124
傾斜計……65
系統誤差……39
建設リサイクル法……240
建築・設備総合発注……239
現場地耐力試験（BCT）……55
現場発生土利用情報システム……127
現場封かん養生……123
高視認性安全服……30
工匠祭式……47
構造体温度補正値……94
構造体の計画供用期間……161
鋼鉄定盤……219
孔内水位……48
光波測距機……65
高分子天然ガスによるガス圧接……111
コーン指数……70
コスト＋フィー方式……247
コストオン方式……239
コンクリート中詰補強……69
混用・併用接合……140
混和型ポリマー……215

[さ]
サイクロン・遠心分離機 70
最大ひび割れ幅制御の目標値 159
最適含水比 127
先やり工法 125
作業所ロジスティクス 40
差込防風治具 140
札幌泥炭層 61
砂分計 70
三大祭式 46
残留スライム 72
シート・透明フィルム掛け 64
敷鉄板・補強板 54
四七の溝・三七の溝 193
シックハウス 223
自動オンオフバイブレータ 99
自動結束機 107
支保工「適切な計算方法」 123
車載式小型プラント 95
ジャスト・イン・タイム 40
集水型斜面 65
省燃費運転 242
匠明 193
植栽時期 233
シンウォールチューブサンプラー 49
新旧認定工法 66
靭性指向型 157
深層混合処理工法 85
振動規制法 44
振動式スクリーン 70
浸透性養生剤塗布 100
振動レベル 45
水中ポンプ方式 72
水平切梁プレロード 80
スウェーデン式サウンディング 50
数寄屋建築 194
スケーリング 158
スチールチェッカー 129
ストラット状改良 85
すべり強さ 51
スライド（トラベリング）工法 137
スライド方式 168
スライムバケット方式 72
スライム沈降時間 70
生石灰系地盤改良 54
静的破砕剤工法 75
積算温度 104
積分電流値 67
施工プロセス検査 34
接着剤早見表 229
セッティングブロック 220
セメント系地盤改良 54
セメントペーストアマ掛け 214
セメントミルク工法 66
セルフクリーニング効果 231
ゼロエミッション活動 240
ゼロスパンテンション 171
ゼロ段切梁 57
遷急線 65
先端N値 66
全面塗り 92
ソイルセメント合成壁・複合壁工法 91
ソイルセメント柱列壁 57
騒音規制法 44
騒音レベル 45
総合図 35
相対調度 50
相対密度 50
挿入式・固定式傾斜計 88
添矢蛸 53
ソケット式トレミー管 76
底ざらいバケット方式 72
塑性設計（2次設計） 151
外ばめ施工 220

[た]
耐火塗料 147
耐久設計基準強度 94
耐震天井 201
耐震ドアの性能 187
耐震・変形追随性能 168
台地裾部 65
タイムテーブル工程表 43
タイル引張接着強度試験 180
タイロッド 57
高止まり 66
濁水 71
タクト工程 41
縦形フレキシブルシュート 96
竪墨 38
単位水量の推定方法 103
弾塑性法 81
短柱脆性破壊 152
地墨 38
地鎮祭 47
チャンの方法 56
中間棚（犬歩） 64
柱脚固定度 93
柱状図 50
長期修繕計画書 235
超高強度コンクリート製造 95
長曝型ショッププライマー 133
ディープウェル 86
低汚染・抗菌塗料 223
低温溶融化 167
泥上掘削機 83
泥水 71
ディストリビュータ 97
定礎 236
テイラーの安定図表 56
出来栄えの品質 34
手摺先行方式 165
鉄筋継手の等級 109
鉄筋用「うま」 107
鉄筋冷間直角切断機 110
鉄骨工事中の風による災害防止規準 139

鉄骨製作工場のグレード……128
等圧理論目地……171
トータルステーション……38
凍結杭頭処理工法……75
東工大式すべり試験……217
同時連動加圧……80
動水勾配……86
透水山留壁……59
胴ベルト型安全帯……30
トウモロコシ現象……77
特性要因図……37
特定防火設備……163, 187
ドライボディ……33
トレミー工法……76

[な]

内部摩擦角……51
直来……47
流れ盤構造……64
生コン地域共販・直販制度……94
二層支持……122
二面接着と三面接着……171
ネジ鉄筋……108
熱間押抜ガス圧接……109
ネットワーク工程表……43
根巻き柱脚（固定・半固定）……92
ねらいの品質……34
粘着力……51
乗入構台……62

[は]

バーチャート工程表……43
ハーネス型安全帯……30
バイオディーゼル燃料……242
排出係数……242
排土リバウンド……83
パイピング現象……59
ハイブリッド建機……242
パイルド・ラフト基礎……83
柱・壁Ｖ工程型枠……116
柱システム型枠……117
柱建入れ調整治具……139
バックアップ材……170
バックマリオンカーテンウォール……169
バットレス状改良……85
歯抜け構台……63
パレート図……37
盤ぶくれ……82
ヒービング検討式……85
微細砂（コス）……61
ヒストグラム……37
ひび割れ誘発目地……158
標準貫入試験……48
標準偏差……39
屏風建て……139
品質基準強度……94
ファンネル粘度計……70
フィルター材……86
深止まり……66
プッシュアップ工法……137
物理試験……48
フライングショア……119
フランジ式トレミー管……76
プランジャー……76
プルーフローリング……232
フレアーグルーブアーク溶接……74
分割掘削工法……85
分割法による円弧すべりの検討……64
分離発注……239
ベーラー孔壁洗浄……86
閉鎖型帯筋……107
ヘッダーパイプ……86
偏打……68
ベンチマーク……38
偏土圧……79
ベントナイト鉱物……70
ベントナイト防水……125
ボイリング……82
崩壊跡地……65
防水二重壁型枠……90
ホットメルト接着剤……229
ホルムアルデヒト……223
ボンドブレーカー……170
ポンプ方式……72

[ま]

マイルストン（管理時点）……42
巻付け工法……147
膜養生剤……100
曲げひび割れ強度……123
マスブロック供試体……95
マッドバランス……70
マッドフィルム……71
廻り込み（ヒービング）現象……84
ミキサー船……95
水ガラス系薬液注入……59
水張り試験……167
無溶接固定治具……75
明渠……86
めっき傷……172
めっき槽一度づけ……132
免震構造……157
面ゾロサッシュ……189
モノリシック工法（直押え）……214
もらい錆……172
モルタル吹付け……64

[や]

有機質接着剤工法……180, 210
有効土圧……59
床・梁 在来Ｈ工程……118
揚重物流班……40
溶接継手……108
溶接による一体化接合……205
余盛り高さ……76

[ら]

ライフネット……31
落石検知器……65
ラス型枠……91
ランヤード……30
リチャージウェル（覆水）工法……87
リフトアップ工法……137
リミットパス……43
流動化処理土……127
良液置換……72
両たすき結束……106
レーザーレベル連携トロウェル……101
濾過試験器……70
陸墨……38
露出柱脚……92
ロッキング方式……168

[わ]

ワーキングジョイント……170
割振り（配分型・逆行形）手法……42

引用・参考文献、資料

- 日本建築学会『建築工事標準仕様書・同解説（JASS）』
  2 仮設工事（1994）、3 土工事山留め（2009）、4 杭・地業および基礎工事（1988）、5 鉄筋コンクリート工事（2018）、6 鉄骨工事ならびに関連指針（1993）、8 防水工事（2008）、9 張り石工事（2009）、11 木工事（2005）、14 カーテンウォール工事（2012）、15 左官工事（2019）、17 ガラス工事（2003）、18 塗装工事（2018）、19 陶磁器質タイル張り工事（2018）、21 ALC パネル工事(2018)、23 吹付け工事(2013)、26 内装仕上工事（2006）、27 乾式外壁工事（2003）
- 日本建築学会『山留め設計指針』2002
- 日本建築学会『建築基礎設計基準「浅い基礎の設計」』1975
- 日本建築学会『乗入構台設計・施工指針』2014
- 日本建築学会『鉄筋コンクリート造配筋指針・同解説』2010
- 日本建築学会『非構造部材の耐震設計施工指針・同解説および耐震設計施工要領』2013
- 日本建築学会『鉄筋コンクリート造のひび割れ対策（設計・施工）指針・同解説』2002
- 日本建築学会『型枠の設計・施工指針』2011
- 江口清編著『図説　建築施工』学芸出版社、2019
- 稲垣秀雄『絵で見る工事管理のポイント』彰国社、1991
- 大屋準三・上長三千良・稲垣秀雄『若手エンジニアのための建築仮設工事テキスト』彰国社、2018
- 日本建設業連合会建築本部鉄骨専門部会『鉄骨工事 Q & A(A. 工場製作編／ B. 工事現場施工編)』2011
- 日本鉄筋継手協会『鉄筋継手工事標準仕様書　ガス圧接継手』2017
- 建築業協会『鉄骨工事中の風による災害防止規準』1991
- 仮設工業会『仮設機材認定基準』1967
- 土木学会「手すり先行工法など新たな墜落防止機材導入時の問題点に関するアンケート調査」第 66 回年次学術講演会、2011
- 国土交通省大臣官房技術調査課『建設現場における熱中症対策事例集』2017
- 佐野武・加納成男・蔡成浩『建築測量　基本と実践』彰国社、2013
- 滝沢平一郎『建築現場におけるサイト物流の取り組みについて』2019
- 松嶋重雄『建築の儀式と地相・家相』理工学舎、2001
- 地盤工学会関西支部『地下建設工事においてトラブルが発生しやすい地盤の特性とその対応技術に関する研究』2013
- 日本建設業連合会建築本部『場所打ちコンクリート杭の品質管理のポイント』2017
- 水野直也・永島三雄・牧野総一・岡田武二『地下連続壁 トレミーの閉塞防止対策』『コンクリート工学論文集』第 8 巻第 1 号、1997
- 西口正仁・山下俊英「腹起しと切梁の接合部の実大載荷実験」『日本建築学会大会学術講演集』2007
- 建築構造用語研究会『スパッとわかる建築構造』エクスナレッジ、2010
- 日本鉄筋継手協会『溶接せん断補強筋の手引き』2014
- 国土交通省国土技術政策総合研究所ほか監修『2015 年版建築物の構造関係技術基準解説書』2015
- 崇城大学工学部建築学科岩原研究室「ジャバラ工法におけるジャバラゴムがコンクリート中に埋め込まれた鉄筋に与える影響に関する実験的研究」2006
- 早川鉄鋼販売 HP「ジャバラ工法」
- 国土交通省『発生土の土質区分規準（国土交通省通達）』2006
- 全国鉄骨建設業協会『鉄骨製作工場認定制度について』2010
- 日本建設情報技術センター HP「BIM とは何か?」2014
- 日本建設業連合会 BIM 専門部会 HP「施工 BIM のスタイル事例集 2018」
- 鹿島建設 HP「木造ドームの変遷　出雲ドーム」
- 国土交通省『建築工事安全施工技術指針』2015
- 仮設工業会『建設業における仮設機材に起因する死亡災害発生状況（5）つり足場』2014
- 合成スラブ工業会 HP「合成スラブの概要」
- 安震技術研究会『図解雑学　地震に強い建物』ナツメ社、2003
- 酒見荘次郎『人の失敗に学ぶ RC 造の施工欠陥と対策』技報堂出版、2001
- 久田嘉章「地震と建物被害の特徴と教訓」2009
- 豊田政男「材料・溶接施工からみた阪神・淡路大震災における建築鉄骨損傷：被害から何を学ぶか」1996
- 内閣府 HP「阪神・淡路大震災教訓情報資料集【03】建築物の被害」
- 国土交通省住宅局監修『建築物の構造関係技術基準解説書』2007
- 日本建築学会『1978 年宮城県沖地震被害調査報告』1980
- たかぎただゆき『新イラスト建築防火』近代消防社、2017
- 労働安全衛生総合研究所「手すり先行工法など新たな墜落防止機材導入時の問題点に関するアンケート調査」土木学会第 66 回年次学術講演会、2011
- 建築技術研究会『建築施工の要点 カーテンウォール工事』鹿島出版会、2003
- 日本防錆技術協会『土木建築における防錆防食』鹿島出版会、1967
- ステンレス協会 HP「ステンレスと異種金属との接触についての問題点」2017
- 日本鉄鋼連盟建材薄板技術・普及委員会『塗装／亜鉛系めっき鋼板の異種金属接触さび防止方法』2009

・押出成形セメント板協会『ECP施工標準仕様書 2015年版（第5版）』2015

・日本建築仕上材工業会『建築用仕上塗材ハンドブック 2007年版』2007

・厚生労働省「移動式足場の安全基準に関する技術上の指針」2016

・菅間敦、大西明宏「脚立に起因する労働災害の分析」2015

・押出成形セメント板協会HP「押出成形セメント板とは」

・吉橋榮治ほか『和風からの発想〜木造住宅の基本とプロセス』建築知識、1991

・一条工務店HP「シロアリ対策」

・国土交通省住宅局建築指導課長「大規模空間を持つ建築物の天井の崩落対策について（技術的助言）」2003

・小寺直幸ほか「大型鋼製下地間仕切壁工法の開発」『西松建設技報』Vol. 39、2016

・高松誠ほか「繊維強化塗料を用いた天井落下防止工法「鴻池CSFP工法・帯塗くん」の開発と施工」『建築技術』2019.01

・戸田建設・西松建設ほか「耐震クリップ工法」2012

・井上雅雄『図解入門よくわかる最新接着の基本としくみ』秀和システム、2011

・高橋孝治『塗装工事の知識』 鹿島出版会、2016

・「建物の汚れ」編集委員会『建物の汚れ』学芸出版社、2000

・河合敏男「住まいの基礎知識　Vol.12 トラブルを未然に防ぐために　建物の完成と引渡し」国民生活センターHP

・松嶋重雄『建築の儀式と地相・家相』理工学舎、2001

・環境省地球環境局HP「ビルは“ゼロ・エネルギー”の時代へ」

・高橋昌宏・稲垣秀雄・樋口正一郎「低炭素施工システム“TO-MINICA”の導入による建設現場におけるCO_2削減効果」2012

・日本建設産業連合会HP「建築工事 適正工期算定プログラム Ver 3.0」2019

・建設業の働き方改革に関する関係省庁連絡会議「建設工事における適正な工期設定等のためのガイドライン」2017

・国土交通省「CM方式活用ガイドライン」2012

・前田建設工業「変わる大手企業の購買戦略」J-Net21（中小企業基盤整備機構）2010

著者略歴

稲垣秀雄（いながき　ひでお）

1948年生まれ。1967年東京工業大学理工学部付属工業高校建築科卒業。

戸田建設にて、作業所長、建築部技術課主任、技術営業課長、生産施設営業部長、リニューアル営業部長、エンジニアリング部・環境事業推進室担当執行役員、常勤顧問を経て、2014年退職。一級建築士・一級施工管理技士・コンクリート主任技士・建築設備総合技術者ほか。

主な著書に、『絵で見る建築工事管理のポイント』『鉄骨建て方計画　ここに注意』『疑問に答える建築鉄骨工事施工ノウハウ』『図説建築施工』（共著）『建築施工計画実践テキスト〈Ⅰ〉仮設工事編』（共著）など。

超図解！　建築施工現場

2020年6月5日　第1版第1刷発行
2021年6月20日　第1版第2刷発行

著　者……稲垣秀雄
発行者……前田裕資
発行所……株式会社 学芸出版社
京都市下京区木津屋橋通西洞院東入
〒600-8216　電話075-343-0811
http://www. gakugei-pub. jp/
Email　info@gakugei-pub. jp
編集担当……中木保代
装丁・DTP……フルハウス
印刷・製本……モリモト印刷

ISBN 978-4-7615-3259-8　Printed in Japan